GOLDMANN

W0085069

Buch

Emma Harte ist fast noch ein Kind, als sie bei den reichen Fairleys Dienst-mädchen wird. Die industrielle Revolution hat auch in Yorkshire gerade be-gonnen; die Klassenunterschiede zeigen sich noch deutlicher als vorher. Trotzdem findet Edwin Fairley, einer der beiden Söhne des Hauses, natür-lich nichts dabei, das hübsche Ding, das ihm in seiner Unerfahrenheit die lok-ker hingesagten Liebesschwüre glaubt, zu verführen. Als sie ihm gesteht, daß sie ein Kind erwartet, muß sie die ganze Verachtung der aristokratischen Fa-milie über sich ergehen lassen.

Verzweifelt flüchtet Emma in die Anonymität des nahe gelegenen Leeds. Dort findet sie zu sich selbst – und gibt ihrem Leben das entscheidende Ziel. Nie mehr will sie von jemandem abhängig sein, nie mehr will sie wieder die-nen müssen. Ausschließlich Ruhm und Reichtum soll ihr Streben gelten. Sie will ihrer inzwischen geborenen Tochter Edwine ein angenehmes Leben bie-ten können. Und – sie will Rache für die erlittenen Demütigungen nehmen.

Barbara Taylor Bradford gelang mit diesem Buch ein außergewöhnlicher Frauenroman, voll Hingabe, Mut, Leidenschaft, Ehrgeiz, Tod und Hoff-nung – die Geschichte einer Frau, die drei Generationen und zwei Familien in ihre persönliche Rache verstrickt.

Autorin

Barbara Taylor Bradford wurde in Leeds, Yorkshire, geboren. Bereits mit 16 war sie als Reporterin für die *Yorkshire Evening Post* tätig; mit 20 Jahren schaffte sie den Sprung zur Fleetstreet und arbeitete für die *London Evening News*. Seit etwa 20 Jahren lebt sie in New York und hat seitdem sechs Bücher über Einrichtungsfragen verfaßt; ihre Kolumnen erschienen dreimal wö-chentlich in 150 amerikanischen Zeitungen. An der Familiensaga »Des Le-bens bittere Süße« hat Barbara Taylor Bradford drei Jahre gearbeitet.

Barbara Taylor BRADFORD

Des Lebens bittere Süße

ROMAN

Aus dem Amerikanischen übertragen von
Frank Weyrich und Juscha Zoeller

GOLDMANN VERLAG

Originaltitel: »A Woman of Substance«

Umwelthinweis:
Alle bedruckten Materialien dieses Taschenbuches
sind chlorfrei und umweltschonend.
Das Papier enthält Recycling-Anteile.

Der Goldmann Verlag
ist ein Unternehmen der Verlagsgruppe Bertelsmann

Made in Germany · 11. Auflage · 3/93
Genehmigte Taschenbuchausgabe
© 1979 by Barbara Taylor Bradford
© der deutschsprachigen Ausgabe 1980 bei
Hestia Verlag GmbH, Bayreuth
Umschlaggestaltung: Design Team München
Umschlagfoto: Global Television Services Ltd., London
Portman Artemis Production
Druck: Elsnerdruck, Berlin
Verlagsnummer: 9264
UK · Herstellung: Heidrun Nawrot/sc
ISBN 3-442-09264-7

Für Bob und meine Eltern –
sie wissen warum

Der Wert des Lebens liegt nicht in der Länge der Zeit,
sondern darin, wie wir sie nutzen.
Ein Mensch mag lange leben und doch wenig erfahren.
Es hängt nicht von der Zahl der Jahre ab,
ob er im Leben Befriedigung findet,
sondern allein von seinem Willen.

MONTAIGNE
Essays

Ich habe das Herz eines Mannes,
nicht das einer Frau.
Und ich fürchte mich nie…

ELIZABETH I.
Königin von England

INHALT

1. TEIL

DAS TAL
1968

Er wandelt im Tal und erfreut sich seiner Kraft;
Er geht weiter,
um den Männern in Waffen entgegenzutreten.

Hiob

1

Emma Harte beugte sich vor und schaute aus dem Fenster. Der Lear Jet, Privateigentum der Sitex Oil Corporation von Amerika, war jetzt über der dunstigen Wolkendecke und raste nun durch einen blauen Himmel, dessen Helligkeit schmerzhaft in die Augen stach. Geblendet lehnte sich Emma zurück und schloß die Lider. Sekundenlang blieb die Bläue des Himmels hinter ihren Augenlidern gefangen. Plötzlich überfiel sie ein so starkes und unerwartetes Gefühl bittersüßer Sehnsucht, daß sie überrascht den Atem anhielt. Das ist der Himmel auf dem Gemälde von Turner, welches über dem Kamin im Wohnzimmer von Pennistone Royal hängt, dachte sie. Der Himmel von Yorkshire an einem Frühlingstag, wenn der Wind die Nebel über dem Moor vertrieben hat.

Ein feines Lächeln spielte um ihren schmalen Mund und verlieh ihren entschlossenen Zügen eine ungewohnte Sanftheit, als sie an Pennistone Royal dachte. Dieses große Haus über der rauhen, öden Moorlandschaft erschien ihr immer wie eine Naturgewalt, erbaut von einem allmächtigen Architekten und nicht von einem Sterblichen. Es war der einzige Platz auf diesem von Gewalt beherrschten Planeten, wo sie Frieden gefunden hatte, unendlichen Frieden, der stets ihr Gemüt besänftigte und ihr neue Kraft gab. Ihr Heim. Diesmal war sie viel zu lange weg gewesen, fast sechs Wochen. Für Emma war das in der Tat sehr lange. Aber in der nächsten Woche würde sie nach London zurückkehren und Ende des Monats nach Norden reisen, nach Pennistone, zu Frieden und Ruhe, ihren Gärten und ihren Enkeln.

Dieser Gedanke erfüllte sie mit grenzenloser Freude, und sie machte es sich in ihrem Sitz bequem. Die Spannung, die sie in den letzten Tagen erfüllt hatte, wich allmählich von ihr. Sie seufzte leise, teils aus Schwäche, teils vor Erleichterung. Sie war wie gerädert von den üblen Kämpfen, die sie in den letzten Tagen während der Vorstandsitzungen der Sitex Corporation hatte durchstehen müssen. Darum war sie jetzt so erleichtert, daß sie Texas verlassen konnte und in die Ruhe ihres eigenen New Yorker Büros zurückkehren durfte. Nicht, daß sie Texas nicht gemocht hätte. Im Gegenteil, sie hatte immer eine starke Zuneigung zu diesem großen Staat gehabt, denn sie sah in seiner rauhen Kraft eine gewisse Verwandtschaft zu ihrem heimatlichen Yorkshire. Aber diese letzte Reise hatte sie erschöpft. Ich werde zu alt, um dauernd mit dem Flugzeug in der Welt herumzureisen, dachte sie wehmütig. Dann aber verwarf sie diesen Gedanken, denn er war nicht ehrlich, und Emma Harte war niemals unehrlich zu sich selbst. In Wahrheit fühlte sie sich nicht alt. Sie war nur manchmal etwas müde, besonders dann, wenn sie sich über Narren ärgern mußte. Harry Marriott, der Präsident der Sitex, war ein solcher Narr, und er war gefährlich wie alle Narren.

Emma öffnete die Augen und setzte sich ungeduldig auf. Ihre Gedanken kehrten zu den Geschäften zurück. Sie war unermüdlich und besessen, wenn sie an ihre weitverzweigten Unternehmungen dachte; und das tat sie fast immer. Sie schlug die Beine übereinander. Emma Harte hatte etwas Beherrschtes und Königliches an sich. Ihre grünen Augen waren kalt wie Stahl und strahlten eine enorme Kraft aus. Sie hob ihre schmale, kräftige Hand und strich sich mit einer automatischen Bewegung über das gepflegte, silberne Haar. Ebenso untadelig wie ihre Frisur war ihr schlichtes elegantes dunkelgraues Kleid aus Kammgarn, dessen Strenge durch den milchigen Glanz unvergleichlich schöner Perlen und durch Smaragdnadel an ihrer Schulter, gemildert wurde.

Sie blickte zu ihrer Enkelin, die ihr gegenüber saß und sorgfältig Notizen über die Termine in New York machte. Sie sieht erschöpft aus heute morgen, dachte sie. Ich belaste sie zu stark. Sie verspürte ein ungewohntes Schuldgefühl, aber sie schob diesen Gedanken ungeduldig zur Seite. Paula ist jung, sie hält das aus, und es ist das beste Training, das sie haben kann. Emma beruhigte sich und sagte: »Würdest du diesen netten, jungen Steward – John heißt er, nicht wahr? – bitten, mir eine Tasse Kaffee zu machen, Paula? Ich habe ihn heute morgen dringend nötig.«

Das Mädchen schaute auf. Obwohl sie im eigentlichen Sinne des Wortes nicht schön war, war sie so lebensprühend und fesselnd, daß man sofort von ihr beeindruckt war. Ihr glattes Haar war pechschwarz mit einem auffälligen, dreieckigen Ansatz in der

Mitte der Stirn. Das Gesicht war so klar und strahlend, als sei es aus einem geschliffenen Marmorstein gemeißelt. Dieses ovale Gesicht mit den ausgeprägt hohen Wangenknochen und den langen, geschwungenen Augenbrauen war offen und ausdrucksvoll. Das Kinn zeigte eine Andeutung von Emmas Energie. Das schönste aber waren die Augen. Sie waren groß, intelligent und so kornblumenblau, daß sie fast ins Violette hinüberspielten.

Sie lächelte ihre Großmutter hilfsbereit an und sagte: »Natürlich, Omi. Auch ich möchte gerne eine Tasse.« Sie stand auf. Ihr großer, schlanker Körper bewegte sich sehr anmutig. Sie ist so dünn, sagte Emma zu sich selbst, zu dünn für meinen Geschmack. Aber so war sie immer schon gewesen. Ich nehme an, sie ist so geschaffen. Als Kind war sie ein langbeiniges Fohlen, und nun ist sie ein rassiges Rennpferd. Eine Mischung aus Liebe und Stolz ließ Emmas Gesicht erstrahlen, und ihre Augen waren plötzlich voller Wärme, als sie dem Mädchen nachblickte. Sie war ihr Liebling, die Tochter ihrer Lieblingstochter Daisy.

Viele Träume und Hoffnungen Emmas konzentrierten sich auf Paula. Schon als kleines Mädchen hatte sie sich zu ihrer Großmutter hingezogen gefühlt und auffallende Wißbegierde für die Familiengeschäfte gezeigt. Ihr größtes Vergnügen war es gewesen, mit Emma in ihr Büro zu gehen und bei ihr zu sitzen, wenn sie arbeitete. Als sie noch ein Teenager war, hatte sie ein derart treffsicheres Verständnis für verwickelte Zusammenhänge im Wirtschaftsbereich gezeigt, daß Emma immer wieder erstaunt war, denn keines ihrer eigenen Kinder hatte jemals eine ähnliche Begabung für geschäftliche Angelegenheiten bewiesen. Emma war insgeheim entzückt darüber, aber sie hatte ihre Enkelin stets mit einer gewissen Angst beobachtet und abgewartet, denn sie fürchtete, daß der jugendliche Enthusiasmus eines Tages nachlassen würde. Aber das geschah nicht, im Gegenteil, er wurde stärker. Mit sechzehn Jahren wies Paula den Vorschlag zurück, die Schulausbildung in der Schweiz zu beenden, und begann, für ihre Großmutter zu arbeiten. In den nächsten Jahren trieb Emma Paula schonungslos an. Sie behandelte sie härter und strenger als jeden anderen ihrer Angestellten und führte sie mit großer Ausdauer in alle Bereiche der Harteschen Unternehmungen ein. Jetzt war Paula dreiundzwanzig Jahre alt, und sie war so klug, so fähig und so viel reifer als die meisten Mädchen ihres Alters, daß Emma ihr kürzlich eine bedeutende Stellung in der Harte Organisation übertragen hatte. Sie machte Paula zu ihrer persönlichen Mitarbeiterin – sehr zur Bestürzung und zum Ärger ihres ältesten Sohnes Kit, der ebenfalls für ihre Organisation arbeitete. Als rechte Hand ihrer Großmutter war Paula mit den meisten organisatorischen und privaten Geschäften Emmas vertraut, und als sie es für richtig hielt, wurde Paula auch ihre rechte Hand in Dingen, welche die Familie betrafen, eine Situation, die Kit unerträglich fand.

Das Mädchen kehrte lachend aus der Bordküche zurück. Als sie in ihren Sitz glitt, sagte sie: »Er hatte schon Tee für dich gekocht, Omi. Ich nehme an, er glaubt wie alle anderen, daß die Engländer nur Tee trinken. Ich habe ihm aber gesagt, daß wir lieber Kaffee möchten. Das willst du doch, nicht wahr?«

Emma nickte gedankenverloren. »Gewiß, Liebling.« Sie griff nach ihrer Aktentasche, die auf dem Nebensitz lag, und nahm ihre Brille und einen Stapel Akten heraus, von dem sie Paula eine gab. »Bitte schau dir die Zahlen an. Sie betreffen das New Yorker Warenhaus. Es würde mich interessieren, was du davon hältst. Ich glaube, wir sind dabei, einen großen Schritt weiterzukommen. Wir machen Gewinn.«

Paula schaute sie aus klugen Augen an. »Das ging schneller, als du dachtest, nicht wahr? Du hast aber auch alles sehr gründlich umorganisiert. Das sollte sich jetzt auszahlen.« Sie öffnete interessiert die Akte und richtete ihre Aufmerksamkeit auf die Zahlenkolonnen. Sie hatte Emmas Begabung, eine Bilanz rasch zu lesen und dabei, fast mit einem Blick, ihre Stärken und Schwächen zu erkennen. Sie hatte den Scharfsinn für geschäftliche Dinge von ihrer Großmutter geerbt.

Emma setzte ihre Hornbrille auf und nahm eine große blaue Akte, die Sitex Oil betraf. Als sie die Seiten rasch durchblätterte, huschte der Schatten eines grimmigen Lächelns über ihr Gesicht, und ihre Augen leuchteten zufrieden. Sie hatte gesiegt. Endlich, nach drei Jahren erbärmlicher Streitereien und Intrigen, wie sie sie noch nie erlebt hatte, war Harry Marriott seines Postens als Präsident der Sitex enthoben und in den Aufsichtsrat abgeschoben. Harry war draußen. Der neue Mann, *ihr* Mann, war nun an seiner Stelle, und die Sitex Oil war sicher. Aber ihr Sieg erfüllte sie nicht mit Freude, denn Emma freute sich nicht über den Sturz eines Menschen, und sie war nicht rachsüchtig.

Zufrieden darüber, daß die Papiere in Ordnung waren, steckte

Emma Akte und Brille wieder in die Tasche, lehnte sich in den Sitz zurück und trank ihren Kaffee in kleinen Schlucken. Später nahm sie sich die Unterlagen ihres Pariser Warenhauses vor. Sie begann schon über die Änderungen nachzudenken, die dort vorzunehmen waren. Emma wußte, daß das Warenhaus dabei war, in Schwierigkeiten zu geraten, und ihr Mund zog sich erbittert zusammen, als sie sich auf die verdammten Zahlen konzentrierte.

Paula goß sich eine neue Tasse Kaffee ein und trank langsam, während sie ihre Großmutter aufmerksam betrachtete. Das ist das Gesicht, das ich mein Leben lang gesehen und geliebt habe, dachte sie. Ein Gefühl von Zärtlichkeit überkam sie. Man sieht ihr das Alter wahrhaftig nicht an, auch wenn sie anders darüber denkt.

Sie könnte leicht für eine Frau in den frühen Sechzigern gehalten werden. Paula wußte, daß das Leben ihrer Großmutter hart und häufig qualvoll gewesen war. Aber es war erstaunlich, wie frisch ihr Gesicht immer noch war. Als sie Emma anschaute, wurde Paula klar, daß es vor allem an der edlen Form ihres Kopfes lag. Sie bemerkte die zahlreichen Fältchen um Augen und Mund ihrer Großmutter, und auch die beiden tiefen Linien, die sich von den Nasenflügeln zum Kinn zogen. Aber sie sah auch, daß die Haut der Wangen noch fest war, und die grünen Augen, die so unerbittlich schauen konnten, waren nicht die wäßrigen, zittrigen Augen einer alten Frau. Sie waren wach und wissend. Und doch spiegelt sich etwas von ihrem schweren Leben in diesem Gesicht wieder, dachte sie, als sie den entschlossenen Mund und die Linien ihres Kinns ansah, die Freude am Kampf verrieten. Paula erkannte, daß ihre Großmutter sehr hart war und unnachgiebige Augen hatte, wie ein Basilisk. Und doch war ihr klar, daß dieses selbstherrliche Aussehen oft gemildert wurde durch verführerischen Charme, Sinn für Humor und frische Natürlichkeit. Und jetzt, da ihre Selbstdisziplin nachließ, sah sie ein verwundbares Gesicht, offen, zart und voller Weisheit.

Paula wußte, daß selbst diejenigen, die ihre Großmutter fürchteten, es kaum ableugnen konnten, daß sie eine Frau von großer Ausstrahlung war, und wenige konnten sich dem Zauber ihrer Persönlichkeit entziehen. Paula hatte ihre Großmutter nie gefürchtet, aber sie wußte, daß die meisten Mitglieder der Familie Angst vor ihr hatten, besonders ihr Onkel Kit. Paula erinnerte sich, wie entzückt sie damals war, als Onkel Kit sie mit Emma verglichen hatte. »Du bist genauso schlecht wie Großmutter«, hatte er gesagt, als sie sechs oder sieben Jahre alt war. Sie hatte nicht ganz verstanden, was er meinte, oder warum er das gesagt hatte; aber aus seinem Gesichtsausdruck hatte sie geschlossen, daß es ein Tadel war. Es war großartig, als so »schlecht wie Großmutter« bezeichnet zu werden, denn das bedeutete sicher, daß auch sie etwas Besonderes wie Großmutter war, und jeder *sie* fürchtete, so wie jeder ihre Großmutter fürchtete.

Emma schaute von ihren Papieren auf und unterbrach Paulas Gedanken. »Würdest du nach Paris fliegen, wenn wir New York verlassen, Paula? Ich glaube wirklich, ich muß einige Änderungen in der Verwaltung vornehmen, nachdem ich die Bilanzen durchgesehen habe.«

»Ich werde nach Paris fliegen, wenn du es willst, aber ich sage dir die Wahrheit. Ich hatte nämlich vor, einige Zeit in Yorkshire zu verbringen, Omi. Ich wollte dir vorschlagen, daß ich in den Warenhäusern im Norden nach dem Rechten sehe«, sagte Paula mit leichter ungezwungener Stimme.

Emma war wie vom Donner gerührt und versuchte nicht, ihr Erstaunen zu verbergen. Sie nahm langsam die Brille ab und betrachtete ihre Enkelin interessiert. Das Mädchen wurde unter dem forschenden Blick verwirrt, und ihr blasses, elfenbeinfarbiges Gesicht errötete. Sie schaute zur Seite, senkte die Lider und murmelte: »Nun, du weißt, ich gehe dahin, wo ich am meisten gebraucht werde. Offensichtlich ist es Paris.« Sie saß sehr still und spürte, wie sehr sie ihre Großmutter mit ihrem Plan überrascht hatte.

»Warum bist du so plötzlich an Yorkshire interessiert?« fragte Emma. »Es kommt mir vor, als ob da oben etwas von unheilvoller Faszination sei! Jim Fairley, nehme ich an«, fügte sie hinzu, womit sie andeutete, daß Paulas rasche Annahme ihres Vorschlags sie nicht hatte täuschen können.

Paula bewegte sich unruhig in ihrem Sitz und vermied den forschenden Blick ihrer Großmutter. Sie lächelte zögernd, errötete noch tiefer, und sagte abwehrend: »Lächerlich. Ich habe nur gedacht, es sei notwendig, in den nördlichen Warenhäusern Inventur zu machen.«

Emma dachte: Ich kann die Gedanken von Paula lesen wie ein Buch. Natürlich ist es Fairley. Laut sagte sie: »Ich weiß, daß du ihn siehst, Paula.«

»Nicht mehr!« flüsterte Paula. Ihre Augen blitzten, und ihre Lippen bebten. »Ich habe schon vor Monaten aufgehört, mich mit ihm zu treffen!« Noch während sie sprach, bemerkte sie ihren Fehler. Ihre Großmutter hatte ihr eine Falle gestellt, und sie hatte etwas zugegeben, was sie sich geschworen hatte, niemals auszusprechen.

Emma lächelte, aber ihr Blick war stählern. »Sei nicht so aufgeregt. Ich bin nicht verärgert. In Wirklichkeit war ich es nie. Ich habe mich nur gewundert, warum du es mir nie erzählt hast. Du verheimlichst mir doch sonst nie etwas.«

»Erstens habe ich nichts gesagt, weil ich weiß, was du für die Fairleys empfindest. Rache! Und ich wollte dich nicht aus der Fassung bringen. Gott weiß, daß du genug Ärger in deinem Leben hattest, ohne daß ich dir noch mehr bereiten muß. Als ich aufhörte, mich mit ihm zu treffen, gab es keinen Grund mehr, die Sache zu erwähnen. Ich wollte dich nicht unnötig beunruhigen, das war alles.«

»Die Fairleys bringen mich nicht aus der Fassung«, zischte Emma. »Und falls du es vergessen haben solltest, Jim Fairley ist bei mir angestellt, meine Liebe. Ich hätte ihm kaum die Yorkshire Consolidatet Newspaper Company unterstellt, wenn ich kein Vertrauen in ihn gesetzt hätte.« Emma schaute Paula prüfend an und fragte neugierig: »Warum triffst du dich nicht mehr mit ihm?«

»Weil ich ... wir ... er ... weil«, fing Paula an und zögerte dann. Sie fragte sich, ob sie es wagen durfte fortzufahren. Sie wollte ihre Großmutter nicht verletzen. Aber in ihrer listigen Art hat sie die ganze Zeit von unserer Beziehung gewußt, dachte Paula. Das Mädchen holte tief Atem, und da sie wußte, daß sie in der Falle saß, sagte sie: »Ich habe ihn nicht mehr gesehen, weil ich fand, daß ich in Schwierigkeiten kommen würde. Falls ich ihn weiterhin getroffen hätte, hätte es mir schließlich nur Kummer gebracht und ihm auch, ebenso wie dir.« Sie schwieg und schaute zur Seite. Dann fuhr sie mit ruhiger Stimme fort: » Du weißt, daß du nie einen Fairley in der Familie geduldet hättest, Großmutter.«

»Da bin ich mir nicht so sicher«, sagte Emma sehr leise. So war das also, dachte sie. Plötzlich fühlte sie sich unaussprechlich schwach. Ihre Wangen schmerzten, und ihre Augen brannten vor Müdigkeit. Sie sehnte sich danach, diese dumme und sinnlose Diskussion zu beenden. Emma versuchte Paula zuzulächeln, aber ihr Mund war trocken, und ihre Lippen wollten sich nicht bewegen. Ihr Herz zog sich zusammen, und sie war von einer schmerzenden Traurigkeit erfüllt, von der sie dachte, sie sei schon seit Jahren aus ihrem Herzen gewichen. Dann war die Erinnerung an ihn da, so klar, daß sie sich wie Säure in ihr Hirn einfraß, und ihr Gesicht veränderte sich so jäh, daß ihre Haut sich über den Wangenknochen spannte. Emma sah Edwin Fairley so lebendig, als ob er vor ihr stünde. Und in seinem Schatten stand Jim Fairley, sein Ebenbild. Edwin Fairley, sonst in ihrer Erinnerung kaum faßbar, war nun für immer eingefangen und festgehalten. All die Qual, die er ihr zugefügt hatte, war da, spürbar. Sie war so aufgewühlt, daß sie nicht sprechen konnte.

Paula beobachtete ihre Großmutter aufmerksam, und sie hatte Angst um sie, als sie den traurigen Ausdruck in diesem ernsten Gesicht sah. Emmas Augen blickten leer in den Raum, und ihre Lippen waren zu einer harten, bitteren Linie zusammengepreßt. Alle Fairleys sollen verdammt sein, fluchte sie. Sie lehnte sich vor und nahm besorgt die Hand ihrer Großmutter. »Es ist vorbei, Omi. Es war nichts von Bedeutung. Ehrlich. Ich mache mir nichts daraus. Ich *will* nach Paris fliegen, Omi! Oh, Omi, meine Liebe, schau bitte nicht so. Ich kann das nicht ertragen.« Paula lächelte unsicher, betroffen, ängstlich und versöhnlich. Wut stieg in ihr auf, weil sie zugelassen hatte, daß ihre Großmutter in diese lächerliche Konversation verwickelt wurde, ein Gespräch, das sie monatelang vermieden hatte.

Nach einer Weile schwand der gequälte Ausdruck aus Emmas Gesicht. Sie gewann wieder Kontrolle über sich, indem sie ihren beachtlichen eisernen Willen zuhilfe nahm, der die Wurzel ihrer Macht und Stärke war. »Jim Fairley ist ein guter Mann. Er ist anders als die übrigen . . .«, begann sie. Sie wollte fortfahren und Paula sagen, daß sie ihre Freundschaft mit Jim Fairley fortsetzen könne. Aber es war ihr unmöglich. Sie konnte es nicht. Gestern war heute. Die Vergangenheit war unveränderlich.

»Sprechen wir nicht über die Fairleys. Ich sagte, daß ich nach Paris fliegen will«, beharrte Paula, indem sie die Hand der Großmutter fest drückte. »Du weißt es am besten, und vielleicht sollte ich in jedem Fall das Warenhaus überprüfen.«

»Ich denke, du *mußt* hinüber, Paula, um zu sehen, was los ist.«

»Ich fliege, sobald wir nach London zurückkehren«, sagte Paula rasch.

»Ja, das ist eine gute Idee«, stimmte Emma zu. Sie war

glücklich, daß Paula das Gesprächsthema gewechselt hatte, aber sie stand auch instinktiv unter Zeitdruck, wie immer in ihrem Leben. Zeit war für Emma eine kostbare Ware. Zeit hatte sie immer mit Geld gleichgesetzt, und sie wollte sie nun nicht verschwenden, indem sie in der Vergangenheit verweilte und schmerzvolle Ereignisse heraufbeschwor, die vor mehr als sechzig Jahren stattgefunden hatten.

Emma war immer in Eile, um vorwärtszukommen, und sagte nun: »Ich glaube, ich muß direkt ins Büro gehen, wenn wir in New York ankommen. Charles kann das Gepäck in die Wohnung bringen, wenn er uns abgesetzt hat. Ich bin besorgt wegen Gaye, verstehst du. Hast du etwas Besonderes bemerkt, als du mit ihr telefoniert hast?«

Paula saß zurückgelehnt in ihrem Sitz. Sie war wieder entspannt und ruhig, erleichtert darüber, daß das Thema Jim Fairley so rasch abgeschlossen war. »Nein, mir ist nichts aufgefallen. Was meinst du?«

»Ich könnte nichts Genaues sagen«, fuhr Emma gedankenvoll fort, »aber ich spüre instinktiv, daß etwas nicht stimmt. Sie klang während aller Gespräche so beunruhigt. Ich merkte es an dem Tag, als sie von London kam und mich bei der Sitex anrief. Ihre Stimme klang verändert, fandest du das nicht auch?«

»Nein. Allerdings hat sie auch meistens mit dir gesprochen, Großmutter. Ich glaube nicht, daß es mit den Geschäften in London Ärger gibt, nicht wahr?« fragte Paula beunruhigt.

»Ich hoffe wirklich, daß dies nicht der Fall ist«, antwortete Emma. Es war ihr nicht möglich, die Besorgnis in ihrer Stimme zu verbergen. »Das hätte mir nach der Geschichte mit Sitex gerade noch gefehlt.« Sie trommelte mit den Fingern einen Augenblick lang auf den Tisch und sah dann aus dem Fenster. Ihre Gedanken waren wohl bei ihren Geschäften und ihrer Sekretärin, Gaye Sloane.

Mit ihrem scharfen, berechnenden Verstand erwog sie alles, was in London schiefgelaufen sein könnte, gab es dann aber auf. Alles mögliche konnte geschehen sein, und es war sinnlos, Vermutungen anzustellen. Auch das war Zeitverschwendung.

Sie wandte sich an Paula und verzog das Gesicht. »Wir werden es früh genug erfahren, meine Liebe. Wir landen in Kürze.«

2

Die amerikanischen Büros der Harte Enterprises lagen über sechs
Stockwerke verteilt in einem modernen Bürohaus in der Park
Avenue. Wenn die englische Warenhauskette, die Emma vor
Jahren gegründet hatte, das sichtbare Symbol ihres Erfolges war,
so waren die Harte Enterprises der Kern. Es war eine gewaltige
Organisation, die ihre Zweige über die halbe Welt ausstreckte. Sie
kontrollierte Kleiderfabriken, Walkmühlen, Grundbesitz, eine
Einzelhandelsgesellschaft in England und riesige Anteile an ande-
ren wichtigen englischen Gesellschaften.

Als ursprüngliche Gründerin dieser Gesellschaft besaß Emma
immer noch 100 Prozent der Anteile an den Harte Enterprises,
und sie standen allein unter ihrer Kontrolle, ebenso wie die
Warenhauskette, die ihren Namen trug. Es gab Filialen in Nord-
england, London, Paris und New York. Harte Stores war eine
Aktiengesellschaft. Emma besaß die Aktienmehrheit und war
Verwaltungsratsvorsitzende. Zu dem vielfältigen Besitz der Harte
Enterprises gehörten Grundstücke, Kleiderfabriken und Aktien-
anteile an anderen Industrien in Amerika.

Obwohl Harte Stores und Harte Enterprises ein Millionenvermögen darstellten, waren sie nur ein Teil ihres Besitzes. Neben
einem Anteil von 40 Prozent der Aktien der Sitex Oil Corporation
of America besaß sie in Australien Grundstücke, Erz- und Koh-
lengruben und die größte Schafzucht von New South Wales. In
London kontrollierte sie eine kleine, aber sehr reiche Gesellschaft, die E. H. Incorporated, ihr privates Kapital und ihren
Grundbesitz.

Es war Emma zur Gewohnheit geworden, mehrmals im Jahr
nach New York zu reisen. Sie befaßte sich aktiv mit allen
Bereichen ihres Wirtschaftsimperiums, und obwohl sie ihren
höchsten Angestellten kein eigentliches Mißtrauen entgegen-

brachte – denn sie vertraute auf ihr gesundes Urteilsvermögen, wenn sie jemanden auswählte –, so besaß sie doch die typische, mißtrauische Wachsamkeit der Leute von Yorkshire. Es war ihr angeboren, nichts dem Zufall zu überlassen, und sie glaubte auch, es sei sehr wichtig, daß man sie von Zeit zu Zeit in New York wußte.

Jetzt, als der Cadillac, welcher sie am Kennedy Airport abgeholt hatte, vor dem Wolkenkratzer hielt, der die Büros ihrer Gesellschaft beherbergte, kehrten Emmas Gedanken zu Gaye Sloane zurück. Emma hatte Gayes Nervosität schon beim ersten Telefongespräch bemerkt, als sie von London angekommen war. Zunächst hatte sie geglaubt, sie sei auf den anstrengenden Transatlantikflug zurückzuführen, aber Gayes Unruhe hatte sich in den letzten Tagen eher verstärkt. Emma hatte das Zittern in Gayes Stimme bemerkt, ihre knappe Art und ihren offensichtlichen Drang, die Telefonate so schnell wie möglich zu beenden. Das verblüffte Emma nicht nur, sondern beunruhigte sie ernsthaft. Gaye verhielt sich völlig ungewöhnlich. Emma erwog die Möglichkeit, daß ihre Sekretärin persönliche Probleme habe. Aber sie verwarf diesen Gedanken wieder, da sie Gaye zu gut kannte. Instinktiv wußte Emma, daß sie ein geschäftliches Problem hatte, etwas, was von großer Bedeutung war und was sie aufs äußerste bewegte. Sie beschloß, das Gespräch mit Gaye an die erste Stelle ihrer Tagestermine zu setzen.

Emma fröstelte, als sie den Wagen verließen. Es war ein rauher Januartag, und obwohl die Sonne schien, blies ein scharfer Wind vom Atlantik. Sie konnte sich kaum an eine Zeit erinnern, in der sie nicht diese Eiseskälte im ganzen Körper gespürt hatte. Es war, als ob der Frost von ihr Besitz ergriffen hätte, und ihr Blut gefroren war. Diese starre, quälende Kälte war während ihrer Kindheit in ihren Körper eingedrungen und hatte sie seitdem kaum verlassen – weder unter tropischer Sonne noch vor einem heißen Kaminfeuer, nicht einmal in den zentralgeheizten Räumen in New York, die sie gewöhnlich erstickend fand. Sie hustete, denn sie hatte sich vor der Abreise nach Texas erkältet, und diese Erkältung hatte sich in ihrer Brust festgesetzt, quälte sie mit einem trockenen Husten, der ständig wieder auftrat. Als sie in das Haus kamen, war Emma ausnahmsweise einmal dankbar für die Backofenhitze in ihren Büros. Sie fuhren mit dem Aufzug in das 30. Stockwerk, wo ihre eigenen Räume lagen. »Ich glaube, es ist besser, wenn ich sofort mit Gaye spreche, allein«, sagte Emma, als sie den Aufzug verließen. »Du kannst inzwischen mit Johnston die Bilanzen des New Yorker Warenhauses prüfen«, schlug sie vor.

Paula nickte. »Gut. Ruf mich, wenn du mich brauchst, Großmutter. Ich hoffe, es ist alles in Ordnung.« Paula wandte sich nach links, als Emma zu ihrem eigenen Büro schritt.

Emma lächelte die Empfangsdame an und tauschte einige freundliche Grüße mit ihr, bevor sie die Doppeltür durchschritt, die in ihre persönliche Domäne führte. Sie schloß die Tür fest hinter sich, denn sie schätzte den amerikanischen Brauch nicht, die Türen der Arbeitszimmer offenzulassen. Sie empfand es störend, denn sie liebte die völlige Zurückgezogenheit. Sie warf ihren Tweedmantel und ihre Handtasche achtlos auf eines der Sofas und ging, immer noch die Aktentasche in der Hand, zu ihrem Schreibtisch. Er bestand aus einer riesigen Glasplatte auf einfachen, glatten Stahlfüßen und bildete den dramatischen Mittelpunkt in dem prachtvollen Büro. Von hier aus blickte sie in den weitläufigen freundlichen Raum und zu einem riesigen Fenster, das sich über die ganze Wandbreite erstreckte und bis zur Decke reichte. Es gewährte einen Blick über die Skyline der Stadt. Emma hielt diesen Ausblick immer für ein lebendiges Gemälde von enormèr Macht und Reichtum, für das Herz der amerikanischen Industrie.

Sie liebte ihr New Yorker Büro, obwohl es sich sehr von ihren Arbeitsräumen im Londoner Warenhaus unterschied, welches mit heiteren Antiquitäten aus der georgianischen Zeit gefüllt war, die sie seit langem bevorzugte. Hier war die Atmosphäre sachlich und modern, denn Emma hatte ein gutes Stilgefühl und war der Meinung, daß trotz ihrer Vorliebe für Möbel aus vergangenen Epochen, hier in dieser nüchternen Architektur aus Beton, Stahl und Glas ein solches Mobiliar nicht angebracht war. So hatte sie das Beste ausgesucht, was an modernem Design zu haben war. Stühle von Mies van der Rohe neben breiten, eleganten italienischen Sofas, alle mit dunklem Leder gepolstert, das sanft und geschmeidig wie Seide war. Es gab große Bücherschränke aus Stahl und Glas, und kleine Schränke aus glattpoliertem Rosenholz. Tischplatten aus italienischem Marmor waren auf Chromfüße gesetzt. Aber trotz dieser modernen Einrichtung war das Büro nicht streng oder kalt. Es hatte klassische Eleganz und war ein Zeugnis erlesenen Geschmacks. Es besaß in der Tat eine ruhige Schönheit, eine Sanftheit, die von den verschwommenen Farbtönen aus sich mischenden Blau- und Grautönen herrührte, welche sich über den Boden und die Wände ausbreiteten. Diese gedämpften Töne wurden hier und da durch leuchtendere Farben von Kissen und Sofas belebt. Unbezahlbare Gemälde französischer Impressionisten schmückten die Wände. Emmas Kunstverständnis bewies sich auch in Skulpturen von Henry Moore und Brancusi, und in den Tempelköpfen von Angkor Wat, die auf schwarzen Marmorsockeln im Raume standen. Das riesige Fenster war von hauchdünnen, blaugrauen Vorhängen bedeckt, die wie Nebelschwaden von der Decke fielen, und wenn sie, so wie jetzt, zurückgezogen waren, schien der Raum ein Teil des Himmels zu sein. Es war, als hinge er über den emporragenden Betonmonolithen von Manhattan.

Emma lächelte, als sie sich an den Schreibtisch setzte, denn Gayes Arbeit war klar erkennbar. Die große Glasplatte war ordentlich aufgeräumt, genauso, wie sie es liebte. Auf dem Schreibtisch befanden sich nur die Telefone, der silberne Halter für das Schreibgerät, der gelbe Block, den sie für Notizen benutzte und die praktische, metallene Schwenklampe, die den Tisch mit hellem Licht überflutete. Ihre Korrespondenz, Büronotizen und eine große Anzahl von Fernschreiben waren gesondert aufgestapelt. Die wichtigsten Notizen lagen zusammengeheftet neben den Telefonen. Sie nahm ihre Brille, las die Notizen und Fernschreiben, schrieb einige Bemerkungen darauf und läutete dann nach Gaye.

Im Augenblick, als sie eintrat, wußte Emma, daß ihre Befürchtungen nicht unbegründet waren. Gaye war verstört und hatte tiefe Ringe unter den Augen. Sie schien vor innerer Spannung zu zittern. Gaye Sloane war achtunddreißig Jahre alt und seit sechs Jahren Emmas erste Sekretärin; angestellt war sie bei ihr allerdings schon seit zwölf Jahren. Sie war ein Muster an Sorgfalt und Tüchtigkeit und Emma sehr ergeben; sie bewunderte ihre Chefin nicht nur, sondern empfand auch starke Zuneigung für sie. Die große, gut gewachsene, attraktive junge Frau war stets zurückhaltend und ruhig und hatte sich gewöhnlich gut unter Kontrolle.

Aber als sie durch den Raum ging, bemerkte Emma, daß Gaye ihre Nervosität kaum verbergen konnte. Sie tauschten einige freundliche Worte, und Gaye setzte sich Emma gegenüber, ihren Notizblock hielt sie in der Hand.

Emma lehnte sich in ihrem Stuhl zurück. Sie nahm bewußt eine entspannte Haltung ein, um Gaye ein möglichst großes Gefühl der Ruhe zu vermitteln. Sie sah ihre Sekretärin freundlich an und fragte ruhig: »Was stimmt nicht, Gaye?«

Gaye zögerte etwas und sagte dann ziemlich rasch, bemüht, ihre Überraschung zu verbergen: »Warum? Nichts, Mrs. Harte. Wirklich, ich bin nur müde. Die Zeitverschiebung, denke ich.«

»Vergessen wir die Zeitverschiebung, Gaye. Ich glaube, Sie sind äußerst nervös, und das waren Sie, seit Sie in New York ankamen. Nun, kommen Sie, meine Liebe, erzählen Sie, was Sie bekümmert. Ist hier etwas, oder gibt es ein geschäftliches Problem in London?«

»Nein. Natürlich nicht!« rief Gaye, aber sie erbleichte und schaute zur Seite, um Emmas ruhigem Blick auszuweichen.

Emma bemerkte es sofort. Sie straffte sich und lehnte sich vor. Ihre Arme lagen auf dem Schreibtisch, und ihre Augen glitzerten hinter der Brille. Sie spürte die unterdrückte Erregung der jungen Frau immer stärker und fühlte, daß Gaye etwas sehr Ernstes beunruhigte. Als sie sie weiter beobachtete, dachte sie, daß Gaye einem Zusammenbruch nahe war.

»Sind Sie krank, Gaye?«

»Nein, Mrs. Harte. Mir geht es sehr gut, danke.«

»Ist es etwas in Ihrem Privatleben, was Sie beunruhigt?« Emma fragte nun so geduldig, wie sie konnte. Sie war entschlossen, der Sache auf den Grund zu kommen.

»Nein, Mrs. Harte.« Gaye flüsterte nur noch.

Emma setzte die Brille ab und schaute Gaye lange und durchdringend an. Dann sagte sie lebhaft: »Los, los, meine Liebe! Ich kenne Sie zu gut. Irgend etwas bedrückt Sie, und ich verstehe nicht, warum Sie's mir nicht sagen wollen. Haben Sie einen Fehler gemacht und fürchten Sie jetzt eine Erklärung? Sicher nicht nach all den Jahren. Niemand ist unfehlbar, und ich bin nicht das Ungeheuer, für das man mich hält. Vor allem Sie sollten das inzwischen wissen.«

»Oh, das weiß ich, Mrs. Harte...« Die Stimme erstickte. Sie war den Tränen nahe. Ihr Herz klopfte immer heftiger, und sie glaubte, es würde zerspringen.

Die Frau, die Gaye gegenüber saß, hatte sich völlig in der Gewalt. Und sie war kein Schwächling. Gaye wußte das nur zu gut. Sie war widerstandsfähig und elastisch. Eine unbeugsame

Frau, die ihren ungeheuren Erfolg allein durch ihren hervorragenden Charakter und ihre Willensstärke errungen hatte. Außerdem war sie in geschäftlichen Dingen einfallsreich und scharfsinnig. Für Gaye war Emma so unverwüstlich wie Stahl, der nicht zerbrochen werden kann. Aber ich bin dabei, sie zu zerbrechen, dachte sie, und wieder wurde sie von Panik ergriffen.

Emma hatte Gaye sorgfältig beobachtet und mit ihrem Scharfblick die Empfindungen bemerkt, die sich im Gesicht ihrer Sekretärin widerspiegelten. Sie hatte mit Unruhe das Zucken der Muskeln und die Furcht in ihren Augen gesehen. Emma stand entschlossen auf und ging zum Barschrank, goß Kognak in ein Glas und brachte es Gaye.

»Trinken Sie das, meine Liebe. Dann fühlen Sie sich besser«, sagte sie und streichelte teilnahmsvoll Gayes Arm.

Gaye traten Tränen in die Augen, und ihre Kehle schmerzte. Der Kognak war stark und brannte in ihrem Hals, aber sie war dankbar dafür. Sie trank in kleinen Schlucken und erinnerte sich daran, wie freundlich Emma in all den Jahren zu ihr gewesen war. In diesem Augenblick wünschte sie sich sehnlichst, daß nicht sie es sein müßte, die diese Neuigkeiten mitzuteilen hatte. Gaye war klar, daß es Leute gab, die Emma als unbeugsamen Gegner kannten, die sie für zynisch, raffgierig, listig und skrupellos hielten. Andererseits wußte Gaye, daß sie mit ihrer Zeit und ihrem Geld großzügig umging und ein mitfühlendes Herz hatte. So wie sie jetzt voller Verständnis war. Vielleicht war Emma willensstark und herrisch, sogar machtbesessen. Aber sicher hatte das Leben sie so geformt. Gaye hatte zu Emmas Kritikern immer ehrlich gesagt, daß unter allen Wirtschaftsbossen ihrer Größe, Emma Harte die einzige war, die Mitleid hatte, die gerecht, mild und unendlich freundlich war.

Schließlich merkte Gaye, daß ihr Schweigen schon zu lange dauerte und daß Emma sie fest anschaute. Sie stellte das Glas auf den Schreibtisch und lächelte Emma schwach an. »Danke, Mrs. Harte. Ich fühle mich besser.«

»Gut. Nun, Gaye, warum vertrauen Sie mir nicht? So schlimm kann es doch gar nicht sein.«

Gaye war wie gelähmt, unfähig zu sprechen.

Emma lehnte sich vor. »Schauen Sie mich an, hat es etwas mit mir zu tun?« Ihre Stimme war ruhig und fest.

Diese Ruhe gab Gaye anscheinend etwas mehr Vertrauen. Sie

nickte mit dem Kopf und wollte schon sprechen, aber als sie den Blick in Emmas Augen sah, verließ sie erneut der Mut. Sie schlug die Hände vors Gesicht und schrie unwillkürlich: »O Gott! Wie kann ich Ihnen das sagen!«

»Heraus damit, Gaye!« sagte Emma fest. »Wenn Sie nicht wissen, wo Sie anfangen sollen, beginnen Sie einfach in der Mitte. Aber reden Sie. Es ist oft der beste Weg, über unangenehme Dinge zu sprechen; und ich vermute, daß es etwas Unangenehmes ist.«

Gaye nickte und begann zögernd, bemüht, die Tränen zurückzuhalten, in abgehackten Sätzen zu sprechen. Ihre Hände zitterten nervös, und ihre Augen waren weit aufgerissen. Sie sprach stoßweise, jetzt wollte sie alles sagen und so rasch wie möglich mit ihrer Erzählung fertig werden. Es würde eine Erleichterung sein, denn schon seit Tagen quälte sie sich.

»Es war die Tür... Ich erinnerte mich... Ich ging zurück... Ich hörte sie sprechen... Nein schreien... Sie waren wütend... stritten sich... Sie sagten...«

»Einen Moment, Gaye.« Emma hob die Hand, um ihre zusammenhanglose Wortflut zu stoppen. »Ich möchte Sie nicht unterbrechen, aber können Sie vielleicht versuchen, etwas deutlicher zu sein. Ich weiß, Sie sind aufgeregt. Aber reden Sie langsamer und beruhigen Sie sich. Welche Tür?«

»Entschuldigung.« Gaye holte tief Atem. »In London. Die Tür des Aktenzimmers, die in den Sitzungssaal führt. Ich hatte letzten Freitag abend vergessen, sie zu schließen. Ich verließ gerade das Büro, als mir einfiel, daß ich das Tonbandgerät nicht abgeschaltet hatte. Dabei erinnerte ich mich an die Tür. Ich ging zu meinem Büro zurück, denn ich wollte am Samstag abend nach New York fliegen. Ich öffnete die Tür auf meiner Seite und ging durch das Aktenzimmer, um die Tür am anderen Ende zu schließen.«

Während Gaye sprach, sah Emma vor ihrem geistigen Auge das Aktenzimmer in dem Stockwerk des Londoner Warenhauses, wo die Büros der leitenden Angestellten lagen. Es war ein langer, enger Raum, in dem auf beiden Seiten Aktenschränke bis zur Decke standen. Vor einem Jahr hatte Emma einen Durchbruch zum Sitzungssaal machen lassen. Auf diese Weise war es leichter, während der Sitzungen an notwendige Dokumente heranzukommen. Außerdem verband nun das Aktenzimmer den Sitzungssaal direkt mit den Büros der leitenden Angestellten, und man konnte auf diese Weise viel Zeit sparen.

Eine böse Ahnung schnürte Emma die Kehle zu. Gaye hatte offensichtlich eine äußerst wichtige Unterredung gehört, sonst hätte sie nicht so erschreckt reagiert. Unzählige Fragen beschäftigten Emmas Gedanken, aber sie drängte sie zurück. Sie nickte ihrer Sekretärin zu und bat sie fortzufahren.

»Ich weiß, daß Sie besonders darauf achten, daß diese Tür geschlossen ist, Mrs. Harte. Als ich von meinem Büro aus durch das Aktenzimmer ging, bemerkte ich, daß die Türe nicht nur unverschlossen, sondern auch geöffnet war... angelehnt. Da hörte ich sie... durch die Türspalte. Ich wußte nicht, was ich tun sollte. Ich fürchtete, sie würden mich hören, wenn ich die Türe schließen und absperren würde. Ich wollte nicht, daß jemand dachte, ich hätte gelauscht. So blieb ich einen Moment stehen und machte das Licht aus. Dann würde niemand wissen, daß ich im Aktenzimmer war. Mrs. Harte, ich...« Gaye hielt inne und schluckte.

»Weiter, Gaye. Es ist schon in Ordnung.«

»Ich habe nicht gelauscht, wirklich nicht, Mrs. Harte. Sie wissen, daß ich nicht so bin. Es war reiner Zufall..., daß ich sie gehört habe, meine ich. Ich hörte, wie sie sagten... sagten...«

Gaye hielt wieder inne. Sie zitterte am ganzen Körper, und ihr Mund fühlte sich plötzlich trocken an. Sie sah Emma an, die kerzengerade in ihrem Stuhl saß. Ihr Gesicht war eine undurchdringliche Maske.

»Ich hörte sie sagen, nein, *einen* von ihnen sagen, daß Sie zu alt sind, um die Geschäfte zu führen. Daß es schwierig werden würde, zu beweisen, Sie seien senil und unfähig, aber daß Sie mit einem Rücktritt einverstanden sein würden, um einen Skandal zu vermeiden und eine Katastrophe mit den Harte-Aktien an der Londoner Börse zu verhindern. Darüber disputierten sie. Dann sagte der, der am meisten redete, daß die Warenhäuser verkauft werden müßten, und das sei nicht schwierig, da einige Gesellschaften an einer Übernahme interessiert seien. Er sagte weiter, daß Harte Enterprises stückweise verkauft werden können...« Gaye zögerte und schaute Emma an, um ihre Reaktion festzustellen. Aber Emmas Gesicht war immer noch unergründlich.

Die Sonne kam hinter grauen Wolken hervor und schien in das Zimmer. Sie warf eine Flut von hellem Licht in den Raum, das hart und unerbittlich war. Sie ließ Stahl, Glas und Marmor mit so gewaltiger Kraft aufleuchten, daß der Raum Emma plötzlich fremd, unrealistisch und erschreckend wirkte. Das brennende Licht schien in Emmas Hirn einzudringen. Sie blinzelte und schützte die Augen mit der Hand.

»Würden Sie bitte den Vorhang schließen, Gaye«, murmelte sie heiser.

Gaye eilte durch den Raum und drückte einen Knopf. Die Vorhänge schlossen sich mit leisem Rascheln, und die durchdringende Helligkeit wurde sanft gemildert. Sie kehrte zu ihrem Stuhl zurück und schaute Emma an. Dann fragte sie teilnehmend: »Geht es Ihnen auch gut, Mrs. Harte?«

Emma hatte auf ihren Schreibtisch gestarrt. Langsam hob sie den Kopf und schaute mit leeren Augen zu Gaye hinüber. »Ja. Bitte, fahren Sie fort. Ich möchte alles wissen. Und ich bin vollkommen sicher, daß es noch mehr zu wissen gibt.«

»Ja, das stimmt. Der andere sagte, es sei nutzlos, jetzt mit Ihnen zu kämpfen, sei es persönlich oder per Gesetz. Sie könnten nicht mehr viel länger leben, Sie seien alt, sehr alt, fast achtzig Jahre. Und der andere meinte, Sie seien so zäh, daß man Sie am Ende erschießen müsse.« Gaye hielt sich die Hand vor den Mund, um ein Schluchzen zu unterdrücken. Tränen traten ihr in die Augen. »Oh, Mrs. Harte. Es tut mir so entsetzlich leid.«

Emma saß so still, als wäre sie aus Stein gemeißelt. Ihre Augen waren plötzlich kalt und berechnend. »Sagen Sie mir, wer diese beiden *Herren* waren? Wohlgemerkt, diese Bezeichnung bedeutet nichts«, fügte sie mit bitterem Sarkasmus hinzu. Bevor Gaye eine Möglichkeit hatte, Emmas Frage zu beantworten, wußte Emma tief in ihrem Innern genau, wen Gaye verdammen würde, wenn sie den Mund auftat. Und doch glaubte sie irgendwie noch nicht daran, hoffte immer noch. Sie mußte es aus Gayes Mund hören, um es wirklich glauben zu können, um ihren eigenen, vernichtenden Verdacht als Tatsache hinnehmen zu können.

»O Gott, Mrs. Harte! Ich wollte, ich müßte Ihnen das nicht sagen!« Sie holte tief Atem. »Es waren Mr. Ainsley und Mr. Lowther. Sie begannen wieder zu streiten, und Mr. Lowther meinte, man müsse die Mädchen auf der Seite haben. Mr. Ainsley sagte, die Mädchen *seien* auf ihrer Seite und er habe bereits mit ihnen gesprochen. Aber er habe nicht mit Mrs. Amory gesprochen, da *sie* niemals zustimmen würde. Er sagte, man dürfe unter keinen Umständen mit ihr reden, denn sie würde Ihnen sofort alles berichten. Mr. Lowther meinte erneut, man könne die Geschäfte nicht übernehmen, solange Sie am Leben seien. Er sagte Mr. Ainsley, daß ihnen das nie gelingen würde, weil sie nicht die Macht dazu hätten. Auch besäßen sie zusammen nicht genug Aktien, um die Kontrolle zu übernehmen. Er sagte, man müsse warten, bis Sie tot seien. In diesem Punkt war er unnachgiebig. Außerdem sagte er zu Mr. Ainsley, daß er selbst ein Anrecht auf die Hauptanteile der Harte-Kette habe und daß er sicher sei, Sie würden ihm diese Aktien vererben. Er informierte Mr. Ainsley darüber, daß er beabsichtige, die Harte-Kette zu führen, und er niemals einem Verkauf der Warenhäuser zustimmen würde. Mr. Ainsley war wütend, fast hysterisch, und begann, Mr. Lowther furchtbar anzuschreien. Aber Mr. Lowther konnte ihn schließlich beruhigen, indem er sagte, er stimme dem Verkauf der Harte Enterprises zu. Das würde Mr. Ainsley all die Millionen einbringen, die er haben wollte. Dann fragte Mr. Ainsley, ob Mr. Lowther wisse, was in Ihrem Testament steht. Mr. Lowther verneinte dies, aber er war der Meinung, Sie würden zu allen fair sein. Er drückte seine Besorgnis wegen Paula aus, weil sie mit Ihnen so vertraut ist. Er sagte, er ahne nicht, was sie Ihnen bereits abschwatzen konnte. Das regte Mr. Ainsley wieder auf, und er sagte, man müsse einen Aktionsplan aufstellen, einen der nach Ihrem Tod sofort wirkungsvoll angewendet werden könne in dem Fall, daß Ihr Testament sie nicht begünstigen würde.«

Gaye hielt atemlos inne. Sie saß auf dem Rand ihres Stuhles und fühlte sich krank, obwohl jetzt, da sie ihre Geschichte erzählte, das gräßliche Zittern plötzlich aufgehört hatte. Sie war vollkommen ruhig. Aber sie fühlte sich erschöpft und leer, als sie Emma erwartungsvoll ansah.

Emma war unfähig zu sprechen, sich zu bewegen oder zu denken, so niedergeschmettert und erschüttert war sie. Der Raum, vor wenigen Augenblicken noch in gedämpftes Sonnenlicht gehüllt, hatte sich während Gayes Erzählung verdunkelt, und die warme Luft, diese erstickende Luft, war kalt geworden wie in der Arktis. Als sie über Gayes Worte nachsann, stieg ihr das Blut in den Kopf, und Mattigkeit überfiel sie. Sie war vernichtet, ohne Bindung, und fühlte in ihrem Körper eine bleierne, betäubende Müdigkeit.

Ihr Herz, ihr müdes Herz, klopfte unruhig, und es schien

Emma, daß es in diesem Augenblick zu einem kalten, harten Stein wurde. Eine ungeheure Qual überwältigte sie. Es war die Qual der Verzweiflung, die Qual über den Verrat. Ihre beiden Söhne intrigierten gegen sie. Robin und Kit. Halbbrüder, die sich nie vertragen hatten, waren nun im Verrat Partner geworden. Sie konnte es nicht glauben und war entsetzt, als sie dachte: Allmächtiger Gott! Das ist nicht möglich. Das kann nicht möglich sein. Nicht Kit. Nicht Robin. Sie könnten nie so korrupt und raffgierig sein. Niemals. Nicht meine Jungen! Aber irgendwo im tiefsten Innern ihrer Seele und ihrer Gedanken wußte sie, daß es wahr war. Und diese Qualen in ihrem Herzen, ihrer Seele und ihrem Körper wurden von einer so eiskalten Wut abgelöst, daß ihr Verstand wieder glasklar wurde. Sie sprang auf. Schwach, fern, hörte sie Gayes Stimme, als käme sie aus einer tiefen Höhle.

»Mrs. Harte! Mrs. Harte! Sind Sie krank?!«

Emma lehnte sich über den Schreibtisch. Ihre Finger krallten sich um die Tischplatte, und ihr Gesicht war verzerrt. Ihre Stimme war leise, fast nur ein Zischen, als sie fragte: »Sind Sie Ihrer Sache ganz sicher, Gaye? Ich zweifle nicht an Ihren Worten, aber sind Sie sicher, daß Sie alles richtig gehört haben? Sie wissen, wie ernst das ist, was Sie erzählt haben! Darum denken Sie sorgfältig nach.«

»Mrs. Harte, ich bin absolut sicher über alles, was ich gesagt habe«, antwortete Gaye ruhig. »Außerdem habe ich nichts hinzugefügt oder weggelassen. Ich habe auch nicht übertrieben.«

»War das alles?«

»Nein, es gibt noch mehr.« Gaye nahm ihre Handtasche. Sie öffnete sie und nahm ein Tonband heraus, das sie vor Emma auf den Tisch legte.

Emma betrachtete das Band mit schmalen Augen. »Was ist das?«

»Es ist eine Aufnahme von allem, was gesprochen wurde, Mrs. Harte. Was gesprochen wurde, bevor ich das Aktenzimmer betrat und die ersten Sätze, die ich hörte, fehlen.«

Emma schaute sie verständnislos an. Ihre Augenbrauen waren hochgezogen, und zahlreiche Fragen lagen ihr auf der Zunge. Aber bevor sie fragen konnte, gab Gaye eine genauere Erklärung ab.

»Mrs. Harte, das Tonbandgerät war eingeschaltet. Darum bin ich doch in mein Büro zurückgegangen. Als ich in das Aktenzimmer ging und sie sprechen hörte, war ich einen Augenblick lang verwirrt. Ich machte das Licht aus, damit sie nicht hereinkamen und mich entdeckten. Da sah ich das rote Licht an dem Gerät blinken, und ich ging hin, um es abzuschalten. Aber plötzlich kam mir der Gedanke, das Gespräch aufzunehmen, da ich die allgemeine Tendenz erkannte und mir die ganze Bedeutung klar wurde. Ich drückte also den Aufnahmeknopf. Alles, was von diesem Augenblick an gesagt wurde, ist auf dem Band festgehalten.«

Emma hatte das unwiderstehliche Bedürfnis, laut loszulachen, ein bitteres, hohles Lachen. Sie widerstand diesem Impuls, damit Gaye sie nicht für verrückt oder hysterisch hielt. Diese Narren, diese Obernarren! dachte sie. Welche Ironie des Schicksals! Sie hatten ihren eigenen Sitzungssaal benutzt, um gegen sie zu intrigieren. Das war ihr erster und entscheidender Fehler. Ein Fehler, der nicht mehr gutzumachen war. Kit und Robin waren zwar Direktoren der Harte Enterprises, aber nicht im Vorstand der Warenhaus-Kette. Sie kamen nicht zu den Vorstandssitzungen und wußten daher auch nicht, daß sie kürzlich Geräte hatte aufstellen lassen, um die Protokolle aufzunehmen. Sie dienten der Zeitersparnis und machten Gaye frei für andere Aufgaben. Sie brauchte nur noch, wenn es notwendig war, die Protokolle abzuschreiben. Die Mikrophone befanden sich unter dem Tisch des Sitzungssaales. Sie waren aus ästhetischen Gründen versteckt, nicht aus Geheimniskrämerei, denn sie hätten nicht zu dem eleganten Raum gepaßt mit seinen georgianischen Antiquitäten und den kostbaren Gemälden. Emma schaute auf das Band, das auf dem gläsernen Tisch lag. Für sie war es etwas Böses; es lag da wie eine zusammengerollte, giftige Schlange. Sie schauderte und setzte sich hinter den Tisch. Sie ließ dieses kleine, heimtückische Band nicht aus den Augen, denn es war das Instrument der Vernichtung, des Ruins ihrer Söhne.

»Ich nehme an, Sie haben das Band abgehört, Gaye?«

»Ja, Mrs. Harte. Ich wartete, bis sie gegangen waren, und dann habe ich es abgespielt. Ich nahm es am Freitag mit zu mir nach Hause, und ich habe es seitdem nicht mehr aus den Augen gelassen.«

»Ist noch mehr darauf? Mehr als Sie bereits berichtet haben?«

»Etwa zehn Minuten. Sie sprachen über . . .«

Emma hob die Hand, aufs äußerste erschöpft, unfähig, noch mehr von diesem entsetzlichen Gespräch zu hören. »Es ist gut, Gaye. Ich höre es mir später an. Ich weiß schon genug!«

Sie stand auf und ging durch den Raum zum Fenster, aufrecht und gefaßt, obwohl ihre Schritte langsam und schleppend waren. Sie schob die Vorhänge etwas auseinander, preßte den schmerzenden Kopf gegen das Fenster und schloß die Augen. Sie dachte an ihre beiden Söhne, an alle ihre Kinder, aber am meisten an ihren geliebten Robin. Robin, der ihr Feind geworden war, nachdem sie vor ein paar Jahren wegen eines Anliegens wegen der Übernahme der Warenhäuser in Streit geraten waren. Es war ein Anliegen, das wie ein Blitz aus heiterem Himmel kam und das sie nicht diskutieren wollte, geschweige denn in Erwägung ziehen. Als sie sich weigerte, mit dem betreffenden Konzern zu verhandeln, hatte er sie furchtbar angeschrien und ihr Verhalten mißbilligt. Er brüllte wütend, daß sie nicht verkaufen wolle, weil sie nichts von ihrer Macht abtreten wolle. Er hatte seinem Groll ihr gegenüber mit solch heftigen Worten Luft gemacht, daß sie zunächst ungläubig zuhörte und dann wirklich zornig wurde. Welche Frechheit, welche Bosheit, hatte sie damals gedacht, daß er es wagt, mir Vorschriften über geschäftliche Dinge zu machen. Dinge, an denen er nicht das geringste Interesse hatte, außer natürlich an dem Geld, das er erhalten würde. Robin der Hübsche, der Elegante, das geistreiche Mitglied des Parlaments. Robin mit seiner sanftmütigen Frau, seinen Mätressen, seinen ziemlich fragwürdigen Freunden und seinem Gefallen am flotten Leben. Ja, Robin war der Anstifter dieses kleinen, tödlichen Komplotts; dessen war sie ganz sicher.

Kit, ihr ältester Sohn hatte nicht die Fantasie oder die Nerven, um so einen ruchlosen Plan auszuhecken. Aber was ihm an Fantasie fehlte, machte er wett durch plumpen Eifer und Hartnäckigkeit. Außerdem war er ungewöhnlich geduldig. Kit konnte auf alles, was er wirklich begehrte, Jahre warten, und sie hatte immer gewußt, daß er die Warenhäuser haben wollte. Aber er hatte nie eine Begabung für Handel gehabt, und vor langer Zeit, als er noch jung war, hatte sie ihn in die Harte Enterprises manüvriert. Ja, Kit konnte immer manövriert werden, und ohne Zweifel war Robin dazu in der Lage.

Sie dachte über ihre drei Töchter nach, und um ihren Mund spielte ein grimmiges Lächeln, als ihr Edwina einfiel, die Älteste, die als erste von allen Kindern geboren war. Für Edwina hatte sie wie ein Packesel gearbeitet und wie eine Tigerin gekämpft, als sie selbst noch ein junges Mädchen war, denn sie hatte Edwina von ganzem Herzen geliebt. Und doch wußte sie schon seit langem, daß Edwina ihr niemals die gleichen Gefühle entgegenbrachte. Als kleines Mädchen war sie seltsam kühl, in ihrer Jugend dann zurückhaltend, und diese Zurückhaltung war in späteren Jahren fast zu Haß geworden. Edwina hatte sich mit Robin verbündet, als es um den Verkauf der Warenhäuser ging, und ihn voll unterstützt. Ohne Zweifel war sie nun seine beste Verbündete in diesem, seinem perfiden Plan. Sie konnte es kaum glauben, daß Elizabeth, Robins Zwillingsschwester, zu ihm hielte, doch vielleicht würde sie es tun. Schön, wild und unbezähmbar, hatte Elizabeth einen betörenden Charme und eine Neigung zu reichen Ehemännern, teuren Kleidern und kostspieligen Reisen. Sie konnte nie genug Geld haben, und sie brauchte es ständig und dringend, so wie Robin.

Daisy war die einzige, derer sie sich sicher war, denn sie wußte, daß von allen ihren Kindern Daisy sie wirklich liebte. Daisy war nicht in dieses Komplott verwickelt, denn sie würde nie bei einer Verschwörung ihrer Geschwister mitmachen, die die Aufteilung von Emmas Besitz zum Ziel hatte. Neben ihrer Liebe und Treue hatte Daisy äußersten Respekt vor ihr und vertraute ihrem Urteil. Daisy stellte nie ihre Beweggründe oder Entscheidungen in Frage, denn sie wußte, daß sie einem Sinn für Fairneß entsprangen und ganz und gar auf vernünftiger Planung beruhten.

Daisy war ihr jüngstes Kind, und im Aussehen und Charakter unterschied sie sich ebenso wie die andern von Emma. Aber sie hing an ihrer Mutter, und sie sorgten mit einer tiefen, kraftvollen Liebe, die schon an Verehrung grenzt, für einander. Daisy war liebenswürdig und sanft, hübsch, ehrenhaft und gut. Früher hatte Emma über Daisys innerliche Reinheit und Rechtschaffenheit nachgedacht und sich deswegen Sorgen gemacht. Sie glaubte, sie sei zu offen und zu sanft, um selbstsicher zu sein. Emma hatte gefürchtet, daß ihre Güte sie gefährlich verwundbar machen könne. Aber schließlich begann sie zu begreifen, daß in Daisy eine tiefe innere Kraft steckte, die zäh und unnachgiebig jedem Druck widerstand. Auf ihre Weise konnte sie genauso unbeugsam sein wie Emma, und sie war unerschütterlich in ihren Meinungen, mutig in ihren Taten und beständig in ihrer Treue. Emma hatte schließlich erkannt, daß es Daisys echte Güte war, die sie schützte. Sie umgab sie wie ein glänzender, undurchdringlicher Kettenpanzer und machte sie unbestechlich und unverletzbar.

Und die anderen wissen das, dachte Emma, als sie auf die Skyline von Manhattan schaute. Ihr Geist war in Aufruhr und ihr Herz voller Verzweiflung. Sie war immer noch erschüttert. Jedoch allmählich verschwand das niederschmetternde Gefühl, das ihre Seele und ihren Körper so gequält hatte. In Wirklichkeit empfand sie jetzt eigentlich nicht einmal Überraschung über Gayes Geschichte. Es war zwar nicht so, daß sie von ihren Kindern jemals so etwas erwartet hätte, nein, gewiß nicht! Aber es gab nur weniges, was Emma überraschen konnte, und in ihrer Klugheit, ihrem Verständnis und ihrer Erfahrung wußte sie, daß Verrat in einer Familie nichts Ungewöhnliches war.

Emma hatte eigentlich schon seit langem vermutet, daß die Bande des Blutes weder Treue noch Liebe garantieren. Es ist nicht wahr, daß Blut dicker ist als Wasser, dachte sie. Daisy ist eine Ausnahme. Sie ist wirklich ein Teil von mir. Sie erinnerte sich an ein Gespräch, das sie einmal mit ihrem Bankier Henry Rossiter führte. Es war schon Jahre her, aber sie erinnerte sich ganz genau, als ob es gestern gewesen wäre. Er hatte grimmig gesagt, Daisy sei wie eine Taube, die in ein Schlangennest geraten ist. Emma hatte bei diesem entsetzlichen und bösen Vergleich geschaudert. Um das häßliche Bild zu verbannen, sagte sie ihm, er sei melodramatisch veranlagt und habe zuviel Fantasie. Sie hatte gelacht, damit er ihre wahre Reaktion nicht erkennen konnte. Jetzt, an diesem Januartag, in ihrem neunundsiebzigsten Lebensjahr, erinnerte sie sich an Henrys Worte, die so unheilvoll gewesen waren, jetzt, als sie über ihre vier ersten Kinder nachdachte, die sie geboren und großgezogen, und die sich nun gegen sie wendeten. Wirklich ein Schlangennest, dachte sie. Abrupt wandte sie sich vom Fenster ab und ging zu ihrem Schreibtisch zurück. Sie setzte sich, und ihre Augen ruhten einen Augenblick auf diesem abscheulichen Tonband. Dann nahm sie ihr Aktentasche, öffnete sie und legte das Band hinein.

Gaye hatte sie mit einiger Bestürzung beobachtet. Ihr Gesicht war ernst. Sie war über Emmas Aussehen beunruhigt. Ihre Miene war versteinert, und sie sah verstört und mitgenommen aus. Die Wangenknochen traten hart hervor, und ihr blasses Gesicht war aschgrau. Ihre Lippen waren bläulich unter dem Lippenstift, und ihre grünen Augen, sonst so klar und leuchtend, waren nun trübe vor Schmerz, Enttäuschung und der vollen Erkenntnis des Verrats. Für Gaye hatte ihr Gesicht das Aussehen einer Totenmaske angenommen, und sie wußte, daß diese jähe und drastische Änderung in Emmas Aussehen durch die bösartigen Gedanken ihrer Kinder und den geplanten abscheulichen Verrat verursacht war.

Gaye dachte daran, wie zerbrechlich und verletzlich Emma in diesem Moment wirkte, und wie alt sie aussah. Sie hatte das Bedürfnis aufzustehen und ihre Arme um sie zu legen. Aber sie hielt sich zurück. Sie fürchtete, Emma würde eine solche Geste als Zudringlichkeit ansehen, denn sie wußte, daß Emma von Natur aus festes Selbstvertrauen und tiefen Stolz besaß. Außerdem hatte sie einen angeborenen Sinn für Zurückhaltung, was ihre persönlichen Angelegenheiten betraf.

Statt dessen suchte Gaye nach tröstenden Worten, um ihr tiefes Mitgefühl und ihre Ergebenheit auszudrücken. Aber sie fand keine, um das volle Ausmaß ihrer Sympathie und ihrer Betroffenheit zu artikulieren, so verstört war sie durch Emmas Aussehen. Statt dessen fragte sie mit ruhiger Zärtlichkeit in der Stimme: »Fühlen Sie sich unwohl, Mrs. Harte? Kann ich etwas für Sie tun?«

»Ich bin gleich wieder in Ordnung, Gaye.« Emma versuchte zu lächeln. Sie beugte den Kopf und spürte, wie ihr die Tränen in die Augen traten. Schließlich schaute sie auf und sagte: »Ich glaube, ich möchte nun für eine Weile allein sein, Gaye. Um nachzudenken. Würden Sie mir eine Tasse Tee zubereiten und in etwa zehn Minuten hereinbringen, bitte?«

»Natürlich, Mrs. Harte. Wenn Sie sicher sind, daß Sie alleine zurechtkommen.« Sie stand auf und ging zur Tür, dann zögerte sie.

Emma lächelte. »Es geht schon, Gaye. Machen Sie sich keine Sorgen.« Gaye verließ den Raum. Emma lehnte sich im Stuhl zurück, schloß die Augen und entspannte sich. Zuerst Sitex und dann das hier, dachte sie müde. Dann ist da noch Paula mit ihrem immer noch lebendigen Interesse an Jim Fairley. Immer kommt die Vergangenheit zurück, um mich zu quälen, überlegte sie traurig, obwohl sie in ihrem tiefsten Innern wußte, daß niemand vor seiner Vergangenheit davonlaufen konnte. Sie war die Last der Gegenwart und der Zukunft, und man trug sie immer mit sich herum. War das alles ihr Fehler? Mußte man ihr Vorwürfe machen? Und was sollte sie tun? Sie suchte nach Antworten, als sie wieder über ihre Kinder nachdachte.

Vor Jahren, als Emma eine junge Frau war und sah, wie sich in ihren Kindern Charakterzüge entwickelten, die sie in Sorge versetzten, hatte sie gedacht: Es ist *meine* Schuld. Ich habe sie zu dem gemacht, was sie sind. Einige habe ich vernachlässigt, andere zu sehr geliebt; allen habe ich nachgegeben und sie zu sehr verwöhnt. Aber als sie älter und klüger wurde, schwächte sich auch ihr Schuldgefühl ab, und sie rang sich zu der Erkenntnis durch, daß jeder Mensch für seinen Charakter selbst verantwortlich ist. Schließlich war sie fähig, sich selbst zuzugestehen, daß, falls der Charakter das Schicksal eines Menschen bestimme, jeder Mann und jede Frau sich seinen eigenen Himmel oder seine eigene Hölle schuf. Damals verstand sie erst richtig, was Paul McGill gemeint hatte, als er einmal zu ihr sagte: »Jeder einzelne von uns baut sich sein Leben selbst, Emma. Wir leben in dem, was wir geschaffen haben. Es gibt keinen Weg, Schuld abzuschieben, und niemand anders kann Ehrungen in Empfang nehmen.«

Von diesem Zeitpunkt an bekam sie ihre gemischten und manchmal wirren Gefühle zu ihren Kindern in den Griff. Sie hatte aufgehört, sich ihretwegen zu quälen und sich Vorwürfe über ihre Schwächen und Fehler zu machen. Sie waren allein verantwortlich für das, was sie aus ihrem Leben machten; und sie selbst war endlich in der Lage, die Schuldgefühle abzuschütteln.

All dies fiel ihr wieder ein, als sie sich an Pauls Worte erinnerte. Sie dachte: *Nein, ich bin nicht schuldig. Sie werden getrieben von ihrer eigenen Gier, ihrer eigenen Großmannssucht und ihrem falschen Ehrgeiz.* Sie erhob sich wieder und ging zum Fenster. Ihre Schritte waren fester, der entschlossene Ausdruck kehrte in ihr Gesicht zurück. Abwesend schaute sie hinaus. Nach einigen Augenblicken des Nachdenkens ging sie wieder zum Schreibtisch zurück. Jetzt wußte sie, welchen Kurs sie einschlagen mußte. Sie läutete nach Gaye, die sofort mit einem Tablett hereinkam. Sie stellte es auf den Tisch und setzte sich Emma gegenüber. Sie *ist* unerschrocken, sagte Gaye zu sich, als sie Emma anschaute und den ruhigen Ausdruck in ihren Augen, die feste Hand bemerkte, mit der sie sich den Tee eingoß.

Nach einer Weile lächelte Emma sie an. »Ich fühle mich besser, Gaye. Ich halte es für richtig, wenn Sie für den nächsten Flug nach London drei Plätze reservieren lassen. Ich weiß, daß verschiedene Linien am frühen Abend fliegen. Mir ist es gleichgültig, welche Sie buchen, besorgen Sie nur rasch die Tickets.«

»Ja, Mrs. Harte. Ich werde sofort anrufen.« Sie wollte gehen.

»Übrigens, liebe Gaye, ich bin ziemlich sicher, daß Paula sich wundern wird, warum wir früher als erwartet nach London zurückkommen. Ich werde ihr sagen, daß dringende Geschäfte meine Anwesenheit erfordern. Ich möchte nicht, daß sie etwas erfährt . . . von diesem . . .« Sie machte ein Pause und suchte nach einem geeigneten Wort. Dann lachte sie bitter. »Diesem Komplott. Ich glaube, so sollten wir es nennen.«

»Ich würde nicht einmal im Traum daran denken, zu Paula oder irgend jemand anderem darüber zu sprechen!« rief Gaye heftig.

»Und Gaye . . .«

»Ja, Mrs. Harte?«

»Sie haben das Richtige getan. Ich bin Ihnen sehr dankbar.«

»Oh, Mrs. Harte, bitte . . . was hätte ich anders tun sollen? Ich fürchtete mich nur davor, es Ihnen zu sagen, weil ich wußte, wie sehr es Sie betrüben würde.«

Emma lächelte. »Ich weiß, meine Liebe. Nun, schauen Sie, ob Sie eine Maschine bekommen.«

Gaye nickte und verließ den Raum. Emma trank langsam ihren Tee. Ihr Kopf war voller Gedanken an ihre Geschäfte, ihre Kinder und ihre Enkel. Sie dachte an die Familie, die sie gegründet, und die Dynastie, die sie geschaffen hatte. Sie wußte, was sie tun mußte, um das alles zu erhalten. Aber würde sie es schaffen? Ihr Herz bebte. Sie zitterte, als sie an die Tage dachte, die vor ihr lagen. Aber das Gefühl ging bald vorüber. Sie wußte, daß sie die Kraft irgendwie finden würde.

Ihr fiel ein, wie ironisch das Leben manchmal war. Ihre Söhne hatten einen nicht gutzumachenden Fehler begangen, als sie das Komplott in ihrem eigenen Sitzungssaal planten. Zugegeben, sie hatten ihrer Meinung nach eine günstige Zeit ausgesucht; der frühe Freitag abend, wenn alle gegangen waren. Trotzdem war sie entsetzt über ihre große Dummheit. Es war noch ein Fehler in ihrem Plan, und dieser Fehler war verhängnisvoll. *Sie hatten sie unterschätzt.* Und schließlich war sie durch eine Laune des Zufalls über den Verrat vorgewarnt worden. Jetzt, da sie vorbereitet war, konnte sie wirkungsvoll handeln, ihre nächsten Schritte voraussehen und vereiteln. Sie lächelte grimmig in sich hinein. Bei ihren Geschäften war sie immer auch so etwas wie eine Spielerin gewesen, genauso wie im Leben. Wieder einmal hatte sie einen Straight Flush in der Hand. Ihr Glück ließ sie nicht im Stich. Sie hoffte, daß es ihr noch lange genug erhalten bliebe.

3

Henry Rossiter preßte den Telefonhörer noch fester an sein Ohr, als ob er die Stimme der Frau besser verstehen wolle. Er mußte sich angestrengt auf ihre Worte konzentrieren, denn obwohl Emma Hartes Stimme wie immer wohlklingend war, so sprach sie doch leiser als gewöhnlich.

»Und darum, Henry wäre ich dankbar, wenn Sie heute morgen zum Warenhaus hinüberkommen könnten. Gegen 11 Uhr 30. Ich denke, wir können dann etwa eine Stunde lang miteinander sprechen und später im Sitzungssaal zusammen essen. Natürlich nur, wenn Sie Zeit haben.«

Er zögerte fast unmerklich, aber er spürte, daß Emma es bemerkt hatte, und sagte rasch: »Das geht in Ordnung, meine Liebe. Ich komme gerne.«

»Haben Sie eine andere Verabredung, Henry? Ich möchte Ihnen keine Ungelegenheiten bereiten.«

Ja, er war bereits zu einem Essen verabredet. Aber er konnte kaum seine wichtigste Kundin zurückweisen, die außerdem noch die reichste Frau von ganz England war, vielleicht sogar der ganzen Welt, denn es war fast unmöglich, ihren Reichtum genau zu schätzen. Er wußte, sie war scharfsinnig genug, um zu merken, daß er eine Verabredung hatte, und darum zog er es vor, die Wahrheit zu sagen. »Ja, das habe ich. Aber es ist leicht für mich abzusagen, wenn Sie mich sprechen wollen, meine Liebe.«

»Gut. Ich weiß das zu schätzen, Henry. Ich sehe Sie also um 11 Uhr 30. Auf Wiedersehen, Henry.«

»Auf Wiedersehen, Emma«, murmelte er; aber sie hatte schon aufgelegt.

Henry kannte Emma schon seit fast vierzig Jahren, lange genug, um sicher zu sein, daß stets eine herrische Aufforderung hinter ihren sanft ausgesprochenen Bitten stand. Es waren echte

Befehle, die in den wohlklingendsten Tönen und auf unwiderstehlich charmante Art vorgetragen wurden. Dieser angeborene Charme hatte sie weit gebracht. Henry war der erste, der das zugab.

Er starrte auf das Tintenfaß aus Onyx und dachte über ihre Worte nach. Sie hatte nichts Ungewöhnliches gesagt, und er hatte keine Zwischentöne von Unruhe oder Ärger in ihrer Stimme bemerken können. Und doch war eine gewisse Vorahnung über ihn gekommen, als sie vorhin miteinander sprachen. Henry war klug und scharfblickend. Er war Bankier mit Leib und Seele und stets sorgfältig darauf bedacht, mit seinen Kunden in gutem Einvernehmen zu sein. Er kannte ihre Grundeigenschaften genau, ihre Eigenarten und ihre Schwächen. So mußte es auch sein, denn er hatte ihr Geld zu verwalten und gewöhnlich auch einen großen Teil ihrer Geschäfte abzuwickeln. Schon vor langer Zeit war ihm klar geworden, daß die sehr Reichen auch sehr schwierig sein konnten, vor allem, wenn es um ihr Geld ging.

Plötzlich wurde ihm klar, daß Emmas unerwartete Einladung zum Essen ihm Kopfzerbrechen bereitete. Das war noch nie vorgekommen, und darum beunruhigte es ihn. Emma, das wußte er nur zu gut, war eine Frau mit festen Gewohnheiten. Sie hatte selten Verabredungen zum Essen, und wenn, dann wurden sie schon sorgfältig Tage vorgeplant. Dieses Abweichen von der üblichen Routine war seltsam, und je mehr er darüber nachgrübelte, desto mehr war er davon überzeugt, daß irgend etwas nicht in Ordnung war. Und doch hatte er schon dreimal mit ihr gesprochen, seit sie von New York zurück war, und in dieser Woche war sie wie immer gewesen, frisch, an ihren Geschäften interessiert und offenbar ohne Probleme.

Er setzte seine Brille ab und lehnte sich in seinem Stuhl zurück. Er fragte sich, ob sie mit der Art unzufrieden war, wie die Bank ihre Geschäfte verwaltete. Henry war immer auf Probleme vorbereitet, vor allem was die Bank betraf. »Vielleicht gibt es eine ganz einfache Erklärung für diese Einladung. Ich bilde mir nur ein, daß etwas nicht stimmt«, murmelte er leicht verärgert. Trotzdem drückte er auf einen Knopf am Telefon, der die Hausverbindung vermittelte, und bat seine Sekretärin, Osborne zu ihm zu schicken.

Tony Osborne überwachte mit zwei anderen Angestellten der privaten Bank Emma Hartes geschäftliche Angelegenheiten in

England. Alle waren ihm verantwortlich, und er überprüfte zwei-
bis dreimal wöchentlich ihre Angelegenheiten. Osborne tadelte
ihn oft wegen des großen Personalaufwandes und betonte ständig,
es sei besser, mit Computern zu arbeiten, um den Harte-Besitz zu
überwachen. Aber Henry traute den Computern nicht, denn er
war konservativ, ja sogar altmodisch. Außerdem war er der
Meinung, daß die Überwachung eines Vermögens von etwa
dreihundert Millionen Pfund jeden Personalaufwand wert war,
den die Bank sich leisten konnte. Emma war anspruchsvoll und
scharfsinnig, wahrscheinlich mehr, als jeder Bankier, den er
kannte, sich selbst eingeschlossen. Henry mußte absolut sicher
sein, daß er jederzeit jede Frage beantworten konnte; und darum
wurden die Geschäftsbücher täglich überprüft. Henry wollte, daß
sämtliche wichtigen Informationen zur Hand waren – sogar bei
Nacht, wenn es notwendig war.

Osborne riß ihn aus seinen Gedanken, als er an die Tür klopfte
und den Raum betrat. Er ist ein eingebildeter Jüngling, selbstge-
fällig und viel zu ehrgeizig, dachte Henry, als er auf den tadellos
gekleideten jungen Mann blickte, der vor ihm stand. Aber was
kann man schon von einem Eton-Schüler erwarten.

»Guten Morgen, Henry.«

»Morgen, Osborne.«

»Heute ist wirklich ein schöner Tag, nicht wahr? Ich glaube,
dieses Jahr kommt der Frühling sehr früh. Meinen Sie nicht?«

»Ich bin kein Wetterprophet«, murmelte Henry.

Osborne bemerkte diese Abfuhr nicht, oder hatte beschlossen,
sie zu ignorieren. Allerdings wurde sein Betragen nun etwas
geschäftsmäßiger und seine Haltung kühler. »Ich möchte mit
Ihnen über die Konten von Rowe...«, begann Tony.

Henry hob die Hand und schüttelte den Kopf. »Nicht jetzt,
Osborne. Ich habe Sie gerufen, weil ich eben mit Mrs. Harte
gesprochen habe. Sie bat mich, nachher in das Warenhaus zu
kommen. Ist alles in Ordnung? Keine Probleme?«

»Absolut nicht!« Osborne war offensichtlich überrascht. »Wir
haben alles unter Kontrolle.«

»Ich nehme an, Sie haben auch die Auslandsgeschäfte im Auge
behalten. Sie haben doch gestern alles geprüft?« Henry spielte mit
seinem Federhalter. Er war immer noch besorgt.

»Das tun wir montags immer. Wir haben die amerikanischen
und australischen Anteile überprüft. Alles ist unverändert. Die

Geschäfte von Sitex laufen gut. Ist etwas nicht in Ordnung, Henry? Was ist los?« fragte er beunruhigt.

Henry schüttelte den Kopf. »Ich weiß nichts Genaues, Osborne. Aber ich möchte vollständig informiert sein, bevor ich Mrs. Harte sehe. Ich werde mit Ihnen die Konten prüfen. Gehen wir in Ihr Büro.«

Nach eineinhalb Stunden konzentrierter Arbeit war Henry völlig zufrieden. Osborne und seine Mitarbeiter hatten ihre Arbeit exakt und sorgfältig ausgeführt. Punkt elf Uhr zog Henry seinen schwarzen Mantel an, nahm Melone und Schirm und verließ das Büro. Auf der Treppe zum Bankgebäude blieb er einen Augenblick stehen und atmete die Luft ein. Es war ein frischer, sonniger Tag. Osborne hatte recht. In diesem Januartag war bereits etwas Frühling zu spüren. Rasch ging er die Straße hinunter und schwang munter seinen Schirm. Er war ein großer, gut aussehender Mann von Anfang sechzig, dessen ernstes, würdiges Verhalten nichts von seinem Humor und seiner Neigung zum Flirten ahnen ließ.

Henry Rossiter besaß einen kühlen, subtilen Verstand, und er war äußerst geistreich. Er war ein gebildeter Mann mit Kunstverständnis, sammelte seltene Erstausgaben und liebte das Theater und die Musik. Er ritt und schoß ausgezeichnet, und in seinem Heimatort galt er als der beste Jäger. Als Sproß einer reichen und alten Familie aus englischem Landadel gehörte er jetzt zu den oberen Kreisen; er war konservativ und weltoffen zugleich. Er war zweimal verheiratet gewesen, und im Augenblick geschieden, was ihn zu einem der begehrtesten Junggesellen Londons machte, denn er war unterhaltsam, charmant und erfahren, ein Lebemann. Kurz, er war attraktiv und gefährlich, erfolgreich in geschäftlichen Dingen und im gesellschaftlichen Leben.

An der Straßenecke hielt Henry ein Taxi an und stieg ein. Er beugte sich vor und sagte zu dem Fahrer: »Zu Harte, bitte.« Dann lehnte er sich zurück und ruhte sich aus. Er war sicher, daß Emma über die Bank nicht zu klagen hatte. Er konnte zwar immer noch nicht erraten, was der Grund für ihre plötzliche Einladung war, aber er hatte seine ursprünglichen Sorgen abgelegt. Frauen, dachte er mit zärtlicher Verzweiflung, sind unberechenbare Wesen. Er glaubte ernsthaft, alle Frauen seien unmöglich, war er doch sein ganzes Leben lang von ihnen verwirrt, verblüfft und behext worden. Aber was Emma Harte betraf, war er gezwungen, seine Gedanken zu korrigieren. Von ihr konnte er wirklich nicht sagen, sie sei unberechenbar oder gar unmöglich. Ja, sie war eigensinnig und manchmal sogar dickköpfig bis zur Unnachgiebigkeit, aber meist war sie klug und vernünftig. Ihre Umsicht war eine grundlegende Charaktereigenschaft. Nein, ›unberechenbar‹ war ein Wort, das er mit Emma nie in Verbindung bringen konnte.

Während das Taxi sich in Richtung Knightsbridge durch den dichten Verkehr wand, weilten Henrys Gedanken bei Emma Harte. Sie waren seit vielen Jahren Freunde und Geschäftspartner, und diese Beziehung war harmonisch und für beide von Vorteil. Er hatte es immer leicht gefunden, mit Emma zu arbeiten, denn sie besaß einen logischen und klaren Verstand. Sie dachte nicht so konfus wie andere Frauen, noch beschäftigte sie sich mit dem üblichen Weiberkram. Er lächelte in sich hinein. Einmal hatte er ihr gesagt, daß sie nicht den Verstand einer Frau, sondern den eines Mannes hätte. »Oh, gibt es da einen Unterschied?« hatte sie schlagfertig gekontert und dabei amüsiert gelächelt. Damals war er ein wenig verletzt gewesen, denn er war der Meinung, ihr ein großes Kompliment gemacht zu haben.

Vom ersten Tag ihrer Begegnung an war er von Emma entzückt gewesen. Er hatte gedacht, sie sei die faszinierendste Frau, der er jemals begegnet war; und das dachte er auch jetzt noch. Einmal, vor langer Zeit, hatte er sogar geglaubt, daß er sie liebe, obwohl sie seine Gefühle niemals bemerkte. Damals war er vierundzwanzig und sie neununddreißig Jahre alt gewesen und das begehrenswerteste aller Geschöpfe: die erfahrene, ältere Frau. Sie war eine bemerkenswerte Erscheinung mit ihrem üppigen Haar, dessen Ansatz in der Stirnmitte spitz zulief und ihren großen, lebhaft leuchtenden, grünen Augen. Sie war energiegeladen und besaß eine Lebenskraft, die mitreißend war. Ihre Lebhaftigkeit und ihr unglaublicher Optimismus gaben ihm immer wieder Auftrieb. Sie unterschied sich erfrischend von den faden und steifen Frauen, die ihn sein Leben lang umgeben hatten. Emma besaß die Fähigkeit, über sich selbst und ihre Fehler zu lachen, und eine Fröhlichkeit, gepaart mit Lebenslust, die Henry bemerkenswert fand. Bis heute war er überwältigt von ihrer sprühenden Intelligenz, ihrem Weitblick und ihrer unbezwingbaren Entschlußkraft. Und er war immer von ihrem natürlichen Charme beeindruckt gewesen, einem Charme, der, wie Henry wußte, über die Jahre hinweg bewußt gepflegt worden war, und den sie mit vollendeter

Geschicklichkeit einzusetzen gelernt hatte, dessen Wirkung sie sorgfältig nutzte, um größtmögliche Vorteile zu erzielen.

Seit fast dreißig Jahren war er ihr Finanzberater. Sie hörte immer genau auf ihn und schätzte seine Vorschläge. In dieser Zeit hatten sie nie Auseinandersetzungen gehabt. In einer besonderen Art von Besitzerstolz war er maßlos eingenommen von Emma und dem, was sie geworden war: eine große Dame. Ein unvergleichlicher, geschäftlicher Erfolg. Es war eine feststehende Tatsache, daß Emma Hartes Londoner Warenhaus jedes andere in der Welt übertraf, nicht nur in seiner Größe, sondern auch in Qualität und der Vielfalt der Waren. Nicht ohne Grund war sie bekannt als eine der großen Warenhausfürstinnen, obwohl wenige wußten – im Gegensatz zu Henry –, welchen gewaltigen und furchtbaren Preis sie für ihren Erfolg hatte zahlen müssen. Er hatte immer das Gefühl gehabt, daß ihr gewaltiges Handelsimperium sich auf ihrer Selbstaufopferung und zähen Willenskraft gründete. Hinzu kamen kaufmännisches Talent, ein angeborenes Wissen um die Launen des Publikums, ein untrüglicher Blick für künftige Entwicklungen und starke Nerven, um etwas zu riskieren, falls es notwendig war. Er hatte einmal zu Tony Osborne gesagt, daß die Steine und der Mörtel des Warenhauses aus ihrem Weitblick, ihrer finanziellen Geschicklichkeit und ihrer unheimlichen Fähigkeit gemacht seien, sich selbst aus den unmöglichsten Situationen mit Triumph emporzuschwingen. Und er hatte es so gemeint. Soweit es Henry betraf, hatte sie das alles alleine geschafft. Das Londoner Warenhaus war allen anderen weit überlegen, ein Zeugnis ihrer unüberwindlichen Stärke.

»Wir sind da, mein Herr«, sagte der Taxifahrer freundlich. Henry stieg aus, zahlte und eilte zum Seiteneingang für die Angestellten. Der Aufzug brachte ihn zum obersten Stockwerk, wo Emmas Büros lagen.

Gaye Sloane sprach eben mit einer der Sekretärinnen im Empfangszimmer, als Henry eintrat. Sie begrüßte ihn herzlich. »Mrs. Harte erwartet Sie bereits«, sagte sie, als sie die Tür zu Emmas Büro öffnete und ihn hineinführte.

Emma saß an ihrem Schreibtisch, der mit Papieren übersät war. Sie sieht seltsam zerbrechlich aus, dachte er. Sie schaute bei seinem Eintreten auf, nahm die Brille ab und erhob sich. Er bemerkte, daß der Eindruck von Zerbrechlichkeit nur eine Täuschung gewesen war, weil sie hinter dem riesigen, schweren

Schreibtisch so zart wirkte, denn sie ging lächelnd auf ihn zu, mit leichten Schritten, voller Vitalität. Sie war elegant in einem flaschengrünen Samtkleid. Etwas Weißes, Seidiges wurde am Hals mit einer Smaragdnadel zusammengehalten, und Smaragde glitzerten auch an ihren Ohrringen.

»Henry, mein Lieber, wie schön, Sie zu sehen«, sagte sie und nahm ihn herzlich am Arm. Er lächelte und beugte sich nieder, um sie auf die Wange zu küssen. Er dachte: Sie scheint selbstbeherrscht und guter Dinge zu sein. Aber dann bemerkte er die traurigen Augen, und sie war auch bleicher als gewöhnlich.

»Lassen Sie sich anschauen, liebe Emma«, sagte er und hielt sie von sich ab, damit er sie genauer betrachten konnte. Er lachte und schüttelte in gespielter Verblüffung den Kopf. »Sie müssen mir Ihr Geheimnis verraten, meine Liebe. Ich weiß nicht, wie Sie es fertigbringen, aber Sie schauen wirklich blendend aus.«

Emma lächelte, jetzt waren ihre Augen froh. »Harte Arbeit, ein geregeltes Leben und ein klarer Verstand. Aber Sie sollten sich nicht beklagen, Henry. Auch Sie schauen fabelhaft aus. Kommen Sie, mein Lieber, nehmen wir einen Sherry und plaudern ein bißchen.« Sie führte ihn zum Kamin, wo ein loderndes Feuer prasselte. Sie setzten sich. Emma nahm eine Karaffe und goß Sherry in zwei Kristallgläser.

»Ein Wohl auf den großen Mann mit Namen Emma«, sagte er, indem er sein Glas hob und mit ihr anstieß, bevor er einen Schluck des trockenen Sherry trank.

Emma warf ihm einen kurzen überraschten Blick zu und lachte fröhlich. »Aber Henry!« Sie lachte wieder und sagte dann belustigt: »Bei allem Respekt, ich bin nicht Katharina die Große und Sie nicht Voltaire. Aber ich danke Ihnen jedenfalls. Ich nehme an, das sollte ein Kompliment sein.«

Henry lächelte breit, ein wenig überrascht über ihre rasche Antwort, aber er war wieder einmal entzückt von ihr. »Gibt es eigentlich etwas, was Sie nicht wissen, meine Liebe? Ja, natürlich, das war als Kompliment gedacht.«

Emma lachte immer noch. »Es gibt vieles, was ich nicht weiß, Henry. Aber einer meiner galanten Enkel ist Ihnen zuvorgekommen. Er sagte mir gestern das gleiche. Und als ich ihm ein Kompliment für sein Kompliment zurückgab, war er so gnädig, mir die Quelle zu nennen. Sie kommen einen Tag zu spät, mein Lieber!«

Henry kicherte mit ihr. »Nun, wir denken offensichtlich das gleiche. Welcher Enkel war es denn?« fragte er, immer neugierig, was Emmas große, unkonventionelle Familie betraf.

»Ich habe einige, nicht wahr?« meinte Emma mit einem liebevollen Lächeln. »Das muß verwirrend sein. Es war Alexander, der Sohn von Elizabeth. Er war gestern nachmittag hier. Er kam von Yorkshire und war wirklich erregt über seinen Onkel Kit, der sich äußerst hartnäckig weigert, in eine der Mühlen neue Maschinen zu installieren. Es ist eine kostspielige Änderung, aber es wird uns später eine Menge Geld sparen und die Produktion erhöhen. Alexander war im Recht, und ich konnte die Dinge schließlich klären, ohne ein allzu großes Blutbad anzurichten.«

»Er ist ein gescheiter Junge und verehrt Sie, Emma. Da wir gerade von Christopher sprechen...« Er machte eine Pause und lächelte. »Entschuldigen Sie, Emma, ich kann ihn einfach nicht Kit nennen. Wie dem auch sei, ich habe Christopher zufällig vor einigen Wochen getroffen, und ich war etwas überrascht, ihn mit Edwina und Robin zu sehen. Sie dinierten im Savoy.«

Bisher war Emma entspannt gewesen und hatte Henry mit Zuneigung betrachtet, amüsiert von seiner galanten Art. Jetzt spannte sie sich, aber ihr Gesicht blieb offen und höflich. »O wirklich. Ich freute mich zu hören, daß meine Kinder sich nun doch vertragen«, sagte sie leichthin, während diese Information sich sorgfältig in ihr Gedächtnis eingrub.

Henry zündete sich eine Zigarette an und fuhr fort: »Ich war überrascht, denn ich wußte nicht, daß Christopher den beiden anderen freundlich gesonnen ist. Und offen gesagt, ich wußte auch nichts von der dicken Freundschaft zwischen Robin und Edwina. Ich dachte, dies wäre nur kurz der Fall gewesen, als vor einigen Jahren die Sache mit dem Verkauf der Warenhäuser war. Wirklich, ich verstand diese Verbindung nie, Emma. Ich habe immer gedacht, die beiden verabscheuten einander, bis sie so dicke Freunde wurden. Offensichtlich hat die Freundschaft gehalten.«

Emma lächelte dünn. »Sie sagen, Sie verstehen ihre Freundschaft nicht, Henry, doch ich habe schon lange herausgefunden, daß dunkle und schlimme Komplotte ganz besondere Kumpaneien hervorbringen. Sie haben recht. Natürlich hatten sie eine starke Abneigung gegeneinander, aber seit diesem Ärger mit der Gesellschaft hielten sie zusammen.«

»Hmm. Das war ein hübsches Geschäftchen, nicht wahr. Aber

Gott sei Dank wurde nichts daraus. Nun, wie ich sagte, ich fand es recht seltsam, die drei zusammen zu sehen«, schloß er und trank einen Schluck Sherry. Er wußte nichts von den beunruhigenden Gedanken, die er in Emma aufgewühlt hatte.

Sie beobachtete ihn mit wachem Blick. Dann sagte sie gleichgültig: »Ich denke nicht, daß das so seltsam ist, Henry. Um Ihnen die Wahrheit zu sagen, ich habe Familiengerüchte gehört, daß die drei eine Zusammenkunft der ganzen Sippe anläßlich meines Geburtstages planen«, log sie glatt. »Ich nehme an, sie trafen sich, um die Einzelheiten zu besprechen.«

»Ich dachte, Ihr Geburstag ist Ende April.«

»Das stimmt, aber das sind doch nur noch ein paar Monate.«

»Ich hoffe, ich bekomme eine Einladung«, sagte er. »Schließlich brauchen Sie einen Begleiter, und ich war Ihr ständiger Verehrer – seit beinahe vierzig Jahren.«

»Sicher, mein Lieber«, antwortete Emma, erleichtert, daß das gefährliche Thema so leicht überbrückt worden war. »Aber ich habe Sie nicht hergebeten, um über meine Nachkommen zu plaudern. Ich wollte mit Ihnen über einige Dinge . . .«

Das Telefon läutete, und Emma stand jäh auf. »Entschuldigen Sie mich, Henry. Das muß Paula sein, die aus Paris anruft. Das ist der einzige Anruf, den Gaye zu mir durchstellen soll.«

»Natürlich, meine Liebe«, sagte er und erhob sich ebenfalls. Sie durchquerte den Raum, ging zu ihrem Schreibtisch, und er setzte sich wieder. Er machte es sich vor dem Feuer bequem und genoß seinen Sherry und die Zigarette. Er war beruhigt. Emma schaute müde aus, aber er konnte keine äußeren Zeichen dafür entdecken, daß sie Sorgen hatte. Sie schien wirklich gut gelaunt zu sein. Während sie telefonierte, schaute er sich in dem Raum um. Er beneidete Emma um dieses Büro, das eher einer Bibliothek in einem prächtigen Haus glich, als einem Ort, wo gearbeitet wurde. Mit den getäfelten Wänden, den hohen Bücherregalen, den herrlichen Gemälden englischer Maler und den schönen georgianischen Antiquitäten war es ein angenehmer Zufluchtsort, den man gern selber hätte, um darin zu arbeiten.

Emma beendete ihr Gespräch und kehrte wieder zu ihm am Kamin zurück. Sie hatte einen Umschlag mit Papieren in der Hand, was Henry nicht unbemerkt bleiben konnte. Sie legte ihn auf den Tisch, und setzte sich. Henry lehnte sich zurück und zündete sich eine Zigarette an.

»Paula läßt herzlich grüßen, Henry. Sie ist in Paris und erledigt einige Dinge wegen des Warenhauses für mich.«

»Ein reizendes Mädchen«, entgegnete Henry. In seiner Stimme lag Bewunderung. »Sie ist wie Daisy, süß, ehrlich und unkompliziert. Wann kommt sie zurück?«

Emma war keineswegs der Meinung, Paula sei unkompliziert, aber sie ersparte sich jeden Kommentar über ihre Enkelin. »Am Donnerstag. Noch einen Sherry, Henry?« fragte sie, während sie bereits einschenkte.

»Ja, danke, meine Liebe. Bevor Paulas Anruf kam, sagten Sie, Sie möchten mit mir über einige Dinge sprechen«, bemerkte er leichthin. Er wollte zum Geschäft kommen. »Etwas Ernstes?« fragte er und sah neugierig auf den Umschlag.

»Nein, überhaupt nicht. Ich möchte einen Teil meines persönlichen Besitzes liquidieren, und ich dachte, Sie könnten das für mich tun.« Emmas Stimme war ruhig und ihre Miene gelöst. Sie trank langsam und wartete, dabei beobachtete sie Henry gespannt. Sie wußte, wie er reagieren würde.

Trotz seiner früheren Besorgnis war er doch überrascht. Das hatte er nicht erwartet. Er setzte sein Glas ab und lehnte sich vor. Seine Augen waren ernst, und eine Sorgenfalte zeigte sich auf seiner Stirn. »Haben Sie Schwierigkeiten, Emma?« fragte er ruhig und sah sie durchdringend und fragend an.

Emma entgegnete seinem Blick ruhig und sagte fest: »Nein, Henry. Ich habe gesagt, daß ich einen Teil meines persönlichen Besitzes liquidieren will. Aus persönlichen Gründen. Es gibt keine Probleme. Das sollten Sie wissen, mein Lieber. Schließlich erledigen Sie doch die meisten meiner Bankgeschäfte.«

Henry überlegte einen Augenblick. Die Zahlen, die er heute morgen gesehen hatte, tauchten vor seinem geistigen Auge auf. Hatte er nachlässig etwas von wichtiger Bedeutung übersehen? Nein, das war nicht möglich. Er atmete wieder leichter und räusperte sich. »Nun, das ist richtig«, meinte er nachdenklich. »Wirklich, ich habe alle Ihre Konten überprüft, bevor ich herkam. Alles ist in bester Ordnung. Die Dinge standen tatsächlich nie besser«, schloß er mit voller Offenheit.

»Ich brauche etwas Bargeld, Henry. Aus persönlichen Gründen, wie ich schon sagte. Ich dachte darum, es sei besser, sich von einigen Grundstücken, Juwelen und Kunstgegenständen zu trennen, als Aktien zu verkaufen.«

Henry war so verblüfft, daß er einen Augenblick lang sprachlos war. Bevor er wieder etwas sagen konnte, gab sie ihm den Umschlag. Er nahm seine Brille, setzte sie auf und schaute sich die Listen an, bestürzt und besorgt. Als sein Blick über die Zeilen eilte, erinnerte er sich an seine Vorahnung von heute morgen. Vielleicht hatte sein Instinkt nicht getrogen.

»Emma! Das alles stellt doch nicht ›etwas Bargeld‹ dar, wie Sie es so gleichmütig bezeichnen. Dieser Besitz hat den Gegenwert von einigen Millionen Pfund!«

»Oh, ich weiß. Ich rechnete so mit sieben oder acht Millionen Pfund. Was denken Sie, lieber Henry?« fragte sie ruhig.

»Großer Gott! Emma! Warum brauchen Sie plötzlich sieben oder acht Millionen Pfund? Was *ich* denke, fragen Sie mich. *Ich* denke, daß irgend etwas nicht stimmt, und daß Sie es mir nicht sagen. Sie *müssen* Probleme haben, über die ich nichts wissen kann!« Seine grauen Augen blitzten, und er versuchte, seinen Ärger unter Kontrolle zu bringen. Er war sicher, daß sie ihm etwas verheimlichte, und das ärgerte ihn.

»Oh, kommen Sie, Henry.« Emma lachte leise in sich hinein. »Seien Sie nicht so aufgeregt. Es ist alles in Ordnung. Wirklich. Ich brauche lediglich sechs Millionen für mein... sagen wir, persönliches Vorhaben. Ich möchte diese Dinge verkaufen, weil ich sie nicht mehr brauche. Die Juwelen trage ich nie. Sie wissen, daß ich mir nicht besonders viel aus Diamanten machte. Und selbst nach dem Verkauf habe ich noch mehr als genug, und bestimmt soviel, wie es sich für eine Frau meines Alters gehört. Der Grundbesitz ist lästig. Ich möchte auch ihn nicht mehr, und ich habe das Gefühl, jetzt ist genau die richtige Zeit, um zu verkaufen und Gewinn zu machen. Ich bin wirklich sehr geschäftstüchtig«, schloß sie, und in ihrer Stimme klang Eigenlob mit, als sie Henry freundlich anlächelte.

Er blickte sie erstaunt an. Sie wußte es glänzend so zu drehen, daß alle ihre Handlungen bewundernswert pragmatisch aussahen, und das machte ihn verrückt.

»Aber die Kunstsammlung, Emma! Meine Liebe, Sie haben soviel Liebe, Zeit und Sorgfalt investiert, um alle diese... diese Meisterwerke zu sammeln. Sind Sie absolut sicher, daß Sie sie loswerden wollen?« Seine Stimme war traurig und wehmütig geworden. Er schaute auf das Papier in seiner Hand. »Schauen Sie doch, was Sie hier aufgelistet haben. Gemälde von Sisley, Chagall,

Monet, Manet, Dali, Renoir, Pisarro und Degas. Es ist eine fantastische Sammlung.«

»Die ich mit Ihrer großzügigen Hilfe im Laufe der Jahre angelegt habe, mit Ihren Kontakten zu Kunsthändlern in aller Welt. Ich bin Ihnen dafür sehr dankbar, Henry. Mehr als Sie jemals wissen werden. Aber ich möchte verkaufen! Es ist, wie Sie sagten, eine fantastische Sammlung, und sie sollte auch einen fantastischen Preis erzielen«, sagte sie entschieden und warf ihm so geschickt den Ball wieder zu.

»Oh, sicher wird sie das!« stimmte Henry zu. Plötzlich erwachte in ihm der Bankier. »Wenn Sie ganz sicher sind, daß Sie die Sammlung verkaufen wollen, dann kann ich das mit Leichtigkeit für Sie tun.« Seine Stimme wurde enthusiastisch.

»Im Augenblick habe ich einen Kunden in New York, der liebend gern diese Gemälde erstehen wird. Und er wird auch den richtigen Preis zahlen, meine Liebe. Aber, Emma, wirklich! Ich weiß nicht, was ich sagen soll. Es scheint mir eine solche Schande...« Seine Stimme erstarb, denn er erkannte plötzlich, daß sie ihn ziemlich geschickt überrumpelt hatte, indem sie seine Aufmerksamkeit auf das Geschäftliche gelenkt hatte.

»Gut«, sagte Emma rasch und ergriff die Gelegenheit, um Henrys Begeisterung und seine Bankiersinstinkte weiter zu steigern. »Was ist mit den Grundstücken in Leeds und London? Ich denke, die Wohnblocks in Hampstead und der Fabrikbesitz in East End werden einen guten Preis erzielen.«

»Ja. Ebenso das Bürohaus in West End. Sie haben natürlich recht, es ist eine gute Zeit zu verkaufen.« Er konzentrierte sich auf die verschiedenen Listen, machte rasche Überschlagsrechnungen. Sie hatte den Gesamtwert unterschätzt. Die Gemälde, der Grundbesitz und die Juwelen würden etwa neun Millionen Pfund einbringen. Er legte den Umschlag zurück und zündete sich wieder eine Zigarette an. Seine Unruhe wuchs.

»Emma, meine Liebe. Sie müssen es mir sagen, wenn Sie Probleme haben. Wer, außer mir, kann Ihnen helfen?« Er lächelte sie an, langte zu ihr hinüber und tätschelte liebevoll ihren Arm. Er hatte sich noch nie lange über sie ärgern können.

»Henry, lieber Henry. Ich habe keine Probleme«, antwortete Emma äußerst versöhnlich und beruhigend. »Sie wissen das. Sie haben selbst gesagt, daß die Dinge nie besser standen.« Sie setzte sich neben ihn auf das Sofa und nahm seine Hand. »Hören Sie,

Henry, ich brauche dieses Geld aus einem persönlichen Grund. Es hat nichts mit Problemen zu tun. Ich gebe Ihnen mein Wort. Bitte glauben Sie mir, Henry, ich *würde* es Ihnen sagen. Wir sind so lange Jahre Freunde gewesen, und ich habe Ihnen immer vertraut, nicht wahr?« Sie lächelte zu ihm auf und setzte ihren ganzen Charme ein. In ihren Augen las er nur warme Zuneigung.

Er erwiderte ihr Lächeln und drückte ihr fest die Hand. »Ja. Wir haben uns immer gegenseitig vertraut, wirklich. Als Ihr Bankier weiß ich, daß Sie keine geschäftlichen oder finanziellen Probleme haben, Emma. Aber ich kann einfach nicht verstehen, warum Sie sechs Millionen Pfund brauchen, und warum Sie mir nicht sagen, wofür. Können Sie es nicht, meine Liebe?«

Ihre Miene wurde sofort undurchschaubar. Sie schüttelte den Kopf. »Nein, ich kann es nicht sagen. Werden Sie den Verkauf des Besitzes für mich übernehmen?« fragte sie fest und geschäftsmäßig.

Henry seufzte. »Natürlich, Emma. Darüber bestand doch nie ein Zweifel, nicht wahr?«

Sie lächelte. »Danke, Henry. Wie lange wird der Verkauf dauern?«

Er zuckte die Schultern. »Das weiß ich wirklich nicht. Vielleicht sechs Wochen. Ich bin sicher, ich kann die Kunstsammlung innerhalb der nächsten Woche verkaufen. Ich glaube auch, daß ich einen Kunden habe, der die Juwelen privat kaufen wird. So können wir einen öffentlichen Verkauf vermeiden. Auch der Grundbesitz sollte ziemlich leicht loszuschlagen sein. Ja, ich würde sagen, höchstens einen Monat.«

»Ausgezeichnet!« rief Emma. Sie sprang auf und ging zum Kamin. Sie stellte sich mit dem Rücken zum Feuer und betrachtete Henry mit einem amüsierten Glitzern in den Augen. »Schauen Sie nicht so betrübt, mein Lieber. Auch die Bank wird daran Geld verdienen, wie Sie wissen. Und die Regierung an all den Steuern, die ich werde zahlen müssen!«

Er lachte. »Manchmal denke ich, Sie sind unverbesserlich, Emma Harte.«

»Das bin ich! Ich bin die unverbesserlichste Frau, die ich kenne. Gehen wir nun in den Sitzungssaal zum Essen. Dann können Sie mir über Ihre jüngsten Frauenbekanntschaften erzählen und die aufregenden Partys, an denen Sie teilgenommen haben, während ich in New York war.«

»Eine ausgezeichnete Idee«, sagte er heiter, obwohl er noch immer besorgt war, als er ihr folgte.

Am nächsten Tag begann Emma sich unwohl zu fühlen. Der Husten, den sie sich in New York geholt hatte, belästigte sie immer noch, und in ihrer Brust spürte sie einen beklemmenden Druck. Aber es dauerte noch eine ganze Woche, bevor sie zusammenbrach; und während dieser Woche weigerte sie sich, zuzugeben, daß etwas mit ihrer Gesundheit nicht in Ordnung war. Gebieterisch wischte sie alle besorgten Einwände Gaye Sloanes und ihrer Tochter Daisy fort. Sie weigerte sich, von ihrem üblichen Arbeitsplan abzuweichen. Gewissenhaft ging sie jeden Morgen um halb acht ins Büro und kehrte am Abend um sieben Uhr in ihr Haus am Belgrave Square zurück. Da sie es gewohnt war, bis halb neun oder gar neun Uhr am Abend in ihrem Büro zu arbeiten, fand sie, daß ihre relativ frühe Heimkehr ein großes Zugeständnis war. Aber es war auch ihr einziges.

Manchmal, am Ende eines Arbeitstages, wenn sie vor den riesigen Aktenbergen saß, war sie von dem Husten so zermartert und erschöpft, daß sie eine Zeitlang völlig geschwächt und ermattet in ihrem Sessel blieb. Für Emma war dieser quälende Husten unheilvoll. Trotzdem arbeitete sie weiter, getrieben von einem Gefühl äußerster Dringlichkeit. Nicht die Routinegeschäfte beunruhigten sie, denn die erledigte sie rasch und exakt, mit dem ihr eigenen Scharfsinn. Ernste Sorge bereiteten ihr die Stapel von Rechtsdokumenten, die ihre Anwälte auf ihre Bitte hin vorbereitet hatten. Sie lagen jetzt ausgebreitet vor ihr auf dem riesigen Tisch, beleuchtet von der abgeschirmten Lampe, und manchmal erschrak sie vor der gewaltigen Arbeit, die sie noch zu leisten hatten. Dann dachte sie: »Ich werde es nicht schaffen! Es ist nicht mehr genug Zeit! In solchen Augenblicken erfaßte sie für kurze Zeit Panik. Aber diese lähmenden Gedanken gingen vorüber, und dann arbeitete sie weiter, rasch, sorgfältig und klug. Dabei machte tie immer wieder Notizen für ihre Anwälte. Während sie arbeitete, war sie nur von einem einzigen Gedanken erfüllt: Die Dokumente müssen unabänderlich und unwiderruflich sein! Sie müssen unantastbar sein. Ich muß sicher sein, absolut sicher, daß sie vor keinem Gericht jemals angefochten werden können.

Oft wurden die Schmerzen in ihrer Brust so schlimm, daß sie

fast unerträglich waren. Dann mußte sie ihre Arbeit für eine Weile unterbrechen. Sie stand auf und ging gebeugt durch das elegant eingerichtete Büro, so von Schmerz gequält, daß sie manchmal die zeitlose Schönheit des Raumes nicht mehr bemerkte. Sie hatte diese Schönheit mit Geduld geschaffen, und sie erfüllte sie sonst immer mit großer Zufriedenheit. An der Bar goß sie sich mit zitternden Händen einen Brandy ein und ruhte sich dann eine Zeitlang auf dem Sofa vor dem Kamin aus. Sie mochte den Geschmack von Brandy nicht besonders, aber da er sie wärmte und für kurze Zeit den Schmerz zu unterdrücken schien, wählte sie ihn als das kleinere von zwei Übeln. Und was noch wichtiger war, er befähigte sie, zu ihrem Schreibtisch zurückzugehen und mit der Arbeit an den Dokumenten fortzufahren. Wenn sie sich so mit den unerträglichen Schmerzen abquälte, kochte sie innerlich vor Wut und verfluchte die Treulosigkeit ihres Körpers, der sie in einer so entscheidenden Phase im Stich ließ.

Eines Abends am Ende der Woche, als sie fieberhaft an ihrem Schreibtisch arbeitete, hatte sie plötzlich das unwiderstehliche Verlangen, in die Räume des Warenhauses hinunterzugehen. Zunächst unterdrückte sie den Gedanken als den dummen Wunsch einer alten Frau, die sich krank fühlte. Aber das Verlangen wurde so stark und zwingend, daß sie nicht widerstehen konnte. Sie *mußte* durch die großen, menschenleeren Hallen gehen, als handele es sich darum, sich die eigene Existenz zu bestätigen. Sie erhob sich langsam. Ihr Körper war vom Fieber geplagt, und der Schmerz in ihrer Brust allgegenwärtig. Nachdem sie mit dem Lift hinuntergefahren war und mit dem Nachtwächter gesprochen hatte, ging sie durch die Halle, die zu den Abteilungen im Erdgeschoß führte. Sie betrachtete die ruhige geisterhafte Szene, die sich vor ihren Augen auftat. Bei Tag erstrahlte alles im Glanz riesiger Kristalleuchter, aber jetzt in den Schatten und der Stille des Abends, erschien ihr der Raum wie ein versteinerter Wald, verloren in Zeit und Raum, seelenlos, gefroren und ohne Leben. Die gewölbte Decke, in ihren Ausmaßen fast wie die einer Kathedrale, war übersät mit bläulichen Gittermustern, unheimlich und geheimnisvoll, während die getäfelten Wände von den Wandleuchten in ein tief purpurn glänzendes, sanftes und diffuses Licht getaucht wurden. Sie bewegte sich geräuschlos über den dicken Teppichboden und erreichte die Lebensmittelabteilung, die aus einer Reihe von riesigen Räumen bestand, verbunden durch hohe Torbögen, die ein wenig an die Architektur mittelalterlicher Klöster erinnerten.

Für Emma würde die Lebensmittelabteilung immer der Mittelpunkt des Warenhauses bilden, denn hier hatte in Wirklichkeit alles begonnen. Sie war die winzige Saat, aus der die Warenhauskette hervorgewachsen war, erblühte und zu dem mächtigen Imperium wurde, welches sie heute darstellte.

»Wer hätte je gedacht, daß es sich *so* entwickeln würde?« fragte Emma sich laut, und ihre Stimme hallte in der Stille der leeren Halle von den Wänden zurück. »Wo nahm ich die Energie her?« Sie war einen Augenblick lang verwirrt. Sie hatte viele Jahre lang nicht an das gedacht, was sie erreicht hatte, immer mit ihren Geschäften zu sehr beschäftigt, um ihre Zeit mit Grübelei über ihren Erfolg zu vergeuden. Diese Aufgabe hatte sie vor langem ihren Konkurrenten und Gegnern überlassen. Denn auf Grund ihrer eigenen Falschheit und Skrupellosigkeit würden sie niemals fähig sein zu begreifen, daß die Warenhauskette von Emma Harte auf so grundlegenden Dingen wie Rechtschaffenheit, beseeltem Mut, Geduld und Opferbereitschaft aufgebaut worden war.

Opferbereitschaft. Dieses Wort war in ihrem Geist gefangen wie eine Fliege in Bernstein. Sie hatte in der Tat ungeheure Opfer gebracht, um zu ihrem unvergleichlichen Erfolg zu gelangen, ihrem großen Reichtum und ihrer nicht zu bestreitenden Macht in der internationalen Geschäftswelt. *Sie hatte ihre Jugend geopfert, ihre Familie, ihr Familienleben, einen großen Teil ihres persönlichen Glücks, ihre Freizeit und andere zahllose kleine, oberflächliche Vergnügungen, an denen die meisten Frauen Gefallen finden.* Mit tiefer Einsicht erkannte sie die Größe ihres Verlustes in ihrem Leben als Frau, Gattin und Mutter. Emma ließ ihre Tränen ungehindert fließen, und ein Teil ihrer Schmerzen wurde dadurch gelindert.

Langsam versiegten die Tränen, und ihr quälender Husten klang ab. Als sie ihre verwirrten Gedanken sammelte, um sich zu beruhigen, kam es Emma nicht in den Sinn, daß sie willentlich alle diese Dinge aufgegeben hatte, um die sie sich jetzt grämte, durch ihren brennenden Ehrgeiz und ihren sich über alles hinwegsetzenden Wunsch nach Sicherheit. Eine Sicherheit, die sich immer außer ihrer Reichweite zu befinden schien, gleichgültig wie reich sie wurde. Es war ihr nie gelungen, mit der Zwiespältigkeit ihres Charakters fertig zu werden. Aber solche Gedanken kamen ihr an diesem Abend nicht, als sie mit ungewöhnlicher Trauer über die persönlichen Verluste, mit den Gefühlen der Verlassenheit und Verzweiflung und Reue kämpfte.

Innerhalb kurzer Zeit hatte sie sich wieder völlig in Gewalt, und sie war verärgert, daß sie sich negativen Gefühlen überlassen hatte, solchem Selbstmitleid. Sie verachtete Schwäche bei anderen, und es war eine Gefühlsregung, die bei ihr nicht üblich war. Sie dachte ärgerlich: Ich habe mein Leben alleine geschaffen. Ich kann jetzt nichts mehr ändern. Ich muß einfach bis zum Ende weitergehen.

Sie riß sich zusammen, aufrecht und stolz. Zuviel von mir ist in all dem hier, dachte sie. Ich werde es nicht in die falschen Hände geraten lassen, unwürdige, achtlose Hände, die vorsätzlich alles in Stücke reißen werden. Ich bin bereit, zu intrigieren, Pläne auszuhecken und zu manipulieren. Nicht nur für die Vergangenheit und für das, was es *mich* gekostet hat, sondern für die Zukunft und für alle, die hier arbeiten, und die ebenso stolz auf das Warenhaus sind wie ich. Ihre Schwäche wurde wieder durch eiskalte Entschlossenheit ersetzt.

Emma verließ die Lebensmittelabteilung. Ihre Schritte hallten dumpf, als sie durch die mit Fliesen belegten Flure schritt und in ihr Büro zurückkehrte.

Die Ereignisse der letzten paar Wochen hatten ihr bewiesen, daß innerhalb ihrer Familie nach ihrem Tod großer Streit über die Kontrolle der Geschäfte und die Verteilung ihres Reichtums ausbrechen würde, wenn sie nicht gewisse Familienmitglieder überlistete, bevor sie starb. Nun würde sie das letzte der Dokumente ausfertigen, das, welches die Auflösung dieses Warenhauses und ihres großen Handelsimperiums verhindern würde. Es waren sorgfältig verfaßte Dokumente, die alles unveränderlich bewahren würden und dafür sorgten, daß es in die richtigen Hände kam, in Hände *ihrer* Wahl.

Am Montag darauf waren die Schmerzen in ihrer Brust so stark, und ihr Zustand hatte sich so verschlechtert, daß Emma ihr Bett nicht mehr verlassen konnte. Nun erlaubte sie Paula, Dr. Rogers zu rufen, ihren Londoner Arzt. Am Wochenende waren die meisten Dokumente unterschrieben worden, beglaubigt und versiegelt. Und jetzt fühlte Emma, daß sie sich erlauben durfte, krank zu sein. Nachdem Dr. Rogers sie untersucht hatte, steckten er und Paula in einer Ecke des Schlafzimmers die Köpfe zusammen und sprachen flüsternd miteinander. Sie verstand zwar ein paar Worte, aber sie brauchte nicht zu lauschen. Schon während der letzten Tage hatte sie vermutet, daß es Lungenentzündung war. Was sie hörte, bestätigte ihre Diagnose.

Später am Morgen wurde sie mit einem Krankenwagen in die Londoner Klinik gebracht, allerdings erst nachdem sie Paula das Versprechen abgenommen hatte, noch am selben Tag Henry Rossiter zu ihr zu bringen. Henry kam schon am Nachmittag. Er war entsetzt, sie in einem Sauerstoffzelt vorzufinden, umgeben von allen möglichen Apparaten, geschäftigen, in gestärkte, antiseptische Gewänder gehüllte Krankenschwestern und besorgten Ärzten. Sie lächelte innerlich, als sie Henrys bleiches Gesicht und seine besorgten Augen sah, denn sie wußte um Henrys Anhänglichkeit. Er ergriff fest ihre Hand und meinte, sie würde bald wieder auf den Beinen sein. Sie versuchte, seinen Händedruck zu erwidern; aber sie fühlte sich so schwach, daß sich ihre Hand kaum in der seinen bewegte. Mit gewaltiger Anstrengung gelang es ihr flüsternd zu fragen, ob alles in Ordnung gehen würde. Aber er mißverstand sie und glaubte, sie würde diese Frage auf sich selbst beziehen. Dabei erkundigte sie sich doch nach dem Verkauf ihres Besitzes, den er für sie übernommen hatte. Er sprach weiterhin beruhigend auf sie ein und versicherte ihr so lange, sie würde bald zu Hause sein, bis sie schließlich ungehalten wurde und vor ohnmächtiger Wut kochte.

Genau in diesem Moment wurde Emma klar, daß sie völlig alleine war, so wie es immer gewesen war, wenn schlimme Dinge auf sie zukamen. In allen Wechselfällen des Lebens, wann immer sie vor den schwersten Problemen, die man sich vorstellen kann, stand, war sie völlig allein und immer gezwungen, sich selbst zu helfen. Und sie wußte, daß sie sich nur auf sich selbst verlassen konnte, um die wenigen verbleibenden Aufgaben zu erledigen, die ihr Imperium und ihre Dynastie erhalten würden. Darum mußte sie leben! Sie beschloß, dieser lächerlichen Krankheit, die ihren schwachen, alten Körper befallen hatte, nicht zu unterliegen. Sie würde leben, und wenn es ihre ganze Kraft kostete. Ihre gesamte Willenskraft wollte sie aufbieten. Es würde ohne jeden Zweifel die größte Kraftanstrengung werden, die sie jemals aufgewendet hatte; aber sie würde sich selbst *zwingen* zu leben.

Jetzt war sie müde, unendlich müde. Wie von weiter Ferne hörte sie noch, wie die Schwestern Henry Rossiter baten, zu gehen. Sie bekam einige Medikamente, und dann wurde das Sauerstoffzelt wieder geschlossen. Sie schlief ein und fühlte, wie sie immer jünger und jünger wurde. Sie war wieder ein junges Mädchen, gerade sechzehn, in Yorkshire. Sie lief durch ihr geliebtes Moor hoch über Fairley Village, zum Gipfel der Welt. Heidekraut und Farn schlugen gegen ihre Beine. Der Wind fing sich in ihrem langen Kleid und blähte es auf. Ihr Haar war ein Strom von Seidenfäden, die hinter ihr flatterten, als sie lief. Der Himmel war strahlend blau, und die Lerchen sangen und flogen hoch, der Sonne entgegen. Jetzt konnte sie Edwin Fairley sehen. Er stand bei den großen Felsen, direkt im Schatten der Klippen über dem Ramsden Ghyll. Als er sie sah, winkte er und begann zu der Felsbank hinaufzuklettern, wo sie immer, geschützt vorm Wind, saßen und die Welt unter sich betrachteten. Er schaute nicht zurück, sondern kletterte weiter. »Edwin! Edwin! Warte auf mich!« rief sie, aber ihre Stimme wurde vom Wind davongetragen, und er hörte sie nicht. Als sie die Ramsden Crags erreichte, rang sie nach Luft, und ihr blasses Gesicht war von der Anstrengung gerötet. »Ich bin so schnell gelaufen, daß ich dachte, ich müßte sterben«, keuchte sie, als er sie auf die Felsbank zog. Er lächelte. »Du wirst niemals sterben, Emma. Wir werden beide für immer und alle Zeiten leben, hier auf dem Gipfel der Welt.« Der Traum zerfiel in Hunderte winziger Teilchen und löste sich allmählich auf, als sie in tiefen Schlaf fiel.

4

Emma lebte. Jeder sagte, es sei ein Wunder, daß eine Frau von achtundsiebzig Jahren eine Lungenentzündung und die damit verbundenen, weiteren Komplikationen überleben konnte. Man drückte auch Erstaunen über ihre unglaubliche Fähigkeit aus, sich so rasch zu erholen, daß sie schon nach drei Wochen die Londoner Klinik verlassen konnte. Emma sagte nichts, als sie davon hörte. Sie lächelte nur rätselhaft und dachte: ›Ah, aber sie alle wissen nicht, daß der Wille zu leben die stärkste Kraft auf der Welt ist.‹

Nach zwei Tagen der Ruhe, die man ihr auferlegt hatte, verließ sie ungeduldig ihr Bett. Sie mißachtete die Anweisungen ihrer Ärzte und ging zum Warenhaus. Das war keine unsinnige Trotzreaktion, wie es bei oberflächlicher Betrachtung hätte scheinen können, denn obwohl sie gefühlsmäßig handeln konnte, war sie doch nicht leichtsinnig, und sie kannte ihren Körper ganz genau. Sie konnte ihre Kräfte genau einschätzen, und jetzt wußte sie, daß sie sich vollkommen erholt hatte. Emma wurde von ihren Angestellten herzlich begrüßt, denn bei den meisten war sie sehr beliebt. Man nahm ihre plötzliche Rückkehr wie selbstverständlich hin. Nur Paula tanzte nervös um sie herum, verhätschelte sie, war beunruhigt und besorgt.

»Ich wünschte, du würdest mit diesem Theater aufhören, Liebling«, sagte Emma brüsk, als Paula ihr ins Büro folgte und dabei etwas von Gefahr für die Gesundheit murmelte. Emma zog ihren pelzgefütterten Tweedmantel aus und hing ihn in den Schrank. Einige Augenblicke stand sie am Kamin, wärmte ihre Hände und ging dann mit ihren energischen Schritten durch den Raum. Sie hielt sich vollkommen aufrecht und war selbstbeherrscht wie immer. Emma war sicher und fühlte sich völlig wohl.

Die dunklen Wolken des Schreckens und der Verzweiflung, die sie seit den Enthüllungen Gayes über das Komplott ihrer Kinder

umgeben hatten, waren verschwunden, zwar langsam und quälend, aber sie waren verschwunden. Die unheilvollen Dinge, die
sie diesem verfluchten Gespräch auf dem Tonband entnehmen
konnte, und die Erkenntnis, daß man sie verriet, hatten nur dazu
gedient, ihren Sinn zu härten. Sie sah die Dinge mit kalter, klarer
Objektivität, ohne sinnlose Gefühle. Während ihrer Krankheit,
als sie sich auf ihren eisernen Willen stützte, rücksichtslos um ihr
Leben kämpfte, war sie mit sich selbst ins Reine gekommen. Wie
eine Flut warmen, hellen Lichts hatte sie tiefer Friede erfüllt. Er
gab ihr Trost und innere Stärke. Es war, als ob ihr Kampf mit dem
Tod ihrem Geist neue Kräfte verliehen und ihren unerschrocke-
nen Mut gestärkt hätte. Ihre Lebenskraft war zurückgekehrt, aber
jetzt gepaart mit einer großen Ruhe, die sie wie ein Schutzwall
umgab.

Sie nahm hinter ihrem riesigen Schreibtisch Platz, wieder
bereit, ihr Reich zu regieren. Dann lächelte sie Paula liebevoll an.
»Ich habe mich völlig erholt, weißt du«, sagte sie strahlend und
zuversichtlich. Und sie schaute in der Tat so aus, obwohl es
teilweise auf die Illusion zurückzuführen war, die sie heute früh
geschickt verwirklicht hatte. Als sie beim Anziehen ihre Blässe
und die müden Linien um ihre Augen und ihren Mund gesehen
hatte, hatte sie die dunklen Farben, die sie sonst liebte, vermieden
und statt dessen ein leuchtendes, korallenfarbenes Kleid gewählt.
Es war aus feiner Wolle, sanft geschnitten, mit einem gefalteten
Kapuzenkragen, der sich in weichen Linien um ihren Hals
schmiegte. Es war ihr genau bewußt, daß die warme Farbe und die
sanfte Nackenlinie ihr schmeichelten, und mit einigen sorgfältig
angewandten Kosmetika hatte sie diese Wirkung vervollständigt.
Und nun ging eine robuste, gesunde Ausstrahlung von ihr aus.

Paula war klar, daß diese Wirkung bis zu einem gewissen Grad
künstlich ausgelöst war, denn sie kannte die zahlreichen und
vielfältigen Mittel ihrer Großmutter, wenn sie jemanden täuschen
wollte. Sie lächelte in sich hinein. Manchmal konnte ihre Großmutter sehr listig sein. Aber Paula fühlte auch die echte Kraft, die
in Emma steckte, eine neue Energie und Zielstrebigkeit. Als sie
sie genau betrachtete, mußte sie zugeben, daß Emma wieder wie
früher war, ja, als sei sie jünger geworden.

Sie lächelte ihre Großmutter an und sagte sanft, wenn auch ein
wenig tadelnd: »Ich kenne *dich*, Omi. Du wirst wieder viel zu viel
arbeiten. Du solltest dich am ersten Tag nicht übernehmen.«

Emma lehnte sich in ihrem Stuhl zurück, dankbar dafür, daß sie lebte, wieder auf den Beinen war und zu ihren Geschäften zurückkehren konnte. Sie war fast gewillt, in diesem Augenblick allem zuzustimmen. »Oh, das werde ich nicht, Liebling«, entgegnete sie rasch. »Ich habe einige Telefonanrufe zu tätigen, und dann muß ich Gaye einiges diktieren. Das ist alles. Ich werde mich nicht anstrengen. Ich verspreche es!«

»Gut«, sagte Paula langsam und fragte sich, ob sie wirklich meinte, was sie sagte. Ihre Großmutter konnte unbewußt in die Hetze der Arbeit im Warenhaus hineingeraten. »Ich vertraue darauf, daß du dein Versprechen hältst«, fügte sie dann nüchtern hinzu. »Ich habe jetzt eine Besprechung mit dem Einkäufer der Modeabteilung. Ich komme später wieder zu dir, Omi.«

»Übrigens, Paula, ich denke, ich werde übernächstes Wochenende nach Pennistone Royal fahren. Ich hoffe, du kannst mich begleiten«, rief Emma ihr nach.

Paula blieb an der Tür stehen und schaute zurück. »Natürlich, sehr gerne«, rief sie, und ihre Augen leuchteten auf. »Wann willst du fahren, Omi?«

»Morgen in einer Woche. Früh am Freitag morgen. Aber darüber sprechen wir später.«

»Wunderbar. Nach meiner Konferenz werde ich meine Verabredungen für diesen Tag rückgängig machen. Ich habe nichts besonders Wichtiges in meinem Terminkalender. Ich kann also mit dir fahren.«

»Gut. Komm heute nachmittag um vier Uhr zu mir zum Tee. Dann können wir alles besprechen.«

Paula nickte und verließ das Büro. Auf ihrem Gesicht lag ein strahlendes Lächeln, als sie an die Aussicht dachte, ein Wochenende in Yorkshire zu verbringen. Sie war auch sehr erleichtert darüber, daß ihre Großmutter klug genug war, ihre Erholungspause in ihrem Landhaus im Norden zu verlängern.

Emma hielt Wort. Sie erledigte nur einen Teil der dringenden Korrespondenz, hatte eine kurze Besprechung mit Gaye und eine mit David Amory, Daisys Mann und Paulas Vater, der geschäftsführendes Vorstandsmitglied der Warenhauskette war. Emma schätzte David sehr hoch und vertraute ihm unbedingt. Er trug die schwere Last der täglichen Verwaltung der Warenhäuser. Sie erledigte eben ihren letzten Telefonanruf des Nachmittags, als Paula mit dem Teetablett das Büro betrat. Sie zögerte an der Tür und schaute Emma fragend an. Dann sagte sie leise: »Kann ich hereinkommen?«

Emma nickte und machte eine ungeduldige Geste, die Paula aufforderte, näherzutreten. Dann sprach sie weiter: »Sehr gut. Dann ist das erledigt. Du wirst also am Samstag kommen. Auf Wiedersehen.« Sie legte auf und ging zum Kamin, wo Paula bereits Tee in die hauchdünnen Tassen goß.

Emma lehnte sich vor, um ihre Hände zu wärmen, und sagte: »Sie ist die Starrsinnigste von allen, und ich war mir nicht sicher, ob sie zusagen würde. Aber sie hat es getan.« Ihre Augen schimmerten im Schein des Feuers, und das feine Lächeln auf ihrem Gesicht war verächtlich. »In Wirklichkeit hatte sie keine andere Wahl«, murmelte sie, als sie sich setzte.

»Wer, Omi? Mit wem hast du gesprochen?« fragte Paula und reichte ihr eine Tasse Tee.

»Danke, Liebes. Mit deiner Tante Edwina. Zuerst war sie sich nicht sicher, ob sie ihre Pläne ändern könnte.« Emma lachte zynisch. »Aber dann besann sie sich eines Besseren und entschied sich, nach Pennistone Royal zu kommen. Es wird ein richtiges Familientreffen. Sie kommen alle.«

Paula hatte den Kopf über die Teetasse gebeugt. Nun sah sie auf, ein fragendes Lächeln in ihrem Gesicht. »Wer, Omi? Was meinst du?« fragte sie, einen Augenblick lang verwirrt.

»Alle kommen. Deine Tanten, Onkel, Basen und Vettern.«

Ein Schatten flog über Paulas Gesicht, er verdeckte das Lächeln. »Warum?« rief sie überrascht und setzte sich kerzengerade auf. »Warum müssen *die* alle kommen? Du weißt doch, daß sie Ärger machen werden. Das tun sie immer!« Ihre Augen öffneten sich weit, und ihr Gesicht war vor Schreck verzerrt.

Emma war über Paulas Reaktion überrascht. Sie betrachtete sie ruhig, sagte aber in scharfem Ton: »Das bezweifle ich! Ich bin mir absolut sicher, daß sie sich alle sehr gut benehmen werden!« Um Emmas Mund spielte kurz ein Ausdruck, der einem Grinsen sehr ähnlich sah. Sie lehnte sich zurück und schlug entschlossen die Beine übereinander. Dann trank sie mit gleichgültiger und unbekümmerter Miene ihren Tee. »O doch, ich bin mir absolut *sicher,* Paula«, schloß sie mit fester Stimme. Das Grinsen verwandelte sich in ein selbstbewußtes Lächeln.

»Oh, Omi, wie konntest du das tun!« rief Paula. Sie schaute Emma vorwurfsvoll an. »Ich dachte, wir könnten uns auf ein schönes, erholsames Wochenende freuen.« Sie hielt inne und biß sich auf die Lippen. »Nun ist alles verdorben«, fuhr sie in anklagendem Ton fort. »Ich habe nichts gegen die Vettern und Basen, aber die anderen. Hu! Kit und Robin und die übrigen . . . das sind doch zu viele, um sie alle gleichzeitig ertragen zu können.« Sie schüttelte sich und zog eine Grimasse, als sie an ein Wochenende mit ihren Tanten und Onkeln dachte.

»Bitte, vertraue mir, Liebling«, sagte Emma mit so sanfter und überzeugender Stimme, daß Paula ruhiger wurde.

»Gut, in Ordnung, wenn du dich darüber freust. Aber es ist so kurz nach deiner Krankheit. Glaubst du, du wirst es in einem Hause voller . . . voller . . . Leute aushalten können?« Ihre Stimme versiegte. Plötzlich schaute sie bedrückt und hilflos vor sich hin.

»Das sind keine *Leute,* nicht wahr, Liebling? Bestimmt nicht. So können wir sie nicht abtun. Schließlich ist es meine Familie.«

Paula warf Emma einen kurzen Blick zu, denn sie hatte den ironischen Unterton in Emmas Stimme bemerkt. Emmas Gesicht war höflich, und sie lächelte. Sie heckt irgend etwas aus, dachte Paula plötzlich beunruhigt. Aber dann verwarf sie diesen Gedanken sofort und tadelte sich selbst für ihren Verdacht. Es gelang ihr, ein strahlendes Lächeln auf ihr Gesicht zu zaubern, und sie sagte: »Nun, ich bin sehr glücklich, daß Vater und Mutter kommen. Es kommt mir vor, als hätte ich sie seit Jahren nicht mehr gesehen, weil ich soviel unterwegs bin.« Sie zögerte und schaute Emma neugierig an. Dann fragte sie eilig: »Warum hast du die ganze Familie eingeladen, Großmutter?«

»Ich dachte, es sei schön, nach meiner Krankheit alle meine Kinder und Enkel um mich zu haben. Ich sehe sie so selten, Liebling«, meinte sie milde und fragte: »Ist es nicht so?«

Als Paula den festen Blick ihrer Großmutter erwiderte, bemerkte sie erschreckt, daß die Augen ihrer Großmutter trotz der sanften Stimme so kalt und hart waren, wie der große McGill-Smaragd, der an ihrem Finger glitzerte. Echte Furcht berührte ihr Herz, denn sie kannte diesen Blick. Er war entschlossen, aber auch gefährlich.

»Nein, ich glaube nicht, daß du sie oft siehst, Omi.« Paula flüsterte fast. Sie wagte nicht, weiterzufragen, und sie wollte ihren Verdacht nicht bestätigt finden. Damit war das Gespräch beendet.

Eine Woche später, früh am Freitag, verließen sie London in Richtung Yorkshire. Ein kalter Nieselregen sprühte, als sie aus der Stadt fuhren. Aber als der Motor des Rolls-Royce auf der neuen Autobahn etwas lauter wurde, besserte sich das Wetter. Der Regen hatte aufgehört, und obwohl der Himmel noch trübe war, brach die Sonne hier und da durch die grauen Wolken. Smithers, Emmas Fahrer seit über fünfzehn Jahren, kannte die Straße wie seine Westentasche. Ab und zu plauderten Emma und Paula über belanglose Dinge. Meist aber döste Emma vor sich hin, und Paula machte sich Sorgen um das kommende Wochenende. Trotz der Versicherungen ihrer Großmutter erschien es ihr wie ein Alptraum. Trübe schaute sie aus dem Fenster, tief beunruhigt, wenn sie an ihre Onkel und Tanten dachte.

Kit: aufgeblasen, herablassend, und für Paula ein verschlagener, ehrgeiziger Mann, dessen unbeschreiblicher Haß gegen sie nur sehr schwach von einer Tünche vorgetäuschter Herzlichkeit überdeckt wurde. Er würde in Begleitung von June sein, seiner kalten und frigiden Frau, welche von ihr und ihrem Vetter Alexander, als sie noch Kinder waren, den Spitznamen »Dezember« bekommen hatte. Sie war völlig humorlos und im Laufe der Jahre ein fader Abklatsch von Kit geworden. Dann war da noch Onkel Robin, der, wenn auch auf andere Art, in der Tat eine »schöne Bescherung« darstellte. Er war gutaussehend, sarkastisch, schöntuerisch und auf seltsame Weise dekadent. Er kam ihr immer vor wie ein Reptil; und trotz seines Charmes und seiner Höflichkeit stieß er sie ab. Sie mochte ihn vor allem darum nicht, weil er seine ziemlich nette Frau, Valerie, mit eiskalter Verachtung behandelte, eine Verachtung, die an echte Grausamkeit grenzte. Ihre Tante Edwina war eine Art unbekannte Größe für sie, denn Edwina verbrachte den größten Teil ihrer Zeit in den Sümpfen von Irland bei ihren Pferden. Paula erinnerte sich an sie als eine abstoßende Frau, snobistisch, stumpfsinnig und mürrisch. Tante Elizabeth war schön, unterhaltend auf eine spröde Art; doch konnte sie unberechenbar sein, und ihre Lebhaftigkeit ging Paula auf die Nerven.

Paula seufzte und versuchte ihre Gedanken von ihren Verwandten abzulenken. Sie empfand die meisten von ihnen als unangenehm und seltsam bedrohlich. Sie schienen zwar immer ausgeglichen zu sein, aber stets gewappnet und bereit loszuschlagen, wie eine Kampftruppe. Allerdings waren sie sich nicht einig. Es gab zuviele Meinungsverschiedenheiten zwischen ihnen. Sie versuchte an Pennistone Royal zu denken, dieses liebliche, alte Haus, so voll von Schönheit und Wärme, das sie ebenso liebte wie Emma. Sie stellte sich vor, wie sie auf ihrem Pferd in der frischen, klaren Luft durch das Moor ritt. Und dann, völlig unerwartet, sah sie das Gesicht von Jim Fairley. Sie schloß die Augen. Ihr Herz krampfte sich zusammen, und ihr Kopf dröhnte schmerzhaft. Sie wehrte sich gegen ihre Gefühle, diese turbulenten, quälenden Gefühle, die sie immer überkamen, wenn die Erinnerungen an ihn zurückkehrten.

Paula öffnete die Augen und schaute aus dem Fenster. Entschlossen verbannte sie Jim Fairley aus ihren Gedanken. Ihre Liebe. Ihre einzige Liebe. Aber für sie verboten – wegen der Vergangenheit ihrer Großmutter. Etwas später sah sie auf ihre Uhr. Sie waren schon hinter Grantham und fuhren nun nach Doncaster. Es war rasch gegangen, denn der Verkehr war in dieser frühen Morgenstunde noch relativ gering. Sie lehnte sich in ihrem Sitz zurück und schloß wieder die Augen. Smithers hatte das Radio eingeschaltet, und die sanfte Musik, das sanfte Rollen des Wagens, lullte Paula ein. Manchmal, wenn der Wagen ruckte, wachte sie auf und schaute zu ihrer Großmutter, die völlig ruhig und entspannt zu sein schien. Ein sanftes Lächeln lag auf ihrem Gesicht, und sie hatte die Augen geschlossen.

Nach einer halben Stunde rührte sich Emma und setzte sich auf. Sie war hellwach und frisch. Sie bewegte sich leicht, um aus dem Fenster zu schauen, und lächelte dabei ruhig vor sich hin. Sie wußte immer, wann sie in Yorkshire war. Hier waren ihre Wurzeln, und ihr Körper war empfänglich für dieses vererbte Wissen und das Gefühl für die Heimat. Ihre Heimat. Der einzige Platz, wo sie wirklich hingehörte.

Sie fuhren über die Schnellstraße und passierten dabei alle die vertrauten Orte. Doncaster, Wakefield und Pontefract. Und schließlich waren sie in Leeds. Das graue, dumpfe Leeds, das doch so mächtig und reich war, das vor Energie bebte und mit seinen Kleiderfabriken, Wollmühlen, Erzgießereien und Maschinenfabriken eines der Industriezentren Englands war. Ihre Stadt. Der Sitz ihrer Macht, die Grundlage ihres Erfolgs und ihres gewaltigen Reichtums. Sie fuhren an Gebäuden und Fabriken vorbei, die ihr gehörten, und an dem riesigen Warenhaus, das ihren Namen trug. Sie mußten nun langsamer fahren, denn in der Innenstadt hatte der Berufsverkehr eingesetzt. Dann waren sie aber wieder auf der offenen Straße und fuhren aufs Land hinaus.

Nach einer Stunde bremste der Wagen in dem gepflasterten Hof von Pennistone Royal. Emma sprang hinaus. Es war bitterkalt, und vom Moor her blies ein scharfer Wind, doch die Sonne stand golden an einem kobaltblauen Himmel. Auf dem grünen Rasen, der sich bis zu dem Lilienteich hin ausdehnte, der unter der mit Fliesen belegten Terrasse lag, bogen sich die frühen Narzissen wie in Wellen unter den Windstößen. Emma nahm einen tiefen Atemzug. Die Luft war erfüllt mit dem Geruch nach Torf und Farn, der vom Moor herüberwehte, von feuchter Erde und knospendem Grün, das nach einem harten Winter den Frühling ankündigte. Es hatte die Nacht zuvor geregnet, und obwohl es inzwischen Mittag geworden war, hing noch der Tau an Bäumen und Hecken und glitzerte im kühlen Licht des Nordens.

Wie immer schaute Emma zum Haus empor, als sie mit Paula darauf zuschritt. Wieder einmal war sie tief bewegt von seiner eindrucksvollen Schönheit. Diese Schönheit war nur in England möglich, denn nirgendwo anders konnte ein Haus so großartig emporragen und sich so gut der umgebenden Landschaft anpassen. Seine Ursprünge gingen ins siebzehnte Jahrhundert zurück. Die Mischung aus Renaissance und der Architektur aus der Zeit Jakobs I. verliehen ihm eine majestätische Würde, unzerstörbar und dauerhaft mit seinen zinnenbewehrten Türmen und den geteilten, bleigefaßten Fenstern, die dunkel aus dem in Jahrhunderten grau gewordenen Mauerwerk schimmerten. Aber diese Würde war sanft, und selbst die großartigen Wasserspeier, in Jahrhunderten verwittert, waren inzwischen ihres furchteinflößenden Aussehens beraubt.

Sie hielten sich nicht lange auf der Terrasse auf. Trotz ihrer strahlenden Helligkeit spendeten die Sonnenstrahlen keine Wärme; und der Wind, der von der Nordsee herüberblies, war rauh. Trotz seiner Schönheit und Frühlingsfrische war der Tag trügerisch. Emma und Paula gingen schnell die Stufen hinauf, vorbei an den geschnittenen Hecken, die sich gegen den samtenen Rasen wie stolze Wächter aus einer vergangenen Zeit abhoben.

Bevor sie das große Eichentor erreichten, wurde es schon aufgerissen. Hilda, die Haushälterin, stand auf der Steintreppe, und ihr Gesicht strahlte. »O Madame!« schrie sie entzückt. Dann lief sie zu ihr, um Emmas ausgestreckte Hand zu drücken. »Wir hatten uns solche Sorgen um Sie gemacht. Gott sei Dank geht es Ihnen jetzt besser. Es ist schön, Sie wieder hier zu haben. Und Sie auch, Miß Paula.« Sie lächelte noch breiter und führte sie ins Haus. »Kommen Sie herein, kommen Sie herein. Draußen ist es kalt.«

»Ich kann Ihnen gar nicht sagen, wie froh ich bin, wieder zu Hause zu sein«, sagte Emma, als sie eintraten. »Wie ist es Ihnen gegangen, Hilda?«

»Sehr gut, Madame. Ich habe mir nur über Sie Sorgen gemacht. Das haben wir alle. Hier läuft alles glatt. Ich bin für den Familienempfang vorbereitet. Bringt Smithers das Gepäck, Madame? Ich kann Joe zum Wagen hinunterschicken, wenn Sie meinen, daß er Hilfe braucht.« In ihrer Entzückung sprudelten die Worte nur so aus ihrem Mund.

»Nein danke, Hilda. Ich bin sicher, daß Smithers zurechtkommt.« Emma trat in die Mitte der großen Eingangshalle, schaute sich um und lächelte vor Freude. Ihre Augen ruhten auf den schönen, alten Eichenmöbeln, den Wandteppichen und der großen Kupfervase auf dem Tisch des Speisesaals, die mit Narzissen und Weidenkätzchen gefüllt war.

»Das Haus schaut wundervoll aus, Hilda«, sagte sie mit einem warmen Lächeln. »Sie haben wie immer gute Arbeit geleistet.«

Hilda errötete. »Ich habe Kaffee gekocht, Madame, oder soll ich Tee bereiten? Vielleicht ziehen Sie einen Sherry vor dem Essen vor«, bot sie an. »Ich habe Ihre Lieblingssorte in das obere Wohnzimmer gebracht.«

»Das ist eine gute Idee, Hilda. Gut, gehen wir jetzt hinauf. Das Mittagessen dann gegen ein Uhr. Ist das recht, Hilda?« fragte Emma, während sie ihren Fuß auf die erste Treppenstufe setzte.

»Natürlich, Madame.« Sie eilte in die Küche zu ihrer Arbeit. Paula folgte Emma in das aufragende Treppenhaus und bewunderte wieder einmal die Vitalität ihrer Großmutter.

»Ich komme gleich zu dir, Omi«, sagte Paula, als sie den langen Flur entlangschritten, der zu den verschiedenen Schlafzimmern und dem oberen Salon führte. »Ich würde mich vor dem Essen gerne etwas frisch machen.«

Emma nickte. »Ich auch, Liebling. Also bis gleich.« Später, als sie ihre Reisekleidung mit einem leichten Wollkleid vertauscht und sich etwas erfrischt hatte, ging Emma in den Salon, der neben ihrem Schlafzimmer lag. In Pennistone Royal war der Salon ihr Lieblingsraum. Im Kamin flackerte ein Feuer, die Stehlampen mit den Seidenschirmen brannten bereits, so daß der Raum in sanftes

Licht getaucht war. Als sie zum Kamin hinüberging, um sich in der gewohnten Weise aufzuwärmen, warf Emma einen kurzen, anerkennenden Blick durch den Raum.

Der Salon im ersten Stock dieses alten Hauses zeichnete sich durch sanfte Schönheit, Vornehmheit und guten Geschmack aus. In seiner Zurückhaltung und Schlichtheit konnte nur ein erfahrenes Auge erkennen, daß diese Einfachheit große Geldsummen und geduldige, geschickte Auswahl der kostbarsten Möbel und Einrichtungsgegenstände erfordert hatte. Auf dem dunklen, glatten Fußboden lag ein edler Savonnerie-Teppich, der die Mitte des Raumes mit sanften Pastellfarben belebte. Die Wände waren in schwachem Gelb gehalten und tauchten den ganzen Raum in ein sonniges, lebhaftes Licht. Überall glänzte Silber und Kristall auf der milden Patina der schönen georgianischen Tische, Konsolen, Schränke und dem großen Schreibtisch.

Zwei lange Sofas standen sich vor dem Kamin gegenüber. Sie waren einladend und bequem wie tiefe Federbetten. Darauf lagen Decken aus Chintz mit einem Muster aus klaren, lebhaften Blumen in hellem Rosa, Blau und Rot, verflochten mit grünem Laubwerk auf weißem Grund. Auf den Pembroke-Tischen und den kleinen Konsolen standen Vasen und Krüge aus edlem Porzellan, gefüllt mit frischen Frühlingsblumen. Sie waren in der Wärme des Kaminfeuers aufgegangen, und der Raum war von ihrem frischen Duft erfüllt. In dem herrlichen Chippendale-Schrank stand unvergleichliches China-Porzellan, und auf Wandtischen schimmerten kostbare Kristallampen mit cremefarbenen Seidenschirmen. Vor den großen bleigefaßten Fenstern stand ein georgianischer Tisch mit den allerneuesten Buchausgaben. Auf einem anderen Tisch hinter einem der Sofas lagen sämtliche aktuelle Zeitschriften und Magazine.

Auf dem eichengetäfelten, reich geschnitzten Kamin standen alte silberne Kerzenleuchter mit weißen Kerzen, in der Mitte eine Standuhr aus dem siebzehnten Jahrhundert. Über dem Kamin hing eine Landschaft von Turner. Mit seinem duftigen Grün und klaren Blau rief das ländliche Motiv in Emma ergreifende Erinnerungen hervor, und in ihrem Herzen regte sich immer ein wehmütiges Gefühl, wenn sie das Bild bewunderte.

Als sie sich erwärmt hatte, ging Emma zu der kleinen Konsole, auf der ein Tablett mit Getränken und Kristallgläsern stand. Sie goß zwei Gläser Sherry ein und trug sie zum Kamin zurück.

Während sie auf Paula wartete, warf sie einen Blick in die Morgenzeitungen. Ihre eigene Zeitung, die *Yorkshire Morning Gazette,* machte einen wesentlich besseren Eindruck, seit sie Jim Fairley zum Chefredakteur ernannt hatte. Er hatte eine Menge Verbesserungen vorgenommen, die dem Blatt sehr förderlich gewesen waren. Er hatte das Format verändert, und das Layout schaute nun klarer und moderner aus. So war es auch bei ihrer Abendzeitung, dem *Yorkshire Evening Standard,* die ebenfalls unter der Aufsicht von Jim Fairley stand. Die Einkünfte aus Anzeigen und Werbung waren gestiegen, ebenso wie die Auflage. Er hatte seine Sache sehr gut gemacht, und Emma war mehr als zufrieden. Jim Fairley . . . Paula . . . Sie konnte nicht länger an ihn denken, ohne gleichzeitig auch an Paula zu denken. Für Emma stand das Mädchen immer schicksalhaft in seinem Schatten. Sie seufzte. Die Tür öffnete sich, und Emma löste sich aus ihren Gedanken. Liebevoll schaute sie Paula an, als das Mädchen durch den Raum schritt. »Ich habe dir schon einen Sherry eingeschenkt, Liebes«, sagte sie und deutete auf den Tisch.

Paula lächelte fröhlich. In der Abgeschiedenheit ihres Zimmers hatte sie beschlossen, am Wochenende zu jedem ihrer unangenehmen Verwandten äußerst nett zu sein. Unter den gegebenen Umständen brauchte ihre Großmutter jede Unterstützung gegen diese Schmarotzer, wie Paula sie nannte, wenn auch nur für sich selbst oder im Gespräch mit ihrem Vetter Alexander und ihrer Base Emily, die beide ihre Ansichten teilten.

»Ich denke, ich werde heute nachmittag ausreiten, wenn du nichts dagegen hast, Omi«, meinte sie, als sie zu Emma an den Kamin trat. »Es ist ein so herrlicher Tag, selbst wenn es kalt ist.«

Emma nickt erfreut. Sie wollte nach dem Essen alleine sein und hatte schon daran gedacht, Paula unter irgendeinem Vorwand nach Leeds zu schicken. Das war nun nicht nötig. »Ja, das solltest du tun, Liebling. Es wird dir gut bekommen. Aber zieh' dich warm an. Ich werde es mir selbst auch gemütlich machen. Ich muß nur die Sitzordnung für das morgige Familienessen aufstellen. Dann werde ich mich ausruhen.«

»Wann kommen die andern denn?« fragte Paula wie beiläufig.

»Ich nehme an, einige schon heute abend. Die andern morgen.« Emmas Stimme war ebenso sanft wie die von Paula, denn sie hatte bemerkt, wie unglücklich das Mädchen über dieses Wochenende war, und sie wollte sie nicht noch mehr quälen.

»Das Haus wird ganz schön voll, Omi. Wir haben uns seit Jahren nicht mehr alle hier getroffen.«

»Das ist richtig.«

»Bringt Tante Elizabeth ihren Mann mit?«

»Hat sie denn augenblicklich einen?« fragte Emma boshaft.

»Oh, du bist schrecklich, Omi!« lachte Paula. »Du weißt doch sehr gut, daß sie einen hat. Diesen italienischen Grafen. Gianni.«

»Hm! Der ist sowenig ein Graf, wie ich der Papst bin«, erwiderte Emma verächtlich. »Meiner Meinung nach ist er eher ein italienischer Kellner.« Sie nahm einen Schluck Sherry, und ihre grünen Augen glitzerten über dem Glas.

»Omi! Du bist furchtbar! Er ist sehr nett. Viel zu nett, um mit Tante Elizabeth fertig zu werden.«

»Du hast recht! Diese Ehe hat länger gehalten, als die anderen. Ich bin überrascht, daß sie sich noch nicht aus dem Staub gemacht hat. Ist es nicht höchste Zeit?«

Paula lachte wieder. »Ich weiß es nicht. Wer kommt denn mit ihr aus? Wie dem auch sei, vielleicht läuft diese Ehe besser, als die letzte.«

»Und alle andern davor«, kommentierte Emma trocken.

Paula war belustigt. »Du hattest doch selbst mehrere Ehemänner, Großmutter.«

»Nicht so viele wie Elizabeth. Außerdem habe ich mich nicht dauernd scheiden lassen. Meine Männer wurden auch nicht immer jünger, je älter ich wurde«, stellte Emma klar. Aber sie lachte dabei. »Arme Elizabeth. Sie hat eine so idealistische Einstellung zur Liebe und Ehe. Sie ist noch so romantisch wie mit sechzehn Jahren. Ich wünschte, sie würde endlich zur Ruhe kommen.«

»Und erwachsen werden, Omi. Nun, ich nehme an, sie wird Gianni und die Zwillinge mitbringen. Emily war vergangene Woche im Warenhaus von Bradford, darum nehme ich an, sie wird heute abend herüberkommen.«

»Ja, das hat sie vor. Ich habe gestern mit ihr gesprochen, und sie . . .«

Hilda klopfte an die Tür und stürmte in das Zimmer. Ihr freundliches Yorkshiregesicht glühte immer noch. »Das Essen ist fertig, Madame«, kündigte sie an. Dann fügte sie stolz hinzu: »Die Köchin hat alle Ihre Lieblingsgerichte gekocht, Madame.«

Emma lächelte. »Wir kommen sofort herunter, Hilda.« Sie mochte die Haushälterin, die schon dreißig Jahre in ihren Diensten stand, und mit der sie in der ganzen Zeit niemals ein böses Wort gewechselt hatte. Der größte Teil von Hildas Leben war der Verwaltung von Pennistone Royal gewidmet gewesen, und sie hatte diese Aufgabe unaufdringlich, stolz und liebevoll erfüllt.

»Was wolltest du gerade von Emily erzählen, Großmutter?« fragte Paula, als sie Emma aus dem Zimmer folgte.

»O ja. Ich sprach gestern mit ihr. Sie sagte, sie wolle rechtzeitig herüberkommen, um mit uns zu Abend zu essen. Auch Alexander würde vielleicht mitkommen. Vielleicht kommt er aber später.«

Hilda stand in der Halle vor der Tür des Speiseraums. Sie hielt ihnen die Tür auf und folgte ihnen. »Die Köchin hat frische Gemüsesuppe gekocht, die Sie so mögen, Madame. Außerdem gibt es eine sehr gute gebratene Scholle.« Geschäftig eilte sie zum Anrichtetisch, um sie zu bedienen, und fügte hinzu: »Es gibt auch Pommes frîtes. Ich weiß, daß Sie gesagt haben, Sie wollten nichts Gebratenes mehr wegen Ihrer Diät, aber dieses eine Mal wird nicht schaden.« Sie schöpfte die Suppe in wertvolle Royal-Worcester-Schalen.

»Wenn Sie es sagen, Hilda«, lachte Emma und zwinkerte Paula zu, die über diese unerwartete Geste ihrer Großmutter so verblüfft war, daß sie fast das Wasserglas fallen ließ, das sie in der Hand hielt.

Am Nachmittag, als Paula ins Moor ausgeritten war, saß Emma oben im Salon und arbeitete. Sie prüfte alle Dokumente, die von ihren Anwälten vorbereitet worden waren, bevor sie krank geworden war. Sie verwendete einige Zeit darauf, sie sorgfältig zu studieren. Als sie fertig war, rief sie Henry Rossiter in London an.

Sie hielt sich nicht lange mit der Begrüßung auf, wie es sonst ihre Gewohnheit war, und sagte frisch: »Henry, wie weit sind wir mit dem Verkauf meines persönlichen Besitzes?«

»Ich habe alle Papiere vor mir liegen, Emma. Ich war gerade dabei, alles zu prüfen«, antwortete er und räusperte sich.

Für Emma hörte sich seine Stimme plötzlich zittrig und müde an. Mein lieber Freund wird alt, dachte sie traurig. Ich werde ihn vermissen, wenn er in den Ruhestand tritt. Emma selbst hatte nicht die Absicht, dies zu tun. Sie würde hinter ihrem Schreibtisch sitzend sterben.

»Ah, ja. Ich habe jetzt alles, Emma. Es wurde alles verkauft. Die Preise waren sehr gut. Wirklich ausgezeichnet. Wir haben fast neun Millionen Pfund erzielt. Nicht schlecht, wie?«

»Das ist fantastisch! Wo ist das Geld?«

»Nun, hier auf der Bank. Wo dachten Sie denn, meine Liebe?« Seine Stimme klang verblüfft, fast ein wenig beleidigt. Emma lächelte in sich hinein.

»Ich weiß, daß es auf der Bank ist, Henry, Aber auf welchem Konto ist es deponiert?« fragte sie geduldig.

»Auf Ihrem privaten Geschäftskonto. E. H. Incorporated.«

»Bitte übertragen Sie es heute auf mein laufendes Konto, Henry. Mein *persönliches* Konto.«

Emma wußte, wie verblüfft Henry war. Einige Sekunden lang blieb er still, und sie hörte, wie er den Atem einzog. Als er endlich seine Stimme wiederfand, sagte er: »Emma, das ist lächerlich! Niemand bucht fast neun Millionen Pfund auf ein persönliches Konto. Sie haben schon fast zweihunderttausend Pfund auf diesem Konto. Schauen Sie, ich erinnere mich, daß Sie sagten, Sie benötigten etwa sechs Millionen Pfund für ein persönliches Projekt, aber der Rest der Summe sollte doch für Sie arbeiten.«

»Das möchte ich nicht, Henry. Ich möchte die Summe auf meinem laufenden Konto.« Sie lachte und konnte dem Versuch nicht widerstehen, ihn ein wenig zu hänseln. »Ich möchte einen Einkaufsbummel machen, Henry.«

»Einkaufsbummel!« schrie er auf, da er ihren Scherz nicht begriffen hatte. »Kommen Sie schon, Emma. Nicht einmal *Sie* können einen solchen Betrag beim Einkaufen ausgeben! Das ist das lächerlichste, was ich in all den Jahren von Ihnen gehört habe.« Er war wütend.

»Natürlich kann ich einen solchen Betrag beim Einkaufen ausgeben, Henry. Es hängt allerdings davon ab, *was* ich kaufe«, meinte Emma kühl. Sie dachte daran, daß Henrys erstaunlicher Sinn für Humor sich immer dann in Rauch aufzulösen schien, wenn er über Geld sprach. »Bitte, Henry, reden wir nicht weiter darüber. Ziehen Sie die Gebühren der Bank für den Verkauf und die zu zahlenden Steuern ab, und überweisen Sie mir dann den Rest auf mein persönliches Konto.«

Er seufzte erbittert. »Gut. Ich nehme an, Sie wissen, was Sie tun. Und schließlich ist es ja Ihr Geld, Emma.«

Da haben Sie verdammt recht, so ist es, dachte Emma. Aber sie war zu sehr große Dame, um es laut zu sagen, denn es würde Henry verletzen, und er könnte durch diese Bemerkung in Aufregung versetzt werden. Statt dessen wechselte sie das Thema, und sie plauderten noch ein wenig, bevor sie das Gespräch beendeten.

Emma arbeitete die Sitzordnung für das Familienessen am Samstag abend aus und bereitete einen Menüvorschlag für Hilda vor. Nachdem sie dann die Dokumente in ihrer Aktentasche verschlossen hatte, ging sie in ihr Schlafzimmer, um zu ruhen. Als sie endlich im Bett war, stieß sie einen erschöpften Seufzer aus. Es würde ein sehr schwieriges Wochenende werden, dessen war sie sich absolut sicher. Aber sie war nicht im mindesten besorgt und fühlte nicht die leiseste Regung von Angst, nur kalte Entschlossenheit und eine natürliche Abscheu vor den Szenen, die sich zwangsweise abspielen mußten, wenn das Familienessen am Samstag abend vorbei war.

Sie haßte solche Szenen, die in ihrer Heftigkeit und Wut sowohl abschreckend als auch ärgerlich für sie waren. Trotz ihrer beruhigenden Versicherungen Paula gegenüber wußte sie, daß ein Streit unvermeidlich sein würde. Sie akzeptierte diese Tatsache mit Resignation und wappnete sich vorsorglich dagegen. Sie war sich nicht sicher, ob eines ihrer Kinder, außer Daisy, neuerdings genug innere Kraft gefunden hatte, um einer plötzlichen, heftigen Krise zu widerstehen. Wenn es aber der Fall wäre, war es für sie eine große Überraschung; aber sie würde eine solche Entwicklung begrüßen, denn sie könnte möglicherweise etwas von dieser unerfreulichen Angelegenheit abmildern. Aber es war nicht ihre Sache, Vermutungen darüber anzustellen, wie sie auf die Neuigkeiten reagieren würden.

Emma kannte sie alle gut genug, um ihre Reaktionen vorauszusehen und abzuschätzen. Außer Daisy, die in die Sache nicht verwickelt war, würde jedes von ihnen geschockt und wütend sein über das, was sie ihnen mitteilen würde, vor allem, da sie alle machtlos wären, wenn sie gegen ihren unbezwingbaren Willen, ihre überlegene Intelligenz und ihren Scharfsinn handeln wollten. Es wurde ihr klar, daß sie einen schnellen und furchtbaren Schlag vorhatte, einen Schlag, der ihrer aller Leben stark beeinflussen würde. Aber sie fühlte weder Unruhe noch Mitleid, denn der Schlag würde von dem Schwert geführt werden, das man ihr in die Hand gezwungen hatte, um sich zu verteidigen. Gezwungen durch ihre Taten, hervorgerufen von Eigensucht und Geiz.

Sie hatte auch keine Schuldgefühle wegen der Pläne, die sie für die Zukunft gemacht hatte. Und sicher fühlte sie keine Spur

Mitleid mit denen, die am meisten betroffen sein würden. Nur eine große Traurigkeit war tief in ihrem Herzen vergraben, die ihr manchmal wie ein Stahlband schmerzhaft die Brust zusammenpreßte. Diese Traurigkeit kam von der Verletzung und der Enttäuschung, die ihr die Kinder zugefügt hatten, und von dem eisigen Schrecken, hervorgerufen durch das Wissen, daß sie kaltblütig ein Komplott gegen sie geschmiedet hatten. Schon vor Jahren hatte Emma es aufgegeben, Liebe von ihnen zu erwarten, und sie hatte auch nicht länger ihre Billigung gesucht. Aber trotzdem hatte sie sich nie vorstellen können, daß sie jemals ihre Treue in Zweifel ziehen müßte. Durch die vernichtenden Folgen ihres Planes war sie zunächst völlig niedergeschlagen gewesen; aber diese anfängliche Reaktion war rasch ersetzt worden durch stumpfen Ärger, und schließlich hatte sie nur noch reine Verachtung gefühlt. Sie lächelte grimmig, wenn sie an ihre Falschheit dachte, eine Falschheit, die so schlecht geplant war und der jede Geschicklichkeit und Phantasie fehlte, so daß sie sie von Anfang an durchschaut hatte.

Sie hätte noch etwas Respekt für sie aufbringen können, wenn sie weniger fadenscheinig und etwas geschickter beim Planen ihres Komplotts gewesen wären. Emma hatte immer die Fähigkeit besessen, zurückzutreten, und einen starken und klugen Gegner zu bewundern, wenn diese Bewunderung auch mit Neid verbunden war. Was ihre Kinder betraf, so war sie über ihren Mangel an Urteilskraft und ihre Unfähigkeit entsetzt, die sie zu ihren leichtsinnigen und unheilvollen Plänen veranlaßt hatten und die offensichtlich auch dazu führten, sie zu unterschätzen.

Sie runzelte die Stirn und begrub ihre Gedanken an die abtrünnigen Mitglieder ihrer Familie. Sie konzentrierte ihre Liebe auf Daisy, Paula und die Enkel. Schließlich wurde sie ruhig, entspannte sich und sank in einen tiefen, unbeschwerten Schlaf.

Es klopfte an Emmas Schlafzimmertür.

»Sind Sie wach, Madame?«

»Ja, Hilda, kommen Sie herein!« rief Emma.

Hilda öffnete die Tür, hielt sie mit einer Hand fest und lächelte. »Der Tee ist fertig!« kündigte sie an. »Miß Paula ist von ihrem Ausritt zurück. Sie läßt ausrichten, daß sie in wenigen Minuten hier ist. Sie wechselt nur ihre Kleidung.«

»Danke, Hilda. Ich komme auch gleich.«

»Läuten Sie, wenn Sie etwas brauchen, Madame«, fügte Hilda

hinzu und ging dann hinunter in die Küche, um ihren Tee zu trinken und die Köchin zu loben.

Als Paula kurze Zeit später kam, blieb sie in der Tür stehen und hielt den Atem an. Sie war bewegt von der Schönheit des Salons. Er wirkte in seiner Stille beruhigend, als sei die Zeit an ihm vorübergegangen. Das einzige Geräusch war das Knacken des Feuers im Kamin. Die Sonne schien gedämpft durch die bleigefaßten Scheiben und tauchte die Möbel und Gemälde in ein sanftes Licht. Die Luft war erfüllt vom Duft der Frühlingsblumen. Es lag etwas Ergreifendes über diesem großen alten Raum, und ihr Herz schmerzte plötzlich vor Wehmut, als Erinnerungen sie überkamen. Sie ging leise, fast fürchtend, diese Stille zu unterbrechen, ängstlich darauf bedacht, daß nicht ein Rascheln ihrer Kleidung diesen sanften Frieden stören würde. Sie setzte sich auf ein Sofa, und ihre Blicke glitten durch den Raum. Sie blieben an all den vertrauten Dingen hängen, die sie seit ihrer frühesten Jugend kannte. Hier war es leicht zu vergessen, daß es auch draußen eine andere Welt gab, eine Welt voller Qual, Häßlichkeit und Verzweiflung. Sie dachte an ihre Kindheit an diesem alten Platz, an die glücklichen Zeiten, die sie hier mit ihrer Mutter, ihrem Vater, ihren Vettern, Basen und jungen Freunden verbracht hatte. Und Omi. Immer Omi. Ihre Großmutter war niemals weit weg gewesen, immer bereit, ihre Tränen abzuwischen, über ihre kindlichen Streiche zu lachen, ihre kleinen Fortschritte zu bewundern, zu schelten, zu kosen und sie zu lieben. Ihre Großmutter hatte sie zu dem gemacht, was sie war. Omi hatte ihr gesagt, daß sie klug, schön und etwas ganz Besonderes war. »Einzigartig«, hatte sie gesagt. Großmutter hatte ihr innere Sicherheit, Vertrauen und Stärke gegeben, hatte sie gelehrt, der Wahrheit ohne Furcht und mit mutigem Herzen zu begegnen ...

Sie hörte ihre Großmutter nicht hereinkommen, so leicht waren ihre Schritte. Auch Emma blieb voller Bewunderung stehen, aber ihre Aufmerksamkeit galt nur Paula. Wie lieblich sie ausschaut, dachte sie, wie eine Figur auf einem alten Gemälde, fern und versonnen, das Mädchen mit dem Einhorn. Und in der Tat hatte Paulas Erscheinung etwas Mittelalterliches an sich, denn sie trug ein Kleid mit einer hohen Halskrause, langen Ärmeln, die sich zum Aufschlag hin weiteten und sich faltig um ihre feinen Handgelenke schmiegten. Das Kleid war von tiefvioletter Farbe und vertiefte die violetten Lichter in ihren Augen, die wie zwei große

Sterne in ihrem alabasterfarbenen Gesicht strahlten. Ihr blau-schwarzes Haar war streng zurückgekämmt und wurde im Nacken von einer Spange aus Schildpatt zusammengehalten, so daß der dreieckig zulaufende Haaransatz in der Mitte der Stirn noch stärker betont wurde als gewöhnlich. Die einzigen Juwelen, die sie trug, waren ein Paar antiker Ohrringe, die mit Amethysten und Diamanten besetzt waren und im Sonnenlicht glitzerten.

»Da bist du ja, Liebling!« rief Emma aus und ging anmutig auf sie zu. »Du siehst wunderbar aus, und so erfrischt nach deinem Ausritt.«

Paula schaut etwas verwirrt auf. »Oh, Omi, du hast mich erschreckt. Ich war in Gedanken weit weg.«

Als Emma sich Paula gegenüber setzte, fiel ihr Blick auf den Teetisch. »O Gott! Schau dir diese Platten an. Hilda übertreibt«, murmelte sie in milder Verzweiflung. »Wie sollen wir denn das alles bewältigen! In ein paar Stunden gibt es Abendessen.«

Paula lachte. »Ich weiß! Vielleicht meint sie, daß du wieder zu Kräften kommen mußt. Du weißt doch, wieviel Aufhebens sie um dich macht. Aber heute hat sie wirklich übertrieben. Solche Portionen hat sie gemacht, als ich ein Kind war.«

»Ich bin überhaupt nicht hungrig«, murmelte Emma, »und sie ist verletzt, wenn wir nicht essen.«

»Ich habe einen Bärenhunger, mach dir also keine Sorgen«, bemerkte Paula und nahm sich ein Sandwich. »Es war kalt im Moor, und ich bin einige Meilen weit geritten. Das macht ganz schönen Appetit.« Sie biß in das Sandwich, und Emma sah sie aufmunternd an.

»Ich bin froh, dich einmal essen zu sehen. Sonst scheinst du immer nur wenig zu dir zu nehmen. Kein Wunder, daß du so dünn . . .«

Das Telefon auf Emmas Schreibtisch läutete. Paula sprang auf. »Laß dich nicht stören, Liebes«, sagte sie und lief durch das Zimmer. »Es ist vielleicht jemand von der Familie.«

Sie nahm den Hörer ab. »Ja, Hilda, ich übernehme. Hallo? Hier ist Paula. Möchtest du mit Großmutter sprechen?« Sie hörte kurz zu und sagte dann: »Ja, in Ordnung. Ja gut. Auf Wiedersehen.« Paula kam zurück zum Sofa. »Es war Tante Elizabeth. Sie kommt morgen früh und bringt die Zwillinge mit . . . und ihren Mann!«

»Nun wissen wir es«, bemerkte Emma kichernd. Wieder klingelte das Telefon. »Oh, Liebes, ich hoffe, die rufen jetzt nicht alle an, um uns zu sagen, wann sie kommen. Dann geht das den ganzen Tag so weiter«, rief Emma ungeduldig.

Paula nahm wieder den Anruf entgegen. »Emily! Wie geht es dir?« rief sie, als sie die Stimme der Cousine hörte. Sie waren gute Freunde. »Natürlich kannst du. Sie ist hier.« Paula legte den Hörer und wandte sich an Emma. »Es ist Emily, Omi, sie möchte mit dir sprechen.«

»Wie ich Emily kenne, kann es ein sehr langes Gespräch werden«, sagte Emma mit liebevollem Lächeln. Dann griff sie nach ihrer Teetasse und nahm sie mit zum Schreibtisch. Dort setzte sie sich, nahm den Hörer und sagte lebhaft: »Hallo, Liebling, wie geht es...«

»Mir geht es gut, Großmutter«, unterbrach Emily sie mit ihrer jungen, atemlosen Stimme. »Ich kann nicht lange reden! Ich bin in fürchterlicher Eile. Ich wollte dir nur sagen, daß Sarah heute abend von London abfliegt. Ich hole sie dann am Flughafen von Yeadon ab. Dann können wir pünktlich zum Abendessen da sein. Oh, und Alexander läßt ausrichten, daß er möglicherweise später kommt. Onkel Kit wehrt sich immer noch gegen diese Maschinen. Alexander mußte noch einmal alle Zahlen nachprüfen. Er ist wütend. Nun, wie dem auch sei, er glaubt, daß er gegen acht Uhr in Pennistone sein kann, falls das nicht zu spät ist. Jonathan nimmt den Zug von London nach Leeds. Aber er sagte, ihr sollt Smithers nicht hinschicken. Er wird sich ein Taxi nehmen.«

Emily brachte das alles in ihrer typischen Art, in einem einzigen, ununterbrochenen Redeschwall hervor. Emma kannte das, und setzte sich bequem zurück, um aufmerksam zuzuhören. Dabei blinzelten ihre Augen amüsiert. Gelegentlich nahm sie einen Schluck Tee. Emily stand immer unter Zeitdruck, noch mehr als sie selbst, und oft kam Emma der Gedanke, daß ihre lebhafte Enkelin sich immer nur in einer Reihe von Ausrufezeichen ausdrückte. Endlich warf sie beruhigend ein: »Für jemand, der es eilig hat, scheint das aber ein sehr langes Gespräch zu sein, liebe Emily.«

»Omi, sei nicht gemein! Ich kann nichts dafür, wenn alle deine verrückten Enkel mich mit ihren Botschaften beauftragen. Ooh! Ich habe noch etwas. Philip versucht, mit mir zu kommen. Wenn nicht, kommt er mit Alexander. Liebe Omi...« Emily machte eine Pause, und ihre Stimme sank, wurde plötzlich sanft und charmant. »Darf ich dich um einen Gefallen bitten?«

»Natürlich, Liebling«, erwiderte Emma und unterdrückte ein amüsiertes, aber liebevolles Lächeln. Sie kannte Emilys schmeichelnden Ton nur zu gut. Er wurde immer angewandt, wenn sie etwas haben wollte.

»Könnte ich mir eines deiner Abendkleider ausleihen, bitte? Ich habe nur wenig mitgebracht, als ich letzte Woche nach Bradford kam. Ich wußte nicht, daß du ein großes Familientreffen veranstalten würdest. Ich habe nichts anzuziehen. Heute habe ich schon das ganze Warenhaus durchsucht, aber alles ist so *schäbig!* Und ich habe einfach nicht die Zeit, nach Leeds zu fahren.«

Emma lachte. »Wenn du meinst, daß die Kleider im Warenhaus schäbig sind, dann weiß ich nicht, was du in Leeds finden willst, Liebes.« Sie fragte sich, was in aller Welt ein hübsches einundzwanzigjähriges Mädchen möglicherweise in *ihrer* Garderobe finden konnte.

»Dieses rote Chiffonkleid! Das aus Paris! Es paßt mir. Auch die roten Seidenschuhe.« Emily plapperte entzückt weiter. »Ich wußte, daß du nichts dagegen haben würdest, wenn ich es einmal anprobiere. Das habe ich letztes Wochenende getan, als ich in Pennistone war. Es schaute ganz toll an mir aus, Omi. Bitte, kann ich es mir ausleihen? Ich werde sorgfältig darauf achten.«

»Dieses Kleid hatte ich völlig vergessen, Emily. Natürlich kannst du es tragen, wenn du willst. Ich weiß gar nicht mehr, warum ich es eigentlich gekauft hatte. Vielleicht möchtest du es gerne behalten«, schlug Emma großzügig vor.

Emily hielt überrascht den Atem an, sagte dann aber: »Oh, Omi, das kann ich nicht tun!« Sie machte wieder eine kleine Pause. »*Willst du* es nicht, Großmutter?«

Emma lächelte in sich hinein. »Nein, wirklich nicht, Emily. Es ist viel zu farbig für mich. Es gehört dir.«

»Oh, Omi! Du bist so gütig! Oh, danke, Liebling! Du bist ein Engel. Omi...?«

»Ja, Emily? Was gibt es noch?«

»Wäre es eine Zumutung, dich zu bitten, mir deine *alten* Diamantohrringe zu leihen. Das Kleid braucht ein wenig ... nun ... es braucht noch etwas, nicht wahr?« rief Emily enthusiastisch. »Es braucht gute Juwelen, glaubst du nicht auch?«

Emma lachte laut auf. »Wirklich, Emily, du bist so drollig. Ich weiß nicht, was du mit *alten* Diamantohrringen meinst. Besitze ich so etwas?«

»Ja, diese Tropfenförmigen. Sie sind wie Tränen. Du trägst sie nie! Vielleicht hast du sie vergessen«, erlaubte sie sich zu sagen, und ihre Stimme hob sich hoffnungsvoll.

»O diese, ja. Die kannst du tragen und sonst alles, was du willst. Übrigens, wie stehen die Dinge im Warenhaus von Bradford?«

»Danke, Omi, für die Ohrringe, meine ich. Die Dinge stehen hier sehr gut. Ich werde dir von den Veränderungen erzählen, wenn ich dich sehe. Andererseits ist es hier sehr ruhig und langweilig.«

»Nun, du wirst nächste Woche in Leeds sein. Dort ist es besser«, bemerkte Emma. »Über die Änderungen reden wir heute abend. Übrigens macht es nichts, wenn die Jungen später kommen. Freitags macht Hilda immer ein kaltes Bufett«, erklärte Emma und fuhr fort: »Deine Mutter hat schon angerufen. Sie kommt morgen mit . . .«

»Großmutter! Himmel! Ich habe es vergessen!« unterbrach Emily. »Ich wollte dich vor etwas *Schrecklichem* warnen! Mami hatte einen furchtbaren Streit mit den Zwillingen! Es ging um irgendeine Figur, die sie für dich gemacht haben. Sie bestehen darauf, sie mitzubringen, aber Mami sagt, sie sei einfach häßlich und würde nicht ins Auto passen. Aber das ist auch nicht erstaunlich, bei all dem Gepäck, das *sie* mit sich herumschleppt. Wie dem auch sei, es gab schreckliches Aufhebens. Die Zwillinge sind böse und wollen bei dir wohnen! Ich dachte, *du* solltest genau wissen, *was* dich *erwartet!*« Sie seufzte dramatisch. »Was für eine Familie!«

»Danke, daß du mir es gesagt hast«, sagte Emma gedankenvoll. »Aber machen wir uns jetzt darüber keine Sorgen. Ich bin sicher, daß die Zwillinge wieder beruhigt sind, wenn Elizabeth kommt. Sie können ja eine Weile bei mir bleiben, wenn sie wollen. Ist das alles, Emily?« fragte Emma geduldig, obwohl sie jetzt gerne das Gespräch beendet hätte, so unterhaltsam es auch war.

»Ja. Himmel! Ich muß mich beeilen, Omi. Ich bin schon viel zu spät dran. Auf Wiedersehen. Bis heute abend.«

»Wieder . . .« Emma sah das Telefon an, und dann begann sie zu lachen. Emily hatte bereits aufgelegt. Sie lehnte sich in ihrem Stuhl zurück und schüttelte, immer noch lachend, den Kopf. »Es überrascht mich nicht, wenn die Direktoren der Warenhäuser zu zittern anfangen, wenn Emily auf der Szene erscheint. Sie ist ein Wirbelwind.«

Paula lächelte Emma an und nickte zustimmend. »Ich weiß. Aber sie macht ihre Arbeit verdammt gut, Omi. Ich denke, du solltest dir überlegen, sie einige Zeit nach Paris zu schicken. Sie wäre fantastisch.«

Emma hob überrascht die Augenbrauen. »Aber sie spricht nicht französisch«, meinte sie. »Sonst würde ich es in Erwägung ziehen.«

»Doch, Omi.« Paula setzte sich auf und blickte Emma durchdringend an. »Sie hat Unterricht genommen«, tastete sie sich vorsichtig weiter. »Sie würde gerne gehen, und ich denke, das wäre die Antwort, nach der du suchst.«

»Gut, ich werde darüber nachdenken«, meinte Emma erfreut. Emily arbeitete sorgfältig, das wußte sie. Vielleicht *war* das die Lösung. Emily arbeitete, wie alle ihre erwachsenen Enkel, bei einer ihrer Gesellschaften und hatte sich als fleißig und unermüdlich erwiesen. Sie würde später darüber nachdenken. Jetzt wandte sie sich den naheliegenden Problemen zu. »Ich habe die Sitzordnung für das Essen aufgestellt«, begann sie und goß sich noch eine Tasse Tee ein.

Paula sah sie aufmerksam an, ein Lächeln spielte um ihre sanft geschwungenen Lippen. »Ja, du hast mir gesagt, daß du das vorhattest, Omi.« Paula wartete gespannt.

Emma räusperte sich. »Ich denke, ich habe alle richtig verteilt, obwohl ich – ich sagte es schon – sicher bin, daß sich jeder bestens aufführen wird.« Sie steckte die Hand in die Tasche und spielte mit dem Zettel. Sie zögerte noch, ihn Paula zu zeigen.

»Ich hoffe es, Omi! Es sind so viele, und du weißt, wie schwierig einige von ihnen sein können.« Sie lachte etwas mühsam. »Unmöglich, würdest du das nicht auch sagen?«

»O ja. In der Tat.« Emma sah Paula fragend an. »Ich nehme an, die dachten alle, ich würde in diesen letzten Wochen meinen letzten Atemzug tun, nicht wahr?«

Diese unerwartete Frage überraschte Paula, und sie warf Emma einen Blick zu. Aber das Gesicht ihrer Großmutter war undurchdringlich wie immer. »Ich weiß nicht«, begann sie nachdenklich. »Vielleicht . . .« Sie zögerte, aber dann überwog die Erbitterung über ihre Onkel und Tanten. »Das sind solche Schmarotzer!« rief sie ärgerlich. »Ich weiß überhaupt nicht, warum du dich mit ihnen abgibst! Es tut mir leid. Ich weiß, es sind deine Kinder, aber ich werde jedesmal wütend, wenn ich an sie denke.«

»Du brauchst dich bei mir nicht zu entschuldigen, Liebes. Ich weiß nur zu gut, was sie sind.« Emma lächelte dünn. »Ich täusche mich nicht darüber hinweg, daß sie mich nicht mehr im Konzern sehen wollen. Sie nahmen meine Einladung gelassen an. Die Geier kommen, um das Aas zu besichtigen! Aber ich bin noch nicht tot, und ich habe auch nicht die Absicht, es bald zu sein.« Sie endete mit einem triumphierenden Ton in der Stimme.

Paula lehnte sich rasch vor und schaute Emma fest an. »Warum hast du sie dann eingeladen, Omi, wenn du weißt, was sie sind?« fragte sie besonnen.

Emma lächelte rätselhaft, und ihre Augen wurden kalt. »Ich wollte sie zum letztenmal alle zusammen sehen.«

»Sag doch nicht so etwas, Omi! Dir geht es besser, und wir werden diesmal gut auf dich aufpassen. Zum Teufel mit den Läden und den Geschäften!« schrie Paula leidenschaftlich.

»Mit ›zum letztenmal‹ meinte ich: das letztemal, daß ich sie hier zu einem Essen einlade«, erklärte Emma. »Ich habe auch einige Familienangelegenheiten zu erledigen, und da es sie alle angeht, sollen sie hier sein. Alle. Zusammen.« Ihr Mund wurde schmal, ihre Augen leuchteten dunkel.

»Du mußt mir fest versprechen, daß du dich nicht über sie aufregst«, sagte Paula besorgt. Sie bemerkte den Ausdruck in Emmas Gesicht. »Und du solltest dich an diesem Wochenende nicht um Familienangelegenheiten sorgen. Ist es denn *so* wichtig, daß es nicht warten kann?« fragte sie wild.

»Oh, so wichtig ist es nicht«, sagte Emma ausweichend und zuckte mit den Schultern. »Es geht nur um einige Einzelheiten bezüglich des Kapitals des Konzerns. Es wird nicht lange dauern. Natürlich lasse ich mich von ihnen nicht beunruhigen.« Ein leichtes Lächeln huschte über ihr Gesicht. »Wirklich, ich bin sehr gespannt darauf.«

»Ich bin nicht sicher, ob ich es bin«, sagte Paula vorsichtig. »Darf ich die Sitzordnung sehen?«

»Natürlich, Liebling.« Emma steckte ihre Hand wieder in die Tasche. Sie fühlte das Papier, zögerte, holte tief Atem und zog dann den Zettel heraus. »Hier, bitte.« Sie gab Paula die Liste und wartete gespannt, während sie sich völlig still verhielt und kaum zu atmen wagte.

Paulas Blick glitt rasch über das Papier. Emma beobachtete sie gespannt. Sekundenlang verweilte er bei einem Namen. Ihre

Augen wurden groß. Sie las weiter, begann noch einmal. Ihr Gesicht zeigte ungläubiges Staunen. »Warum, Omi? Warum?« Ihre Stimme wurde ärgerlich und scharf. Der Zettel flatterte zu Boden. Emma blieb still. Sie wartete, bis die erste Überraschung vorüber war, bis Paula sich beruhigt hatte.

»Warum?« fragte Paula und sprang auf. Ihr Gesicht war schneeweiß, ihre Lippen zitterten. »Warum hast du das getan, Großmutter? Du hast kein Recht dazu, Jim Fairley morgen abend einzuladen. Er gehört nicht zur Familie. Ich will ihn nicht hier haben! Ich möchte ihn nicht hier haben! Ich möchte es nicht! *Wie konntest du das tun, Großmutter?!*«

Sie lief zum Fenster, und Emma sah, wie sie um ihre Selbstbeherrschung rang. Ihre schmalen Schultern zogen sich zusammen, als sie die Stirn gegen das Glas drückte. Die dünnen Schulterblätter zeichneten sich scharf unter dem Seidenkleid ab. Emmas Herz schmerzte vor Liebe zu ihr, und sie fühlte ihre Qual so stark, als sei sie ihre eigene. »Komm her und setz dich, Liebling«, sagte Emma sanft.

Paula drehte sich rasch um. Ihre Augen waren jetzt so dunkel, daß sie fast violett erschienen. »Ich möchte nicht mit dir sprechen, Großmutter. Zumindest nicht über Jim Fairley!« Sie stand wie angenagelt am Fenster, trotzig, vorwurfsvoll und wütend. Sie zitterte und schlug nervös die Hände zusammen. Wie konnte ihre Großmutter nur so gedankenlos sein. Jim Fairley zum Essen zu bitten, war grausam und unfair, und sie hatte nie gewußt, daß ihre Großmutter eine dieser Eigenschaften besaß. Sie wandte Emma den Rücken zu und lehnte ihren Kopf wieder an das Fenster. Sie schaute auf die grünen Baumspitzen; aber sie nahm sie nicht wahr, da sie versuchte, die Tränen zurückzuhalten, die ihr in die Augen schossen.

Für Emma sah sie plötzlich rührend jung und verletzbar aus. Sie ist das Einzige, was ich schätze, dachte Emma, und ihr Herz zog sich vor Liebe zusammen. Von allen meinen Enkelkindern liebe ich sie am meisten. Mein hartes und schreckliches Leben war diese Freude wert. Dieses Mädchen. Dieses starke, unerschrockene, mutige, treue Mädchen, das seine eigenen Wünsche hinter die meinen zurückstellen würde.

»Komm her, Liebling. Ich muß dir einiges sagen.«

Paula starrte Emma so abwesend an, als stünde sie unter einem Schock. Zögernd kam sie zum Kamin zurück. Sie bewegte sich wie eine Schlafwandlerin. Ihr Gesicht war ausdruckslos. Sie kochte innerlich immer noch, aber das Zittern hatte aufgehört. Ihre Augen waren trübe, wie harter Lapislazuli. Sie setzte sich steif und aufrecht auf das Sofa. Es war etwas Beherrschtes, Unbeugsames in ihrem Wesen, das Emma Furcht einflößte. Sie wußte, daß sie nun sofort eine Erklärung abgeben mußte, damit dieser Blick für immer aus den Augen ihrer Enkelin verschwand. Emma hatte diesen Weg gewählt, Paula zu informieren, daß sie Jim Fairley zum Essen eingeladen hatte, denn sie hatte sich nicht zugetraut, es auszusprechen. Aber nun mußte sie die richtigen Worte finden, erklären. Sie mußte das Mädchen von seinen schrecklichen Qualen erlösen.

»Ich habe Jim Fairley morgen eingeladen, weil er indirekt mit den Familienangelegenheiten zu tun hat, die ich vorher erwähnt habe.« Sie machte eine Pause und holte tief Atem. Dann fuhr sie mit festerer Stimme fort: »Aber das ist nicht der einzige Grund. Ich habe ihn für dich eingeladen. Und ich muß hinzufügen, daß er die Einladung mit großer Freude angenommen hat.«

»W-w-w-w-was m-m-m-meinst du . . . f-f-f-ür mich?« stotterte Paula. Sie war wie gelähmt und konnte es nicht glauben. Tiefe Röte kroch ihr vom Nacken her über das ganze Gesicht, und ihr Mund bebte. »Ich verstehe nicht . . . für mich eingeladen . . .« Sie war durcheinander und völlig verwirrt. Ihr Haarknoten hatte sich gelöst, und mit einer ungeduldigen Bewegung strich sie sich nun ein paar Strähnen aus dem Gesicht. Sie schüttelte verstört den Kopf. »Was erzählst du da, Großmutter? Du hast die Fairleys immer gehaßt. Ich verstehe nichts.«

Emma stand auf, ging hin und her und setzte sich wieder aufs Sofa. Sie nahm eine von Paulas schönen, schmalen Händen in ihre kleinen festen, sah ihr in die Augen, und ihr Herz zog sich zusammen, als sie sah, wie blaß und schmerzverzerrt ihr Gesicht war. Emma berührte die fahlen Wangen, lächelte sanft, und dann flüsterte sie heiser: »Ich bin ein alte Frau, Paula. Eine harte, alte Frau, die sich für alles, was sie besitzt, Meter um Meter vorangekämpft hat. Ich bin stark, ja, aber auch müde. Bitter? Vielleicht. Aber in meinem Lebenskampf habe ich auch ein *wenig* Weisheit erworben. Neulich habe ich mich selbst gefragt, warum der dumme Stolz einer harten, alten Frau einem Menschen im Wege stehen soll, den ich in meinem Leben am meisten liebe. Es wurde mir klar, daß ich selbstsüchtig und verrückt war, daß ich Ereignisse, die über sechzig Jahre zurückliegen, meine Urteilskraft beeinflussen ließ.«

»Ich verstehe immer noch nicht«, murmelte Paula. In ihren Augen stand Erstaunen.

»Ich versuche dir zu sagen, daß ich nicht länger Einwände dagegen habe, wenn du dich mit Jim Fairley triffst. Ich hatte gestern ein langes Gespräch mit ihm und gewann dabei den Eindruck, er fühlt ebenso wie du. Er hatte immer ernste Absichten. Ich habe ihm heute nachmittag mitgeteilt, daß er, wenn er dich heiraten will, nicht nur meine Einwilligung bekommt, sondern auch meinen Segen. Ich segne euch mit meiner Liebe.«

Paula war sprachlos. Ihr Verstand konnte die Worte ihrer Großmutter nicht begreifen. Monatelang hatte sie sich bemüht, nicht an Jim Fairley zu denken, hatte schließlich akzeptiert, daß es keine gemeinsame Zukunft für sie gab. Sie war hart zu sich selbst gewesen und hatte erbarmungslos alle Gefühle beiseite geschoben, indem sie ihre ganze Energie auf die Arbeit konzentrierte. Durch den Strom ihrer Tränen sah sie Emmas Gesicht, dieses Gesicht, das sie während ihres ganzen Lebens gesehen und geliebt hatte. Diesem Gesicht vertraute sie. Emma lächelte liebevoll, wartete, und ihre Augen waren klug, verstehend und voller Zuneigung. Die Tränen rannen über Paulas Wangen; sie schüttelte den Kopf. »Ich kann nicht glauben, daß du deine Meinung geändert hast«, sagte sie mit zitternder Stimme.

»Das habe ich.«

Diese drei Worte, ausgesprochen mit Festigkeit und Überzeugung, drangen endlich in Paulas schmerzendes Hirn, ihr getroffenes Herz. Ihre Zurückhaltung zerbrach wie eine Eisscholle unter der warmen Sonne. Sie begann zu seufzen, ihr Körper zuckte, als die gedämpften und unterdrückten Gefühle von Monaten frei wurden. Sie sank nach vorne und griff blindlings nach Emma, die sie zärtlich in ihre Arme nahm. Sie streichelte ihr Haar und sprach sanft und beruhigend auf sie ein, wie sie es getan hatte, als sie noch ein kleines Kind war. »Es ist ja gut. Still, Liebling. Es ist ja gut. Ich verspreche dir, daß alles gut ist.«

Schließlich ließ das leise Stöhnen nach, und Paula schaute zu Emma auf. Auf ihrem Gesicht lag ein bebendes Lächeln. Emma wischte ihr die Tränen vom Gesicht und sagte: »Ich möchte dich nie mehr unglücklich sehen, solange ich lebe. Ich hatte Unglück genug, das reicht für uns beide.«

»Ich weiß nicht, was ich sagen soll. Ich bin wie betäubt. Ich kann es nicht glauben«, antwortete Paula ruhig. Jim. Jim! Ihr Herz machte eine Sprung.

Emma nickte. »Ich weiß, wie du dich fühlst«, sagte sie, und ihre müden Augen leuchteten. »Nun, warum tust du mir nicht den Gefallen und rufst Jim an. Er ist noch in der Redaktion. Ach, Kind, er wartet doch auf dich. Lade ihn für heute abend zum Essen ein, wenn du willst. Oder besser noch, fahre nach Leeds und gehe alleine mit ihm aus. Ich habe ja Emily und Sarah zur Gesellschaft. Vielleicht kommen auch Alexander und die andern zum Abendessen.« Sie lachte fröhlich, ihre Augen leuchteten. »Ich habe noch andere Enkel, weißt du.« Paula drückte sie an sich und küßte sie. Dann war sie verschwunden, flog aus dem Raum, ohne noch ein Wort zu sagen.

Sie hat Flügel an den Füßen, dachte Emma; sie geht zu ihrer Liebe. Eine Weile blieb sie noch auf dem Sofa sitzen, beschäftigt mit ihren Gedanken an Paula und Jim und vieles mehr. Dann stand sie plötzlich auf, ging zum Fenster und streckte sich. Mit der Hand strich sie ihr Kleid glatt und drückte das silberne Haar zurecht. Dann öffnete sie ein Fenster und schaute hinaus.

Unter ihr schimmerten die Bäume in der kalten Abendluft. Alles war dunkelgrün und vollkommen still. Sie konnte zusehen, wie die Narzissen allmählich ihre leuchtende Farbe verloren, wie sie erblaßten, nachdem die Sonne untergegangen war. Kein Grashalm, kein Blatt bewegte sich, und die Vögel schwiegen. Die geschnittenen Hecken wurden langsam schwarz. Sie stand lange Zeit da in der Abenddämmerung, sah wie der Nebel herabstieg, als das kristallene Licht des Nordens hinter der niedrigen Linie der Hügel am Horizont verschwand. Der Nebel zog in den Garten und hüllte alles in einen verschwommenen, milchigen Mantel. Dann stieg er plötzlich auf, legte sich über Bäume und Hecken, über die Terrasse, und jetzt verschwammen alle Bilder ineinander.

Emma fröstelte und schloß das Fenster. Dann drehte sie sich zu der einladenden Wärme und Behaglichkeit des Raumes um. Leicht fröstelnd ging sie über den verblaßten Savonnerie-Teppich, nahm den Schürhaken und schob energisch die brennenden Holzscheite zurecht. Sie legte Holz auf, um das Feuer neu zu entfachen, setzte sich dann an den Kamin und blickte in die Flammen, zufrieden und glücklich. Verblaßte Erinnerungen traten ihr ins Gedächtnis, als sie auf die Ankunft ihrer anderen Enkel wartete. Sie dachte an die Fairleys. Alle von ihnen waren gegangen, außer James Arthur Fairley, der letzte der Familie. »Warum sollte er leiden, zusammen mit Paula – wegen der Fehler einer toten Generation?« fragte sie sich laut. Dann dachte sie: Ich habe richtig gehandelt. Es ist mein Geschenk an sie. An beide.

Draußen wurde es dunkler, und in dem schwach erleuchteten Raum warf das Kaminfeuer seltsame und geheimnisvolle Schatten an Wand und Decke, in denen sie so viele alte und vertraute Gesichter sah. Ihre Freunde. Ihre Feinde. Alle waren sie lange tot. Geister . . . nur Geister, die weder sie noch die Ihren berühren konnten.

Das Leben ist seltsam, dachte sie, wie ein Kreis. Mein Leben begann mit den Fairleys, und es wird mit ihnen enden. Der Kreis hat sich geschlossen.

2. TEIL

DER ABGRUND
1904 – 1905

Lang ist der Weg und schwer,
der uns aus der Hölle zum Licht führt.

JOHN MILTON
Paradise Lost

5

»Mami... Mami... Bist du wach?« rief Emma leise durch die Tür. Sie bekam keine Antwort.

Zögernd blieb sie vor der Tür stehen. Sie spitzte die Ohren, um das leiseste Geräusch zu hören, aber im Zimmer war es still wie in einem Grab. Sie zog den dürftigen Schal enger um ihre schmalen Schultern. Sie fröstelte in ihrem dünnen Nachthemd, denn es war bitter kalt in dieser Stunde vor der Morgendämmerung. Ihr bleiches Gesicht schimmerte geisterhaft in der Dunkelheit.

»Mami! Mami!« rief sie in eindringlichem Flüsterton und schlich in das Zimmer. Tastend suchte sie ihren Weg an den wenigen Möbelstücken entlang, da sich ihre Augen noch nicht an die Dunkelheit gewöhnt hatten. Sie konnte kaum atmen, da die übelriechende Luft naßkalt und verbraucht war. Sie schauderte. Einen Augenblick lang stieß sie der Geruch von modrigen Wänden, schmutzigem Bettzeug und Schweiß ab. Es war der unverkennbare Geruch von Armut und Krankheit. Sie holte tief Atem und tastete sich weiter.

An der eisernen Bettstelle angekommen, blieb ihr fast das Herz stehen, als sie auf die kranke Frau hinabsah, die schlaff unter der zerwühlten Bettdecke lag. *Ihre Mutter lag im Sterben. Vielleicht war sie schon tot.* Panik und Furcht schüttelten ihren kleinen mageren Körper, und sie zitterte unbeherrscht. Sie beugte sich vor und preßte ihr Gesicht gegen den Körper ihrer Mutter, als wolle sie ihn mit neuer Kraft erfüllen, ihm das Leben zurückgeben. Sie hielt die Augen fest geschlossen und betete still, leidenschaftlich und flehend, eindringlich ihre Gedanken auf Gott gerichtet. Bitte, Gott, laß meine Mutter nicht sterben! Ich werde mein ganzes Leben lang brav sein. Ich werde alles tun, was du willst, lieber Gott. Das werde ich, Gott, bestimmt! Aber laß meine Mutter nicht sterben. Emma glaubte, daß Gott gut war. Ihre Mutter hatte ihr erzählt, daß Gott die Güte selbst war. Daß Er alles verstand und verzieh. Emma glaubte nicht an einen zornigen Gott, einen Gott der Vergeltung und der Rache, vor dem der methodistische Pfarrer in seinen Sonntagspredigten warnte. Ihre Mutter sagte, Gott sei die unbegreifbare Liebe, und ihre Mami wußte es am besten. Emmas Gott war gütig und mitfühlend. Er würde ihr Gebet erhören.

Sie öffnete die Augen und begann sanft über die fiebrige Stirn der Frau zu streicheln. »Mami! Mami! Kannst du mich hören? Geht es dir nicht gut?« fragte sie wieder mit vor Furcht zitternder Stimme. Aber immer noch gab es kein sichtbares Zeichen, daß die Mutter sie hörte.

Das Gesicht der Frau war im zitternden Licht einer winzigen Kerzenflamme klar zu erkennen. Gewöhnlich blaß, war es jetzt aschfahl, und Schweißperlen bedeckten es wie ein glänzender Film. In dem schwachen Licht schaute es furchterregend aus. Das einst üppige braune Haar fiel in schlaffen Strähnen über die feuchte Stirn und lag zersaust auf dem durchnäßten Kissen. Das Gesicht war so lieblich, daß auch die Pein und das Leiden nicht alle Spuren hatte verwischen können; aber die sanfte Schönheit ihrer Jugend war durch die Auswirkungen grimmiger Armut, eines zähen Überlebenskampfes und schließlich durch die tödliche, heftige Krankheit ausgelöscht worden. Der Hauch des Todes lag über Elizabeth Harte, und sie würde nicht lange genug leben, um zu sehen, wie die letzten Wintermonate dem Frühling wichen. Sie litt unter dieser verzehrenden Krankheit, welche sie jeden Tag ein wenig mehr auffraß und eine verwelkte und gespenstisch wirkende alte Frau zurückließ. Sie war nicht ganz vierunddreißig Jahre alt.

Das Krankenzimmer war häßlich. Es enthielt nur wenige Dinge, die es behaglich oder schön gemacht hätten, keine Spur von Luxus. Das Bett nahm den meisten Platz unter dem schrägen Dach ein. Außer dem Bett gab es nur wenige Möbelstücke. Ein zerbrechlicher Bambustisch stand in der Ecke zwischen dem Bett und dem kleinen Fenster. Darauf lagen eine zerschlissene, schwarze Bibel, ein Napf aus Steingut und die Medizin, die Dr. Malcolm verschrieben hatte. Nahe der Tür stand eine rohe Holztruhe, der mahagoniefarbene Waschtisch mit der zerbrochenen Marmorplatte war gegenüber dem Fenster an die Wand geschoben. Die Hütte war schräg in einen Moorhügel gebaut und dadurch zu allen Jahreszeiten entsetzlich feucht und ungesund, vor allem während der rauhen Winter, wenn Regenstürme und Schneeschauer wild über die kahlen Hügel peitschten. Doch trotz der Feuchtigkeit, der spartanischen Einfachheit und der düsteren Atmosphäre, war das Zimmer peinlich sauber. Frisch gewaschene und gestärkte Baumwollvorhänge hingen an dem Fenster, und die spärlichen Möbelstücke glänzten. Emma hatte sie frisch gewachst. Kein Staubkörnchen war auf dem abgetretenen Holzboden zu finden, der zum Teil von einem zusammengenähten Teppich bedeckt wurde. Er bestand aus einzelnen bunten Lappen, die man mit Sackleinen verknüpft hatte. Nur das Bett war ungepflegt und vernachlässigt, denn Emma konnte nur einmal in der Woche die Bettwäsche wechseln, wenn sie von Fairley Hall nach Hause kam, wo sie in Diensten stand.

Elizabeth bewegte sich unruhig, ihre Bewegungen wurden heftiger. »Ist das unsere Emma?« Die Stimme war vor Mattigkeit so schwach, daß man sie kaum hören konnte.

»Ja, Mami, ich bin es«, rief das Mädchen und drückte die Hand ihrer Mutter.

»Wie spät ist es, Emma?«

»Gerade vier Uhr. Old Willy hat uns heute morgen früh geweckt. Es tut mir leid, daß ich dich jetzt auch geweckt habe, Mam, aber ich wollte sicher gehen, daß alles in Ordnung ist, bevor ich nach Fairley Hall hinübergehe.«

Elizabeth seufzte. »Laß gut sein, Mädel. Mir geht es nicht so schlecht. Gräme dich nicht so. Ich werde später aufstehen und . . .« Sie begann heftig zu husten und preßte ihre gebrechliche Hand auf die Brust, im Versuch, die Zuckungen zu mildern, von denen sie geschüttelt wurde. Emma goß Medizin in den kleinen Napf, der auf dem Tisch stand, schlang den Arm um ihre Mutter und stützte sie, damit sie trinken konnte. »Versuch das, Mam. Es ist das Zeug von Dr. Malcolm. Es scheint dir gut zu tun«, erklärte sie mit beherrschter freundlicher Stimme. Elizabeth versuchte zu trinken, aber sie wurde immer wieder von Hustenanfällen unterbrochen, die ihren Körper zugrunde richteten. Langsam ließen die hartnäckigen Anfälle nach, und schließlich war sie in der Lage, einen kräftigen Schluck von der Medizin zu nehmen. Obwohl sie kaum atmen konnte und überanstrengt war, gelang es ihr, zu sprechen.

»Du gehst jetzt besser runter und schaust nach deinem Vater

und den Jungen, Liebling. Ich werde ein wenig ausruhen. Vielleicht kannst du mir, bevor du gehst, etwas Tee heraufbringen.« Das fiebrige Licht in ihren Augen schwand, und sie schien ihre Umgebung und das Mädchen an ihrem Bett besser wahrzunehmen.

Emma beugte sich nieder und küßte die hohle Wange der Frau mit inniger Zärtlichkeit. Dann zog sie die Bettdecke schützend über die schmalen Schultern ihrer Mutter. »Ja, das tue ich.« Sie glitt aus dem Zimmer und schloß sanft die Tür. Als sie die enge Steintreppe hinunterlief, in ihrer Eile die gefährliche Schräglage der Stufen nicht achtend, drangen laute Stimmen zu ihr empor. Emma blieb stehen und atmete hastig. Ihr Herz sank ihr in die Magengrube. Ein Gefühl der Übelkeit überkam sie, als sie sich die häßliche Szene vorstellte, die sie erwartete. Winston, ihr Bruder, und ihr Vater stritten sich schon wieder lautstark und heftig. Der schreckliche Gedanke, daß sie ihre Mutter beunruhigen könnten, ließ Emma unwillkürlich aufschreien. Sie unterdrückte den Schrei und preßte die rauhen Hände auf den Mund. Dann setzte sie sich auf die kalten Steinstufen und fragte sich hilflos, wie sie die beiden dazu bringen könnte, mit dem Streiten aufzuhören. Wenn ihre Mutter sie hörte, würde sie aus dem Bett kriechen, um sie zu beruhigen, selbst wenn es ihre letzten Kräfte kosten würde. Elizabeth Harte war immer der Puffer zwischen ihrem Sohn Winston und ihrem Mann gewesen. In diesen letzten Wochen war sie zu entkräftet, um ihr Bett zu verlassen. Sie war in dem schlichten, kleinen Zimmer unter dem Dach wie eine Gefangene. Aber wenn sie diese heftigen Unstimmigkeiten mitbekam, weinte sie sehr, und das Fieber wurde heftiger. Sie hustete dann solange, bis sie vollkommen geschwächt war.

»Narren!« sagte Emma laut. Erwachsene Männer benehmen sich wie Kinder und sind zu eigensüchtig, um an die arme Mutter zu denken. Sie sprang rasch auf. Die Ohnmacht hatte kalter Wut Platz gemacht, die immer stärker wurde, als Emma die Stiege hinunterging. Sie riß die Küchentur auf und blieb aufrecht auf der Schwelle stehen. Ihre Hand war fest um den Türrahmen geklammert. Als sie die Szene beobachtete, wurden ihre grünen Augen hart.

Im Gegensatz zu dem feuchten, freudlosen Zimmer im oberen Stock war dies ein behaglicher, warmer Raum. Im Kamin loderte ein Feuer, und in dem großen Eisentopf auf dem Kaminsims brodelte es leise. Die riesigen Rosen auf dem Tapetenmuster hatten längst ihre Frische verloren, aber die gefleckten, rosafarbenen Konturen, die übriggeblieben waren, gaben den Wänden noch immer eine sanfte Wärme. Um den Kamin blinkte poliertes Messing wie Goldmünzen. Zwei bequeme Holzstühle mit hoher Lehne standen auf jeder Seite des Kamins und in dem großen Geschirrschrank gegenüber stand das blauweiß gemusterte Geschirr. In der Mitte des Raumes standen um einen gescheuerten Tisch sechs Stühle mit geflochtener Sitzfläche. Weiße Spitzenvorhänge zierten die Fenster, und der rote Ziegelsteinboden schimmerte vor Sauberkeit. Das prasselnde Kaminfeuer und das zitternde Flackern der Paraffinlampe auf dem Kaminsims betonten noch die Behaglichkeit dieser Wohnräume.

Emma sah es immer vor sich, vor allem in Fairley Hall, denn wenn sie allein war, rief es in ihr ein Gefühl von Wohlsein und Geborgenheit hervor. Nun war das friedliche Bild zerstört. Alles war an seinem Platz, nichts hatte sich geändert; aber die Atmosphäre war geladen. Häßliche und wütende Worte hallten von den Wänden zurück. Die beiden Männer, ihr Vater und ihr Bruder, sahen sich wie wilde Tiere an. Sie bemerkten sie nicht einmal. Sie dachten nur an den furchtbaren Haß, der zwischen ihnen stand.

John »Big Jack« Harte war ein großer Mann, wie sein Spitzname besagte. Ohne Stiefel maß er 1,86 Meter. Er hatte 1900 während des Burenkrieges als Sergeant bei den Seaforth Highlanders in Afrika gekämpft, und man sagte von ihm, daß er einen Mann mit einem einzigen Schlag seiner gewaltigen Fäuste niederstrecken konnte. Er war sehr kräftig gebaut, hatte ein ebenmäßiges kantiges Gesicht, ein robustes Aussehen und einen prächtigen Kopf mit wallendem pechschwarzem Haar. Wie ein Turm stand er jetzt vor seinem Sohn Winston, wütend die Faust erhoben, bereit, auf den Jungen einzuschlagen. Sein Gesicht war vor Wut blau angelaufen, und seine Augen flackerten gefährlich. »Du gehst nicht zur Marine, und das ist das letzte, was in diesem Hause darüber gesprochen wurde, mein Bursche! Du bist nicht volljährig und wirst meine Erlaubnis nicht erhalten. Vergiß es für ein und allemal, Winston, oder du wirst meinen Ledergürtel auf deinem Rücken spüren. Du bist noch nicht zu alt für eine tüchtige Tracht Prügel, Bursche, vergiß das nicht!«

Winston schaute finster seinen Vater an. Sein ungewöhnlich hübsches Gesicht war gerötet vor Ärger und dem Gefühl der

Ohnmacht; die blauen Augen glitzerten eiskalt. »Wenn ich gehen will, dann gehe ich«, schrie er leidenschaftlich. »Du kannst mich nicht aufhalten, wenn ich abhaue, und ich werde abhauen, 'raus aus diesem gottverlassenen Loch, wo es nichts als Elend, Armut und Tod...«

»Du kleiner Affe! Widersprichst du mir? Das werden wir gleich haben!«

Der Junge konnte sich für den Bruchteil einer Sekunde nicht rühren; aber dann, als die Wut überhand nahm, machte er einen Schritt vor und hob den Arm, als wolle er seinen Vater schlagen. Aber trotz seiner blinden Wut, die seine Augen verschleierte, sah er das Drohen in dessen Augen. Er erbleichte und trat zurück, zögernd, denn er hatte tödliche Furcht vor der Stärke seines Vaters. Obwohl er nicht so groß und muskulös war wie er, war Winston gut gebaut und kräftig. Aber er war aus einem anderen Holz geschnitzt; er ähnelte eher seiner Mutter. Außerdem wußte er, daß er seinem Vater körperlich unterlegen war. Winston hatte ein ausgeprägtes Gefühl für Selbsterhaltung, vor allem, wenn es um seine Person ging.

»Glaube nicht, daß ich das nicht gesehen habe, Winston! Ich werde dich lehren, die Hand gegen mich zu erheben, Bursche! Das werde ich! Ich werde dir eine tüchtige Tracht Prügel verabreichen, die du nicht vergessen wirst, solange du lebst. Das ist schon lange überfällig!« Während er sprach, begann er flink den schwarzen Ledergürtel abzuschnallen. Er wickelte ihn um seine rechte Hand. Dann bewegte er sich drohend auf Winston zu.

»Ah, du kannst mir keinen Schrecken einjagen, Vater!« schrie Winston schrill, wich aber zum Geschirrschrank zurück und brachte so den Tisch als Sicherheitszone zwischen sich und den Vater.

»Du wirst es nicht wagen, *mich* zu schlagen! Das würde dir meine Mutter nie verzeihen, wenn du mich mit dem Gürtel schlägst!« warnte er; das war die einzige Drohung, von der er glaubte, daß sie auf seinen Vater wirken würde.

Aber Big Jack Harte schien nicht zu hören. Er bewegte sich rasch und geschickt, während der Gürtel unheilvoll in seiner geballten Faust schwang. Er hob seinen Arm und hätte den Gürtel über den Kopf des Jungen geschlagen, wenn nicht Emma in diesem Augenblick durch das Zimmer gelaufen wäre, um sich vor ihren Vater zu stellen. Sie griff nach seinem Arm und hielt ihn mit beiden Händen, wobei sie alle ihre Kräfte aufwandte. Ihr Gesicht war im Feuerschein hager, sie zitterte vor Zorn. Unerschrocken stand sie vor ihrem Vater. Sie war die einzige, die es wagte, ihm zu trotzen, die die Nerven hatte, ihm zu widerstehen. Gewöhnlich konnte sie seine Wut besänftigen und ihn gefügig machen.

Obwohl ihre Stimme ruhig war, als sie sprach, lag Kraft in ihren Worten. »Sei still, Dad! Was ist in dich gefahren? So zu schreien und zu brüllen, und noch dazu zu dieser Zeit, und wo unsere Mam krank oben liegt. Du solltest es doch besser wissen, Dad. Und du solltest dich schämen! Nun setz dich hin und trink ruhig deinen Tee, sonst werde ich diejenige sein, die davonläuft, und was würde dann aus euch werden, he?« Sie hielt immer noch seinen erhobenen Arm fest, den er nicht bewegen konnte. »Komm nun, Dad«, schmeichelte sie mit sanfterer Stimme, »sei nicht halsstarrig. Unser Winston wird nicht zur Marine gehen. Das ist nur großmäuliges Geschwätz von ihm.«

»Das denkst du also, wie, Fräulein Naseweis?« schrie Winston wütend aus der sicheren Ecke auf der anderen Seite des Raumes. »Nun, jetzt hast auch du einmal in deinem kurzen Leben Unrecht, Emma. Ich habe es so gemeint, wie ich es sagte. Ich werde es tun.«

Emma drehte sich um, um ihren Bruder anzusehen. Sie war bemüht, ihre Selbstbeherrschung zu wahren. »Hör auf damit, Winston«, zischte sie. »Meine Mam ist oben, und ihr geht es so schlecht. Und hör mit dem dummen Geschwätz von der Marine auf. Unser Vater hat recht, du bist zu jung. Und du wirst das Herz unserer Mutter brechen, wenn du davonläufst. Also hör auf. Und zwar sofort!«

Winstons Augen glühten in ungewöhnlichem Haß und Feindschaft. »Was will denn so ein Unterrock!« schrie er höhnisch. »Kümmere dich um deine Angelegenheiten, Fräulein Unterrock. Immer mischst du dich ein. Du machst mich krank. Du bist nichts als ein dummes Gör. Was weißt denn du schon, Emma Harte!« Seine Stimme war gehässig, aber er wich unter ihrem durchdringenden eiskalten Blick zurück. Mit gleichgültiger Miene wandte sie ihm den Rücken zu. Winston wurde schwach bewußt, daß er sich vor seiner Schwester fürchtete. Nicht in dem Sinn, wie er seinen Vater fürchtete, sondern anders, ganz anders, in einer Art, die er nicht recht begriff. Als wolle er diese Gefühle unterdrücken, holte er tief Atem und schrie: »Du bist ein Großmaul, Emma Harte. Das bist du!« Emma ignorierte diesen Ausbruch und preßte die Lippen aufeinander. Sie zwang sich dazu, nicht zu antworten.

Jack hatte diesen hitzigen Wortwechsel zwischen seinen beiden ältesten Kindern nur nebelhaft mitbekommen. Er hatte diese wenigen Sekunden dazu genutzt, seine überschäumenden Gefühle einzudämmen und seine Wut abzukühlen. Nun wendete er langsam seinen Löwenkopf, sah seinen Sohn durchdringend an und sagte: »Genug, genug, Winston.« Seine Stimme war immer noch rauh, denn seine Wut war noch nicht ganz verraucht, allerdings hatte er sich jetzt unter Kontrolle. »Laß deine Schwester in Ruh. Du hast genug Schaden für einen Tag angerichtet, und ich werde dir das eine höllisch lange Zeit nicht vergessen, das sage ich dir, Bursche!«

»Sie steckt ständig ihre Nase in meine Angelegenheiten...« gab Winston scharf zurück, schwieg aber sofort, als er das zornige Glitzern in den Augen seines Vaters sah. Jack bewegte sich unruhig, während Emma ihren Griff lockerte; und Winston hielt es für besser, seinen Vater nicht noch einmal zu erzürnen.

Er schlich wie eine Katze zum anderen Ende des Raumes, wo sein jüngerer Bruder Frank kauerte; er zitterte vor Angst, und während des Aufruhrs hatte er bitterlich geweint.

Grimmig verfolgte Emma Winstons Bewegungen. Ihr Blick war kalt und mißbilligend. Sie war wütend über seine Dummheit und Unfähigkeit, die Stimmungen seines Vaters richtig einzuschätzen und zu wissen, wann er den Mund halten mußte. Als sie ihn beobachtete, wie er mit Frank flüsterte und ihn tröstete, wünschte sie, er *würde* davonlaufen. Dann hätten sie vielleicht etwas Frieden. Dieser verräterische Gedanke erschreckte sie so sehr, daß sie den Arm ihres Vaters losließ. Winstons Anwesenheit war für sie immer notwendig gewesen, und sie waren beide unzertrennlich. Er war ihr Verbündeter, ihr einziger Freund, und für sie war er unersetzlich. Sie wandte sich rasch zu ihrem Vater, nahm seinen Arm und sagte gerührt mit ruhiger Stimme: »Komm, Dad, setz dich jetzt.«

Einen Moment lang wollte Jack Harte dem bestimmten, doch sanften Druck ihrer Hände nicht nachgeben. Er schaute auf das Mädchen hinunter und dachte: Wie mager ist sie doch. Er wußte, wie leicht es sein würde, sich von ihrem Griff zu befreien. Mit einer kurzen Handbewegung hätte er den zarten Körper durch den Raum schleudern können. Aber er hatte Emma nie geschlagen und würde es auch nie tun. Er entspannte sich und gestattete ihr, ihn zu seinem Stuhl zu bringen. Er schaute in das blaße Gesicht, das gewöhnlich so ernst und sorgenvoll und nun vor Ärger immer noch verzerrt war. Er war gerührt, wie nur sie ihn von allen seinen Kindern rühren konnte. Und als er seine Tochter nachdenklich betrachtete, die einzige, die es wagte, ihm zu trotzen, überkam Big Jack einer der seltenen Augenblicke plötzlicher Einsicht. Er erkannte mit großer Klarheit, daß er es mit einem unbeugsamen Willen zu tun hatte. Ein Wille aus Stahl in einer so jungen Person erschreckte ihn und flößte ihm Furcht ein. Diese strenge Miene erfüllte ihn mit gemischten Gefühlen, die für ihn neu waren. Sie waren zusammengesetzt aus Stolz und Furcht. Er war stolz auf Emmas Stärke, fürchtete sich aber gerade deswegen. Diese Kraft würde ihr eines Tages Schwierigkeiten bereiten, dessen war er sicher. Sie hatte einen selbstsicheren Geist; aber in ihrer Welt war kein Platz für Selbstsicherheit. Ihre Bestimmung war unvermeidlich der Boden unter den Füßen ihrer Herrschaft. Emmas stolzer Wille würde gebrochen werden; und er fürchtete diesen Tag. Er betete, daß er ihn nicht miterleben mußte, denn es würde ihm das Herz zerreißen, ebenso sicher wie das ihre zerrissen würde.

Während er sie immer noch betrachtete, sah er das Mädchen zum erstenmal seit Jahren klarer. Er sah den unterernährten Körper, den schmalen Nacken und die mageren Schultern unter ihrem schäbigen Nachtgewand. Aber er sah noch etwas anderes. Er sah die Durchsichtigkeit ihrer Haut, die so weiß war wie der Schnee, der noch auf den höchsten Hügeln lag. Er sah die funkelnden Augen, die das Feuer von Smaragden hatten. Er sah die Fülle ihres rostbraunen Haares, das über den stolzen Augenbrauen am Stirnansatz spitz zulief. Er sah in diesem unterentwickelten kindlichen Körper das Aufblühen von Schönheit. Aber würde sie je zur Blüte kommen? Sein Herz klopfte heftig und schien sich unmerklich mit einem unerträglichen Schmerz zu füllen, während ihn tiefer Ärger und Gram erfaßte, wenn er an das Leben voller Mühen und Plagen dachte, das vor ihr lag. Sie war schon ein Arbeitstier, hier und in Fairley Hall. Und sie war doch noch so jung . . .

Ihre klare, mädchenhafte Stimme holte ihn aus seinen Träumereien. »Dad, Dad, fühlst du dich nicht wohl? Du schaust so komisch aus.« Sie beugte sich zu ihm.

»Nein, ich bin in Ordnung, Mädel. Hast du nach Mam geschaut? Wie geht es ihr?«

»Es ging ihr ein bißchen schlecht, bevor ich herunterkam, aber nun ruht sie sich aus. Ich gehe gleich hinauf, um ihr etwas Tee zu bringen.«

Sie schickte sich an zu gehen, und er lächelte ihr zu; die weißen Zähne blitzten, und seine Augen waren voller Liebe. Aber sie entgegnete sein Lächeln nicht in ihrer liebevollen, vertrauten Art, wie er es erwartet hatte. Sie tätschelte nur seinen Arm und schaute ihn lange und bedächtig an. Er fühlte sich seltsam beschämt durch sein eigenes Kind, als sei er selbst das Kind und sie seine Mutter. Das quälte ihn sehr, denn er liebte Emma am meisten; er verstand sie und empfand eine tiefe Zuneigung für sie. Er wollte in ihren Augen nicht herabgesetzt werden. Ihre Achtung war ihm notwendig. Mechanisch beugte er sich vor und holte seine Stiefel vom Kamin. Es wurde langsam spät, und er mußte bald zur Ziegelei der Fairleys aufbrechen, wo er und sein Sohn Winston arbeiteten. Sie lag an der Pudsey Road, und bis dorthin sie hatten eine Stunde zu gehen.

Mit neuer Energie und Entschlußkraft durchquerte Emma die Küche. Sie wollte die trübe Stimmung zerstreuen und die Dinge wieder ins Gleichmaß bringen, denn obwohl die Gedankenlosigkeit der beiden noch in ihr nagte, war sie kein Mensch, der lange Groll hegte. Sie erspähte Frank beim Schmalztopf. Er war wieder ruhig und bereitete mit großer Konzentration die Sandwiches vor, die für die Essens- und Teepausen gedacht waren. Sie eilte zu ihm, um ihm zu helfen, rollte die Ärmel auf, und die Luft schien von ihrer Vitalität zu knistern.

»Frank, Junge, was tust du denn da!« schrie sie, als sie neben dem Knaben stand. Ihre Augen weiteten sich vor Überraschung, und erregt wiegte sie den Kopf hin und her. »Wenn du das Schmalz so dick aufträgst, haben wir morgen nichts mehr!« Sie riß dem verblüfften Jungen das Messer aus der Hand und begann das Schmalz wieder herunterzukratzen. Sie tat das überflüssige Fett in den Steintopf zurück. »Wir sind doch keine Edelleute, Frank«, fuhr sie fort. Dann machte sie mit erfahrener Hand die Brote zurecht.

Frank schreckte vor Emma zurück, seine Unterlippe zitterte, und seine dunkelbraunen Augen waren mit heißen Tränen gefüllt. Sein schmales Gesicht zuckte. Frank war zwölf Jahre alt und sehr klein für sein Alter. Seine Haare waren blond und weich wie Flaumfedern, seine Haut war milchweiß, und das Gesicht sanft, fast mädchenhaft in seiner Schönheit. Sein süßes Aussehen hatte ihm die Spitznamen »Sissy« und »Nancy« eingetragen, was ihn sehr kränkte. Er arbeitete in der Walkmühle der Fairleys, wo er Garnrollen einsammelte. Unter Winstons erfahrener Anleitung hatte er gelernt, sich mit seinen Fäusten zur Wehr zu setzen, aber er zog es vor, Spott und Hohn zu meiden oder mit erhobenem Kopf zu ignorieren. Und so würde er sein Leben lang bleiben, feinfühlig und empfindsam, aber fähig, auch die andere Wange hinzuhalten, stolz und voller Verachtung.

Sein blondes Haar fiel ihm über die Augen, und er wischte es nervös zur Seite, während er sich kläglich an Winston wandte, seinen Verteidiger, der eben das Spülbecken gesäubert hatte. »Ich wollte doch keinen Schaden anrichten, Winston«, sagte er schluchzend, Tränen liefen über seine sommersprossigen Wangen. »Emma hat nie zuvor gesagt, daß ich das Schmalz zu dick aufstreiche.« Verwirrung und Schmerz brachten noch mehr Tränen hervor.

Winston hatte die kleine Auseinandersetzung zunächst erstaunt und dann heiter angesehen, denn es wurde ihm klar, daß Emmas Strenge nur dazu dienen sollte, ihre mütterliche Autorität geltend zu machen und die übliche Morgenroutine wieder herzustellen. Er wußte, daß ihr Geschimpfe und Geplapper über das Schmalz harmlos war. Er legte den Putzlappen weg und zog den Jungen an sich.

»Wir werden zur Hölle gehen und zurück«, rief er. Er biß sich auf die Lippen, um sein Lächeln zu verbergen, und fuhr fort: »Ich hätte nie gedacht, daß ich es noch erleben würde, wie unsere Emma sich in einen Geizkragen verwandelt. Ich glaube, einige Eigenschaften des alten Fairley sind auf dieses Mädel übergegangen.« Er sprach sanft, alle Feindschaft war aus seinen Augen gewichen, die nun schelmisch blickten.

Emma wirbelte herum. Ihr Gesicht war im Feuerschein gerötet, und in ihrem Haar blitzten goldene Lichter. Sie schwang drohend das Messer. »Das ist nicht fair! Ich war nie ein Geizkragen! Nicht wahr, Dad?« Bevor er antworten konnte, fuhr sie atemlos fort: »Wie dem auch sei, der alte Fairley hat viel Geld, und wißt ihr auch warum? Weil er nicht einmal eine Korinthe teilen würde, um euch die Hälfte zu geben. So ist das!« Sie war erregt, wenn auch nicht aus Ärger. Ihr Gesichtsausdruck war eher betreten. Winston wußte, daß seine Sticheleien sie ins Mark getroffen hatten, denn Emma verabscheute Geiz; und es war die schlimmste Anklage, die jemand gegen sie erheben konnte, selbst im Scherz. Sie war gekränkt.

Sie warf den Kopf zurück und sagte übelnehmerisch: »Das Schmalz war fünf Zentimeter dick aufgetragen. Ihr hättet diese Sandwiches gar nicht essen können. Euch wäre übel geworden, so ist das!«

Die drei schauten auf das aufgeregte Mädchen, das immer noch drohend das Messer schwang. Ihre Wangen waren gerötet; und plötzlich fing Winston zu lachen an, unfähig, seine Heiterkeit länger zu verbergen. Jack warf ihm einen verwirrten Blick zu und zog seine schwarzen Augenbrauen zusammen. Aber er bemerkte plötzlich, daß Winstons Lachen nicht bösartig war. Er sah auch Emmas wachsende Verwirrung. Als er von einem zum andern schaute, wurde er plötzlich durch die Heiterkeit des Jungen angesteckt. Er lachte und schlug sich auf die Knie.

Emma starrte die beiden an, und langsam stahl sich ein unsicheres Grinsen auf ihr Gesicht. Dann lachte sie selbst. »Welch ein Aufhebens wegen einem bißchen Schmalz«, murmelte sie lachend. Sie schüttelte den Kopf, als sie das Messer niederlegte. Frank schaute sie alle völlig verwirrt an, er begriff noch nichts; aber als er merkte, daß ihre Heiterkeit echt war, lachte auch er und wischte sich mit dem Ärmel seines grauen Hemds die Tränen weg. Emma zog ihn an sich. »Mach doch nicht immer so ein Theater, lieber Frank. Ich habe es doch nicht bös gemeint, du dummer, kleiner Kerl. Und wisch dir die Nase nicht mit dem Hemdsärmel ab«, schalt sie ihn, während sie sein Haar zurückstrich und ihn zärtlich auf die Stirn küßte.

Das Lachen verscheuchte die gespannte Atmosphäre und machte einem Gefühl der Freundlichkeit und Familienliebe Platz. Emma seufzte erleichtert auf und ging hastig wieder an die Arbeit. »Wir müssen uns alle beeilen, oder wir kommen zu spät zur Arbeit!« rief sie, während sie auf die Uhr schaute, die auf dem Kamin stand. Es war fast Viertel vor fünf, und ihr Vater mußte mit Winston um fünf Uhr das Haus verlassen, um um sechs Uhr in der Ziegelei zu sein. Sie fühlte nach dem Teetopf unter der gehäkelten Teemütze. Er war noch heiß. »Komm, Frank, bring du den Tee zu unserer Mam hinauf«, sagte sie, während sie den Tee in einen

Topf schüttete und große Portionen Milch und Zucker hinein-rührte. »Und Dad, würdest du für mich bitte das Feuer schüren. Lege viel Holz auf, damit es noch brennt, wenn Tante Lily kommt. Winston, wasch bitte das Geschirr, während ich euer Essen fertig mache. Dad, vergiß bitte das Kamingitter nicht.«

Sie gab Frank den Teetopf und fuhr fort: »Frag Mam, ob sie etwas Brot und Marmelade will, beeil dich, mein Junge. Ich habe noch eine Menge Arbeit, bevor ich nach Fairley Hall gehe.« Frank nahm den Topf vorsichtig in seine kleinen Hände und eilte durch das Zimmer. Seine Stiefel klangen hohl, als er durch den steiner-nen Flur zur Treppe ging. Leise vor sich hinsummend, sammelte Winston die schmutzigen Töpfe und Teller vom Tisch und trug sie zum Spülbecken, während Jack sich zum Kamin wandte und Holzscheite aufstapelte. Emma lächelte in sich hinein. Der Friede war wiederhergestellt. Sie begann die Sandwiches in Baumwolltü-cher zu wickeln, die ihre Mutter mit so viel Sorgfalt gesäumt hatte. Sie feuchtete die Tücher erst an, damit die Brote frisch blieben.

Jack widmete seine Aufmerksamkeit dem Feuer. Er legte Kohlestücke zwischen die Holzscheite und schüttete Kohlenstaub darüber, damit das Feuer nicht ausging, bis seine Schwester Lily kam, um nach Elizabeth zu sehen. Als er seinen mächtigen Körper herumschwang, um nach dem Kamingitter zu greifen, schaute er verstohlen zu Winston, der mechanisch die Töpfe im Spülstein wusch. Er bedauerte seinen Wutausbruch von vorhin. Es gab keinen tief verwurzelten Haß zwischen ihnen, nur diesen schwe-lenden Ärger, den beide immer weniger unterdrücken konnten. Er machte dem Jungen nicht einmal Vorwürfe, daß er Fairley verlassen wollte. Trotzdem konnte er es ihm nicht erlauben. Dr. Malcolm hatte sich nicht genauer über den Gesundheitszustand von Elizabeth ausgelassen, aber Jack brauchte nicht das Urteil eines Mediziners, um ihm das zu versichern, was er schon vermu-tete. Sie lag im Sterben. Wenn Winston jetzt abreiste, wäre das der letzte Nagel zu ihrem Sarg. Er war ihr Liebling. Sie liebte alle ihre Kinder, aber Winston vielleicht ein wenig mehr, denn er war mit seinen fünfzehn Jahren das älteste ihrer Kinder und ähnelte ihr sehr. Jack wagte es daher nicht, ihn gehen zu lassen; aber er konnte dem Jungen seine Gründe nicht sagen. »Und er sucht sich immer die falsche Zeit aus, um darüber zu reden«, murmelte Jack in sich hinein, als er das Gitter vor den Kamin stellte. Er lehnte sich einen Augenblick dagegen und starrte in das Feuer. Er war fast blind vor Gram und Hoffnungslosigkeit. Er empfand Kummer um Elizabeth, die vom Leben so brutal behandelt worden war, Hoffnungslosigkeit für seine Kinder, die ohne Mutter sein würden, bevor die Frühlingssonne den letzten Schnee aufzehrte.

Er spürte eine leichte Berührung am Arm und wußte, daß es Emma war. Er schluckte, und seine Kehle schnürte sich zusammen. Er hustete heiser, dann richtete er sich zu seiner vollen Größe auf und versuchte zu lächeln. »Ja, Kleine, was gibt's?«

»Du wirst zu spät kommen, Dad. Besser du gehst jetzt zu Mam hinauf, bevor du das Haus verläßt.«

»Ja, Mädel. Ich wasche mir nur noch den Kohlenstaub von den Händen.« Jack ging zum Spülstein, wo Winston gerade das Geschirr abtrocknete. »Geh hinauf zu Mam, mein Junge, ich komme in einer Minute nach. Du weißt, wie sehr sie sich aufregt, wenn sie uns nicht alle noch einmal sieht, bevor wir gehen.« Winston nickte, trocknete rasch den letzten Topf ab, und pfiff dabei nervös durch die Zähne.

Jack schaute zu Emma hinüber. Sie hatte die Teebüchse in der Hand und schüttete jedem seine Ration Tee auf ein Stück Papier. Dann wickelte sie ihn sorgfältig ein, damit nichts verloren ging. »Du wirst dir noch den Tod holen, in diesem Nachthemd, Emma. Der Schal hält auch nicht warm. Am besten ziehst du dich an, Mädel. Hier unten ist nun alles in Ordnung. «

»Ja, Dad, das werde ich tun. Ich bin mit eurem Essen fertig«, sagte sie mit einem sonnigen Lächeln, das ihr ernstes Gesicht plötzlich erstrahlen ließ. Ihre Augen, die so ungewöhnlich grün und lebhaft waren, leuchteten nun, und Jack wußte, daß ihre Zuneigung zu ihm nicht gelitten hatte. Sie lief durch die Küche zu ihrem Vater. Er lächelte zu ihr herab. Emma stellte sich auf die Zehenspitzen und schlang ihre Arme um seinen Nacken. Sie zog sein Gesicht zu sich herunter, küßte seine Wange und sagte: »Ich sehe dich nächsten Samstag wieder, Dad.« Jack hielt sie einen Augenblick fest. Seine sehnigen Arme waren schützend um sie geschlungen, und eine Welle von Zärtlichkeit durchflutete ihn. »Gut, Kleine. Und gib acht auf dich, drüben in Fairley Hall« murmelte er mit erstickter Stimme. Bevor er Atem holen konnte, war sie weg, aus seinen Armen geschlüpft und durch den Raum gehuscht wie ein Blitz. Jack war allein.

Er seufzte und griff nach seinem Mantel, der an einem Haken hinter der Tür hing. Er suchte in den Taschen nach den schmalen

Lederriemen, die er sich immer um die Hosenbeine band, damit der Ziegelstaub nicht eindrang. Er setzte sich am Tisch nieder und knüpfte sie fest, wobei er sich fragte, ob er Elizabeth mitteilen sollte, daß er in der Ziegelei gekündigt hatte. Er runzelte die Stirn. Es war eine harte Entscheidung für Jack gewesen, denn Arbeitsplätze waren selten, und so mancher Mann war arbeitslos. Er liebte auch die Arbeit an der frischen Luft, obwohl es eine Knochenarbeit war, zehn Stunden lang pro Tag nassen schweren Lehm auf ein Gerüst zu schaufeln. Er hatte nichts gegen harte Arbeit; wogegen er Einwände hatte, war der Lohn, den sie brachte; und das hatte er Stan, dem Vorarbeiter letzten Freitag gesagt. »Achtzehn Shilling und zehn Pence ist nicht viel für eine Woche, Stan. Und ich bin ein verheirateter Mann mit drei Kindern. Ich gebe niemand die Schuld dafür, daß ich Kinder habe, glaube mir, aber der verdammte alte Fairley zahlt Hungerlöhne. Das tut er, Stan, und du weißt es«, hatte er ruhig, aber mit Nachdruck gesagt.

Stan hatte den Kopf geschüttelt. Obwohl er Mitgefühl empfand, war er nicht fähig, Jacks festem Blick standzuhalten. »Ja, Big Jack, da ist was dran an dem, was du sagst. Es ist ein verdammtes Verbrechen. Aber es gibt Vorarbeiter, die mit zwanzig Shilling in der Woche herumlaufen. Ich verdiene nicht viel mehr. Ich kann nichts machen. Nimm es, oder laß es, Junge.« Darauf sagte er zu Stan, daß er es lassen würde. Dann war er am Samstagmorgen zögernd zur Walkmühle von Fairley gegangen, die Mütze in der Hand und seinen Stolz hinunterschluckend. Er hatte Eddie getroffen, den Vormann, der ein Jugendfreund von ihm war. Eddie hatte ihn mit einem Anfangslohn von zwanzig Shilling pro Woche angestellt, was eine Verbesserung war, wenn auch keine große. Er grübelte darüber nach, ob er es Elizabeth erzählen sollte und entschied sich dagegen. Sie wußte, daß er die Arbeit in der Walkmühle haßte. Es würde ihr nur Kummer bereiten und ihren Zustand verschlechtern. Nein, er würde nichts sagen, bis es eine vollendete Tatsache war, bis er nächste Woche in der Mühle arbeitete. Er hatte einen schwachen Trost. Die Mühle war am Ende des Dorfes, im Tal am Ufer der Aire. Sie lag nur zehn Minuten von der Hütte entfernt. Er war dann in der Nähe, falls Elizabeth ihn brauchte, falls es einen Notfall gab, und dieser Gedanke richtete ihn soweit auf, daß ihm die Arbeit in der Mühle weniger unangenehm vorkam. Die Kirchenglocke im Dorf schlug fünf Uhr. Er sprang auf und ging rasch durch den Raum. Wie viele große Männer besaß auch er eine katzenhafte Gewandtheit. Er nahm zwei Treppenstufen auf einmal, und seine genagelten Stiefel, die metallisch auf den Stein knallten, hallten düster durch die Stille der Hütte.

Emma war nun angezogen und stand mit Winston und Frank am Bett. Es war ein jammervolles Trio mit seiner grauen, schäbigen Kleidung, die überall geflickt war. Aber die Kleider waren genauso makellos sauber wie auch die Kinder mit ihren gewaschenen Gesichtern und dem sorgfältig gekämmten Haar. Und jedes Kind, so wenig sie sich auch ähnelten, hatte etwas edles an sich, das stärker war als ihre Armut und die verschlissene Kleidung. Sie strahlten eine seltsame Würde aus, wie sie nun mit ihren feierlichen Gesichtern ruhig dastanden. Die Geschwister traten auseinander, um Jack Platz zu machen, als er das Zimmer betrat. Er bebte vor Energie und hatte ein heiteres Lächeln aufgesetzt.

Elizabeth lag gegen einen Berg von Kissen gelehnt, bleich und erbarmungswürdig erschöpft. Aber der fiebrige Glanz war aus ihren Augen gewichen, und sie schien ruhiger zu sein. Emma hatte ihr das Gesicht gewaschen und die Haare gebürstet. Der blaue Schal, den sie um die Schultern ihrer Mutter gelegt hatte, betonte die Bläue von Elizabeths ungewöhnlich schönen Augen. Ihr Haar lag jetzt auf dem Kissen wie Fäden aus gesponnener Seide. Ihr bleiches Gesicht war farblos, und für Jack sah es im Kerzenlicht wie geschnitztes Elfenbein aus, wie er es in Afrika gesehen hatte. Ihr Gesicht erhellte sich, als sie Jack sah. Schwach streckte sie ihre dünnen Arme nach ihm aus, und als er sich über ihr Bett neigte, zog sie ihn fast wild an sich. Sie preßte ihren schwachen Körper gegen seinen starken, männlichen, als wolle sie ihn nie mehr loslassen.

»Du schaust viel besser aus, liebe Elizabeth«, sagte er mit so sanfter Stimme, daß sie kaum zu hören war. War das die Stimme des »Großen Jack«?

»Ich fühle mich besser, John«, versicherte sie mit tapferer Miene. »Heute abend werde ich auf sein, wenn du kommst, und ich werde dir eine gute Hammelbrühe machen, Liebling. Und Knödel und frischen Kuchen.« Er ließ sie sanft los und bettete sie wieder auf die Kissen. Als er in das so erbarmungslos verfallene Gesicht blickte, sah er nicht, wie es wirklich war. Er sah nur das schöne Mädchen, das er sein Leben lang gekannt hatte. Sie schaute ihn mit solchem Vertrauen und einer Bewunderung an, daß sich sein Herz vor Kummer zusammenkrampfte. Und es gab nichts, was er tun konnte, sie zu retten! Diese seltsame Regung überkam ihn schon wieder, eine Zwangsvorstellung, die in Wirklichkeit darauf hinauslief, sie in die Arme zu nehmen und aus diesem schäbigen Zimmer zu tragen, hinauf zum höchsten Hügel des Moors, nach dem sie sich immer sehnte. Dort auf den kahlen Hügeln war die Luft rein und stärkend. Der Himmel war ein weites Spiegelbild ihrer Augen; und er wußte aus unerklärlichen und geheimnisvollen Quellen, daß dort die Krankheit besiegt, sie dort auf wunderbare Weise wieder aufleben würde.

Aber der Lavendel und der sanfte Hauch der langen Sommertage war nun durch die Winterstürme vertrieben. Wäre es doch nur Sommer, dann *hätte* er sie dort hingebracht, zu dem Ort, den sie »Gipfel der Welt« nannte. Er würde sie auf das Heidekraut legen, zwischen grünen Farn und frische Heidelbeerblätter. Im Schutze der Ramsden Crags, würden sie zusammen einträchtig und zufrieden dasitzen, von der Sonne gewärmt und allein, bis auf die Hänflinge und Lerchen, die im verschleierten, goldenen Licht tanzten. Aber es war nicht möglich. Die Erde war erstarrt im Frost des Februars, und das Moor war wild und verlassen unter dem trüben regenverhangenen Himmel.

»John, Liebster, hast du gehört, was ich sagte? Ich werde heute abend aufstehen, und wir können alle zusammen essen, vor dem Kamin, wie wir es taten, bevor ich krank wurde.« Neues Leben klang in Elizabeths Stimme, eine freudige Erregung, die unzweifelhaft durch Jacks Gegenwart hervorgerufen wurde.

»Du darfst nicht aufstehen, Schatz«, mahnte er heiser. »Der Doktor sagt, du mußt ruhen, Elizabeth. Unsere Lily kommt später und kümmert sich um dich. Sie wird unser Abendessen zubereiten. Nun mußt du mir versprechen, daß du keine Dummheiten machst, Mädel. Versprich es.«

»Oh, du machst dir zuviel Sorgen, John Harte. Aber ich verspreche es, wenn es dich freut. Ich werde im Bett bleiben.«

Er beugte sich herab, so daß nur sie ihn hören konnte. »Ich liebe dich, Elizabeth, wirklich«, flüsterte er.

Sie schaute ihm tief in die Augen und erkannte diese Liebe so klar, unveränderlich und immerwährend. »Ich liebe dich auch, John, bis zu dem Tag, an dem ich sterbe und sogar darüber hinaus«, sagte sie.

Er küßte sie und wagte es kaum, sie noch einmal anzusehen. Als er sich vom Bett erhob, waren seine Bewegungen ruckartig und unbeherrscht, als habe er jede Kontrolle über seinen mächtigen Körper verloren. Rasch durchquerte er das Schlafzimmer. »Komm, Winston, küsse deine Mam, und dann laß uns gehen. Wir sind spät dran, Junge«, rief er barsch, um seine Gefühle zu verbergen.

Winston und Frank küßten ihre Mutter und gingen dann ganz ruhig vom Bett zur Tür. Winston hatte nichts mehr zu Emma gesagt, seit er sie in der Küche geärgert hatte. Nun schenkte er ihr sein charmantestes, strahlendstes Lächeln und sagte: »Ich sehe dich am Samstag. Wiedersehen, Kleine.«

Sie winkte ihm zu und lächelte zurück. »Wiedersehen, Winston.« Dann fügte sie hinzu: »Frank, du machst dich jetzt am besten fertig für die Arbeit. Ich werde gleich unten sein, dann können wir zusammen gehen.« Frank nickte zustimmend und bewegte dabei seinen kleinen Kopf eifrig auf und ab. Sein blasses Gesicht war ernst. »Ja, Emma«, rief er und lief geräuschvoll die Treppe hinunter.

Emma setzte sich auf den Bettrand. »Brauchst du noch etwas, bevor ich gehe, Mam?«

Elizabeth schüttelte den Kopf. »Der Tee war gut. Mehr brauche ich nicht, bis deine Tante Lily kommt. Ich bin nicht hungrig.«

Sie ist nie hungrig. Wie will sie jemals auf die Beine kommen, wenn sie nie ißt, fragte sich Emma. Dann sagte sie mit gespielter Heiterkeit: »In Ordnung, Mam. Aber du mußt das essen, was Tante Lily dir bringt, wenn sie kommt. Du mußt bei Kräften bleiben.«

Elizabeth lächelte schwach. »Das werde ich, mein Mädchen.«

»Soll ich die Kerze ausblasen?« fragte Emma und schickte sich an zu gehen.

Elizabeth schaute das Mädchen liebevoll an. »Ja, das kannst du tun, wenn du gehst. Ich werde eine Weile ruhen. Du bist ein gutes Mädel, Emma. Ich wüßte nicht, was ich ohne dich tun sollte. Nun geh nach Fairley Hall. Ich möchte nicht, daß du zu spät kommst. Da Mrs. Turner dich doch mitten in der Woche nach Hause gelassen hat, um mich zu sehen. Und sei ein braves Mädchen. Mrs. Fairley ist eine wirkliche Lady.«

»Ja, Mam«, flüsterte Emma und blinzelte, um die Tränen zurückzuhalten. Sie küßte ihre Mutter mit großer Zärtlichkeit, schüttelte die Kissen auf, strich das Linnen glatt und sagte: »Ich werde versuchen, einen Zweig Heidekraut zu finden, wenn ich am Samstag nach Hause gehe, Mam. Vielleicht gibt es unter den Klippen eine Stelle, wo der Frost nicht hinkam.«

6

Jack und Winston waren zur Ziegelei gegangen, und Frank blieb alleine in der Küche, die jetzt nur noch schwach erhellt war, denn Jack hatte die Paraffinlampe ausgemacht, wie er es immer tat, bevor er zur Arbeit ging. Nur die Kerze auf dem Tisch und das Kaminfeuer, das ab und zu aufflackerte erleuchtete das Zimmer. Düstere Schatten lauerten unheilvoll in den Ecken des Raumes, und es war totenstill. Nur manchmal war das Knacken der Holzscheite zu hören, wenn sie im Feuer zischten und prasselten. Frank saß auf einem Stuhl vor dem Kamin. Vor der hohen Rückenlehne sah er wie ein Zwerg aus. Er schien noch kleiner und zerbrechlicher als er in Wirklichkeit war. Der Junge war schmal und zierlich, doch überraschend drahtig und zäh, wie ein kleiner Terrier.

In seinem grauen Arbeitshemd und den ausgebeulten Hosen, die er von Winston geerbt hatte, sah er verloren aus. Seine Beine staken in sorgfältig gestopften Strümpfen. Sie hingen über den Stuhlrand und wirken rührend, als seien sie viel zu schwach, die schweren Schuhe zu schleppen. Sie waren ihm viel zu groß, häßlich, und hatten einst ebenfalls Winston gehört. Aber trotz seiner Erscheinung war Frank Harte keineswegs verlassen, denn er besaß eine innere Welt voll herrlicher Bilder und wunderbarer Träume und Erwartungen, die seine Alltagswelt beinah nichtig erscheinen ließ. Und diese perfekte innere Welt schützte ihn vor der Rauhheit ihres armseligen Lebens, füllte ihn so ganz aus, daß er die Entbehrungen, unter denen sie lebten, fast vergaß.

Eigentlich war Frank ein glücklicher kleiner Junge, der zufrieden war, wenn er sich in die Welt seiner Einbildung zurückziehen konnte. Das einzige Mal, als man ihn wirklich bestürzt gesehen hatte, war, als er im letzten Sommer die Kirchenschule des Dorfes verlassen mußte. Resigniert hatte er sich damit abgefunden und die Tatsache akzeptiert, daß er zusammen mit anderen Jungen in der Mühle arbeiten mußte. Sie sammelten leere Garnspulen ein. Sein Vater hatte ihm mitfühlend aber bestimmt mitgeteilt, daß sie die paar Shillinge dringend brauchten, die er nun jede Woche nach Hause bringen würde. So hatte er die Schule verlassen, als er zwölf Jahre alt war. Er war ein erstaunlich kluger und eifriger Schüler gewesen, der das Wissen schnell und so verständig in sich aufsaugte, daß sein Lehrer immer wieder überrascht war. Er hielt diese Begabung für einzigartig und war sehr bekümmert, daß das Schicksal und die Zukunft des Jungen in der Mühle liegen sollten. Er wußte, Frank war gescheit und man hätte mehr aus ihm machen können, hätte er die Chance gehabt. Aber er wußte auch, daß die Umstände sie dem Jungen nie ermöglichen würden.

Obwohl Frank jetzt nicht mehr zur Schule ging, führte er seine Studien, so gut er konnte, alleine fort. Immer wieder las er die wenigen zerschlissenen Bücher, die seiner Mutter gehörten, und alles, was er sonst noch in die Finger bekam. Wörter waren für Frank ehrfurchtgebietend und magisch. Er liebte sie tief und innig. Immer wieder formte er in seinem Geist Sätze und schrieb kleine Prosastücke auf die kostbaren Papierschnitzel, die Emma ihm von Fairley Hall mitbrachte. Er befaßte sich ständig mit abstrakten Ideen, obwohl er noch nicht begriff, daß es abstrakte Ideen waren. Sie gaben ihm Rätsel auf und forderten ihn heraus. Denn Frank Harte besaß wirklich Genialität, eine Genialität, die sich in seinem späteren Leben zu höchster Brillanz entwickeln sollte.

Still schaute er ins Feuer. Seine kleinen Hände hielten einen Napf mit Tee. Auf seinem Gesicht lag ein versunkener Ausdruck, und seine Augen waren verträumt. In Gedanken lebte er jetzt in einer anderen Welt. In dem flackernden Feuer sah er endlose und unglaubliche Visionen. In diesem Augenblick begeisterte ihn ein Gedanke voller Poesie, so leicht, daß er ihn kaum fassen konnte, und sein Gesicht erhellte sich vor Freude.

Die Tür quietschte, er schrak zusammen. Er hob den Kopf und blickte sich um. Emma kam in den Raum, still und beschäftigt. Frank begann seinen Tee zu trinken. Seine braunen Augen spähten über den Rand des Napfes und folgten ihren Schritten. Sie blieb am Fenster stehen, schob den Vorhang zur Seite, schaute hinaus und sagte: »Es ist draußen noch dunkel, aber wir müssen noch nicht gleich gehen. Wir können noch ein wenig warten, bis es heller geworden ist. Ich werde einen Teil des Weges laufen, dann komme ich nicht zu spät.«

Frank stellte den Napf auf den Kamin und meinte: »Dad hat den Teetopf mit heißem Wasser gefüllt und mir gesagt, ich soll dir ein Sandwich machen. Es liegt auf dem Tisch.«

Sie blickte nicht auf das Sandwich, und als er den Ausdruck auf ihrem Gesicht sah, rief er abwehrend: »Ich habe nicht zuviel Schmalz drauf getan. Ich habe alles, was zuviel war, abgekratzt, wie du es mir gesagt hast, liebe Emma.« Emma mußte lächeln, und ihre Augen blinzelten belustigt, als sie sich Tee eingoß und das Sandwich nahm. Sie trug beides zum Kamin und setzte sich Frank gegenüber. Sie kaute abwesend an ihrem Brot. Emma machte sich immer noch Sorgen um ihre Mutter.

Ihr kleiner Bruder schaute sie nachdenklich – aber auch mit einer gewisser Neugier – an. Er war von Emma tief beeindruckt, denn er verehrte sie sehr. Ständig suchte er ihren Beifall, aber in seinem Bestreben, ihr zu gefallen, tat er gewöhnlich etwas völlig Verrücktes, und dann war sie verärgert und mißbilligte sein Tun. Aber ihr Ärger hielt nie lange an. In seinen Augen lag Bewunderung, als er sich vorbeugte und zutraulich und feierlich sagte: »Ich bin froh, sehr froh, daß du den Streit beendet hast. Es tut mir weh, wenn sie sich anschreien. Wirklich, Emma.«

Sie schaute ihn abwesend, ihn ihre Gedanken verloren, an. »Ich weiß. Aber es geht doch immer um nichts, Junge.«

»Nun, trotzdem tut es mir weh«, fuhr er rasch fort. »Darum habe ich auch das Schmalz so dick auf die Brote geschmiert, weißt du. Ich war nervös«, schloß er mit dem Versuch, sich vor ihr zu entlasten.

Emma lachte. »Oooo! Unser Frankie ist ja ein Mordskerl!«

Der Junge wurde böse. Sein schmaler Kopf reckte sich, und seine sanften Augen blickten wild, als er mit ungewohnter Leidenschaft schrie: »Meine Mam hat gesagt, du sollst mich nicht Frankie nennen, Emma!«

Emma musterte ihn interessiert. Sein unerwarteter Temperamentausbruch belustigte sie. Aber als sie erkannte, wie ernst es ihm war, sagte sie lächelnd: »Entschuldigung, Liebchen. Du hast recht. Unsere Mam mag keine Spitznamen.«

Frank streckte sich im Stuhl und versuchte würdevoll und wichtig auszusehen. »Meine Mam sagt, daß ich ein großer Junge bin, und Frankie ist ein Name für Babys!« erklärte er mit seiner hellen Kinderstimme, die jedoch überraschend fest klang.

»Das ist wahr, das bist du«, antwortete Emma und lächelte ihm liebevoll zu. »Nun, es wird besser sein, wenn wir uns jetzt fertig machen.« Sie nahm das schmutzige Geschirr und brachte es zum Spültisch, wusch und trocknete es rasch ab, dann ging sie zum Kamin zurück. Emma nahm ihre Stiefel, die ihr Vater zum Wärmen hergestellt hatte, und zog sie entschlossen an. Als sie die Stiefel zuschnürte, warf sie Frank einen verstohlenen Blick zu und dachte ungeduldig: Jetzt träumt er schon wieder vor sich hin. *Sie* hatte selten Zeit, um sich Träumereien hinzugeben, aber wenn sie es tat, dann waren sie unromantisch, solide und praktisch. Ihre Träume waren die Träume eines nüchternen Menschen. Sie träumte von warmen Mänteln für jeden von ihnen. Von einer Menge schwarzer Kohlen im Keller. Einer Speisekammer, die im Überfluß mit geräucherten Schinken, Käse, Rinderkeulen und zahlreichen Regalen von Eingemachtem gefüllt war, wie die Vorratskammer von Fairley Hall. Sie träumte von Goldstücken, die in ihrer Börse klingelten, genug, um alle notwendigen und bequemen Dinge für ihre Mutter zu kaufen, und neue Stiefel für ihren Vater und Frank.

Sie seufzte. Frank träumte von Büchern und einem Besuch in London. Er wollte in schönen Kutschen fahren und ins Theater gehen, alles Träume, die durch die Zeitschriften genährt wurden, die sie manchmal von Fairley Hall mitbrachte. Und Winston träumte davon, zur Marine zu gehen und um die Welt zu segeln. Er wollte in exotischen Fernen ein abenteuerliches Leben führen. Frank und Winston träumten von Vergnügen und Ruhm. Emma träumte, wenn sie überhaupt Zeit dazu fand, vom Überleben.

Sie seufzte noch einmal. Wie gern würde sie sich mit ein paar Shillingen mehr die Woche begnügen, um ihnen über die Runden zu helfen; sie brauchte keine Goldstücke. Sie stand auf und holte ihren Mantel, während sie Frank zurief: »Sitz hier nicht herum, wie ein kleines Kind, Junge. Es ist zwanzig vor sechs. Wir kommen zu spät, wenn wir uns jetzt nicht beeilen.«

Sie gab Frank Mantel und Schal, den er achtlos um den Nacken band. Emma, in ihrer mütterlichen Bedachtsamkeit, schüttelte den Kopf. Sofort band sie den Schal wieder los, wickelte ihn um seinen Kopf und verknotete ihn fest unter dem Kinn. Dann nahm sie seine flache Mütze und setzte sie ihm entschlossen auf den

Kopf, ohne auf sein Zappeln und die wilden Proteste zu achten.

»O Emma, so will ich den Schal nicht tragen. Die andern Jungen lachen mich aus und sagen, ich sei ein Weichling«, schrie er trotzig.

»Wenn du den Schal um den Hals hast, werden deine Ohren nicht warmgehalten. Ich habe dir schon einmal gesagt, Frank, kümmere dich nicht darum, was andere Leute sagen. Nun komm und beeil dich.«

Sie warf ihren eigenen Schal über, gab Frank das Päckchen mit den Broten, schaute sich noch einmal in der Küche um und blies dann die Kerze aus. Sie griff fest Franks Hand und zog ihn aus der Hütte.

Sie traten in die Dunkelheit. Ein eisiger Wind sprang sie an. Er war naßkalt und frostig. Die beiden Kinder eilten den gepflasterten Weg hinab, an den welken, bereiften Fliederbüschen vorbei, die in dem dürftigen, kleinen Garten standen, dessen graue, unwirtliche Erde hart wie Stein war. Das einzige Geräusch war das Heulen des Windes und der scharfe Klang ihrer Stiefel auf dem kalten Kopfsteinpflaster, als sie durch die Top Fold gingen. Hier in dieser kleinen Sackgasse mit den winzigen Hütten lebten sie. Sie lag hoch über Fairley Village. Hinter ihnen lagen die Hügel des Moors. Es war ein einsamer Ort, verlassen und wenig einladend. Nur ein paar schwache Lichter in einigen der Hütten ließen ahnen, daß sie bewohnt war. Als sie endlich das Ende der Straße erreicht hatten, hob Frank sein verfrorenes schmales Gesicht zu Emma und fragte: »Soll ich bei Tante Lily vorbeigehen?«

»Ja, Kleiner. Und sag ihr, sie soll am frühen Morgen nach Mam sehen. Sag ihr, sie sei etwas unruhig gewesen, aber still, als wir gingen. Und klatsche nicht so lange mit Tante Lily. Du weißt, daß der Vorarbeiter punkt sechs Uhr die Tore der Mühle schließt. Wenn sie dich aussperren, mußt du bis acht Uhr warten, und sie kürzen dir deinen Lohn. Und sei ein braver Junge!« Sie küßte ihn und drückte ihm die Mütze fester auf den Kopf.

»Wirst du warten, bis ich bei Tante Lily bin?« fragte Frank zitternd. Er versuchte tapfer zu verbergen, daß er sich zu dieser frühen Stunde in der Dunkelheit fürchtete. Emma nickte. »Ja, Kleiner. Und nun lauf.«

Frank rannte in den Nebel. Manchmal rutschte er auf den Pflastersteinen aus, die mit Rauhreif bedeckt waren. Sie sah seine kleine Gestalt die Straße hinuntereilen, bis sie nur noch seine

Umrisse erkennen konnte. Aber sie hörte seine Schritte auf dem Pflaster, und als sie verstummten, wußte sie, daß er bei der Hütte ihrer Tante angelangt war. Sie lag an der Hauptstraße, die zum Dorf hinunterführte, an der Aire. Als er mit seiner Blechschachtel laut an die Tür klopfte, wußte sie, er hat sein Ziel erreicht. Der weckt ja außer Tante Lily auch noch die Toten auf, dachte sie gequält. Emma fröstelte, als sie sich umwandte und auf das Moor zuging.

Die einsame Gestalt in ihrem langen, schwarzen Kleid und dem schäbigen Mantel, der ihr viel zu klein war, stapfte verbissen und tapfer nach Fairley Hall. Ab und zu hob sie die Augen kritisch zum bleiernen Himmel empor oder sah über das düstere dunkle Moor, das sich wie unendlich vor ihr erstreckte.

7

Die sanft gewellten Hügel über Fairley Village und dem Tal der
Aire sind selbst bei heiterstem Wetter immer düster und trostlos.
Aber wenn der Winter seinen langen und harten Siegeszug
angetreten hat, ist die Landschaft noch grauer und eintöniger
unter aschfarbenen Wolken, und das Moor liegt da in wilder
Einsamkeit. Die kahlen Hügel sind farblos und allen Lebens
beraubt. Es regnet oder schneit fast immer, und der Wind, der von
der Nordsee herüberbläst, ist kalt und rauh. Diese Sandsteinhügel
sind unendlich viel düsterer als das Moor in der Tallandschaft, die
aus Kalkstein besteht. Es erstreckt sich soweit das Auge reicht,
und seine Stille wird nur unterbrochen durch das traurige Heulen
des Windes, denn die vielen kleinen Bäche, diese munteren,
glitzernden Flüßchen, die im Frühling und Sommer die Eintönigkeit beleben, sind in der Kälte des Winters erstarrt.

Die weite Hochebene, auf der das Moor liegt, erstreckt sich
über viele Meilen unbewohnten Gebietes über Shipley bis zu der
lebendigen Industriestadt Leeds. Die Ebene bietet dem Auge des
Betrachters keine markanten Punkte, nur hier und da ein hoch
aufragender Felsen, ein paar kahle Bäume, verdorrter Stechdorn
und verlassene Hütten, die in dieser Einöde kaum auffallen.
Immer liegt dichter, undurchdringlicher Nebel über der zerklüfte-
ten Landschaft, er verhüllt auch die höchsten Gipfel und ihre
Ausläufer, so daß Landschaft und Himmel in endloser, grauer,
naßkalter Weite ineinander übergehen. Alles ist verschwommen,
reglos und von unwirklicher Einsamkeit. Es gibt kaum Zeugnisse
menschlicher Zivilisation, und zu dieser Jahreszeit wagen sich nur
selten Menschen in diese erstarrte, einsame Öde.

Durch diese rauhe Moorlandschaft ging Emma an jenem eisigen
Morgen des Februar 1904, wie immer unerschütterlich. Der enge,
gewundene Pfad durch die Hügel war der schnellste Weg nach

Fairley Hall, und Emma mußte zu allen Jahreszeiten und zu jeder Stunde durch das Moor.

Sie zitterte, als sie den Pfad entlang eilte, und hüllte sich fester in ihren Mantel, der ihr nicht mehr Schutz gab, als ein Stück Papier, so zerschlissen und geflickt war er. Er war schon jämmerlich und abgetragen, als die Köchin von Fairley Hall ihn ihr im Sommer schenkte, aber Emma hatte ihn dankbar angenommen, ihn geduldig geflickt, den Saum ausgelassen, um ihn zu verlängern, und neue Knöpfe angenäht. Sie war aber zu schnell herausgewachsen, und jetzt spannte er sich eng um ihren Rücken. Die Ärmel waren zu kurz, und ihre dünnen Arme schauten erbarmungswürdig heraus. Sie sah aus wie eine Vogelscheuche. Der Wind pfiff tückisch durch den dünnen Stoff, und die feuchte Luft drang ihr bis auf die Haut. Die Kälte ließ ihre Beine gefühllos werden. Sie wickelte sich den Schal fester um den Kopf und steckte die rissigen Hände noch tiefer in die Taschen. Ihre Zähne klapperten, und ihre Augen tränten von dem eisigen Wind. Sie wünschte sich sehnlichst, schon in Fairley Hall zu sein, obwohl sie das Haus nicht mochte.

Der heulende Wind riß an ihren Kleidern, stieß sie vorwärts und ließ den Nebel geisterhaft tanzen.

Als Emma am Ende des Moores das mit Steinen umsäumte Feld erreichte, war sie außer Atem. Sie lehnte sich gegen die Steine, um einen Augenblick auszuruhen. Ihr Atem ging immer noch heftig, und ihr Herz klopfte. Sie schaute den steilen Pfad hinab, auf dem sie gekommen war. Unter ihr war der Nebel teilweise aufgerissen, und in der Ferne konnte sie die blinkenden Lichter sehen, die nun hell in allen Hütten brannten. Das Dorf erwachte. Jenseits im Tal sah sie ein schwaches Leuchten; die Mühle der Fairleys schickte sich an, ihr Tagwerk zu beginnen. Bald würde die Pfeife schrillen und ankündigen, daß die Tore geöffnet wurden. Und dann würden Fairleys Arbeiter hereindrängen, um einen neuen Tag mühseliger Arbeit zu beginnen, Rohwolle kämmen, Feinwolle spinnen und die fertigen Stoffe in alle Welt verschicken.

Emma dachte an ihren Bruder Frank, der unter den Arbeitern sein würde. Er war so klein, so zerbrechlich und so wenig geeignet, lange Stunden mühseliger, ermüdender Arbeit zu verrichten. Er mußte die Garnspulen sammeln und aufschichten, die riesigen Förderkörbe leeren, die Flure reinigen und die Maschinen putzen. Sie machte sich ständig um Frank Sorgen. Es war so schrecklich, so falsch, daß er in der Mühle arbeiten mußte. Er war doch nur ein kleiner Junge. Wenn er jammerte, daß der scharfe, ölige Geruch der Wolle ihm Übelkeit bereitete, wandte sich ihr Vater nur hilflos ab. Er schwieg und sah bestürzt vor sich hin. Emma wußte, daß sie das Geld brauchten, das Frank verdiente. Es waren nur ein paar elende Kupferstücke; aber sie wünschte, ihr Vater würde eine geeignetere Arbeit für ihn finden, eine die nicht so anstrengend und entkräftend war, wie die in der Mühle. Sie dachte über ihre mißliche Lage nach, und wie sich ihr Vater damit abfand. Seine Apathie erschreckte sie und jagte ihr Furcht ein. Sie dachte daran, wie ihre Mutter krank in der Hütte in Top Fold lag. Panik ergriff sie. Heute morgen hatte sie Angst gehabt, ihre Mutter zu verlassen. Aber Emma wußte, daß sie keine andere Wahl hatte. Wenn sie nicht nach Fairley Hall zur Arbeit ging, würde sie kein Geld bekommen.

Sehnsüchtig schaute sie zum Dorf hinunter, wo ihre Mutter lag. Plötzlich drehte sie sich um. Sie hatte sich lange genug ausgeruht. Nun mußte sie sich beeilen, denn die Köchin erwartete sie punkt sechs Uhr. Emma hob ihren Rock, kletterte über die Steinmauer und sprang in das Feld. Der Boden unter ihr war hart gefroren, und vor ihr wallte der Nebel auf. Er verdeckte den abgestorbenen Stechginster und die wenigen kargen und vom Frost angenagten Bäume. Manchmal sah sie Schneebänke, die trügerisch in der nebelgeschwängerten Luft glitzerten. Für Emma lag zu dieser Stunde etwas Gefährliches, Drohendes über dem Moor. Sie schauderte, aber tapfer ging sie weiter. Den Pfad konnte sie kaum sehen, aber sie arbeitete nun schon zwei Jahre in Fairley Hall und kannte ihn gut. Ihre Füße fanden sicher den Weg. Das Knirschen ihrer Schritte auf der gefrorenen Erde war das einzige Geräusch in dieser frühen Morgenstunde.

Ihre Gedanken kehrten zu ihrem Vater zurück, als sie dahintrottete. Emma liebte ihren Vater und verstand ihn, aber in den letzten paar Monaten hatte er sie nicht wenig beunruhigt. Er war nicht mehr derselbe, seit er aus dem Burenkrieg zurückgekehrt war. Es schien Emma, als habe er jeden Schwung verloren. Vater war jetzt immer so still und in sich gekehrt. Und dann bekam er plötzlich diese fast unkontrollierten Wutausbrüche, wenn Winston oder irgend jemand ihn reizte. Nur zu ihrer Mutter war er gleichbleibend liebevoll und freundlich. Diese Unvereinbarkeit in ihres Vaters Wesen und seine wilden Ausbrüche verwirrten

Emma. Und wenn er sie so leer anstarrte, schien er wie ein verlorenes Kind. Manchmal hatte sie den Wunsch, ihn zu packen und heftig zu schütteln, um neues Leben in ihm zu wecken. Aber dafür war sie zu klein und schwach, darum versuchte sie ihn mit ihren Fragen aus seiner Niedergeschlagenheit zu reißen. Sie behelligte ihn mit Geldproblemen und erinnerte ihn an die Krankheit ihrer Mutter. Sein Gesicht blieb immer unbeweglich und verschlossen, aber seine Augen waren schmerzerfüllt. Es war Elizabeths Krankheit und die Sorge um seine Frau, die John Harte verändert und sein Herz versteinert hatte, nicht der Krieg!

Aber das verstand Emma in ihrer jugendlichen Naivität noch nicht. Sie hatte sich mit Leidenschaft nur einer Sache verschrieben: die angespannten Verhältnisse, unter denen sie lebten, zu verbessern. Sie war einzig und allein damit beschäftigt, zu überleben; und das machte sie blind für alles andere. Alles was sie wußte war, daß ihr Dad keine Antworten für sie hatte, keine Lösung für ihre Probleme. In dem Bemühen, sie zufriedenzustellen, griff er immer auf dieselbe Phrase zurück, die er seit neuem so oft gebrauchte. »Bald wird alles besser, Kleine«, pflegte er zu sagen. Winston fiel immer auf diese zuversichtliche und optimistische Antwort ihres Vaters herein, und seine Augen leuchteten sofort auf; er glaubte nur zu gern an bessere Tage. Immer wieder fragte er erregt: »Wann, Dad, wann?« Emmas sachlicher Verstand fragte eher: »Wie, Vater? Wie?« Aber sie sagte nie ein Wort. Sie fürchtete sich, dieses Problem aufzuwerfen, wenn ihr Vater versuchte, sie zu beruhigen. Außerdem wußte sie ohne jeden Zweifel und auf Grund jüngster Erfahrung, daß sie keine ehrliche Antwort bekommen würde. Emma wußte das schon seit Monaten, und sie hatte es mit Resignation akzeptiert, denn sie ahnte nicht, wie sie die Trägheit und Hilflosigkeit ihres Vaters bekämpfen sollte. Er besaß keinen Unternehmungsgeist.

»Nichts wird jemals geschehen, um unser Schicksal zu bessern, weil mein Dad niemals etwas tut, um es zu ändern!« sagte Emma laut und mit Nachdruck, als sie über die niedrige Mauer kletterte, die jenseits des Feldes lag. Sie seufzte erbittert, denn sie wußte, daß ihr Vater gegen seine Haltung nicht ankämpfen konnte. Warum wohl? Emma hatte noch nicht begriffen, daß einem Menschen nichts mehr bleibt, wenn er die Hoffnung verloren hat, manchmal nicht einmal mehr der Wille zu leben. Und John Harte hatte schon seit langem alle Hoffnung verloren.

Sie blies in ihre klammen, kalten Hände und steckte sie dann wieder in die Taschen. Sie begann, den flachen Hang hinaufzusteigen, der sie zum Ramsden Ghyll führte und dann weiter hinauf zum höchsten Punkt des Moors und zum Weg nach Fairley Hall. In der letzten Zeit hatte Emma mit ihrem Vater nicht mehr über Geld gesprochen; aber sie dachte immer daran. Sie grübelte auch jetzt darüber nach. Sie brauchten mehr Geld, wenn sie überleben wollten, wenn ihre Mutter wieder ihre Kraft und ihre Gesundheit zurückerhalten sollte. Emma wußte, daß man ohne Geld nichts war, nur ein machtloses und unterdrücktes Opfer der herrschenden Klasse, ein unterjochtes und angebundenes Lasttier, das ein Leben lang geistlose, mühevolle Arbeit verrichten mußte. Es war ein Dahinvegetieren, elend und hoffnungslos, so voller Schrecken und Verzweiflung, das es kaum wert war, darüber nachzudenken, geschweige so zu leben. Ohne Geld war man allen Launen, Regungen und Verrücktheiten der sorglosen, gedankenlosen Reichen ausgeliefert und allen Wechselfällen des Lebens. Ohne Geld war man verwundbar!

Seit sie in Fairley Hall arbeitete, hatte Emma viele Dinge verstehen gelernt. Sie war mit einer raschen Auffassungsgabe gesegnet und besaß angeborene Klugheit. Für ihr Alter war sie erstaunlich scharfsinnig. Sie hatte schon bald die empörenden und abscheulichen Widersprüche zwischen dem Leben in Fairley Hall und dem Leben im Dorf erkannt. Die Fairleys lebten in Pracht und Luxus, verwöhnt und völlig isoliert von dem harten Leben ihrer Arbeiter, deren erbarmungswürdige, endlose Plackerei ihnen das Dasein in der samtenen Welt der Behaglichkeit und der Vorrechte möglich machte.

Sie beobachtete die Fairleys und ihre Lebensweise mit ihren scharfen und intelligenten Augen. Und bald begann Emma zu begreifen, daß man mit Geld nicht nur das Notwendige kaufen konnte, sondern noch viele andere Dinge. Sie hatte gemerkt, daß der Besitz von Geld gleichzeitig Macht bedeutete, ein Besitz, der Emma sehr wünschenswert erschien, denn sie wußte nun, daß Macht unverwundbar machte. Sie gab Sicherheit. Emma hatte auch den Beweis erhalten und mußte mit Bitterkeit einsehen, daß es für die Armen keine Gerechtigkeit oder Freiheit gab. Aber klug wie sie war und mit erwachendem Zynismus begriff sie, daß beides sehr leicht zu *kaufen* sei. So leicht, wie man Medizin und Nahrung kaufen konnte, die sie für ihre Mutter brauchten, vorausgesetzt, man hatte die richtige Geldsumme, um sie auf den Ladentisch zu legen. Ja, dachte sie, Geld ist die Antwort auf alles. »Und für mich wird es auch eine Möglichkeit geben, mehr Geld zu verdienen«, sagte sie laut vor sich hin, als sie den Pfad hinaufging. Es gab reiche Leute, und es gab arme Leute auf der Welt, und wenn einige Leute reich sein konnten, dann konnten es andere auch, überlegte sie. Ihr Vater sagte immer, dies sei eine Frage der Geburt und des Glücks. Emma verachtete diesen Standpunkt, sie bezweifelte seine Richtigkeit; also weigerte sie sich, ihn zu akzeptieren. Wenn jemand einen guten Plan hatte und hart arbeitete, härter als jeder andere, dann konnte diese Person bestimmt Geld verdienen. Eine ganze Menge. Vielleicht ein Vermögen. Schon seit einiger Zeit hatte Emma ihre Gedanken auf dieses Ziel gerichtet; sie schwankte nicht und war auch niemals entmutigt. Was ihr an Lebenserfahrung fehlte, machte sie durch Eigenschaften wett, die vielleicht noch wertvoller waren: Intuition, Fantasie und Ehrgeiz. Instinktiv begriff Emma viele Dinge, und eines davon war die nackte Tatsache, daß Geld nicht unbedingt nur durch Geburt oder Glück zu haben war. Sie wußte – trotz allem was ihr Vater sagte —, daß es andere Wege gab, um ein Vermögen anzuhäufen. Sie seufzte. Während sie den Pfad entlang eilte, frierend bis in die Knochen, schien es ihr, daß sie allein und ohne Freunde war. Sie kämpfte gegen die ganze Welt, niemand reichte ihr eine helfende Hand oder gab ihr ein ermutigendes Wort. Aber schon vor Monaten hatte sie beschlossen, sich davon jedenfalls nicht entmutigen zu lassen. Sie würde bestimmt einen Weg finden, um Geld zu verdienen, viel Geld! Erst dann würde sie sicher sein.

Ihre Füße folgten dem schmalen Pfad, und trotz des dichten Nebels wußte sie, daß sie jetzt den Kamm des flachen Hanges erreichen würde. Sie keuchte, die Beine taten weh vom Anstieg. Sie fröstelte, denn der Wind, der von den kahlen Hügeln herüberwehte, hatte aufgefrischt. Sie schlug ihren Mantelkragen hoch. Ihre Hände waren steif gefroren, aber ihre Füße waren warm. Ihr Vater hatte erst vor einer Woche ihre Stiefel repariert. Er hatte in der Gerberei festes Leder gekauft und dickes Fell zum Ausfüttern. Sie hatte bei ihm gestanden und ihm zugeschaut, wie er die Sohlen schnitt und auf die abgetragenen aufhämmerte, wozu er die Stiefel über den alten Leisten aus Eisen spannte, der in der Küche stand. Sie dachte auch an die dampfende, heiße Suppe, die ihr die Köchin zubereiten würde und an die warme große Küche in Fairley Hall. Diese Gedanken beflügelten ihre Schritte.

Einige skelettartige Bäume ragten vor ihr auf. In der trostlosen Umgebung griffelten sie starr und geisterhaft in den glasigen, grünlichen Himmel. Ihr Herz begann vor Anstrengung und Furcht rascher zu schlagen, denn jenseits der Bäume führte der Pfad hinab in den Ramsden Ghyll, eine Senkung zwischen den Hügeln. Der Ghyll war der Ort, den Emma auf ihrem Weg nach Fairley Hall am meisten haßte; er war unheimlich mit seinen grotesken Felsformationen und abgebrochenen Baumstümpfen. Der Nebel, gefangen zwischen den beiden Hügeln, verdichtete sich hier zu einer undurchsichtigen dunkelgrauen Masse, die wie eine Mauer war. Emma fürchtete diesen Ort, aber sie eilte trotzdem weiter und tadelte sich wegen ihrer Nervosität. Ja, sie hatte Angst vor den Ungeheuern und Kobolden, den Geistern des Moors, die drohend zwischen diesen Felsen zu schweben schienen. Sie fürchtete auch die verlorenen Seelen, die nach dem Aberglauben der Dorfbewohner hier ihr Unwesen trieben. Um die Vorstellung von Kobolden, Monstern und verlorenen Seelen aus ihrem Kopf zu verbannen, begann sie leise zu singen. Zu dieser Stunde sang sie nie laut im Moor, aus Angst, die Toten zu wecken. Sie kannte nicht viele Lieder, nur die wenigen, die sie in der Schule gelernt hatte, aber sie fand sie fade und kindisch. Statt dessen sang sie »Onward, Christian Soldiers« und marschierte tapfer zu dem Rhythmus der Melodie.

Sie hatte den Ghyll schon fast passiert, als ihre Worte plötzlich verstummten. Emma hörte auf zu marschieren und blieb stehen. Sie war wie versteinert und lauschte angespannt. Im Heulen des Windes war es gerade noch vernehmbar: ein tiefes, polterndes Geräusch, als käme von der anderen Seite des Ghylls etwas Riesiges, Kraftvolles den Pfad entlang. Sie drückte sich gegen ein paar Felsbrocken und hielt den Atem an. Die Angst ließ ihr Herz zu Eis erstarren. Und dann stand es vor ihr, kein unvollständiges Monster wie ein Felsen oder ein Baum, sondern ein ausgeformtes Ungeheuer, ein Mann, der riesig groß war und durch den Nebel auf sie heruntersah.

Emma holte tief Atem und ballte die Fäuste in ihren Taschen. Sie fragte sich krampfhaft, ob sie losspringen und den Pfad zurückrennen sollte, aber sie war so gelähmt vor Schreck, daß sie sich nicht bewegen konnte.

»Ehrlich, wenn das nicht ein Glücksfall für mich ist, ein flinkes, junges Mädchen in diesem verdammten Moor zu treffen und noch dazu zu dieser unguten Stunde! An diesem Ort haust ja der Teufel persönlich, scheint mir. Keine gute Gegend, um an diesem kalten Morgen hier herumzuwandern.«

Emma war sprachlos. Sie schaute zu dem Mann auf, der wie ein Turm vor ihr stand, aber in diesem trüben Licht konnte sie seine Züge nicht erkennen. Sie drückte sich fester zwischen die Felsen und wünschte, sie könnte darin verschwinden. Ihre Augen blickten unruhig.

Nun sprach der Mann wieder, und seine Stimme drang geisterhaft durch den Nebel. »Ah, und wie ängstlich dieses kleine Mädchen ist. Nun, es ist ja kein Wunder, ich habe dich so erschreckt! Aber nur ein Tölpel, das ist sicher, kann sich in diesem verdammten Nebel auf seinem Weg nach Fairley Hall verirren –. Kannst du mir die Richtung zeigen, dann bin ich sofort wieder unterwegs.«

Jetzt schlug ihr Herz nicht mehr so rasend, aber Emma zitterte immer noch und fürchtete sich, denn ein Fremder in diesem Moor – und er war ein Fremder – konnte genauso gefährlich sein, wie ein Monster. Ihr Vater hatte sie gewarnt, niemals mit einem Menschen zu sprechen, den sie nicht kannte, der nicht aus dem Tal stammte, und der deshalb ein ›Fremder‹ war und darum verdächtig. Sie machte sich ganz klein und wünschte, er würde gehen, während sie die Lippen fest zusammenpreßte. Vielleicht würde er verschwinden, wenn sie seine Fragen nicht beantwortete – ebenso schnell, wie er aufgetaucht war.

»Ehrlich, ich glaube, die Katze hat ihre Zunge verloren«, fuhr die fremde Stimme fort, als würde sie sich an eine dritte Person wenden. Emma biß die Lippen zusammen und schaute sich angstvoll um. Es schien aber niemand da zu sein, obwohl das in dem grauen Licht schwer zu erkennen war.

»Ich will dir doch nichts tun, kleines Mädchen«, sagte der Fremde. »Zeig mir nur den Weg nach Fairley Hall, und schon bin ich weg. Du kannst ganz sicher sein.«

Noch immer konnte Emma das Gesicht des Mannes nicht erkennen, der Nebel, der sie beide umgab, verbarg es. Sie blickte nach unten. Sie konnte seine großen Füße erkennen, die in genagelten Stiefeln steckten. Auch den unteren Hosenrand sah sie. Er hatte sich keinen Millimeter von der Stelle gerührt, an der er stehengeblieben war, als wüßte er, daß jede plötzliche Bewegung sie in die Flucht jagen würde.

Er räusperte sich und sagte noch sanfter: »Ich werde dir nichts tun, Kleines. Hab keine Angst vor mir.«

Irgend etwas in seiner Stimme beruhigte Emma allmählich, und sie entspannte sich. Allmählich ließ das Zittern ihrer Glieder nach. Er hatte eine fremde Stimme, aber sie war freundlich, musikalisch und fröhlich. Sie unterschied sich von allen Stimmen, die sie je zuvor gehört hatte. Dann bemerkte Emma, die aufmerksam zugehört hatte und immer auf eine Gefahr vorbereitet war, wie sanft diese Stimme war. Sie hörte plötzlich die Freundlichkeit und Wärme heraus. Sicher, er *war* ein Fremder. Dann hörte Emma sich zu ihrem großen Schrecken fragen: »Warum wollen Sie denn nach Fairley Hall?« Sie ärgerte sich so sehr über sich selbst, daß sie sich hätte die Zunge abreißen können.

»Ich bin im Begriff dahin zu gehen, um die Kamine und Schornsteine zu reparieren. Er ist letzte Woche persönlich zu mir gekommen. Squire Fairley. Ja, tatsächlich, er selbst kam zu mir nach Leeds und war freundlich genug und großzügig auch, das war er, möchte ich hinzufügen, mir dieses Angebot zu machen.«

Emma schaute den Mann argwöhnisch an. Er war der größte Mann, den sie je gesehen hatte. Er trug rauhe Arbeitskleidung und hatte einen Sack über seine Schulter geworfen.

»Dann sind Sie ein Maurer?« fragte sie vorsichtig, denn sie erinnerte sich, daß die Köchin etwas von einem Maurer gesagt hatte, der einige Reparaturarbeiten durchführen sollte.

Der Mann lachte schallend. Es war ein tiefes, dröhnendes Lachen, das seinen ganzen Körper erschütterte. »Das bin ich, da kannst du sicher sein. Shane O'Neill ist der Name, aber die ganze Welt nennt mich Blackie!«

Emma schielte wieder zu ihm hinauf, versuchte sein Gesicht in der trüben, nebligen Luft zu erkennen. »Sie sind doch kein Neger, nicht wahr?« fragte sie zitternd. Dann rügte sie sich selbst für ihre Dummheit. O'Neill war ein irischer Name, und das erklärte seine singende Sprache, die ihr nicht vertraut war. Aber sie hatte vom irischen Akzent gehört, und er war bestimmt ein Ire!

Ihre Frage schien den Riesen noch mehr zu amüsieren, und er lachte laut. Dann sagte er: »Nein, ich bin kein Neger, kleines Mädchen. Überhaupt nicht. Nur ein schwarzer Ire. Und wie möchtest du genannt werden?«

Sie zögerte wieder. Emma glaubte, es sei besser, wenn die Leute möglichst wenig über sie wußten. Dann war man sicherer, denn wenn sie nichts wußten, konnten sie einem nichts anhaben. Aber zu ihrem großen Erstaunen sagte sie: »Emma. Emma Harte ist mein Name.«

»Erfreut, dich zu treffen, Emma Harte. Nun denn, jetzt da wir uns bekannt gemacht haben, sozusagen, wirst du wohl die Freundlichkeit haben, mir den Weg nach Fairley Hall zu zeigen, bitte.«

»Es ist der Weg, auf dem Sie herunterkamen«, sagte Emma und zitterte, jetzt allerdings, weil sie völlig durchfroren war.

Dann fuhr sie fort und ärgerte sich schon wieder: »Ich muß auch nach Fairley Hall. Sie können mit mir gehen, wenn Sie wollen.«

»Fein, ich danke dir, Emma. Also, laß uns gehen! Es ist teuflisch feucht und kalt hier draußen, da kannst du sicher sein!« erklärte der Mann und stampfte mit den Füßen auf der gefrorenen Erde.

Emma schlüpfte aus ihrem Versteck zwischen den Felsen und führte ihn aus dem Ramsden Ghyll hinaus auf die flache sumpfige Hochebene, die sich bis Fairley Hall erstreckte. Es war ein enger und etwas unsicherer Pfad, der sich steil nach oben wand, und sie mußten hintereinander gehen. Emma ging rasch vor dem Iren her. In ihrer Hast rutschte sie immer wieder aus. Sie sprachen nicht, denn der Hügel war schwierig zu erklimmen.

Als sie aus dem Ghyll herauskamen und das Plateau erreicht hatten, war der Nebel zerstreut, weggeblasen von dem stürmischen Wind, der von den hochragenden Felsen herabheulte. Die Morgenluft war dunstig, und der bläuliche Himmel von einem weißem Licht überzogen, einem Licht, das aus einer versteckten Quelle hinter dem Horizont zu kommen schien. Dieses Licht war typisch für die nördliche Landschaft, es strahlte und überflutete die gewellten Hügel mit hellem Glanz. Sie glühten und schimmerten jetzt wie geschmolzenes Kupfer.

Emma hielt keuchend an und drehte sich um. Wie jeden Tag schaute sie zu den entfernt liegenden Ramsden Crags. »Schauen Sie nur, diese Pferde«, sagte sie und deutete auf die hohen Klippen, die sich in einsamer Schönheit gegen den Horizont abhoben.

Blackie O'Neill folgte ihrem Blick und hielt den Atem an. Das Mädchen hatte recht. Die Felsen glichen großen Pferden, die sich gegen den Himmel aufbäumten, ihre groben Formen nahmen plötzlich Leben an, als seien es gigantische Rosse, die über den Himmel galoppierten und in dem strahlenden Licht wie getriebenes Gold schimmerten.

»Tja, das ist wahrhaftig ein herrlicher Anblick. Was ist das für ein Ort?« fragte Blackie.

»Ramsden Crags, aber die Dorfbewohner nennen ihn ›Fliegende Pferde‹. Meine Mam nennt ihn ›Gipfel der Welt‹«, erzählte Emma ihm zutraulich.

»Und in der Tat, so schaut es aus, da kannst du sicher sein«, murmelte Blackie, stellte seinen Sack auf den Boden und zog die frische Luft tief in seine Brust; endlich hatten sie den nebligen Ghyll hinter sich gelassen.

Emma hatte Blackie O'Neill immer noch nicht richtig angeschaut. Er war auf dem Pfad, der aus der Senke führte, hinter ihr gewesen, und jetzt stand er wieder hinter ihr. Ihre Mutter hatte ihr gute Manieren beigebracht und ihr gesagt, es sei unhöflich, Leute anzustarren und zu mustern, aber nun überwog die Neugier, und sie drehte sich langsam um. Sie schaute an dem Mann hoch, der sie vorhin so erschreckt hatte, und sie war überrascht, daß er sehr jung war, vielleicht nicht älter als achtzehn Jahre. Und er war sicher einer der außergewöhnlichsten Männer, die sie je gesehen hatte.

Blackie erwiderte ihren Blick mit breitem Lächeln. Dem Mädchen wurde blitzartig klar, warum es auf so unerklärliche Weise die Furcht vor ihm verloren hatte, drunten im Ghyll. Trotz seiner Größe und seiner rauhen Kleider war etwas seltsam Edles und Feines in der Person dieses Mannes, sowohl in seinem Ausdruck wie auch in seinem Verhalten. Sein Gesicht war offen, freundlich und arglos, sein breites Lächeln warm, sonnig und ein wenig übermütig; seine dunklen Augen blickten freundlich und verständnisvoll. Emma lächelte unwillkürlich und unerschrocken zurück. Sie fühlte sich zu ihm hingezogen in einer Weise, die sie nicht erwartet hätte, da sie Fremden gegenüber sonst immer wachsam und mißtrauisch war.

»Sie können Fairley Hall von hier aus nicht sehen«, erklärte Emma, »aber es ist nicht mehr weit. Wir müssen nur noch über den Kamm dort drüben. Komm, ich werde dir den Weg zeigen, Blackie!« rief sie begeistert von ihrem neuen Freund. Unwillkürlich war sie zu dem vertrauten Du übergegangen.

Blackie nickte und schwang lässig den schweren Sack über seine

Schulter. Er folgte Emma über den Höhenpfad und begann unbekümmert zu pfeifen. Er hatte den Kopf zurückgeworfen, und seine Locken flatterten im Wind.

Von Zeit zu Zeit schaute Emma ihn verstohlen an. Sie war noch nie zuvor einem Mann wie ihm begegnet, und er faszinierte sie. Blackie entgingen diese prüfenden Blicke nicht. Er bemerkte sie wohl, und es amüsierte ihn. Er hatte das Mädchen rasch abgeschätzt, denn er war flink und intelligent und hatte ein scharfes Auge. Sie war ein etwa vierzehnjähriges Mädel aus der Gegend, das einen Botengang zu erledigen hatte, vermutete er. Sie war ein winziges Persönchen. Kein Wunder, daß er sie im Nebel erschreckt hatte. Als sie gemeinsam dahinschritten, mußte er lächeln. Er freute sich, wie wacker sie versuchte, mit ihm Schritt zu halten. Er verlangsamte seine Schritte, als er merkte, daß ihr der Atem knapp wurde.

Shane Patrick Desmond O'Neill, aller Welt gewöhnlich unter dem Namen Blackie bekannt, war über 1,80 Meter groß, aber dank seiner kräftigen Figur, dem breiten Rücken und seiner starken Schultern erschien er viel größer. Er war muskulös und gut gebaut, aber es gab kein Gramm überflüssiges Fleisch an ihm. Er bestand nur aus Muskeln und Sehnen. Er strahlte Männlichkeit, Gesundheit und unbezähmbare Kraft aus. Seine Beine waren lang und seine Hüften schmal. Es war leicht zu verstehen, daß die Leute ihn Blackie nannten. Sein dichtes, kräftiges, lockiges Haar war schwarz wie Ebenholz und genauso glänzend. Seine Augen waren von einem so tiefen Braun, daß sie fast schwarz aussahen. Sie glichen funkelnden Kohlestückchen. Unter den dichten, gewölbten Brauen standen sie weit auseinander. Diese Augen waren groß, sanft und oft weise, obwohl sie auch vor Ärger funkeln konnten, wenn Blackies Wut angestachelt war. Aber sie konnten auch leicht melancholisch werden, wenn seine keltische Seele mit Trauer erfüllt war. Aber meist strahlten sie vor unbändiger Freude und überschäumender Lebenslust.

Seine Haut war dunkel, von einem schimmernden Nußbraun, das darauf hindeutete, daß er dem Wetter ausgesetzt war, die Nase gerade und schmal. Der breite Mund mit der langen irischen Oberlippe verriet seine keltische Herkunft. Das starke Kinn war etwas eingekerbt, und wenn er lachte, was häufig vorkam, zeigten sich Grübchen auf seinen Wangen, und sein Gesicht strahlte von Vitalität.

Blackie O'Neill war in der Tat ein außerordentlich gut aussehender junger Mann mit seinem lachenden Gesicht, seinen blitzenden Zähnen zwischen roten Lippen und seiner gesunden Hautfarbe. Aber vor allem waren es seine Manieren und seine Haltung, die beeindruckten und ihn von anderen Männern unterschieden. Er strahlte Lebhaftigkeit aus und Fröhlichkeit. Sein Gesicht war voller Heiterkeit und Intelligenz. Ein leichter, sorgloser Charme war ihm zur zweiten Natur geworden, und sein lebhafter Geist nahm das Leben so, wie es war. Er besaß ein unbeschwertes Selbstvertrauen, und für Emma schien er unberührt von der Müdigkeit, der Furcht und der Hoffnungslosigkeit, die die Männer im Dorf quälte, niederdrückte und früh altern ließ.

Zum erstenmal im Leben war Emma einem Menschen begegnet, der einen unstillbaren Lebenshunger und eine heitere Seele hatte, der ohne Groll war, ein Mensch, der sein Leben liebte und es genoß. Sie hatte von diesen Dingen nur eine blaße Vorstellung, und dieser Mann fesselte, verwirrte und beeindruckte sie.

Als sie neben dem hübschen, jungen Riesen dahineilte, ruhten ihre Blicke immer wieder auf ihm. Sie spürte, wie sie von einer tiefen und unersättlichen Neugierde erfüllt wurde. Er war ein fröhlicher Begleiter, der ihr auf seltsame, unerklärliche Art ein Gefühl der Sicherheit gab, als er so neben ihr dahintrottete. Er sagte wenig, lächelte lebhaft und pfiff manchmal fröhlich vor sich hin. Seine leuchtenden Augen blickten abschätzend zum Kamm empor. Er erwartete wohl, bald die Dächer von Fairley Hall zu sehen. Etwas von seinem leichten, anregenden Humor schien auf Emma überzugehen. Ihr Gesicht, sonst immer zu ernst und angespannt für ein junges Mädchen, wurde sanfter und zeigte plötzlich eine bislang verborgene Heiterkeit.

Sie war völlig überrascht, als Blackie den Mund öffnete und zu singen begann. Sein kräftiger Bariton erfüllte die Stille mit melodiösen, süßen Lauten, die so schön waren, daß sie aufschrak. Hingerissen hörte sie zu, alle Gedanken wurden zurückgedrängt; die fröhliche Stimme berührte und verzauberte ihr Herz. Blackies Stimme klang wahr, klar und rein.

>»The Minstrel Boy to the war is gone,
In the ranks of death you'll find him.
His father's sword he has girded on
And his wild harp slung behind him . . .«

(»Der Spielmann ist in den Krieg gezogen
In den Reihen der Toten wirst du ihn finden.
Er hat das Schwert seines Vaters umgegürtet,
Und seine Harfe umgehängt...«)

Als sie Blackie zuhörte, erfüllte sie durchdringender Schmerz, und Tränen schossen ihr in die Augen. Etwas quälend Trauriges und doch Bittersüßes war in diesen Worten und der ergreifenden Melodie. Ihre Kehle zog sich zusammen. Alles kam so plötzlich und unerwartet. Sie versuchte sich zurückzuhalten, denn sie wollte nicht kindisch erscheinen oder gar ein wenig verrückt.

Blackie schaute sie an. Er bemerkte die schimmernden Tränen an ihren Wimpern und fragte sanft: »Mein Lied hat dir wohl nicht gefallen, Kleine?«

Emma schluckte heftig und räusperte sich mehrmals. Endlich konnte sie wieder sprechen. »O doch, es hat mir gefallen, Blackie, wirklich. Es ist nur, weil es so traurig ist, weißt du.« Sie wischte sich mit der Hand über die Augen. Als sie seinen besorgten Blick bemerkte, fügte sie rasch hinzu: »Aber du hast eine wunderschöne Stimme.« Sie lächelte und hoffte, daß ihre Tränen ihn nicht verletzt hatten.

Blackie überraschte die gefühlvolle Reaktion des Mädchens, und er lächelte zurück. Dann sagte er sehr freundlich: »Ja, es ist ein trauriges Lied, da kannst du sicher sein, aber auch ein sehr schönes, Emma. Aber es ist nur eine alte Ballade. Du brauchst dich nicht darüber aufzuregen. Und da du freundlich genug warst, mir zu sagen, daß dir meine Stimme gefällt, werde ich dir ein Lied singen, das dich sicher zum Lachen bringen wird, denke ich.«

Und jetzt sang seine schöne Stimme lustige Lieder, und die lebhaften Worte eines irischen Tanzliedes kamen ihm leicht von der Zunge. Das Lied hatte zwar keinen Sinn, aber die zungenbrecherischen Namen von Clans brachten Emma zum Lachen. Die Trauer über die Ballade war in der neuen Freude vergessen.

Als er sein letztes Lied beendet hatte, rief sie fröhlich: »Danke Blackie, vielen Dank! Das war lustig. Du mußt auch für Mrs. Turner, die Köchin in Fairley Hall, singen. Es wird ihr gefallen, da wette ich. Ich wette auch, daß es sie zum Lachen bringen wird.«

»Sicher, es wird mir ein Vergnügen sein, Emma«, erwiderte Blackie. Dann fragte er neugierig: »Und warum bist du nach Fairley Hall unterwegs, so früh am Morgen? Darf ich das fragen?«

»Ich bin dort in Diensten«, antwortete Emma feierlich.

»Wirklich, bist du das! Und was kann so ein kleiner Schnipsel wie du tun, um seinen Lebensunterhalt zu verdienen?« fragte er und grinste breit. Er war offensichtlich sehr belustigt und wollte sie foppen.

»Ich bin Küchenmädchen.« Als er ihre halb abgewandten Augen sah, die herabgezogenen Mundwinkel und den traurigen Ausdruck, den ihr Gesicht annahm, wußte Blackie, daß ihr die Arbeit in Fairley Hall keine Freude machte. Ihr schmales Gesicht war jäh undurchdringlichen Ausdruck geworden. Er fühlte ihr Unbehagen und fragte nicht mehr weiter. Schweigend gingen sie nebeneinander. Ihre Fröhlichkeit war verflogen.

Was für ein seltsames Wesen, dachte Blackie, ist dieses Mädchen aus dem Moor. Eine schäbige magere Gestalt, nur Haut und Knochen. Diese Emma Harte machte auf ihn den Eindruck, als brauche sie eine gute Mahlzeit, nein, viele gute Mahlzeiten! Sie war ein bettelarmes Kind, das nach Hause und ins Bett gehörte und nicht in dieses gottverlassene, leblose Moor, über dem eben erst der Morgen graute und bitterer Winter herrschte. Armes Kind, dachte er, und sein Herz krampfte sich einen Augenblick lang zusammen. Mitleid und Anteilnahme überkamen ihn. Wie sehr ihn dieses fremde Mädchen rührte . . .

Trotz ihrer Ärmlichkeit waren ihre Kleider sauber und kunstvoll geflickt. Er sah, daß ihr Gesicht gewaschen und rein war, obwohl er unter dem Tuch nicht viel erkennen konnte. Aber ihre Augen waren von unglaublicher Schönheit: groß, leuchtend und von einem lebhaften Grün, die grünsten Augen, die er je gesehen hatte. Sie erinnerten Blackie an die grüne See, welche die Küsten seiner Heimat Irland umsäumte. Sie waren ebenso tief und unergründlich.

Emma unterbrach Blackies Gedanken, als sie fragte: »Du sagtest vorher, du seist ein schwarzer Ire. Was ist das denn?«

Seine Augen glitzerten, als er sagte: »Nun, Mavourneen, das ist kein Neger aus Afrika, wie du befürchtet hast, aber man sagt, daß ein Mann mit meiner Hautfarbe, schwarzen Haaren und schwarzen Augen von den Spaniern abstammt.«

Sie hatte ihn gerade fragen wollen, was ›Mavourneen‹ bedeutete, aber der letzte Satz erstaunte sie so sehr, daß sie ihre Frage vergaß. »Spanisch! Es gibt keine Spanier in Irland. Das weiß ich besser!« spottete Emma fast grimmig, und ihre Augen blitzten.

»Ich bin zur Schule gegangen, weißt du«, erklärte sie stolz. Sie fragte sich, ob er sie für eine Närrin hielt.

Blackie war über ihre Reaktion belustigt, aber er machte ein ernstes Gesicht. »Dann mußt du als gebildetes, junges Mädchen, wie du es bist, wissen, daß König Philipp von Spanien eine große Armada aussandte, um zur Zeit von Königin Elizabeth England zu erobern. Es wird erzählt, daß einige der Galeonen sich verirrten und an der Küste Irlands sanken. Die Überlebenden, Spanier, siedelten sich auf der grünen Insel an. Von ihnen, sagt man, stammen die schwarzen Iren ab. Vielleicht ist es wahr, denke ich.«

»Ich weiß von Spanien und dieser Armada, aber ich wußte nichts von den Spaniern, die in Irland leben«, sagte Emma und sah ihn aufmerksam an.

In ihren Augen lag so viel Mißtrauen, daß Blackie sich lachend auf die Schenkel schlug. »Ehrlich, und sie glaubt mir nicht! Aber es ist die Wahrheit, das sage ich dir, Emma. Bei allen Heiligen schwöre ich dir, daß ich die Wahrheit gesagt habe, Mavourneen.«

Emma fragte herausfordernd: »He, was bedeutet das, dieses Wort ›Mavourneen‹? Du nennst mich ständig so, Blackie. Ich habe dieses Wort noch nie zuvor gehört. Es ist doch nichts Schlimmes, nicht wahr?«

Blackie schüttelte den Kopf. »Es ist das irische Wort für Liebling, Emma. Sowie die Leute von Yorkshire ständig ›Luv‹ sagen. Es ist kein schlimmes Wort, kleines Mädchen. Man könnte es am besten mit Zuneigung umschreiben, denke ich. Außerdem, wer könnte zu einer gebildeten, jungen Dame, wie du eine bist, unhöflich sein?« fügte er mit feierlicher Stimme galant hinzu.

»O ja«, meinte Emma. In ihrer Stimme lag die typische Skepsis der Menschen aus Yorkshire.

Kurze Zeit herrschte Stille, dann berührte sie seinen Arm. Impulsiv fragte sie: »Du lebst also in Leeds, Blackie?« Ihre Miene war plötzlich lebhaft und interessiert. Er spürte ihre Erregung.

»Ja, so ist es. Sicher. Leeds ist eine große Stadt. Warst du jemals dort, Emma?«

Sie blickte enttäuscht vor sich hin. »Nein. Aber eines Tages werde ich hinfahren! Mein Dad hat mir versprochen, mich zu einem Tagesausflug mitzunehmen. Ich weiß, daß er es tun wird, wenn er Zeit dazu hat.«

Und das Geld für die Fahrkarte, dachte Blackie scharfsinnig. Aber er bemerkte, daß ihre Stimme wenig überzeugt klang und spürte ihre Niedergeschlagenheit. Darum sagte er mit Nachdruck und Bestimmtheit: »Sicher wird er das tun, Emma! Ehrlich, du wirst feststellen, daß es der aufregendste Ort ist, Mavourneen. Ja, er ist äußerst aufregend. Und geschäftig! Eine echte Metropole, denke ich. Es gibt riesige Arkaden mit den wundervollsten Läden, die alle mit den elegantesten Kleidern für Damen und Herren gefüllt sind. Ja es gibt Putz, wie ihn eine Königin tragen würde, Emma. Seidenkleider, die man nicht beschreiben kann. Herrliche Hüte mit großen Federn und Schleiern, bunte Strümpfe, Stiefel aus weichem Leder, Sonnenschirme und Handtaschen. Alles was dein kleines Herz sich wünschen kann. Es gibt auch Seidenkrawatten für die Herren, die es sich leisten können. Ja, und diamantene Anstecknadeln, Spazierstöcke aus Elfenbein mit silbernen Griffen und glänzende Zylinderhüte. Es gibt so schöne Dinge, wie du sie noch nie gesehen hast, denke ich, Emma.«

Er machte eine Pause. Als er die Verwunderung in ihren Augen bemerkte, die Erregung, die ihr Gesicht rötete, wurde ihm klar, daß sie begierig war, mehr zu hören. Darum fuhr er mit seiner Beschreibung von Leeds fort. »Es gibt auch feine Restaurants, wo man die unglaublichsten Köstlichkeiten serviert. Und Tanzhallen und einen Musiksaal, der »City Varieties« genannt wird. Außerdem gibt es Theater mit Plüsch, wo Stücke gespielt werden, zu denen viele Leute aus London kommen. Tja, ich habe Vesta Tilley und Marie Lloyd auf der Bühne in Leeds gesehen, mit meinen eigenen Augen, Mavourneen. Dann sind da die neuen Straßenbahnen. Es sind seltsame Fahrzeuge, da kannst du sicher sein. Sie fahren auf Schienen und werden nicht mehr von Pferden gezogen. Sie kommen von dem Corn Exchange und fahren in alle Stadtteile. Ich bin mit einer gefahren, sicher bin ich das. Ich saß auf dem Oberdeck, das ist offen, und von da aus habe ich die Stadt wie ein richtiger Herr betrachtet. Ehrlich, es gibt viele wunderbare Dinge in Leeds zu sehen, wirklich.«

Emmas Augen glühten. Die Müdigkeit und die Sorgen, die sie eben noch bedrückt hatten, waren wie durch ein Wunder verschwunden. Ihre Fantasie war angeregt, und sie befand sich in einem wilden Aufruhr der Gefühle, während Blackie erzählte. Wie immer versuchte sie, sich zu beherrschen. Jedoch in ihrer Begierde noch mehr zu erfahren, hob sich ihre Stimme und wurde schrill. »Warum bist du nach Leeds gegangen, Blackie? Erzähle mir mehr davon!«

»Ich bin nach Leeds gegangen, weil es in meinem heimatlichen Irland keine Arbeit gibt.« Seine Stimme wurde leise und traurig, aber sie war ohne Groll, nur ein wenig resigniert.

»Mein Onkel Pat, der schon länger in Leeds lebt, bat mich herüberzukommen und bei ihm zu arbeiten. Es gibt viel Arbeit in Leeds, denn es ist eine ständig wachsende Stadt, wie ich dir schon sagte, Emma. Als ich all die neuen Fabriken aus dem Boden wachsen sah und die Mühlen und Gießereien, die schönen Kutschen und eleganten Häuser der Reichen, sagte ich zu mir: ›Sicher, hier ist der Platz für einen Burschen wie dich, Blackie O'Neill, den Nichtsnutz, der sich vor harter Arbeit jedoch nicht fürchtet, stark und kräftig, ein Bursche, der den Vergleich mit anderen Männern nicht zu scheuen braucht.‹ Und es ist wirklich ein Ort, um zu bleiben, ehrlich, so ist es, denn die Straßen sind mit Gold gepflastert! Ein Mann kann in Leeds ein Vermögen machen, glaubte ich, und also blieb ich. Das war vor fünf Jahren. Nun haben mein Onkel Pat und ich unser eigenes Geschäft. Wir reparieren und bauen für die Reichen. Wir leisten gute Arbeit, da kannst du sicher sein, kleines Mädchen. Noch ist unser Unternehmen klein, aber es wird wachsen. Du siehst, ich bin dazu bestimmt, eines Tages reich zu sein. Ich werde eine Menge Geld verdienen und Millionär werden!«

Er warf den Kopf zurück und lachte. Sein Gesicht war jung und zuversichtlich. Er legte den Arm um ihre Schultern und sagte mit dem größtem Selbstvertrauen: »Ich werde mir eine diamantene Anstecknadel kaufen und ein eleganter Herr sein, ein echt feiner Pinkel, das werde ich, Mavourneen. Bei allen Heiligen, ich schwöre dir, daß ich das tun werde!«

Emma hatte aufmerksam zugehört. Blackies Bericht war spannend und faszinierte sie. Er hatte alle ihre heimlichen Sehnsüchte geweckt. Aber das magische Wort »Vermögen« hatte die größte Wirkung auf sie. Ihr scharfsinniger Verstand hielt dieses Wort fest; die Gedanken an Putz und Theater verschwanden. Diese Dinge waren unwichtig im Vergleich zu Blackies Enthüllungen über die Möglichkeiten, in Leeds ein Vermögen zu machen. Hier war jemand, der ihr aus dem Herzen sprach, der wußte, daß man Geld nicht nur *erben* konnte. Emmas Herz klopfte so heftig, daß sie meinte, es müsse zerspringen. Sie wandte alle Kräfte auf, um ihre Fasssung wiederzufinden. Schließlich konnte sie fragen: »Kann ein Mädchen wie *ich* in Leeds ein Vermögen verdienen?« Atemlos wartete sie auf seine Antwort.

Das war das letzte, was Blackie erwartet hatte. Verblüfft starrte er auf Emma herab und sah ein mageres Kind, das ihm gerade bis an die Brust reichte. Es war zerbrechlich, blaß und unterernährt. Sein Herz krampfte sich zusammen vor Mitleid, und er hatte das Gefühl, er müsse sie beschützen. Arme Kleine, dachte er, ich hätte meine Zunge im Zaum halten sollen. Ich bin ein verrückter Bursche. Ich setze ihr Flausen über ein besseres Leben in den Kopf, ein Leben, das sie nie haben wird. Er wollte ihr gerade eine verneinende Antwort geben, als er mit schrecklicher Klarheit erkannte, was dieses Leuchten in ihren Augen bedeutete – unerbittlichen Ehrgeiz. Er sah in ihr Gesicht, das nun hart war vor Entschlossenheit, in dem die Augen wie harte, grüne Steine funkelten. Es war das unerbittlichste Gesicht, das er je gesehen hatte und dieser Anblick erschreckte ihn. Blackie lief es eiskalt über den Rücken, und sein keltischer Instinkt sagte ihm, daß sie es todernst meinte. Unmöglich konnte er ihren widersinnigen Plan unterstützen, nach Leeds zu gehen. Er mußte sie besänftigen!

Also verbiß er sich das »Nein«, das ihm schon auf der Zunge lag, holte tief Atem und sagte mit der höflichsten Stimme, die er aufbringen konnte: »Ehrlich, ich bin sicher, das könntest du. Aber nicht jetzt, Emma. Noch bist du nur ein kleines Mädchen. Erst wenn du älter bist, kannst du nach Leeds gehen, denke ich. Es ist eine schöne Stadt, da kannst du sicher sein, voller Zukunftsaussichten, aber auch bedrohlich und gefährlich für einen Schnipsel wie dich.«

Emma schien ihn gar nicht zu hören. »Wo müßte ich arbeiten, um dieses Vermögen zu verdienen?« fragte sie stürmisch und unerschrocken. »Was müßte ich tun?«

Blackie merkte, daß es nicht so leicht war, sie zu beruhigen. Er tat so, als dächte er über diese Fragen ernsthaft nach. Sie sah nicht so aus, als würde sie es in Fairley Hall schaffen, geschweige denn in Leeds. Vielleicht hatte er ihren Gesichtsausdruck vorhin falsch gedeutet. Das hatte er sicher! Alles war möglich in diesem geisterhaften Moor, vor allem zu dieser Stunde mitten im Winter.

»Nun, laß mich darüber nachdenken«, begann er vorsichtig. »Vielleicht könntest du in einer der Fabriken arbeiten, wo die feinen Kleider hergestellt werden oder in einem Geschäft, wo der

Putz an die Damen verkauft wird. Es gibt vieles, was du tun könntest, wie ich schon vorhin gesagt habe. Ich muß darüber sorgfältig nachdenken. Das ist wichtig, da kannst du sicher sein. Wir müssen die richtige Beschäftigung für dich finden. Das ist das Erfolgsgeheimnis, weißt du, Emma. Zumindest nach dem, was ich gehört habe.«

Sie nickte und erkannte, wie richtig es war, was er sagte. Sie überlegte, ob sie sich Blackie noch mehr anvertrauen sollte, aber die ihr angeborene Vorsicht, die typisch für die Leute aus Yorkshire ist, hielt sie zurück. Sie war der Ansicht, im Augenblick genug gesagt zu haben. Aber sie hatte noch eine Frage, die für sie von entscheidender Bedeutung war. »Wenn ich eines Tages nach Leeds komme, wenn ich erwachsen bin, was ich, wie du sagtest, sein muß, wirst du mir dann helfen und mir alle Kniffe beibringen, Blackie?« Sie schaute zu ihm auf, und er sah, daß ihr Gesicht wieder das eines Kindes war. Er seufzte erleichtert, obwohl er nicht sicher war, warum.

»Ehrlich, sicher werde ich das, Emma. Es wird mir eine Freude sein. Ich wohne in Mrs. Rileys Pension, aber das ist kein Ort für dich. Du findest mich immer in der ›Schmutzigen Ente‹. Wenn du also nach Leeds kommst und mich finden willst, so gehe in die ›Schmutzige Ente‹ in der York Road und frage nach Rosie. Sie ist da Kellnerin, und sie wird wissen, wo ich mich aufhalte, falls ich nicht im Lokal bin. Du verstehst doch. Ich könnte ja auch im ›Goldenen Vlies‹ in Briggate sein. Du kannst bei Rosie eine Nachricht hinterlassen, da kannst du sicher sein, Mavourneen. Sie wird sie noch am gleichen Tag mir oder meinem Onkel Pat bringen.«

»Ich danke dir sehr, Blackie«, sagte Emma und wiederholte im Geiste sorgfältig die Namen, die er ihr gesagt hatte, damit sie sich immer daran erinnerte. Sie war fest entschlossen, nach Leeds zu gehen und dort ein Vermögen zu machen.

Emma schwieg. Jeder ging gedankenverloren dahin. Es war eine harmonische Stille, ohne Unbehagen oder Peinlichkeit. Fremd wie sie sich waren, hatten sich beide einander anvertraut, und trotz der kurzen Bekanntschaft verstanden sie sich.

Blackie dachte über sich nach. Er fand es großartig zu leben, eine Arbeit zu haben, ein paar Shillinge in der Tasche, und, was am Wichtigsten war, die Aussicht auf noch mehr Geld. Selbst das Moor hatte eine seltsame anziehende Schönheit, als er es jetzt genauer betrachten konnte. Der Nebel hatte sich längst gelichtet, und die Luft war nicht mehr dunstig und feucht. Es war ein frischer Tag, und der leichte Wind schenkte den kahlen Bäumen Anmut, als sie sich sanft in der Brise bewegten. Der Himmel war nicht mehr düster und grau, er erstrahlte in einem harten metallischen Blau.

Sie hatten inzwischen beinahe das Ende der Hochebene erreicht, und Blackie fragte sich allmählich, wann sie wohl ans Ziel kamen, als Emma ankündigte: »Fairley Hall liegt dort drüben, Blackie.« Es war, als hätte sie seine Gedanken gelesen. Sie deutete nach vorne.

Seine Blicke folgten ihrem ausgestreckten Arm, aber er konnte nur die Moorlandschaft sehen. »Wo? Ich bin wohl blind, Emma. Ich sehe keine Dächer und keine Schornsteine, wie er es mir letzte Woche persönlich beschrieben hat.«

»Die wirst du sehen, wenn wir den Grat dort drüben erreicht haben«, versicherte sie ihm. »Wir brauchen dann nur noch den Hügel herabzusteigen. Wir werden gleich am Baptist Field anlangen. Es liegt gleich neben Fairley Hall.«

8

Emma und Blackie standen nun auf der Spitze des Grates. Hinter ihnen ragten die hohen, kahlen Hügel in den wolkenlosen Himmel. Schneebänke glitzerten hier und da im Sonnenlicht, wie weiße Satinfetzen. Unter ihnen lag ein enges Tal, umgeben vom Moor, das sich bis zum Horizont erstreckte.

In diesem dunklen Tal stand Fairley Hall. Von ihrem Standpunkt aus konnten sie nur die Dachspitzen und die Schornsteine sehen. Das Haus selbst war durch einen kleinen Hain verdeckt. Im Gegensatz zu den verkrüppelten Bäumen, die hier und da die Eintönigkeit des Moores unterbrachen, waren es hohe stattliche Eichen, deren weitverzweigte Äste wirre Muster bildeten. Hinter den Bäumen stieg Rauch empor. Aus dem Wäldchen erhob sich plötzlich eine Schar von Saatkrähen und flog davon. Sonst gab es kein Lebenszeichen in dem kleinen Tal, das zu dieser frühen Stunde noch ungestört vor sich hinschlummerte.

Der Grat, auf dem Emma und Blackie standen, fiel nicht steil ab, wie er es erwartet hatte, sondern ging in einen sanften Abhang über, der sich bis zum Rande eines kleinen Feldes erstreckte. Steinmauern, die vor langer Zeit von den Kleinbauern errichtet worden waren, umgaben dieses Feld und die angrenzenden. Sie bildeten ein regelmäßiges Muster auf dem Talboden, das sich in seiner Ordnung von dem wilden Moor abhob. Es sah aus, als hätte eine riesige Hand das Land exakt aufgeteilt, und dann jeden Teil mit einer alten, zerfallenen Mauer umgeben.

Emma rannte los und rief Blackie zu: »Los, komm! Wir machen ein Wettrennen bis zum Gatter!« Sie flog so geschwind den Hang hinunter, daß er einen Augenblick zurückblieb. Sie war drahtig, die Kleine! Er griff den Sack fest in einer Hand und sprang mit großen Schritten hinter ihr her. Mit seiner Kraft und den langen Beinen hätte er sie leicht überholen können, aber er ließ sich zurückfallen, als er dicht hinter ihr war. So gewann sie den Wettlauf.

Triumphierend stand Emma am Gatter. »Du mußt dich schon mehr beeilen, wenn du *mich* schlagen willst«, verkündigte sie prahlend. »Ich bin eine gute Läuferin, weißt du«, fügte sie keuchend hinzu.

Blackie mußte über ihre Eitelkeit lächeln. Dann schaute er sie bewundernd an. »In der Tat, das habe ich gesehen, Mavourneen! Du bist so schnell wie ein Windhund, denke ich.«

Emma gönnte ihm ein zufriedenes Lächeln. Dann drehte sie sich rasch um und machte das Gatter auf. Sie stieß es leicht an und schwang sich auf den unteren Querbalken. Dann hielt sie sich fest, während das Gatter in das Feld hinein schwang. Sie schaute über die Schulter zu Blackie und rief: »Das mache ich immer, obwohl ich es eigentlich nicht darf.« Als das Gatter quietschend zum Stillstand kam, sprang sie rasch herab und zog es wieder zurück. Offensichtlich hatte sie die Absicht, das Ganze zu wiederholen. Ihr Gesicht war leicht gerötet, und ihre Augen leuchteten fröhlich.

Blackie warf seinen Sack auf den Boden. »Ich werde dich anstoßen, Emma. Es geht viel besser, wenn ein bißchen mehr Kraft dahinter ist.«

Sie nickte entzückt und kletterte wieder auf den Balken. Mit ihren rauhen Händen hielt sie sich gut fest, als sie mit Blackies Hilfe viel schneller als zuvor in das Feld hinein schwang. Ihr abgetragener Mantel flog hinter ihr her, und sie lachte froh. Blackie schaute ihr zu, wie sie sich an diesem einfachen Spaß erfreute. Nun, sie ist eben noch ein Kind, dachte er, und ihm wurde warm ums Herz. Wie konnte ich mir nur etwas anderes einbilden? Ich bin ein Dummkopf. Jetzt sprang Emma herunter und winkte ihm zu. »Komm! Laß uns gehen. Ich bin spät dran, und die Köchin wird mich ausschimpfen.«

Blackie hob den Sack auf und folgte ihr. Er legte brüderlich den Arm um sie, während sie das Feld hinuntergingen. »Ich muß dir gestehen, daß ich mächtig neugierig auf die Leute von Fairley Hall bin. Wie sind sie, Mavourneen?«

»Das wirst du bald sehen.« Emma lächelte seltsam. »Wir sind fast da.« Sie machte sich von ihm frei und lief wortlos voraus.

Blackie schaute ihr nach und runzelte die Stirn. Das seltsame Lächeln hatte ihn verwirrt. Sie war eine so kleine Gestalt, die jetzt sorglos vor ihm auf dem Pfad dahinhüpfte. Er mußte zugeben, daß sie ihn in Erstaunen versetzte. Einmal war sie ein Kind mit einem sanften lachenden Gesicht. Dann wieder kam sie ihm vor wie eine alte Frau, deren Gesicht wie versteinert war. Aber es waren alles wunderliche Käuze, diese Leute von Yorkshire mit ihrem flachen, harten Akzent, ihrem Selbstbewußtsein, ihrer Herbheit und ihrer eigensinnigen Natur, ihrem fanatischen Mißtrauen gegenüber Fremden, ihrer Klugheit und ihrer Fähigkeit, andere blitzschnell zu durchschauen. Und alle hatten Ehrfurcht vor dem Geld. Aber er hatte auch festgestellt, daß sie gastfreundlich und großzügig sein konnten. Sie hatten auch Sinn für Humor, wenn er auch etwas derb war. Sie waren in der Tat ein seltsames Volk. Vielleicht waren die Eigentümlichkeiten, die er bei Emma bemerkt hatte, einfach nur Spuren der Charakterzüge der Leute von Yorkshire. Ja, das mußte es sein, dachte er. Er schlug eine schnellere Gangart ein, um sie einzuholen.

Emma erwartete ihn bei dem kleinen Wäldchen, das den Rand des Feldes säumte. »Das ist Fairley Hall, Blackie«, sagte sie ausdruckslos.

Blackie blieb ruckartig stehen und stieß einen langen Pfiff aus, so überwältigt war er vor Staunen. Fairley Hall lag direkt in seinem Blickfeld. Es kam keineswegs den Vorstellungen gleich, die er sich nach seinem Gespräch mit Squire Fairley in Leeds gemacht hatte.

»Maria, Mutter Gottes!« schrie er, und seine Augen weiteten sich ungläubig. »Das ist doch nicht möglich, Mavourneen. Niemand kann ein solches Haus gebaut haben!« Er schloß erschüttert die Augen. Als er sie wieder öffnete, wurde ihm klar, daß er von dem, was er sah, nicht nur enttäuscht war, er war auch entsetzt.

»Fairley Hall ist das größte Haus im Umkreis von vielen Meilen. Es gibt keines größeres hier in der Gegend«, verkündete sie tonlos. »Mein Vater nennt es ›Fairleys Torheit‹.« Er bemerkte das schwache, bittere Lächeln nicht, das auf ihren Lippen lag.

»Das verstehe ich«, murmelte Blackie und dachte, daß es das irrwitzigste Haus war, das er je gesehen hatte. Während er es anstarrte, fiel sein Kiefer herunter, und sein Mund stand weit offen. Entsetzt stellte er fest, daß es nicht die geringsten versöhnenden Züge hatte. Denn Blackie O'Neill hatte einen ungewöhnlich guten Blick für Perspektiven und Linien. Sein einziger Traum im Leben war gewesen, Architektur zu studieren. Aber das war nicht möglich. Der Priester seiner Gemeinde, Pater O'Donovan, hatte ihn jedoch ermutigt, und als Junge lernte er aus den wenigen Büchern die er finden konnte. Da er den Wunsch hatte, etwas zu wissen und natürliches Talent besaß, wußte er jetzt auch einiges über die Planung und den Bau eines Hauses.

Er prüfte das Haus mit scharfen kritischen Augen. Je näher sie kamen, desto mehr erkannte Blackie, wie verbaut es war. Wie ein finsteres Ungeheuer duckte es sich zwischen die sorgfältig geplanten, doch unharmonisch aufeinander abgestimmen Gärten. Die dunklen Steinmauern wirkten grimming und wenig einladend. Der Gotik nachempfundene Spitztürme erhoben sich an den vier Ecken des Mittelgebäudes, das quadratisch und von einer bizarren Kuppel gekrönt war. Es wurde ihm klar, daß dieses Mittelgebäude der älteste Teil von Fairley Hall war. Er schätzte, daß es etwa 1790 erbaut worden war. Wäre es so belassen worden, hätte es eine gewisse Würde, ja, vielleicht sogar Erhabenheit ausgestrahlt. Aber im Laufe der Zeit hatte man offensichtlich weitere Flügel angebaut, die nun ohne Rücksicht auf Form oder Gestaltung zu beiden Seiten aufragten. Er konnte erkennen, daß es entartete Nachahmungen verschiedener Stilepochen waren. Das Ganze wirkte nur noch chaotisch.

Die Fassade war ohne Proportion, Symmetrie oder Schönheit. Das Haus war groß, fest gebaut und herrschaftlich, aber seine architektonischen Widersprüche ließen es häßlich erscheinen. Blackie seufzte. Er liebte das Schlichte und dachte wehmütig an die lieblichen alten georgianischen Häuser in Irland, mit ihren fließenden Linien und klassischen Proportionen, die ihnen anmutige Ausgewogenheit verliehen. Im rauhen Moorland von Yorkshire hatte er nie ein so unschönes Haus vermutet. Aber er kannte die Stellung und Bedeutung der Familie Fairley, wußte von ihrem großen Reichtum, und darum stellte er sich immer ein kultiviertes, architektonisch vollkommenes Haus vor.

Emma unterbrach ihn in seinen Gedanken und fragte: »Was denkst du denn jetzt?« Sie schaute ihn neugierig an und zog ihn am Arm.

»Nicht viel! Es ist sicher eine Torheit, wie dein Vater sagt. Es ist vielleicht das größte Haus in dieser Gegend, aber es trifft nicht den Geschmack eines Burschen, wie ich es bin.«

»Möchtest du also kein solches Haus haben, wenn du ein feiner Pinkel bist, ein Millionär, der du einmal sein willst?« bohrte sie weiter. »Ich dachte, *alle* Millionäre leben in solchen großen Häusern wie Fairley Hall.«

»Das ist richtig!« sagte er rasch. »Sie leben in großen Häusern, aber nicht immer in so häßlichen Häusern, Emma. Ich möchte niemals ein solches Haus haben. Es beleidigt meine Augen, da kannst du sicher sein, denn es ist weder schön, noch harmonisch oder stilvoll.« Blackie schaute nach vorn. Bei dem Gedanken, ein so groteskes Mausoleum zu besitzen, schnitt er eine Grimasse.

Wieder lächelte Emma ein wenig bitter. In ihren Augen lag ein feiner Ausdruck hämischer Zufriedenheit. Obwohl sie sich die Welt jenseits des Moors nicht genau vorstellen konnte und keine Vergleiche kannte, wußte sie instinktiv schon immer, daß Fairley Hall ein Schandfleck war, ohne Anmut oder Schönheit. Ihr Vater oder die Dorfbewohner mochten es sarkastisch ›Fairleys Torheit‹ nennen; sie waren dennoch beeindruckt. Und jetzt bestätigte dieser Blackie ihre Meinung über Fairley Hall.

Sie sah Blackie an, der in ihrer Achtung gestiegen war, und fragte neugierig: »In was für einer Art Haus möchtest du denn leben, wenn du Millionär geworden bist?«

Der düstere Ausdruck verschwand aus seinem Gesicht und machte einem hinreißenden Strahlen Platz. Seine schwarzen Augen leuchteten, als er eifrig erzählte. »Es wird im georgianischen Stil erbaut sein, aus reinen, weißen Steinen. Es wird einen Säulengang haben mit hohen Säulen und einer breiten Vordertreppe. Viele helle Fenster werden auf grüne Rasen und schöne Gärten blicken. Weite Räume mit hohen Decken und Fenstern werden Luft und Licht bieten. Die Böden werden mit poliertem Eichenholz belegt sein, und alle Kamine im Stil von Robert Adam gehalten sein. Der Boden der riesigen Eingangshalle besteht aus weißem Marmor, und eine breite geschwungene Treppe führt in die oberen Stockwerke. Jeder Raum ist pastellfarben, helles Blau und Grün, Farben die sanft sind und angenehm für das Auge. Ich habe die Absicht, für alle Räume kostbare, elegante Möbel zu erwerben. Ja, in der Tat! Ich werde das Beste im Stil von Sheraton, Hepplewhite und vielleicht Chippendale auswählen. Ich werde auch Gemälde besitzen und viele andere schöne Dinge. Ah, Mavourneen, es wird ein atemberaubendes Haus sein, ehrlich, das kannst du mir glauben! Ich werde es selbst bauen, nach meinen eigenen Plänen, darauf kannst du Gift nehmen!«

»Selbst bauen? Nach deinen eigenen Plänen?« wiederholte sie leise, und ihr Gesicht war voller Verwunderung. »Weißt du denn, wie man Häuser plant, Blackie?«

»Ja, da kannst du sicher sein, kleines Mädchen«, antwortete er stolz. »Ich gehe in Leeds in die Abendschule, um Bauzeichnen zu lernen. Das ist nach der Architektur das Beste. Du wirst es erleben, Emma, eines Tages werde ich dieses Haus bauen. Dann kannst du mich besuchen, wenn du eine große Dame bist.«

Emma schaute Blackie ehrfürchtig an. »Kann jeder in die Abendschule gehen, um etwas zu lernen?« fragte sie und dachte dabei an ihren Bruder Frank.

Blackie schaute in ihr erwartungsvolles Gesicht. Ihre Augen leuchteten voller Hoffnung. Er sagte zuversichtlich: »Sicher kann das jeder. In der Abendschule wird alles gelehrt, was du gerne lernen möchtest.«

Diese Antwort entzückte Emma, und sie merkte sich den Satz, um ihn Frank weiterzugeben. Mit der ihr eigenen Wißbegierde fragte sie weiter: »Wer ist denn dieser Robert Adam und die anderen, die du erwähnt hast? Du weißt schon, Sheraton, Hepplewhite und Chippendale?«

Blackies Gesicht glühte, denn sie hatte etwas erwähnt, was ihm besonders am Herzen lag. »Robert Adam war ein großer Architekt im achtzehnten Jahrhundert, Emma. Er hat viele große und schöne Häuser für den Landadel gebaut, die wunderbar anzuschauen sind. Aber Adam war mehr als das, denke ich, denn er richtete sie auch ein, mit Stil und Geschmack. Niemand hat ihn je übertroffen, Mavourneen. Die anderen, von denen ich sprach«, fuhr er mit Begeisterung fort, »waren die drei größten Möbelschreiner der georgianischen Epoche. Das waren sie sicher. Sie waren meisterliche Kunsthandwerker, die Möbel für die oberen Zehntausend herstellten.«

Er grinste und winkte ihr zu. »Du siehst, ich beabsichtige nur das Beste zu besitzen, wenn ich ein reicher Knabe bin. Denn ich sage oft zu mir: ›Was bedeutet es, Geld zu haben, Blackie O'Neill, wenn du dir nicht das kaufst, was dir Freude macht?‹ Also werde ich es ausgeben. Dazu ist es da, denke ich. Stimmst du mir nicht zu?«

Emma schaute ihn nüchtern an. Wenn sie an Geld dachte, fielen ihr meist nur lebensnotwendige Dinge ein. Blackie hatte ihr neue Möglichkeiten gezeigt. »Ja, ich nehme es an«, meinte sie vorsichtig. »Solange dir genug Geld übrigbleibt, um alle diese schönen Dinge zu kaufen.«

Er lachte schallend, Tränen traten ihm in die Augen. »Du bist ein sparsames Mädchen aus Yorkshire, Kleine, das weiß ich nun.« Er lachte immer noch. »Aber was ist denn *genug?* Ich habe mir von Leuten erzählen lassen, die niemals genug Geld haben, um zufrieden zu sein.«

Wie Squire Fairley, dachte sie bitter. Dann fragte sie: »Und wo willst du dein schönes Haus hinbauen, Blackie? Wird es in Leeds stehen?«

Er wischte sich mit dem Ärmel über die Augen. Seine Heiterkeit flaute ab, und er schüttelte den Kopf. »Nein, das glaube ich nicht. Ich denke daran, in Harrogate zu bauen, wo alle die feinen Pinkel leben«, meinte er wichtig. »Ja, das wird der richtige Ort sein, denke ich«, fuhr er fort. Seine Stimme klang betont sicher. »Das ist eine schöne Stadt. Und ein Kurort. Das ist genau der richtige Platz für einen Nichtsnutz, wie ich einer bin. Hast du schon davon gehört, Emma?«

»Ja, meine Mutter war vor langer Zeit einmal in Harrogate, als sie ihre Cousine Freda in Ripon besuchte. Sie hat mir einmal davon erzählt. Sie sagte, das sei ein piekfeiner Ort.«

Er lachte. »Das ist richtig! Sage mir Emma, gefällt dir die Schilderung meines Hauses, das ich mir eines Tages bauen werde?«

»O ja, Blackie. Dein Haus wird wunderschön, ich weiß das. Nicht so wie dieses hier. Du solltest es erst bei Nacht sehen. Es erschreckt mich mehr, als wenn ich über den Friedhof gehen müßte«, vertraute sie ihm an.

Blackie runzelte die Stirn und schaute in ihr schmales Gesicht, das so kindlich und voller Vertrauen war. Er lächelte beruhigend. »Ach, das ist doch nur ein Haus, kleines Mädchen. Ein Haus kann dir keinen Schaden zufügen.«

Sie antwortete nicht, sondern preßte nur die Lippen zusammen und beschleunigte ihre Schritte, als sie plötzlich in den gewaltigen blaugrauen Schatten traten, den das Gebäude warf. Jetzt, als sie dicht davor standen, bemerkte Blackie einen weiteren Charakterzug des Hauses, der ihn augenblicklich beunruhigte. Es schien ihm, als sei das große Gebäude auf seltsame Art erdrückend und feindlich, als hätte es nie Leben, Lachen oder Fröhlichkeit gekannt. Er hatte das merkwürdige Gefühl, daß alle, die über seine Schwelle traten, für immer gefangen waren. Er hielt seine Reaktion für verrückt, aber es lief ihm eiskalt über den Rücken, als er versuchte, diesen krankhaften und unwirklichen Gedanken abzuschütteln.

Er schaute hoch. Riesige Fenster starrten zu ihm herab. Schwere Vorhänge schlossen sie von der Außenwelt ab. Für Blackie waren sie wie die Augen von Blinden, leer, hohl und tot. Ein Sonnenstrahl glitt über die schwärzlichen Mauern und die trüben, geheimnisvollen Fenster. Das harte klare Licht schien die Undurchdringlichkeit und Trostlosigkeit von Fairley Hall noch zu betonen. Blackie sagte sich, daß seine Gedanken lächerlich und überspitzt waren, aber dieses Gefühl verschwand nicht, als Emma ihn um eine Ecke des Hauses führte und sie den Schatten verließen. Sie gingen über einen gepflasterten Hof, der im hellen Sonnenlicht lag, zum Dienstboteneingang. Automatisch legte er den Arm um ihre Schultern und grinste dann über die Absurdität dieser Geste. Sie kam schon viel länger hierher als er und brauchte diesen Schutz sicherlich nicht. Außerdem, wogegen sollte er sie schützen? fragte er sich – und war über sich selbst erstaunt.

Emma schaute zu ihm auf und lächelte, als hätte sie schon wieder seine Gedanken gelesen. Aber als sie die Treppenstufen hinaufgingen, verschwand ihr Lächeln, und ihre Augen wurden trübe. Ihre Miene wurde wachsam, als sie den eisernen Türknopf drehte und in die Küche trat.

9

»Was glaubst du denn, wie spät es ist, daß du so hereinbummelst, als gäbe es keinen morgigen Tag? Und du schaust, als hättest du keinerlei Sorgen auf dieser Welt. Ja, Mädel, ich hatte dich schon aufgegeben. Das hatte ich!«

Die scharfe Stimme, die von den Küchenwänden widerhallte, kam von einer kleinen, dicken Frau, die ebenso breit wie kurz war. Braune Vogelaugen blickten neugierig aus dem rosigen Gesicht und blitzten vor Entrüstung. Eine gestärkte, weiße Haube saß wie eine Krone auf ihrem kastanienbraunen Haar, das schon ein wenig ergraut war.

»Und steh hier nicht rum, gaff mich nicht an wie ein kleines Kind!« fuhr sie mürrisch fort und drohte Emma mit dem Schöpflöffel. »Beweg dich ein bißchen, wenn du schon endlich da bist, Mädel! Wir dürfen heute keine Zeit verlieren.«

»Es tut mir wirklich sehr leid, Mrs. Turner!« rief Emma und lief durch den Raum, nahm ihren Schal ab und zog den Mantel aus. Sie rollte ihn zusammen und fuhr in entschuldigendem Ton fort: »Ich bin rechtzeitig von zu Hause weggegangen, wirklich, Mrs. Turner. Aber es war so neblig im Moor und im Ghyll, und . . .«

»Ja, ja. Und ich vermute, daß du dich wieder am Gatter aufgehalten hast wie gewöhnlich«, unterbrach die Köchin sie ungeduldig. »Eines schönen Tages wirst du schon noch dein Fett kriegen, Mädel!«

Emma war in dem Verschlag unter der Treppe verschwunden. Ihre Stimme klang gedämpft, als sie hinausrief: »Ich werde sofort mit meiner Arbeit beginnen und die verlorene Zeit aufholen, Mrs. Turner. Das wissen Sie doch.«

»Das wirst du mit Sicherheit tun müssen«, gab die Köchin schroff zurück. »Ich sehe schon, daß es heute einen Aufruhr geben wird. Mrs. Hardcastle ist in Bradford, und eine Gesellschaft kommt aus London. Außerdem ist Polly sehr krank.« Sie schüttelte den Kopf und seufzte heftig bei dem Gedanken an die Bürde, die sie zu tragen hatte. Dann rückte sie ihre Haube zurecht und knallte den Schöpflöffel auf den Tisch. Sie drehte sich um und blickte Blackie an, den sie bisher nicht beachtet hatte. Sie stemmte ihre Arme in die Hüften und schaute ihn abschätzend an. Ihre runden Augen funkelten mißtrauisch. »Und was hat uns die Katze hier hereingeschleppt?« fragte sie bissig.

Blackie trat einen Schritt vor und öffnete seinen Mund, aber bevor er sprechen konnte, erklang Emmas Stimme aus dem Verschlag. »Es ist der Maurer, Mrs. Turner. Der, den sie erwartet hatten, um die Kamine und alles auszubessern. Sein Name ist Shane O'Neill, aber alle Welt nennt ihn Blackie.«

»Einen schönen guten Morgen«, rief Blackie und lächelte sie freundlich an, während er sich kunstvoll vor ihr verbeugte.

Die Köchin ignorierte seinen freundlichen Gruß und fragte: »Ire, he? Nun, ich kann nicht sagen, daß ich dir das übelnehme. Und ich sehe, daß du ein starker Bursche bist. In diesem Hause ist kein Platz für Schwächlinge!« Sie machte eine Pause, und ihre Augen ruhten nun auf dem alten Sack. Er hatte ihn neben sich auf den Boden gelegt. »Und was ist das für ein dreckiges *Ding?*« fragte sie.

»Das sind meine Werkzeuge und ein paar eh ... eh ... persönliche Gegenstände«, antwortete Blackie und scharrte verlegen mit den Füßen.

»Nun, dann schleife ihn nicht über meinen sauberen Fußboden!« ermahnte sie ihn. »Leg ihn dort in die Ecke, wo er uns aus den Füßen ist.« Dann ging sie zum Herd und sagte in freundlicherem Ton: »Am besten kommst du zum Feuer und wärmst dich, Junge.«

Mrs. Turner fuhrwerkte nun auf dem Herd herum, klapperte mit Geschirrdeckeln und spähte in dampfende Töpfe. Dabei murmelte sie vor sich hin. Ihr Ärger war verflogen. Eigentlich war sie nie wirklich wütend. Ihre schlechte Laune entsprang hauptsächlich der Angst um Emma, die das einsame Moor durchqueren mußte. Es war doch verständlich, daß das Mädchen sich manchmal verspätete! Was war denn schon eine halbe Stunde? Sie lächelte in sich hinein. Emma war ein gutes Kind.

Blackie verstaute seinen Sack in der Ecke und trottete zum Herd, der sich fast über die ganze Breite einer Wand erstreckte.

Als er seine Hände wärmte, wurden ihm zwei Dinge klar. Er war steif gefroren, und er war hungrig. Diese beiden Gefühle wurden durch die Wärme und den köstlichen Duft noch verstärkt. Er schnüffelte, und das Wasser lief ihm im Mund zusammen, als er den würzigen Duft von gebratenen Bauernschinken und den süßen Wohlgeruch von frisch gebackenem Brot einatmete. Über diesen einladenden Düften hing der frische Duft einer Gemüsesuppe. Sein Magen knurrte, und er leckte sich hungrig über die Lippen.

Allmählich taute sein Körper auf, und er reckte sich behaglich wie eine große Katze. Seine Blicke glitten flink durch den Raum. Was er sah, gefiel Blackie ungeheuer. Es half ihm, seine schlimmen Vorahnungen zu vergessen. Denn an dieser Küche war nichts Bedrohliches. Es war ein schöner, warmer und freundlicher Raum, alles glänzte vor Sauberkeit. Die Kupferkessel und Pfannen blitzten an den weißen Wänden. Die Fliesen auf dem Boden leuchteten weiß im Schein der Gaslampen und des knisternden Feuers im Herd. Stabile, gewachste Eichenmöbel, glänzten sanft im rötlichen Schimmer.

Blackie hörte das Klappern einer Tür, und er schaute auf, als Emma aus dem Verschlag herauskam. Sie hatte einen dunkelblauen Arbeitskittel an, der offensichtlich aus dem gleichen Stoff gefertigt war wie die Kleidung der Köchin. Sie band sich eine blauweiß gestreifte Schürze um. »Sagten Sie, daß es Polly wieder schlecht geht?« fragte sie, als sie zum Herd eilte.

»Ja, Mädel. Sie hat einen bösen Husten. Es ist irgend etwas Schlimmes. Ich ließ sie heute morgen im Bett liegen. Du kannst später nach ihr schauen, um zu sehen, ob sie etwas braucht.« In der Stimme der Köchin lag Wärme, und ihr Gesicht wurde sanft, als sie das Mädchen ansah. Blackie bemerkte, daß die Köchin gar nicht feindselig war. Er erkannte den liebevollen Ausdruck auf ihrem Gesicht, als sie Emma anschaute.

»Wenn ich das Frühstück serviert habe, werde ich bei Polly hereinschauen und ihr etwas Brühe bringen«, stimmte Emma zu und gab sich Mühe, nicht allzu besorgt dreinzuschauen. Emma war überzeugt, daß sie die gleiche Krankheit hatte, wie ihre Mutter; denn sie hatte alle die verräterischen Zeichen entdeckt: die Schwäche, das Fieber und den fürchterlichen Husten.

Mrs. Turner nickte. »Ja, das ist gut, Mädel.« Sie runzelte die Stirn und schaute Emma durch den Dampf an. »Du mußt heute

Pollys Arbeit mit erledigen, das weißt du, Liebes. Ich kann dir nicht helfen! Murgatroyd hat mir gesagt, daß Mrs. Wainright heute nachmittag zu Besuch kommt, und da Mrs. Hardcastle noch weg ist, sind wir sehr knapp an Personal.« Sie stieß einen lauten Seufzer aus und hieb wütend mit dem Löffel neben den Topf. »Ja, ich wollte, ich wäre hier die Haushälterin, wirklich! Nellie Hardcastle hat eine leichte Arbeit. Sie ist immer unterwegs, das ist sie!«

Emma unterdrückte ein Lächeln. Das war ein alter Streitpunkt. »Sie haben recht, Mrs. Turner, aber wir werden es schon irgendwie schaffen«, meinte sie beruhigend. Sie mochte die Köchin, denn sie war der einzige Mensch, der ihr in Fairley Hall freundlich begegnete. Sie versuchte immer, sie zufriedenzustellen. Emma lief noch einmal in den Verschlag und holte einen großen Korb hervor, der Bürsten, Lappen, Poliermittel und schwarzes Graphit enthielt. Sie ging zur Treppe. »Ich werde sofort anfangen!« rief sie und stieg die Treppe hinauf, während sie Blackie zuwinkte.

Mrs. Turners Kopf fuhr herum. »Nein, Mädel. So herzlos bin ich nun wieder nicht! Du schaust total erfroren aus. Geh zum Feuer und wärme dich erst auf. Und trink eine Tasse von dieser Brühe, bevor du hinaufgehst.« Sie nahm den Deckel eines großen Eisentopfs ab, rührte heftig darin herum und murmelte zufrieden vor sich hin. Dann begann sie Brühe in einen großen Napf zu schöpfen. »Willst du auch eine Tasse, Junge?« fragte sie Blackie und begann bereits, einen zweiten Napf zu füllen.

»Aber sicher möchte ich das, und ich danke Ihnen!« rief Blackie.

»Komm her, Mädel, gib Blackie diesen Napf und nimm deinen eigenen auch«, sagte die Köchin. Dann fuhr sie rasch fort: »Und wie wäre es mit Schinken und Butter, Junge? Das paßt gut zu meiner Brühe.«

»Danke. Ich habe nichts dagegen. Ich bin fast am Verhungern.«

»Magst du auch etwas, Emma?«

»Nein danke, Mrs. Turner«, sagte Emma, während sie die Brühe nahm. »Ich bin nicht hungrig.« Die Köchin schaute sie scharf an. »Ja, ja, Mädel, du ißt nicht genug. Mit Brühe und Tee allein wirst du nicht fett.«

Emma trug die Näpfe mit der Brühe vorsichig zu Blackie und reichte ihm wortlos seinen, aber als sie sich setzte und ihn anschaute, huschte ein warmes Lächeln über ihr Gesicht, und der wachsame Ausdruck verschwand. »Danke, Mavourneen«, sagte er und erwiderte ihr Lächeln. Dann wurden seine Augen schmal, denn zum erstenmal seit der Begegnung im Moor, sah er sie jetzt genau. Sie tranken schweigend ihre Suppe. Blackie betrachtete Emma verstohlen und versuchte seine Überraschung zu verbergen. Er war wirklich erstaunt. Jetzt, da sie den Schal abgetan hatte, der ihr Gesicht verhüllte, und den engen Wintermantel, konnte er sie deutlicher sehen, und es fiel ihm auf, daß das Mädchen nicht so verhungert aussah, wie er zunächst angenommen hatte. Er konnte nicht sagen, daß sie schön war, wenn er sie mit den beim Volk zur Zeit so beliebten Postkartenschönheiten verglich. Ihre rosafarbene Haut hatte die Sanftheit von türkischem Honig und ihre weiblichen Formen waren schier atemberaubend. Sie war auch nicht weichlich oder keck. Aber sie war reizvoll, und etwas war an ihr, was seine Aufmerksamkeit auf sich zog und ihn den Atem anhalten ließ, als sie sie betrachtete. Ihr Gesicht bildete ein perfektes Oval mit hohen, vorstehenden Wangenknochen. Die Nase war gerade und schmal und der Mund sanft geschwungen. Wenn sie lachte, erschienen Grübchen auf den Wangen. Ihre Zähne waren klein und leuchteten schneeweiß zwischen den zartrosa Lippen. Wenn auch ihre glatte Stirn etwas zu breit war, so war sie doch keineswegs reizlos. Der spitz zulaufende Haaransatz in der Stirnmitte stellte in aufregender Weise die Harmonie wieder her, ebenso wie ihre wunderschön geschwungenen Augenbrauen, die sich wie goldbraune Bögen über den weit auseinanderstehenden Augen wölbten. Diese Augen, die ihn schon vorhin stark beeindruckt hatten, waren in der Tat leuchtend und grün wie Smaragde. Sie lagen unter dichten, geschwungenen Lidern, die sanfte dunkle Schatten auf ihre Haut warfen. Sie war wie helle Seide, zart und makellos. Ihr leuchtendes rotbraunes Haar war einfach zurückgekämmt und enthüllte ihr Gesicht. Im Nacken war es zu einem Knoten geschlungen. Im flackernden Licht des Feuers sah es aus, als trüge sie eine dichte Samthaube, die mit goldenen Fäden durchwirkt war.

Sie ist mager und noch klein, dachte er. Aber er wußte auch, daß sie in den nächsten Jahren noch wachsen würde. Aus ihrem Körperbau konnte Blackie erkennen, daß sie groß und schlank werden würde, wenn sie einmal zur jungen Frau herangereift war. Sie begann schon zu erblühen, denn er sah die schwellenden, zarten jungen Brüste und die wohlgeformte Taille unter der unförmigen Schürze. Ihre langen Beine trugen viel zu ihrer Anmut bei.

Blackies angeborener Sinn für Schönheit und Eleganz beschränkte sich nicht nur auf Architektur, er erstreckte sich auch auf Frauen und Pferde. Seine Begeisterung für Frauen wurde beinahe von seiner Vorliebe für Pferde und deren verschiedene Rassen übertroffen. Er war besonders stolz auf seine Fähigkeit, junge Pferde beurteilen zu können und ein Vollblut zu erkennen, wenn er eines sah. Als er nun Emma näher betrachtete, dachte er: Das ist es! Sie ist ein Vollblut! Er wußte, daß sie ein armes Mädchen aus der Arbeiterklasse war, aber ihr Gesicht war aristokratisch, es zeigte Bildung und Vornehmheit. Sie war etwas Besonderes und von angeborener Würde, die ihm einmalig schien. Es gab nur ein Zeichen, das ihren wahren Stand verriet – die Hände. Sie waren schmal und kräftig, aber auch rissig und gerötet. Die Fingernägel waren nicht gepflegt und abgebrochen. Er wußte wohl, daß daran die harte Arbeit schuld war, die sie verrichten mußte.

Er fragte sich, was aus Emma einmal werden würde. Als er über ihre Zukunft nachdachte, überkam ihn eine Traurigkeit, die seiner Natur fremd war. Was erwartete sie in diesem Hause und dem trostlosen Dorf in dem einsamen Moorland? Vielleicht hatte sie recht, wenn sie ihr Glück in Leeds versuchte. Vielleicht hatte sie dort wenigstens eine Chance zu leben und nicht nur zu überleben.

Mrs. Turner unterbrach seine Gedanken, als sie zu ihm kam und ihm eine Platte mit Sandwiches in die Hand drückte. »Hier sind deine Schinkenbrote. Iß sie, bevor Murgatroyd herunterkommt. Er ist ein wahrer Geizhals und möchte uns alle am liebsten halb verhungern lassen. Er ist eine üble, alte Wanze . . .« Sie biß sich auf die Lippen und schaute besorgt zur Tür, die die Treppe nach oben abschloß.

»Du brauchst heute die Kamine und Öfen nicht zu putzen. Die tun es noch bis morgen. Aber mach Feuer im Frühstückszimmer, staub die Möbel ab, sauge den Teppich und mach den Frühstückstisch fertig, wie es Polly dir gezeigt hat«, sagte sie zu Emma. »Dann komm und hilf mir bei der Zubereitung des Frühstücks. Später kannst du das Speisezimmer sauber machen, den Salon und die Bibliothek . . . oh! Und gib acht, wenn du die Vertäfelung in der Bibliothek reinigst, Mädel, immer nur von oben nach unten wischen, damit der Staub zwischen den Regalen durchfällt. Denk auch an die Teppiche. Dann mußt du Mrs. Fairleys Salon im oberen Stockwerk reinigen. Wenn du damit fertig bist, wird es gerade die richtige Zeit sein, um ihr das Frühstück hinaufzubringen. Du kannst vor dem Mittagessen noch die Betten machen und die Zimmer der Kinder. Anschließend mußt du den Rest der Wäsche bügeln. Dann muß noch das Silber poliert und das Porzellangeschirr gewaschen werden ...« Mrs. Turner machte eine Pause, denn sie war etwas außer Atem gekommen. Dann zog sie ein zerknittertes Stück Papier aus der Tasche. Sie glättete es und schürzte konzentriert ihre Lippen, während sie las.

»Ja, Mrs. Turner«, murmelte Emma freundlich. Dann sprang sie auf, strich ihre Schürze glatt und wartete auf weitere Anweisungen, obwohl sie sich fragte, wie sie überhaupt mit diesen vielen Pflichten fertig werden würde.

Blackie sah Emma besorgt an. Er war leicht verärgert. Zunächst hatte er den Aufzählungen der Köchin belustigt zugehört, aber nun war er empört. Niemand konnte soviel Arbeit an einem Tag bewältigen, und am allerwenigsten Emma, die doch noch ein Kind war. Aber Emma schien ungerührt, wie sie so geduldig neben der Köchin stand. Als er sie genauer betrachtete, bemerkte Blackie eine gewisse Milde, die jedoch eher die Angst in ihren Augen verdeckte. Ihre Lippen waren schmal zusammengepreßt. Dann sah er zur Köchin hinüber. Er wußte, daß sie Emma nicht ausbeuten wollte. Im Grunde ihres Herzens war sie eine freundliche Frau, aber trotzdem war er entsetzt, wie sie Emma als Arbeitstier benutzte. Er konnte sich nicht länger beherrschen und er sagte: »Das ist aber eine schwere Bürde für ein kleines Mädchen, denke ich.«

Mrs. Turner starrte ihn an und wurde rot. »Ja, Junge, das stimmt. Aber Polly ist krank, und ich kann nichts tun, wo doch heute mittag auch noch eine Gesellschaft eintrifft. Das erinnert mich daran, Emma«, wandte sie sich verlegen an das Mädchen: »Du mußt das Gästezimmer für Mrs. Wainright herrichten.«

»Soll ich dann jetzt nach oben gehen?« fragte Emma. Sie hatte zwar klaglos zugehört, als ihr die Köchin die Arbeit zuteilte, aber sie war trotzdem verschreckt. Sie würde kaum Zeit haben, um Atem zu holen, wenn sie mit allem rechtzeitig fertig werden wollte.

»Ja, noch einen Augenblick«, sagte die Köchin zerstreut. »Laß mich nur noch den Speiseplan lesen. Vielleicht kann ich das Frühstück alleine zubereiten.« Mit schmalen Augen studierte sie den Zettel. »Nun, schauen wir mal. Rühreier mit Schinken für Master Edwin. Nieren, Schinken, Wurst und Pommes frites für Master Gerald. Einen Bückling für den Squire. Tee, Toast, frisches Brot, Butter, Marmelade. Das reicht!« Sie schüttelte heftig den Kopf und grollte. »Ich verstehe nicht, warum in dieser Familie jeder etwas anderes essen muß!«

Nach kurzem Überlegen versicherte Mrs. Turner: »Gut, ich glaube, ich werde alleine mit dem Frühstück fertig, Kleine. Und das Mittagessen ist einfach. Nur kalter Schinken, Madeira-Sauce, Kartoffelbrei und gedeckter Apfelkuchen mit Eierschaum.« Sie legte das Blatt Papier beiseite und sagte: »Nun, ich denke, für das Dinner mußt du mir doch zur Hand gehen, Mädel. Murgatroyd hat die Vorschläge für die Speisen bekommen. Mmm! Klare Hühnersuppe, Hammelrücken mit Kapernsoße, geröstete Kartoffeln und Blumenkohl mit Käse überbacken. Kleinigkeit. Dann Wensleydale-Käse und Brötchen. Und überbackene Käseschnitten für Master Gerald...« Sie hielt inne und blinzelte auf das Papier. »Tatsächlich, überbackene Käseschnitten für Master Gerald!« wiederholte sie ungläubig. »Als ob er nicht schon den ganzen Tag genug zu essen bekommen würde. Er wird noch fett wie ein kleines Schwein, unser Master Gerald. Wenn ich etwas nicht ausstehen kann, dann ist es Gefräßigkeit!« erklärte sie. Zornig steckte sie den Zettel in ihre Tasche. »Du kannst nun nach oben gehen, Kleine, und sei bitte sehr sorgfältig beim Staubwischen«, mahnte sie.

»Ja, Mrs. Turner«, sagte Emma ruhig. Ihre Miene war ausdruckslos. »Ich sehe dich später, Blackie«, rief sie ihm lächelnd zu.

»Da kannst du sicher sein, Mavourneen. Ich werde nämlich einige Tage hierbleiben, denke ich.«

»Ja, das stimmt«, warf Mrs. Turner ein. »Der Squire hat in letzter Zeit die Dinge hier sehr vernachlässigt, da Master Edwin seit Weihnachten krank war, und die Missis sich in diesen Tagen so schwach fühlte... ich bin froh, daß Mrs. Wainright kommt. Sie heitert alle auf... ja, die Missis fühlte sich unwohl...« Mrs. Turner hielt mitten im Satz inne und machte den Mund zu.

Blackie und Emma folgten ihrem Blick, der auf die Tür gerichtet war, die die Treppe nach oben abschloß. Ein Mann hatte sie geöffnet, er kam schwerfällig die Treppe herunter. Blackie nahm an, daß es sich um den Butler handelte.

Murgatroyd war ein großer hagerer Mann. Er hatte ein leichenblasses Gesicht mit bitteren Linien, die sein Äußeres abstoßend erscheinen ließen. Kleine Augen, so blaß, daß sie fast farblos waren, saßen eng beieinander in tiefen Höhlen. Diese Schweinsaugen schienen kleiner zu sein, als sie wirklich waren, da sie teilweise von buschigen Brauen bedeckt wurden, die wie schwarze Bürsten wirkten. Sie waren über der Nase zusammengewachsen. Er trug schwarze Hosen, eine schwarzweiß gestreifte Jacke mit Stehkragen und eine grüne Schürze. Seine Hemdsärmel waren aufgerollt und enthüllten lange Arme, auf denen die Venen blau hervortraten.

Auf seinem Gesicht lag ein düsterer Gesichtsausdruck, und seine Augen glitzerten feindlich. »Was ist denn? Was ist denn?« rief er schrill, als er auf der untersten Treppenstufe stehenblieb. »Kein Wunder, daß wir mit der Arbeit im Rückstand sind. Ihr plappert hier wie die Elstern. Sie vernachlässigen Ihre Pflichten, Köchin«, fuhr er wichtigtuerisch fort. »Dieses faule, nichtsnutzige Mädel sollte schon seit einer halben Stunde oben sein, jawohl! Der Squire ist doch nicht im Wohltätigkeitsverein, wißt Ihr. Sie tut sowieso schon wenig genug für ihren Lohn. Der Squire ist viel zu großzügig. Drei Shilling pro Woche! Eine fürstliche Summe fürs Nichtstun.« Er sah Emma finster an. Sie stand in der Nähe des Verschlages, der sich unter der Treppe befand. »Auf was wartest du noch? Geh sofort hinauf!« schnarrte er.

Emma nickte stumm, nahm ihren Korb auf, eine Müllschaufel und den Staubsauger. Dann ging sie zur Treppe. Als sie sich an Murgatroyd vorbeidrückte, fielen ihr einige Gegenstände aus dem Korb, auch das Graphitpulver. Die Büchse rollte über den Boden, und der Deckel ging auf. Das schwarze Pulver breitete sich auf Murgatroyds Schuhen aus. Emma atmete schwer vor Schreck und beugte sich herunter, um den Staub zu entfernen. Aber schon holte Murgatroyd aus und schlug ihr mit dem Handrücken hart über den Kopf.

»Du dumme, blöde Gans!« schrie er. »Kannst du denn nichts richtig tun? Schau dir die Schweinerei an, die du da angerichtet hast.«

Unter der Wucht des Schlages taumelte Emma. Der Staubsauger und die Müllschaufel fielen ihr aus den Händen. Blackie sprang entsetzt auf. Wut stieg in ihm hoch. Er ballte die Fäuste und ging drohend auf den Butler zu. Ich bringe ihn um! dachte er. Ich bringe diesen Bastard um! Die Köchin stürzte herbei, drückte Blackie zurück und schüttelte warnend den Kopf. »Du hältst dich da besser heraus, Junge. Überlaß ihn mir«, zischte sie.

Mrs. Turner stand wie ein wütendes Zwerghuhn vor Murgatroyd. Ihr Gesicht war purpurrot vor Wut, und ihre Augen blickten mörderisch. Sie schüttelte drohend die kleine Faust gegen ihn. »Sie dreckiger Saukerl!« rief sie leidenschaftlich. »Das war doch nur ein kleiner Unglücksfall. Das Mädel hat das doch nicht mit Absicht gemacht.« Sie schaute Murgatroyd aus funkelnden Augen an. »Wenn ich Sie noch einmal das Kind schlagen sehe, ist Ihr Leben keinen Pfifferling mehr wert. Das verspreche ich Ihnen. Ich werde zum Squire gehen. Das werde ich wirklich tun! Ich werde es ihrem Vater sagen. Und Sie wissen, was mit Ihnen passiert, wenn Big Jack Harte über Sie kommt. Er macht blutigen Kartoffelbrei aus Ihnen!«

Murgatroyd schaute Mrs. Turner finster an. Aber er gab keine Antwort. Blackie, dessen Blick fest auf Murgatroyd gerichtet war, sah, daß er sich fürchtete. Er ist also ein Feigling, dachte Blackie. Er ist ein aufgeblasener Großsprecher, feige und jähzornig!

Die Köchin kehrte Murgatroyd verächtlich den Rücken und wandte sich Emma zu, die auf dem Boden kniete und alles säuberlich in ihren Korb sammelte. »Bist du in Ordnung, Kleine?« fragte sie mitfühlend. Emma hob den Kopf und nickte langsam. Ihr Gesicht war wie weißer Marmor und völlig unbeweglich. Nur ihre grünen Augen funkelten voller Haß. »Ich werde ein nasses Tuch holen und das schwarze Graphit aufwischen«, sagte sie sanft.

Murgatroyd sah jetzt zu Blackie. Er trat ruhig in die Küche, als sei nichts geschehen. »O'Neill, habe ich recht? Der Maurer aus Leeds. Der Squire sagte, daß er Sie heute morgen erwarte.« Er taxierte Blackie mit kalten Augen und nickte beifällig. »Gut, du scheinst ein starker Kerl zu sein. Ich hoffe, du scheust die Arbeit nicht, Bursche.«

Es kostete Blackie viel Mühe, um mit dem Butler höflich zu sprechen; aber er wußte, daß er keine andere Wahl hatte. Er schluckte und sagte sachlich: »Ja, das bin ich, da können Sie sicher sein. Wenn Sie mir die Einzelheiten mitteilen, fange ich gleich mit der Arbeit an.«

Murgatroyd zog einen Zettel aus seiner Tasche und übergab ihn

Blackie. »Hier ist alles aufgeschrieben. Ich nehme an, daß du lesen kannst?«

»Das kann ich.«

»Gut. Nun zu deinem Lohn. Du bekommst fünfzehn Shillinge für eine Woche. Essen und Wohnen ist frei. So hat mir der Squire gesagt.« Seine Augen blinzelten listig.

Blackie unterdrückte ein schlaues Lächeln. Nun, der Kerl versucht mich zu beschwindeln, dieser verschlagene Hund, dachte er, aber laut sagte er: »Nein Sir! Eine Guinea war der Preis, den der Squire mit mir in Leeds ausgehandelt hat. Und bei einer Guinea bleibt es, *Mister* Murgatroyd.«

Die Augen des Butlers wurden weit vor Überraschung. »Du nimmst doch nicht an, daß ich dir glaube, der Squire hätte dich persönlich in Leeds aufgesucht, Bursche? Solche Kleinigkeiten regelt immer sein Verwalter«, erklärte er.

Blackie beobachtete Murgatroyd genau und erkannte sofort, daß die Verblüffung des Mannes echt war. Sein hübsches, irisches Gesicht verzog sich zu einem breiten Lächeln. »Ehrlich, Sie können mir glauben. Er kam persönlich zu mir und meinem Onkel Pat. Wir besitzen ein kleines Unternehmen, verstehen Sie. Er engagierte mich, um hier die Reparaturen auszuführen, und meinen Onkel Pat brauchte er für die Mühlen und die Verlagsbüros in Leeds. Und ich bin mir über die Entlohnung ganz sicher, das können Sie mir glauben. Vielleicht fragen Sie den Squire noch einmal. Ich denke, hier liegt ein Mißverständnis vor.« Blackie kicherte innerlich, denn der Butler war nicht nur verwirrt, sondern durch den Wechsel der Ereignisse völlig irritiert.

»In der Tat, ich werde mit dem Squire sprechen!« schnarrte er. »Er muß vergessen haben, was er mit dir vereinbart hat. Er hat ja schließlich auch an wichtigere Dinge zu denken. Nun mach dich an die Arbeit, Bursche. Der Knecht ist im Stall. Er wird dir zeigen, wo alles ist. Dein Schlafraum befindet sich über dem Stall.«

Murgatroyd entließ Blackie mit einem kurzen Nicken und setzte sich an den Küchentisch. »Ich möchte meinen Tee und ein Schinkenbrot«, rief er der Köchin zu, die ihm einen bösen Blick zuwarf. Sie nahm ein Messer und begann den Brotlaib mit einer solchen Heftigkeit zu bearbeiten, daß man es ihr ansah, wie sehr sie wünschte, Murgatroyd unter dem Messer zu haben.

Blackie nahm seinen Sack und warf ihn sich über die Schulter. Emma war immer noch dabei, die Sachen einzusammeln. »Ich sehe dich heute abend, Mavourneen«, sagte er sanft und lächelte dabei.

»Ja, bis dahin werde ich wohl mit meiner Arbeit fertig sein«, antwortete sie verdrossen. Als sie seinen beunruhigten Blick sah, lächelte auch sie. »O ja, ich *werde* fertig sein. Mach dir darüber keine Sorgen. Auf Wiedersehen, Blackie.« Er sah ihr nach, wie sie die Treppe emporstieg. Dann öffnete er die Küchentür und trat hinaus in die kalte Morgenluft. Sein Kopf war voll wirrer Gedanken über die Bewohner von Fairley Hall. Aber vor allem dachte er an Emma, die in diesem seltsamen Haus so hilflos schien.

Emma blieb in dem kleinen Vorraum über der Treppe stehen. Sie legte ihre Reinigungsutensilien ab und lehnte sich an die Wand. Ihr Gesicht war verzerrt, so schmerzte ihr Kopf von dem heftigen Schlag. Sie kochte vor Wut. Murgatroyd ließ nie eine Gelegenheit aus, sie zu mißhandeln. Es schien ihm Freude zu machen, sie zu schlagen. Obwohl er auch oft mit Polly schimpfte, so war er doch nie brutal zu ihr. Sein Wutausbruch von vorhin war nichts Ungewöhnliches. Sie wußte, er hätte sie noch mehr geschlagen, wenn die Köchin nicht dazwischengetreten wäre. Einmal wird das Maß voll sein, dachte sie grimmig. Dann werde *ich* es ihm zeigen!

Sie nahm ihre Sachen auf und ging langsam durch den Flur. Ihre Sinne waren wach, und sie lauschte scharf auf irgendwelche Geräusche im Haus. Aber alles war still, denn die Familie schlief noch. Im Korridor herrschte trübes Licht. Es roch schwach nach Wachs und Staub. Der modrige Geruch zeugte davon, daß man lange nicht mehr gelüftet hatte. Sie wünschte, sie wäre wieder in der Küche, dem einzigen freundlichen Ort in Fairley Hall.

Trotz seiner Größe und der kostbaren Möbel, flößte das Haus Emma einen namenlosen Schrecken ein. Immer hatte sie den Wunsch zu fliehen. Die kalten, dunklen, hohen Räume hatten etwas Furchteinflößendes und Bedrückendes an sich. Es war ein Ort der Stille, der Zurückgezogenheit und der versteckten Geheimnisse. Ein unheimliches Haus, mit einer Atmosphäre von Unglück und Verfall. Und trotz der Stille herrschte überall eine verstecke Unruhe, unheildrohend und verstohlen, darauf wartend, loszubrechen.

Emma schauderte, als sie über den kostbaren türkischen Teppich schritt, der den Boden der riesigen Eingangshalle bedeckte. Dann stieß sie die Doppeltür zum Frühstückszimmer auf. Sie blieb auf der Schwelle stehen und schaute sich nervös um. Dünne Lichtstreifen suchten sich durch die großen Fenster ihren Weg ins Innere, aber schwere weiße Seidengardinen und dicke, blaue Samtvorhänge hinderten sie drohend. Dunkle Porträts schauten traurig von den mit blauem Samt verkleideten Wänden. Emma bildete sich immer aufs neue ein, daß ihr die alten Augen folgten. Sie zwängte sich zwischen den zahlreichen schweren viktorianischen Möbeln hindurch, die aus dunklem Mahagonie bestanden. In dem düsteren Licht erschienen sie fast schwarz. Das einzige Geräusch war das klägliche Ticken der Uhr auf dem schwarzen marmornen Kaminsims.

Emma kniete vor dem Kamin, fegte die Aschenreste weg und füllte ihn mit Papier und Holzstücken, die Murgatroyd neben dem Kamin aufgeschichtet hatte. Sie zündete das Papier an. Als das Holz Feuer fing, öffnete sie den kupfernen Kohlenbehälter und legte sorgfältig kleine Kohlenstücke auf das brennende Holz. Sie fingen nicht sofort Feuer, darum hob sie ihre Schürze und fächerte Luft in den Kamin, bis das Feuer zu flackern begann.

Das eintönige Ticken der Uhr erinnerte Emma daran, daß sie wenig Zeit zu verschwenden hatte. Flink säuberte sie das Zimmer. Dann nahm sie ein feines Tischtuch aus weißem Leinen aus einem Schrank und legte es über den runden Tisch. Sie deckte für vier Personen. Während sie das silberne Besteck auflegte, spannte sie sich plötzlich und blieb still stehen. Es prickelte ihr im Nacken, und über ihre Arme lief eine Gänsehaut. Sie spürte, daß sie nicht mehr allein war. Mehr als sie es hörte, fühlte sie, daß eine andere Person im Raum war. Langsam drehte sie sich um. Squire Fairley stand auf der Türschwelle und beobachtete sie aufmerksam.

Sie machte einen kleinen Knicks. »Guten Morgen, Squire«, murmelte sie furchtsam und drückte die Teller fest gegen ihre Brust, damit sie in ihren zitternden Händen nicht klapperten. Auch ihre Knie zitterten, wenn auch eher aus Überraschung als Furcht.

»Morgen. Wo ist Polly?«

»Sie ist krank, Squire.«

»Ich verstehe«, meinte er kurz.

Sein Blick bohrte sich in ihren. Er schien sie mit äußerster Aufmerksamkeit zu beobachten, runzelte die Stirn und plötzlich huschte ein Ausdruck der Verwirrung über sein Gesicht. Nach längerem Schweigen nickte er knapp, drehte sich auf dem Absatz

um und ging. Das heftige Zuschlagen der Tür zur Bibliothek ließ
sie überrascht auffahren. Endlich konnte sie erleichtert aufatmen
und den Frühstückstisch fertig decken.

10

Adam Fairley stand mitten in der Bibliothek und preßte seine Hände vor das Gesicht. Er war müde, erschöpft, denn er hatte diese Nacht wieder schlecht geschlafen. Seine Schlaflosigkeit war ihm nicht neu. Wie ein Fluch schien sie auf ihm zu lasten. Selbst wenn er nach dem Abendessen Zuflucht zu fünf, sechs Gläsern Portwein nahm, war die beruhigende Wirkung nur flüchtig. Er schlief zwar ein paar Stunden, vom Alkohol betäubt. Aber in den frühen Morgenstunden erwachte er schweißgebadet oder zitternd. Denn keine Nacht verging ohne Alpträume. In seinem Kopf kreisten quälende Erinnerungen, und er dachte über sein Leben nach, das ihm nicht behagte. Schon seit langer Zeit fand er keine Freude mehr an seinem Dasein.

Langsam ging er gedankenverloren in seinem Zimmer auf und ab. Er war ein kräftiger, gut gebauter Mann mit einem anziehenden, intelligenten Gesicht, das wohlgeformt war und von Sensibilität zeugte. Heute aber war es bleich und vor Müdigkeit verzerrt. Seine schönen Augen waren graublau und leuchtend. Sie verbargen ein tiefes Gefühl und einen wachen Geist. Aber heute waren sie rot gerändert, und ihr Leuchten war gedämpft. Was in dem asketischen Gesicht am meisten überraschte, war sein Mund. Er war äußerst sinnlich, obwohl diese Sinnlichkeit durch den strengen Ausdruck unterdrückt wurde, der stets auf seinen Lippen lag. Sein hellbraunes Haar spielte ins Blond hinüber, es war glatt und fein. Er trug es locker um den wohlgeformten Kopf gebürstet, etwas länger, als es augenblicklich in Mode war. Er hatte eine starke Abneigung gegen diese Mode mit ihren Pomadefrisuren. Eine Locke fiel ihm über die breiten Brauen, und er hatte sich angewöhnt, sie mit einer raschen, nervösen Bewegung zurückzustreichen; auch jetzt, als er unruhig hin- und herging.

Adam Fairley war einer der Männer, die immer gepflegt

aussahen, gleichgültig unter welchen Umständen, oder was er gerade tat. Seine Erscheinung war stets tadellos. Er war immer vorzüglich gekleidet, passend für jede Gelegenheit. Er besaß auch das Gespür eines Dandys, dennoch war er kein Angeber.

Seine Anzüge waren so vorzüglich geschnitten, modisch und saßen wie angegossen, daß ihn seine Bekannten in London und seine Kollegen aus dem Tuchhandel in Leeds und Bradford zutiefst beneideten. Meist wählte er dafür feines Tuch aus seinen eigenen Mühlen oder denen seiner Freunde. Es war Tuch aus den Webereien von Yorkshire, dem Zentrum des Tuchhandels in der ganzen Welt; und hier war Adam Fairley der unbestrittene König. Alles in allem war Adam Fairley der Inbegriff der Eleganz. Er verabscheute alles Schäbige und Geschmacklose, und seine Schwäche für gute Kleidung war fast das einzige, das ihm Freude machte. Dagegen kam es ihm nie in den Sinn, daß das Haus, in dem er lebte, einzigartig häßlich war. Er bemerkte es nicht einmal.

Nach einigen Minuten hörte er auf mit dem Aufundabgehen und wandte sich zu seinem riesigen Schreibtisch aus Ebenholz. Er setzte sich auf den mit dunkelrotem Leder bezogenen Stuhl und starrte dumpf auf seinen Terminkalender. Seine Augen brannten, sein Körper schmerzte, und sein Schädel dröhnte – nicht nur vor Müdigkeit, sondern auch wegen der quälenden Gedanken, die ihn verfolgten. Er fühlte, daß es nichts in seinem Leben gab, was für ihn einen Wert hatte. Keine Freude, keine Liebe, keine Wärme, keine Kameradschaft, nicht einmal irgendwelche Interessen, denen er seine Energie hätte opfern können. Es gab nichts... nichts, als endlose, einsame Tage, die langsam und unerbittlich in noch einsameren Nächten endeten, Tag um Tag, Jahr für Jahr.

Als er sich zurücklehnte, schien alles Leben aus ihm zu weichen, sein Gesicht wurde hager. Violette Flecken erschienen auf den Wangen, dicht unter den Augen – Zeugen einer schrecklichen Nacht, einer endlosen Selbstquälerei, die er in seinem Schlafzimmer auf und ab gehend zugebracht hatte. Er fand diese Qualen unerträglich. Und trotzdem war sein Gesicht jungenhaft, trotz Sorgen und Müdigkeit sah man Adam Fairley seine vierundvierzig Jahre nicht an.

Mein Leben ist nur einen Dreck wert, dachte er unzufrieden. *Was hat mein Leben für einen Sinn? Ich habe nichts, für das es sich zu leben lohnt. Ich wollte, ich hätte den Mut mir eine Kugel durch*

den Kopf zu jagen, und so für immer Schluß zu machen. Mit
allem ...

Dieser Gedanke erschreckte ihn so, daß er sich kerzengerade aufsetzte. Seine Hände krallten sich um die Armlehnen fest. Er sah, daß sie stark zitterten. Selbst in den schlimmsten Minuten, und sie waren in der letzten Zeit immer häufiger geworden, hatte er niemals daran gedacht, sich das Leben zu nehmen. Er hatte Selbstmord immer mit Feigheit gleichgesetzt. Doch jetzt gestand er sich ein, daß diese Tat vielleicht sogar eher eine mutige Handlung sein konnte. Ihm kam der Gedanke, daß nur dumme Menschen niemals an Selbstmord denken. *Sicher haben die meisten intelligenten Menschen ihn irgendwann einmal in Erwägung gezogen,* grübelte er. Denn ihm wurde klar, als ihn das schreckliche Gefühl der Sinnlosigkeit überkam, daß das Wissen um das Leben und die menschlichen Lebensbedingungen unvermeidlich zu Enttäuschung und Verzweiflung führen. Dazu kam noch ein Gefühl der Hilflosigkeit, das zunehmend unerträglicher wurde. Trotz seines Reichtums und seiner gesellschaftlichen Stellung war Adam Fairley ein gepeinigter Mann, der vom Leben bitter enttäuscht worden war. Er erwartete kein Glück mehr, aber er sehnte sich nach Zufriedenheit und nach innerem Frieden. Aber er konnte keine Befreiung finden von seiner bitteren Einsamkeit und der Öde in seinem Herzen. Und das war um so unerträglicher, als es zum großen Teil seine eigene Schuld war. Adams Unzufriedenheit und tiefe Enttäuschung rührte daher, daß er sich selbst, seine Ziele, seine Träume und seine Ideale verraten hatte. Es war das Versagen der moralischen Gesinnung.

Adam hob müde den Kopf und schaute sich langsam in der Bibliothek um. Es war ein prunkvoller und beeindruckender Raum, mit seiner hohen Decke und den gewaltigen Ausmaßen, seinen eichengetäfelten Wänden, den wissenschaftlichen Büchern und den kostbaren Antiquitäten. Edle Perserteppiche leuchteten in lebhaftem Rot und dunklem Blau. Eine Sammlung von seltenen Jagdszenen schmückte die Wände. Ein bequemes ledergepolstertes Chesterfield-Sofa in der Farbe von dunklem Rotwein stand in der Nähe des Kamins, der mit reich geschnitzter Eiche umfaßt war. Auf einem Ebenholztisch lagen Zeitungen und Magazine. In einer Ecke stand eine Truhe auf der sich Kristallkaraffen mit Portwein, Brandy, Sherry, Whiskey und Gin befanden und Gläser aus Bleikristall, die in dem trüben Licht schwach funkelten.

Die Bibliothek war mit Möbeln nicht so vollgestellt wie die anderen Räume des Hauses. Adam hatte sich immer dagegen gewehrt, diesen Raum mit Trödelkram und Plunder zu überfüllen; so nannte er verächtlich das Zeug, das nach den Wünschen seiner Frau in den anderen Zimmern herumstand. So hatte wenigstens dieser Raum Anmut und Würde, seine Atmosphäre war rein männlich. Wie sein Schlafzimmer, das noch strenger war, spiegelte dieser Raum seinen Charakter wider und seinen Geschmack. Adam verbrachte die meiste Zeit in der Bibliothek – außer wenn Gäste da waren –, aber das geschah in letzter Zeit immer seltener. Die Bibliothek war zu seinem schützenden Hafen geworden, in den er sich dankbar zurückzog, um zu lesen und zu grübeln.

Er zog seine Taschenuhr heraus und sah nach der Zeit. Es war fast halb acht, und er hatte vom Dienstpersonal noch kein Lebenszeichen gesehen, abgesehen von dem einsamen Mädchen, welches das Frühstückszimmer gesäubert hatte. Er verfluchte die Abwesenheit der Haushälterin und zog an der Glockenschnur, verärgert blickte er auf den leeren und kalten Kamin. Während er auf das Erscheinen des Butlers wartete, fiel sein Blick auf eine Fotografie, die ihn in der Uniform des 4. Husarenregiments zeigte. Er beugte sich vor, um sie genauer zu betrachten. Er schürzte die Lippen und lächelte wehmütig. Welch ein Gesicht! Voller Erwartung, Hoffnung und sogar Glück. Er erkannte sich kaum selbst. Dann lachte er ironisch und dachte: O sorglose, verrückte Jugend! Wie wenig wissen wir von dem, was uns erwartet, wenn wir so kühn beginnen, das Leben zu erobern. Und es ist vielleicht gut so, schloß er.

Murgatroyd klopfte an die Tür und trat ein. Er unterbrach Adams Gedanken. »Guten Morgen, Murgatroyd«, sagte er in seiner kühlen, wohlklingenden Stimme.

Der Butler ging mit leisen Schritten auf ihn zu und strich dabei seine Jacke glatt. »Guten Morgen, Squire. Ich hoffe, Sie haben gut geschlafen, Sir. Heute ist ein schöner Tag für Ihre Reise nach Leeds. Sonnig und trocken und fast windstill. Die Köchin wird in Kürze mit dem Frühstück fertig sein. Sie bereitet gerade Ihren Bückling zu, Sir.« Er sprach derart unterwürfig, daß Adam zusammenzuckte und sein Gesicht abwandte, damit Murgatroyd seinen verächtlichen Blick nicht sehen konnte.

Als Adam nicht antwortete, fuhr der Butler fort: »Wünschen Sie noch etwas anderes, Sir? Ich meine außer dem Bückling.«

Du schmieriger Narr, dachte Adam und schaute Murgatroyd nun voll an. »Ein Feuer im Kamin wäre allerdings recht wünschenswert, denke ich.«

»Verzeihung, Sir?« Murgatroyd schien verwirrt. Er schaute rasch in den leeren Kamin, und in Gedanken verfluchte er Emma.

»Ein Feuer, Murgatroyd!« wiederholte Adam. »Es ist hier so kalt, daß sogar ein Messingaffe frieren würde . . .« Adam hielt inne und hüstelte hinter seiner vorgehaltenen Hand. Seine Augen blitzten belustigt, als er Murgatroyds Unbehagen bemerkte. »Hm! Die Kälte in diesem Zimmer läßt sich nur noch mit der Arktis vergleichen. Ich habe den Eindruck, daß ich genug Dienstpersonal beschäftige, um ein Schlachtschiff zu bedienen, und doch scheint mir, daß ich nicht einmal ein paar einfache Annehmlichkeiten haben kann.« Obwohl er verärgert war, sprach Adam beherrscht wie immer, denn er zeigte selten seine Gefühle, und schon gar nicht einem Dienstboten.

Verdammt! Der hat ja eine schöne Laune heute morgen, dachte Murgatroyd. Dann sagte er mit seiner öligen Stimme. »Es tut mir wirklich sehr leid, Sir. Polly ist krank, und das andere Mädchen hatte sich verspätet. Wenn ich nicht den ganzen Tag dahinter wäre, würden diese Mädchen überhaupt nichts tun. Ich habe diesem Mädchen schon vor ewigen Zeiten gesagt, hier ein Feuer anzumachen. Ich denke . . .«

»Was fehlt Ihnen, Mensch? Sind Sie lahm?« unterbrach ihn Adam sanft, aber seine Augen funkelten eisig.

Über Murgatroyds leidendes Gesicht glitt ein Ausdruck der Verblüffung. »Nein! Nein, natürlich nicht, Sir. Ich werde mich sofort darum kümmern, Squire«, sagte er rasch und verbeugte sich mehrfach ruckartig und devot.

»Ja, tun Sie das!«

»Sofort, Squire.« Er verbeugte sich erneut und verließ rückwärts gehend den Raum.

»Oh, Murgatroyd!«

»Ja, Sir?«

»Ist der Maurer aus Leeds gekommen? Der junge O'Neill.«

»Ja, Sir. Er kam heute in der Frühe. Ich habe ihm die Liste mit den Reparaturen gegeben.«

»Gut. Schauen Sie, daß er alles bekommt, was er braucht, damit er seine Arbeit gut machen kann. Stellen Sie auch sicher, daß er in der Küche gut versorgt wird. Bestes Essen und so weiter.«

Murgatroyd nickte und war überrascht über das Aufheben, das der Squire um einen einfachen Arbeiter machte. Diese Regung verblüffte und interessierte ihn gleichzeitig. »Ja, Sir. Sie können sich auf mich verlassen, wie immer. Ich mache das schon. Übrigens, Squire, wieviel Wochenlohn soll ich ihm zahlen?« Seine listigen Augen sahen Adam unverwandt an.

Adam runzelte die Stirn. »Ich habe Ihnen gestern abend doch gesagt, daß er eine Guinea bekommen soll. Haben Sie Ihr Gedächtnis verloren, Mensch?«

»Nein, Sir. Es muß mir entfallen sein, das ist alles.«

»Ich verstehe. Nun, es ist ja kein Schaden entstanden. Inzwischen würde ich es außerordentlich begrüßen, wenn Sie sich um das Feuer kümmern würden. Auch eine Tasse heißen Tee möchte ich gerne, Murgatroyd, falls das nicht zu schwierig ist.«

Dem Butler entging der sarkastische Unterton in Adams Stimme nicht. »Ich eile, Sir«, sagte er und verbeugte sich. Dann drehte er sich um und huschte hinaus. Gehässig dachte er an die Köchin und die Mädchen. Auch gegen den Squire selbst hegte er keine freundlichen Gedanken. »Dieses Saufen mitten in der Nacht ist es, was *ihn* so mürrisch macht«, murmelte er leise, als er sanft die Tür schloß.

Adam blickte mit schmalen Augen zur Tür. Murgatroyd entwickelte einen auffallenden Hang zur Vergeßlichkeit, wenn es um Geld ging. Vor allem dann, wenn es sich um Löhne für die Arbeiter handelte, die von Zeit zu Zeit in Fairley Hall zu tun hatten. Der Butler war viel zu knauserig, das störte ihn. Adam, der Murgatroyd für einen bösartigen Trottel hielt, vermutete, daß der Butler in seinem Herrschaftsbereich im Erdgeschoß ein Tyrann war.

Er schüttelte den Kopf und wandte sich wieder seinem Jugendbildnis zu. Er brauchte das Gesicht nicht zu sehen, um an seine militärische Karriere erinnert zu werden, die er aufgegeben hatte. In der letzten Zeit hatte er oft daran gedacht. Er begann zu glauben, daß sein Leben ganz anders verlaufen wäre, wenn er sich seinen Traum erfüllt hätte, den er nur seines Vaters wegen aufgegeben hatte. Es war zu spät darüber zu trauern, aber trotzdem übermannte ihn Wehmut.

Als er hier in diesem kalten Zimmer saß, erschien ihm das Bild seiner Jugend vor seinem geistigen Auge. Er sah den schmalen, eifrigen Jungen, der er einmal gewesen war, wie er zu Ferienbeginn von Eton kam und seinem Vater mit einer Inbrunst, die schon fast an Fanatismus grenzte, ankündigte, er wolle in die Armee eintreten. Sein Vater war nicht nur verblüfft gewesen, sondern hatte sich streng und mit Nachdruck gegen diesen Gedanken gewandt und sich geweigert, ihn zu unterstützen.

Adam erinnerte sich, wie fest entschlossen er gewesen war, wie schließlich seine eiserne Beharrlichkeit und seine Überredungskunst den Vater davon überzeugt hatten, daß sein Wunsch aufrichtig war. Der alte Squire hatte schließlich nachgegeben und widerwillig zugestimmt, daß er die Aufnahmeprüfung in Sandhurst machen durfte, die er ohne Schwierigkeiten bestand. Der alte Herr hatte sich wirklich anständig verhalten, dachte Adam jetzt mit einer gewissen Zuneigung, als er sich an seinen Vater erinnerte.

Der alte Squire, Richard Fairley, war ein herzlicher, polternder Yorkshiremann gewesen, einer der mächtigsten und reichsten Industriellen im Norden Englands. Er hatte den Instinkt eines Spielers für die richtigen Chancen gehabt, ein kluges Auge für Geschäfte und einen außergewöhnlichen Scharfsinn. Als Adam bewies, daß er ein mustergültiger Kadett auf der Militärakademie war, hatte sein Vater sich mit seiner ganzen Macht und seinem Reichtum hinter ihn gestellt. Als Adam den Wunsch ausdrückte, zur Kavallerie zu gehen, da er ein unvergleichlicher Reiter war, setzte Richard Fairley alle Hebel in Bewegung, damit er auch dieses Ziel erreiche. Auf Grund seines Geldes und seiner politischen Verbindungen wurde Adam Leutnant beim 4. Husarenregiment. Er konnte leicht die zweihundert Pfund aufbringen, die für eine Offiziersstelle in der Kavallerie im Jahr nötig waren, und auch die Kosten für zwei Pferde und ein paar Poloponys. Der alte Squire, ein scharfer Beobachter, hatte bald erkannt, daß Adam alle Charaktereigenschaften besaß, die ein guter Soldat brauchte. Er war für das Leben beim Militär vorzüglich geeignet, denn er hatte eine rasche Auffassungsgabe, Disziplin, Ehrgefühl und Mut. Da er romantisch veranlagt war, dürstete Adam nach Abenteuern in fremden Ländern. Königstreu hatte er sich den Zielen und Plänen Königin Victorias verschrieben, und er sehnte sich danach, seinem Land und seiner Königin in dem Empire zu dienen, das sich immer weiter ausbreitete.

Kurz nachdem er Offizier beim 4. Husarenregiment geworden war, ertrank sein älterer Bruder bei einem Schiffsunglück. Das brach dem alten Squire das Herz. Aber er glaubte auch, daß Pflichtbewußtsein der Prüfstein für den Charakter eines Menschen war. Mit klaren Worten und trotz seines Verständnisses für Adams Neigungen, teilte er seinem jüngeren Sohn nun mit, daß es seine Pflicht war, nach Yorkshire zurückzukehren und Edwards Platz einzunehmen, denn Edwards Platz als Nachfolger seines Vaters in dem Familienunternehmen war jetzt verwaist.

Und heute schien es Adam, als spreche sein Vater aus der Vergangenheit zu ihm. »Nun ist es vorbei damit, in bunten Uniformen herumzureiten und in gottvergessenen Ländern Eingeborene zu bekriegen«, hatte er gepoltert und sich dabei verzweifelt bemüht, seinen tiefen Kummer um Edward zu verbergen. Adam wurde schmerzhaft klar, wie groß das Leid seines Vaters war. Er wurde gezwungen, seinen Dienst bei der Kavallerie zu quittieren. Wenn auch bitter enttäuscht, verhielt er sich doch so, wie es für ihn als Offizier und Gentleman einzig und allein in Frage kam. Er war seiner Familie gegenüber durch Ehrenkodex und Verpflichtungen gebunden. Also hatte er mit Anstand die Pflichten des ältesten Sohnes übernommen. Damals wußte er noch nicht, daß er durch sein rasches Nachgeben einen unwiderruflichen Fehler begangen hatte. Jetzt war es ihm nur allzu klar. Diese Tatsache quälte ihn noch immer.

Murgatroyd klopfte an die Tür. Dann betrat er mit dem Kohleneimer die Bibliothek. »Ihr Tee kommt in einer Minute, Sir«, sagte er.

»Danke, Murgatroyd. Ich möchte, daß Sie die Lampen hier anzünden.« Adam entzündete eigenhändig die Lampe auf seinem Schreibtisch an und zog seinen Terminkalender herüber. Er prüfte seine Termine mit einer Interesselosigkeit, die nur zu deutlich bewies, wie gelangweilt er war. Er hatte eine Besprechung in der Redaktion der *Yorkshire Morning Gazette* in Leeds. Er war Hauptaktionär bei dieser Zeitung. Später mußte er mit einem Tucheinkäufer aus London essen, einem seiner wichtigsten Kunden. Alles in allem würde es kein anstrengender Tag sein. Auf dem Weg nach Leeds würde er noch Zeit haben, um mit Wilson, dem Verwalter der Mühle von Fairley Village über die Fortschritte zu sprechen, die sein Sohn Gerald machte. Er seufzte auf. Die Geschäfte verloren allmählich jeden Reiz für ihn. Es gab keine Herausforderungen mehr. Jetzt, als er darüber nachdachte, wußte er, daß es in Wirklichkeit nie welche gegeben hatte. Die

Jagd nach dem Geld interessierte ihn nicht. Tatsächlich hatte er nie irgendwelchen Ehrgeiz nach großem Reichtum oder nach Macht gehegt. Sein Erfolg war der Erfolg seines Vaters und seines Großvaters. Er hatte nur geerntet, was er nicht gesät hatte.

Sicher, Adam Fairley hatte das ererbte Vermögen vergrößert. Ihm schien aber, als sei das eher zufällig als durch seinen Einsatz geschehen. In diesem Punkt war er allerdings nicht gerecht gegen sich selbst, denn er besaß durchaus geschäftlichen Weitblick, und wenn er sich auch weniger deutlich zeigte als bei seinem Vater, so war er doch genauso ausgeprägt. Er war als zäher Verhandlungspartner bekannt, und trotz seiner sanften Art betrachteten ihn einige seiner Kollegen als einen ebenso berechnenden Opportunisten, wie es sein Vater einst gewesen war.

Er schob den Terminkalender zur Seite und strich sich mit der üblichen ungeduldigen Geste durchs Haar. Endlich loderte das Feuer hell auf, und wenn es den großen Raum auch noch nicht erwärmte, so erfreute ihn doch der Anblick der flackernden Flammen. Das Kältegefühl wich allmählich von ihm, und die Bibliothek verlor ihre Düsterkeit.

Murgatroyd hatte sich am Kamin zu schaffen gemacht und blieb nun vor dem Schreibtisch stehen. Er räusperte sich. Adam schaute von der Bilanz auf, die er gerade prüfte. »Ja, Murgatroyd, was gibt es?«

»Ich fragte mich, ob ich wieder denselben Raum für Mrs. Wainright herrichten lassen soll? Das graue Zimmer im Hauptflügel? Sie mag diesen Raum, Squire, das weiß ich. Und ich bin immer bestrebt, daß Mrs. Wainright alle Annehmlichkeiten hat.«

Diesmal ärgerte sich Adam nicht über den kriecherischen Ton des Butlers. Er war so überrascht, daß er ihn kaum wahrgenommen hatte, und starrte Murgatroyd eine Weile verdutzt an. Adam war so stark von seinen eigenen Problemen in Anspruch genommen, daß er vollkommen vergessen hatte, daß seine Schwägerin am Nachmittag eintreffen sollte. »Ja, ja, tun Sie das, Murgatroyd«, stimmte er zu. »Und stellen Sie bitte fest, was aus meinem Tee geworden ist. Lassen Sie mich auch wissen, wann die Kinder zum Frühstück herunterkommen.« Adam entließ den Butler mit einem kurzen Nicken.

»Sehr wohl, Sir.« Als Murgatroyd die Bibliothek verlassen hatte, blitzten seine Augen rachsüchtig auf. Er eilte in die Küche, um Emma die Meinung zu sagen, und sie seine Hand spüren zu lassen. Sie untergrub seine Stellung, weil sie mit dem Tee solange herumtrödelte.

Adam öffnete die mittlere Schublade seines Schreibtisches und suchte nach Olivias Brief an Adele. Es wurde ihm klar, daß sein ständiges Sinnen und Grübeln ihn immer vergeßlicher werden ließ. Er mußte sich zusammenreißen, sonst würde er am Ende noch verrückt. *So verrückt, wie diese Frau da oben.*

Meistens widerstand Adam der Versuchung, über den geistigen Zustand seiner Frau nachzudenken. Er tat das seltsame Benehmen, das sie in den letzten Jahren an den Tag legte, als eine Mischung von weiblichen Hirngespinsten, allgemeiner Niedergeschlagenheit, Hypochondrie und jener typischen Geistesabwesenheit ab, die schon immer in ihrem Charakter vorherrschend gewesen war. Sie war voller seltsamer Ängste und Wahnvorstellungen, aber auch diese schob er der weiblichen Fantasie zu. Er frage sich mit jähem Schuldgefühl, ob seine eigene Einstellung bisher nicht nur Selbstschutz gewesen sein mochte, denn er wollte sich niemals eingestehen, daß Adele tatsächlich den Verstand verlor. Solange er nicht daran dachte, brauchte er dieser Tatsache nicht ins Auge zu sehen.

Ihm wurde heute wohl zum erstenmal klar, daß sie manchmal Ophelia glich, wenn sie benommen durch die Flure des oberen Stockwerks wandelte, mit einem verklärten Gesichtsausdruck und struppigem Haar, dem wallenden Frisiermantel aus Chiffon über dem bloßen Körper. Vor einigen Monaten hatte er anläßlich einer Geschäftsreise nach London mit seinem Freund Andrew Melton gesprochen, der als Arzt ein gewisses Ansehen besaß. Melton hörte seiner Schilderung des Verhaltens seiner Frau geduldig zu. Dann hatte er vorgeschlagen, daß Adele von einem Arzt in Leeds, oder besser noch von ihm selbst untersucht werden solle. Adam war bereit gewesen, sofort mit Adele nach London zu kommen. Aber als er wieder in Fairley Hall war, stellte er mit Erstaunen und Erleichterung fest, daß sie völlig verwandelt, ja wieder normal zu sein schien. Sie war zwar noch schwach, aber sie litt nicht unter Wahnvorstellungen. Vor Angst brach ihm der kalte Schweiß aus, denn er wußte instinktiv, daß der dünne Schleier von Gesundheit, der sie umgab, jede Sekunde wieder zerreißen konnte.

Aber jetzt verdrängte er diesen beunruhigenden Gedanken mit Gewalt und las Olivias Brief. Sie würde mit dem Zug aus London um halb vier in Leeds ankommen. Er konnte sie also direkt nach dem Mittagessen abholen. Dann wandte er seine Aufmerksamkeit wieder der Bilanz zu und machte ein paar Notizen. Anschließend nahm er sich noch einige Akten vor, die er vernachlässigt hatte und die endlich bearbeitet werden mußten.

Während er arbeitete, veränderte sich sein Gesichtsausdruck. Der verhärmte Ausdruck verschwand, und seine Augen leuchteten. Adam spürte, wie seine Gedanken sich unerwartet klärten. Warum wohl so plötzlich? Leise wurde an der Tür geklopft. Adam hob den Kopf und rief »Herein!« Dann drehte er sich in seinem Stuhl und beobachtete, wie die Tür sich langsam öffnete und Emma hereintrat. Sie trug den Tee auf einem kleinen Silbertablett und blieb zögernd auf der Schwelle stehen.

»Ich bringe Ihren Tee, Squire«, murmelte sie. Ihre Stimme war kaum vernehmbar. Während sie sprach, machte sie einen kleinen Knicks und verschüttete dabei fast den Tee. Ihre grünen Augen schauten ihn feierlich und fest an, aber sie machte keine Bewegung, um ihm den Tee zu bringen. Adam dachte, sie fürchtete sich, näher zu kommen.

Er lächelte sie leicht an. »Bring ihn zu dem Tisch dort am Kamin«, sagte er ruhig. Sie tat, was er gesagt hatte, stellte das Tablett ab und eilte rasch wieder zur Tür. Wieder machte sie einen Knicks und drehte sich um, um zu gehen.

»Wer hat gesagt, daß du das tun sollst? Dieses Knicksen, meine ich.«

Emma schaute zu ihm zurück. Ein Ausdruck völliger Verwirrung glitt über ihr Gesicht, und in ihren weit aufgerissenen Augen stand reine Furcht.

Sie schluckte und sagte ängstlich: »Murgatroyd, Squire.« Sie hielt inne, schaute ihm voll ins Gesicht und fragte dann mit etwas festerer Stimme: »Mache ich es nicht richtig?«

Er verbiß sich ein Lächeln. »Doch, das tust du. Aber es irritiert mich fürchterlich, wenn du dauernd so auf und ab hüpfst. Du brauchst vor mir keinen Knicks zu machen. Ich bin nicht König Edward, weißt du. Ich habe Polly gesagt, sie solle das lassen, und ich nahm an, sie habe Murgatroyd meinen Wunsch mitgeteilt. Offensichtlich hat sie das nicht getan. Du kannst Murgatroyd erzählen, was ich dir gesagt habe, und es in Zukunft unterlassen.«

»Ja, Squire.«

»Wie heißt du, Mädchen?«

»Emma, Squire.«

Er nickte nachdenklich. »Du kannst gehen, Emma. Und danke für den Tee.«

Emma wollte automatisch wieder einen Knicks machen, aber sie besann sich und lief rasch aus dem Zimmer. Als sie die Treppe zur Küche hinunterging, lachte sie leise in sich hinein, aber es war ein böses Lachen. Dachte er, sie sei blöde? Ihr einen solchen Honig um den Mund zu schmieren! Ihr zu sagen, sie solle nicht knicksen! Er konnte machen, was er wollte, sie würde niemals ihre Meinung über ihn ändern. Niemals! Solange sie lebte!

Adam ging zum Kamin. Er hatte immer noch Emmas Gesicht vor Augen. Es ließ in seiner Erinnerung etwas anklingen, aber es war so schwach und nebelhaft, daß er es nicht fassen konnte. Sie mußte aus dem Dorf sein, aber sie glich keinem der Dorfbewohner, und er kannte alle Familien. Verwirrt runzelte er die Stirn und stöberte in seinem Gedächtnis. Aber er fand nichts. In dem jungen Gesicht des Mädchens lag Klarheit, Unschuld und Vornehmheit. Es war schön geschnitten, und diese Augen waren von einem so tiefen und leuchtenden Grün, wie er es noch nie gesehen hatte. Er schüttelte den Kopf und war etwas verstört. Sie erinnerte ihn an jemanden, aber er sollte verdammt sein, wenn er wüßte, an wen.

Adam nahm die Teetasse und trank schnell, bevor der Tee kalt wurde. Dann wärmte er sich vor dem Kamin und hörte plötzlich das gleiche leise Klopfen wie zuvor, aber dieses Mal klang es entschieden fester. Nach seiner Aufforderung öffnete sich die Tür, und Emma stand wieder da. Sie schien nun nicht mehr zu zögern, und Adam schaute sie aufmerksam an. Wieder rührte sich etwas in seiner Erinnerung, aber es blieb ohne Konturen.

Für einen kurzen Augenblick trafen sich ihre Blicke, und keiner von beiden schien fähig, zur Seite zu schauen. Adam dachte mit plötzlichem Verständnis verblüfft: Nein, dieses Mädchen hat keine Angst vor mir. Es haßt mich! Er wandte den Blick von ihr ab. Emma dachte: Er ist ein gemeiner, böser Mensch, er lebt von der mühseligen Arbeit anderer. Ihr junges, empfindsames Herz verhärtete sich noch mehr gegen ihn.

Ihre Stimme war fest und kalt, als sie sagte: »Murgatroyd läßt ausrichten, daß die Kinder im Frühstückszimmer auf Sie warten, Squire.« Sie hielt sich am Türrahmen fest, denn sie war noch etwas betäubt von dem zweiten furchtbaren Schlag, den sie soeben von Murgatroyd erhalten hatte.

Adam nickte. Es wurde ihm klar, daß er in diesem seltsam anziehenden Mädchen einen unbeugsamen Feind hatte, obwohl er nicht durchschauen konnte, warum. Ohne ihm noch einen Blick zu gönnen, zog sie sich zurück. Adam bemerkte, daß sie diesmal keine Mühe hatte, nicht zu knicksen. Das Mädchen lernte schnell, und es war furchtlos. Mit seinem klaren Verstand erkannte er, daß es sehr stolz war und einen festen, entschlossenen Willen besaß. Während er über diese Entdeckung nachdachte, kehrte seine flüchtige Erinnerung zurück, schwach doch unwiderstehlich, zögernd, wie ein Schatten am Rande des Bewußtseins. Doch als er den Schatten fassen wollte, ihn betrachten, entschwand er wieder. Nach einer Weile zuckte er resigniert mit den Schultern und beschäftigte sich nicht länger damit. Er hatte wichtigere Dinge zu tun, die seine volle Aufmerksamkeit erforderten.

11

Wenige Augenblicke später betrat Adam den Frühstücksraum. Sein Gang war lebhaft und sein Gesicht beherrscht. Als er ins Zimmer kam, stieß er gegen eines der zerbrechlichen Tischchen. Er konnte es gerade noch festhalten, bevor es zusammen mit dem kostbaren Meißener Porzellan, das darauf stand, umstürzte. Während er alles wieder zurechtrückte, fluchte er innerlich vor Wut und Ohnmacht.

Er schaute den Butler an, der an der Anrichte stand, um das Frühstück zu servieren, und sagte mit ruhiger Stimme: »Bitte tun Sie später dieses Tischchen weg, Murgatroyd. Suchen Sie einen anderen Platz dafür. Mir ist es egal wo, aber schaffen Sie es aus dem Weg. Ich stolpere ständig darüber.«

»Jawohl, Sir«, sagte Murgatroyd und hantierte mit dem Silbergeschirr.

Adam setzte sich und betrachtete seine beiden Söhne, die bereits am Tisch saßen. »Guten Morgen«, sagte er freundlich. Gerald murmelte etwas, was wie ein Gruß klang. Edwin dagegen stieß seinen Stuhl zurück, sprang rasch auf und lief auf Adam zu. Er küßte seinen Vater leicht auf die Wange und sagte mit einem sonnigen Lächeln: »Guten Morgen, Vater.«

Adam erwiderte das Lächeln seines jüngsten Sohnes und klopfte ihm voller Zuneigung auf die Schultern. Seiner Enttäuschung über sein Leben und seine Ehe kam nur noch die Enttäuschung über seine Kinder gleich, obwohl er für Edwin echte Liebe empfand. Er war der liebenswürdigere von beiden. Außerdem war er das Ebenbild seines Vaters.

»Wie geht es dir, alter Junge?« fragte Adam freundlich. »Ich hoffe, du fühlst dich besser.« Er bemerkte Edwins blaßes Gesicht und fuhr rasch fort: »Aber wir müssen drauf achten, daß wieder etwas Farbe auf deine Wangen kommt, Edwin. Ich denke, du solltest heute nachmittag ein wenig ausreiten, oder zumindest im Moor spazierengehen. Du brauchst frische Luft. Richtig, alter Junge?«

»Ja, Vater«, antwortete Edwin, während er sich wieder setzte und sorgfältig seine Serviette ausbreitete. »Ich wollte das schon gestern tun, aber Mutter sagte, es sei zu kalt für mich.« Sein Gesicht, das für einen fünfzehnjährigen Jungen erstaunlich reif war, leuchtete in froher Erwartung. »Soll ich Mutter sagen, daß *du* mir erlaubt hast, heute hinauszugehen?«

»Mach dir darüber keine Gedanken, Edwin. Ich werde es deiner Mutter selbst sagen«, antwortete Adam mürrisch. Er war der Meinung, daß Adele aus dem Jungen einen Hypochonder machte, wenn er nicht achtgab. Adam wurde klar, daß er den Jungen in letzter Zeit zu sehr vernachlässigt hatte. Er beschloß, nun die Zügel fester in die Hand zu nehmen, um den Jungen dem krankhaften Einfluß der Mutter zu entziehen.

Inzwischen hatte Murgatroyd ein silbernes Tablett auf den Tisch gestellt. Er stand nun neben Adam und servierte ihm den Bückling mit großtuerischem, lächerlichem Gehabe. »Er schaut sehr köstlich aus, Squire. Ich bin sicher, er wird Ihnen schmecken.«

Adam unterdrückte ein aufkommendes Übelkeitsgefühl, als er auf das Tablett schaute. Der starke Geruch des geräucherten Fischs drehte ihm den Magen um, und er bedauerte den Portwein, den er letzte Nacht getrunken hatte. Er nahm die Teekanne und goß sich die Tasse voll. Abwesend fügte er Zucker und Milch hinzu und hoffte verzweifelt, daß der heiße Tee seine schlechte Laune bessern würde. Er wandte sich an Murgatroyd. »Danke. Die Jungen können sich heute morgen selbst bedienen, da Sie knapp an Personal sind. Sie können Ihre übrige Arbeit verrichten, Murgatroyd.«

»Danke, Squire.« Der Butler stellte das Tablett auf den Anrichtetisch und ging rückwärts aus dem Raum. Gerald stieß seinen Stuhl heftig zurück und lief zur Anrichte. Edwin folgte ihm langsamer und ruhiger. Er wahrte immer den Anstand.

Als sie zum Tisch zurückkamen, betrachtete Adam mit Ekel die riesige Portion, die Gerald sich auf den Teller geladen hatte. Wieder überkam ihn Übelkeit, und er fühlte sich schwach und schwindelig. Ja, der Junge hatte sich zu einem echten Vielfraß entwickelt. Er beschloß, später mit Gerald ein Wort unter vier

Augen zu reden. Sein siebzehnjähriger Sohn war viel zu dick. Seine Erscheinung, seine rohen Manieren, beleidigten Adams Augen. Geralds Körper war eine einzige Fettmasse und völlig formlos. Ein Fettklumpen, dachte Adam wütend. Dann verbesserte er sich. Nein, ein Fettberg! Angewidert verzog er das Gesicht.

»Machst du Fortschritte in der Mühle, Gerald? Läuft alles gut?« Adam wartete ungeduldig, während sein ältester Sohn eifrig kaute, um schließlich eine riesige Portion herunterzuschlucken.

Ohne Eile wischte Gerald sich seinen weichlichen Mund an der Serviette ab, und sagte dann endlich: »Ja, Vater. Wilson ist mit meinen Fortschritten sehr zufrieden. Er sagt, ich hätte eine echte Begabung für das Wollgeschäft, und mir macht es Freude. Er sagt auch, es hätte keinen Sinn mehr, wenn ich noch weiter praktische Arbeit verrichte. Er meint, ich wisse nun genug. Daher will er mich heute in sein Büro nehmen«, schloß er eitel. Geralds rundes, gerötetes Gesich war völlig ausdruckslos, aber seine Augen verrieten Gerissenheit und Verschlagenheit.

»Das sind gute Neuigkeiten, Gerald. Ich bin sehr erfreut«, sagte Adam, obwohl er nicht sonderlich überrascht war. Gerald hatte schon immer eine Neigung für das Geschäft gehabt. Er besaß eine enorme Energie und konnte hart arbeiten, trotz des gewaltigen Gewichts, das er mit sich herumschleppte. Außerdem war er ungeheuer habgierig, was Adam bedauernswert fand. Er hatte erst in jüngster Zeit bemerkt, daß Geralds größte Leidenschaft Geld war, es ging ihm sogar noch über das Essen. Adam hielt beides für sehr niedrige Charakterzüge.

Er räusperte sich und fuhr nachdenklich fort: »Ich werde später selbst mit Wilson sprechen. Ich habe die Absicht, auf dem Weg nach Leeds bei der Mühle zu halten. Ich habe heute nur wenige Besprechungen, bevor ich Eure Tante Olivia vom Zug abhole. Ihr wißt doch, daß sie für einige Monate zu uns kommt, nicht wahr?«

»Ja, Vater«, antwortete Gerald tonlos. Er war offensichtlich an der Ankunft seiner Tante völlig desinteressiert. Mit erneuter Energie machte er sich über die Reste des Frühstücks her.

Aber Edwins Gesicht verlor sofort den unglücklichen Ausdruck, den er in der letzten Zeit so oft an ihm bemerkte. »Ich bin so froh, daß Tante Olivia kommt, Vater!« rief er entzückt. »Sie ist wundervoll. Ein wirklich feiner Kerl!«

Adam lächelte. Er hätte solche Ausdrücke nicht gewählt, um

Olivia Wainright zu charakterisieren, aber er verstand, was sein Sohn meinte. Er nickte zustimmend. Dann nahm er die *Times,* und begann zu lesen.

Stille senkte sich über den Raum. Man hörte nur noch das Knacken der Holzscheite im Kamin und das leise Klirren der Bestecke, während die beiden Jungen ihr Frühstück beendeten. Sie unterhielten sich nicht, wenn ihr Vater Zeitung las. Das fiel ihnen auch nicht schwer, den Gerald hatte wenig mit Edwin gemeinsam, und beide hatten sich längst entfremdet.

12

Emma saß am Tisch in der Küche von Fairley Hall. Sie nähte einen weißen Spitzenkragen an eine blaue Seidenbluse, die sie von Olivia Wainright geschenkt bekommen hatte, dazu noch ein dunkelgrünes Wollkleid und einen dicken Schal, der in hellstem Rot leuchtete. Es waren willkommene Bereicherungen ihrer spärlichen Garderobe, und wieder einmal konnte Emma ihre freundlichen Gefühle für Olivia Wainright nicht unterdrücken. Seit diese Frau im Hause war, hatte sich für Emma, obwohl sie immer noch die Pflichten der kranken Polly übernehmen mußte, vieles gebessert. Sie hatte sich einen Zeitplan aufgestellt, der von Olivia, welche die gemütskranke Adele als Hausherrin vertrat, genehmigt worden war, und dadurch kam sie mit ihrer Arbeit gut zurecht. Sie konnte auch nebenbei für Olivia Näharbeiten machen und sich etwas zusätzliches Geld verdienen, das sie eifrig sparte, um ihrem großen Ziel, nach Leeds zu gehen, näherzukommen.

In der großen Küche war es warm und behaglich. Das Feuer flackerte fröhlich im Herd, und die Sonne schien durch die Fenster. Der ganze Raum leuchtete im hellen Licht des Nachmittags, und die Kupferkessel, das polierte Messing und die weißen Fliesen funkelten in dem goldenen Glanz. Im Haus herrschte ungewöhnliche Stille, denn es war Sonntag. Murgatroyd war eben nach Pudsey gefahren, um seine Schwester zu besuchen. Annie, das Aushilfsmädchen, das Olivia kürzlich zu Emmas Unterstützung eingestellt hatte, war oben im Salon, um nach Emmas Anweisungen den Tisch für das Abendessen zu richten. Das Feuer zischte und knackte fast einstimmig mit den leisen Schnarchtönen, die Mrs. Turner von sich gab. Die Köchin döste auf einem Stuhl vor dem Herd. Ihre Haube saß schief auf dem Kopf, und ihr beachtlicher Busen hob und senkte sich regelmäßig, während sie ungestört vor sich hin träumte. Sonst hörte man nur noch das

Ticken der Uhr und den Wind, der ab und zu an den Fenstern rüttelte. Obwohl es sonnig war und der Himmel tiefblau strahlte, herrschte draußen stürmisches Aprilwetter.

Emma glättete die Seide und hielt die Bluse an sich. Sie prüfte sie kritisch. Mit ihrem angeborenen Sinn für Geschmack und ihren scharfen Augen erkannte sie, wie elegant sie war. Sie war fast neu und von einem lieblichen Blau. Wie der Himmel draußen, dachte Emma und schaute aus dem Fenster. Wie die Augen meiner Mutter, sagte sie zu sich selbst und beschloß, die Bluse ihrer Mutter zu schenken, wenn sie im Laufe der Woche nach Hause kam. Der Gedanke, ihrer Mutter etwas so Schönes schenken zu können, erfüllte sie mit ungestümer Freude. Ihr sonst so ernstes Gesicht erstrahlte plötzlich in einem frohen Lächeln. Sie nahm eine Spitzenmanschette und begann sie mit feinen Stichen an einen der langen Ärmel zu nähen, wobei ihre Gedanken nach Leeds wanderten und sie an ihren PLAN dachte, der für sie mit großen Buchstaben geschrieben war.

In diesem Augenblick flog die Küchentür, heftig und mit einem solchen Lärm auf, daß Emma erschrak.

Sie sah zur Tür und meinte, der heftige Wind habe sie aufgestoßen. Sie wollte schon aufspringen, um sie wieder zu schließen, als ein fröhliches Gesicht im Türrahmen erschien. Schwarze Locken flatterten im Wind, leuchtende, schwarze Augen funkelten fröhlich aus dem gebräunten Gesicht, und ein breiter Mund grinste schelmisch.

»Ehrlich, ich hoffe, Ihr werdet einen erfrorenen Nichtsnutz nicht wieder in die Kälte zurückjagen.« Die Stimme hatte einen singenden, irischen Akzent. Sie klang ausgelassen vor Freude und Lebenslust. »Ich hoffe, Ihr werdet mir eine Tasse Tee anbieten.«

»Blackie!« schrie Emma und vergaß in ihrer Entzückung sogar die schlafende Mrs. Turner. Sie sprang auf und lief durch den Raum, daß das Kleid um ihre Beine flatterte. Ihr Gesicht strahlte. Blackie schob seinen kräftigen Körper durch die Tür und sprang mit drei Sätzen die Stufen hinunter. Er nahm Emma in seine Arme und schwang sie mehrere Male herum, bis der ganze Raum sich vor ihren Augen drehte. Dann stellte er sie vorsichtig wieder hin. Er hielt sie von sich weg und betrachtete sie genau.

»Du wirst jedesmal reizender, wenn ich dich sehe, Mavourneen!« rief er. »Ich glaube, du bist das schönste Mädchen von ganz England, ehrlich, das glaube ich!«

Emma errötete leicht. »O Blackie, du willst mich foppen. Sei nicht so albern.« Sie hatte das zwar leicht tadelnd gesagt, aber trotzdem strahlte sie über das ganze Gesicht.

Der plötzliche Lärm und das Getue hatte die Köchin geweckt, die sich nun aufsetzte und die Augen rieb. Sie blinzelte verwirrt. »Nun, Mädel, was ist denn los?« rief sie und schaute Emma mürrisch an. »Du machst ja einen Lärm, der Tote aufweckt!«

Bevor Emma den unerwarteten Besucher ankündigen konnte, war Blackie durch die Küche gerannt, um die Köchin zu besänftigen. »Ehrlich, Sie sind ein guter Anblick für meine müden Augen, Mrs. Turner, Liebe«, sagte er. »Das bin nur ich. Ich bin gekommen, um meine Aufwartung zu machen und Ihnen das hier zu geben.« Er schwieg und zog mit einer galanten Bewegung eine braune Papiertüte aus seiner Manteltasche, die er ihr mit einer Verbeugung überreicht. Mrs. Turners schlechte Laune war beim Anblick von Blackie O'Neill im Nu verflogen. Er war ihr im Laufe der Zeit sehr ans Herz gewachsen.

»Ah, Blackie, du bist es«, sagte die Köchin und strahlte. Sie spähte in die Tüte, und ihre braunen Äugelchen blitzten auf. »Ooo Blackie, Sahne- und Pfefferminzbonbons, die ich so sehr mag. Danke, Junge. Das ist sehr aufmerksam von dir. Wirklich. Und hast du schon das Neueste gehört? Wir brauchen uns über Murgatroyd keine Sorgen mehr zu machen. Bei Gott, das müssen wir nicht mehr.« Die Köchin blickte schadenfroh, als sie ihm mitteilte: »Man hat ihm die Flügel gestutzt, Blackie, mein Junge. Jawohl. Die Dinge haben sich hier geändert, seit Mrs. Wainright hier ist.« Die Köchin lächelte ihn zufrieden an und fuhr fort: »Mrs. Wainright ist so gut zu uns allen. Ja, das ist sie! Diese Frau ist ein Engel.«

»Nach allem, was ich höre, muß sie wohl ein Engel sein«, meinte Blackie, und seine Augen leuchteten froh. »Ich kann ja mit meinen eigenen Augen sehen, daß es besser geworden ist, Mrs. Turner.« Blackie warf einen verstohlenen Blick auf Emma, und er war wieder einmal beeindruckt. Sie entwickelte sich zu einer wirklich schönen, jungen Frau. Sie schaute gepflegter aus und besser, mit ihrem strahlenden Gesicht, ihren seidigen Haaren und ihrem blauen Kleid.

»Ja, ehrlich, es tut meinem Herzen wohl zu sehen, daß das Mädchen besser ernährt ausschaut und angemessene Kleider trägt.« Er nickte beifällig mit dem Kopf. Auch die Köchin stimmte ihm zu und lehnte sich in ihrem Stuhl zurück. Sie steckte sich ein Sahnebonbon in den Mund und legte die Füße auf den Herd, als wolle sie ihre Zehen rösten.

Nun setzte sich Blackie Emma gegenüber an den Tisch. Er fischte in seinem Mantel herum und brachte ein kleines Päckchen zum Vorschein. »Und das ist für dich, Mavourneen«, meinte er bedeutungsvoll, während er es vor sie auf den Tisch legte. Seine fröhlichen schwarzen Augen betrachteten sie liebevoll.

Emma starrte erst auf das Päckchen und schaute dann auf Blackie. »Was ist das?« fragte sie scheu.

»Nun, nichts Besonderes. Ein Geburtstagsgeschenk für dich«, meinte Blackie. Sein Mund verzog sich belustigt, als er ihre wachsende Neugier bemerkte.

»Aber mein Geburtstag ist doch erst Ende April«, erwiderte Emma. Sie nahm das Päckchen und drehte es in ihren Händen. Sie betrachtete es mit wachsendem Interesse. Ein solches Geschenk hatte sie noch nie erhalten. Ein Geschenk, das in Silberpapier eingewickelt war, das durch ein silbernes Band gehalten wurde. Nein, so etwas war ihr in ihrem ganzen Leben noch nicht passiert. Es war fast zu schön, um geöffnet zu werden.

»Ja, ich weiß, wann du Geburtstag hast«, belehrte sie Blackie. »Aber mein Onkel will mich nach Harrogate schicken, wegen einer Reparatur, und ich werde dort drei Wochen zu tun haben. Darum habe ich dir dein Geschenk schon jetzt gebracht, Mavourneen.«

Emma sah immer noch auf das Geschenk in ihrer Hand. Ihr Gesicht war gerötet, und in ihren Augen funkelten grüne Lichter. »Darf ich es jetzt schon öffnen?« fragte sie und konnte ihr Entzücken nicht verbergen. »Ich muß nicht warten, nicht wahr?«

»Da kannst du sicher sein, das brauchst du nicht. Mach es gleich auf«, sagte Blackie, dem diese Szene einen riesigen Spaß machte.

Emma knüpfte das silberne Band auf und entfernte das Silberpapier mit großer Sorgfalt. Eine kleine, schwarze Schachtel kam zum Vorschein. Emma sah sie mit großen Augen an. Ihr Herz klopfte heftig. Langsam öffnete sie den Deckel. »O Blackie, ist das herrlich«, jubelte sie, und ihre Augen wurden noch größer. Mit zitternden Händen nahm sie eine kleine Brosche heraus, welche die Form eines Bogens hatte und mit hell glänzenden, grünen Steinen besetzt war. Sie hielt sie in das Licht. Die billige kleine Brosche funkelte im Sonnenlicht so glitzernd, daß ihre

Wertlosigkeit unbedeutend wurde. In ihren Händen schien sie eine besondere Schönheit anzunehmen, daß sogar Blackie staunen mußte.

»Schauen Sie, Mrs. Turner!« rief sie und lief zu der Köchin, um ihr die Brosche zu zeigen. »Nun, du bist wirklich zu beglückwünschen, Mädel. Es war wirklich sehr freundlich von Blackie, an deinen fünfzehnten Geburtstag zu denken«, lächelte Mrs. Turner.

»Es ist nur Glas«, sagte Blackie entschuldigend. »Aber als ich sie in einem der Geschäfte von Leeds sah, sagte ich zu mir, das ist die Farbe von Emmas Augen, da kannst du sicher sein. So kaufte ich sie, ohne auch nur eine Minute zu zögern.« Blackie grinste in seiner gewinnenden Art. »Wenn ich mal ein reicher Pinkel bin, dieser Millionär, der ich einmal sein will, dann werde ich dir eine Brosche kaufen, die genau wie diese aussieht, Mavourneen. Aber dann werden es echte Smaragde sein, das kann ich dir versprechen«, fuhr er mit dem größten Selbstvertrauen fort.

»Das brauchst du nicht zu tun«, meinte Emma rasch. »Dies ist die schönste Brosche, die ich je gesehen habe. Nun, ich werde sie *immer* behalten. Ich will keine Smaragde, Blackie. Diese hier ist vollkommen. Ich danke dir so sehr.« Sie lächelte ihn strahlend an und küßte ihn auf die Wange.

Er zog sie an sich und sagte: »Ich bin froh, daß sie dir gefällt.«

Emma setzte sich wieder. Das Lächeln blieb auf ihrem Gesicht. Nach einigen Sekunden legte sie die Brosche wieder vorsichtig in die Schachtel, aber sie ließ den Deckel offen, damit sie sie weiter bewundern konnte.

»Nun, wie wäre es jetzt mit einer Tasse Tee, Junge?« fragte die Köchin und erhob sich schwerfällig und ächzend aus ihrem Stuhl. Sie setzte ihre Haube zurecht, glättete die Schürze und ging zum Herd. »Ich habe schon Wasser aufgestellt und bin im Handumdrehen fertig.«

»Ich danke Ihnen, Mrs. Turner.« Blackie schlug seine langen Beine übereinander und machte es sich im Stuhl bequem. Er wandte sich nun an Emma. »Darf ich fragen, was du hier am Sonntag machst?« forschte er, die Stirn runzelnd. »Ich dachte, du hättest frei wie immer. Ich wollte eigentlich bei euch vorbeikommen und das Geschenk abgeben, nachdem ich kurz bei Mrs. Turner hereingeschaut hätte.«

»Der Squire gab letzten Abend eine Einladung, und darum bat mich Mrs. Wainright, über das Wochenende hier zu bleiben, als sie sah, wieviel Arbeit noch zu tun war«, erklärte Emma. »Ich wollte erst am Donnerstag wieder nach Hause gehen, aber die gute Mrs. Wainright hat mir dafür auch vier Tage frei gegeben.«

»Ich bin froh, das zu hören«, meinte Blackie. »So, dann hat also der Squire eine Einladung gegeben, nicht wahr? Ich wette, da ging es hoch her, heh, Emma. Lauter feine Pinkel, denke ich.« Blackie grinste. »Ich bezweifle das überhaupt nicht. O ja, es ist wunderbar, wenn man Geld hat.«

Emma nickte feierlich, und ihre Augen glitzerten. »Du hast recht, Blackie, jeder kann ein feiner Pinkel sein, wenn er Geld hat.« Sie schaute ihn prüfend an und fuhr fort: »Auch du schaust recht gut aus. Hast du einen neuen Anzug?«

Blackie strahlte und setzte sich gerade hin. Dann strich er schmeichelnd über seine dunkle Jacke, die aus feinem Wollstoff gefertigt war. »Ja, in der Tat. Ich habe auch eine neue Krawatte.« Er zeigte mit Stolz auf die dunkelblaue Krawatte. Er zwinkerte. »Ehrlich, ich habe heute meinen besten Sonntagsstaat an. Du hast doch wohl nicht geglaubt, ich besuche eine gebildete junge Dame in Arbeitskleidung, oder?«

Emma lächelte. »Du hättest gestern Mrs. Fairley und Mrs. Wainright sehen sollen. Sie schauen immer so schön aus. Wie die Bilder in den Magazinen. Wirklich *elegant*.«

»Das kann ich mir vorstellen«, meinte Blackie. Er schaute Emma voller Zuneigung an und fügte hinzu: »Und so wirst du eines Tages auch ausschauen, mein kleines Mädchen, wenn du eine große Dame geworden bist.«

Emma errötete. »Oh, davon weiß ich nichts«, murmelte sie, plötzlich etwas scheu. »Aber erzähle mir, was gibt es Neues in Leeds? Erzähl mir mehr von Leeds, Blackie. Was hast du in letzter Zeit alles getan?«

»Es gibt nicht viel Neues«, antwortete er vorsichtig, als er wieder diesen Gesichtsausdruck an ihr bemerkte, der immer dann erschien, wenn sie die Stadt erwähnte. »Es ist alles beim alten, denke ich. Ich kann dir nichts Nettes erzählen, Mavourneen, ehrlich, das ist die reine Wahrheit. Alles was ich getan habe, seit ich dich im März gesehen habe, war hart arbeiten. Ich und mein Onkel Pat, nun, wir haben zur Zeit mehr Arbeit, als wir bewältigen können. Das verdanken wir dem Squire. Da kannst du sicher sein, er persönlich hat dazu beigetragen, daß unser Unternehmen floriert. Er hat uns weiter empfohlen.« Jetzt konnte er seine

Begeisterung nicht mehr unterdrücken und fügte überschwenglich hinzu, ohne daran zu denken, welche Wirkung seine Worte auf sie haben könnten. »Ich lüge dich nicht an, Emma, wenn ich dir sage, daß die Geschäfte in Leeds blühen.«

Emma schaute Blackie aufmerksam an. Sie dachte: Dann muß ich bald hin. Laut aber sagte sie: »Und was springt für den Squire dabei heraus? Wenn er euch weiterempfiehlt?«

Blackie warf seinen Kopf zurück und brüllte vor Lachen. »Er selbst hat nichts davon«, entgegnete er. »Warum denkst du denn das, Mavourneen?« Blackie zog ein rotes Taschentuch heraus und wischte sich die Augen. Dann schneuzte er sich kräftig.

»Weil ich den Squire kenne, und *er* würde niemals etwas umsonst tun.« Sie zog verächtlich die Mundwinkel herunter.

Blackie lachte wieder. »Emma! Emma! Nicht jeder erwartet eine Gegenleistung«, erklärte er gönnerhaft. »Vor allem nicht so ein Gentleman wie der Squire. Er empfiehlt uns weiter, weil er unsere Arbeit kennt. Er weiß, daß wir gute Fliesenleger und Maurer sind, ich und mein Onkel Pat. Da kannst du sicher sein.« Er machte eine Pause und sagte dann mit großer Sicherheit: »Er empfiehlt uns auch, weil er uns mag, denke ich.«

»O ja«, bemerkte Emma trocken, und Zweifel stand in ihren Augen. Sie konnte es kaum glauben.

Blackie lehnte sich vor und sagte vertraulich: »Nun, es ist noch mehr als das. Verstehst du, Mavourneen, mein Onkel Pat hat dem Squire vor drei Jahren das Leben gerettet. Er war immer dankbar dafür.«

»Er hat dem Squire das Leben gerettet«, sagte Emma kalt. »Und wie hat er das gemacht?«

»Der Squire fuhr in seiner Kutsche durch Leeds. Es war unten in Briggate, glaube ich, als das Pferd durchging. Ehrlich. Mein Onkel Pat sah, was geschah, und sprang geistesgegenwärtig auf das Pferd zu und brachte es zum Stehen; er mußte alle seine Kräfte aufwenden. War wohl ein fürchterlicher Anblick, nach dem was ich gehört habe«, sagte Blackie und warf unbewußt die Schultern zurück. »Er ist groß und stark, mein Onkel Pat, aber fast hätte er es nicht geschafft, ehrlich! Der Squire hätte getötet werden können, da kannst du sicher sein, wenn nicht mein Onkel Pat gewesen wäre. Es war sehr gefährlich. Mein Onkel Pat wurde fast von dem Pferd zertrampelt und wäre dann für immer ein Krüppel gewesen.«

Blackie schaute Emma vielsagend an. »Wie dem auch sei, Mavourneen, der Squire war dankbar, wie ich gesagt habe. Außerdem war er von der Tapferkeit meines Onkels Pat beeindruckt und wollte ihn belohnen...« Blackie schüttelte den Kopf und fuhr fort: »Mein Onkel Pat, nun, *er* wollte das Geld nicht nehmen. ›Nur ein Heide nimmt Geld dafür, daß er das Leben eines Mannes gerettet hat‹, sagte mein Onkel Pat zu dem Squire. Darum gab uns der Squire in seiner Dankbarkeit den Auftrag und empfahl uns weiter«, endete Blackie triumphierend und nickte mit dem Kopf. »Und wir sind froh darüber, Mavourneen.«

»Dein Onkel Pat *muß* sehr mutig sein«, meinte Emma. Sie grübelte eine Weile und preßte die Lippen zusammen. »Nun, ich hoffe, daß ihr den Squire und *die*, denen er euch empfohlen hat, tüchtig geschröpft habt«, meinte sie bissig.

»Warum, Emma Harte! Wie kannst du so etwas sagen!« schrie Blackie, Entsetzen heuchelnd. Er verbarg seine Heiterkeit und rief: »Ich sehe schon, daß du zu einem richtigen hartherzigen Yorkshire-Mädel heranwächst.«

»Der Tee ist fertig«, kündigte die Köchin an. »Emma, nimm das beste Geschirr und ein weißes Tischtuch, denn es ist Sonntag, und wir haben Besuch.« Die Köchin watschelte mit dem Teetablett herbei. »Kann ich Ihnen helfen, Mrs. Turner?« fragte Blackie und stand auf.

»Nein, Junge, setz dich wieder. Wir sind sofort fertig.« Geschäftig eilte sie wieder davon und kam wenige Sekunden später mit einem anderen Tablett zurück, auf dem dick belegte Sandwiches lagen.

»Sie haben sich ja selbst übertroffen, liebe Mrs. Turner«, meinte Blackie, als er all die Köstlichkeiten sah. »Ehrlich, das ist das tollste Gelage, das ich je gesehen habe.«

»Was redest du da für einen Schmus«, sagte die Köchin, aber sie lachte, und ihre Augen waren voller Freude. Sie schaute Blackie warm an und klopfte ihm auf die Schulter. »Spar dir deine Mühe, Junge. Du kannst nichts damit gewinnen, wenn Du einer alten Haut wie mir Schmeicheleien sagst.«

In diesem Augenblick kam Annie, das Aushilfsmädchen die Treppe herunter. Sie war groß und robust gebaut und hatte eine rosige Hautfarbe. Mit ihren strohblonden Haaren und den blauen Augen sah Annie wie ein typischen Milchmädchen aus, und ihr Benehmen paßte zu ihrem Äußeren. Emma schaute auf. »Bist du oben fertig, Annie? Ist alles in Ordnung, ja?« Annie nickte langsam, aber sie hatte nicht den üblichen, gelassenen Gesichtsausdruck, was Emma sofort bemerkte. »Geh zum Waschbecken und säubere dir die Hände, dann können wir zusammen Tee trinken.« Mit diesen Worten schob sie Annie außer Hörweite der Köchin. »Hast du etwas zerbrochen?« fragte Emma.

»Nein, Emma, ich habe gut Acht gegeben, wie du es mir gesagt hast.«

»Nun, was ist denn los? Du schaust aus, als seist du zu Tode erschreckt. Du bist völlig außer dir.«

»Es geht um Mrs. Fairley«, flüsterte Annie geheimnisvoll. »Sie hat mir einen schönen Schrecken eingejagt, wirklich, Emma.«

»Was ist geschehen?« Emma drehte den Wasserhahn auf und tat so, als wasche sie sich die Hände, damit man ihre Stimmen nicht hören konnte.

»Ich ging hinauf, um nach der Missis zu sehen, wie du mir es aufgetragen hattest, nachdem ich mit Tischdecken fertig war. Als ich an die Tür klopfte, antwortete sie nicht. Trotzdem trat ich ein. Als ich den Salon betrat, saß sie da im Dunkeln und redete . . .«

»Und was ist daran schlimm?« fragte Emma ungeduldig.

»Du verstehst mich nicht, Emma! Es war niemand bei ihr. Sie sprach ins leere Zimmer«, flüsterte Annie mit Augen groß wie Untertassen.

»Nein, Annie, Mädel. Das kann nicht sein. Vielleicht war Mrs. Wainright bei ihr. Vielleicht war jemand im Zimmer, den du nicht sehen konntest«, entgegnete Emma und runzelte die Stirn. Aber trotzdem nahm sie an, daß Annie die Wahrheit sprach.

»Mrs. Wainright ist noch nicht von der Kirche zurück«, murmelte Annie. »Jedenfalls hörte sie auf zu sprechen, als sie mich sah. Ich fragte sie, ob sie Tee möchte, und das so höflich, wie du es mir aufgetragen hast. Sie wollte keinen, bat mich aber, dir zu sagen, daß sie später in ihrem Zimmer zu Abend essen möchte«, teilte Annie mit. Sie holte erleichtert Atem, jetzt, da sie in der sicheren Küche war.

»Am besten gehe ich hinauf zu ihr«, meinte Emma besorgt.

»Nein, das darfst du nicht. Die Missis hat mir gesagt, sie sei müde, und darum habe ich ihr beim Zubettgehen geholfen. Sie legte sich nieder, und ich war in wenigen Minuten draußen . . .« Annie hielt inne und packte Emmas Arm. »Emma . . .«, begann sie zögernd, schwieg dann aber.

»Ja, Kleine, was ist?« fragte Emma.

»Mrs. Fairley riecht immer so seltsam. Sie riecht nach *Whiskey*. Zumindest glaube ich, daß es das war«, vertraute Annie Emma an.

Emmas Augen wurden schmal, aber sie schlug einen skeptischen Ton an. »O Annie, das tust du dir bloß einbilden.«

»Nein, das tue ich nicht. Ehrlich, Emma!«

Emma schaute Annie fest an. »Zunächst einmal, woher weißt du denn wie Whiskey riecht, Annie Stead? Dein Vater trinkt doch nur Bier.« Sie blickte Annie durchdringend an. Dann fuhr sie mit fester Stimme fort: »Mrs. Fairley nimmt eine besondere Medizin. Das ist es, was du gerochen hast, Annie Stead.«

»Wenn du es sagst«, meinte Annie, die vor Emma große Ehrfurcht hatte und sie auch ein wenig fürchtete. Trotzdem fand sie den Mut hinzuzufügen: »Doch die Missis redete mit sich selbst. Ich irre mich nicht!«

Emma, die sich verpflichtet fühlte, Adele Fairley zu verteidigen, dachte kurz nach. Dann sagte sie mit einem feinen, wissenden Lächeln: »Mir fällt gerade ein, daß Mrs. Fairley häufig laut liest. Vielleicht tat sie das gerade, als du in das Zimmer kamst. Du hast nur das Buch nicht gesehen, das ist alles.« Sie schaute Annie so drohend an, daß sie erbleichte und einen Schritt zurücktrat. »Aber wenn es dich beruhigt, dann werde ich hinaufgehen und nach ihr sehen«, bemerkte Emma kühl.

Annie schüttelte den Kopf. »Nein, laß sie in Ruhe, Emma. Sie war fest eingeschlafen, als ich sie vor ein paar Minuten verließ.«

»Nun, ihr Mädels! Was soll denn euer Getuschel dort am Waschbecken? Ihr wißt doch, daß ich das nicht mag«, rief Mrs. Turner verdrießlich. Sie klatschte in die Hände. »Emma! Annie! Kommt sofort her und trinkt euren Tee. Ich will dieses Getuschel nicht!«

»Erzähle nichts der Köchin«, warnte Emma. Sie drehte den Wasserhahn zu, trocknete ihre Hände und bemühte sich, eine unbekümmerte Miene aufzusetzen. So hat Annie es also auch gerochen, dachte Emma bestürzt. Aber als sie sich an den Tisch setzte, mußte sie sich selbst zugestehen, daß es keinen Grund gab hinaufzugehen, wenn Mrs. Fairley schlief. Das ist wohl im Augenblick das Beste für sie, beschloß Emma mit ihrem gesunden Menschenverstand.

Dank Blackies überschäumendem Temperament wurde Emma

bald wieder heiter. Er konnte wunderbar erzählen, und sie lachten die ganze Zeit, während sie ihren Tee tranken, über seine lustigen Geschichten und Witzeleien. Emma gelang es völlig, Adele Fairley zu vergessen, und sie lachte ebenso wie die andern, was Blackie sehr zufrieden stimmte. Seiner Meinung nach war Emma immer viel zu ernst. Darum freute ihn ihre Fröhlichkeit ganz besonders.

Es herrschte eine heitere Atmosphäre, und die Küche war erfüllt von Blackies Gelächter, dem Kichern der Mädchen und den gelegentlichen Ermahnungen der Köchin, doch etwas ruhiger zu sein; aber diese Ermahnungen waren gutmütig gemeint, denn sie selber lachte schallend.

Als sie mit dem Essen fertig waren, sagte Emma: »Sing uns etwas vor, Blackie, bitte.«

»Das werde ich tun, da kannst du sicher sein. Und was würde dir Freude machen?«

»Singe bitte ›Danny Boy‹, Blackie. Mrs. Turner liebt dieses Lied so . . .«

Emma hielt inne und blickte zur Küchentür, die plötzlich weit aufgeflogen war und nun in ihren Angeln hin und her schwang. Sie war verblüfft, als sie ihren Bruder Frank auf der Schwelle sah. Er knallte die Tür mit einem heftigen Ruck zu und eilte die Stufen hinunter. Die Stiefel klapperten laut, sein schmales Gesicht war blaß und kalt, und sein schmächtiger Körper zitterte in der abgetragenen Jacke.

»Du lieber Gott! Was ist denn das?« rief Mrs. Turner mit verwirrtem Blick.

Emma sprang auf und lief durch den Raum. »Frank, Junge, was ist los?« fragte sie und zog ihn schützend an sich. Frank rang nach Atem. Seine Augen waren vor Entsetzen weit geöffnet, und man sah deutlich die Sommersprossen auf seinem verzerrten Gesicht. Emma führte ihn sanft zum Herd, redete ihm in ihrer mütterlichen Art beruhigend zu und klopfte ihm sanft auf die Schultern. Der Atem des Jungen ging schwer, denn er war den ganzen Weg vom Dorf bis hierher gelaufen. Er war noch unfähig zu sprechen. Endlich konnte er keuchen: »Mein Dad sagt, du sollst sofort kommen, Emma. Jetzt!«

»Aber warum?« frage Emma und starrte in sein Gesicht. Sie war beunruhigt. Ihre Gedanken überstürzten sich. Franks Augen füllten sich mit Tränen, und bevor er etwas sagen konnte, wußte

Emma instinktiv, was er sagen wollte. Sie hielt den Atem an und betete, daß sie sich irren möge.

»Unsere Mam, Emma. Mein Dad sagt, ich solle dir ausrichten, daß es ihr schlecht geht. Und Dr. Mac ist da. Los, komm!« schrie er gellend und zog sie heftig am Arm.

Emmas Gesicht wurde kalkweiß, und Furcht verdunkelte ihre Augen. Sie riß die Schürze ab und rannte zu dem Verschlag. Wortlos nahm sie Schal und Mantel. Blackie und Mrs. Turner tauschten besorgte Blicke. Mrs. Turner meinte: »Nun, Mädel, ich bin sicher, daß es nichts Ernstes ist. Gräme dich nicht. Du weißt doch, daß es deiner Mutter in der letzten Zeit besser ging.« Ihre Stimme war beruhigend, aber ihr rundes Gesicht zeigte Betroffenheit.

Blackie hatte sich erhoben und half ihr fürsorglich in den Mantel. Er drückte ihren Arm und sagte tröstend: »Mrs. Turner hat recht. Da kannst du sicher sein, Emma. Hab keine Angst. Deine Mutter ist bei dem Doktor in guten Händen.« Er schaute in ihr verzerrtes Gesicht. »Möchtest du, daß ich mitkomme?«

Emma schaute zu ihm hoch und schüttelte den Kopf. »Aber wenn Dr. Mac bei ihr ist, muß es etwas Schlimmes sein.« Emmas Stimme zitterte und ihre Augen füllten sich mit Tränen.

»Nun, ziehe keine voreiligen Schlüsse«, sagte Blackie sehr sanft. Er versuchte, ihre Angst zu mildern. »Deine Mam wird gesund, Mavourneen, da kannst du sicher sein.« Emma schaute besorgt zu ihm auf, aber sie antwortete nicht. Blackie legte seinen starken Arm um sie und zog sie an sich. Nach einer Weile ließ er sie wieder los und strich ihr zärtlich über die Wange. »Du muß Vertrauen haben«, flüsterte er sanft und schaute ihr dabei in die Augen.

»Ja, Blackie«, murmelte sie, während sie sich ihren Schal umwickelte. Dann griff sie Franks Hand und rannte mit ihm durch die Küche. »Ich glaube nicht, daß ich rechtzeitig zurück bin, um bei der Zubereitung des Abendessens zu helfen, Mrs. Turner!« rief sie, während sie die Treppen hinaufeilte. »Aber ich werde es versuchen. Wiedersehen!« Die Tür knallte hinter Emma und Frank zu.

Mrs. Turner ließ sich schwer in einen Stuhl fallen. »Es war einfach zu gut, um wahr zu sein. Ich meine, wie der Zustand ihrer Mutter sich in den letzten Wochen verbessert hatte. Es war die Ruhe vor dem Sturm, wenn du mich fragst«, murmelte sie bitter.

»Armes Kind. Und es hatte gerade jetzt einmal so eine schöne Zeit.«

»Wollen wir nicht zu schwarz sehen, Mrs. Turner. Ihre Mam kann ja auch nur einen kleinen Anfall haben. Es könnte falscher Alarm sein«, meinte Blackie. Er täuschte Hochstimmung vor, aber sein Herz war schwer, und seine schwarzen Augen blickten traurig.

Als sie draußen waren, versuchte Emma nicht erst, Frank auszufragen. Sie wußte tief in ihrem Innersten, daß es jetzt nur darauf ankam, so schnell wie möglich nach Hause zu kommen, ohne auch nur eine Minute Zeit zu verschwenden. Ihr Vater hätte nicht nach ihr geschickt, wenn sich der Zustand ihrer Mutter nicht außerordentlich verschlechtert hätte.

Trotz der tröstenden Worte von Blackie und Mrs. Turner, war sich Emma dessen ganz sicher. Sie zitterte, als ihre Befürchtung in blankes Entsetzen umschlug.

Hand in Hand rannten Emma und Frank über den Hof, durch das Eichenwäldchen und über Baptist Field. Zusammen kämpften sie sich den kleinen Hang hinauf, der zu der Hochebene führte. Schon jetzt rang Frank nach Atem, und er konnte fast nicht mehr mit Emma Schritt halten. Sie nahm seine Hand fester und zog ihn erbarmungslos hinter sich her. Seine Proteste und seine keuchenden Rufe beachtete sie nicht.

Er stolperte und fiel hin, aber Emma blieb nicht stehen. Mit fast übermenschlicher Kraft zog sie ihn hoch und hinter sich her.

Sein jammervolles Klagen und seine durchdringenden Schreie wurden schließlich so schrill, daß sie stehen blieb.

»Frank! Um Himmels willen!« rief sie wild und sah wütend zu ihm hinunter. »Steh auf, Junge!« Sie versuchte ihn wieder hochzuziehen, aber Frank lag völlig entkräftet auf dem Pfad.

»Ich kann nicht mit dir Schritt halten, Emma.«

Emma, die von Natur aus nicht hartherzig oder grausam war, war inzwischen der Hysterie nahe. Ihr einziger Gedanke war nach Hause zu kommen, zu ihrer Mutter, die sie dringend brauchte. »Dann mußt du nachkommen«, schrie sie.

Emma machte sich nun allein auf den Weg durch das Moor. Ihr eiserner Wille trieb sie mit übernatürlicher Energie vorwärts. Während des Laufens wurde sie immer schneller, und ihre Kleider flatterten im Wind. Sie hatte nur einen Gedanken: Laß meine Mutter nicht sterben. Es war ein tiefes Gebet, und sie wiederholte es immer und immer wieder. *Bitte, lieber Gott, laß meine Mutter nicht sterben.*

Als sie den Ramsden Ghyll erreichte, hielt Emma an und schaute zurück. Sie konnte Frank sehen, der ihr folgte. Aber sie konnte nicht auf ihn warten und verschwand im Ghyll, ohne ihre Schritte zu verlangsamen. Einmal stolperte sie und wäre fast gefallen, aber sie fing sich rasch und rannte weiter. Im Ghyll, wo die hohen Felsen riesige Schatten warfen und alles Licht nahmen, war es dunkel, aber Emma beachtete den unheimlichen Ort überhaupt nicht. Bald kletterte sie den Pfad auf der anderen Seite des Ghyll empor und lief im hellen Sonnenlicht weiter. Sie keuchte heftig und rang nach Atem, aber sie hielt nicht inne. Plötzlich hörte Emma Pferdehufe. Verblüfft schaute sie zurück. Überrascht sah sie Blackie auf einem der Pferde des Squires auf sie zugaloppieren. Er hielt Frank vor sich auf dem Sattel.

Blackie brachte das Pferd zum Stehen, und Emma erkannte Russet Dawn, Master Edwins Fuchs. Blackie beugte sich herab und reichte ihr seine große Hand. Er streckte den Fuß aus und rief: »Spring hinauf, Emma! Benutze meinen Fuß als Stütze.« Emma tat, wie er gesagt hatte, und schwang sich hinter ihm aufs Pferd. »Halt Dich fest!« schrie er. Dann ging es im Galopp weiter. Bald sahen sie das Dach der Kirche, und innerhalb weniger Minuten waren sie in Top Fold.

13

Die Küche der Hütte war verlassen, als Emma eintrat und leise hinter sich die Tür schloß. Sie lag dunkel im Licht des späten Nachmittags. Das Feuer war erloschen, im Kamin nur kalte Asche. Es roch nach Kohl, kalten Zwiebeln und angebranntem Essen. Mein Dad hat das Sonntagsessen wieder einmal verdorben, dachte Emma abwesend, als sie Mantel und Schal ablegte und sich umschaute. In der Hütte herrschte unheilvolle Stille, und Emma schauderte, als die die Treppe hinaufstieg, um zu ihrer Mutter zu gehen. Ihr Herz klopfte heftig, ihre Besorgnis wuchs.

Ihr Vater war allein. Er stand über Elizabeth gebeugt. Mit einem Tuch wischte er ihr sanft das Gesicht ab und streichelte dabei mit einer Hand liebevoll ihr verschwitztes Haar. Er schaute auf, als Emma auf Zehenspitzen hereinkam. Seine Augen waren voller Sorge. Im Zwielicht war sein Gesicht grau.

»Meine Mam . . . was ist passiert?« flüsterte Emma heiser. John schüttelte matt den Kopf. »Dr. Mac sagt, es sei ein Rückfall. In den letzten Tagen wurde sie schwächer und schwächer. Sie hat keine Kraft mehr in sich«, sagte er mit erstickter Stimme. »Der Doktor ist schon gegangen. Keine Hoffnung . . .« Seine Stimme brach, und er schaute rasch zur Seite, um seinen Kummer und die Tränen zu verbergen.

»Sage so etwas nicht, Dad«, rief Emma sanft, aber mit großem Nachdruck. Sie schaute sich um. »Wo ist unser Winston?«

»Ich habe ihn weggeschickt, um Tante Lily zu holen.« Elizabeth bewegte sich unruhig. John drehte sich rasch um und wischte ihr wieder das Gesicht. »Du kannst zum Bett kommen, Emma. Aber sei bitte leise. Deine Mam braucht absolute Ruhe«, sagte er mit tiefer, sorgenvoller Stimme. Er trat zurück, so daß Emma sich auf den kleinen Hocker setzen konnte. Sanft berührte er ihre Schulter. »Deine Mam hat nach dir gefragt«, murmelte er.

Emma nahm die abgemagerte Hand ihrer Mutter. Sie war eiskalt und ohne Leben. Elizabeth öffnete langsam ihre Augen, als sei schon die Anstrengung, die Lider zu heben, für sie zu groß. Sie schaute Emma mit leeren Augen an. »Mam, ich bin es«, sagte Emma ruhig, während ihr die Tränen in die Augen schossen. Das Gesicht ihrer Mutter hatte alle Farbe verloren, und es hatte einen seltsamen Glanz. Schwache, purpurne Flecken zeigten sich auf ihrer Haut. Ihre schön geschwungenen Lippen waren so weiß wie das Bettlaken. Sie schaute Emma immer noch verwirrt an. Emma nahm die Hand ihrer Mutter noch fester, und wie eine vom Sturm gepeitschte Woge stieg Furcht in ihr auf. Sie sagte noch einmal, diesmal aber eindringlicher: »Mam! Mam! Ich bin es, Emma.«

Elizabeth lächelte schwach. Ihre Augen leuchteten auf, als sie Emma erkannte. Sie verloren plötzlich ihre Leere und blickten begreifend. »Emma, Liebchen«, sagte sie schwach. Sie versuchte, das Gesicht ihrer Tochter zu berühren, aber sie war zu erschöpft, und ihre Hand sank schlaff herunter. »Ich habe auf dein Kommen gewartet, Emma.« Ihre Stimme war nur noch ein schwaches Geflüster. Ihr Atem ging flach und schnell, und sie zitterte unter ihrer Decke.

»Mam! Mam! Du wirst wieder gesund, nicht wahr?« sagte Emma. Ihre Stimme wurde drängend vor Besorgnis. »Du wirst wieder gesund, nicht wahr, Mam?«

»Es geht mir besser, mein Herz«, sagte Elizabeth. Um ihre Lippen spielte ein sanftes Lächeln. Sie seufzte tief. »Du bist ein gutes Mädchen, Emma.« Sie schwieg, und ihr Atem ging schwerer. »Versprich mir, dich um Winston und Frank zu kümmern. Und um deinen Dad.« Ihre Stimme wurde nun so schwach, daß sie kaum noch hörbar war.

»Sprich nicht so, Mam!« rief Emma mit zitternder Stimme.

»Versprich es mir!« Elizabeth Augen öffneten sich weit in stummer Bitte.

»Ja, ich verspreche es«, sagte Emma mit erstickter Stimme. Langsam rannen ihr die Tränen über die Wangen. Sie beugte sich vor und berührte das abgezehrte Gesicht ihrer Mutter. Sie küßte ihre Lippen und legte ihren Kopf neben den ihrer Mutter.

»Hol deinen Vater«, rief Elizabeth keuchend, mit dem letzten Rest ihrer schwindenden Kraft.

Emma dreht sich um und winkte ihrem Vater, der am Fenster stand. Er kam zum Bett herüber und setzte sich. Dann nahm er

Elizabeth in seine Arme und drückte sie verzweifelt an sich. Er hatte das Gefühl, als würde man ihm mit einer Sense die Brust aufschlitzen und das Herz herausreißen. Er wußte nicht, wie er diese Qualen aushalten sollte, wie ihren Todeskampf ertragen. Sie lag auf den Kissen. Ihr Gesicht war wächsern und wurde langsam grau. Sie öffnete die Augen, und er sah, daß sie plötzlich mit einem neuen leuchtenden Glanz erfüllt waren. Sie versuchte, sich an seinem Arm zu halten, aber sie war viel zu schwach, und ihre Hand fiel auf das Laken. Er beugte sich wieder zu ihr. Sie flüsterte etwas, und er nickte. Er war nicht fähig zu sprechen, sein heißer Kummer überwältigte ihn.

John schlug die Decke zurück und nahm Elizabeth in seine starken Arme. Dann trug er sie vorsichtig zum Fenster. Sie war so leicht wie ein Blatt, das im Herbst vom Baum gefallen ist, und sie bewegte sich kaum noch. Das Fenster stand offen, und der Abendwind spielte mit den Vorhängen. Ihre dunklen Haare flatterten um den Kopf. Er schaute zu ihr herab. Sie hatte einen begeisterten Ausdruck im Gesicht, und ihre Augen glänzten. Tief sog sie die frische Luft ein. Ihr Körper wurde straffer, als sie den Kopf hob und sehnsüchtig zum Moor hinausblickte.

»Der Gipfel der Welt«, sagte sie, und ihre Stimme war so klar, so fest und so jung in diesem Augenblick, daß er verblüfft war. Dann fiel sie in seine Arme zurück. Ein zärtliches Lächeln spielte kurz um ihre Lippen. Sie seufzte mehrmals tief auf, und ihr Körper bebte. Dann war sie still.

»Elizabeth!« schrie John. Seine Stimme war rauh vor Erregung. Er krallte seine Finger in ihren Körper und drückte sie an sich. Seine Tränen benetzten ihr Gesicht.

»Mam!« schrie Emma und flog durch das Zimmer. John drehte sich um und schaute Emma mit seinen von Tränen verschleierten Augen an. Er schüttelte den Kopf. »Sie ist von uns gegangen, Mädel.« Er trug Elizabeth zum Bett und deckte sie zu. Ihre Hände kreuzte er über der Brust und strich das Haar aus ihrem Gesicht, das nun im Tode so friedlich war. Dann drückte er ihr die Augen zu. Er beugte sich herab und küßte mit zitternden, verzweifelten Lippen ihren kalten Mund.

Emma stand schluchzend an seiner Seite. »Dad, o Dad«, weinte sie und drückte sich an ihn. Er richtete sich auf und schaute in ihr tränenüberströmtes Gesicht. Dann legte er den Arm um sie und zog sie behutsam an sich. »Sie ist nun frei, Emma. Zumindest frei von ihrem schrecklichen Leiden.« Er unterdrückte sein Schluchzen und hielt Emma noch fester. Tröstend strich er ihr übers Haar, und so standen sie lange zusammen, in ihrer stummen Qual.

Schließlich sagte John: »Es ist Gottes Wille.« Noch einmal seufzte er tief.

Emma machte sich von ihm frei und hob ihr tränenüberströmtes Gesicht. »Gottes Wille!« wiederholte sie langsam, und ihre Stimme war rauh und fest. »Es gibt keinen Gott!« schrie sie dann, und ihre Augen funkelten. »Ich weiß das jetzt. Denn wenn es einen Gott gäbe, hätte er meine Mam nicht jahrelang leiden lassen, und dann sterben!«

Ihr Vater starrte sie entgeistert an, aber bevor er antworten konnte, war sie aus dem Zimmer gerannt. Er hörte ihre Schritte auf der Treppe poltern und das Zuschlagen der Haustür. Er drehte sich müde um, sein großer Körper war zusammengesunken. Dann schaute er auf seine tote Frau herunter, und erneut kamen ihm Tränen. Schreckliche Dunkelheit umgab ihn. Er stolperte wie ein Schlafwandler zum Fenster und schaute hinaus. In seinem Schmerz bemerkte er Emma kaum, die Top Folds hinunterrannte in Richtung auf das Moor. Der Himmel wurde scharlachrot, als die Sonne hinter den schwarzen Hügeln versank. Ihre letzten Strahlen erleuchteten die Ramsden Crags, die in der Abenddämmerung eben noch sichtbar waren.

»Wenn Elizabeth irgendwo ist, dann ist sie jetzt dort«, sagte er. »Auf dem ›Gipfel der Welt‹.«

14

»Ich verstehe einfach nicht, wie unser Winston so etwas tun konnte«, sagte Big Jack Harte zu Emma. »Einfach so kurz nach dem Tod deiner Mam abzuhauen, ohne auch nur auf Wiedersehen zu sagen.«

»Aber er hat dir doch eine Nachricht hinterlassen, Dad«, sagte Emma. Als er nicht antwortete, fuhr sie fort: »Mach dir keine Sorgen, Dad. Bei der Marine geschieht ihm nichts. Er ist ein großer Junge, und er kann auf sich selbst aufpassen.« Sie beugte sich über den Tisch und drückte beruhigend den Arm ihres Vaters.

»Ja, das weiß ich, Mädel. Trotzdem war es sehr hinterlistig von ihm, einfach bei Nacht und Nebel zu verschwinden. Das sieht doch unserem Winston überhaupt nicht ähnlich«, brummte John ärgerlich. Er schüttelte den Kopf. »Und noch etwas anderes . . . Ich möchte mal wissen, wie er es geschafft hat, ohne meine Unterschrift in die Königliche Marine zu kommen. Er ist nicht volljährig, das weißt du, Emma. Er braucht meine schriftliche Zustimmung.«

Emma seufzte. Dieses Thema wurde während der letzten drei Tage endlos und immer wieder diskutiert, seit sie aus Fairley Hall gekommen war. Langsam begann es sie zu ärgern.

Aber bevor sie antworten konnte, piepste Frank los: »Er hat deine Unterschrift gefälscht, Dad. Ja, ich *wette*, daß er das getan hat. Er mußte es tun, damit der Werbeoffizier ihn annahm.«

Emma warf Frank einen wütenden Blick zu und sagte rauh: »Still, Frank. Du bist ja nur ein halber Penny. Du verstehst doch nichts von solchen Dingen.«

Frank saß auf der anderen Seite der Küche und kritzelte herum, wie er es in diesen Tagen oft tat. Er sagte in sachlichem Ton: »Ich verstehe alles, Emma. Ich weiß das aus den Magazinen und Zeitungen, die du von Hall mitbringst.«

»Dann bringe ich dir keine mehr mit«, schnappte Emma, »wenn du davon so großkopfig und altklug wirst. Unser Frank wird noch ein richtiger Alleswisser.«

»O Emma, laß den Jungen in Frieden«, murmelte John. Er zog an seiner Pfeife, ganz in Gedanken versunken. Schließlich sagte er: »Frank hat recht. Unser Winston muß meine Unterschrift gefälscht haben. Das ist so sicher, wie zwei mal zwei vier ist.«

»Ich nehme an, daß er es getan hat«, meinte Emma, »denn das war der einzige Weg, um angenommen zu werden. Aber was geschehen ist, ist geschehen. Wir können jetzt nichts mehr daran ändern. Es ist mehr als wahrscheinlich, daß er jetzt schon unterwegs ist... wohin auch immer sie ihn geschickt haben.«

»Ja, Mädel«, meinte John und lehnte sich zurück.

Emma schwieg. Sie schaute ihren Vater aufmerksam an und runzelte sorgenvoll die schöne, sanfte Stirn. Ihre Mutter war nun schon fünf Monate tot. Obwohl John versuchte, seinen quälenden Kummer zu verbergen, wußte Emma, daß er ihn innerlich auffraß. Er hatte an Gewicht verloren, denn er aß kaum etwas, und sein kräftiger Körper schien zusammengefallen zu sein. Er beherrschte sich sehr. Aber manchmal, wenn er Emmas prüfenden Blick nicht bemerkte, füllten sich seine Augen mit Tränen, und es war schrecklich zu sehen, wie sein Gram sich in dem zerquälten Gesicht abzeichnete. Emma drehte sich dann immer hilflos um, und ihr eigener Schmerz wurde so stark, daß sie ihn kaum unterdrücken konnte. Aber sie mußte sich zusammennehmen. Jemand mußte die Familie zusammenhalten. Die Teilnahmslosigkeit, die ihren Vater schon Monate vor dem Tod ihrer Mutter befallen hatte, war jetzt noch auffallender geworden.

Emma hatte Angst um ihren Vater. Ihre Sorgen wurden mit der Zeit immer größer. Nun hatte Winstons heimliche Flucht neue Mutlosigkeit hervorgerufen in John. Emma seufzte wieder. Sie hatte ihren PLAN mit großen Buchstaben auf unbestimmte Zeit zurückgestellt. Sie konnte jetzt nicht nach Leeds gehen, da Winston gerade weggelaufen war, obwohl sie schon eine hübsche Menge Shillinge gespart hatte. Sie besaß schon über fünf Pfund, eine fürstliche Summe, mit der sie die ersten Schritte ihres PLANS finanzieren konnte, um dann ein Vermögen zu machen. Wie dem auch sei, sie hatte ihrer Mutter versprochen, sich um die Familie zu kümmern. Es war ein Versprechen, an das sich Emma bei ihrer Ehre gebunden fühlte. Noch immer!

Sie nahm eines der Rezepte von Olivia Wainright, beschmierte es auf der Rückseite mit einem Brei, den sie aus Wasser und Mehl mischte, und klebte es sorgfältig in ein Heft. Sie betrachtete Olivia Wainrights Handschrift. Sie war so schön. Geschwungen und elegant. Emma bemühte sich, sie nachzuahmen. Sie gab auch streng Obacht, wie Olivia sprach, denn sie wollte ihre Aussprache imitieren. Blackie pflegte immer zu sagen, sie würde einmal eine große Dame sein, und große Damen hatten korrekt zu sprechen.

Plötzlich wurde die Stille in der Küche durch einen Schrei Franks unterbrochen. »He, Dad! Ich habe gerade über etwas nachgedacht. Wenn unser Winston deine Unterschrift gefälscht hat, dann sind seine Papiere ungültig, nicht wahr?«

John schaute verblüfft, als er diesen klugen Kommentar von Frank hörte. Er selbst hatte daran noch gar nicht gedacht. Bewundernd betrachtete er sein jüngstes Kind. Frank erstaunte ihn in diesen Tagen ständig. Schließlich sagte Big Jack: »Da ist was dran, Frank. Ja, das ist es, Junge.« Er war nicht wenig beeindruckt, denn Frank entwickelte sich zu einer echten Informationsquelle. Alle möglichen Kommentare kamen von seinen Lippen, wenn man sie am wenigsten erwartete.

»So, na und?« sagte Emma und schaute Frank feindselig an, was noch nie vorgekommen war, denn sie schützte ihn immer. Aber sie wollte, daß das Thema über Winstons Verschwinden endlich erledigt war. Sie wußte, jede weitere Diskussion würde ihren Vater nur noch mehr aufregen.

»Wenn die Papiere ungültig sind, Emma, kann unser Dad ihn aus der Marine herausholen. Verstehst du nicht? Sie müssen ihn . . . ihn entlassen! Wegen Fälschung einer Unterschrift. Ja, das ist es!« schrie er triumphierend, entzückt über seine Klugheit.

»Er hat recht, Emma«, sagte John, der sichtbar auflebte.

»Unser Frank kann vielleicht recht haben, aber wie willst du Winston finden, Dad?« fragte Emma in der ihr eigenen Offenheit. »Willst du an die Königliche Marine schreiben? Und wem willst du schreiben?« Sie warf Frank einen bösen Blick zu, der auf seinem sommersprossigen Gesicht ein fröhliches Lächeln zeigte. Der Junge war intelligent, das konnte Emma nicht leugnen, aber es ärgerte sie, wenn er mit seinen Einwänden zusätzliche Unruhe schuf. Er war manchmal klüger, als ihr lieb war.

»Du kannst den Squire fragen, was du tun mußt, Dad«, schlug Frank vor.

John dachte darüber nach, aber Emma rief schrill: »Den Squire fragen? Den würde ich überhaupt nichts fragen. Der würde dir noch nicht einmal ein wenig Spucke geben, ohne dir dafür etwas abzuknöpfen!« Ihre Stimme war eiskalt und schroff vor Verachtung.

John überging ihre Bemerkung und sagte: »Nun, ich könnte nach Leeds ins Werbebüro gehen und nach unserem Winston fragen. Herausfinden, wo sie ihn hingeschickt haben. In welche Kaserne er kam. Die müssen doch Unterlagen haben. Ich kann berichten, was er getan hat. Ihr wißt... meine Unterschrift gefälscht und so.«

Emma saß kerzengerade auf ihrem Stuhl, ihr Gesicht war ernst. Sie sagte in ihrem entschlossensten Ton. »Nun, hör mir zu, Vater. Du tust nichts. Unser Winston wollte immer zur Marine. Jetzt hat er es getan. Und ich denke nur eines, Dad. Winston ist bei der Marine besser aufgehoben, als in der Ziegelei der Fairleys, wo er den ganzen Tag im Staub und Dreck schuften muß. Laß ihn dort, Dad.«

Sie schwieg und schaute ihren Vater lange liebevoll an. Dann sagte sie mit viel sanfterer Stimme: »Unser Winston wird uns schreiben. Laß ihn also, wie ich schon vorher gesagt habe.«

Ihr Vater nickte, denn er respektierte Emmas Meinung. »Ja, Mädel. Das hat Hand und Fuß, was du sagst. Er wollte immer weg von Fairley.« Er seufzte. »Ich kann nicht sagen, daß ich ihm deswegen einen Vorwurf mache. Es ist nur die Art, wie er es getan hat, so einfach abzuhauen.«

Emma mußte unwillkürlich lächeln. »Nun, Dad, ich nehme an, du hättest Nein gesagt, wenn er dich um Erlaubnis gefragt hätte. Darum lief er davon, bevor du ihn aufhalten konntest.« Sie stand auf, ging zu ihrem Vater und drückte ihn an sich. »Komm, Dad, Lieber, mach dir nichts daraus. Warum gehst du nicht ins Wirtshaus und trinkst ein Bier mit den anderen Männern«, schlug sie vor. Sie erwartete, daß er diesen Vorschlag ablehnen würde, wie er es in der letzten Zeit immer getan hatte, aber zu ihrem größten Erstaunen entgegnete er: »Ja, ich denke, das werde ich tun, Mädel.«

Später, nachdem ihr Vater in den »Schimmel« hinübergegangen war, wandte sich Emma an Frank. »Ich wollte, du hättest das nicht gesagt, Frank. Ich meine das von der Unterschriftsfälschung und ihrer Ungültigkeit. Und daß man Winston aus der Marine holt.

Das regt unseren Vater nur noch mehr auf. Jetzt hör mir mal zu, Herzchen ...« Sie drohte Frank mit dem Zeigefinger und machte ein ernstes Gesicht. »Ich wünsche keine weiteren Gespräche über Winston, wenn ich nach Fairley Hall zurückgekehrt bin. Hast du verstanden, Frankie?«

»Ja, Emma«, sagte Frank und biß sich auf die Lippen. »Es tut mir leid, Emma, ich wollte gewiß nichts Falsches sagen. Daran hatte ich nicht gedacht. Sei mir nicht böse.«

»Das bin ich nicht, mein Junge. Denke aber immer daran, was ich dir gesagt habe, wenn du mit Vater alleine bist.«

»Das werde ich, Emma. Und noch etwas.«

»Ja, Herzchen?«

»Bitte nenne mich nicht Frankie.«

Emma unterdrückte ein belustigtes Lächeln. Er war so ernst und versuchte so erwachsen zu wirken. »Gut, *Frank*. Nun, ich denke, es ist am besten, wenn du dich jetzt fürs Bett fertigmachst. Es ist acht Uhr, und wir müssen alle morgen sehr früh aus den Federn. Und lies nicht die halbe Nacht deine Zeitungen und Bücher.« Mütterlich schüttelte sie den Kopf. »Kein Wunder, wenn wir nie Kerzen im Haus haben! Los jetzt, Junge. Ich werde in einer Minute oben sein, um dich ins Bett zu stecken. Und ich werde dein Glas Milch mitbringen. Außerdem bekommst du als Betthupferl einen Apfel.«

Er schaute sie finster an. »Was denkst du denn, was ich bin, Emma? Ein großes Baby? Ich will nicht von dir ins Bett gesteckt werden«, rief er und griff nach seinen Notizen und den Zeitungen. Als er zur Küchentür hinausging, drehte er sich noch einmal um. »Aber den Apfel möchte ich schon«, meinte er grinsend.

Nachdem sie das schmutzige Geschirr gewaschen hatte, ging Emma hinauf. Frank saß in seinem Bett und machte immer noch Notizen. Emma legte den Apfel neben die Milch auf den Tisch und setzte sich aufs Bett. »Und was schreibst du jetzt schon wieder, Frank?« fragte sie neugierig. Wie ihr Vater war auch sie immer wieder erstaunt über Franks Intelligenz und seinen schöpferischen Geist. Außerdem hatte er ein erstaunlich gutes Gedächtnis.

»Es ist eine G-e-s-p-e-n-s-t-e-r-g-e-s-c-h-i-c-h-t-e«, sagte er mit Grabesstimme. Er schaute sie dann gewichtig an und sperrte seine Augen weit auf. »Eine Gespenstergeschichte! Es kommen Spukhäuser darin vor und die Geister der Toten, die aus ihren Gräbern herauskommen und dann umgehen. Oooooo!« flüsterte er mit unheildrohender Stimme. Er wedelte mit dem Blatt hin und her. »Soll ich dir vorlesen, Emma? Du wirst dich zu Tode erschrecken«, warnte er.

»Nein! Vielen Dank! Und sei nicht so albern«, rief sie, als sie seine Bettdecke glattstrich. Sie schauderte unwillkürlich und schalt sich selbst für ihre Verrücktheit, denn sie wußte genau, daß Frank sie foppte. Aber sie besaß den Aberglauben der Menschen aus den nördlichen Mooren und bekam eine Gänsehaut. Emma räusperte sich und nahm einen überlegenen Gesichtsausdruck an. »Und wozu soll das ganze Gekritzel dienen, Frank? Du verschwendest nur das gute Papier, das ich dir von Fairley Hall mitbringe, wenn du meine Meinung hören willst. Mit diesem Schund kannst du kein Geld verdienen.«

»Doch, ich kann!« rief er mit solcher Heftigkeit, daß sie verblüfft war. »Und ich kann dir auch sagen, wozu es dienen wird. Es wird mich berühmt machen, wenn ich einmal groß bin. Vielleicht nimmt mich sogar die *Yorkshire Morning Gazette*. Darum geht es!« Er brachte sie mit seinem Blick aus der Fassung und schloß: »Stopf dir das in deine Pfeife und rauche es, Emma Harte.«

Emma wollte schon in Lachen ausbrechen, aber sie begriff, daß es ihm ernst war, und verzog keine Mine. »Ich verstehe«, bemerkte sie kühl. »Aber erst mußt du erwachsen sein. In ein paar Jahren können wir vielleicht darüber nachdenken.«

»Ja, Emma«, entgegnete er und biß in den Apfel. »O Emma, der schmeckt so gut, danke.«

Emma lächelte, strich sein zerzaustes Haar glatt und küßte ihn. Er schlang seine mageren Arme um ihren Hals und liebkoste sie voller Zuneigung. »Ich habe dich so lieb, Emma. Sehr lieb«, flüsterte er.

»Ich habe dich auch lieb, Frankie«, entgegnete sie und drückte ihn fest an sich. Diesmal tadelte er sie nicht dafür, daß sie die Verkleinerungsform seines Namens benutzt hatte.

»Bleib nicht die ganze Nacht wach, Junge«, ermahnte ihn Emma, als sie sachte die Tür seines Zimmers schloß.

»Nein. Ich verspreche es dir, Emma.«

Es war dunkel in dem kalten, mit Steinen belegten Flur, durch den Emma sich zu ihrem Schlafzimmer tastete. Bei ihrem Bett angekommen, suchte sie nach den Streichhölzern und zündete einen Kerzenstumpf an, der in einem Halter aus Messing stak. Der

Docht flackerte schwach und erfüllte die Dunkelheit mit einem fahlen Licht. Der kleine Raum war so dürftig möbliert, daß er ihm fast als leer erschien, aber er war, wie die ganze Hütte, peinlich sauber. Emma trug die Kerze in eine Ecke zu einer großen Holztruhe. Sie stellte sie auf das Fensterbrett, kniete sich nieder und hob den schweren Deckel der Kiste auf. Der scharfe Geruch von Kampfer und getrocknetem Lavendel schlug ihr entgegen. Die Truhe hatte ihrer Mutter gehört, und nun war sie Emmas Erbteil. Ihr Vater hatte ihr gesagt, daß es der Wunsch ihrer Mutter gewesen sei. Emma hatte bisher nur einen flüchtigen Blick hineingeworfen. Bis heute war ihr Kummer noch zu groß gewesen, um im Besitz ihrer Mutter zu kramen.

Sie zog ein schwarzes Seidenkleid heraus. Es war alt, aber kaum getragen und darum in gutem Zustand. Sie würde es nächstes Wochenende anprobieren. Sie war ziemlich sicher, daß es ihr nach ein paar Änderungen passen würde. Unter dem schwarzen Kleid lag das einfache weiße Hochzeitskleid ihrer Mutter. Emma strich zärtlich darüber. Die Spitzen waren inzwischen vergilbt. In einem Stück verblaßter blauer Seide fand sie einen kleinen Blumenstrauß. Die Blüten waren vertrocknet und fielen ab. Sie fragte sich, warum ihre Mutter ihn aufgehoben hatte, welche Bedeutung er wohl hatte. Aber sie würde niemals mehr die Antwort erfahren. Sie fand etwas Unterwäsche aus feinem Batist, offensichtlich aus der bescheidenen Aussteuer ihrer Mutter stammend, einen schwarzen Schal, der mit Rosen bestickt war, und einen blumengeschmückten Strohhut.

Ganz unten auf dem Boden der Truhe lag eine kleine Holzschachtel. Emma hatte diese Schachtel früher schon oft gesehen, wenn ihre Mutter sie herausgenommen hatte, um ein Schmuckstück für besondere wichtige Anlässe auszuwählen. Emma öffnete sie mit dem kleinen Schlüssel, der im Schloß stak. Viel Schmuck lag nicht in dem Kästchen, und was vorhanden war, hatte praktisch keinen Wert. Sie nahm die Brosche und die Ohrringe heraus, sie waren mit Granaten besetzt. Ihre Mutter hatte sie immer an Weihnachten, Hochzeiten, Kindtaufen und zu besonderen Anlässen getragen. Als der Schmuck in ihrer Hand lag, fiel Emma auf, daß die Steine im Kerzenlicht wie dunkle Rubine schimmerten. Ihre Mutter hatte diesen Granatschmuck ganz besonders geliebt.

»Ich werde mich nie von ihm trennen«, sagte Emma laut. Sie schluckte heftig, als ihre Augen feucht wurden. Sie legte den

Schmuck auf den Boden und stöberte weiter in der Schachtel. Sie fand eine kleine Brosche mit einer Kamee und einen Silberring. Beides untersuchte sie interessiert. Sie zog den Ring auf. Er saß wie angegossen. Ihre Hand fuhr wieder in die Schachtel und brachte die Kette mit dem goldenen Kreuz hervor, die ihre Mutter fast immer getragen hatte. Emmas Gesicht verzerrte sich. Sie wollte keine Erinnerungen an Gott, der für sie nicht mehr existierte. Darum weigerte sie sich auch, in die Sonntagsschule zu gehen, obwohl es ihren Vater sehr kränkte. Sie ließ die Kette mit dem Kreuz neben den Granatschmuck auf den Boden fallen und griff nach einer Kette aus Bernsteinkugeln, die sich kühl anfühlten. Sie schimmerten tiefgolden und für Emma stellten sie etwas Besonderes dar. Sie waren ein Geschenk von einer sehr großen Dame. Das hatte ihr ihre Mutter vor einigen Jahren erzählt.

Nachdem sie ihre neuen Schätze einige Minuten lang betrachtet hatte, begann Emma sie wieder in die Schachtel zurückzulegen. In diesem Augenblick fühlte sie eine Ausbuchtung unter dem Samt, mit dem die Schachtel ausgeschlagen war. Sie fuhr mit ihren Fingern am Rande der Schachtel entlang. Der Samt war nicht befestigt, und sie konnte ihn leicht herausnehmen. Sie entdeckte ein Medaillon und eine Anstecknadel. Emma nahm das Medaillon heraus und betrachtete es neugierig. Sie konnte sich nicht erinnern, daß ihre Mutter es je getragen hatte. Sie hatte es in der Tat noch nie vorher gesehen. Es war alt, sehr schön gearbeitet und aus echtem Gold, das im matten Kerzenlicht hell glänzte. Sie versuchte erfolglos, es zu öffnen. Sie stand auf und suchte hastig die Schere in ihrem Nähkästchen. Nach einigen Sekunden und mit etwas Druck konnte sie es öffnen. Auf der einen Seite befand sich eine Fotografie ihrer Mutter, welche aufgenommen war, als sie noch ein Mädchen war. Die andere Seite war leer. Oder doch nicht? Emma schaute näher hin und sah, daß sich anstelle einer Fotografie hier eine feine Strähne blonden Haares befand.

Von wem stammt wohl dieses Haar, dachte Emma und versuchte das Glas zu entfernen, welches es bedeckte. Aber es war so fest eingedrückt, daß sie es zerbrochen hätte, wenn sie es weiter mit der Schere bearbeitete. Emma schloß das Medaillon und drehte es neugierig in der Hand. Jetzt erst bemerkte sie, daß sich auf der Rückseite eine Gravur befand. Sie war undeutlich und im Laufe der Zeit fast unlesbar geworden. Mit angestrengten Augen konnte sie sie im Licht der Kerze schließlich entziffern.

Die Buchstaben waren sehr fein eingegriffelt. Langsam buchstabierte sie: »A an E - 1885.« Emma wiederholte das Datum. Das war vor neunzehn Jahren. 1885 war ihre Mutter fünzehn Jahre alt gewesen. Stand E für Elizabeth? Das mußte so sein, entschied sie. Und wer war A? Sie könnte sich nicht erinnern, daß ihre Mutter je ein Familienmitglied erwähnt hatte, dessen Name mit A begann. Sie beschloß, ihren Vater zu fragen, wenn er später aus dem Wirtshaus kam. Emma legte nun das Medaillon vorsichtig auf das schwarze Kleid und griff nach der Anstecknadel. Sie betrachtete sie genau. Es war seltsam, daß ihre Mutter eine solche Nadel besessen haben sollte. Sie runzelte die Stirn. Diese Art von Anstecknadeln trugen die vornehmen Herren an der Krawatte oder am Halstuch zum Reitanzug. Ja, da war auch in der Mitte eine winzige Reitpeitsche mit einem Hufeisen. Sie war ebenfalls aus Gold. Sie war offensichtlich wertvoll und hatte mit Sicherheit niemals ihrem Vater gehört.

Emma schüttelte den Kopf und seufzte verwirrt. Nachdenklich legte sie das Medaillon und die Nadel wieder an ihren Platz und bedeckte sie mit dem Samt. Den Rest des Schmucks legte sie dann in die Schachtel zurück. Mit Bedacht packte sie die anderen Gegenstände wieder in die Truhe und schloß den Deckel. Für Emma gab es keinen Zweifel, daß ihre Mutter das Medaillon und die Anstecknadel versteckt hatte. Den Grund kannte sie nicht, und ihre Entdeckung verwirrte und erstaunte sie. Sie beschloß ihrem Vater gegenüber nichts davon zu erwähnen, obwohl ihr nicht ganz klar war, warum nicht. Sie nahm ihr Nähkästchen, blies die Kerze aus und ging die Treppe hinunter.

Die Küche war in trübes Licht getaucht, das von zwei Kerzen stammte, welche auf dem Tisch standen. Emma zündete die Paraffinlampen auf dem Kamin und dem Küchenschrank an. Dann trug sie den Korb mit den auszubessernden Kleidern, den sie von Fairley Hall mitgebracht hatte, zum Tisch. Sie setzte sich nieder und begann zu nähen. Sie arbeitete erst an einer Bluse, die Mrs. Wainright gehörte und nahm sich dann einen Unterrock von Mrs. Fairley vor, um den Saum auszubessern. Arme Mrs. Fairley, dachte Emma, während sie die Falten nähte, sie ist immer so seltsam. Ruhig und traurig in der einen Minute, dann fröhlich und offen in der nächsten. Emma war froh, wenn Mrs. Wainright wieder aus Schottland zurück war, wo sie derzeit Freunde besuchte. Sie war nur für vierzehn Tage dort, aber für Emma schienen es Monate zu sein. Ohne ihre Anwesenheit war Fairley Hall wieder düster und traurig.

Der Squire war ebenfalls verreist, um Moorhühner zu jagen. Das hatte ihr die Köchin erzählt. Er würde erst Ende der Woche zurückkommen, viel zu früh, dachte Emma. In Fairley Hall war es ruhig, und da Mrs. Wainright und der Squire nicht im Hause waren, hatte Emma weniger Arbeit als sonst. Darum hatte ihr die Köchin Freitag, Samstag und Sonntag freigegeben. »Verbring mal ein paar Tage bei deinem Vater, Mädel«, hatte Mrs. Turner gesagt und teilnahmsvoll hinzugefügt: »Er braucht dich jetzt, Emma.« Und so hatte sie drei volle Tage zu Hause verbracht. Sie hatte geputzt, gewaschen und für ihren Vater und Frank gekocht. Das einzige, was ihr das Wochenende verdorben hatte, war das Aufhebens über Winstons Verschwinden zu Beginn der Woche. Nach Emmas Meinung waren diese endlosen Diskussionen lächerlich, denn sie brachten keine Lösung des Problems.

Emma lächelte plötzlich in sich hinein. Weil sie in Fairley Hall weniger zu tun hatte, hatte sie an einigen sonnigen Nachmittagen ins Moor hinaus laufen können, um unter den Klippen mit Master Edwin auf dem »Gipfel der Welt« zu sitzen. Während seiner Sommerferien waren sie gute Freunde geworden.

Emma teilte nun vieles mit Edwin, was er ihr vertraulich mitgeteilt hatte. Er erzählte ihr alles Mögliche, von seiner Schule, von der Familie. Das meiste davon war besonders geheim, und sie hatte versprochen, niemals jemandem etwas davon zu erzählen. Als Edwin am Donnerstag mit ihr durch das Moor geschlendert war, hatte er ihr erzählt, daß in einer Woche ein guter Freund seines Vaters ankommen würde. Er sollte über das Wochenende Gast in Fairley Hall sein. Er kam von London und war ein wichtiger Mann; wie Edwin meinte. Ein gewisser Dr. Andrew Malcolm. Edwin war von dem bevorstehenden Besuch begeistert, denn der Doktor war gerade aus Amerika gekommen, und Edwin wollte alles über New York wissen. Noch nicht einmal die Köchin war bisher informiert worden, schon gar nicht Murgatroyd. Edwin hatte sie schwören lassen, niemandem etwas davon zu erzählen. Sie hatte sagen müssen: »Kreuz über Herz und Tod.« Sie hatte auch die dazugehörigen Gesten ausführen müssen: ein Kreuz mit der linken Hand übers Herz, während die rechte feierlich empor-gehoben war.

Emmas Gedanken über Fairley Hall und besonders über Edwin

wurden unterbrochen, als ihr Vater vom Wirtshaus zurückkam. Die Kirchenglocke schlug gerade zehn Uhr. Sie bemerkte sofort, daß er mehr getrunken hatte als gewöhnlich. Er stand unsicher auf seinen Füßen, und seine Augen waren glasig. Als er seine Jacke auszog, um sie an den Haken hinter der Tür zu hängen, verfehlte er ihn, und die Jacke fiel zu Boden.

»Ich mach' es schon, Dad. Komm und setz dich. Ich mache dir einen Tee.« Emma legte den Unterrock beiseite und erhob sich rasch.

Jack hob die Jacke selbst auf, und diesmal gelang es ihm, sie aufzuhängen. »Ich möchte nichts«, murmelte er und drehte sich um. Er machte einige ruckartige Schritte auf Emma zu und blieb dann stehen. Er starrte sie eine Weile an. Ein erstaunlicher Gesichtsausdruck glitt über sein Gesicht. »Manchmal gleichst du deiner Mutter«, brummte er.

Emma war von dieser unerwarteten Bemerkung überrascht. Sie glaubte überhaupt nicht, daß sie ihrer Mutter ähnelte. »Tu ich das?« fragte sie neugierig. »Aber meine Mutter hatte blaue Augen und dunkles Haar . . .«

»Bei deiner Mutter war der Haaransatz in der Mitte der Stirn auch nicht so spitz zulaufend wie bei dir«, unterbrach John. »Das hast du von meiner Mutter geerbt, deiner Großmutter. Aber trotzdem ähnelst du auffallend deiner Mutter, eben jetzt, in diesem Augenblick. Als sie ein Mädchen war. Es ist die Form deines Gesichts und dein Mund. Ja, du wirst genauso aussehen wie deine Mutter, wenn du älter wirst. Bestimmt, Mädel.«

»Aber meine Mutter war schön«, begann Emma zögernd.

John lehnte sich gegen einen Stuhl. »Ja, das war sie. Sie war das schönste Mädchen weit und breit. Es gab keinen Mann in Fairley, der nicht irgendwann ein Auge auf deine Mutter geworfen hatte. Kein einziger. Ja, du wärest sehr überrascht, wenn du wüßtest . . .« Er biß sich auf die Lippen und murmelte etwas Unverständliches.

»Was hast du gesagt, Dad? Ich habe dich nicht verstanden.«

»Nichts, Mädel. Nichts, was wichtig wäre.« John schaute Emma mit seinen trüben Augen an. Aber sie waren immer noch fähig, etwas wahrzunehmen. Er lächelte ein wenig. »Du bist auch schön. Wie es deine Mutter war. Aber Gott sei Dank, du bist aus einem festeren Stoff gemacht. Elizabeth war sehr zart. Nicht so kräftig wie du.« Er schüttelte traurig den Kopf und ging mit unsicheren Schritten zu ihr. Er küßte sie auf die Stirn, murmelte seinen

Gutenachtgruß und stolperte die Treppe hinauf. Sein Körper schien auf ergreifende Weise eingeschrumpft zu sein, und Emma fragte sich, ob man ihn jemals wieder *Big* Jack nennen würde. Sie setzte sich und schaute abwesend in die Kerzenflamme. Sie fragte sich, was aus ihrem Vater werden würde. Ohne ihre Mutter war er wie eine verlorene Seele, und sie wußte, daß er niemals mehr derselbe werden konnte. Diese Erkenntnis erfüllte sie mit entsetzlicher Trauer, denn sie wußte, daß sie seine Schmerzen nicht zu lindern vermochte, oder ihm die Last seines Kummers zu erleichtern. Er würde um ihre Mutter trauern, bis er auch starb.

Schließlich riß Emma sich von ihren Gedanken los, nahm den Unterrock und begann wieder zu nähen. Sie arbeitete bis spät in die Nacht, halsstarrig entschlossen, alle Flickarbeiten und Änderungen fertig zu machen. Mrs. Wainright bezahlte sie für diese Arbeit extra, und Emma benötigte Geld so dringend, daß sie weder ihre müden Augen, ihre schmerzenden Finger noch ihre Mattigkeit bemerkte, die über sie kam, während die Stunden vergingen. Es war ein Uhr in der Nacht, als sie das letzte Kleidungsstück zusammenfaltete und endlich ins Bett kroch. Begierig rechnete sie den genauen Betrag aus, den Mrs. Wainright ihr nun schuldete.

Einmal im Jahr verliert die rauhe und wilde Moorlandschaft des West Ridge ihr schwärzliches, trostloses Aussehen. Ende August tritt über Nacht eine Änderung ein. Wenn das Heidekraut in seinen heftigen Farben erblüht, erstrahlen die schwarzbraunen Hügel plötzlich in herrlichem Glanz. Purpurne und fuchsrote Wogen breiten sich über die Pennines aus und krönen die dunklen Täler, in denen das Industriegebiet liegt, mit einer verblüffenden Schönheit, die selbst für den kritischsten Beschauer atemberaubend ist.

Die weite Moorlandschaft, über Fairley Village, bildet keine Ausnahme. Auch hier ist die Düsternis im September bis weit in den Oktober hinein verflogen. Es scheint fast, als hätte man ein riesiges buntes Tuch über die Hügel gedeckt. Überall sieht man violette und blaue Farben, durchwirkt mit Grün. An den vom Heidekraut überzogenen Hängen wachsen Glockenblumen und Heidelbeeren, und sogar die spärlichen, knorrigen Bäume glühen in den frischesten Farben.

Lerchen und Hänflinge schwingen sich in die klare Luft, und der

Himmel, der so oft mit Regenwolken bedeckt ist, strahlt jetzt leuchtend blau und glänzt in dem schier unglaublich klaren Licht, das so einzigartig für den Norden Englands ist. Aber nicht nur die unbarmherzige Landschaft ist zu dieser Jahreszeit schöner und sanfter, auch die furchterregende Stille des Winters ist plötzlich durch die lebhaftesten Laute gebrochen. Die Hügel sind durchfurcht von tiefen und engen Tälern und Senken, und überall rauschen und springen klare Bäche über glattgeschliffene braune Steine. Wasserfälle, die unerwartet von gefährlichen Klippen stürzen, glitzern im Sonnenlicht. In den Sommermonaten hört man in den Mooren von Yorkshire überall und immerzu das plätschernde Geräusch dieser kleinen Wasserfälle und Bäche, begleitet vom süßen Gezwitscher der Vögel, dem Getrippel der Kaninchen zwischen den Heidelbeeren und dem gelegentlichen Blöken eines Schafes, das ziellos über die Hügel zieht, um Nahrung zu suchen. Emma Harte liebte das Moor sehr, selbst in bitteren Wintern, wenn es so schrecklich und furchteinflößend war. Wie früher ihre Mutter, war auch sie hier zu Hause. In diesem einsamen Hügelland fühlte sie sich nie verlassen oder alleine. In der Weite der Landschaft fand sie einen gewissen Trost für alles, was sie schmerzte. Für Emma war es hier zu allen Jahreszeiten schön, besonders aber im Spätsommer, wenn das Heidekraut blühte.

An diesem Montagmorgen im August hob sich ihre Laune beträchtlich, als sie über die Steinmauer auf die Wiese kletterte, die nun in saftigem Grün vor ihr lag und mit Gänseblümchen übersät war. Sie eilte den schmalen Pfad entlang. Die Sonne blinzelte bereits durch den schwachen, blauen Dunst am Horizont, den sie golden färbte. Sie wußte, es würde wieder ein sehr heißer Tag werden, so wie jeder in diesem Monat.

Wieder einmal war sie froh, daß sie die Hütte in Top Fold verlassen konnte. Der Kummer ihres Vaters über Winstons Verschwinden hatte sie während des ganzen Wochenendes bedrückt. Mit einer gewissen Erleichterung hatte sie die Tür der Hütte hinter sich geschlossen und sich auf den Weg zum »Gipfel der Welt« gemacht. In dieser gewaltigen und verlockenden Wildnis, in der frischen Luft dort oben, fühlte sie sich frei und ungezwungen. Geboren und aufgewachsen im Moor, hatten dessen Eigenschaften schon lange von ihrem Herzen Besitz ergriffen, denn auch sie war unbezähmbar und hart.

Als kleines Kind war sie ungehindert über die Hügel und durch die Täler gelaufen. Ihre einzigen Begleiter waren die Vögel und die furchtsamen kleinen Tiere, die in dieser Landschaft hausten. Sie hatte ihre Lieblingsplätze, Verstecke in Felsspalten, und es gab keinen Platz, den sie nicht kannte. Sie wußte, wo die schönsten Blumen wuchsen und wo die Lerchen ihre Nester bauten.

Nun, als Emma in ihr geliebtes Moor floh, fiel das bedrückende Gefühl rasch von ihr ab. Sie beschleunigte ihre Schritte und folgte dem ihr vertrauten Pfad. Während sie stetig aufwärts stieg, dachte sie an Winston. Sie würde ihn vermissen, denn sie waren immer enge und liebe Freunde gewesen. Aber sie war glücklich über ihn. Er hatte den notwendigen Mut gehabt, zu gehen, aus dem Dorf und der Ziegelei der Fairleys zu fliehen, bevor es zu spät war. Sie bedauerte nur, daß ihr Bruder es nicht gewagt hatte, sich ihr anzuvertrauen. Er hatte wohl angenommen, sie würde es ihrem Vater sagen, oder versuchen, den Bruder zu einer Meinungsänderung zu überreden. Sie lächelte. Wie falsch Winstons Urteil über sie war. Sie hätte ihn ermutigt, sich seinen Traum zu erfüllen, denn sie kannte ihn genau. Sie wußte nur zu gut, wie eingeengt und hoffnungslos er aufgewachsen war. In Fairley hatte er nichts zu erwarten als mühevolle Arbeit und Stumpfsinn und nächtliche Saufereien mit seinen blöden Kameraden.

Emma kam zu den Ramsden Crags. Sie stellte den schweren Korb ab, den sie trug, und setzte sich auf ein flaches Felsstück. In dieser Zeit verweilte sie immer eine kurze Zeit am »Gipfel der Welt«, denn hier fühlte sie die Anwesenheit ihrer Mutter eher als in der kleinen Hütte. Für Emma lebte und atmete ihre Mutter an diesem versteckten Platz, den sie beide so sehr liebten. Emma sah das geliebte Gesicht in den fahlen Schatten, hörte das helle Lachen zwischen den verwitterten Felsen widerhallen. In der Stille hier, die nur ab und zu durch das Zwitschern eines Vogels oder das Summen einer Biene unterbrochen wurde, war sie mit ihr vereint.

Emma lehnte sich gegen einen Felsen und schloß die Augen. Sie beschwor das Gesicht ihrer Mutter herauf. Es schien ihr, als ob sie vor ihr stand, strahlend und lächelnd. Das geliebte Bild gewann volle Konturen. »O Mam, Mam, ich vermisse dich so sehr«, rief sie laut. Sehnsucht erfüllte sie, eine Wehmut, die fast unerträglich war. Ihr Herz tat weh, sie streckte die Arme aus nach dem nebelhaften Bild, das so rasch verschwand. Emma blieb still noch eine Weile sitzen und lehnte sich gegen den kühlen Felsen. Sie hatte immer noch die Augen geschlossen und versuchte, der Traurigkeit Herr zu werden. Als sie sich wieder in der Gewalt hatte, nahm sie ihren Korb und machte sich entschlossen auf den Weg in Richtung Ramsden Ghyll.

Hier war es düster und kühl. Als sie die Mitte erreicht hat, sah sie die Sonne nicht mehr. Sie begann zu singen, wie sie es hier immer tat. Ihr heller Sopran hallte leicht in der Stille wider. »Oh, Danny Boy, the pipes, the pipes are calling. From glen to glen, and down the mountainside. The summer's gone, and all the roses falling. It's you, it's you must go, and I must bide.« (Oh, Danny Boy, die Dudelsäcke, die Dudelsäcke rufen, von Schlucht zu Schlucht und am Bergeshang. Der Sommer ist vergangen, die Rosen verblühn. Du, du mußt gehen, und ich muß warten.)

Sie hörte auf zu singen und lächelte. Sie dachte voller Wärme an Blackie. Es war sein Lieblingslied, und er hatte ihr den Text beigebracht. Er war nun schon seit über einem Monat nicht mehr in Fairley Hall gewesen, da er alle Arbeiten erledigt hatte. Sie fragte sich, wann er wohl wiederkommen würde. Sie vermißte ihn. Innerhalb weniger Minuten war Emma aus der Senke und wieder im hellen Sonnenschein. Sie ging nun schneller, um die Zeit aufzuholen. Sie hatte sich heute morgen über eine Stunde verspätet, und die Köchin würde sicherlich nörgeln. Sie rannte den Abhang hinunter, öffnete das alte Gatter am Rande des Baptist Field und schloß es sorgfältig hinter sich.

Emma hatte sich abgewöhnt, mit dem Gatter zu spielen. Sie hielt sich nun für zu alt für solche Kindereien. Schließlich war sie nun schon in ihrem sechzehnten Lebensjahr, schon fast eine junge Dame. Und junge Damen, die die Absicht haben, einmal eine große Dame zu werden, gaben sich nicht mit solchen Nichtigkeiten ab.

Als sie auf den Hof trat, prallte Emma ein wenig zurück, als sie Dr. Malcolms Einspänner sah. Der Hof war verlassen und unnatürliche Stille herrschte. Von Tom Hardy, dem Stallburschen, war keine Spur zu sehen. Er war zu dieser Stunde sonst immer mit den Pferden des Squires beschäftigt. Sie runzelte die Stirn und fragte sich, warum Dr. Mac um sieben Uhr morgens in Fairley Hall war. Jemand mußte krank sein, vermutete sie. Sofort dachte sie an Edwin, der sich letzte Woche erkältet hatte. Er neigte zu Erkältungskrankheiten, hatte ihr Mrs. Fairley einmal erzählt. Emma lief zur Hintertür.

Als sie das Haus betrat, wußte Emma sofort, daß irgend etwas nicht in Ordnung war. Leise schloß sie die Tür hinter sich und ging in die Küche hinunter. Das Feuer flackerte wie immer. Der Kupferkessel zischte, aber der köstliche Geruch nach Frühstück und Tee war nicht zu spüren. Die Köchin saß in ihrem Stuhl beim Herd und schwankte hin und her. Sie wischte sich mit dem Schürzenzipfel die Tränen aus dem Gesicht. Annie schien wenigstens noch etwas selbstbeherrscht, und Emma lief rasch durch die Küche, um etwas zu erfahren. Aber plötzlich merkte sie, daß Annie ebenso durcheinander war wie die Köchin. Sie saß kerzengerade auf ihrem Stuhl, als sei sie zur Salzsäule erstarrt. Wie Lots Weib, dachte Emma.

Emma setzte hastig ihren Korb ab. »Was ist los?« schrie sie und schaute von einer zur andern. »Warum ist Dr. Mac da? Es ist Master Edwin, nicht wahr? Er ist krank!« Weder die Köchin noch Annie schienen sie zu hören. Sie beachteten sie nicht. Die ganze Atmosphäre machte Emma so besorgt, daß sie aufstöhnte. Die fassungslose Mrs. Turner sah endlich auf. Ihr apfelrundes Gesicht war schmerzverzerrt und ihre Augen rot umrandet. Sie sah Emma stumm an, offensichtlich unfähig zu sprechen. Dann bekam sie wieder einen Weinkrampf. Sie wankte noch heftiger und stöhnte laut.

Emma war außer sich. Sie berührte Annie sanft an der Schulter. Das versteinerte Mädchen zuckte, als hätte es einen Peitschenhieb erhalten. Es beantwortete Emmas Frage nur mit einem verständnislosen Blick. Dann blinzelte Annie mehrmals, und ihr Mund zuckte, aber sie blieb stumm. Plötzlich begann sie zu zittern. Emma hielt sie mit ihrer kleinen festen Hand und versuchte, sie zu beruhigen. Sie fühlte Ungeduld, aber auch Panik stieg in ihr auf.

Emma wurde klar, daß sie unbedingt Murgatroyd finden mußte. In diesem Augenblick erschien der Butler oben auf der Treppe. Emma blickte ihn eindringlich an. Sein Gesicht war noch leidender als sonst. Er trug seine schwarze Dienerjacke, was zu dieser Zeit ungewöhnlich war. Normalerweise hatte er die Hemdsärmel hochgekrempelt und trug eine grüne Schürze. Als er unten angelangt war, lehnte er sich gegen das Treppengeländer und fuhr sich mit sinnloser Geste über die Stirn. Seine arroganten

Manieren waren verschwunden. Und das fiel Emma auf; so kannte sie ihn nicht.

Das verwirrte Mädchen trat näher zu ihm. »Es ist etwas Ernsthaftes geschehen. Master Edwin, nicht wahr?« flüsterte sie. Es war mehr eine Feststellung als eine Frage.

Murgatroyd schaute düster zu ihr herab. »Nein, es ist die Missis«, sagte er.

»Dann ist sie krank, nicht wahr? Darum ist Dr. Mac...«

»Sie ist tot«, unterbrach Murgatroyd sie roh und mit düsterer Stimme.

Emma trat unwillkürlich einen Schritt zurück. Es war, als hätte ihr jemand mit voller Gewalt ins Gesicht geschlagen. Alles Blut wich aus ihrem Gesicht, und ihre Beine zitterten. Ihre Stimme bebte als sie schrie: »Tot!«

»Ja, mausetot«, murmelte Murgatroyd knapp. Sein dunkles Gesicht verriet echten Kummer.

Eine Sekunde lang verlor Emma die Sprache. Ihre Zähne klapperten. Endlich gelang es ihr zu sagen: »Aber sie war doch nicht krank, als ich am Donnerstag abend nach Hause ging.«

»Nein, das war sie auch gestern abend nicht«, meinte Murgatroyd jämmerlich.

Er schaute Emma ernst an, und auf einmal spürte sie keine Feindseligkeit mehr. »Sie ist heute nacht die Treppe hinuntergefallen. Dr. Mac sagt, sie hat sich das Genick gebrochen.«

Emma schnappte nach Luft. Ihr wurde schwindlig, und sie mußte sich am Tisch festhalten. Ihre weiten Augen waren auf den Butler gerichtet.

Murgatroyd deutete mit dem Kopf auf Annie. »Das Mädchen hat sie heute morgen um halb sechs gefunden, als es die Asche aus den Kaminen leeren wollte. Die Missis war steif wie ein Brett. Sie lag unten an der Treppe in der Eingangshalle. Sie hatte ihr Nachtgewand an. Annie rannte zu mir, als ob der Teufel hinter ihr her wäre.«

»Das kann doch nicht sein«, stöhnte Emma. Sie preßte ihre Knöchel auf den Mund, und ihre Augen füllten sich mit Tränen.

»Ja, es war schrecklich, sie so daliegen zu sehen. Ihre Augen standen weit offen und starrten an die Decke. Ihre Hand hing herab wie bei einer zerbrochenen Puppe. Als ich sie berührte, wußte ich, daß sie schon seit Stunden tot sein mußte. Kalt wie Marmorstein war sie.«

Murgatroyd hielt in seiner schrecklichen Erzählung inne. Dann fuhr er fort: »Ich trug sie nach oben und legte sie auf ihr Bett. Sie hätte ja noch nicht tot zu sein brauchen. Sie schaute immer noch so schön aus, wie üblich, mit ihren goldenen Haaren, die nun auf dem Kissen lagen. Nur ihre Augen waren so starr. Ich versuchte sie zuzudrücken. Aber sie wollten nicht geschlossen bleiben. Ich mußte zwei Penny-Stücke darauf legen, bis Dr. Mac kam. Die arme, arme Missis.«

Emma fiel wie betäubt auf einen Stuhl am Tisch. Tränen rollten ihr über die Wangen, und sie suchte in ihrer Tasche nach dem sauberen Tuchfetzen, der ihr als Taschentuch diente. Sie krümmte sich vor Entsetzen und konnte kaum noch denken. Aber allmählich gewann sie ihre Fassung zurück. Erst jetzt wurde ihr klar, daß sie im Laufe der Zeit eine große Zuneigung zu Adele Fairley gefaßt hatte. Sie war dem Untergang geweiht, dachte Emma bei sich. Ich habe immer gewußt, daß eines Tages in diesem Haus etwas Furchtbares geschehen würde.

Es blieb still in der Küche, nur das unterdrückte Schluchzen der Köchin war zu hören. Nach einigen Minuten kam der Butler aus seinem Anrichteraum und sagte kalt: »Jeder hier heult und jammert wie eine Horde Todesfeen. Das muß jetzt sofort aufhören, versteht ihr! Wir haben unsere Pflichten zu erfüllen. Wir müssen an die Familie denken.«

Emma schaute ihn wachsam an. Voller Teilnahme dachte sie an Edwin und seinen Kummer um den jähen, schrecklichen Tod seiner Mutter. »Die Kinder«, fragte sie, während sie sich die Nase schneuzte, »wissen sie schon Bescheid?«

»Dr. Mac spricht mit Master Edwin in der Bibliothek«, teilte Murgatroyd knapp mit. »Master Gerald habe ich selbst gesprochen, nachdem ich die Missis in ihr Zimmer gebracht hatte. Dann sandte ich Tom in das Dorf, um den Arzt zu holen. Master Gerald wartete auf Dr. Mac, der ihn sofort nach Newby Hall schickte, um den Squire zu verständigen.«

»Was ist mit Mrs. Wainright?« wagte Emma zu fragen.

Murgatroyd warf ihr einen vernichtenden Blick zu. »Glaubst du, ich bin blöd, Mädel? Daran habe ich schon gedacht. Dr. Mac hat ein Telegramm aufgesetzt, und Master Gerald ist unterwegs, um es nach Schottland zu schicken.« Der Butler räusperte sich und fuhr fort: »Nun, Mädel, jetzt beweg dich mal. Mach zunächst einmal Tee. Der Doktor braucht eine Tasse ...« Er warf einen

Blick in die Küche, und seine Knopfaugen blieben an Mrs. Turner hängen. »So wie die Köchin ausschaut, braucht sie auch eine.«

Emma nickte und beeilte sich, seinen Anweisungen zu folgen. Nun wandte sich Murgatroyd direkt an die Köchin. »Kommen Sie, Mrs. Turner. Reißen Sie sich zusammen. Es gibt eine Menge zu tun. Wir können doch nicht alle zusammenklappen.« Die Köchin hob ihr kummervolles Gesicht und schaute Murgatroyd mürrisch an. Ihr runder Körper bebte immer noch, aber ihr Schluchzen hatte aufgehört. Sie erhob sich schwerfällig aus ihrem Stuhl und nickte. »Ja, wir müssen an die Kinder denken und an den Squire.« Sie wischte sich ihr feuchtes Gesicht an der Schürze ab und sagte dann kopfschüttelnd: »Lassen Sie mich die nasse Schürze wechseln. Dann werde ich mit der Zubereitung des Frühstücks beginnen. Allerdings glaube ich nicht, daß irgend jemand etwas will.«

»Dr. Mac könnte etwas wünschen«, entgegnete Murgatroyd. »Ich gehe nun zu ihm hinauf. Und die Vorhänge müssen zugezogen werden. Wir müssen dem Tod unseren Respekt erweisen.« Die Köchin warf ein: »Haben Sie Tom ins Dorf zu Mrs. Stead geschickt? Um die Missis aufzubahren. Sie kann das am besten.«

»Ja, das habe ich getan.«

Als sie den Namen ihrer Mutter hörte, sah Annie auf. »Sie haben nach meiner Mutter geschickt«, sagte sie langsam. Allmählich erholte sie sich von der Betäubung der letzten Stunden.

»Das habe ich, Annie«, stimmte Murgatroyd zu. »Sie wird jeden Augenblick hier sein. Es wäre besser, wenn du nicht ganz so mitgenommen dreinschaust, wenn sie kommt. Sie hat mit der Aufbahrung genug zu tun. Es ist nicht nötig, daß sie sich wegen dir auch noch Sorgen machen muß, Mädel.«

Die Köchin legte Annie den Arm um die Schultern und sah mitfühlend in das blasse Gesicht. »Fühlst du dich ein wenig besser, Kleine?« fragte sie tröstend.

»Ja, ich denke schon«, murmelte Annie. »Ich habe einen fürchterlichen Schrecken bekommen, die Missis so zu finden!« Ihre Stimme zitterte, und schließlich flossen die Tränen ungehindert.

»Weine dich nur aus, Kleine. Befreie dich von allem, bevor deine Mutter kommt. Du möchtest doch nicht, daß sie sich deinetwegen aufregt, nicht wahr, Mädchen?« Annie vergrub ihren Kopf an der Brust der Köchin und schluchzte leise. Mrs. Turner tätschelte ihre Schulter und strich ihr liebevoll übers Haar.

Zufrieden, daß die Ordnung wieder einigermaßen hergestellt war, wandte sich Murgatroyd auf dem Absatz um und ging die Treppe hinauf. Zunächst wollte er Dr. Mac sehen und ihn fragen, ob er weitere Anweisungen habe. Dann mußte er alle Vorhänge im Hause zuziehen, damit das Tageslicht nicht hereinkam. So wollte es der Brauch hier im Norden, wenn ein Familienmitglied gestorben war.

Emma kochte Tee, und sie tranken still, jeder mit seinem Kummer beschäftigt. Annie sprach schließlich als erste. »Ich wollte, du wärest dieses Wochenende hier gewesen, Emma. Dann hättest du statt meiner die Missis gefunden.« Annies Augen weiteten sich. »Ich werde den Anblick des Gesichts der Missis nie vergessen. Als ob sie etwas Schreckliches gesehen hätte, bevor sie fiel.«

Emma sah Annie aus schmalen Augen an. »Was, zum Teufel, meinst du «

Annie schluckte. »Es war als ob sie eines dieser ... dieser Ungeheuer gesehen hätte, von denen meine Mam sagt, daß sie nachts im Moor umgehen.« Annie sprach mit unterdrückter Stimme.

»Nun, Annie, halte deinen Mund, Mädel. Herrschaft noch einmal, ich will kein dummes Geschwätz über die Geister der Toten in diesem Haus«, sagte Mrs. Turner scharf. »Das sind alles abergläubische Torheiten der Dorfbewohner. Alles Unsinn, wenn ihr mich fragt.«

Emma runzelte die Stirn. »Ich frage mich, was Mrs. Fairley wollte? Mitten in der Nacht die Treppe hinunterzugehen! Murgatroyd sagt, sie sei schon seit Stunden tot gewesen. Sie muß also gegen zwei oder drei Uhr heute nacht herumgewandert sein.«

Annie meinte ruhig: »Ich weiß, was sie wollte.«

Beide, Mrs. Turner und Emma schauten sie überrascht und erwartungsvoll an. »Und *woher* weißt du das, Annie Stead?« fragte die Köchin gebieterisch. »Wenn ich mich nicht täusche, hast du in deiner Dachkammer fest geschlafen. Oder du hättest es tun sollen.«

»Ja, das tat ich. Aber *ich* habe sie gefunden. Überall um ihren Körper verstreut, lag zerbrochenes Glas ... von einem der kostbarsten Weinpokale. Sie hielt sogar noch ein Stück davon in der Hand, die mit trocknem Blut verschmiert war. Sie hatte sich geschnitten.« Annie schauderte, wenn sie sich daran erinnerte, und flüsterte: »Ich wette, sie wollte in die Bibliothek, um einen Schluck zu trinken, denn ich habe gero...«

»Murgatroyd hat mir gegenüber nichts von einem zerbrochenen Pokal erwähnt«, unterbrach sie die Köchin entschieden.

»Nein. Aber ich sah, wie er die Splitter rasch aufkehrte«, entgegnete Annie. »Er dachte, ich habe es nicht gesehen, weil ich so erschrocken war.«

Die Köchin schaute Annie sprachlos an, aber Emma schluckte. Sie wußte sofort, daß Annie die Wahrheit gesagt hatte. Es war die eindeutigste Erklärung. »Erzähl niemandem weiter, was du gesehen hast, Annie. Hörst du mich? Nicht einmal dem Squire«, ermahnte Emma sie ernst. »Was geschehen ist, ist geschehen. Und je weniger darüber gesprochen wird, umso besser.«

»Emma hat recht, Kind«, stimmte die Köchin zu. »Wir wollen keinen üblen Klatsch im Dorf. Laßt die arme Missis in Frieden ruhen.«

Annie nickte. »Ich verspreche, nichts weiterzusagen.«

Emma seufzte nachdenklich. Dann schaute sie die Köchin an und meinte: »Es ist seltsam, wenn man darüber nachdenkt. Erst starb Polly, dann meine Mutter und jetzt Misses Fairley. Alle kurz nacheinander.«

Die Köchin erwiderte Emmas festen Blick. »Man sagt, daß immer drei gehen müssen.«

Die Woche ging zu Ende, als Adele Fairley beigesetzt wurde. Die Mühle war an diesem Tag geschlossen, und alle Arbeiter und Dienstboten nahmen an der Beerdigung teil. Auf dem kleinen Friedhof neben der Kirche drängten sich die Dorfbewohner, die Honoratioren und Freunde der Familie aus dem ganzen Land.

Zwei Tage nach dem Begräbnis reiste Olivia Wainright, von Edwin begleitet, nach London zurück, und schon eine Woche später folgte ihr Adam Fairley, um seinen jüngsten Sohn im Hause seiner Schwägerin in Mayfair zu besuchen.

Ernest Wilson wurde mit der Geschäftsführung der Mühle beauftragt – sehr zur heimlichen Freude von Gerald Fairley. Denn der gefühllose, gedankenlose und verantwortungslose Gerald, den der Tod seiner Mutter offenbar überhaupt nicht berührt hatte, dachte nur an die unbegrenzten Möglichkeiten, die sich nun auftaten. Er hatte die Absicht, sich jetzt endlich in der Mühle durchzusetzen und hoffte, daß die Abwesenheit seines Vaters recht lange währte.

15

An einem warmen Sonntagnachmittag im Juni des folgenden Jahres verließ Edwin Fairley Fairley Hall, um ins Moor zu gehen. In der einen Hand trug er einen Picknickkorb, der mit allen möglichen Leckerbissen aus der überquellenden Speisekammer der Köchin gefüllt war, in der anderen einen Sack mit Gartengeräten und einigen notwendigen Kleinigkeiten.

Er sollte mit Emma in den Ramsden Crags eine schwere Arbeit verrichten, die sie schon seit Wochen geplant hatten. Wegen des rauhen und regnerischen Wetters hatten sie dieses Abenteuer mehrmals verschieben müssen. Am Freitag, als Emma, die das Wochenende über frei hatte, nach Hause ging, hatte sie Edwin bis zu den Crags begleitet. Sie hatten verabredet, sich heute hier um drei Uhr zu treffen, falls das Wetter es erlaubte.

Und das Wetter war ihnen wohlgesonnen, dachte Edwin. Er schaute hoch. Die blasse Sonne verschwand zwar immer wieder hinter Wolken; aber es sah nicht nach Regen aus. Ein leichter Wind blies, und die klare Luft war mild und duftend.

Edwin vermied vorsichtig den Weg an den Ställen entlang. Vor ein paar Minuten, als er in der Küche den Korb holte, hatte er Annie Stead und Tom Hardy im Hof plaudern und lachen sehen. Sie poussierten miteinander, hatte ihm Emma erzählt. Es war darum sehr unwahrscheinlich, daß sie ihm Beachtung schenken würden, so vertieft waren sie in ihr Spiel. Andererseits wollte er kein Wagnis eingehen, ihre Neugier nicht erwecken. Nicht, daß es ungewöhnlich für ihn war, im Moor zu picknicken, aber der Sack könnte ihr Interesse erwecken. Rasch ging er durch den Rosengarten und verschwand unter einigen alten Eichen. Bald hatte er das Baptist Field durchquert und stieg den Hang hinauf, der zur Hochebene und zu dem engen Pfad führte, welcher sich durch den Ghyll zu den Ramsden Crags schlängelte.

Edwin atmete tief und füllte seine Lungen mit der frischen Luft. Der Wind war hier etwas heftiger als unten im Tal. Seine Gesundheit war wieder vollständig hergestellt, und er fühlte neue Lebenskraft. Anfang Mai hatte er sich eine Sommergrippe zugezogen. Nach zwei Wochen Aufenthalt im Sanatorium der Schule war er auf Betreiben des Schularztes zur Erholung nach Hause geschickt worden.

Tom Hardy war mit der Kutsche nach Worksop gekommen, um ihn abzuholen, denn sein Vater war verreist, was in jüngster Zeit durchaus nicht ungewöhnlich war. Soweit Edwin feststellen konnte, kam sein Vater nur noch gelegentlich nach Fairley Hall, und das auch nur, wenn es absolut notwendig war. Meistens war er in London oder auf dem Kontinent, wo er irgendwelche, nicht näher bestimmbare Geschäfte abwickelte. Aber er hatte einen Hauslehrer für ihn engagiert, damit er in der Schule nicht zurückblieb. Obwohl Edwin ein ausgezeichneter Schüler war und durchaus alleine zurechtkommen konnte, wollte sein Vater sichergehen, daß er jede Unterstützung hatte. Es war beschlossen worden, daß er nach Cambridge gehen würde, wenn er achtzehn Jahre alt war, um am Downing College die Rechte zu studieren. Edwin und der Hauslehrer waren mit Gerald und den Dienstboten allein in Fairley Hall. Edwin machte sich nichts daraus. Er genoß es sogar, denn so war er sich selbst überlassen, wenn er von den morgendlichen Unterrichtsstunden absah. Gerald beachtete seine Anwesenheit nicht und richtete kaum das Wort an ihn. *Er* war viel zu beschäftigt, denn die Mühle in Fairley und die beiden anderen in Stanningley Bottom und Armley nahmen seine Zeit in Anspruch. Die beiden Brüder sahen sich nur manchmal zu den Mahlzeiten. Manchmal nahm Gerald ein von der Köchin hergerichtetes Essen zur Mühle mit und aß dort. Edwin fand dieses Verhalten so widerwärtig, daß es ihm sogar Übelkeit verursachte.

Edwin begann fröhlich zu pfeifen, als er über den Grat zu den Ramsden Crags schritt. Er hatte eine flotte Gangart eingelegt, und sein blondes Haar flatterte im Wind. Er freute sich darauf, Emma zu sehen und seinen Plan verwirklichen zu können. Emma hatte eine Theorie angezweifelt, die er über die Ramsden Crags entwikkelt hatte. Aus irgendeinem Grund fühlte er sich verpflichtet, seine Theorie zu beweisen. Er fragte sich, ob er kindisch war. Vielleicht?

Edwin Fairley hatte gerade seinen siebzehnten Geburtstag

gefeiert. Er hielt sich jetzt für recht erwachsen, und er sah auch älter aus. Der Tod seiner Mutter hatte ihn tief bekümmert, und nur sein eifriges Lernen und seine Hingabe an die Wissenschaften hatten ihm geholfen, den Verlust seiner Mutter geistig zu überwinden. Auch Olivia Wainright hatte in seiner Entwicklung eine entscheidende Rolle gespielt. Als er sie während der Schulferien in London besuchte, hatte er die Bekanntschaft ihrer zahlreichen Freunde – Politiker, Schriftsteller, Journalisten und Künstler – gemacht. Viele von ihnen waren bekannt und berühmt. Der Umgang in dieser heiteren, vergnügungssüchtigen und kultivierten Gesellschaft hatte eine starke Wirkung auf ihn. Olivia, die seine vornehmen Manieren, seinen Charme, seine Wißbegier und seinen scharfen Verstand erkannte, nahm ihn zu vielen ihrer Soiréen mit. Er hatte seine Freude daran und wurde bald überall gern gesehen. So war er schnell gereift und zu guten Umgangsformen und Selbstvertrauen gekommen. Er war nun nicht mehr das verhätschelte Muttersöhnchen wie zu Lebzeiten von Adele, er war auch gewachsen und kräftiger geworden, denn er liebte jeden Sport. Die Ähnlichkeit des hübschen Jungen mit seinem Vater prägte sich immer stärker aus. Er hatte Adam Fairleys ausdrucksvolle blaugraue Augen geerbt, seinen sinnlichen Mund, sein intelligentes, ausdrucksvolles Gesicht. Edwin wirkte jedoch weniger asketisch als sein Vater. Seine gute Figur und das fast klassisch schöne Gesicht hatten ihm in Worksop den Spitznahmen »Adonis« eingetragen. Es brachte ihn immer in Verlegenheit, wenn sein Erscheinen bei den Schwestern und Cousinen seiner Schulkameraden großes Aufsehen hervorrief.

Edwin hielt diese Mädchen für schnatternde, fade und unreife Geschöpfe. Er verabscheute ihre nichtssagende Aufmerksamkeit, mit der sie ihn umgaben. Viel lieber war er mit Emma zusammen. Sie war während seiner Trauer um die Mutter sein bester Trost gewesen. Keine dieser jungen Damen der vornehmen Gesellschaft oder die reichen Töchter, die sein Vater ihm aufhalsen wollte, konnte sich mit *seiner* Emma an Schönheit und Anmut vergleichen; viel weniger noch an Witz und Verstand. Bei Gott, Emma war schön! Jedesmal wenn er nach Fairley zurückkam, entzückte sie ihn noch mehr. Mit sechzehn Jahren war sie voll und prächtig entwickelt. Ihre wohlgeformte weibliche Figur war die einer jungen Frau, und ihr Gesicht war vollendet schön.

Edwin lächelte glücklich. Es würde herrlich werden, allein mit

Emma, fern von den herumschnüffelnden Dienstboten. Mit ihrer Schlagfertigkeit und ihrer Neigung, die Dinge beim Namen zu nennen, brachte sie ihn immer zum Lachen. Er kicherte in sich hinein. Murgatroyd war ein beliebtes Ziel ihres bissigen Spottes. Hinter seinem Rücken nannte sie ihn »Eisfratze«. Sein Bruder Gerald wurde als »Magerquark« tituliert, was ihn immer wieder zum Lachen brachte, denn Gerald war abscheulich fett geworden.

Der Gedanke an Emma ließ ihn seine Schritte beschleunigen, und bald befand er sich in den Crags. Er legte den Korb und den Sack ab und sah frohgemut über die Weite.

Emma begann zu laufen, als sie Edwin erkannte. Das Heidekraut schlug ihr gegen die Beine, der Wind fing sich in ihren Kleidern und bauschte sie auf, und ihr Haar flatterte wie rostbraune Seide um ihren Kopf. Der Himmel hatte die Farbe von Glockenblumen, und die Lerchen tanzten im Sonnenlicht. Jetzt konnte sie Edwin ganz deutlich sehen. Er stand bei den großen Felsen im Schatten der Crags, die sich über dem Ramsden Ghyll erhoben. Als er sie sah, winkte er. Dann begann er zu der Felsbank hinaufzuklettern, wo sie immer saßen, geschützt vor dem Wind, und die Welt unter sich. Er schaute nicht zurück, sondern kletterte weiter.

»Edwin! Edwin! Warte auf mich!« rief sie, aber der Wind trug ihre Stimme davon, und er hörte sie nicht. Als sie die Ramsden Crags erreichte, war sie völlig außer Atem, und ihr sonst so blasses Gesicht war von der Anstrengung gerötet.

»Ich bin so rasch gelaufen, daß ich glaubte, ich müsse sterben«, keuchte sie, als er ihr auf die Felsbank half.

Er lächelte sie an. »Du wirst niemals sterben, Emma. Wir werden beide für immer leben, hier, auf dem ›Gipfel der Welt‹.«

Emma schaute ihn aus den Augenwinkeln an und lachte. »Ich sehe, daß du den Sack mitgebracht hast.«

»Natürlich. Und ein Picknick für später.«

»Ich denke, wir werden es dringend brauchen – nach der harten Arbeit, die wir vor uns haben.«

»Ach was, es wird nicht so schwierig, wie du meinst, Emma. Außerdem werde ich das meiste tun.« Er kletterte über die Felsblöcke, die roh behauenen Steinstufen glichen, und sprang auf die Erde. Dann öffnete er den Sack und brachte einen Hammer, einen Meißel und einen riesigen Nagel hervor. Das alles steckte er in seine Tasche.

Er schaute zur Felsbank empor, auf der Emma saß, und sagte: »Ich werde dir beweisen, daß dieser mittlere Felsblock nicht wirklich zur Formation der Crags gehört, sondern davon getrennt ist. Also kann er auch bewegt werden.« Während er sprach, stieß Edwin mit dem Fuß gegen einen Felsblock von etwas über einem Meter Höhe und sechzig Zentimetern Breite. Er war eingekeilt zwischen den größeren Felsen, die über die Felsbank bis in den Himmel hinaufzuragen schienen.

»Nun, vielleicht kann er das«, sagte Emma und schaute zu ihm hinunter, »aber ich bin immer noch nicht sicher, daß sich dahinter irgendwas befindet, wenn man ihn entfernt.«

Edwin schüttelte den Kopf. »Nein, Emma. Ich bin anderer Meinung. Ich bin überzeugt, daß hinter dem Felsblock eine Höhle liegt.« Er kletterte wieder auf die Felsbank, drückte sich vorsichtig an ihr vorbei und setzte sich an das obere Ende des Felsblocks. Edwin kniete nieder und holte Hammer und Meißel hervor. Dann rutschte er noch näher zu dem Felsen und beugte sich darüber.

»Was hast du vor, Edwin?« fragte Emma neugierig und mahnte: »Sei vorsichtig, damit du nicht hinunterfällst.«

»Ich passe schon auf«, entgegnete er und fuhr fort: »Erinnerst du dich an die Felsspalte, wo ich vor einigen Wochen den Shilling verloren habe? Ich hörte ihn klappern, als er aufschlug, obwohl du gesagt hast, *du* hättest nichts gehört. Ich werde diese Felsspalte nun zu einem Loch erweitern, damit ich heruntersehen kann, was unter dem Felsen ist.«

»Du wirst nichts als Fels sehen«, sagte sie nüchtern.

Edwin kicherte und begann den Spalt zu erweitern. Emma schaute ihm geduldig zu und schüttelte ab und zu den Kopf. Sie war ziemlich sicher, daß Edwin nur seine Zeit verschwendete, aber sie hatte sich entschlossen, ihn gewähren zu lassen. Nach zehn Minuten harter Arbeit hatte er ein Loch von fast fünf Zentimeter Durchmesser gebohrt. Er senkte den Kopf und preßte ein Auge auf das Loch. Dabei hielt er sich an den Seiten des Felsblocks fest.

»Kannst du etwas sehen?« fragte Emma.

Edwin richtete sich auf und schüttelte den Kopf. »Nein, es ist alles schwarz.« Er zog den Nagel aus der Tasche und wandte seinen Kopf halb zur Seite, damit er Emma sehen konnte. »Rutsch näher zu mir, Emma, und hör aufmerksam hin.« Sie tat, wie er gesagt hatte. Beide beugten sich über das Loch, und er ließ den Nagel hineinfallen. Einige Sekunden hörte man nichts, aber dann ertönte ein deutliches Klirren, als der Nagel aufschlug.

»Nun! Hast du das gehört, Emma?«

»Ja. Aber er könnte auf einen anderen Felsen aufgeschlagen sein, mehr nicht.«

»Nein. Das glaube ich nicht. Er ist zu lange gefallen. Er ist auf den Boden gefallen!« rief Edwin mit sicherer Stimme.

Er steckte sein Werkzeug wieder in die Jackentasche.

»Rutsch zurück und klettere hinunter, aber langsam, damit du nicht ausgleitest. Ich werde dir folgen.«

Emma stieg hinab und sprang auf die Erde, Edwin war direkt hinter ihr. Er zog seine Jacke aus und warf sie achtlos zur Seite. Dann rollte er seine Hemdsärmel hoch. Emma schaute ihm zu, als er in dem Sack herumfischte. Ihr Gesicht hatte einen skeptischen Ausdruck. »Und was machst du jetzt?« fragte sie.

»Ich entferne nun Heidekraut und Unkraut und alles, was um den Felsblock wächst«, erklärte er und deutete auf den Boden. »Du kannst mir helfen.« Er reichte ihr einen Pflanzenheber und griff nach einem kleinen Spaten. »Du arbeitest hier, und ich dort drüben.«

Emma hielt die ganze Idee für Zeit- und Energieverschwendung. Trotzdem machte sie sich fleißig ans Werk und grub Heidekraut und Moos aus, das den Fels seit Jahrzehnten bedeckte. Nach einer Weile wurde ihr heiß. Sie legte ihr Werkzeug zur Seite, krempelte die Ärmel hoch und öffnete den Kragen ihres Kleides. Nun fühlte sie sich wohler und begann wieder zu graben. Nach etwa zwanzig Minuten mühevoller Arbeit hatten sie die nähere Umgebung des Felsens gesäubert.

Edwin trat einen Schritt zurück und betrachtete ihn nachdenklich. »Schau, Emma«, sagte er. Er griff ihre Hand und zog sie zu sich hinüber. Dann deutete er auf den Felsblock. »Siehst du jetzt, daß er sich klar abzeichnet. Er gehört nicht zur Formation der Crags. Schau, wie er zwischen die großen Felsen geklemmt ist. Kein Fels kann so exakt fallen, Emma. Ich bin sicher, daß er irgendwie dorthin plaziert wurde.«

Emma nickte. Sie mußte ihm zustimmen. Er hatte recht, und sie sagte es ihm, fügte aber hinzu: »Aber Edwin, das ist ein gewaltiger Brocken. Wie, glaubst du, können wir ihn vom Platz bewegen?«

Er ging zum Felsbrocken und sagte voll Selbstvertrauen: »Ich werde diese Spalte hier verbreitern.« Er klopfte gegen den mittleren Felsen. Hier war ein kleiner Zwischenraum. »Und dann benutze ich ein Stemmeisen und einen Keil, um den Block von den Crags zu lösen.«

»Das wird niemals gehen, Edwin. Du könntest dich verletzen.«

»Nein, Emma. Ich habe alles sorgfältig durchdacht.«

Mit Hammer und Meißel hatte Edwin bald einen Zwischenraum geschaffen, der groß genug war, um das Stemmeisen anzusetzen. Er steckte es in das Loch und klemmte einen kräftigen Keil dahinter. »Geh zurück, Emma«, warnte er. »Der Fels könnte nach vorne kippen, und ich möchte nicht, daß du in Gefahr kommst.« Mit aller Kraft drückte Edwin das Stemmeisen gegen den Keil und benutzte es als Hebel, um den Block zu bewegen. Aber er rührte sich nicht. Seine Arme schmerzten, aber er drückte entschlossen weiter gegen das Stemmeisen.

Emma hielt den Atem an und preßte die Hände zusammen. – Edwin hatte unrecht. Es kann gar nicht gehen. In dieser Sekunde sah sie, wie der Block sich bewegte.

»Edwin! Edwin! Ich glaube, er hat sich bewegt!« rief sie.

»Ich weiß«, keuchte er. »Ich habe es auch gespürt.« Mit letzter Kraft stemmte er sich gegen die Eisenstange, und jetzt kippte der Felsblock nach vorne. An der Oberfläche der Ramsden Crags war eine kleine Öffnung sichtbar geworden. Sie war etwa vierzig Zentimeter breit und sechzig Zentimeter hoch. Edwin konnte seine Begeisterung nicht verbergen.

»Schau Emma, hier ist ein Loch!« schrie er triumphierend. Er kniete nieder und spähte hinein. »Es schaut aus, wie ein kleiner Tunnel. Und hier liegen auch der Shilling und der Nagel!« Er hob beides auf und kroch zurück. Lächelnd zeigte er ihr die beiden Beweisstücke.

»Was glaubst du, wo der Tunnel hinführt?« fragte Emma.

»Das weiß ich nicht. Unter die Crags, nehme ich an. Sie erstrecken sich über Meilen, weißt du. Ich werde hineinkriechen.«

»Es kann sehr gefährlich sein. Was geschieht, wenn du einen Steinschlag auslöst und nicht mehr herauskommst?«

Edwin stand auf und zog sein Taschentuch heraus. Er wischte sich über sein feuchtes Gesicht und strich die Haare zurück. »Ich gehe nur ein kleines Stück hinein. Außerdem habe ich Kerzen und Zündhölzer mitgebracht. Sie sind in dem Sack. Holst du sie mir bitte, Emma? Und außerdem brauche ich das Seil.«

»Natürlich, aber ich gehe mit dir«, sagte sie klar und sachlich.

Er schaute sie an und runzelte die Stirn. »Ich denke, das tust du nicht. Jedenfalls nicht beim ersten Mal. Laß mich den Tunnel erst untersuchen, dann komme ich zurück und hole dich.«

Sie preßte die Lippen zusammen und meinte beherzt: »Ich habe keine Angst, weißt du.«

»Ja, das weiß ich. Aber ich denke es ist besser, wenn du hier bleibst, für den Fall, daß ich etwas brauche.« Während er sprach, wickelte sich Edwin das Seil um die Hüften. Er drückte Emma das andere Ende in die Hand. »Halt das fest. Es kann da unten ein Labyrinth von Gängen geben. Ich habe über Bergsteigen und Höhlenforschung gelesen. Höhlenforscher binden sich zur Sicherheit immer ein Seil um.«

»Gut, aber sei vorsichtig . . .« Emma sah Edwin an, der so groß und kräftig vor ihr stand, und blickte dann auf die Höhlenöffnung. »Wie willst du da hineinkommen? Das möchte ich gerne wissen. Sie ist so winzig.«

»Ich muß mich durchquetschen und dann weiterkriechen.«

»Dann wirst du ja total schmutzig, Edwin Fairley. Die Köchin wird sich fragen, was du gemacht hast und dich ausschimpfen!«

Edwin brach in Lachen aus. »Emma, mach dir nicht so viele Sorgen über Kleinigkeiten. Nun sind wir soweit gekommen. Laß uns die Sache jetzt auch vollständig durchführen.«

Emma seufzte. »Gut. Aber mach langsam und zieh an dem Seil, wenn du mich brauchst. Versprochen?«

»Ich verspreche es.«

Zitternd sah Emma Edwin in der Öffnung verschwinden. Langsam rollte sich das Seil auf, als er tiefer in die Höhle eindrang. Schließlich war das Seil zu Ende. Ein Ausdruck der Furcht glitt über ihr Gesicht. Sie rief in den Tunnel: »Edwin, ist alles in Ordnung?«

»Ja!« Seine Stimme klang hohl, als käme sie aus weiter Entfernung.

»Das Seil ist aufgebraucht!« rief sie mit schriller Stimme.

»Ich weiß. Laß es los!«

»Nein, das mache ich nicht!«

»Emma, laß es los!« schrie er in befehlendem Ton. Sie gehorchte gegen bessere Einsicht und kniete sich nieder. Die schwarze Höhlenöffnung schien ihr unheildrohend; sie hatte Angst um Edwin!

218

Nach wenigen Minuten hörte sie ein schwaches Geräusch, und erleichtert sah sie Edwins Kopf auftauchen. Sie trat zurück, damit er sich hinauszwängen konnte. Hemd und Hose waren schmutzig, und auch sein Gesicht war verschmiert. Er erhob sich und grinste breit.

»Was ist da drin?« fragte sie mit wachsender Neugier.

»Eine Höhle, Emma! Eine fantastische Höhle!« schrie er mit leuchtenden Augen. »Du siehst, ich habe recht gehabt. Komm, ich zeige sie dir. Wir brauchen das Seil nicht. Der Tunnel ist kerzengerade und führt direkt in die Höhle.«

»Eine wirkliche Höhle. Das ist wunderbar!« sagte Emma und verschämt lächelnd fügte sie hinzu: »Es tut mir leid, daß ich deine Worte bezweifelt habe, Edwin.«

Er lachte. »Das macht doch nichts. Wenn du nicht gezweifelt hättest, hätte ich mich nicht verpflichtet gefühlt dir zu beweisen, daß ich recht habe. Komm, gehen wir.« Er nahm einige Kerzen und fuhr fort: »Du folgst mir. Zieh den Kopf ein. Der Tunnel ist am Anfang sehr niedrig.«

Edwin zwängte sich durch die Öffnung, und Emma schlüpfte hinter ihm in den Tunnel. Sie blinzelte mit den Augen und versuchte, sich an die Dunkelheit zu gewöhnen. Zunächst mußten sie kriechen, aber je weiter sie kamen, desto höher und breiter wurde der Tunnel, und sie konnten den Rest des Weges gebückt weitergehen. Bald konnte Emma das schwache Flackern der Kerze sehen, die Edwin in der Höhle zurückgelassen hatte. Nach ein paar Sekunden standen sie in der Höhle. Edwin zündete noch mehr Kerzen an und stellte sie auf einen kleinen Felsvorsprung in der Nähe des Höhleneingangs. Als die Kerzen die Dunkelheit erhellten, sah Emma, daß die Höhle wirklich so fantastisch war, wie Edwin gesagt hatte. Sie war riesig groß mit einer Art Dach, das in einer sonderbar konischen Form zulief. Aus dem Fels ragten flache kleine Vorsprünge hervor. Andere Stellen waren wiederum so glatt, als seien sie von einer riesigen Hand abgeschliffen worden. Die Höhle war von atemberaubender Erhabenheit und vielleicht so alt wie die Zeit selbst. Sie war kühl, trocken, und es herrschte völlige Stille. Emma wurde von einem Gefühl der Ehrfurcht überwältigt.

Edwin gab ihr eine Kerze und nahm selbst eine. »Wir wollen nun Nachforschungen anstellen«, meinte er. Er ging voraus. Dabei stieß er mit dem Fuß gegen einen Gegenstand, der auf dem

Boden der Höhle lag. »Schau hier, Emma! Das sind die Reste einer Feuerstelle!« Er stieß mit dem Fuß gegen das schwarze, verkohlte Holz, das sofort zerbröckelte. »Menschenskind! Jemand hat vor uns diese Höhle entdeckt!«

»Du hast recht«, stimmte Emma ihm zu. Sie starrte auf das verkohlte Holz. Dann sah sie in einer Ecke etwas, was wie ein Haufen Säcke aussah.

»Dort drüben, Edwin, ich glaube, das sind Säcke.«

Sein Blick folgte ihrer ausgestreckten Hand, und er lief flink durch die Höhle. »Das sind wirklich Säcke. Und auf dem Vorsprung darüber liegt der Rest einer alten Talgkerze. O komm her! Schauen wir, ob wir noch etwas finden können. Du gehst auf dieser Seite herum, und ich stöbere hier.« Seine Stimme bebte vor Eifer.

Emma ging sehr langsam und hielt die Kerze vor sich. Sie schaute aufmerksam nach allen Seiten. Zu ihrer großen Enttäuschung schien diese Seite der Höhle nichts zu enthalten. Sie wollte gerade zu Edwin zurückkehren, als das schwache Licht der Kerze ein glattes Felsstück anleuchtete. Sie war sich sicher, daß sie feine Kratzer erkennen konnte, die wie eine eingeritzte Schrift aussahen. Sie lief hin und hielt die Kerze dicht davor. Es *war* eine Schrift. Wie aufregend! Plötzlich hielt Emma überrascht den Atem an, denn das erste Wort, das sie las, war *Elizabeth*. Sie senkte die Kerze. Darunter stand *Elizabetta*. Darunter *Isabella*. Langsam folgten Emmas Augen der Namenreihe, die hier in die Wand geritzt war. *Lilibeth. Beth. Betty. Bess. Eliza. Liza. Lisa.* Neben dieser Reihe stand ein einziges Wort. Es war in riesigen Buchstaben eingeritzt. *ADAM*. Sie schluckte. Unter dem Namen befand sich ein kleines Herz, welches von einem Pfeil durchbohrt war. In dem Herzen standen die Initialen A E.

Emmas Blick war starr auf die Felswand mit diesen Initialen gerichtet. Ihr wurde eiskalt ums Herz, als sie an das Medaillon dachte, welches sie in der Truhe ihrer Mutter gefunden hatte. Nicht meine Mutter und *er*!

»Emma! Emma! Wo bist du? Huhu! Huhu!«

Sie riß sich zusammen, als Edwins Schritte näher kamen. Sie hallten laut auf dem harten Boden. Sie öffnete den Mund und schloß ihn sofort wieder, im Augenblick konnte sie keinen zusammenhängenden Satz formen. Erst nach ein paar Sekunden rief sie: »Hier bin ich!«

»Was hast du gefunden?« fragte Edwin und trat neben sie. Sie deutete stumm auf die Schrift an der Wand. Edwins Blick fiel sofort auf den Namen seines Vaters. »Adam!« las er verwundert und starrte auf die riesigen Buchstaben. »Na, so was, mein Vater muß diese Höhle vor Jahren entdeckt haben!« Seine Stimme klang froh. »Und schau, hier sind sämtliche Ableitungen des Namens Elizabeth, selbst italienische und spanische. Das ist wirklich sehr verblüffend. Was glaubst du? Wer könnte Elizabeth sein – oder gewesen sein?«

Emma schwieg. Edwin schien es gar nicht zu bemerken. »Nun, ich glaube nicht, daß ich meinen Vater fragen kann. Trotzdem wollen wir noch ein wenig herumsuchen.« Edwin war begeistert. Er ließ Emma vor der Wand und den Schriftzeichen stehen. Sie war verstört... Diese Buchstaben... was für eine unheilvolle Entdeckung...

»Komm her, Emma. Ich habe noch etwas gefunden!« rief Edwin nach ein paar Sekunden. Emma unterdrückte den Wunsch, aus der Höhle zu rennen, und ging zögernd zu ihm in die Ecke, wo die Säcke lagen. Edwin hielt einen flachen, ovalen Kieselstein in der Hand. Er gab ihn ihr in die Hand und hielt die Kerze darüber. »Siehst du das, Emma? Der Stein ist bemalt. Es ist die mit Ölfarbe gemalte Miniatur einer Frau. Schau! Ich glaube, es ist Tante Olivia. Ja, bestimmt ist sie das!«

Emma sagte nichts, aber sie dachte zornig: *Nein, das ist sie nicht. Es ist meine Mutter.*

»Glaubst du nicht auch, daß es Tante Olivia ist?«

»Doch«, antwortete Emma düster.

Edwin steckte den Stein in seine Tasche. »Ich werde ihn behalten.«

Emma schauderte, und die Kerze zitterte in ihrer Hand. Edwin bemerkte es und fragte: »Emma, du frierst?« Besorgt legte er den Arm um sie. Emma mußte alle Energie aufbringen, nicht vor ihm zurückzuweichen.

»Ja, ich friere. Gehen wir hinaus. In der Sonne ist es wärmer.« Ohne auf seine Antwort zu warten, machte sie sich von ihm los und rannte zum Höhleneingang. Sie blies die Kerze aus und stellte sie auf den Mauervorsprung. Dann kroch sie mit unglaublicher Geschwindigkeit durch den Tunnel an die frische Luft. Sie stieß einen Seufzer der Erleichterung aus. Niemals wieder würde sie in diese Höhle gehen. Niemals!

Edwin zwängte sich einen Augenblick später aus dem Tunnel. Seine Augen suchten Emma. Sie stand im Schatten der Ramsden Crags und schüttelte sich Staub und Schmutz von den Kleidern. Ihr Haar flatterte im Wind, und ihre Miene war unergründlich. Als er sie so anschaute, bemerkte er wieder diesen kalten Ausdruck, den er schon hie und da auf ihrem Gesicht gesehen hatte. Sensibel, wie er war – vor allem was Emma anging –, bemerkte er sofort ihren Stimmungswechsel.

Er ging zu ihr und griff sie am Arm. »Emma, stimmt etwas nicht?« Sie antwortete nicht und wandte ihr Gesicht ab. »Stimmt etwas nicht?« fragte er noch einmal.

Sie schüttelte seine Hand ab. »Nein, es ist alles in Ordnung.«

»Aber du schaust so seltsam aus. Und du bist wie ein verängstigtes Kaninchen aus der Höhle geflohen«, sagte er bedrückt.

»Nein, das tat ich nicht. Ich fror, das war alles!«

Edwin wandte sich ab. Es war ihm klar, daß er jetzt nicht mehr von ihr erfahren konnte. Er bürstete den Schmutz von seinen Kleidern und begann dann, die Werkzeuge einzusammeln. Er fühlte sich plötzlich so leer. Emma saß auf den flachen Felsbrokken, wo sie auch sonst immer saß. Er beobachtete sie, wie anmutig sie ihr langes Haar ordnete. Dann faltete sie die Hände im Schoß und schaute starr über das Moor ins Tal dahinter. Er lächelte. Sie schaute so spröde und seltsam würdevoll aus. Es ist die Art, wie sie den Kopf hochhält, und ihre aufrechte Haltung.

Langsam ging er zu Emma und mühte sich um eine gleichgültige Miene. Er setzte sich zu ihren Füßen nieder und schaute zu ihr hinauf. »Fühlst du dich jetzt besser? Hier im Sonnenschein«, fragte er sanft.

»Ja, danke«, entgegnete Emma, ohne ihn anzusehen.

Edwin zuckte zusammen. Sie hörte sich so kalt und fremd an. Er legte seinen Kopf gegen den Felsen und schloß die Augen. Er fragte sich, warum sie diese strenge Haltung an den Tag legte. Warum sah sie ihn nicht an? Er fühlte einen stechenden Schmerz in seiner Brust, und wieder überkam ihn das Gefühl der Leere.

Inzwischen überstürzten sich Emmas Gedanken. Wie könnte ihre süße, sanfte Mutter mit Adam Fairley befreundet gewesen sein? *Dieser schreckliche Mann.* Und wie dem auch sei, ihre Mutter hatte einen großen Teil ihrer Mädchenjahre bei ihrer Cousine Freda in Ripon verbracht. Ihr kam der Gedanke, daß der Name Elizabeth durchaus nicht ungewöhnlich war. Konnte es sich bei dem in den Fels eingeritzten Namen nicht um eine andere Elizabeth handeln? Vielleicht ein Mädchen aus dem Landadel, das Adam Fairley gekannt hatte, als er noch jung war. Es war *ihm* eher zuzutrauen, daß er ein Mädchen aus der oberen Gesellschaftsschicht zur Freundin gehabt hatte, als ein Mädchen aus der Arbeiterklasse. Aber da war der Kieselstein, den Edwin gefunden hatte. Sicher, es konnte ein Bild von Olivia Wainright sein, wie Edwin vermutete. Es glich ihr sehr. Dann dachte sie an das Medaillon. Aber auch das mußte nichts Besonderes bedeuten. Viele Leute haben einen Namen, der mit A beginnt. Irgend jemand konnte es ihrer Mutter gegeben haben. Und da der Gedanke an eine Freundschaft zwischen ihrer Mutter und Adam Fairley für sie unerträglich und unhaltbar war, denn er besudelte das Andenken an ihre Mam, kam Emma allmählich zu dem Schluß, daß ihre Mutter mit der Elizabeth in der Höhle nicht identisch war.

Sehr bald war sie wieder heiter. Sie schaute zu Edwin herab, der friedlich zu ihren Füßen ruhte. Armer Edwin. Sie war gemein und unfair zu ihm gewesen; zu ihm, der doch immer so nett zu ihr war. Sie klopfte ihm leicht, fast spielerisch auf die Schulter.

Edwin öffnete die Augen und schaute sie an. Er war besorgt, weil er nicht wußte, was ihre Stimmung bedeuten konnte. Aber endlich lächelte Emma ihn wieder an, mit diesem liebevollen strahlenden Lächeln, das er so sehr mochte. Ihre smaragdfarbenen Augen leuchteten und funkelten.

»Ich glaube, es ist Zeit zum Essen. Bist du hungrig, Edwin?«

»Ich bin fast verhungert! Emma, es ist fast halb fünf. Ich werde sofort den Picknickkorb auspacken.«

Emma lachte und schüttelte den Kopf. Edwin schaute Emma verblüfft an. »Was ist los?« fragte er.

»Ich wollte, du könntest dich jetzt selbst sehen, Edwin Fairley. Du schaust aus wie ein Schornsteinfeger. Dein Gesicht ist völlig verschmutzt, deine Hände auch. Und schau dir mal meine Hände an.« Sie hielt ihm die Hände mit den Handflächen nach oben entgegen. Er stimmte in ihr Lachen ein.

»Ich mache mit dir einen Wettlauf zum Bach hinunter«, rief sie, sprang auf und flog den abschüssigen Hang hinunter. Edwin rannte hinter ihr her. Er holte sie ein und hielt sie am Gürtel fest. Sie lachte und versuchte sich loszumachen, aber er hielt sie eisern fest. Sie stolperten und fielen zu Boden. Beide rollten über den

Moorboden und lachten heiter. Sie rollten bis zum Ufer des Baches, und Emma wäre hineingefallen, wenn Edwin sie nicht fest in die Arme genommen hätte.

»Nun schau, was du angerichtet hast, Edwin Fairley«, protestierte Emma in gespieltem Ärger. »Du hast meinen Rock ganz durchnäßt.« Sie lachte wieder.

Edwin ließ sie los und setzte sich auf. Ungeduldig strich er sich das Haar aus der Stirn. »Es tut mir leid, Emma. Aber es ist nur der Saum. Er wird in der Sonne rasch wieder trocknen.«

»Ja, das hoffe ich.«

Den letzten Satz hatte sie in breitem Yorkshire-Dialekt gesprochen, und Edwin verbesserte sie. Sie warf ihm einen wissenden Blick zu und sagte, ihn nachäffend: »Ja, du hast recht, Edwin. Ich habe nicht korrekt gesprochen.« Sie sprach nun die Worte sehr sorgfältig aus; und ihre Stimme, die immer so süß und melodisch klang, war nun so vornehm, daß Edwin vor Staunen den Mund weit aufriß.

Emma stieß ihm in die Rippen. »Ich kann genauso sprechen wie du, wenn ich will.« Dann vertraute sie ihm an: »Ich habe deiner Tante Olivia immer genau zugehört. Sie hat eine liebliche Stimme.«

»Du auch, Emma, wenn du korrekt sprichst und nicht in deinen Yorkshire-Dialekt fällst.« Er lächelte sie liebevoll an. »Ich hoffe, du verzeihst mir, wenn ich dich auf Sprachfehler hinweise? Aber du hast mich darum gebeten, das zu tun.«

»Ja! Und ich bin dir dankbar dafür.« Sie lächelte vor sich hin. Sie neigte sich vor und wusch ihre schmutzigen Hände im Bach. Dann formte sie mit den Händen einen Trichter und tauchte das Gesicht hinein.

Edwin nahm sein Taschentuch heraus und überreichte es ihr mit einer galanten Geste. »Trockne dich damit ab.«

Nachdem Emma ihre Säuberung beendet hatte, wusch sich auch Edwin. Dann saßen sie am Ufer des Baches, der munter aus den felsigen Hügeln plätscherte, und unterhielten sich glücklich. Sie freuten sich, beieinander zu sein. Edwin erzählte begeistert von seinen Plänen, in Cambridge die Rechte zu studieren. Er erklärte in großen Zügen, was ein Rechtsanwalt war. Emma sprach voller Stolz über Winston und wie schön er in seiner Uniform ausgeschaut hatte, als er neulich von der Königlichen Marine auf Urlaub nach Hause gekommen war.

»Er war nun schon zweimal in Fairley«, sagte Emma, »und mein Vater fühlt sich seitdem viel wohler. Er ist nicht mehr böse darüber, daß Winston damals davonlief ...« Sie setzte sich abrupt auf und blickte zum Himmel. »Seltsam, ich habe soeben einen Regentropfen abbekommen.«

Edwin hob den Kopf. »Aber der Himmel ist doch blau. Es sind nur ein paar graue Wolken zu sehen.«

»Am besten holen wir den Picknickkorb und gehen rasch nach Fairley Hall zurück«, meinte Emma hastig.

»O sei nicht albern. Das ist doch nur ein Sommerschauer. Der geht in wenigen Minuten vorüber.«

Aber noch während er sprach, wurde die fahle Sonne von dicken, schwarzen Wolken verdunkelt, die mit zunehmender Geschwindigkeit über das Moor trieben. Es donnerte laut. Der Himmel schien sich zu öffnen, und grellweiße Blitze zuckten herab. Die Landschaft verdüsterte sich unheildrohend.

»Komm schnell!« schrie Edwin. Er zog Emma rasch hoch. »Das Wetter in diesem elenden Moorland ist unberechenbar. Man weiß nie, wann ein Unwetter droht.«

Zusammen kletterten sie eilig den Hügel empor. Der Regen floß bereits in Strömen herab, als habe eine gigantische Hand die Schleusen eines Dammes geöffnet. Als sie die Ramsden Crags erreichten, war es fast völlig finster geworden. Das einzige Licht kam von den Blitzen, die nun unaufhörlich herabzuckten. Das Echo der gewaltigen Donnerschläge hallte von den Felsen der hoch aufragenden Ramsden Crags wider. Edwin und Emma waren naß bis auf die Haut. Edwin ergriff den Sack und seine nasse Jacke und drückte alles Emma in die Hand. »Nimm das!« schrie er und stieß sie zum Eingang des Tunnels.

»Meinst du nicht, es sei besser, nach Fairley Hall zu laufen?« protestierte sie.

»Das schaffen wir nie, Emma. Schau dir den Himmel an. Er ist schwarz wie die Nacht. Mach keine Einwände. Ab in die Höhle, Mädchen. Dort sind wir sicher.«

Obwohl Emma entschieden abgeneigt war, in die Höhle zurückzukehren, mußte sie zugeben, daß Edwins Vorschlag vernünftig war. Sie hatten wirklich keine andere Wahl. Bei einem solchen Sturm konnte das Moor sehr gefährlich sein. Sie preßte den Sack und die Jacke an sich und schlüpfte durch die Öffnung in den Tunnel. Edwin folgte mit dem Picknickkorb.

Als sie wieder bei der Höhle waren, blieb Emma am Eingang stehen und versuchte sich zu orientieren. Edwin zog sein Taschentuch heraus und wischte sich die Hände ab. Dann reichte er es Emma. Anschließend machte er sich so energisch an die Arbeit, daß Emma einen Augenblick verblüfft war. Er zündete die Kerzen auf dem Felsvorsprung an und öffnete den Korb.

»Hier ist die *Sunday Gazette!*« rief er. »Ich habe sie mitgebracht, um darin zu lesen, falls du dich verspäten würdest. Jetzt erfüllt sie einen guten Zweck. Mach Papierstreifen daraus.«

Er warf ihr die Zeitung vor die Füße und fuhr fort: »Ich habe aufgeschichtetes Holz gesehen und Zweige, die bei den Säcken lagen. Sie sind vollkommen trocken. Bald werden wir ein schönes Feuerchen haben.« Er nahm eine Kerze, ergriff Emmas Hand und führte sie zu der gegenüberliegenden Ecke.

»Wir machen hier ein Feuer.« Edwin scharrte mit der Stiefelspitze über den Boden. »Es ist der beste Platz, denn er wird durch den Tunnel und das Loch dort von außen belüftet.« Er deutete auf eine andere Öffnung, die Emma vorher nicht bemerkt hatte.

»Wo führt diese Öffnung hin?«

»Ich bin nicht ganz sicher. Sie war zu eng für mich, um durchzukriechen, als ich sie vorhin untersuchte. Aber vom Moor kommt Luft herein. Nun komm, Emma. Beeilen wir uns. Später können wir uns auf die Säcke setzen und unsere Kleider trocknen. Ich friere, und du sicher auch.«

»Ja.«

Sie brauchten nicht lange, bis das Feuer brannte. Das Papier und die Zweige fingen sofort Feuer. Als sie brannten, legte Edwin ein paar Holzscheite auf. Er beschäftigte sich dann mit den leeren Säcken. Es waren fast ein Dutzend vorhanden, und er rollte sie zusammen, um sie als Polster gegen die Felswand zu lehnen. »Wir werden es sehr gemütlich haben, Emma«, sagte er. Dann drehte er sich um und lächelte sie beruhigend an.

Emma stand am Feuer. Sie fröstelte und zitterte vor Kälte.

Ihr Gesicht war immer noch naß, und ihr Haar klebte am Rücken. Sie versuchte ihr Kleid auszuwringen, das völlig durchweicht war.

Edwin eilte zum Feuer. Auch er fröstelte. Er begann zu husten. Emma sah ihn über die Flammen an und runzelte die Stirn. »O Edwin, ich hoffe, du erkältest dich nicht noch einmal, schließlich bist du eben erst genesen.«

»Das hoffe ich auch«, keuchte er. Er hustete erneut und hielt sich dabei die Hand vor den Mund. Nach einer Weile war der Anfall vorüber, und er sagte: »Ich glaube, es ist besser, wenn du dein Kleid ausziehst, Emma. Dann können wir es zum trocknen vor dem Feuer ausbreiten.«

Sie starrte ihn mißtrauisch an. »Meinen Rock ausziehen!« wiederholte sie ungläubig. »O Edwin, das könnte ich nie tun.«

»Mach dich nicht lächerlich. Du trägst doch noch Unterröcke und die . . . die *Sachen* darunter, oder etwa nicht?«

»Doch«, murmelte sie zwischen klappernden Zähnen.

»Dann tu bitte, was ich dir sage«, forderte er in forschem Ton. »Ich werde mein Hemd ausziehen. Es ist total durchnäßt. Wenn wir mit unseren nassen Kleidern herumsitzen, werden wir alle *beide* eine Lungenentzündung bekommen.«

»Ich nehme an, daß du recht hast«, meinte sie unwillig. Emma wandte ihm den Rücken zu und begann ihr Kleid aufzuknöpfen. Sie kam sich schüchtern und linkisch vor.

»Gib mir das Kleid«, verlangte Edwin mit der gleichen forschen Stimme, nachdem sie es ausgezogen hatte. Sie reichte es ihm, immer noch mit dem Rücken zu ihm gewandt. In diesem Augenblick wurde ihr klar, wie albern sie war. Schließlich trug sie noch einen Unterrock und ein Leibchen, ihr Körper war bedeckt, nur die Arme nicht.

Sie blickte scheu über die Schulter und drehte sich dann langsam um. Edwin hängte ihren Rock neben seinem Hemd an einem Felsvorsprung auf. Mit kleinen Steinen, die er offensichtlich am Boden gefunden hatte, beschwerte er die Kleidungsstücke, damit sie nicht herunterfielen. Emma setzte eine unbefangene Miene auf und ging zum Feuer. Sie wärmte sich vor den Flammen und versuchte, ihr langes Haar zu trocknen. Edwin, der ihren halbbekleideten Zustand nicht zu beachten schien und keinerlei Verwirrung zeigte, nahm den Picknickkorb und trug ihn zu dem Lager, das er aus den Säcken bereitet hatte. Er kniete sich nieder und zog den Steinkrug mit dem Holunderbeerwein heraus. Dann packte er auch die übrigen Nahrungsmittel aus, welche die Köchin sorgfältig in Servietten gewickelt hatte. Plötzlich stieß er vor Überraschung einen langen Pfiff aus.

Emma schaute ihn an. »Was gibt es?«

»Die gute, alte Mrs. Turner!« rief er mit breitem Grinsen, während er weiter auf dem Boden des Korbes herumwühlte. »Bei

Gott, sie denkt an alles. Sie hat nicht nur Servietten und ein Tischtuch für mein Picknick eingepackt, sondern auch eine dicke Wolldecke. Welch ein Glück. Zumindest die Wolldecke wird uns warm halten.« Er blickte hoch und zeigte ihr triumphierend die Decke. Dann machte er ein langes Gesicht. Wasser tropfte aus ihrem Unterrock und bildete eine kleine Pfütze zu ihren Füßen. »Großer Gott, Emma. Du bist wirklich vollkommen durchnäßt und zitterst immer noch. Fühlst du dich nicht wärmer?«

»Ein wenig. Aber meine Beine sind kalt vom Unterrock. Er ist genauso naß wie mein Kleid.« Sie trat näher ans Feuer. In ihren Stiefeln gluckste das Wasser. Sie begann den Saum ihres Unterrocks auszuwringen und versuchte, ihren zitternden Körper zu beherrschen.

Edwin stand auf und schaute an seinen Hosen hinunter. Er runzelte die Stirn. »Ich fürchte, meine Hosen sind in dem gleichen Zustand.« Er zog eine Grimasse und ging zu ihr ans Feuer. So standen sie zusammen vor den Flammen und hofften, daß ihre Kleider bald trocknen würden. Aber es war zwecklos, denn das Feuer war klein und gab nur ungenügende Wärme ab. Und die Luft in der Höhle war kalt.

»Das ist sinnlos!« erklärte Edwin nach einer Weile. Seine Beine verwandelten sich allmählich in Eisklumpen, und die Kälte durchdrang langsam seinen ganzen Körper. Er begann heftig zu husten.

Emma schaute ihn besorgt an. Sie dachte daran, wie leicht er sich erkältete. »Bist du in Ordnung?«

»Ich friere. Ich hoffe, daß ich nicht schon wieder eine Bronchitis bekommen werde.« Er zitterte. »Es sind diese nassen Kleider.« Er zögerte. »Ich fürchte, es gibt nur eine Möglichkeit, Emma. Ich glaube, ich muß meine Hosen ausziehen und du deinen Unterrock und . . .«

»Alle Kleider ausziehen!« keuchte sie, und drückte sich an die Felswand. Auf ihrem Gesicht stand ein Ausdruck des Entsetzens. »Edwin! Das können wir nicht! Das wäre nicht recht«, fügte sie wild hinzu.

Ein feines Lächeln spielte um seine Lippen. Er zuckte die Schultern. »Nun, du kannst tun, was du willst, Miß Harte. Aber ich habe beschlossen, mich auszuziehen. Ich werde meine Hose und meine Unterwäsche zum Trocknen aufhängen. Ich habe keine Lust, mir wegen eines unnützen Schamgefühls den Tod zu holen.«

Emma schaute ihn unzweideutig an. »Das wäre sehr ungehörig

von dir, Edwin«, meinte sie scharf. »Das wäre es wirklich. Das wäre nicht ... nicht anständig.«

Sein Gesicht war verärgert. »Emma, ich möchte dich nicht beleidigen.« Er dachte angestrengt nach und fragte sich, was er tun sollte, denn er verstand Emmas Gefühle nur zu gut.

Sein Auge fiel auf die karierte Wolldecke, und augenblicklich fiel ihm eine Lösung ein. »Ich habe eine Idee. Ich werde die Decke um mich wickeln. Sie wird mich vollständig bedecken«, versicherte er ihr. »Aber ich glaube, ich muß dieses nasse Zeug ausziehen. Unter Umständen müssen wir Stunden hier drin verbringen.«

Emma biß sich auf die Lippen. Was er sagte, klang vernünftig, minderte aber keineswegs ihre Verlegenheit, wenn sie daran dachte, daß er unbekleidet vor ihr stehen würde. Andererseits wollte sie nicht dafür verantwortlich sein, wenn er krank wurde. Außerdem fiel ihr ein, daß sie ja nicht unbedingt ihre Unterkleider ausziehen mußte. Sie konnte immer noch versuchen, sich vor dem Feuer zu trocknen. Nach einer Weile sagte sie langsam: »Gut, aber bevor du deine Hosen ausziehst, krieche erst mal zum Ausgang und schau nach dem Wetter. Vielleicht hat sich der Sturm ausgetobt, und wir können 'raus.«

»Das ist möglich«, gab Edwin zu und beeilte sich, ihren Anweisungen zu folgen. Am Ende des Tunnels angekommen, sah Edwin bestürzt, daß es immer noch in Strömen goß, als wäre die Sintflut ausgebrochen. Ein heftiger Sturm peitschte den Regen gegen die Felsen. Blitze durchzuckten den tiefschwarzen Himmel, und der Donner rollte zwischen den Hügeln wie Kanonenschüsse. Sie mußten sich auf einen längeren Aufenthalt in der Höhle gefaßt machen.

Er kam zurück, nahm eine Serviette und trocknete sich Gesicht und Haare ab. Dann nahm er die Wolldecke und ging in die andere Ecke der Höhle. »Ich muß mich entschuldigen, Emma, aber meine Hosen sind noch nasser als vorher. Ich habe jetzt keine andere Möglichkeit mehr, als sie auszuziehen.«

Emma legte ein Holzscheit ins Feuer und saß dann zusammengekauert davor. Sie versuchte immer noch trotzig, das Wasser aus ihrem Unterrock zu wringen. Sie war fest entschlossen, sich nicht auszuziehen, obwohl ihr immer kälter wurde. Nach wenigen Sekunden hängte Edwin seine Hosen, seine Unterhose und seine Socken an einen Felsvorsprung, beschwerte wieder alles mit

Steinen. Dann trug er seine Stiefel zum Feuer und stellte sie zum Trocknen hin. Emma war unfähig, ihn anzusehen.

Als er sie beobachtete, lachte Edwin auf: »Ist schon in Ordnung, Emma. Ich bin ganz sittsam. Das kann ich dir versichern.«

Langsam, aber etwas widerwillig hob Emma den Kopf und mußte unwillkürlich lächeln. Edwin hatte die Decke um seine Hüften geschlungen und verknotet. Sie reichte ihm bis zu den Knöcheln. »Das schaut ein wenig aus wie ein Kilt«, meinte sie und fügte erleichtert hinzu: »Es bedeckt dich völlig korrekt.«

Edwin beugte sich zu ihr hinunter und fühlte den Saum ihres Unterrocks. Dann schüttelte er traurig den Kopf. »Du bist verrückt. Du wirst dir eine Erkältung holen. Du hast zwar den Saum einigermaßen trocknen können, aber der Rest ist völlig durchnäßt.« Er ließ den Unterrock mit einer ungeduldigen Geste los. Plötzlich strahlte er und griff nach dem Tischtuch.

»Schau, Emma. Das kannst du um dich wickeln. Es ist groß genug.«

»Aber es ist eines der besten Tischtücher der Köchin!« schrie Emma bestürzt. »Sie wird mich ausschimpfen, wenn ich es beschmutze. Das wird sie bestimmt!«

Edwin unterdrückte ein belustigtes Lächeln. »Unter diesen Umständen glaube ich nicht, daß wir darüber Betrachtungen anstellen sollten. Nun, was ist?« Er streckte seine Hand nach ihr aus. »Komm her, du dummes Mädchen«, fuhr er sanft fort und zog sie auf die Füße. »Geh zur anderen Seite der Höhle und tu, was ich dir gesagt habe.«

Emma nahm zögernd das Tuch, und Edwin lachte auf: »Emma, du benimmst dich so furchtsam, daß ich glaube, du hältst mich für einen üblen Strolch, der unehrenhafte Absichten hat.« Er lachte immer noch und fuhr fort: »Meinst du, ich will dich in eine Situation bringen, aus der ich dann meine Vorteile ziehe? Bitte beruhige dich, ich bin kein Lustmolch.«

»Das denke ich ja auch nicht«, sagte Emma finster. Sie hatte den Sinn seiner vielen Worte nicht richtig begriffen, verstand aber instinktiv, was er meinte. »Ich weiß, du wirst nichts … nichts Falsches tun, Edwin. Ich weiß, daß du mich nie verletzen wirst.«

Er klopfte ihr auf die Schulter und lächelte zärtlich zu ihr herab. »Natürlich werde ich das nie tun. Nun, du bist meine beste Freundin. Ja, sogar meine liebste Freundin.«

»Bin ich das wirklich?« rief sie, und ihre Augen leuchteten.

»Ja, das bist du. Nun, geh und ziehe dir diesen ...«, Edwin machte eine Pause und kicherte, »... diesen Sari an. Es gibt hier genug Steine, und du kannst deine Sachen neben meine hängen. Inzwischen werde ich das Picknick bereiten.« Edwin beobachtete, wie sie sich zurückzog, und dachte: Sie ist so süß und reizend. Sie ist meine beste Freundin. Ich mag sie wirklich sehr gern.

Er begriff nicht, daß er sie bereits liebte.

Die Kerzen auf dem Mauervorsprung waren fast heruntergebrannt, und Edwin nahm zwei weitere aus dem Sack. Als er sie anzündete, war er dankbar, daß er vorsorglich so viele mitgebracht hatte. Er legte das Essen auf die Servietten, als Emma zum Feuer zurückkam. Sie stellte ihre Stiefel neben seine.

Als er aufschaute, sah Edwin, daß sie verschämt und schüchtern an sich herunterschaute. Das Tischtuch war wie eine Windel um sie geschlungen, und sie preßte es fest an sich, indem sie die Arme über der Brust kreuzte. Es bedeckte ihren Körper angemessen; aber er sah, daß es ihr nur bis zu den Knien reichte und wohlgeformte Beine und schlanke Knöchel freiließ. Er hatte nicht gewußt, daß sie so lange und schöne Beine hatte. Immer noch das Tischtuch fest an sich drückend, setzte Emma sich nieder und schaute scheu und stumm auf.

»Fühlst du dich nicht wohler, nachdem du dein nasses Unterzeug ausgezogen hast?« fragte er mit betont unbekümmerter Miene und hoffte dabei, daß ihre Furcht und das Gefühl der Peinlichkeit nicht größer würde.

»Ja, doch«, murmelte sie nervös, aber dann lächelte sie und schaute auf die Köstlichkeiten, die vor ihr ausgebreitet waren. »Ich bin so hungrig.«

»Ich auch. Es tut mir leid, aber wir haben nur einen Teller und einen Becher. Wir müssen beides gemeinsam benutzen.«

Er goß Holunderbeerwein ein und reichte ihr den Becher.

»Danke, Edwin.«

»Nun, jetzt da wir trocken sind und es warm haben, ist das Ganze ein rechter Spaß, nicht wahr?«

»Ja«, antwortete sie sanft und trank den Wein. »Mein Gott, die Köchin hat es aber gut mit dir gemeint!« Ihre Augen glitten über die appetitlichen Sandwiches und die anderen Köstlichkeiten. »Sie muß denken, du hast einen Appetit wie ›Magerquark‹.«

»Nun, du weißt ja, wie die Köchin ist. Sie verwöhnt mich wie eine Mutter. Sie denkt, ich brauche Aufbaukräfte.« Er deutete auf das Essen. »Nimm dir zuerst, Emma. Wir haben Schinken und Eierkuchen, Krebse und Tomatensandwiches, Obstkuchen und Äpfel.«

Emma nahm ein Stück Eierkuchen, den sie selbst gebacken hatte. Aber das erwähnte sie nicht. Sie kauten hungrig und tranken dazu Holunderbeerwein. Edwin füllte den Becher immer wieder nach. Er plauderte fröhlich, und allmählich schwand Emmas Verlegenheit. Edwin schien ihren halbnackten Zustand nicht zu bemerken. Tatsächlich vermied er es sorgfältig, sie zu beachten. Als sie mit dem Essen fertig waren, lehnten sie sich gegen die zusammengerollten Säcke und wärmten ihre Füße am Feuer. Emma sagte vorsichtig, ohne Edwin anzuschauen: »Was denkst du über diese Schrift an der Wand? Glaubst du, daß dein Vater die Namen eingeritzt hat?«

Edwin nickte heftig mit dem Kopf. »Ja, das glaube ich. Ich habe schon viel darüber nachgedacht, besonders über diese Ableitungen des Namens Elizabeth. Ich glaube, ich weiß, um wen es sich bei der fraglichen Dame handelt.« Er schaute sie an. Seine Augen leuchteten hell im Licht des Feuers. Emma hielt den Atem an. Er fuhr fort: »Es ist mir eingefallen, daß es Lord Sidneys Schwester sein muß. Sie hieß Elizabeth. Mein Vater und die Sidneys sind zusammen aufgewachsen. Ich bin sicher, daß sie hier oben als Kinder gespielt haben.«

»Ich wußte nicht, daß Lord Sidney eine Schwester hat«, sagte Emma. »Ich habe sie noch nie hier gesehen, oder ihren Namen gehört.«

»Sie starb vor etwa zehn Jahren in Indien, wo ihr Gatte im diplomatischen Dienst stand. Ich habe gehört, wie mein Vater von ihr mit großer Zuneigung sprach. Sie war etwa in seinem Alter. Je mehr ich darüber nachdenke, desto sicherer bin ich, daß ich recht habe.«

Die Spannung in Emma ließ nach, ihre quälenden Gedanken, die sie so verwirrt hatten, verschwanden, und ihr Körper lockerte sich. Wie sehr hatte sie sich geirrt, einen solchen Schluß über ihre Mutter und *ihn* zu ziehen. Natürlich hatte Edwin recht, wie immer.

»Das könnte sein!« rief sie und lächelte. Nach einer kurzen Pause sagte sie: »Ich frage mich, wie spät es ist.«

»Ich werde auf meine Uhr schauen.« Edwin ging zum Höhleneingang, wo er achtlos seine Jacke hingeworfen hatte, als sie vor dem Sturm geflüchtet waren. »Es ist sechs Uhr!« rief er und trug die Jacke zum Feuer. »Sie ist sehr feucht. Ich werde sie auf dem Boden ausbreiten, damit sie trocknen kann.« Er schaute zu Emma, und ein besorgter Ausdruck glitt über sein Gesicht. »Wird sich dein Vater Sorgen um dich machen, Emma?«

Sie schüttelte den Kopf. »Nein. Er weiß, die Köchin erwartet, daß ich heute nachmittag zurückkomme, um ihr beim Einmachen zu helfen. Sie erwartet mich um halb sechs.«

»O je! Dann macht *sie* sich Sorgen um dich!« rief Edwin.

»Sie denkt wahrscheinlich, ich bin wegen des Unwetters noch zu Hause geblieben. Sie weiß, daß mein Dad mich bei diesem Wetter nicht ins Moor hinauslassen würde. Aber sie macht sich Sorgen um dich, Edwin. Sie wird sich fragen, wo du steckst.«

»Sehr wahrscheinlich. Aber möglicherweise denkt sie, ich bin ins Dorf gelaufen, weil es näher ist als unser Haus.« Er seufzte. »Nun, da kann man nichts machen.«

»Glaubst du, daß es aufgehört hat zu regnen, Edwin?«

»Möchtest du, daß ich durch den Tunnel krieche, um nachzuschauen?«

»Ja, das wäre vielleicht besser. Aber geh nicht hinaus, sonst wirst du naß!« sagte Emma etwas herrisch.

Er nahm eine Kerze und verschwand. Nach wenigen Sekunden war er wieder zurück. »Es regnet immer noch, und das Gewitter ist auch noch nicht vorbei.« Er stellte die Kerze auf den Felsvorsprung. »Wir können noch nicht weg!« Er setzte sich mit gekreuzten Beinen auf die Säcke und bedeckte seine Knie sorgfältig mit der Wolldecke. »Du kennst doch diese Unwetter, Emma. Sie können Stunden dauern.«

»Ja, ich weiß.« Sie stand auf. »Ich sehe mal nach, ob unsere Kleider schon trocken sind, damit wir uns wieder anziehen können.«

Emma glitt lautlos auf bloßen Füßen über den Boden der Höhle; ihr Haar hing glatt über den Rücken. Sie befühlte mit kundigen Händen die Kleider und sagte bestürzt: »Oh, Edwin. Sie sind immer noch so feucht. Wir müssen noch etwas warten.«

»Wir müssen ohnehin warten, bis die Sintflut da draußen nachläßt«, entgegnete er. »Vielleicht sind sie in einer halben Stunde trockener, und bis dahin könnte auch das Unwetter vorbei sein.«

»Ich hoffe es«, sagte sie und kam rasch zurück.

Sie saßen nun zitternd in der Ecke, denn die Luft in der Höhle war noch kühler geworden, und das Feuer war fast erloschen. Edwin warf ein Holzscheit hinein und sagte: »Unser Holzvorrat geht zu Ende. Wir müssen mit den letzten Holzscheiten sparsam umgehen.« Sie drückten sich aneinander, um sich gegenseitig zu wärmen. Edwin legte den Arm um sie und hielt sie fest an sich gepreßt. Emma schaute mit großen Augen zu ihm auf. »Du glaubst doch nicht, daß wir hier gefangen sind, oder?« fragte sie mit bebender Stimme.

Er lächelte beruhigend. Seine hellen Augen blickten sanft und waren voller Zärtlichkeit. »Natürlich nicht! Sei nicht albern«, meinte er heiter. »Und hab keine Angst. Ich bin hier, um dich zu beschützen, Emma. Schau, sobald die Kleider in einem besseren Zustand sind, ziehen wir uns an und sehen nach, was draußen los ist. Falls notwendig, müssen wir dem Wetter trotzen. Das hängt von der Zeit ab. Wir dürfen nicht zu spät zurückkehren.«

»Gut, Edwin.« Sie drückte sich fester an ihn.

Edwin begann, ihren Arm zu reiben, um ihn zu wärmen. »Nun, ist das besser so?« fragte er sanft.

»Ja, danke, Edwin.«

Alles begann ganz unschuldig. Langsam wurde aus dem Reiben des Arms ein langsameres Streicheln, und aus dem Streicheln wurden Zärtlichkeiten. Erst als Edwins Hand versehentlich Emmas Brüste berührte, zuckte sie zurück und schaute ihn überrascht und ängstlich an. Sie schlüpfte aus seiner Umarmung und brachte eine gewisse Distanz zwischen sich und Edwin.

»Es tut mir leid, Emma. Das habe ich wirklich nicht mit Absicht gemacht. Bestimmt. Komm zurück. Du wirst bald wieder frieren!« warnte er sie. Er ärgerte sich über sich und machte sich Sorgen um sie.

»Ich fühle mich hier wohl. Danke«, sagte sie kühl. Sie lehnte sich zurück und nahm eine würdevolle Haltung ein.

»Wie du willst«, murmelte Edwin bestürzt. Er zog die Beine an die Brust und schlang seine Arme um die Knie.

Lange Zeit blieb es still zwischen ihnen. Emma schaute ins Feuer und versuchte, das Zittern ihrer Glieder zu verbergen. Sie hoffte, er würde nicht bemerken, wie sehr sie fror. Edwin hatte den Kopf auf die Knie gestützt und warf ihr verstohlene Blicke zu. Plötzlich loderte das ersterbende Feuer noch einmal hoch auf, und er riß überrascht die Augen auf. Er hatte bisher nicht bemerkt, wie dünn das Tischtuch war, das sie so eng an sich gedrückt hielt. Jetzt konnte er ihre festen, üppigen Brüste deutlich erkennen, wie sie sich unter der Decke abzeichneten. Er sah die geschwungene Linie ihrer Hüften und ihre langen Beine. Darüber hob sich das dunkle Dreieck ab. Er konnte seine Augen nicht von ihr abwenden. Als er sie sehnsüchtig ansah, fühlte er, wie ein Schauer durch seinen Körper rieselte.

Es war nicht das erstemal, daß Edwin erregt war. Wie alle Jungen seines Alters war er schon früher sexuell stimuliert gewesen. Aber noch nie hatte ihn ein Mädchen so stark erregt. Er hatte nämlich noch nie ein nacktes Mädchen gesehen und war auch noch nie so nahe mit einem Mädchen zusammengewesen, das so spärlich bekleidet war. Er zitterte vor Erregung. Sein Atem ging keuchend, und seine Kehle war wie zugeschnürt. Nach einer Weile gelang es ihm, den Blick von ihrem erregenden Körper zu wenden. Er starrte die Felswand an. Das Feuer warf zuckende Schatten auf den Felsrand, formlose Gestalten, die an Tiere und Bäume erinnerten. Da war ein Kaninchen, eine große, alte Eiche. Er versuchte, in den tanzenden Bildern Lebewesen zu erkennen. Edwin konzentrierte seine ganze Aufmerksamkeit auf die Bilder; er mußte seine Wünsche unterdrücken!

Emma unterbrach die Stille. Sie sagte leise. »Edwin, ich friere so sehr.« Sofort wandte er sich ihr zu. Sie hatte sich zusammengerollt und zitterte. Ihre Zähne schlugen aufeinander.

»Soll ich zu dir kommen und dich warm halten, Emma?« fragte er scheu, denn er fürchtete, daß sie ihn sofort zurückweisen würde.

Er war wie betäubt, als er sie flüstern hörte: »Ja, bitte.« Sie schaute ihn durch ihre dichten Wimpern schüchtern an und fügte hinzu: »Es tut mir leid, daß ich böse zu dir war, Edwin.«

Edwin kroch zu ihr hinüber, legte einen Arm um sie und drückte mit der Hand ihre Knie herunter. Dann machte er es ihr sehr sanft auf dem Sack bequem, bis sie beide ausgestreckt dalagen. Er bedeckte ihren zitternden schlanken Körper mit seinem eigenen.

»Das ist die einzige Möglichkeit, uns warmzuhalten.« Sie drückte sich fester an ihn und lag wie ein kleines Kind in seinen Armen. »Ja, ich weiß«, murmelte sie.

»Schau dir die Schattenspiele an. Man kann Tiere, Bäume und Berge sehen.«

Emma lächelte und folgte seinem Blick. Vor ihren Augen hatte sich die Höhle in wunderbarer Weise verändert. Sie hatte keine Furcht mehr, und die Gedanken an ihre Mutter und Adam Fairley hatten sich aufgelöst. Die Höhle war nur noch ein Platz voll Zauber und Wunder. Es war ihr geheimer bezaubernder Platz. Ihr Platz und Edwins.

Edwin begann wieder ihre Arme und Schultern zu reiben, die sich eiskalt anfühlten. Allmählich verschwand die Gänsehaut, und es kam ihm nun so vor, als fühlte ihre Haut sich an wie weiche Seide. Edwin begann, sie wieder zu streicheln, denn er konnte dem Wunsch nicht widerstehen, sie zu fühlen. Emma schaute ihn an. Ihre großen, grünen Augen funkelten seltsam, ihre rosafarbenen Lippen waren leicht geöffnet, so daß er ihre kleinen, weißen Zähne sehen konnte. Er hob die Hand und strich ihr die rostbraunen Haare zurück. Dann streichelten seine Finger leicht ihre Wangen und glitten zum Hals hinab.

»Du bist so schön, Emma«, sagte er mit tiefer, heiserer Stimme. »Bitte, laß mich dich küssen. Nur einmal«, bat er.

Sie antwortete nicht, schaute ihn aber unverwandt an. Es war so viel Vertrauen, Unschuld und unverhohlene Liebe in ihrem reinen Gesicht, daß er tief gerührt war. Er beugte sich über sie und meinte, im tiefen grünen Schimmer ihrer Augen zu versinken. Seine Lippen berührten die ihren sanft. Ihr Mund war feucht und süß und so einladend, daß ein Kuß Edwin Fairley nicht genügte. Er küßte Emma immer wieder, immer heftiger. Er ließ ihr keine Möglichkeit, sich zu wehren.

Als Edwin schließlich den Kopf hob und herabschaute, sah er, daß sie die Augen geschlossen hatte. Er streichelte ihr Gesicht und ihre Schultern. Dann glitt seine Hand sehnsüchtig tiefer, bis sie eine ihrer Brüste bedeckte. Erst jetzt öffnete sie zornig die Augen.

»Oh, Edwin, nein! Das sollst du nicht!«

»Bitte, Emma. Ich will nichts Böses. Laß mich dich nur einen Augenblick so festhalten«, flehte er.

Sie zögerte. Er preßte seinen Mund so fest auf ihren, daß sie keine Weigerung aussprechen konnte, und er streichelte sie so zärtlich! Fast unbewußt, und ohne sich beherrschen zu können, fuhr Edwin mit der Hand unter das Tischtuch, das ihren Körper bedeckte. Er strich mit den Fingern über die zarte Haut. In zunehmender Erregung erbebte er. Emma drehte sich mit einem kleinen Schrei von ihm ab. Sie errötete. Aber er hielt sie fest, nahm sie liebevoll in die Arme und küßte ihre Stirn.

»Ich liebe dich, Emma«, flüsterte er, sein Gesicht dicht an ihres gepreßt.

»Aber es ist nicht richtig, so zusammenzuliegen«, flüsterte sie zurück. Sie zitterte und hatte Angst, wenn sie an die gräßlichen Dinge dachte, die mit der Schwäche und der Versuchung des Fleisches zusammenhingen und die einen in die Hölle brachten.

»Pst, meine süße Emma«, sagte Edwin tröstend. Seine Stimme klang beruhigend. »Ich will dir keinen Schaden zufügen. Ich möchte dich nur dicht bei mir fühlen. Ich will nichts Unrechtes. Man tut dem Menschen, den man liebt, nichts Böses an.«

Seine Worte erfüllten sie mit plötzlicher Freude, und sie drückte sich fester an ihn. Sie suchte sein Gesicht, das so dicht bei dem ihren war, dieses feingeschnittene Gesicht, das sie so gut kannte. Es schien im Kerzenlicht zu strahlen. Seine Augen standen weit offen und waren voller Bewunderung.

»Liebst du mich wirklich, Edwin?« fragte sie mit sanfter Stimme.

»Das *tue* ich, Emma. Oh, ich liebe dich so sehr! Liebst du mich nicht?«

»Doch, Edwin. Oh, ja!«

Emma seufzte. Sie merkte, wie seine Hand wieder über sie strich, sanft, liebkosend ihren ganzen Körper abtastend. Es war so schön, daß sie sich entspannte und in dieser warmen, liebevollen Zärtlichkeit sonnte. Plötzlich berührten seine Finger die verbotenste Stelle. Die Berührung war eindringlich, doch auch unendlich sanft. Zunächst wurde ihr kaum bewußt, was er tat. Sie konnte auch nicht länger protestieren oder ihn zurückweisen, denn sie war von unerwarteten, unbekannten, eben, ach, so wunderbaren Gefühlen überwältigt, daß ihr Körper zu vibrieren begann und ihr Herz heftig klopfte. Sein Mund, seine Hände, sein Körper waren überall zu spüren, und er zog sie fester und fester an sich, bis sie das Gefühl hatte, sie sei eins mit Edwin. Eine süße Mattigkeit überkam sie, als er sie liebkoste und zum Gipfel der Erregung brachte.

Edwin hielt plötzlich inne und schaute Emma an. Ihre Augen waren geschlossen, und er sah, daß sie leicht zitterte. Mit einer leichten Bewegung schlüpfte er aus seiner Wolldecke und schlug das Tischtuch auseinander, das sie immer noch halb bedeckte. Sie rührte sich nicht. Nur ihre Augenlider zuckten. Dann öffnete sie die Augen weit, als sie ihn über sich knien sah. Edwin Fairley ist kein Junge, er ist ein Mann, dachte sie erstaunt und etwas furchtsam, denn jetzt erkannte sie seine Männlichkeit. Edwin hielt den Atem an und betrachtete sie bewundernd. Er war erfüllt von der Sehnsucht, sie ganz zu besitzen. Bewundernd sah er ihren lieblichen Körper. Ihre Haut war von sanfter Blässe, und das Licht des Feuers und der Kerze übersäten sie mit goldenen Mustern. Sie glich einer vollendeten Marmorstatue.

Langsam und mit großer Zärtlichkeit half Edwin Emma, ihren Schrecken, ihre Zurückhaltung und ihre angeborene Scheu zu überwinden. Obwohl sie beide noch völlig unschuldig waren, begann Edwin Emma zu lieben, und unter seiner behutsamen Führung war auch sie schließlich zur Liebe bereit. Seine Sehnsucht schlug in wilde Leidenschaft um, die er nicht mehr zu beherrschen vermochte. Nur einmal versteifte sich ihr Körper, und er hörte einen kleinen Aufschrei, den sie aber sofort unterdrückte. Aber er war so zart und liebevoll zu ihr, daß dieser Augenblick rasch vorüberging. Und jetzt trug er sie mit sich in einer Woge der Lust. Sie hielten sich aneinandergeklammert und bewegten sich in völliger Harmonie. Die süße Wärme ihrer jungen Körper hüllte sie ein. Emma meinte, unter Edwin vergehen und ein Teil von ihm werden zu müssen. Jetzt waren sie nur noch *ein* Mensch. Sie *war* Edwin. Sie stöhnte und strich mit den Händen über seinen Rücken, der unter ihrer Berührung erbebte, und er erfuhr ein so überwältigendes Gefühl der Lust, daß er dachte, laut aufschreien zu müssen. Als er tief in sie eindrang, wußte er nicht, daß er ihren Namen schrie und sie anflehte, ihn nie zu verlassen.

16

Nach einigen Stunden flaute der Sturm ebenso rasch ab, wie er begonnen hatte. Der heftige Regen ging in ein Tröpfeln über, das plötzlich aufhörte. Nach dem Geheul des heftigen Windes herrschte nun absolute Stille.

Der wolkenlose Himmel nahm langsam eine dunkelgrüne Farbe an. Er war klar und strahlte ein seltsames Licht aus, das von innen zu kommen schien. Der Vollmond war schon aufgegangen und schimmerte silbern. Er beleuchtete das Moorland und die kahlen Hügel so hell wie die Nachmittagssonne. Er erhellte eine verwüstete Landschaft.

Von den Hügeln über dem Moorland schossen Ströme von Regenwasser herab, die jeden natürlichen Wasserfall in eine flüssige Lawine verwandelte. Die Bäche und Flüsse schwollen an, traten über die Ufer und rissen alles mit sich, was ihrem Druck nicht widerstehen konnte. Der Wolkenbruch hatte das Moor wie eine riesige Flutwelle überspült, Bäume und Hecken entwurzelt, Felsblöcke verschoben und riß nun alles mit sich zu Tal. Die kleinen Schluchten und Senken zwischen den Hügeln waren völlig überflutet. Tiere, die nicht schnell genug hatten entkommen können, saßen in der Falle. Streunende Schafe waren ertrunken. Ihre Körper trieben grotesk im trüben Wasser. Vögel lagen auf dem Boden, vom Regen zur Erde geschlagen, ihr Gesang für immer verstummt.

Das Gewitter hatte überall seine Spuren hinterlassen. Der Blitz hatte Bäume gespalten und das Astwerk zu Asche verbrannt. Ein Pferd, das in einer Koppel in der Nähe von Top Fold geweidet hatte, war vom Blitz erschlagen worden. Auch das Dorf war in Mitleidenschaft gezogen worden. Dachziegel waren abgedeckt, Fenster eingedrückt und Steine herausgebrochen worden. Eine Hütte war fast völlig zerstört. Ein buntes Glasfenster der Kirche war in Hunderte von kleinen Splittern zerborsten. Es war ein Gedenkfenster, das Adam Fairley erst kürzlich zum Andenken an seine Frau Adele gestiftet hatte.

Oben in den Ramsden Crags lief das Wasser über die Felsen, und der Boden war so matschig, daß man kaum gehen konnte. Die beiden einsamen Bäume, die dort seit Jahren wie treue Wächter gestanden hatten, waren umgestürzt. Edwin schlüpfte als erster aus der Höhle und reichte Emma die Hand. Sie wichen dem Wasserfall aus, der dicht neben der Tunnelöffnung herabrauschte. Bis zu den Knöcheln versanken sie im Morast. Edwin stellte den Picknickkorb auf einen Felsbrocken und half Emma zu den trockeneren Felsen. Erschreckt und verängstigt sahen sie sich an.

»Wir haben Glück gehabt, daß wir die Höhle fanden«, sagte Edwin zu Emma. Er schaute sich um. »Ist es dir klar, daß wir hier draußen hätten getötet werden können? Entweder durch Blitzschlag oder durch Ertrinken!« Emma nickte und schauderte, wenn sie daran dachte, wie knapp sie entkommen waren.

»Schau dir den Wasserfall oben am Dimerton Fell an!« rief Edwin. »So riesig und wild habe ich ihn noch nie gesehen. Es ist unglaublich!«

Emma blickte in die Richtung, in die er zeigte, und hielt den Atem an. Der sonst so friedliche Wasserfall war klar im Mondlicht zu sehen. Er hatte sich in eine riesige, schäumende Kaskade verwandelt – herrlich, aber auch unheimlich! »Edwin, meinst du nicht, wir sollten versuchen zurückzugehen? Die Köchin wird uns ganz schön ausschimpfen.«

»Ja. Ich glaube, wir sollten uns sofort auf den Weg machen«, stimmte Edwin zu. »Gott sei Dank schimmert der Mond so hell. So können wir wenigstens sehen, wo wir gehen. Sollen wir aufbrechen?«

Er wollte gehen, aber Emma zog ihn am Arm. »Was ist mit der Höhlenöffnung?« Sie deutete mit dem Kopf auf den Spalt. »Mir scheint, daß der Fels, der die Öffnung verdeckte, tief in den Schlamm eingesunken ist.«

»Du hast recht.« Edwin sah prüfend umher. »Ich werde den Eingang mit Zweigen verdecken. Ein andermal komme ich wieder und rücke den Felsblock an seinen Platz.« Er trottete durch den Schlamm und schleppte Zweige zu der Öffnung, die er fest in die Erde rammte. Die Zweige verdeckten die Öffnung zur Genüge.

Verängstigt vor allem, was sie noch erwartete, marschierten sie tapfer los. Ihre Füße sanken tief ein, und ihre Stiefel glucksten, als sie sich rasch vom »Gipfel der Welt« entfernten. Sie hielten sich direkt in Richtung Ramsden Ghyll. Emma rutschte einmal aus, als sie einen Kamm überquerten, aber Edwin fing sie sofort auf und legte schützend den Arm um sie. Er half ihr, das Gleichgewicht zu halten, bis sie den schmalen Pfad erreichten. Sie mußten nun vorsichtig weiterschreiten und Gestein und Zweigen ausweichen, die während des Sturmes auf den Pfad gefallen waren. Oberhalb des Ghylls blieben sie stehen und schauten verblüfft herab. Das helle Mondlicht beleuchtete einen Teil der tiefen Senke. Sie sahen, daß sie mit gurgelndem Wasser gefüllt war. Tote Vögel, Kaninchen und ein Schaf schwammen zwischen Ästen auf der schmutzigen, schwarzen Oberfläche. Emma schauderte und preßte ihr Gesicht gegen Edwins breite Schultern.

Edwin hielt sie sanft fest und wandte sich ab. »Ich hätte wissen müssen, daß der Ghyll voller Wasser ist. Wir müssen umkehren und über die Hügelkette gehen. Dort müssen wir über den Bach und dann über die untere Straße nach Fairley Hall zurückkehren.«

»Aber wird der Bach nicht auch überflutet sein?« meinte Emma und biß sich auf die Lippen.

»Sehr wahrscheinlich. Aber zumindest ist er etwas schmäler als der Ghyll. Und wahrscheinlich auch nicht so tief. Wir können hinüberschwimmen.«

»Ich kann nicht schwimmen«, jammerte Emma.

»Mach dir keine Sorgen. Ich werde mich um dich kümmern, Emma. Ich habe dir vorhin gesagt, daß du bei mir immer sicher bist. Ich werde nie dulden, daß dir etwas geschieht. Niemals.« Er zog sie liebevoll an sich und hoffte, ihre Nervosität mindern zu können. Dann nahm er ihre Hand und führte sie zurück. Sie gingen einen Hang hinunter. Er half ihr und beruhigte sie. Unglücklicherweise hatte Emma recht gehabt. Der kleine Bach, in dem sie sich am Nachmittag gewaschen hatten, war über die Ufer getreten, und Strudel ließen das Wasser weiß aufschäumen. Edwin stellte den Picknickkorb ab und knirschte mit den Zähnen. Dann glitt er vorsichtig in die Fluten. Das Wasser ging ihm bis zur Brust. »Laß den Sack hier, Emma«, rief er, »und halte dich an meinem Rücken fest. Halte dich fest, was auch immer geschieht. Ich werde mit dir hinüberschwimmen.«

Emma zögerte. Dieses Mädchen, das sich wirklich vor nichts fürchtete, hatte eine seltsame und unverständliche Angst vor

Wasser. Schon als kleines Kind hatte sie geschrien, wenn ihre Mutter ihr nur die Haare wusch.

»Emma, komm!« rief Edwin. »Das Wasser ist kalt.«

Sie unterdrückte ihre Besorgnis und kletterte zitternd auf seinen Rücken. Edwin begann nun, den Bach zu durchqueren; aber er hatte die Kraft der Strömung unterschätzt. Manchmal dachte er, sie würden abgetrieben. Einmal gingen sie unter, aber mit kräftigen Schwimmbewegungen kam er wieder an die Oberfläche. Wasser spuckend, schwamm Edwin unter Anstrengung aller seiner Kräfte weiter. Es war ein Kampf bis zur Erschöpfung, und Emma machte Schreckliches durch, aber sie hielt sich eisern fest. Endlich erreichten sie das andere Ufer. Edwin keuchte und spie Wasser aus. Er hielt sich an einem Busch fest, der wie durch ein Wunder nicht entwurzelt worden war. Er machte eine Pause, um wieder zu Atem zu kommen, dann zog er sich und Emma aus dem Bach. Sie fielen auf die Erde und blieben eine Weile keuchend liegen.

Schließlich sagte Emma: »Danke, Edwin. Ich dachte, wir würden ertrinken. Wirklich! Aber du bist ein guter Schwimmer.«

Edwin rang immer noch nach Atem und konnte nicht sprechen, aber er lächelte sie etwas schief an und schüttelte matt den Kopf.

»Fühlst du dich gut?« Emma schaute ihn ängstlich an. Im Mondlich sah er schrecklich bleich und erschöpft aus. Er zitterte noch heftiger als sie.

»Ja«, stöhnte er und setzte sich auf. »Laß uns gehen, Emma. Es ist kalt.« Er grinste wehmütig, als er ihre nassen Haare und Kleider sah. »Wir schauen schon wieder aus wie nasse Ratten.«

»Aber wir sind sicher und werden bald in Fairley Hall sein«, entgegnete sie mit betont heiterer Stimme.

Die untere Straße war völlig verschlammt und ebenfalls von Steinen und Ästen übersät. Trotzdem kamen sie rasch vorwärts, und als Edwin wieder zu Atem gekommen war, begannen sie zu laufen. Sie erreichten das Tor von Fairley Hall viel schneller, als sie erwartet hatten. Eines der großen Eisentore mit dem Wappen der Fairleys war halb aus den Angeln gerissen. Als sie den mit Kieselsteinen bedeckten Weg entlangliefen, sahen sie, daß auch hier der Sturm seine Verwüstungen angerichtet hatte. Blumenbeete waren niedergedrückt, Hecken ausgerissen, und die sorgfältig geschnittenen Büsche waren bis zur Unkenntlichkeit zerstört.

Zu Edwins maßlosem Bedauern war eine der großen Eichen

vom Blitz getroffen worden. Hier blieb Edwin stehen und nahm Emma in seine Arme. Er strich ihr tropfnasses Haar zurück und blickte ihr tief in die Augen. Dann beugte er sich nieder und küßte sie mit zärtlicher Leidenschaft auf den Mund. Sie standen eine Weile eng umschlungen beieinander. Dann sagte Edwin: »Ich liebe dich, Emma. Und du liebst mich auch, nicht wahr?«

Ihre grünen Augen glitzerten katzenhaft in der Dunkelheit. Ein Schmerz durchdrang sie, und sie hatte ein Gefühl, das sie noch nie erlebt hatte. Es war ein süßes Gefühl, gemischt mit Traurigkeit und einer seltsamen Sehnsucht, die sie nicht verstand. »Ja, ich liebe dich«, sagte sie leise.

Er berührte leicht ihr Gesicht und erwiderte den durchdringenden Blick. »Dann wirst du mich Ende der Woche wieder auf dem »Gipfel der Welt« treffen, falls das Wetter besser geworden ist, nicht wahr?«

Sie schwieg. Bis zu diesem Augenblick hatte Edwin gar nicht daran gedacht, daß sie sich weigern könne, aber nun wurde er von Panik erfaßt. »Bitte, bitte, sag, daß du kommst«, flehte er. Ihm wurde klar, daß sie zögerte. Er drückte ihren Körper fester an sich und sagte in schmeichelndem Ton: »Wir können wieder ein Picknick machen.«

Sie schwieg immer noch. »O Emma, bitte, bitte stoß mich nicht zurück.« Er flüsterte heiser, und in seiner Stimme lag Verzweiflung. Edwin hielt sie von sich ab und forschte in ihrem Gesicht, das blaß und undurchdringlich war. Ihr Blick bestürzte ihn, er konnte ihn nicht deuten. »Bist du böse wegen ... wegen ... dem, was geschehen ist? Wegen dem, was wir getan haben?« fragte er sanft. Mit steigender Unruhe fragte er sich, ob dies wirklich der Grund für ihre jähe unerwartete Schweigsamkeit war. Aber dann sah er im Mondlicht, wie sich Nacken und Gesicht mit tiefer Röte überzogen. Sein Herz klopfte heftig. Sie *war* böse auf ihn.

Emma wandte sich ab. Aber Edwins heißer Atem streifte sie, und sie schaute ihm rasch wieder ins Gesicht, schaute ihm tief in die blaugrauen Augen. Was sie sah, ließ ihr Herz vor Freude springen und überwältigte sie. Seine Augen waren voller Liebe und Sehnsucht, aber sie sah auch die Angst dahinter. Emma wußte nun mit endgültiger Sicherheit, daß Edwin Fairley sie wirklich liebte, wie er es gesagt hatte. Und sie liebte ihn. Er war nun ein Teil von ihr. Sie war erstaunt, daß diese eine Person auf der Welt ihr plötzlich so viel bedeuten konnte, innerhalb weniger Stunden so notwendig werden konnte und vor allen anderen Vorrang hatte. Das hatte sie nicht erwartet. Sie konnte die Qual, die aus seinen Augen sprach, nicht länger ertragen. »Ja, Edwin. Ich werde dich bei der Höhle treffen. Ich bin nicht böse über das, was wir getan haben.« Sie lächelte strahlend.

Edwins angespanntes Gesicht entspannte sich, und auch er lächelte, als er sie erleichtert und glücklich in die Arme nahm. »O Emma, Emma, meine süße Emma. Du bedeutest mir alles.«

Unter den alten Eichen hielten sie sich umarmt. Diese Umarmung besiegelte ihr Schicksal. Sie bemerkten nicht, wie ihre Kleider tropften und ihre Glieder in der kalten Nachtluft zitterten, so sehr waren sie in ihre wilden, leidenschaftlichen Gefühle versunken. Es wurde ihnen nicht bewußt, daß Gefühle genauso schreckliche Verheerungen anrichten können, wie ein Unwetter. Schließlich trennten sie sich, schauten sich noch einmal an, um ihre Liebe zu bestätigen. Edwin nickte. Seine Augen leuchteten zärtlich. Emma lächelte, und dann gingen sie still zum Haus. Edwin war fröhlich und schien unbeschwert; aber Emma, nüchtern wie sie war, dachte plötzlich an den Empfang, der sie erwartete.

Als sie den Hof betraten, sahen sie, daß die Küchentür weit offen stand. Licht drang in den Hof. Unter der Tür stand die besorgte Köchin. Sie war still, beobachtete, wartete und hatte die Arme in die Hüften gestemmt. Ihr rundes Gesicht war wie versteinert. Emma ließ Edwins Hand los und blieb hinter ihm.

Mrs. Turner war zwar erleichtert und froh, Edwin zu sehen, aber die Besorgnis war zu groß gewesen, und ihre Freude schlug rasch in Ärger um. Nur der Tatsache, daß Edwin der jüngste Hausherr war und darum Anrecht auf einen gewissen Respekt hatte, war es zu verdanken, daß die Köchin ihren Ärger unterdrückte. Allerdings war ihre Stimme schrill, als sie sagte:

»Master Edwin! Wo sind Sie gewesen? Sie haben mir einen schönen Schrecken eingejagt, als Sie nicht nach Hause kamen. Nun, es ist fast zehn Uhr. Ich dachte, Sie seien im Moor verlorengegangen oder im Sturm umgekommen. Ja, das habe ich gedacht!« Sie schüttelte energisch den Kopf, und ihre Augen blitzten. »Bei Gott, Master Edwin, Sie haben Glück, daß der Squire nicht da ist und Master Gerald das Wochenende in Bradford verbringt, sonst hätten Sie Ihr Fett schon bekommen.

Ich habe mir den halben Tag um Sie die größten Sorgen gemacht. Zweimal habe ich Tom mit einer Laterne weggeschickt, um Sie zu suchen!«

Die Köchin seufzte tief auf. »Nun, junger Mann, stehen Sie hier nicht herum, kommen Sie sofort in die Küche!« Sie drehte sich um und eilte ins Haus. Edwin ging hinter ihr die Steinstufen hinauf. Sie hatte Emma nicht bemerkt, die zögernd im Schatten zurückgeblieben war. Edwin winkte ihr von der Küchentür. »Komm, Emma. Es ist alles in Ordnung. Ich werde mit Mrs. Turner schon fertig«, flüsterte er.

»Ich habe heißes Wasser im Zuber im Waschhaus«, kündigte die Köchin an. Ihr Blick glitt flink über Edwins Kleider, die vor Nässe tropften, und über sein schmutziges Gesicht.

»Nun, sind Sie in Ordnung, Master Edwin?« schnaubte sie. »Sie schauen aus, als hätte man Sie durch den Dreck geschleift, wirklich!«

Erst jetzt sah Mrs. Turner Emma durch die Tür schlüpfen und die Küchentreppe herabkommen. Sie blickte ungläubig, der Mund blieb ihr offen. »He, Mädel, was machst du denn hier? Ich dachte, du sitzt sicher zu Hause bei deinem Vater. Ich hätte nicht im Traum daran gedacht, daß du bei dem Wetter im Moor bist.«

Emma antwortete nicht. Mrs. Turner sah von Emma zu Edwin. Ihre Stimme war barsch, als sie endlich wieder Worte fand. »Sag mir sofort, was du mit Master Edwin um diese Zeit draußen zu suchen hast. Du schaust ja aus wie eine ersoffene Ratte. Komm, Mädel, raus mit der Sprache!« Sie schaute Emma an und klopfte mit dem Fuß ungeduldig auf den Boden, die Arme in die Hüfte gestemmt.

Bevor Emma antworten konnte, trat Edwin einen Schritt vor und sagte voller Selbstvertrauen, das gerade ausreichte, um die Köchin daran zu erinnern, wer er war: »Ich traf Emma im Moor, während des Sturms, Mrs. Turner. Sie sagte mir, daß sie am Nachmittag zurück sein mußte, um Ihnen beim Einmachen zu helfen, aber *ich* war der Meinung, daß der Sturm zu heftig war. Wir haben dann bei den Ramsden Crags Schutz gesucht und warteten, bis das Unwetter nachließ.« Er hielt inne und sah die Köchin kühl an. »Es war sehr schwierig, zurückzukehren, nachdem der Regen aufgehört hatte. Der Ghyll ist überflutet und der Fluß bei der unteren Straße ebenfalls. Aber wir sind jetzt hier, sicher, wenn auch ein wenig verschmutzt.« Er lächelte gewin-

nend und wandte den unwiderstehlichen Charme seines Vaters
an.

»Beschmutzt! Ich glaube, das ist die größte Untertreibung des
Jahres, Master Edwin!« schrie die Köchin ironisch. »Ihr schaut aus
wie ein paar Schmutzfinken, nein, Gassenjungen!« Sie schüttelte
den Kopf, und ihre Augen weiteten sich. »Dankt Gott, daß
Murgatroyd in Shipley ist. Er wäre nicht erfreut gewesen über den
Aufruhr, den Ihr Verschwinden hier ausgelöst hat. Das können
Sie mir glauben!«

»Ich war nicht verschwunden, Mrs. Turner«, antwortete Edwin
ruhig aber bestimmt. »Ich geriet in diesem elenden Moor lediglich
in ein Unwetter. Das war nicht meine Schuld.«

»Ja, ja, was Sie sagen, ist schon richtig«, murmelte sie. »Aber
seht euch bloß mal an; überall macht ihr schmutzige Pfützen auf
meinen sauberen Fußboden. Sofort hinauf mit Ihnen, Master
Edwin, in den Badezuber. Ich möchte nicht, daß Sie wieder krank
werden. Und ziehen Sie Ihre dreckigen Stiefel aus. Ich will auch
nicht, daß man Ihre Fußstapfen überall auf den Teppichen sieht«,
mahnte sie.

Mrs. Turner wandte sich an Annie, die bisher geschwiegen,
aber mit großen Augen gespannt das Gespräch verfolgt hatte.
»Annie, lauf zum Waschhaus und hole zwei große Kübel voll
Wasser. Bring sie rasch in das Badezimmer von Master Edwin.
Und dann bring noch zwei Eimer hierher für Emma.«

Die Köchin widmete nun Emma ihre Aufmerksamkeit. »Du
hättest nicht mit Master Edwin im Moor bleiben dürfen. Du
hättest umkehren sollen. Tatsache ist doch, daß ihr beide rasch im
Dorf gewesen wäret«, warf sie Emma vor. Sie schüttelte den Kopf
und schaute die beiden nacheinander durchdringend an. »Ich
dachte, ihr hättet mehr Verstand. Wie dem auch sei, du gehst jetzt
sofort in den Baderaum der Dienstboten, Mädel. Du brauchst ein
heißes Bad, sonst holst du dir den Tod.«

Emma versuchte zu lächeln. »Ja, Mrs. Turner.« Ohne Edwin
anzusehen, eilte sie in den Baderaum hinter der Küche.

Edwin hatte seine Stiefel ausgezogen und ging nun die Treppe
hinauf. Oben drehte er sich noch einmal um und sagte mit einem
warmen Lächeln: »Es tut mir leid, Mrs. Turner, daß ich Ihnen
Kummer und Sorge bereitet habe. Das war nicht meine Absicht,
wissen Sie.«

»Ja, Master Edwin, ich weiß es.«

»Oh, übrigens habe ich leider den Picknickkorb zurücklassen müssen. Aber ich hole ihn in den nächsten Tagen.«

»Ja, das erwarte ich auch, falls noch etwas davon übriggeblieben ist«, murmelte sie.

Edwin sah so bekümmert drein, daß der Köchin das Herz weich wurde, denn sie mochte Edwin sehr gern. »Wenn Sie gebadet haben, gehen Sie sofort ins Bett. Ich werde Ihnen eine Platte mit kaltem Lamm und etwas Gemüse hinaufbringen. Ich weiß, daß Sie das gern mögen«, sagte sie und deutete auf die Töpfe auf dem Herd. »Ich habe das Gemüse seit Stunden für Sie warm gehalten, Master Edwin.«

»Danke, Mrs. Turner.« Er lächelte und war verschwunden.

Die Köchin schaute ihm nach und ließ sich dann auf einen Stuhl fallen. Ihr Gesicht war besorgt. Sie hatte die beiden schon oft gesehen, wie sie irgendwo im Haus geflüstert und gelacht hatten, und nicht bemerkten, daß sie sie mit scharfen Augen beobachtete. Sie hatte sie auch schon im Garten zusammen gesehen, und zwar viel zu oft, für ihren Geschmack. Sie dachte über Edwins Geschichte nach, und es kamen ihr Zweifel. Sie runzelte die Stirn. Aber eigentlich klang sie glaubhaft, und sie hatte Master Edwin noch nie beim Lügen ertappt! Er war nicht wie Gerald; listig und verschlagen.

Jedoch ... ein kleiner Verdacht blieb. Es war nicht richtig, wenn Dienstboten und Herren zusammenfanden, sagte sie sich. Das Mädel will aus seiner Gesellschaftsschicht heraus. Sie grübelte weiter darüber nach. »Das ist schlecht. Das bringt nur Ärger. Wir müssen unseren Platz in der Gesellschaft kennen«, sagte sie laut in die leere Küche. Elsie Turner schauderte. Sie bekam eine Gänsehaut, als sie sich an die lang vergessene Geschichte erinnerte, so klar und lebendig, daß sie aufsprang. Nicht noch einmal, dachte sie und zitterte. Es darf nicht noch einmal geschehen!

17

Emma ging über die Terrasse, den Pfad hinunter, der zum Rosengarten führte. Am Arm trug sie einen Blumenkorb, und in der Hand hatte sie eine Gartenschere. Lord und Lady Sidney kamen zum Mittagessen, und die Köchin hatte sie geschickt, um Blumen für das Speisezimmer und den Salon zu holen. Emma liebte Blumen sehr, vor allem Rosen. Der Rosengarten war ihr Lieblingsplatz in Fairley Hall, und Emma fand, er passe so gar nicht zu dem häßlichen, bedrückenden Haus. Der stille Garten schenkte ihr immer wieder Frieden und Geborgenheit, und seine Schönheit beglückte ihre Seele.

Der liebliche alte Garten war von einer jahrhundertealten Steinmauer umgeben, Kletterpflanzen wuchsen an ihr empor, und die Rosen blühten den ganzen Sommer in allen Farben.

In der hellen Sonne dieses klaren Augustmorgens enthüllte der Garten seine volle Schönheit. Emma hielt den Atem an und blieb stehen, um diese Pracht zu bewundern. Es war still, und kein Blatt rührte sich. Emma seufzte und besah sich die lieblichen Blumen. Dann ging sie weiter, um ihren Auftrag auszuführen.

Ihr war heiß, als sie den Kiesweg entlanglief, und sie war froh, in den Schatten der großen Bäume zu gelangen, die dicht belaubt waren, und deren Äste fast bis zum Boden hingen. Sie kniete sich nieder und begann die Stiele abzuschneiden. Sie bewegte sich von Busch zu Busch und suchte die Blüten sorgfältig aus. Der Gärtner hatte ihr beigebracht, von jedem Busch immer nur ein paar Stiele abzuschneiden, so daß die Harmonie des Gartens nicht durch einige kahle Büsche gestört wurde. Emma ging sanft mit den Rosen um, denn ihre Blüten waren voll geöffnet. Sie achtete genau auf die Farbe und Vielfalt, als sie langsam ihren Korb füllte.

Emma lächelte bei ihrer Arbeit vor sich hin. Edwin, der immer nach Yorkshire kam, wenn die Jagd auf die Moorhühner eröffnet wurde, war letzten Abend mit dem Squire nach Fairley Hall zurückgekehrt. Er hatte Olivia Wainright besucht. Obwohl er nur zwei Wochen in London gewesen war, kam es Emma so vor, als seien zwei Jahre vergangen. Fairley Hall war ein trostloser Ort; aber er war noch trostloser, wenn nur Gerald Fairley zu Hause war. Diesmal hatte es sie noch mehr als sonst bedrückt. Die hohen Räume, so riesig und düster, waren ohne Leben, drohend. Sie war immer froh, wenn sie ihre Arbeit beendet hatte. Nun war Edwin zurückgekehrt, und alles würde anders werden. Sie hatte sein Lächeln vermißt, seine Zärtlichkeiten und seine Verehrung. Und vor allem die Picknicks, die sie im Juni und Juli zusammen veranstaltet hatten, bis er abreiste.

Manchmal war Emma zum »Gipfel der Welt« gegangen, saß allein auf dem flachen Felsblock im Schatten der Ramsden Crags, träumte, in Gedanken verloren, vor sich hin. Ohne Edwin ging sie niemals in die Höhle. Ehe er abreiste, hatte er ihr eingeschärft, niemals den Versuch zu machen, ohne ihn den Felsbrocken wegzuschieben, denn es war gefährlich und sie könne sich verletzen.

Aber nun war er zurück, und sie war nicht mehr einsam. Am frühen Morgen, als sie sich zufällig im Flur begegneten, hatten sie flüsternd eine Verabredung im Rosengarten getroffen. Vor seinem Ausritt wollte er ein paar Minuten herkommen. Sie konnte kaum die Sehnsucht nach ihm ertragen. Sie wünschte heftig, er möge sich beeilen. Ihr Korb war schon übervoll, und die Köchin würde sich wundern, wo sie so lange blieb. Einige Minuten später hörte Emma seine Schritte auf dem Kies. Erwartungsvoll sah sie auf. Ihr Herz schlug schneller, und ein Gefühl des Glücks überkam sie. Ihre Augen funkelten, und ein Lächeln trat auf ihr Gesicht.

Edwin kam rasch den Pfad herunter. Seine Miene war unbekümmert und sorglos. Fröhlich schwang er die Reitpeitsche in der Hand. Er trug ein weißes Hemd und eine breite Krawatte aus gelber Seide, Reithosen und polierte, braune Stiefel. Er wirkte größer, breiter und erwachsener als je zuvor. Wie schön er ist, dachte Emma, und ihre Kehle schnürte sich zusammen. Sie fühlte einen stechenden Schmerz und erkannte die bittersüße Qual der Liebe.

Edwins Gesicht leuchtete auf, als er sie sah. Er beschleunigte seinen Schritt. Dann stand er vor ihr und lächelte. Seine graublauen Augen spiegelten die Freude über seine Rückkehr wider. Emma dachte, ihr Herz würde zerspringen. Er streckte die Hand nach ihr aus, half ihr beim Aufstehen und ging mit ihr in eine Ecke des Gartens, die außer Sichtweite des Hauses lag. Er nahm sie in die Arme und küßte sie leidenschaftlich. Seine sonnengebräunte Hand streichelte sanft ihren Rücken. Dann trat er etwas zurück, und seine starken Hände umfaßten ihre Schultern. Er schaute sie an, als ob er sie zum erstenmal sähe. Bei Gott, sie ist eine Schönheit, dachte er. Ein Gefühl des Entzückens überkam ihn.

»Ich habe dich sehr vermißt, Emma«, sagte er mit Nachdruck. Leidenschaftliche Liebe stand ihm im Gesicht geschrieben. »Ich konnte es nicht erwarten, zurückzukommen. Hast du mich auch vermißt?«

»O ja, Edwin, das habe ich. Ich war so einsam, als du fort warst.« Sie lächelte. »Hattest du schöne Ferien?«

Er lachte und schnitt eine Grimasse. »Nun, einerseits ja. Aber für meinen Geschmack war zu viel los. Tante Olivia hatte zahlreiche Gäste, die ständig kamen und gingen. Sie gab auch zwei Tanzpartys, auf die ich gerne verzichtet hätte. Nur diese albernen Töchter ihrer Bekannten, die mir furchtbar auf die Nerven gehen.«

Emma stand ganz still, während er sie festhielt. Eifersucht stieg in ihr auf, wenn sie daran dachte, daß Edwin andere Mädchen im Arm hielt. Sie war unfähig zu sprechen.

Er bemerkte den gequälten Ausdruck auf ihrem Gesicht und tadelte sich wegen seiner Gedankenlosigkeit. Er grinste. »Ich ziehe es vor, bei dir zu sein, Emma, meine Süße. Das weißt du doch!« Er löste seinen Griff. »Setzen wir uns dort drüben hin«, schlug er vor und deutete auf eine alte Holzbank, die im Schatten eines Baumes stand.

Er trug ihren Blumenkorb, und als sie sich gesetzt hatten, meinte er: »Können wir uns nicht am Sonntag zu einem Picknick treffen? Das ist doch dein freies Wochenende, oder nicht?«

»Ja, das ist mein freies Wochenende«, entgegnete Emma.

»Willst du dich also mit mir treffen?«

Emma schaute ihn an. Ihre Augen waren ernst, als sie sein Gesicht betrachteten, das ihr so lieb geworden war, und das sie Tag und Nacht vor Augen hatte.

Edwin lächelte liebevoll. »Du schaust plötzlich so nachdenklich. Sage mir nicht, du hast deine Meinung über unsere Rendezvous geändert. Es kann nicht sein, daß du mich nicht mehr liebst.«

»Natürlich liebe ich dich«, flüsterte sie. »Edwin ...« Emma zögerte und schluckte. Die Worte, die nun unbedingt gesagt werden mußten, blieben ihr in der Kehle stecken.

Edwin berührte sie liebevoll an der Schulter. »Nun denn, warum zögerst du?«

»Edwin, ich bekomme ein Kind!« stieß sie rauh hervor. Sie wußte nicht, wie sie es ihm sanfter sagen sollte, denn sie konnte die quälende Last nicht mehr länger alleine tragen.

Als Emma sprach, schaute sie ihn unverwandt an und faltete die Hände, damit sie nicht zitterten. In dem quälenden Schweigen, das plötzlich wie ein schwerer Vorhang zwischen ihnen hing, sank Emmas Mut. Sie bemerkte deutlich, wie Edwins Körper starr wurde, wie er unmerklich von ihr wegrückte, und wie ein ungläubiger Ausdruck das Lächeln von seinem Gesicht wischte. Dann blieb nur noch Entsetzen wie eine gefrorene Maske auf seinem Gesicht.

»O Gott!« stöhnte er. Er schaute sie an, sein Mund stand offen, das Gesicht war bleich und verzerrt. Edwin hatte das Gefühl, als habe er einen heftigen Schlag in den Magen bekommen. Mühsam versuchte er, seiner wirren Gefühle Herr zu werden, aber es war vergeblich. Schließlich gelang es ihm zu sagen: »Emma, bist du absolut sicher?«

Sie biß sich auf die Lippen und schaute ihn an. Sie versuchte, ihn abzuschätzen. »Ja, Edwin, das bin ich.«

»Verdammt!« schrie er. In seiner Angst vergaß er seine guten Manieren. Er schaute zum Himmel; sein Gesicht verkrampfte sich. Seine Knie wurden weich, und er dachte, ihm bliebe die Luft weg. Schließlich drehte er sich um und starrte sie an. Seine Augen waren vor Angst weit geöffnet. »Mein Vater wird mich umbringen«, keuchte er und stellte sich seines Vaters rasende Wut vor.

Emma warf ihm einen kurzen, wissenden Blick zu. »Wenn deiner es nicht tut, meiner tut es bestimmt«, entgegnete sie kühl. Ihre Stimme war dunkel und heiser.

»Um Gottes willen, was willst du tun?« fragte er.

»Wolltest du nicht fragen, was *wir* tun wollen, Edwin?« Emma hatte diese Frage sehr sanft gestellt; aber sie merkte, wie die wachsende Angst ihre Kehle noch mehr zusammenschnürte. Nicht einen Augenblick hätte sie eine solche Reaktion von ihm erwartet. Sie hatte geahnt, daß er verwirrt und aufgeregt sein würde, so wie sie selbst. Aber sie hatte nie gedacht, daß er so tun würde, als habe sie alleine die Verantwortung zu tragen. Sie erschauerte.

»Natürlich, ich meine *wir*«, entgegnete er hastig. »Emma, bist du wirklich völlig sicher? Könntest du nicht zu spät dran sein?«

»Nein, Edwin. Ich bin ganz sicher.«

Edwin schwieg. Er zermarterte sich das Hirn, und tausend Gedanken schossen ihm durch den Kopf. In seiner Verzückung und der brennenden Leidenschaft, die sie in ihm entfacht hatte, hatte er nie an diese Möglichkeit gedacht. Welch ein Dummkopf war er doch gewesen, nicht an die Folgen zu denken, die doch nur natürlich waren.

Emma brach das Schweigen. »*Bitte,* Edwin, sag etwas! Hilf mir! Ich war so besorgt, während du wegwarst. Ich wußte, daß ich ein Baby bekomme, und ich kann mit niemandem außer dir darüber sprechen. Das Warten auf dich war schrecklich, wirklich.«

Edwin zerbrach sich den Kopf. Schließlich räusperte er sich etwas nervös. »Höre, Emma. Ich habe gehört, daß es Ärzte ... Ärzte gibt, die solche Dinge erledigen, falls die Schwangerschaft noch im Frühstadium ist und man eine entsprechende Summe zahlt. Vielleicht finden wir jemand, der bereit ist, es zu tun. In Leeds oder Bradford. Ich könnte meine Uhr verkaufen.«

Emma war entsetzt. Seine Worte stießen wie Dolche in ihr Herz. Edwins Kaltblütigkeit war so erschreckend und widerwärtig, daß ihr das Blut in den Adern gefror. »Ich soll zu einem Quacksalber gehen!« schrie sie zornbebend. Ihre Augen weiteten sich. »Zu einem Scharlatan, der mich mit dem Messer abschlachtet und mich umbringt! Ist *das* dein Vorschlag, Edwin?« Ihre Augen sahen ihn eiskalt an. Sie waren dunkelgrün und lauernd. War es wirklich Edwin, der diese furchtbaren Worte ausgesprochen hatte.

»Aber Emma, ich weiß nicht, was ich dir sonst vorschlagen sollte! Das ist eine entsetzliche Katastrophe. Du darfst das Kind nicht bekommen!«

Edwin starrte sie immer noch bestürzt an. In seinem Kopf herrschte ein Chaos. Das anständigste, was er tun konnte, war, sie zu heiraten. Sie könnten weglaufen. Nach Gretna Green in Schottland. Er hatte gelesen, daß dort Paare auch ohne elterliche Erlaubnis getraut wurden. Es war legal, wenn man mindestens einundzwanzig Tage dort wohnte. Edwin wollte ihr schon diesen

Vorschlag machen, aber dann schwieg er doch. Denn was kam danach? Die Angst vor der Wut seines Vaters lähmte ihn. Natürlich würde ihn sein Vater nicht umbringen. Er würde etwas viel Schlimmeres tun. Er würde ihn verstoßen. Er würde ihn ohne einen Penny davonjagen. Edwin dachte an Cambridge und seine Zukunft als Rechtsanwalt. Er konnte sich jetzt, in seinem Alter, keine Frau aufhalsen. Dies war die entscheidendste Zeit seines Lebens. Seine Augen betrachteten Emma. Sie *war* ein schönes Mädchen. Heute morgen hatte sie sich einen Zopf geflochten, der wie eine Krone um ihren wohlgeformten Kopf geschlungen war. Das ovale Gesicht, blasser als sonst, war wie Porzellan, schön und edel. Ihre großen, smaragdgrünen Augen betonten ihr außergewöhnliches Aussehen. Sie war hinreißend, da gab es überhaupt keine Zweifel. Die richtigen Kleider ... Sprachkurse ... eine erfundene vornehme Familie, das war alles möglich; und eine gute Ausbildung würde Wunder wirken. Vielleicht gab es eine Möglichkeit, das Problem zu lösen. *Nein, es gibt keine. Es wird nicht gehen,* sagte eine leise Stimme in seinem tiefsten Innern. Er würde zugrunde gerichtet werden. Deutlich konnte er sich die Reaktion seines Vaters ausmalen. Er würde vor Zorn rasen. Sie war ein Mädchen aus dem Dorf. Edwins Augen ruhten auf Emma, und er dachte mit berechnender Objektivität: *Sie ist nur ein Dienstmädchen.* Darüber vergaß er ihre Schönheit.

Die Klassenunterschiede zwischen ihnen waren zu groß, um überbrückt werden zu können.

Darum schluckte er heftig und schwieg. Er verbiß sich die Worte, die er vorhin sagen wollte.

Und das war ein Fehler, den er sein Leben lang bereuen würde. Denn hätte er gesprochen, sie zu seiner Frau gemacht und seinen Vater und der ganzen Welt getrotzt, wäre Edwins Leben anders verlaufen.

Emma sah nun mit unmißverständlicher Klarheit die Ablehnung in seinem Gesicht und bemerkte mit Bitterkeit seinen zurückweisenden Blick. Sie setzte sich kerzengerade auf und warf den Kopf in den Nacken. Sie brauchte alle ihre Selbstbeherrschung, um in normalem Ton zu sprechen, denn sie zitterte vor Wut, und ihr Herz empfand nur noch Verachtung. »Ich möchte nicht zu einem Quacksalber gehen, und dein Schweigen verrät mir, daß du nicht bereit bist, mich zu heiraten, Edwin.« Sie lachte leicht, aber es war ein zynisches Lachen. »Es wäre nicht standesgemäß, nicht wahr, *Master* Edwin? Der Landadel und die arbeitende Klasse stehen zu weit auseinander, als daß man untereinander *heiraten* könnte.« Sie sprach mit der ihr eigenen nüchternen Erkenntnis. Ihre Stimme war beißend.

Edwin zuckte zurück. Er hatte das seltsame Gefühl, als habe sie seine Gedanken gelesen. Er errötete heftig. »Emma, das ist es nicht. Es ist nicht so, daß ich dich nicht liebe. Aber wir sind zu jung, um zu heiraten.« Er versuchte, Ausflüchte zu machen. »Ich will nach Cambridge gehen. Mein Vater . . .«

Emma lehnte sich schaudernd zurück. Er wußte, er würde nie den durchdringenden Blick vergessen, mit dem sie ihn verdammte. Diesen Blick voller Ekel und Abscheu . . . Er würde nie mehr fähig sein, ihn aus seinem Gedächtnis zu bannen.

»Emma, ich . . . ich . . . es t . . . tut mir leid«, stammelte er, blutrot im Gesicht. »Aber ich . . .«

Sie unterbrach ihn mit ätzender Schärfe. »Ich werde Fairley Hall verlassen müssen. Ich kann hier nicht bleiben. Ich kann auch nicht die Verantwortung für das tragen, was mein Vater tun wird. Er wird die Schande nicht ertragen, und er ist von sehr heftigem Temperament.«

»Wann willst du gehen?« fragte er ungeschickt; er hielt die Augen niedergeschlagen; es war ihm unmöglich, sie anzusehen.

Ein Ausdruck tiefster Verachtung glitt über Emmas Gesicht. So – er konnte es nicht einmal abwarten, bis sie verschwand. Das war ihr jetzt klar. Ihre Enttäuschung tötete jedes andere Gefühl.

»Sobald es möglich ist«, sagte sie sehr ruhig.

Edwin stützte den Kopf in die Hände und dachte darüber nach, was sie gerade gesagt hatte. Vielleicht war das die beste Lösung. Wenn sie weglief. Er fühlte sich etwas erleichtert und schaute auf. »Hast du Geld?« fragte er.

Emma kämpfte mit ihrer Übelkeit. Der unerwartete Schreck über Edwins schwaches und nichtswürdiges Verhalten hatte sie niedergeschmettert. Sie dachte, sie müsse jeden Moment sinken und von der Bank fallen. Verletztheit, Demütigung, Enttäuschung und plötzliche Panik mischten sich zu einer herzzerreißenden Qual, die ihren ganzen Körper schüttelte. Der Duft der Rosen war betäubend und süß. Er widerte sie an, ihr wurde nur noch schwächer. Sie mußte fort aus diesem Garten, fort von ihm. Endlich sagte sie leise und tonlos: »Ja, ich habe etwas Geld gespart.«

»Nun, ich besitze nur fünf Pfund. Aber ich werde sie dir natürlich geben. Es wird dir etwas helfen, Emma.«

Emmas Stolz bäumte sich auf, nein, sie mußte dieses demütige Anerbieten zurückweisen. Aber – aus einem ihr unbewußten Grund änderte sie ihre Meinung. »Danke, Edwin.« Sie schaute ihn mit ihrem durchdringenden Blick an. »Du kannst etwas für mich tun.«

»Ja, Emma, alles. Du weißt, ich werde alles tun, um dir zu helfen.«

Alles? fragte sie sich verwundert. Aber er würde nicht *alles* tun, nur das, was ihm paßte, nur das was ihn von der Verantwortung entband.

»Ich brauche einen Koffer«, entgegnete sie kalt. Sie konnte ihre Bitterkeit nicht verbergen.

»Ich bringe ihn dir heute abend auf dein Zimmer. Die fünf Pfund lege ich hinein.«

»Danke, Edwin. Das ist sehr freundlich von dir.«

Er hörte wohl ihren beißenden Ton und bemerkte, daß sie plötzlich wieder in ihrem Yorkshire-Akzent sprach. Er zuckte zusammen. »Emma, bitte, bitte, versuche doch zu verstehen.«

»Oh, das tue ich, Edwin. Und *wie* ich dich verstehe!«

Er stand auf und ging unruhig hin und her. Er war nervös und wartete offensichtlich darauf, daß er gehen konnte und die ganze Angelegenheit endlich erledigt sein würde. Sie schaute ihn an, wie er dastand, groß und hübsch, nach außen hin das Ebenbild eines Gentleman. Aber wie sieht er innen aus? fragte sie sich. Ein Feigling! Ein erschreckter Junge, der nur die physischen Attribute eines Mannes hatte! Das war alles. Er war nichts! Er war weniger, als der Schmutz unter ihren Füßen!

Emma erhob sich und griff nach dem Blumenkorb. Der starke Duft der Rosen machte sie erneut schwindlig und elend. Sie starrte ihn an.

»Ich werde dir den Koffer nicht zurückgeben können, denn ich möchte dich nie mehr wiedersehen, Edwin Fairley. Niemals, solange ich lebe.«

Sie entfernte sich langsam, aufrecht und stolz und voller Würde. Diese Würde überdeckte die schreckliche Verzweiflung, die ihre Seele überschwemmte. Die Welt um sie wirkte unwirklich, fern und verschwommen. Dann sah sie die durchdringenden Farben; stechend drangen sie ihr in die Augen. Nun wurde alles dunkel, und ihre Augen vernebelten sich, als hülle der Nebel des Moores sie ein. Eine tödliche Kälte drang in sie. Ihre Eingeweide schienen zerfressen zu werden. Ihr Herz klopfte heftig, allmählich wurde es ruhig. Es wurde hart wie Stein. Automatisch setzte sie einen Fuß vor den anderen, als habe sie tote Gewichte zu schleppen. Sie fragte sich, ob sie wirklich erwartet hatte, daß Edwin sie heiraten würde. Sie war sich nicht sicher. Aber sie wußte jetzt, daß sie nie gedacht hatte, er würde so wenig Teilnahme für ihre mißliche Lage zeigen, für ihr Wohlergehen. Außerdem war er so voll erbärmlicher, kriecherischer Furcht, daß es geradezu jämmerlich war. Er hatte kein Interesse für das Kind gezeigt, das sie erwartete. Sein Kind. Was für ein erbärmlicher Mensch er doch war. Sie lächelte zynisch. Wenn man sich vorstellte, daß er nur fünf Pfund besaß. Sie selbst besaß mehr. Fünfzehn Pfund, um genau zu sein. Außerdem hatte sie ihren eisernen Willen und ihre Entschlossenheit.

Edwin schaute ihrer immer kleiner werdenden Gestalt ernüchtert und mit wachsender Unruhe nach. Dann lief er plötzlich impulsiv hinter ihr her. »Emma!« rief er. Sie überhörte ihn. »Emma, bitte warte!« rief er wieder. Sie blieb stehen; er hielt den Atem an. Er hoffte, sie würde sich umdrehen. Aber dann sah er, daß sie nur stehengeblieben war, weil ihr Kleid sich in einem Rosenbusch verfangen hatte. Sie befreite sich und ging die Terrassentreppe hinauf, ohne sich auch nur einmal umzuschauen.

Edwin stand stocksteif auf dem Kiesweg. Er hielt die Reitpeitsche so fest in der Hand, daß die Knöchel weiß hervortraten. Panik erfaßte ihn, als sie im Haus verschwand. Seine Beine zitterten, und seine Gedanken rasten. Er hatte das Gefühl, als würde ihm etwas Lebensnotwendiges entrissen, eine schmerzende Leere überkam ihn und verdrängte alles andere. Als er hier in dem alten Rosengarten stand, wußte der siebzehnjährige Edwin Fairley noch nicht, daß diese alles überdeckende Leere, diese Öde in seinem Herzen und die Einsamkeit seiner Seele ihn sein Leben lang nicht mehr verließ. Er mußte sie mit ins Grab nehmen.

Emma trug die Rosen in das Gewächshaus, stellte den Korb auf den Tisch und ging dann zum Spülbecken. Sie würgte, bis sie dachte, sie müsse sterben, ihre Augen standen voll Wasser, und ihre Eingeweide hoben sich. Nach einigen Sekunden verschwand die Übelkeit, und sie wischte sich das Gesicht ab. Gegen das alte Zinkbecken gelehnt, zog sie tief den Atem ein. Dann ging sie wie ein Automat zu den Rosen und begann, sie in den Kristallvasen zusammenzustellen. Sie konzentrierte ihre ganze Aufmerksamkeit auf diese Tätigkeit, obwohl sie den Duft der Rosen kaum ertragen konnte. Tatsächlich würde sie für immer ihren durchdringenden Geruch verabscheuen; aber jetzt hatte sie eine Aufgabe zu verrichten, und sie tat es mit einer Sorgfalt, die ihr half, ihren aufgerüttelten Geist zu besänftigen.

Während sie arbeitete, fiel ihr ein, daß Edwin noch nicht einmal gefragt hatte, wohin sie gehen wollte. Nur wann. Wohin sollte sie gehen? Sie war sich nicht sicher. Aber morgen schon wollte sie verschwinden. Ihr Vater und Frank arbeiteten samstags morgens in der Mühle, wie alle Arbeiter, die Überstunden machen wollten. Sobald sie aus dem Haus waren, wollte auch sie verschwinden. Sie würde ihrem Vater eine Nachricht hinterlassen, wie Winston es damals getan hatte. Sie wußte noch nicht, was sie schreiben sollte; aber darüber würde sie später nachdenken.

Emma verfluchte sich selbst, während sie mit den Blumen beschäftigt war. Sie war verrückt gewesen. Sie bedauerte nicht, daß sie sich mit ihm in der Höhle getroffen hatte. Was geschehen war, konnte nicht rückgängig gemacht werden. Bedauern wäre reine Zeitverschwendung gewesen. Nein, sie war aus einem anderen Grund verrückt gewesen. Sie hatte Edwin gestattet, sie von ihrem PLAN mit Großbuchstaben abzubringen; ebenso wie der Tod ihrer Mutter, Winstons Flucht und der Zustand ihres Vaters sie immer wieder in ihrer Entschlossenheit wanken ließen, Fairley zu verlassen.

Emma machte eine Pause und stand vollkommen still, in Gedanken verloren. Sie hielt sich am Tisch fest. Plötzlich zitterte sie und schloß die Lider, um sich zu konzentrieren. Nach einer Weile öffnete sie die Augen wieder und starrte wie blind auf die Rosen. Sie wußte nicht, daß ein neues und sehr gefährliches Licht in ihren smaragdgrünen Augen glitzerte: Bittere Einsicht und eine nicht zu erschütternde Entschlossenheit ließen sie in diesem Augenblick aus tiefstem Herzen schwören: *Es wird nie wieder geschehen!* Sie wollte nie mehr irgend jemand erlauben, sie von ihrem Weg abzubringen, sich ihr in den Weg zu stellen, ihre Pläne zu durchkreuzen, oder ihre Entschlossenheit ins Wanken zu bringen. Von diesem Tag an wollte sie nur noch *ein* Ziel verfolgen und alles andere ausschließen. Das Ziel war: Geld. Eine riesige Menge Geld. Denn Geld bedeutete Macht. Sie wollte so reich und mächtig werden, daß sie der Welt gegenüber unverwundbar war. Und dann? Dann kam die Vergeltung. Sie lächelte, und dieses Lächeln war hart und rachsüchtig.

Emma öffnete die Tür und trug eine Vase in das Speisezimmer. Heute mußte sie noch ihre Arbeit verrichten, ohne die geringste Spur eines Gefühls oder Panik zu zeigen. Unter allen Umständen mußte sie vermeiden, Edwin zu begegnen. Nie wieder konnte sie in dieses Gesicht sehen, denn ihre Verachtung hatte sich in bitteren Haß verwandelt. Dieser Haß war so verzehrend und heftig, daß er ganz und gar von ihr Besitz ergriff. Sie dachte nicht einmal an das Kind, das sie trug, oder an die Probleme, die sich vor ihr auftürmten. Dieser tödliche Haß gegen Edwin Fairley verstärkte noch den Abscheu, den sie schon immer gegen Adam Fairley empfunden hatte. In dieser Stunde entwickelte sich in Emma eine furchtbare Lebenskraft, die fast ihr ganzes Dasein bestimmen sollte. Zusammen mit ihrem Ehrgeiz, ihrem Schwung, ihrer Energie und ihrer Klugheit sollte diese Kraft sie zu Höhen führen, von denen sie in diesem Augenblick nicht zu träumen wagte.

18

Am nächsten Morgen ging Edwin Fairley langsam über den Hof der Tuchmühle. Auf seinem Gesicht lag ein jämmerlicher Ausdruck, und er schaute von Zeit zu Zeit zum Dorf hinüber. Dabei fragte er sich bekümmert, was Emma jetzt wohl machte.

Er wußte, daß sie an diesem Wochenende Fairley verlassen würde – wenn sie nicht schon fort war. Er war sich dessen ganz sicher. In der letzten Nacht hatte er vor Kummer und Schuldgefühlen nicht schlafen können. Mitten in der Nacht war er zu ihrer Dachkammer hinaufgeschlichen. Der Koffer, den er am Abend vor die Tür gestellt hatte, war verschwunden, zusammen mit ihren Kleidern, die sie in einem Wandschrank verstaut hatte. Verschwunden waren auch die paar Habseligkeiten, die sie in Fairley Hall besaß, verschwunden auch ihr liebster Besitz, eine abscheuliche kleine Brosche mit grünem Glas.

Edwin seufzte. Er fühlte sich elend. Er hatte sich benommen wie ein Lump. Wenn sie es ihm nur weniger abrupt gesagt hätte, gewartet hätte, bis sein Kopf nach dieser schrecklichen Neuigkeit klarer geworden wäre. Dann hätte er vielleicht klüger überlegen können, ihr mehr helfen können. Und wie? fragte sein Gewissen. Wenn er ehrlich zu sich selbst war, mußte er zugeben, daß er sie nicht geheiratet hätte. Das stand außer Frage. Aber... O Gott, mach dich doch nicht verrückt, sagte er wütend zu sich selbst, unfähig die Gedanken zu verdrängen, die ihm durch den Kopf rasten.

Emma war gegangen! Damit war der Fall erledigt. Unter den gegebenen Umständen war es vielleicht klug, daß sie sofort verschwunden war. Wäre sie geblieben, hätte sie ihn vielleicht – wenn auch unabsichtlich – in eine Situation gebracht, an deren skandalöse Folgen er nicht einmal zu denken wagte. Das ist unfair und deiner unwürdig, so zu denken, Edwin Fairley, schalt er sich.

Er fühlte sich beschämt und hatte einen der seltenen Augenblicke der Einsicht, was ihn und Emma anging. Sie hätte nie verraten, daß er der Vater ihres Kindes war. Er wußte gut genug, daß sie ihn irgendwie geschützt hätte. Ihm wurde übel, als er sich fragte, wie sie wohl alleine zurechtkam, was sie tun würde und wohin sie gegangen war oder gehen wollte. In seiner Panik hatte er sich gestern nicht einmal darum gekümmert, was sie vorhatte. Auch diese Frage quälte ihn nun.

Er blieb bei den Pferden stehen, die in der Nähe des Tores angebunden waren. Er streichelte Russet Dawn und versuchte, die übermächtigen, quälenden Gedanken zu zerstreuen. Ein flotter Ritt durchs Moor würde ihm guttun. Er schaute auf. Es war kein guter Tag für einen Ausritt. Es war sehr trübe, am Himmel hingen schwere, dunkle Wolken, und der Wind wehte heftig. Aber ein Ritt nach Kirkend würde seine Gedanken zerstreuen und ihn von dem Problem Emma ablenken. Außerdem würde er das Unbehagen mildern, das er über sich selbst empfand.

Edwin starrte zum Himmel, seine Augen waren leer. Er bemerkte zunächst die kleinen Rauchfahnen nicht, die unter der Tür des großen Warenlagers hervorquollen. Erst als Russet Dawn plötzlich wieherte und sich aufbäumte, schaute er sich um und sah den Rauch, der nun schon stärker wurde. Edwin hielt den Atem an, beruhigte die Pferde und lief besorgt zum Warenlager.

Als Edwin über den Hof rannte, kam eben Jack Harte mit einem Stapel leerer Säcke um eine Ecke. Das Seitenfenster des Warenlagers war direkt in seiner Sichtlinie, und seine Augen wurden groß, als er das rote Glühen hinter der Scheibe sah. Er sah auch Edwin Fairley, der schon die großen Holztore öffnen wollte. Jack begann zu laufen, Angst flackerte in seinen Augen, und er rief Edwin zu, vom Tor wegzugehen. »Öffnen Sie nicht, Junge«, schrie er, »das ist das Falscheste, was Sie tun könnten. Gehen Sie da weg, Junge!« Edwin sah ihn blicklos an, aber er beachtete seine Worte nicht und bemühte sich weiter, die Tore zu öffnen. Schließlich gelang es ihm, und er stürzte in die Helle. Aber da hatte auch Big Jack das Warenlager schon erreicht. Er warf die Säcke auf die Erde und rannte hinter Edwin her.

Am anderen Ende des großen Warenlagers hatten einige hölzerne Karren, die zum Transport der Wolle und der Spulen benutzt wurden, aus unerklärlichem Grund Feuer gefangen. Fliegende Funken hatten die gestapelten Ballen Rohwolle entzündet. Sie brannten jetzt lichterloh, und das Feuer griff rasch auf die übrigen Ballen über. Das Warenlager mit der gesamten Wolle war im Begriff, wie Zunder zu verbrennen. Funken und Rauch erfüllten die Luft, Balken und Holzwände krachten, Feuerzungen schlugen bis zur Decke empor und fraßen sich in alle Richtungen weiter. In wenigen Minuten würde hier eine unvergleichliche Feuersbrunst entstehen, denn der Wind, der nun durch die offenen Tore pfiff, fachte die Flammen an. Hitze und Rauch waren bereits übermächtig geworden.

»Raus hier, Master Edwin!« schrie Big Jack durch das Toben der Flammen.

»Wir müssen sofort etwas tun!« keuchte Edwin, der wie gelähmt in die prasselnden Flammen starrte.

»Ja, das weiß ich, Junge. Aber dies ist nicht der richtige Ort für Sie!« Jack packte ihn am Arm und zog ihn fort. »Kommen Sie, wir müssen hier raus, schnell! Wir müssen sofort die Wasserpumpen herbeischaffen, wenn wir verhindern wollen, daß das Feuer sich ausbreitet.«

Beide wandten sich um. Jack führte Edwin durch wirbelnden Rauch. Ihre Augen tränten, als sie sich tastend ihren Weg suchten. Weil der Rauch so dicht war, sah Edwin den Eisenring nicht, der an einer im Boden versenkten Klapptüre angebracht war. Sein Fuß verfing sich darin, er stürzte und fiel flach aufs Gesicht. Er wollte sich befreien und schrie nach Jack, der vor ihm war. Big Jack drehte sich rasch um und lief zurück. Entsetzt sah er, daß sich Edwins Reitstiefel in dem Eisenring verfangen hatte. Er kniete nieder und versuchte, ihn zu befreien.

»Können Sie den Fuß aus dem Stiefel herausziehen, Junge?« schrie Jack.

»Nicht in dieser Stellung.« Er versuchte es trotzdem – er ruckte und drehte, vergeblich!

»Der Ring sitzt ziemlich locker, Ich werde versuchen, ihn herauszuziehen.« Jack hustete heftig. Mit seiner ganzen Kraft zog er an dem Ring, und zu seiner Erleichterung begann er sich nach einigem kräftigen Zerren aus der hölzernen Klapptür zu lösen.

In diesem Moment fing die Bühne, die sich knapp unter der Decke über das ganze Warenlager erstreckte, Feuer. Ballen brennender Wolle stürzten herab, als sie in sich zusammenbrach. Jack schaute entsetzt nach oben, und ein Schrei entrang sich seiner Kehle. Brennende Ballen fielen überall wie glühende Meteore herunter, und Edwin war genau darunter gefangen. Ohne zu zögern, warf sich Jack über ihn und schützte Edwins Körper mit dem seinen. Ein brennender Wollballen fiel Jack auf den Rücken. Er unterdrückte den Schrei, als der berstende Ballen seine Kleider anzündete und seine Haut versengte. Heftig versuchte er den Wollballen abzuschütteln, und mit letzter Anstrengung gelang es ihm, sich zu befreien und zur Seite zu rollen. Jack sprang auf, vom Rauch fast erstickt. Er beachtete den gräßlichen Schmerz nicht, nicht seine brennenden Kleider, sondern zog wieder mit seinen mächtigen Fäusten an dem Ring. Und jetzt endlich löste er sich. Edwin sprang auf. Sein Gesicht zeigte Furcht – aber auch Sorge um den Mann, der ihn so selbstlos und mutig gerettet hatte.

Hustend und schnaufend taumelten die beiden aus dem Warenlager, als der Mittelteil des Daches einstürzte. Jack schwankte und fiel zuckend auf den Boden. Er wand sich vor Schmerzen. Seine Brust dehnte sich, aber er war unfähig zu atmen. Edwin, der selbst keuchend die frische Luft einzog, riß seine Jacke herunter und versuchte, Jacks brennende Kleider damit zu löschen.

Adam Fairley kam mit Wilson über den Hof gerannt. Er schrie den Arbeitern, die ihm auf dem Fuße folgten, Befehle zu. Entsetzt sah er Jack Hartes brennende Kleider und Edwins vergebliche Anstrengungen, die Flammen zu löschen. Er riß sich seine Jacke ab und rief Winston zu: »Bringen Sie Kübel mit Wasser, und geben Sie mir die Säcke dort!«

Dann warf Adam seine Jacke über Hartes Hemd und wickelte ihm Edwins Jacke um die Beine. In den Säcken, die Winston gebracht hatte, rollte er Jack auf dem Boden hin und her, ohne auf die Flammen zu achten, die seine Hände versengten. Wilson kam mit zwei Eimern Wasser angekeucht, gefolgt von den anderen Arbeitern, die ebenfalls Eimer trugen. Adam und Wilson schütteten jetzt Wasser über Jack, um die Flammen zu löschen. Endlich erstarben die Flammen. Jacks Kleider waren verkohlt, und die Säcke klebten an seiner verbrannten Haut. Er selbst lag schlaff und scheinbar leblos am Boden.

Adam kniete nieder und fühlte Jacks Puls. Dann schüttelte er besorgt den Kopf. »Bringt ihn vorsichtig in mein Büro!« sagte er kurz zu zwei Arbeitern. Er sah an Edwin hoch, der neben ihm stand. »Bist du verletzt?«

»Nein, Vater. Meine Kleider sind ein wenig angesengt«, sagte er nach Luft schnappend und hustend. »Meine Lungen sind voller Rauch, aber sonst fehlt mir nichts.«

»Dann kannst du zu Clive Malcolm reiten. Sag ihm, daß Big Jack Harte Verbrennungen hat. Er soll sofort herkommen!«

Edwin stand da wie angewurzelt. Er schaute seinen Vater mit offenem Mund an und sagte kein Wort. Dann dämmerte es ihm langsam.

»Verdammt, Edwin! Steh hier nicht so blöd herum!« schrie Adam ärgerlich. »Los, Junge. Der Mann ist in Lebensgefahr. Er braucht sofort ärztliche Hilfe.«

»Ja, Vater.« Er starrte Adam immer noch an, dann flog sein Blick über Jacks Körper, der eben ins Büro getragen wurde. »Er hat mir das Leben gerettet«, sagte er ruhig. »Der brennende Stoffballen wäre auf mich gefallen, wenn er sich nicht schützend über mich geworfen hätte.«

»In Ordnung, Edwin, ich verstehe!« sagte Adam ungeduldig. *»Ich verstehe,* was du damit sagst. Aber darüber reden wir später. Und nun tu um Gottes willen, was ich dir gesagt habe. Reite zu Clive. Reite wie der Teufel. Wir dürfen keine Zeit verlieren. Sag Clive, daß es äußerst dringend ist.«

»Ja, Vater.« Edwin schwang sich in den Sattel und galoppierte aus dem Hof der Mühle. Er hatte nur einen Gedanken: Emmas Vater hat mir das Leben gerettet!

Erst jetzt wandte Adam seine Aufmerksamkeit dem brennenden Lagerhaus zu. Glücklicherweise hatte er in kluger Voraussicht eine der kleinen, mit Dampf betriebenen Wasserspritzen angeschafft. Zehn Männer hatten sie bereits aus dem Schuppen gezogen. Sie war schon mit Kohle beheizt, und die Männer schlossen bereits mit kundigen Händen zwei Schläuche an die Hydranten an. Andere Arbeiter, auch die kleinen Spulensammler, waren aus den rückwärtigen Gebäuden in den Hof geströmt. Unter ihnen war auch Frank Harte, der den Unfall seines Vaters nicht gesehen hatte. Unter Wilsons Anleitung bildete diese Gruppe eine Kette zwischen dem Hof und der Aire. Sie reichten einander die Eimer weiter, bis die Arme schmerzten. Adam arbeitete neben seinen Leuten. Er war diesen zähen und harten Männern aus Yorkshire dankbar, die ihre Aufgabe mutig und mit kühlem Kopf erfüllten.

Plötzlich drehte sich der Wind. Adam seufzte erleichtert, aber dann stöhnte er entsetzt auf. Er sah, daß Teile des brennenden

Daches in eine Hecke geflogen waren, die am Rande eines kleinen Wäldchens stand, welches direkt an der Dorfstraße lag. Das Wäldchen war in Gefahr!

»Wilson, schicken Sie einige Männer zu mir!« rief Adam gellend. »Wir müssen das Wäldchen retten! Die Bäume werden Feuer fangen, wenn wir nicht achtgeben, denn der Wind treibt die Flammen hinüber.«

»Aber die Mühle ...«, begann Wilson.

»Verdammt, Mann! Tun Sie, was ich sage. Die Mühle kann ich wieder aufbauen, aber in diesen Hütten da drüben leben Frauen und Kinder. Wenn die Bäume Feuer fangen, wird bald das ganze Dorf in Flammen stehen.«

Wilson sandte einige Männer zu Adam, der sich rasch mit ihnen beriet. »Nehmt Äxte aus dem Schuppen und lauft dann hinüber zu dem Wäldchen. Fällt die kleinen Bäume und Hecken vor den brennenden Büschen und schafft einen freien Streifen. Wenn dann Funken überfliegen, könnt ihr sie rasch löschen. Dann nehmt Eimer und gießt Wasser über die Bäume. Wir müssen unter allen Umständen vermeiden, daß das Feuer in das Wäldchen überspringt!«

Die fünf Männer nickten zustimmend und nahmen schweigend Äxte und Eimer. Dann machten sie sich sofort an die Arbeit. Adam lief zu Wilson zurück, der das Löschen des Lagerhauses überwachte. Mit Hilfe der Wasserspritze und der Eimerkette war es gelungen, das Feuer zu besiegen. Nachdem der Wind gewechselt hatte, war der Brand verhältnismäßig gut unter Kontrolle.

Adam zog sein Taschentuch heraus und wischte sich den Schweiß von der Stirn. Er fuhr herum, als er eine Kutsche in den Hof rollen hörte. Noch ehe der Wagen stand, sprang Clive Malcolm mit seiner Arzttasche vom Bock. Er warf seiner Frau neben ihm die Zügel zu. Dahinter galoppierte Edwin in den Hof.

Adam deutete auf sein Büro. »Harte geht es schlecht, Clive. Tun Sie Ihr Bestes.«

»Gibt es noch mehr Verletzte?« schrie Clive, während er über den Hof rannte.

»Einige Leute haben leichte Verbrennungen, und ein Mann wurde von einem herabstürzenden Balken getroffen. Aber soweit ich feststellen konnte, sind die Verletzungen nicht ernsthaft. Gehen Sie erst zu Harte. Edwin, geh mit dem Doktor und Mrs. Malcolm. Schau, ob du irgendwie helfen kannst.«

Adam hustete. Auch seine Lungen waren voll Rauch, und er verspürte eine leichte Übelkeit. Ängstlich schaute er zu dem Wäldchen hinüber. Die Männer hatten bereits gute Arbeit geleistet und verhindert, daß das Feuer sich weiter ausbreitete, obwohl die Büsche davor brannten. Aber die Bäume, die beim Dorf standen, waren sicher.

Als er sich umschaute und den Schaden am Warenlager betrachtete, wurde ihm langsam klar, daß der Wind sich unerwartet gelegt hatte. Er schaute zum Himmel. »Verdammt, warum regnet es nicht?« murmelte er. Er schaute wieder zum wolkenverhangenen Himmel und sandte ein stilles Gebet empor. Wilson eilte auf ihn zu. »Ich denke, wir haben nun alles unter Kontrolle, Squire. Ich glaube nicht, daß die Mühle noch in Gefahr ist.« Während er sprach, schaute Wilson Adam an, und plötzlich glitt ein Lächeln über sein verzerrtes Gesicht. »Bei Gott, Sir, ich glaube, es fängt an zu regnen. Ich habe soeben einen Tropfen gespürt.«

Wilson hatte recht. Es begann zu regnen. Zum erstenmal in seinem Leben begrüßte Adam Fairley einen Wolkenbruch. Es goß in Strömen, und alle wurden völlig durchnäßt. Aber das schwelende Warenlager und die brennenden Büsche wurden endgültig gelöscht. Die Männer stellten die Arbeit ein, und alle wandten sich zu Adam.

»Wir meckern und schimpfen immer über das launische Wetter hier im Moorland, aber dieser verdammte Regen ist ein Geschenk des Himmels«, rief Eddie, einer der Vorarbeiter.

Adam grinste. »Besser hätte ich es auch nicht sagen können, Eddie.«

Jetzt trat Eddie zu Adam, der bei Wilson stand. »Haben Sie etwas dagegen, wenn ich nun zu meinem Kumpel, Jack Harte, gehe, Sir? Vielleicht kann ich dem Doktor helfen.«

»Ja, Eddie, tu das. Ich komme auch mit.« Adam legte die Hand auf Wilsons Schulter. »Ich denke, Sie kommen nun allein zurecht. So wie es aussieht, ist dies kein kurzer Sommerschauer.«

»Da haben Sie recht, Sir. Ich werde die Männer nun organisieren, damit wir mit den Aufräumungsarbeiten beginnen können.« Wilson schaute auf die schwarze, verkohlte Ruine des Warenlagers, die im Regen immer noch dampfte und zischte. »Wir hatten wirklich Glück, Squire!«

Adam nickte. »Ich werde später mit Ihnen sprechen, Wilson.« Seine Augen wurden schmal. »Ich frage mich, wie das Feuer überhaupt ausbrechen konnte.« Wilson erwiderte Adams stahlharten Blick, aber er schwieg.

Bevor er in sein Büro ging, rief Adam die Männer vor der Ruine zusammen. »Ich möchte euch danken, Jungs. Ihr habt euch tüchtig ins Zeug gelegt, mit Eifer und Kaltblütigkeit. Außerdem habt ihr Mut bewiesen. Jeder von euch bekommt mit dem nächsten Wochenlohn eine Belohnung, als Ausdruck meines aufrichtigen Dankes. Ihr habt die Mühle gerettet und wahrscheinlich auch das Dorf. Ich werde das nicht vergessen.«

Einige der Männer grinsten, andere hoben die Hand zum kurzen Gruß, einige nickten nur. Alle murmelten einen kurzen Dank. Einer der Männer trat vor und sagte: »Wir haben nur unsere Pflicht getan, Squire. Es ist ja sozusagen auch unsere Mühle. Und auch Sie haben Ihre Sache gut gemacht, Squire, wenn ich das sagen darf. Ich glaube, ich spreche für alle Jungs, wenn ich sage, daß Sie ein tatkräftiger Chef sind, Sir.«

Adam lächelte. »Danke, Alfie.« Er nickte noch einmal herzlich und ging dann. Er fand Clive Malcolm in seinem Büro bei Jack Harte. Eddie stand am Fenster und sprach leise mit Edwin.

»Wie geht es ihm?« fragte Adam unter der Tür. Clive blickte auf und runzelte die Stirn. »Nicht gut, aber ich denke, er kommt durch, Adam. Er hat natürlich einen Schock und Verbrennungen auf dem Rücken, auf den Schultern und den Oberschenkeln. Es sind Verbrennungen dritten Grades. Ich werde ihn so gut behandeln, wie nur möglich. Aber er muß so schnell wie möglich ins Krankenhaus. Ich brauche Ihren großen Wagen, Adam, damit ich ihn flach legen kann. Ich denke, Edwin kann nach Fairley Hall hinaufreiten und Tom Hardy mit dem Wagen herschicken. Dieser Harte ist ein sehr dringender Fall, und ich habe weder die Ausrüstung noch die richtige Medizin, die man braucht, um ihn wirksam zu behandeln. Also muß ich ihn ins Krankenhaus bringen.«

»Ich werde Edwin sofort losschicken.« Adam deutete mit dem Kopf auf seinen Sohn. »Los, mein Junge, und beeile dich. Wir haben keine Zeit zu verlieren.«

»Ja, Sir«, sagte Edwin und verschwand.

»Was ist mit den anderen Männern, Clive? Wo sind sie?«

»Violet, meine Frau, verbindet sie in Wilsons Büro. Sie sind nicht sehr schwer verletzt. Es sind alles nur Verbrennungen ersten Grades. In ein paar Tagen sind sie wieder in Ordnung.«

»Wird Jack Harte durchkommen?« fragte Adam, während er sich müde hinter seinen Schreibtisch setzte. Seine Augen blickten ernst.

»Ja, ich denke schon. Aber um ehrlich zu sein, Adam, es ist schwer zu beurteilen. Ich weiß noch nicht, ob er innere Verletzungen hat. Edwin hat mir erzählt, daß einer der großen Tuchballen auf Harte gefallen ist. Außerdem hat er eine Menge Rauch eingeatmet. Hitze und Rauch haben die Lungen in Mitleidenschaft gezogen, und ich glaube, daß ein Lungenflügel schwer betroffen ist.«

»O Gott!« rief Adam und legte die Hand über die Augen. »Das hört sich aber nicht sehr hoffnungsvoll an.«

»Er ist ein kräftiger Mann, Adam. Ich hoffe, wir können ihn durchbringen.« Clive lächelte Adam mitfühlend an. »Machen Sie sich nicht zuviel Sorgen, alter Junge. Es war ja nicht Ihre Schuld. Sie können froh sein, daß es so wenig Verletzte gegeben hat.«

Adam seufzte. »Ich weiß. Aber es wäre leicht möglich gewesen, daß Edwin hier statt seiner läge, Clive. Er hat Edwins Leben gerettet, wissen Sie. Dabei hat er sein eigenes Leben aufs Spiel gesetzt. Jack Harte hat sich so mutig und unerschrocken gezeigt, daß ich es ihm nie vergessen werde.« Adam schüttelte den Kopf. »Man findet nicht viele Männer wie Jack Harte auf dieser Welt.«

Clive richtete sich auf, und sein Blick ruhte ruhig, aber fest, auf Adam. »Ich weiß, er war immer ein bißchen anders, nicht wahr? Aber wir werden um ihn kämpfen, Adam. Das verspreche ich Ihnen.«

»Alle Arztrechnungen gehen an mich, Clive, auch die von den übrigen Leuten. Und informieren Sie das Krankenhaus, damit er die beste Pflege bekommt. Es sollen keine Kosten gescheut werden. Außerdem möchte ich ein Privatzimmer für ihn, er soll alles bekommen, was er nötig hat.«

Man hörte ein leichtes Klopfen an der Tür. »Herein!« rief Adam. Die Tür öffnete sich, und einer der kleinen Spulensammler trat ein. Seine Kleidung war schäbig und schmutzig. Er blieb nervös an der Tür stehen. Adam schaute ihn überrascht an.

»Ja, mein Sohn, was gibt es?«

Der Junge zögerte. »Es ist wegen meines Vaters«, sagte er dann und blickte zu Jack hinüber. Seine Lippen zitterten. »Ist er . . . ist er . . .«, begann er zitternd, während Tränen in seine Augen stiegen.

Adam sprang auf und eilte zur Tür. Er führte den Jungen freundlich in das Büro und legte ihm den Arm um die Schultern.

»Das ist Frank, Jacks Sohn, Sir«, sagte Eddie vom Fenster her.

»Komm her, Frank«, sagte Adam sanft. Sein Arm lag immer noch um Franks Schulter. Tränen rollten über Franks Gesicht, als er seinen Vater anstarrte. »Ist er tot?« brachte er schließlich mit entsetzter Stimme heraus.

»Natürlich nicht, Frank«, versicherte ihm Adam mit seiner sanftesten Stimme. »Er wurde schwer verletzt, das will ich dir nicht verheimlichen. Aber Dr. Mac hat ihn gut versorgt, und bald wird mein Wagen kommen, um ihn ins Krankenhaus zu bringen. Dort wird er die beste ärztliche Pflege erhalten.«

Adam zog sein Taschentuch heraus und wischte Frank die Tränen ab. »Nun, du mußt jetzt ein tapferer Junge sein. Mach dir keine Sorgen. Deinem Vater wird es bald wieder besser gehen.«

Frank schaute ängstlich zu Adam hoch. »Sind Sie sicher, Squire? Sie schwindeln mich nicht an, nicht wahr?«

Adam lächelte freundlich. »Nein, das tu ich nicht, Frank. Ich habe dir die Wahrheit gesagt, Sohn.«

»Deinem Vater geht es jetzt gut«, warf Clive ein. »Sobald wir ihn ins Krankenhaus gebracht haben, können wir ihn richtig behandeln.«

Frank schaute zweifelnd von Adam zu Clive. Er schluchzte und unterdrückte seine Tränen. Er schwieg und starrte eine Weile nachdenklich vor sich hin. Dann wandte er sich an Eddie. »Er wird wieder gesund, Eddie, nicht wahr?« flüsterte er.

Eddie trat vor und versuchte zu lächeln. »Ja, Junge. Komm, ich bringe dich jetzt zu deiner Tante Lily.« Eddie warf Adam einen kurzen Blick zu. Der Squire nickte zustimmend, dann klopfte er Frank auf die Schulter. »Geh mit Eddie, Frank. Der Doktor wird später bei dir vorbeikommen.« Adam schaute Frank prüfend an. »Alles in Ordnung, Sohn?«

»Ja, Squire«, schniefte Frank.

»Gut, dann geh jetzt. Eddie, ich danke Ihnen für Ihre Hilfe.«

»Ich habe nur meine Pflicht getan, Sir.« Eddie lächelte kurz. »Ich bringe den Jungen zu seiner Tante. Sie wird sich um ihn kümmern.« Eddie nahm Frank bei der Hand und drückte sie beruhigend. Dann verließen beide das Büro.

»Ich denke, es ist besser, wenn ich jetzt in Wilsons Büro gehe, Clive, um nach den übrigen Verletzten zu sehen. Ich möchte ihnen danken und mich vergewissern, daß sie gut versorgt werden«, meinte Adam.

»Dann soll sich Violet auch Ihre Hände anschauen«, meinte Clive bestimmt. »Sie haben offenbar auch was abgekriegt.«

Am späten Nachmittag ging Adam in seiner Bibliothek in Fairley Hall unruhig auf und ab. In seinen bandagierten Händen hielt er eine Flasche Whiskey und Soda. Sein Gesicht war von tiefer Sorge gezeichnet. Wilson, der eben gekommen war, saß auf dem Sofa, beobachtete ihn scharf und schlürfte ruhig seinen Whiskey.

Endlich blieb Adam stehen, setzte sich ihm gegenüber in einen Sessel und zündete sich eine Zigarette an. »Wie ist nach Ihrer Meinung das Feuer im Warenlager entstanden, Wilson?« fragte er. »Es kam sehr plötzlich, nach meiner Meinung. Ich habe vorhin mit Edwin gesprochen. Er sagte, daß die hölzernen Karren lichterloh brannten, als er das Tor öffnete. Auch ein Wollballen brannte bereits. Ich nehme an, daß Funken die Wolle entzündet haben und daß der Luftzug von der Tür die Flammen erst richtig entfachte. Aber trotzdem ist es mir ein Rätsel. Haben Sie irgendwelche Vermutungen?«

Wilson schwieg. Seine Lippen waren fest zusammengepreßt, seine Miene sehr ernst. Er seufzte und schaute Adam direkt an. »Ich könnte ein Vermutung aussprechen, Squire, aber sie ist nicht sehr angenehm.«

Adam lehnte sich vor und starrte Wilson an. »Sprechen Sie, Wilson. Offenbar haben Sie sich, genau wie ich, den ganzen Nachmittag Ihre Gedanken gemacht.«

Wilson runzelte die Stirn. »Vielleicht war es Brandstiftung.«

»Brandstiftung!« Adam war so bestürzt, daß er aufsprang und klirrend sein Glas auf den Tisch stellte. »O kommen Sie, Wilson. Das ist doch nicht möglich. Ganz bestimmt nicht!«

»Nun, Sir, Rohwolle brennt nicht so leicht. Aber Holz. Ich habe ebenfalls mit Master Edwin gesprochen, und er hat mir das gleiche erzählt wie Ihnen ... Die Karren brannten lichterloh. Ein wenig Paraffin auf einen der Ballen ...« Wilson schwieg und blickte in sein Glas. »Sie wissen, Sir, das hätte heute Vormittag in eine furchtbare Katastrophe ausarten können, wenn sich der Wind nicht gedreht hätte, und der Schauer nicht gekommen wäre. Wir hatten das Feuer nur teilweise unter Kontrolle, wie Sie wissen.«

»Aber warum?« fragte Adam, der immer noch entsetzt über Wilsons Verdacht grübelte.

Wilson zögerte und trank einen Schluck Whiskey. Dann schaute er Adam voll in die Augen. »Rache.«

»Rache! Rache für was? Gegen wen? Ich war doch mehr als anständig zu den Leuten, gerade in den letzten Jahren, verdammt. Das kann doch nicht Ihr Ernst sein.«

Wilson, der in den letzten Stunden über die Brandursache nachgedacht hatte, wählte seine Worte mit großem Bedacht. Er wußte, was gesagt werden mußte, aber ihm war klar, daß er so diplomatisch wie möglich vorgehen mußte. Er räusperte sich. »Sie waren letztes Jahr nicht oft in der Mühle, Sir, da Sie meist auf Reisen waren. Die Männer kommen nur noch selten mit Ihnen in Berührung, um es so zu sagen. Und wenn Sie da waren, waren Ihre Besuche immer nur kurz . . .«

»Kommen Sie zur Sache, Wilson. Sie haben von einem Racheakt gesprochen. Ich möchte wissen, was Sie meinen«, sagte Adam mit rauher Stimme.

Wilson holte tief Luft. »Ich denke, das Feuer wurde absichtlich gelegt – wegen Master Gerald.«

Adam erstarrte, seine Augen waren weit geöffnet. »Master Gerald! Was hat er in meiner Abwesenheit getan? Bei Gott, Wilson. Ich werde ihm das Fell gerben, wenn er für diese Geschichte verantwortlich ist. Ich werde ihm die Haut bei lebendigen Leib abziehen.«

Wilson räusperte sich nervös. »Schauen Sie, Squire, Master Gerald ist ein harter Arbeiter. Ich bin der erste, der das zugibt. Er liebt die Mühle, wie es Ihr Vater getan hat. Aber Master Gerald . . . nun, Sir, er weiß nicht, wie man mit den Leuten umgeht. Die meisten grinsen nur und achten nicht weiter auf ihn. Aber es gibt eine kleine extreme Gruppe in der Mühle. Es sind Aufrührer, könnte man sagen. Anhänger der Arbeiter-Partei, wissen Sie, Squire. Nun, Sie nehmen es Master Gerald übel, wie er sie behandelt.«

»Nun will ich alles wissen, Wilson«, sagte Adam streng. Er war offensichtlich erzürnt.

»Es ist seine Art, wie ich schon sagte«, entgegnete Wilson und zündete sich eine Woodbine, die übliche Arbeiterzigarette, an. »Er jagt die Jungs ständig umher, stachelt und peitscht sie zu mehr Arbeit an. Und wenn sie zu ihm kommen, wegen kleiner Vergünstigungen, wie etwa eine längere Teepause, jagt er sie zum Teufel...«

»Das kann nicht Ihr Ernst sein! Wollen Sie, daß ich glaube, das Feuer wurde gelegt, nur weil Master Gerald sich weigerte, den Männern eine längere Teepause zu genehmigen. Das ist absurd und vollkommen lächerlich, Wilson!« Adam explodierte beinahe und vergaß seine übliche Selbstbeherrschung.

»Nein, Squire, darum alleine nicht, aber es gab in diesen letzten Monaten viele Dinge, die zur allgemeinen Unzufriedenheit beitrugen. Zugegeben, es waren Kleinigkeiten, aber ich weiß auch, daß die Jungs über Master Geralds unnötige Härte wütend waren, ebenso über seine Schikanen, seine Wutausbrüche und ...« Wilsons Stimme erlosch.

Adam seufzte tief und lehnte sich in seinem Sessel zurück. Seine Augen ruhten nachdenklich auf Wilson. »Und darum glauben Sie, daß einige Leute ein Feuer gelegt haben.« Adam beugte sich vor. Sein Blick war noch durchdringender als gewöhnlich. »Aber das ist doch sinnlos, Wilson, denn die Mühle hätte auch in Mitleidenschaft gezogen werden können. Dann wären die Leute wochen- oder monatelang arbeitslos geworden.«

»Ja, ich weiß. Darüber habe ich auch nachgedacht. Darum glaube ich, daß man nur ein kleines Feuer legte, um ein Zeichen zu setzen. Ich glaube nicht, daß man erwartet hatte, es würde außer Kontrolle geraten. Man wollte nur ein paar Ballen Wolle anzünden, um, wie ich schon sagte, ein Zeichen zu setzen. Man wollte die Produktion etwas verlangsamen, ein wenig Ärger machen. Man wollte, daß wir aufmerksam werden.«

»Die Schuldigen?« frage Adam und schaute Wilson an.

»Das ist das Problem, Squire. Ich kann sie Ihnen nicht mit den Fingern zeigen. Diese Gruppe von Unzufriedenen, die ich erwähnt habe, war vollzählig heute früh in der Mühle. Und sie haben alle tüchtig gearbeitet.« Wilson nahm davon Abstand zu erwähnen, daß drei der Hauptagitatoren gegen Gerald Fairley heute zufällig abwesend waren. Er würde sie sich später selbst vornehmen. Denn er war fest überzeugt, daß Brandstiftung im Spiel war, und er war sich ziemlich sicher, daß die drei Abwesenden die Brandstifter waren. Er würde ihnen die Furcht Gottes beibringen. Er betete, Adam Fairley würde mit seinem Sohn das gleiche tun.

Adam war nachdenklich geworden. Er sann über Wilsons

Worte nach und sagte schließlich: »Was Sie erzählt haben, ergibt doch eigentlich keinen Sinn. Warum sollte jemand ein Feuer legen und sich anschließend beim Löschen in Gefahr begeben? Das ist doch verrückt.«

»Ich habe es Ihnen schon gesagt, Sir. Man wollte nur einen kleinen Schaden anrichten. Man hatte nicht erwartet, daß es so außer Kontrolle geraten würde.«

Nun schwieg Adam. Sein Zorn auf Gerald wuchs. Er versuchte sich zu beruhigen, klar zu denken. Was Wilson sagte, hatte bis zu einem gewissen Grad einen Sinn. Rohwolle fing wegen ihres Ölgehaltes nicht leicht Feuer, sie schwelte eher. Es war anzunehmen, daß man Paraffin über die Ballen gegossen hatte. Wer immer das Feuer gelegt haben mochte, hatte vielleicht die Absicht gehabt, nur einen Teil des Lagerhauses in Brand zu setzen. Verrückte, dachte er ärgerlich. Diese verdammten Irren. Das Lagerhaus war äußerst brandgefährdet, denn es bestand vollständig aus Holz. Das und die letzten Konsequenzen ihrer unverantwortlichen Tat hatten sie nicht bedacht, genauso wenig wie die Gefahr für die gesamte Mühle und das Dorf.

»Sehr gut, Wilson, ich akzeptiere Ihre Erklärung. Ihre Vermutungen könnten richtig sein«, sagte Adam mit ernstem Gesicht. »Und da die Mitglieder dieser radikalen Gruppe alle heute anwesend waren, können wir niemanden anklagen, oder?«

»Nein, Sir!« sagte Wilson heftig. »Das können wir nicht. Das *dürfen* wir nicht! Wir haben keine Beweise. Und die Art, wie die Männer beim Löschen halfen ... Bei Gott, Sir, sie gaben ihr Bestes. Außerdem halten sie zusammen. Wir hätten sofort einen Streik in der Mühle, das garantiere ich, wenn wir von Brandstiftung sprechen.« Wilson nickte ernst und räusperte sich. »Vielleicht reden Sie einmal ein Wort mit Master Gerald, wenn er morgen von Shipley zurückkommt, Sir, wenn ich das sagen darf. Sagen Sie ihm, er solle sein Temperament etwas zügeln und mit den Jungens nicht so rauh umspringen!«

»Oh, das werde ich tun, Wilson. Ich werde ihm eine Standpauke halten, wie er noch nie eine erlebt hat, das können Sie mir glauben!« erklärte Adam, und Wut stieg wieder in ihm auf. »Ich hätte im Traum nicht daran gedacht, daß er so absichtlich meine Instruktionen mißachten würde. Er sollte die Leute anständig behandeln.« Nach einer kurzen Pause sagte er in ruhigerem Ton: »Nun müssen wir uns mit dem Problem der Vorräte befassen. Alle

Ballen im Lager sind verbrannt, wie Sie wissen. Wieviel Rohwolle haben wir in dem anderen Lagerhaus?«

»Genug, um diesen Monat durchzuhalten, Sir«, anwortete Wilson. Er rechnete rasch nach und verglich die Vorräte mit den Aufträgen. Er sog an seiner Woodbine. »In zwei oder drei Wochen bekommen wir eine Schiffsladung aus Australien von McGill. Ich bin sicher, daß wir bis dahin mit unseren VorrÖten auskommen.«

»Tun Sie Ihr Bestes, Wilson. Befassen Sie sich gleich am Montag morgen damit. Ich werde auch früh kommen, und dann können wir die Lage abschätzen. Und lassen Sie sofort ein neues Lagerhaus errichten. Verwenden Sie Ziegel statt Holz. Und bestellen Sie noch eine Dampfspritze. Ich erwarte zwar keine Wiederholung dieses Vorfalls, aber man sollte immer auf alle Eventualitäten vorbereitet sein. Wie Sie schon sagten, wir hatten diesesmal Glück, weil sich das Wetter geändert hat.«

»Nein, ich glaube auch nicht, daß das wieder geschieht, Squire.« Wilson sprach diese Worte so überzeugt, daß Adam ihn rasch anschaute. Aber er sagte nichts. Wilson hatte Adams Reaktion wohl bemerkt und fuhr mit ruhiger Stimme fort: »Aber Sie haben recht Sir, es ist immer besser, für alle Fälle gerüstet zu sein. Ich dachte, Sir, wenn Sie einverstanden sind, gehe ich morgen zur Mühle und mache Inventur. Das spart Zeit.«

»Das ist eine ausgezeichnete Idee, Wilson, falls es Ihnen nichts ausmacht, am Sonntag zu arbeiten. Ich werde auch da sein, und wir können die Inventur gemeinsam machen.«

»Gut, Sir.« Wilson machte eine Pause, und seine Augen blickten listig hinter den Brillengläsern. »Und Sie werden mit Master Gerald sprechen, nicht wahr?«

»Da können Sie sicher sein, daß ich das tun werde.« Adam stand auf. »Möchten Sie noch einen Whiskey, Wilson?«

»Danke, Squire. Einen trinke ich noch für den Heimweg.«

Als Adam das Glas einschenkte, kam ihm plötzlich ein Gedanke: Wilson wußte, wer die Schuldigen waren, aber er war offensichtlich nicht bereit, ihre Identität preiszugeben. Dafür hatte er zweifellos sehr ernste Gründe. Lassen wir das, sagte Adam zu sich selbst. Er vertraute darauf, daß Wilson die Sache richtig anfassen würde. Und er würde sich Gerald vornehmen. Sein Mund wurde schmal, als er an seinen ältesten Sohn dachte. Dieser unreife Idiot! Er macht alles kaputt, was ich mit Mühe erreicht habe. Sich die Männer zu Gegnern zu machen war nicht nur ein Zeichen von schlechtem Unteilsvermögen, sondern eine vollkommene Verrücktheit. Aber es ist auch mein Fehler, mußte er zugeben. Ich habe ihm zuviel Freiheit gelassen, und meine häufige Abwesenheit hat auch dazu beigetragen. Ich sollte mehr Zeit in Fairley verbringen, beschloß er. Aber da war noch Olivia. Er fand es unerträglich, von ihr getrennt zu sein. Sie war der einzige Sinn seines Lebens geworden, der Fels, auf dem sein Leben aufgebaut war. Aber nun mußte er sich mehr um die Mühle kümmern! Sie hatte zweifellos Vorrang vor allem andern – auch vor der Liebe. Vielleicht konnte er Olivia davon überzeugen, nach Fairley Hall zu kommen. Sie würde ihn verstehen. Dieser verdammte Junge! Ein Ausdruck des Abscheus glitt über sein Gesicht, als er an Gerald dachte. Gerald war ein Maulheld, ein Feigling. Er würde ihm gewaltig auf die Zehen treten. *Bei Gott, das würde er tun,* beschloß Adam.

Er riß sich zusammen und brachte Wilson seinen Drink. »Ich wünschte, Dr. Mac würde herkommen. Ich mache mir große Sorgen um Jack Harte«, sagte Adam und gab Wilson das Whiskeyglas.

»Ja, Squire, ich auch. Aber Jack Harte ist eine Kämpfernatur. Er kommt durch. Er muß an seine Kinder denken, wissen Sie.«

Adam seufzte. »Ich hoffe, Sie haben recht, Wilson. Das hoffe ich aufrichtig. Ich bin tief in seiner Schuld, denn er hat das Leben von Edwin gerettet.«

3. TEIL

DER ABHANG

1905 – 1910

Und es ist allgemein bewiesen,
daß Demut des jungen Ehrgeiz' Leiter ist,
nach deren oberster Sprosse
der Aufstrebende seinen Blick richtet...

WILLIAM SHAKESPEARE
Julius Caesar

19

»Hier ist die ›Schmutzige Ente‹, kleines Fräulein«, sagte der Kesselflicker und hielt seinen Wagen in der York Road an. Er zeigte mit einem kurzen, nicht allzu sauberen Finger auf das Gasthaus.

Emma las den Namen auf dem Schild, das im Wind schaukelte, und rief: »Aber auf dem Schild steht ›Schwarzer Schwan‹!«

Über der Schrift sah man das etwas stümperhafte Bild eines Teiches mit einem schwarzen Schwan.

Die Frau des Kesselflickers kicherte, als sie Emmas Erstaunen bemerkte. »Ja, Mädel, in Leeds heißt dieses Gasthaus nur ›Schmutzige Ente‹. Verstehst du den Witz nicht?«

»Doch, ich verstehe«, entgegnete Emma und lächelte belustigt. Sie drückte ihre Tasche an sich und kletterte aus dem Karren. Der Kesselflicker reichte ihr den großen Lederkoffer, den ihr Edwin gestern mit fünf Pfund in ihre Kammer gestellt hatte. »Ich danke Ihnen, daß Sie mich von Shipley bis hierher mitgenommen haben. Das war sehr freundlich von Ihnen«, sagte sie höflich zu dem Kesselflicker.

»Nun, Mädel, keine Ursache«, meinte er. »Mich freut es, daß ich einer feinen jungen Dame zu Diensten sein konnte.« Er ergriff die Zügel, und der wackelige Karren setzte sich holpernd in Bewegung.

Die Frau des Kesselflickers schaute noch einmal zurück und rief: »Viel Glück in Leeds, meine Hübsche.«

»Danke«, rief Emma zurück und winkte dem Karren nach. Sie nahm ihren Koffer, holte tief Atem, stieß dann die Schwingtür zum Gasthaus auf und befand sich in einem schmalen, düsteren Flur, in dem es stark nach abgestandenem Bier und Tabakqualm roch. Das Gastzimmer war hell erleuchtet. Die Wände waren bunt tapeziert, und in einer Ecke stand ein Klavier. Nur zwei Männer standen an der Wand und tranken ihr schäumendes Bier. Neben dem Gastzimmer befanden sich noch zwei andere Räume. Über dem einen hing ein Schild mit der Aufschrift »Salon« über dem anderen eines, auf dem »Schankstube« zu lesen war. In der Schankstube sah sie einen Arbeiter, der mit Pfeilen auf eine Zielscheibe warf, und zwei alte Männer, die an einem Tisch mit Dominospielen beschäftigt waren. Sie hatten ihre Tonpfeifen fest zwischen ihre vom Nikotin bräunlichen Zähne geklemmt. Dichte Rauchschwaden hingen über ihren Köpfen.

Die lange mahagoniefarbene Theke war so glatt poliert, daß sie fast wie ein Spiegel glänzte. Dicht über der Theke entdeckte sie einen blonden Haarschopf. Emma ging ruhig durch den Raum; ihre Schuhe klapperten auf dem Holzboden. Aus den Augenwinkeln heraus sah sie, daß beide Männer zu ihr herüberschauten; aber sie achtete nicht darauf, sondern ging entschlossen weiter.

An der Theke stellte sie den Koffer ab. Die Handtasche drückte sie fest an sich. Der Blondkopf erschien hinter der Theke. Emma räusperte sich. »Entschuldigung«, sagte sie.

Jetzt sah sie unter dem blonden Haar ein fröhliches Gesicht, das einen offenen und ehrlichen Ausdruck trug. Es war sehr hübsch. Freundliche, braune Augen funkelten unter wohlgeformten Brauen. »Ja, Liebe?« fragte die Blonde und erhob sich langsam und etwas schwerfällig aus ihrer gebückten Stellung. Sie hielt einen Krug und ein Glas in ihren Händen.

Emma mußte einen Ausruf des Erstaunens unterdrücken, denn dieser hübsche Kopf saß auf einem ungeheuer fetten, riesigen Körper. Dieser unglaubliche Körper war in ein hellgelbes Baumwollkleid gezwängt, das mit einem tiefen viereckigen Ausschnitt und kurzen Puffärmeln verziert war. Ein gewaltiger Busen, breite Schultern und kurze, plumpe Arme wurden sichtbar; sie waren so rosig wie ihr Gesicht.

Die Dicke sah sie fragend an, und Emma sagte höflich: »Ich möchte eine Miß Rosie sprechen. Man hat mir gesagt, daß sie hier als Kellnerin arbeitet.«

Das rosige Gesicht verzog sich zu einem breiten, freundlichen Lächeln. »Nun, die haben Sie gefunden, meine Liebe. Das bin ich. Ich bin Rosie. Was kann ich für Sie tun, Miß?«

Emma entspannte sich und lächelte die strahlende Rosie an. »Ich bin eine Freundin von Blackie O'Neill. Er hat mir gesagt, Sie würden eine Nachricht für ihn entgegennehmen.«

Aha! dachte Rosie und senkte ihren wissenden Blick. Blackie hatte also wieder einmal mit einem Mädchen angebandelt. Nun, er wußte, wie man das macht, sagte Rosie zu sich. Aber die hier ist wirklich ein hübscher Käfer. Sie stellte Krug und Glas auf die Theke und sagte: »Ja, meine Liebe, ich kann Blackie eine Nachricht zukommen lassen. Das Dumme ist nur, es wird Ihnen nichts nützen. Er ist nicht in Leeds, verstehen Sie? Er ist gestern abgereist. Sie haben ihn verpaßt. Ja, er fuhr gestern nach Liverpool, um mit dem Schiff nach Irland zu reisen. Er wollte einen alten Priester besuchen, dem es schlecht geht und der im Sterben liegt. So hat es Blackie jedenfalls erzählt, bevor er abfuhr.«

»O Gott!« rief Emma. Ihre tiefe Enttäuschung blieb Rosie nicht verborgen. Die Kellnerin legte ihre plumpen Finger sanft auf Emmas Hand. »Geht's gut, meine Liebe? Sie sehen ein bißchen elend aus. Wie wäre es mit einem Brandy oder einem Rum mit Schuß? Das wird Ihnen gut tun, wissen Sie.«

Emma schüttelte den Kopf und versuchte die aufsteigende Angst zu unterdrücken. »Nein, danke, Miß Rosie. Ich trinke keinen Schnaps«, murmelte sie. Es war ihr nie in den Sinn gekommen, daß Blackie nicht da sein könne. Sie war so erschüttert, daß sie kein Wort herausbrachte.

»Wie wäre es denn mit einem Glas Zitronenlimonade?« fuhr Rosie fort und sah Emma besorgt an. »Das erfrischt. Sie schauen so blaß aus.« Ohne ihre Antwort abzuwarten, öffnete Rosie eine Flasche mit Limonade und füllte ein Glas. Emma wollte kein Geld für Zitronenlimonade ausgeben. Für sie war jeder Penny kostbar. Aber sie wollte auch Rosie nicht beleidigen, die so nett und freundlich zu ihr war.

»Danke«, sagte Emma leise und öffnete ihre Handtasche. »Wieviel kostet das, bitte?«

»Nein, Mädel, nichts. Das geht auf Kosten des Hauses. Auf Rosie«, meinte sie und stellte das volle Glas vor Emma. »Trinken Sie einen Schluck. Das wird Sie nicht umbringen«, fügte sie scherzend hinzu und lachte. Dann wurde ihr heiteres Gesicht ernst. Das Mädchen war schneeweiß geworden. Rosie bemerkte sofort, daß die Hand in dem weißen, gehäkelten Handschuh zitterte, als sie nach dem Glas griff.

»He, Harry! Bring mir bitte einen Stuhl aus der Schankstube, rasch!« rief Rosie einem der Männer im Gastraum zu. »Die junge Dame scheint mir ein wenig wacklig auf den Beinen zu sein.«

»Ja, Rosie«, sagte der Mann namens Harry. Er kam rasch zurück und stellte einen hohen Stuhl ab. »Hier, meine Dame, setzen Sie sich.« Der Mann lächelte Emma freundlich an und ging dann wortlos zu seinen Freunden zurück.

»Danke.« Emma kletterte dankbar auf den Hocker. Sie fühlte sich ermattet, und ihr Kopf dröhnte. Die Nachricht, daß Blackie nicht in Leeds war, hatte sie schwer getroffen.

Rosie stützte die Ellbogen auf und schaute Emma besorgt an. Ihre Heiterkeit war wie weggewischt. »Hören Sie, Liebe, ich weiß, es geht mich nichts an, aber haben Sie Ärger? Sie scheinen ziemlich aufgeregt zu sein.«

Emma zögerte. Sie war von Natur aus mißtrauisch und beherzigte auch das alte Wort des Nordens: Eine schweigsame Zunge und einen klugen Kopf in jeder Lebenslage. Darum wollte sie sich nicht jedem anvertrauen. Ihr Verstand arbeitete rasch und mit der ihr angeborenen Klugheit. Sie war an einem fremden Ort. In einer riesigen Stadt. Sie kannte sich nicht aus. Da Blackie in Irland war, konnte sie keinen Menschen um Hilfe bitten. Sie mußte also eine schnelle Entscheidung treffen. Sie wollte sich Rosie anvertrauen – allerdings nur bis zu einem gewissen Grad. Sie hatte keine andere Wahl. Aber zuerst mußte sie noch eine äußerst wichtige Frage stellen.

Emma erwiderte Rosies steten Blick, aber anstatt über ihre Sorgen zu berichten, was die Kellnerin wohl erwartete, fragte sie: »Was ist mit Blackies Onkel Pat? Kann ich zu ihm gehen und fragen, wann Blackie zurückkommt? Er kommt doch zurück, nicht wahr?«

»O ja, Liebe. Blackie wollte in ein paar Wochen zurücksein. Aber es wird Ihnen auch nichts nützen, wenn Sie zu Pat gehen. Er ist in Doncaster. Er hat dort einen großen Auftrag, und er wird wohl eine Weile weg bleiben.«

Emma seufzte und starrte in das Glas mit der Limonade. Rosie wartete geduldig. Sie wollte nicht neugierig erscheinen, fragte aber schließlich: »Warum erzählen Sie mir nicht von Ihren Sorgen, Liebe? Vielleicht kann ich Ihnen helfen.«

Emma zögerte noch, aber dann sagte sie: »Ja, ich habe ein Problem. Ich muß einen Platz finden, wo ich bleiben kann. Eine Pension. Vielleicht können Sie mir einen Rat geben, Miß Rosie. Das ist der Grund, warum ich Blackie treffen wollte.«

»He, Mädel, was soll das mit dieser *Miß* Rosie? Wir sind hier nicht so förmlich. Alle Leute nennen mich Rosie. Schlicht und einfach Rosie. Und warum sagen Sie mir nicht Ihren Namen? Sie können mich als eine Freundin betrachten.«

Emma dachte daran, ob ihr Vater sie vielleicht schon suchte. Aus der Nachricht, die sie hinterlassen hatte, mußte er entnehmen, sie sei nach Bradford gegangen. Er wußte nicht von der »Schmutzigen Ente« und kannte auch Blackies Nachnamen nicht. Sie war also ziemlich sicher. »Mein Name ist Emma Harte«, sagte sie und fügte zu ihrem eigenen Erstaunen hinzu: »Mrs. Harte.«

Rosie riß die Augen auf. »Dann sind Sie also verheiratet?« fragte sie und dachte: Und wo ist ihr Mann? Aber sie sprach die Frage nicht aus. Emma nickte. Im Augenblick wollte sie nicht mehr sagen.

»Nun, da wir jetzt so gut bekannt sind, wenn ich das sagen darf, wollen wir zur Sache kommen. Sie suchen eine Unterkunft. Hmmm. Darüber muß ich nachdenken.« Rosie runzelte die Stirn und blickte nachdenklich vor sich hin.

»Was ist mit der Pension, in der Blackie wohnt? Kann ich da nicht hingehen?« schlug Emma vor. Sie war jetzt schon ruhiger und konnte wieder klar denken.

»O Gott, nein, Mädel!« schrie Rosie so heftig, daß Emma erschrak. »Ich kann doch nicht eine hübsche, junge Dame *dorthin* lassen. Blackie wohnt in der Nähe der Leylands. Dort gibt es eine Menge übler Burschen. Nein, Liebe, das würde nicht zu Ihnen passen.« Rosie zog die Brauen zusammen, sie wollte dem Mädchen helfen. Nach einer Weile lächelte sie zufrieden: »Ich hab's. Sie können zu Mrs. Daniel gehen. Die vermietet Zimmer in ihrem Haus. Es ist nicht weit von hier. Ich schreibe Ihnen die Adresse auf. Sagen Sie ihr, daß Rosie von der ›Schmutzigen Ente‹ Sie geschickt hat. Eort sind Sie sicher. Sie ist ein wenig schroff, unsere Mrs. Daniel, aber sie hat ein gutes Herz.«

»Wieviel wird das Zimmer wohl kosten?« fragte Emma ruhig.

Rosie schaute sie eindringlich an. »Haben Sie wenig Geld?« forschte sie mitfühlend.

Emma räusperte sich und gab sich Mühe, gefaßt und ruhig zu erscheinen. »Oh, ich besitze ein paar Pfund«, meinte sie zuversichtlich und klemmte ihre Handtasche noch fester unter den Arm. Sie hatte sie nicht aus der Hand gelegt, seit sie in der Frühe Fairley Hall verlassen hatte. In dieser Tasche lagen all ihr Geld und ihre wenigen Schmuckstücke.

Rosie lächelte Emma zuversichtlich an. »Nun, dann ist ja alles in Ordnung, nicht wahr? Mrs. Daniel ist ehrlich und rechtschaffen. Sie wird Sie nicht neppen. Ich nehme an, sie wird ein paar Shilling pro Woche für das Zimmer verlangen, das ist alles. Allerdings wird das Essen nicht im Preis enthalten sein. Aber das können Sie sich selbst kaufen. Es gibt ein Fischgeschäft am Ende ihrer Straße, und jeden Tag kommt ein Mann mit einem Karren, der Gemüse, Kuchen und alles mögliche verkauft.«

»Ich werde schon zurecht kommen«, sagte Emma und schluckte heftig. Schon der bloße Gedanke an Essen verursachte ihr neuerdings Übelkeit. »Ich bin Ihnen sehr dankbar für Ihre Hilfe, Rosie. Wirklich.«

»Nun ruhen Sie sich erst mal aus. Ich hole einen Zettel und schreibe Ihnen Mrs. Daniels Adresse auf. Sie sind fremd in Leeds, nicht war, Emma?«

»Ja, Rosie.«

»Dann werde ich Ihnen eine genaue Zeichnung dazu machen, wie Sie gehen müssen. Ich bin gleich wieder da.«

»Danke, Rosie. Sie sind sehr freundlich.«

Rosie verschwand. Dieses Gesicht! dachte Rosie und wunderte sich sehr. Nun, noch nie in ihrem Leben hatte sie ein solches Gesicht gesehen. Sie war eine Schönheit, wirklich, und besaß ... Würde, wie sie es noch nie bei einer jungen Frau erlebt hatte.

»Sie ist kein gewöhnliches Mädchen, oder eins aus der Arbeiterklasse. Das ist bombensicher!« sagte Rosie laut. »Ja, sie ist eine wirkliche Dame«, entschied Rosie. Allein die Art, wie Emma sprach, ohne Dialekt oder Akzent, die Stimme kultiviert. Und ihre Haltung und das gute Benehmen. Sie ist gebildet, dachte Rosie schlau. Und ihre Kleider ..., der italienische Strohhut mit den Blumen aus reiner Seide! Solche Hüte trugen nur Damen der guten Gesellschaft. Sie nahm einen Stift und schrieb sorgfältig die Adresse Mrs. Daniels auf. Dabei wuchs ihre Verwirrung, denn sie dachte daran, daß diese Emma Harte gekommen war, um Blackie O'Neill zu finden, den irischen Maurer. Er war ein hübsches Mannsbild, darüber gab es keinen Zweifel. Aber er war doch nur ein gewöhnlicher Arbeiter! Welche Verbindung konnte zwischen den beiden bestehen? fragte sich Rosie verblüfft.

»Hier bin ich wieder«, rief sie, als sie wieder hinter der Theke auftauchte. Sie sieht immer noch so traurig aus, dachte Rosie und sah Emma an. »Hier ist die Adresse. Und die Straßen habe ich auch aufgezeichnet, so wissen Sie, wie Sie gehen müssen, um Mrs. Daniels Haus zu finden.« Sie gab Emma den Zettel.

»Danke sehr, Rosie.«

Rosie lehnte sich über die Theke und sagte mit zutraulicher Miene: »Ich habe vorhin schon gesagt – ich möchte nicht naseweis scheinen –, aber Sie scheinen immer noch aufgeregt zu sein, Liebste. Kann ich Ihnen noch irgendwie helfen? Blackie ist wirklich ein guter Freund von mir. Ich möchte es ihm vergelten, indem ich einer guten Freundin von ihm helfe. Vor allem wenn sie, sozusagen, in Not ist.«

Emma schwieg. Sie hatte nicht die Absicht, Rosie ihren wahren Kummer mitzuteilen. Andererseits war Rosie gewiß eine herzensgute Frau, und sie stammte offensichtlich aus Leeds. Emma dachte, vielleicht kann sie mir auch in einer anderen Sache behilflich sein. Darum blickte sie Rosie offen an. »Ja, ich habe noch ein Problem. Ich muß Arbeit finden.«

»O Liebste, ich weiß nicht, wo eine hübsche junge Dame wie Sie in Leeds Arbeit finden kann.« Rosie beugte sich noch näher zu ihr und senkte die Stimme. Sie konnte ihre Neugierde nicht länger zurückhalten. »Wo ist Ihr Mann, meine Liebe?«

Für Emma kam die Frage nicht überraschend. Sie hatte sich schon darauf vorbereitet. »Er ist bei der Königlichen Marine. Zur Zeit befindet er sich mit seinem Schiff auf dem Mittelmeer. Er wird sechs Monate fort sein.« Sie sprach so kühl und sicher, daß Rosie ihr glaubte.

»Und haben Sie keine Familie?«

»Nein«, log Emma.

»Aber wo haben Sie denn bis jetzt gewohnt?« fragte Rosie und sah sie scharf an.

»Bei seiner Großmutter in der Nähe von Ripon. Mein Mann ist auch eine Waise wie ich. Nun ist die Großmutter vor kurzem gestorben. Seidem bin ich allein, da Winston auf See ist. Ich bin allein, bis er auf Urlaub kommt.« Obwohl sie nichts als Lügen aufgetischt hatte und sich darüber sogar ärgerte, war Emma entschlossen, soweit wie möglich bei der Wahrheit zu bleiben.

»Ich verstehe«, meinte Rosie nickend. »Und wie haben Sie Blackie kennengelernt?« Sie konnte ihre Neugierde nicht unterdrücken.

»Blackie hat einige Aufträge für die Großmutter meines . . . Mannes erledigt.« Emma mußte sich rasch etwas ausdenken. »Er war immer freundlich und hat häufig kleine Aufträge für geringes Entgelt für uns erledigt. Er mochte die alte Dame, verstehen Sie? Er wußte auch, daß sie nicht mehr lange zu leben hatte. Ich hatte ihm gesagt, daß ich in Leeds Arbeit suchen müßte, wenn sie sterben würde. Blackie sagte, ich solle ihn aufsuchen!«

Emma schwieg und trank einen Schluck Limonade, um Zeit zu gewinnen. Sie war sehr erstaunt über ihre Geschicklichkeit, zu lügen und eine lange Geschichte ohne Widersprüche erzählen zu können. Andererseits mußte sie nun fortfahren, damit ihre Erzählung glaubwürdig sein würde. »Blackie meinte, ich könnte in einem der neuen Geschäfte Arbeit finden, indem ich Putz an die Damen verkaufe. Er meinte, eine gut erzogene Person wie ich könnte in einem Geschäft eine gute Hilfe sein. Ich kann auch nähen und Änderungen vornehmen.«

»Ja, das ist eine gute Idee«, meinte Rosie und war mit sich sehr zufrieden. Sie hatte recht gehabt mit ihrer Vermutung, daß dieses Mädchen aus der Oberschicht kam. Es war ihr von Anfang an klar gewesen, daß sie Blackie nur in seiner Eigenschaft als Arbeiter kennengelernt hatte. Verarmter Landadel, aus dieser Schicht kam Emma Harte. »Ich werde Ihnen sagen, was Sie tun müssen, meine Liebe«, fuhr Rosie hilfreich fort. »Sprechen Sie am Montag in der Frühe in den Geschäften von Briggate vor. Sie werden leicht dorthin finden. Es ist eine breite Straße. Dort gibt es eine Menge neuer Geschäfte. Und Sie könnten...« Rosie hielt inne. Eine Gruppe von Männern hatte das Gasthaus betreten. Sie gingen zur Theke. Rosie seufzte und lächelte Emma freundlich an. »Bleiben Sie noch etwas sitzen, wenn Sie wollen, Emma. Aber jetzt beginnt der Betrieb. Ich werde wenig Zeit haben, um noch länger mit Ihnen zu plaudern, Liebste.«

»Danke, aber ich glaube, es ist besser, wenn ich nun zu Mrs. Daniel gehe und die Angelegenheit mit dem Zimmer erledige.« Emma stand auf und lächelte. »Vielen Dank, Rosie, für Ihre Hilfe. Ich weiß das sehr zu schätzen.«

Rosie nickte. »Aber, aber, Liebste, keine Ursache. Bleiben Sie mit mir in Verbindung, hören Sie! Lassen Sie es mich wissen, wenn Sie von Mrs. Daniel wegziehen. Dann kann ich Blackie Bescheid sagen. Und schauen Sie mal bei mir herein, wenn Sie einsam sind, oder etwas brauchen, Liebe.«

»Ja, das werde ich tun. Nochmals vielen Dank. Auf Wiedersehen.« Emma nahm ihren Koffer und verließ das Gasthaus.

Draußen studierte Emma den Zettel, den Rosie ihr gegeben hatte. Dann steckte sie ihn in die Tasche und machte sich entschlossen auf den Weg, um das Haus von Mrs. Daniel zu finden. Tatsächlich gab es in der Nachbarschaft der »Schmutzigen Ente« viele Zimmer zu vermieten, aber Rosie hatte mit Absicht das Haus von Mrs. Daniel ausgewählt, obwohl es weiter weg lag, als sie Emma angegeben hatte. Rosie wollte nicht, daß Emma in dieser verrufenen Gegend von Leeds blieb; und die York Road lag mitten in einem üblen Viertel, wo selbst erwachsene Männer nicht sicher waren, und schon gar nicht ein hilfloses Mädchen.

Die Straßen, die aus diesen bedrückenden Elendsvierteln herausführten, waren eng und häßlich, die Häuser düster. Sie standen dicht nebeneinander, ein trauriges Erbe der viktorianischen Zeit, elende Wohnungen für die Arbeiterklasse. Emma konzentrierte sich auf die Straßennamen und ging so rasch sie konnte; denn diese große Stadt, voll mit geschäftigen Menschen, Karren, Pferden und Straßenbahnen, war nach der Stille von Fairley Hall für sie fremd und verwirrend. Aber sie war nicht furchtsam. Jetzt hatte sie nur das Ziel, ein Zimmer zu finden, eine Arbeit – und die Rückkehr Blackies abzuwarten. Sie wagte es nicht, an etwas anderes zu denken, schon gar nicht an das Kind, das in ihrem Leib wuchs. Sie hielt den Blick nach vorne gerichtet, in der einen Hand die Tasche, in der anderen ihren Koffer.

Nachdem sie eine halbe Stunde durch die Straßen geeilt war, fand sie Mrs. Daniels Haus. Rosies Anweisungen waren wirklich sachlich! Jetzt blieb Emma zum ersten Mal stehen, setzte ihren Koffer ab und zog den Zettel aus der Tasche. Mrs. Daniels Haus hatte die Nummer fünf. Auch diese Straße war düster und von Armut gezeichnet. Die Mauern waren vom Schmutz der Fabriken geschwärzt. Aber die Spitzenvorhänge hinter den glänzenden Fenstern waren frisch gewaschen und weiß. Der Türklopfer funkelte im schwachen Licht des Nachmittags. Die drei Treppenstufen, die zur Haustür hinaufführten, waren blank gescheuert.

Emma rannte fast die Stufen hinauf und klopfte mehrmals. Nach kurzer Zeit wurde die Tür geöffnet. Eine dünne Frau mit grauem Haar und einem bitteren Ausdruck in dem runzligen, fahlen Gesicht, schaute auf sie herunter.

»Ja, was wünschen Sie?« fragte sie herrisch.

»Ich möchte gerne mit Mrs. Daniel sprechen, bitte.«

»Das bin ich«, sagte die Frau barsch.

Emma war durch den schroffen Ton und die ungastlichen Manieren weder verwirrt noch erschrocken. Sie mußte um jeden Preis ein Zimmer haben. Heute! Sie hatte keine Zeit, ganz Leeds abzusuchen. Darum lächelte sie ihr strahlendstes Lächeln und nahm instinktiv ihre anmutige Haltung ein. Sie hatte bis zu diesem Augenblick nicht gewußt, daß sie eine Rolle spielen konnte. »Es freut mich, Sie zu sehen, Mrs. Daniel. Mein Name ist Emma Harte. Rosie von der ›Schmutzigen Ente‹ hat mich zu Ihnen geschickt. Sie meinte, Sie könnten mir ein Zimmer vermieten.«

»Ich nehme nur männliche Mieter«, zischte Mrs. Daniel, »mit denen habe ich weniger Ärger. Außerdem habe ich kein Zimmer frei.«

»O du lieber Himmel«, sagte Emma leise und sah mit ihren großen Augen auf die Frau. »Rosie war so sicher, daß Sie etwas für mich hätten. Ich wäre auch mit einem kleinen Zimmerchen zufrieden.«

»Meine beiden Zimmer sind vermietet. Ich habe nur noch eine Dachkammer, und die vermiete ich nie.«

Emmas Hoffnung sank, aber sie lächelte tapfer. »Vielleicht könnten Sie doch eine Ausnahme machen und mir die Kammer vermieten, Mrs. Daniel. Ich mache Ihnen bestimmt keinen Ärger. Rosie wird für mich bürgen, falls ...«

»Darum geht es nicht«, unterbrach sie die Frau in mürrischem Ton. »Mein Haus ist voll, das sagte ich bereits.« Sie schaute Emma an. »Ich kann nur mit zwei Mietern zurechtkommen, und die habe ich bereits.« Sie wollte die Tür schließen.

Emma lächelte gewinnend. »Bitte, Mrs. Daniel, übereilen Sie nichts. Es wäre eine große Hilfe für mich, wenn Sie mir die Dachkammer für einige Wochen vermieten könnten. Nur so lange, wie es Ihnen genehm ist. Ich könnte dann ein anderes Zimmer finden. Rosie war so sicher, Sie würden mir den Gefallen tun. Sie sprach sehr gut von Ihnen und hat Sie bestens empfohlen. Sie hat mir gesagt, daß Sie ein sauberes Haus führen, und daß ich hier sicher wäre. Rosie sagte, Sie seien eine gute und rechtschaffene Frau.«

Mrs. Daniel sagte nichts, aber sie hörte aufmerksam zu. »Verstehen Sie, ich bin nicht aus Leeds«, fuhr Emma rasch fort, entschlossen, die Frau nicht zum Überlegen kommen zu lassen. »Ich lebte in der Nähe von Ripon bei der Großmutter meines Mannes. Sie ist kürzlich gestorben.« Emma bemerkte den erstaunten Blick von Mrs. Daniel, als sie ihren Mann erwähnte, aber bevor sie etwas sagen konnte, sprach Emma hastig weiter. »Mein Mann ist bei der Königlichen Marine. Er ist für die nächsten sechs Monate auf See. Ich wäre Ihnen daher sehr dankbar, wenn ich ein paar Wochen bei Ihnen wohnen könnte. Dann hätte ich Zeit genug, für uns etwas Passendes zu finden, für die Zeit, in der mein Mann Urlaub hat.«

Die Frau schwieg und dachte offenbar über Emmas Geschichte nach. Emmas Gedanken rasten. Überredungskunst, Schmeicheleien und Charme hatten nichts bewirkt. Vielleicht konnte man sie bei ihrer Habgier packen. »Ich kann einen Monat im voraus zahlen, Mrs. Daniel.« Emma öffnete ihre Börse.

Gertrude Daniel, eine verwitwete, kinderlose Frau, war durchaus nicht so mürrisch, wie sie wirkte. Tatsächlich verbarg sich hinter ihrem schroffen Gebaren und ihrem verbitterten Gesicht ein recht gutes Herz und ein kerniger Humor. Trotzdem hatte sie nur den einen Wunsch, diesem Mädchen die Türe vor der Nase zuzuschlagen. Am Geld war sie nicht interessiert. Aber irgend etwas an diesem Mädchen erregte ihre Aufmerksamkeit. Außerdem *hatte* es gesagt, es sei verheiratet. Unfreiwillig und zu ihrem eigenen Erstaunen hörte sie sich sagen: »Am besten gehen wir erstmal hinein. Ich möchte solche Dinge nicht auf der Treppe besprechen, wo uns sämtliche Nachbarn hinter ihren Vorhängen zuschauen.«

Sie ließ Emma in den engen Vorraum eintreten und führte sie dann in das Besuchszimmer. Gertrude Daniel war verwirrt. Sie konnte es sich beim besten Willen nicht erklären, warum sie das Mädchen ins Haus gelassen hatte. Sie hatte ihre Prinzipien umgestoßen. Ihr Mann, Bert, war vor Jahren mit einer Mieterin durchgebrannt. Jetzt schaute er sich seit einiger Zeit die Radieschen von unten an.

»Setzen Sie sich«, sagte Mrs. Daniel immer noch barsch.

Emma stellte den Koffer auf einen purpurfarbenen türkischen Teppich und setzte sich auf die Vorderkante eines Stuhls. Sie war von der spießig-häßlichen Einrichtung entsetzt.

»Das ist mein schönstes Zimmer«, meinte die Hausbesitzerin stolz. »Es ist schön, nicht wahr?«

»O ja, in der Tat. Es ist wunderschön«, antwortete Emma rasch und versuchte, ihrer Stimme einen aufrichtigen Klang zu verleihen. Sie fand das Zimmer einfach abscheulich.

»Gefällt es Ihnen wirklich?« fragte Mrs. Daniel noch einmal, und ihre Stimme wurde etwas freundlicher.

»Ja! Es gefällt mir *sehr!*« Emma schaute sich um. »Nun, das ist eines der elegantesten Zimmer, das ich je gesehen habe. Sie haben einen ausgewählten Geschmack, Mrs. Daniel«, schwärmte Emma. Sie benutzte Worte, die sie von Olivia Wainright gehört hatte, und schenkte Mrs. Daniel ein glühendes, bewunderndes Lächeln.

»Das ist sehr nett von Ihnen. Vielen Dank.« Mrs. Daniel war außerordentlich stolz auf ihr Besuchszimmer. Zum erstenmal wurde ihr Gesicht etwas sanfter.

Emma bemerkte die Veränderung sofort und nahm die Gelegenheit beim Schopf. Wie zufällig öffnete sie ihre Tasche und fragte: »Mrs. Daniel, wollen Sie mir nicht Ihre Kammer vermieten? Ich sagte schon, ich werde im voraus bezahlen. Wenn Sie sich wegen des Geldes Sorgen machen, ich . . .«

»Nein, darum geht es nicht«, unterbrach sie Mrs. Daniel. »Wenn Rosie Sie empfiehlt, dann geht das mit dem Geld in Ordnung . . . Nun, ich weiß nicht, ob die Kammer Ihnen gefällt, wo Sie doch so eine feine Dame sind. Aber da Sie im Augenblick keine Unterkunft haben, werde ich sie Ihnen zeigen. Aber merken Sie sich, es ist nur für ein paar Wochen.«

Emma hätte die Frau am liebsten umarmt, so erleichtert war sie. Aber sie blieb ruhig sitzen. »Das ist sehr freundlich von Ihnen, Mrs. Daniel. Ich weiß Ihr Entgegenkommen zu schätzen«, sagte sie mit würdevoller Stimme, und sie imitierte schon wieder Olivia Wainright.

Die Dachkammer war wirklich klein, aber sie war sauber und einfach möbliert: ein Bett, ein Schrank, ein Waschtisch unter einem kleinen Fenster, eine Truhe, ein Stuhl und ein kleiner Tisch. Alles war blank geputzt. Das erkannte Emma auf den ersten Blick. »Ich nehme die Kammer«, sagte sie.

»Sie kostet drei Shillinge pro Woche«, sagte Mrs. Daniel entschuldigend. »Das scheint viel zu sein, aber es ist der anständigste Preis, den ich Ihnen machen kann.«

»Ja, er ist anständig«, stimmte Emma zu und öffnete ihre Handtasche. Sie zählte die Miete für einen Monat ab. Bis Blackie nach Leeds zurückkehrte, wollte sie in jedem Fall ein Dach über dem Kopf haben.

»Da ist noch etwas, was ich vergaß, Ihnen zu sagen«, fügte Mrs.

Daniel hinzu. »Ich kann mich nur um die beiden andern Mieter kümmern. Sie müssen also Ihr Bett selber machen und die Kammer sauber halten.« Ihr Blick schweifte über Emma. Sie war so hübsch und elegant! Ihre Augen verengten sich. »Sie schauen aus, als hätten Sie das Leben einer feinen Dame geführt, ein leichtes Leben, wenn ich so sagen darf. Wissen Sie überhaupt, was Hausarbeit ist?«

Emmas Gesicht blieb unbeweglich. »Ich lerne schnell«, meinte sie nur.

»Das höre ich gern«, sagte die Hausbesitzerin offen. »Ja, übrigens, Essen gibt es bei mir nicht, wissen Sie. Nicht für drei Shilling in der Woche, bei den Preisen heutzutage.« Emma schwieg. Das Mädchen hat eine Ruhe und eine Würde, dachte Mrs. Daniel und fügte fast ungewollt hinzu: »Aber Sie können meine Küche benutzen, wenn Sie wollen. Säubern müssen Sie sie allerdings selbst. Sicherlich läßt sich auch noch ein Platz in meinem Küchenschrank finden, wo Sie Ihre Vorräte lagern können.«

»Danke«, sagte Emma ruhig.

»Nun, dann lasse ich Sie jetzt allein, Mrs. Harte, damit Sie auspacken können.« Mrs. Daniel nickte beinahe herzlich und schloß die Tür hinter sich.

Emma preßte die Hand auf den Mund und lauschte, bis die Schritte von Mrs. Daniel auf der Treppe verklangen. Dann rannte sie zum Bett und drückte ihr Gesicht in das Kissen. Endlich konnte sie lachen, bis ihr die Tränen übers Gesicht rollten. *Wissen Sie überhaupt, was Hausarbeit ist!* Was für eine Frage! Sie besah ihre Hände und grinste belustigt. Sie waren zwar nicht ganz so rauh, wie gewöhnlich, aber es waren wohl kaum die Hände einer Dame. Noch nicht. Es war gut, daß ich den ganzen Tag lang die Handschuhe angelassen habe, dachte sie, sonst hätten meine Hände mich verraten.

Bevor sie Fairley Hall verließ, hatte Emma beschlossen, in Leeds so zu beginnen, wie sie ihr Leben einmal führen wollte – als eine junge Frau, die einmal eine große Dame sein würde. Und reich! Sie lächelte wieder, aber diesmal war es ein ironisches Lächeln. Ihre Augen wurden dunkel und berechnend. Für einen Augenblick waren sie so hart wie die Smaragde, denen sie glichen. Sie würde es den Fairleys *zeigen*. Aber jetzt konnte sie sich mit derlei Gedanken nicht aufhalten. Ihre Zeit war kostbar und mußte genau geplant werden. Jede Minute zählte. Sie wollte achtzehn Stunden pro Tag arbeiten, und das sieben Tage in der Woche, wenn sie dadurch ihr Ziel erreichte: – eine reiche Frau zu werden.

Obwohl sie müde war, packte sie ihren Koffer aus und brachte ihre Kleider ordentlich im Schrank und in der Truhe unter. In der Truhe fand sie auch zwei saubere Handtücher. Als sie sie herausnahm, fiel ihr Blick auf einige Bücher. Neugierig nahm sie eines in die Hand. Es waren Gedichte von William Blake, in dunkelrotes Leder gebunden und mit schönen Kupferstichen illustriert. Sie öffnete es und schaute auf das erste Blatt. »Dieses Buch gehört Albert H. Daniel«, las sie. Sie legte es zurück und betrachtete die anderen kostbar gebundenen Bücher. Ihre Lippen formten Namen, die sie noch nie gelesen oder gehört hatte: Spinoza, Plato, Aristoteles. Dann legte sie sorgfältig alles wieder zurück und fragte sich, wer Albert H. Daniel sein mochte. Sie dachte auch daran, wie froh ihr Bruder Frank wäre, wenn er je Bücher wie diese bekommen würde.

Frank. Kleiner Frankie. Sie hielt den Atem an und ließ sich auf einen Stuhl fallen. Ihr Herz klopfte heftig. Sie dachte an ihren Vater. Sorge und Sehnsucht überkamen sie, und auch schwere Gewissensbisse. Matt lehnte sie sich zurück. Sie hatte ihm heute früh eine Nachricht hinterlassen, die besagte, sie wolle nach Bradford, um dort in einem der großen herrschaftlichen Häuser eine bessere Stellung zu finden. Sie hatte geschrieben, sie besitze etwas erspartes Geld, um sich damit ein paar Wochen über Wasser zu halten. Und ihr Vater möge sich nicht die geringsten Sorgen um sie machen, denn sie käme sofort zurück, falls sie keine geeignete Stelle fände. Falls sie Glück hatte, wollte sie ihm sofort ihre Adresse mitteilen.

Und was soll ich ihm nun schreiben? fragte sie sich beunruhigt. Sie wußte es nicht. Außerdem hatte sie in den nächsten Tagen an wichtigere Dinge zu denken. Sie mußte überleben.

20

Emma war schon fast eine Woche in Leeds und hatte immer noch keine Arbeit gefunden. In den letzten vier Tagen hatte sie eifrig jeden Laden in Briggate und den umliegenden Straßen aufgesucht und um irgendeine Stellung gebeten, bereit, die niedrigsten Arbeiten zu verrichten. Aber zu ihrer wachsenden Bestürzung und Angst gab es keine offenen Stellen. Hartnäckig trabte sie von morgens früh bis abends spät über das Pflaster, von dem Blackie gesagt hatte, hier brauche man das Gold nur aufzuheben ...

In diesen vier Tagen hatte Emma die Innenstadt gut kennengelernt, denn sie hatte ein gutes Gedächtnis und einen ausgezeichneten Orientierungssinn. Obwohl sie oft Angst vor der Zukunft überkam, fand sie Leeds wunderbar, ja aufregend. Zu ihrem großen Erstaunen stellte sie fest, daß sie sich vor dieser Stadt nicht fürchtete, die Blackie ihr vor über einem Jahr so genau geschildert hatte. Die großen Gebäude, fast bedrohlich in ihren Ausmaßen, hatten sie am Montag morgen noch etwas überwältigt, als sie mutig die Pension von Mrs. Daniel verließ, um Arbeit zu finden. Aber sie hatte sich rasch an ihre neue Umgebung gewöhnt, denn Emma sah in diesen gewaltigen Bauten nur das, was sie tatsächlich waren: Stätten des Fleißes und des Fortschritts, Symbole für Geld und – damit verbunden – auch für Macht. Ihr mutiges Herz schlug schneller bei dem Gedanken, welche Möglichkeiten sich hier auftaten. Ihr brennender Ehrgeiz erhielt neue Nahrung, denn Emma glaubte fest daran, daß *alles* möglich war.

Die Geschäfte und Fabriken, die Warenhäuser und Eisengießereien, Verlagshäuser und Bürogebäude, die so mächtig neben ihr aufragten, erinnerten sie trotz ihrer erbarmungslosen Architektur und ihrem Schmutz in seltsamer Weise an das Moorland, denn diese gewaltigen Monolithe des Handels waren genauso unerbittlich, unbezwingbar und ewig. Wie sie früher aus dem Hügelland eine unerklärliche und ungewöhnliche Kraft gesogen hatte, so sog sie jetzt Ermutigung und Hoffnung aus diesen hoch aufragenden Gebäuden von Leeds, der fünftgrößten Stadt Englands. Instinktiv erkannte sie, daß hier ihre Zukunft lag. Und sie wußte, daß ihre Zukunft Reichtum und Macht bedeutete, Macht, nach der sie sich so verzweifelt sehnte und die sie für immer in ihren kleinen, aber festen Händen halten wollte.

Als sie heute durch die Stadt trottete, fand sich Emma plötzlich vor der Stadthalle von Leeds. Sie blieb stehen, um sie zu betrachten und staunte, wie großartig sie war. Breite Treppen führten zur Südfassade empor, wo vier gewaltige Löwen die Portale bewachten. Korinthische Säulen erhoben sich in schwindelnde Höhen. Es war ein massives Gebäude mit viktorianischen und gotischen Stilelementen; aber es war nicht häßlich. Als sie das Gebäude mit weit aufgerissenen Augen bewundernd ansah, konnte Emma nicht wissen, daß sein Erbauer, Cuthbert Broderick, ebenfalls eine unstillbare Liebe zu Geld und Macht besessen hatte. Seine Stadthalle, 1858 von Königin Viktoria eröffnet, war der letzte Ausdruck dieser Liebe. Mit ihrer schnellen Auffassungsgabe erkannte Emma aber, daß dieses Gebäude all das symbolisierte, was Leeds war. Plötzlich kam ihr ein sehr klarer und zwingender Gedanke: *Diese Stadt erobert entweder dich, oder du eroberst sie.* Mit dem ihr üblichen Selbstvertrauen entschied sie sich sofort und ohne Zögern für die letztere Möglichkeit.

Emma ging weiter und dachte beim Anblick der Wohnhäuser: Das sind schließlich nur Gebäude, in denen Menschen leben, die sind wie du. Aber sofort verbesserte sie sich. Nein, nicht wie du, Emma Harte. *Du* bist anders. Eines Tages wirst du eine bedeutende Persönlichkeit sein. Sie glaubte so inbrünstig daran, daß ihr Mut gefestigt wurde und sie neuen Ansporn erhielt.

Sie fragte in ein paar Geschäften nach Arbeit, aber immer erhielt sie die gleiche Antwort: Keine freie Stelle. Sie seufzte innerlich. Dann ging sie die Boar Lane entlang und sah hin und wieder in eines der Schaufenster. Sie war immer wieder von dem Warenangebot fasziniert, das hier zur Schau gestellt wurde. Als sie die eleganten Geschäfte sah, begann ihr PLAN mit Großbuchstaben plötzlich Gestalt anzunehmen. Bisher war er immer vage, nebulös und unklar gewesen. Plötzlich wußte sie mit größter Sicherheit, was sie tun würde, wie der PLAN, ein Vermögen zu verdienen, durchzuführen war. *Sie würde ein Geschäft eröffnen.*

Ihr eigenes Geschäft! Ein Geschäft, in dem sie alles verkaufen würde, was die Leute zum täglichen Leben brauchen. Das war die Lösung. Handel! Sie würde in den Handel einsteigen. Natürlich müßte sie klein anfangen. Aber das Geschäft würde sich vergrößern. Davon war sie fest überzeugt. Sie begeisterte sich an der Vorstellung. Sie würde nicht nur ein Geschäft haben, sondern zwei oder drei. Sie würde reich werden!

Entschlossen ging Emma zum Markt von Leeds in Kirkgate. Er befand sich in einer riesigen Halle und bestand aus einem unglaublichen Getümmel von Buden und Ständen, wo alle nur vorstellbaren Waren verkauft wurden. Emma blieb bei Spencers Penny Bazar stehen. Ihre Aufmerksamkeit war auf ein Schild gerichtet: *Fragen Sie nicht nach dem Preis, alles kostet einen Penny!* Ihr Blick streifte über die ausgestellten Waren. Sie waren wohl geordnet, man konnte sie sehen und prüfen; und sie waren so billig. Emma prägte sich dieses Bild ein. Die Idee dieses Penny-Bazars war einfach, aber klug ausgedacht. Emma blieb noch eine Weile stehen und betrachtete die Waren. Es gab alles. Von Wachskerzen über Spielwaren bis hin zu Kurzwaren. Nachdenklich ging sie schließlich weiter. Es war schon fast zwei Uhr, und sie spürte einen nagenden Hunger. Beim Fischhändler kaufte sie sich eine Platte mit Schnecken und Muscheln, würzte sie mit Essig und Pfeffer und aß mit den Fingern. Dann wischte sie sich die Hände mit ihrem Taschentuch ab und machte sich auf den Weg zur North Street, wo die Schneiderläden lagen. Heute morgen hatte ihr eine Verkäuferin in einem Laden geraten, dort einmal ihr Glück zu versuchen. »Aber gehen Sie am Tage hin. Die Gegend ist etwas übel«, hatte das Mädchen gewarnt.

Der Tag war brütend heiß. Der Himmel war bleiern, und in den bevölkerten schwülen Straßen schien sich kein Lufthauch zu rühren. Emma öffnete den Kragen ihres grünen Baumwollkleides. Ihr war heiß, und die Wärme, die vom Pflaster aufstieg, machte ihr zu schaffen. Sie lehnte sich gegen ein Gebäude, das im Schatten lag, und als sie sich etwas abgekühlt hatte, ging sie weiter. Sie mußte eine Arbeit finden, um zu leben, bis das Kind geboren war. Danach würde sie Tag und Nacht arbeiten, falls es notwendig war, um das Geld für ihr erstes Geschäft zusammenzubringen.

Endlich kam sie zur North Street. Die Schneiderläden, in Wirklichkeit kleine Kleiderfabriken, waren nicht schwer zu finden, denn alle trugen weithin sichtbare Schilder. Drei Versuche schlugen fehl. »Versuchen Sie es bei Cohen«, rief einer der Männer im letzten Laden hinter ihr her. »Er liegt in einer Seitenstraße am Ende der North Street.« Emma dankte und ging. Aber wieder mußte sie hören: »Leider haben wir keine freie Stelle, kleines Fräulein.«

Schwer atmend ging Emma weiter, als sie plötzlich einen scharfen Schlag an der Schulter fühlte. Dann fiel ein Stein neben ihr zu Boden. Sie wandte sich rasch um. Weiter unten auf der Straße grinsten zwei schmutzige Burschen sie albern an. Sie schüttelte drohend die Faust. »Ihr Strolche!« rief sie. Sie lachten höhnisch und hoben wieder Steine auf. Emma erstarrte. Sie konnte nicht fliehen, aber sie bemerkte sofort, daß die Steine nicht für sie bestimmt waren. Die Burschen zielten nicht in ihre Richtung. Emma sah zu ihrem Entsetzen, daß die Burschen einen Mann mittleren Alters bewarfen, der gestolpert und hingefallen war. Er versuchte, sich zu erheben, aber er taumelte. Dann drückte er sich gegen eine Hauswand und versuchte vergeblich, sein Gesicht vor den Steinwürfen zu schützen. Die Lümmel jubelten und schrien, während sie immer mehr Steine warfen. Das Paket des Mannes war weggerollt, und seine Brille lag am Boden. Emma konnte sehen, daß er an der Wange blutete, wo ein Stein ihn getroffen hatte.

Emma war außer sich vor Wut, als sie dieses unwürdige Schauspiel sinnloser Grausamkeit sah. Sie sprang vor und rannte die Straße hinunter. Ihr Gesicht war grimmig und unerbittlich.

»Haut ab, oder ich rufe einen Polizisten!« schrie sie gellend und schüttelte die Faust. In ihrer Wut hatte sie alle Furcht vergessen. »Ihr elenden Halunken!« rief sie in scharfem Ton. »Verschwindet, oder ich werde die Polizei holen! Die wird schon wissen, wie man mit euresgleichen fertig wird!«

Die beiden Burschen lachten unverschämt und streckten ihr die Zunge heraus, schnitten häßliche Grimassen und riefen Zoten. Aber ihre Aufmerksamkeit war jetzt zumindest von dem Mann abgelenkt. Emma, die schon immer furchtlos war, hatte nun eine solche Wut, daß sie unbesiegbar war. Sie hob einen Stein auf und sagte drohend: »Wie wär's, wenn ich euch ein wenig von eurer eigenen Medizin schmecken ließe?« Sie hob den Arm und wollte schon den Stein werfen, als die Burschen den Rückzug antraten. Emma lief zu dem Mann, der versuchte, sich hinzuknien. Sie nahm beruhigend seinen Arm und half ihm aufzustehen. Es war ein kleiner, dünner Mann mit schwarzem Haar, das an den Schläfen schon leicht ergraut und am Stirnansatz gelichtet war. Seine Züge waren scharf, seine Augen schwarz.

Mitleid machte ihrer Wut Platz, und Emma fragte besorgt: »Sind Sie verletzt, Sir?«

Er schüttelte den Kopf, zog ein Taschentuch heraus und wischte das Blut von seiner Wange. »Nein, ich bin nicht verletzt«, antwortete er blinzelnd. »Danke, junge Frau. Sie waren sehr freundlich.« Er blinzelte wieder und schaute forschend auf den Boden. »Sehen Sie irgendwo meine Brille? Ich habe sie verloren, als die Burschen mich mit Steinen bewarfen.«

Emma fand die Brille und prüfte sie sorgfältig. Dann gab sie sie ihm. »Nun, sie ist wenigstens nicht zerbrochen«, meinte sie mit einem aufmunternden Lächeln.

Der Mann dankte ihr und setzte die Brille auf. »So, nun ist es besser. Jetzt kann ich wieder richtig sehen.«

Emma bückte sich und hob das Paket auf, es war eine große Papiertüte. Ein Laib Brot war herausgefallen und lag nun im Schmutz. Emma versuchte, mit den Händen den Schmutz zu entfernen. »Das ist nicht schlimm«, meinte sie und steckte den Laib in die Tüte.

Der Mann hatte auch ein kleines, schwarzes Käppchen wiedergefunden, das er sich nun auf den Kopf setzte. Nun betrachtete er Emma nachdenklich und mit wachsendem Interesse. Seine Stimme war voller Dankbarkeit, als er sagte: »Nochmals vielen Dank, junge Frau. Sie waren sehr tapfer, mir zu helfen. Sie haben mich gerettet.« Er lächelte, und seine Augen leuchteten anerkennend. »In diesem Viertel würden nicht einmal Männer helfen, geschweige denn eine junge Frau. Ja, Sie haben wirklich ein gutes Herz und viel Mut. Sie haben eine bemerkenswerte Heldentat vollbracht. Sehr lobenswert!« Er schaute sie mit unverhohlener Bewunderung an und schien tief beeindruckt.

Obwohl der Mann ein sehr gutes Englisch sprach, hörte Emma einen Akzent heraus, den sie nicht einordnen konnte. Wahrscheinlich kommt er aus einer fremden Gegend, entschied sie und fragte: »Warum haben diese schrecklichen Kerle mit Steinen nach Ihnen geworfen?«

»Weil ich ein Jude bin.«

Emma wußte nicht, was ein Jude ist, aber da sie ihr Unwissen nie gern preisgab, beschloß sie, seine Antwort zu überhören, und wiederholte ihre Frage. »Aber warum werfen sie Steine auf Sie?«

Der Mann hielt ihrem fragenden Blick ruhig stand. »Weil die Leute sich immer vor dem fürchten, was sie nicht kennen, was ihnen nicht vertraut oder was anders ist. Diese Furcht verwandelt sich dann unweigerlich in Haß. Es ist ein Haß ohne vernünftige Gründe und ohne Sinn. In diesem Viertel werden die Juden gehaßt und verunglimpft.« Er schüttelte den Kopf. »Ach, die Menschen sind seltsam, nicht wahr? Es gibt Leute, die hassen ohne Grund. Sie hassen einfach. Sie merken nicht, daß sich ihr ungerechtfertigter Haß schließlich auf sie selbst wendet und sie auffrißt. Ja, auf die Dauer führt er zur Selbstzerstörung.«

Diese Worte wurden traurig, aber ohne Bitterkeit ausgesprochen. Emma war tief gerührt und spürte einen stechenden Schmerz in ihrem Herzen. War ihr Haß gegen Edwin falsch? Nein, sagte eine innere Stimme. Dieser Haß ist gerechtfertigt. Du hast einen Grund, so zu fühlen. Edwin Fairley hat dich betrogen und verraten. Sie räusperte sich und berührte den Mann leicht am Arm. »Es tut mir leid, daß die Leute euch hassen und versuchen, euch zu verletzen. Wie schlimm muß es sein, mit einer solchen . . . solchen . . .« Sie hielt inne und suchte das richtige Wort.

»Verfolgung«, ergänzte der Mann. Seine dunklen Augen verdüsterten sich kurz in quälender Erinnerung. Dann spielte ein sanftes, wehmütiges Lächeln um seinen klugen Mund. »Ach, aber was war dieser kleine Vorfall eben verglichen mit anderen Katastrophen, die sich ereignet haben. Wenn die rohen und üblen Menschen erst einmal Amok laufen, dann werden sie äußerst gefährlich. Unbarmherzig. Sie greifen uns und unsere Häuser an. Man verspottet uns nicht nur, sondern begeht viele Grausamkeiten.« Er schüttelte müde den Kopf, aber dann hellte sich seine Miene auf. »Aber das sind nicht Ihre Probleme, junge Frau. Ich will Sie damit nicht belasten.«

Emma war entsetzt und verwirrt über das, was er gesagt hatte. Außerdem war sie verblüfft über die seltsam ruhige Art, mit der er eine derart schreckliche Situation hinnahm. »Aber kann die Polizei denn nichts dagegen tun?« rief sie.

Der Mann lächelte verzerrt. »Nicht wirklich. Manchmal versucht sie einzugreifen, aber meist stellt sie sich blind. Leeds ist heutzutage keine besonders gesetzestreue Stadt. Wir wehren uns so gut wir können. Wir halten zusammen und gehen ruhig unserer

Arbeit nach. Wir vermeiden Zwischenfälle, die gefährliche Situationen heraufbeschwören könnten.« Er bemerkte, wie Emmas Augen sich vor Entsetzen immer mehr weiteten, und er sah auch den verwirrten Ausdruck in ihrem Gesicht. Er begriff plötzlich und fragte: »Sie wissen nicht, was ein Jude ist, junge Frau, nicht wahr?«

»Nicht genau«, entgegnete Emma. Sie schämte sich ihrer Unwissenheit.

Der Mann bemerkte ihre Verlegenheit und fragte sanft: »Möchten Sie es gerne wissen?«

»Ja, bitte. Ich möchte gerne viele Dinge wissen.«

»Dann werde ich es Ihnen sagen«, lächelte er freundlich. »Die Juden stammen von den Hebräern und Israeliten ab, von den zwölf Stämmen Israel. Unsere Religion wird Judaismus genannt. Sie beruht sowohl auf dem Alten Testament als auch auf der Thora.« Emma hörte aufmerksam zu, und der Mann sah ihr lebendiges Interesse und die Klugheit in den schönen Augen. Er spürte auch ihr Mitgefühl und fuhr geduldig fort: »Kennen Sie die Bibel, junge Frau?«

»Ein wenig«, antwortete Emma.

»Dann haben Sie vielleicht das Buch ›Exodus‹ gelesen? Sicher aber kennen Sie die Zehn Gebote?« Sie nickte bestätigend, und der Mann erklärte weiter: »Die Zehn Gebote wurden unserem Volk von Moses gegeben, als er es aus Ägypten führte. Auch das Christentum basiert auf dem Judentum. Haben Sie das gewußt?«

Obwohl sie es verabscheute, so unwissend zu erscheinen, mußte Emma die Frage verneinen.

Der Mann blickte sie mit seinen schwarzen Augen nachdenklich an. »Auch Jesus Christus war Jude, und auch er wurde verfolgt.« Er seufzte tief. »Ich nehme an, wir Juden erscheinen einigen Menschen fremd, weil unsere Sitten, Speisevorschriften und unser Gottesdienst nicht sind wie bei den Christen.« Er lächelte in sich hinein und sagte dann kaum hörbar: »Aber vielleicht sind wir gar nicht so verschieden!«

»Natürlich nicht! Aber die Leute können so dumm und unwissend sein.« Emma erkannte den Sinn dessen, was er gesagt hatte. Sie verglich es mit den fanatischen Klassenunterschieden in England, die ebenfalls zu Grausamkeit und Unruhen führten. Sie schaute den Mann nachdenklich an. »So, dann kommen Sie also aus dem Land der Juden, nicht wahr, Sir?« fragte sie.

»Nein, das nicht. Die Juden wurden im Laufe der Jahrhunderte über die ganze Welt verstreut. Nach Spanien, Deutschland, Rußland, Polen und in viele andere Länder. Ich selbst stamme aus Kiew in Rußland. Die meisten Juden in Leeds stammen aus Rußland oder Polen. Wir kamen hierher, um dem Terror und den Pogromen zu entgehen. Ich habe in Rußland viel mitgemacht, und obwohl das Leben auch hier oft schwierig ist, so ist es doch nicht so schrecklich wie in Rußland. Man kann in England gut leben. Hier haben wir, Gott sei Dank, Frieden. Sie können nicht aus Leeds sein, sonst hätten Sie gewußt, daß hier viele jüdische Einwanderer leben, und daß wir von den meisten Leuten verachtet werden.«

»Ich wußte es nicht«, entgegnete Emma, »ich komme aus Ripon.«

»Ah, aus einer ländlichen Gegend. Das erklärt alles! Nun, junge Frau, ich will Sie nicht länger mit meinen Erzählungen über die Juden aufhalten. Ich danke Ihnen nochmals. Der liebe Gott möge Sie segnen und schützen, solange Sie leben.«

Bei diesen Worten zuckte Emma innerlich zusammen, denn sie glaubte nicht mehr an Gott. Aber sie wußte, daß der Mann es gut mit ihr meinte, und erwiderte sein freundliches Lächeln. »Das ist nicht der Rede wert, wirklich. Ich war froh, Ihnen helfen zu können, Sir.«

Der Mann verbeugte sich höflich und wollte gehen. Aber nach wenigen Schritten taumelte er und lehnte sich an eine Hauswand. Er preßte eine Hand auf seine Brust. Sofort lief Emma zu ihm. »Geht es Ihnen nicht gut?« Sie bemerkte, daß sein Gesicht schneeweiß war, die Lippen schimmerten bläulich, und auf seiner Stirn standen dicke Schweißperlen.

»Ja, es ist schon gut ...«, antwortete er mit angestrengter Stimme und rang nach Luft.

Sein Aussehen gefiel Emma nicht. Er schien ziemlich krank zu sein. »Wohnen Sie weit von hier?« fragte sie ihn. »Ich werde Sie nach Hause bringen.«

»Nein! Nein! Sie haben schon genug für mich getan. Bitte, bitte. Mir geht es gut. Machen Sie sich keine Sorgen.«

»Wo wohnen Sie?« fragte Emma bestimmt.

»In der Imperial Street.« Trotz seiner Schmerzen mußte er lächeln. »Das ist ein sehr unpassender Name für die armselige, kleine Straße, denn sie hat überhaupt nichts Königliches an sich. Sie liegt in den Leylands, etwa zehn Minuten von hier entfernt.«

Emmas Herz klopfte heftig bei der Erwähnung dieses Namens, denn sie hatte schon gehört, daß diese Gegend gefährlich war. Es war das Ghetto. Aber ihre Miene war gelassen, und sie bemühte sich furchtlos zu erscheinen. »Kommen Sie, ich werde Sie nach Hause bringen. Ich glaube nicht, daß es Ihnen gut geht. Außerdem könnten Sie noch einmal meinen Schutz brauchen«, deutete sie an. Und trotz seiner Proteste übernahm Emma nun die Regie. Sie preßte ihre Handtasche fest an sich, nahm ihm seine Tüte ab und ergriff mit der anderen Hand seinen Arm. So gingen beide langsam über die Straße.

Die Schmerzen des Mannes ließen nach, und bald fühlte er sich wieder besser. Er schaute das Mädchen prüfend an, das sich so fürsorglich um ihn kümmerte. Er versuchte seine Rührung zu unterdrücken und sagte ruhig: »Sie sind sehr aufmerksam und freundlich zu mir. Ich weiß das zu schätzen.« Er blieb stehen und wandte ihr sein Gesicht zu. Dann streckte er die Hand aus. »Mein Name ist Abraham Kallinski. Darf ich die Ehre haben, auch Ihren Namen zu erfahren?«

Emma klemmte sich die Tüte unter den Arm und ergriff seine Hand. Er hatte einen festen Händedruck. »Ich heiße Emma Harte.« Er bemerkte den silbernen Ring an ihrer linken Hand. »Mrs. Harte, nehme ich an?« Emma nickte.

Ruhig und gleichmäßig schritten sie weiter. Emma stützte Abraham Kallinski, und er erzählte von sich, denn er war ein geselliger und weltoffener Mann. Emma mit ihrem brennenden Wunsch, zu lernen, hörte aufmerksam zu. Bald wußte sie, daß er Kiew 1880 verlassen hatte. Er war über Rotterdam nach Hull gekommen, dem größten Seehafen von Yorkshire. »Wie viele andere Juden aus Rußland und Polen, kam ich nach Leeds, um dann nach Liverpool weiterzureisen. Von dort aus wollte ich nach Amerika«, erklärte er. »Aber zunächst mußte ich einige Zeit in Leeds bleiben, um mir das Geld für die Überfahrt zu verdienen. Wo Juden sind, müssen andere hin, und als ich hier ankam, geriet ich sofort in die Leylands, wo die meisten jüdischen Einwanderer leben. Ich suchte einen Landsmann, der meine Sprache verstand. Ich fand rasch Arbeit, denn wir Juden halten zusammen. Wir versuchen, uns gegenseitig zu helfen.« Er lachte. »Ach, ich war damals zu jung. Gerade zwanzig Jahre alt. Als ich einundzwanzig war, hatte ich das Glück, die junge Frau kennenzulernen, die mein Weib werden sollte. Sie war in Leeds geboren. Ihre Eltern waren schon Jahre vorher aus Rußland geflohen. Und so, Mrs. Harte, blieb ich in Leeds. Ich bin nie nach Amerika gekommen. Nun, hier sind wir!« Er machte eine weitausholende Handbewegung. »Hier habe ich während der letzten fünfundzwanzig Jahre gelebt, allerdings nicht immer im selben Haus.«

Emma schaute sich um. Neugierig spähte sie von einer Straßenseite zur andern, als sie nun die Leylands betraten. Es war ein Gewirr von schmutzigen Straßen, dunklen Höfen und heimlichen Gassen. Die Häuser schmiegten sich aneinander, als wollten sie beieinander Schutz suchen. Emma schauderte innerlich, als sie das Elend und die Armut sah, während sie die Byron Street hinuntergingen, die direkt ins Herz des Ghettos führte. Mitten auf der Imperial Street spielten kleine Kinder; sie waren barfuß, und ihre Kleider zerrissen. Männer eilten nach Hause. Sie hatten den Kopf gebeugt und die Augen gesenkt. Sie sehen seltsam aus, dachte Emma, mit ihren Bärten, ihren großen, runden Hüten und den langen Mänteln. Sie unterscheiden sich auch sehr von Mr. Kallinski, der irgendwie englisch aussah.

Abraham Kallinski blieb vor einem Haus am Ende der Imperial Street stehen. Es war größer und nicht so häßlich wie seine Nachbarn, es war auch sehr sauber. »Das ist mein Heim«, sagt er freudig.

»Dann ist ja alles in Ordnung«, sagte Emma. »Es hat mir viel Freude gemacht, Ihnen zuzuhören, Mr. Kallinski. Es war wirklich interessant. Ich hoffe, Sie fühlen sich jetzt besser. Auf Wiedersehen, Mr. Kallinski.« Sie gab ihm seine Tüte, und lächelte ihm zum Abschied zu.

Abraham Kallinski schaute das liebliche Mädchen an. Wie selten findet man solch einen Menschen, dachte er bei sich, und dann legte er spontan seine Hand auf ihren Arm und hielt sie zurück. »Bitte, bitte, kommen Sie für einen Augenblick mit hinein. Ich möchte Sie meiner Frau vorstellen, Mrs. Harte. Sie wird Ihnen danken wollen für die Hilfe, die Sie mir heute geleistet haben. Bitte!«

»O nein, Mr. Kallinski, das ist nicht nötig. Ich muß jetzt wirklich gehen.«

»Bitte, es ist nur für einen Augenblick«, bat er, sein Blick wurde sanft und flehend. »Es ist heiß. Sie sind sicher erschöpft. Lassen Sie uns eine Kleinigkeit für Sie tun. Vielleicht ein Glas Tee. Eine kurze Verschnaufpause.«

Emma fühlte sich wirklich erschöpft und durstig, aber sie wollte nicht aufdringlich sein. Außerdem war ihr nicht wohl bei dem Gedanken, zu so später Stunde allein in den Leylands zu sein. »Aber ... ich sollte wirklich gehen«, begann Emma zögernd. Sie sehnte sich nach einem Glas Wasser.

Als er ihr Zögern bemerkte, ergriff Abraham Kallinski die Initiative. Er schob Emma zur Tür und öffnete sie. »Kommen Sie, wir gehen ins Haus. Eine kleine Erfrischung wird Ihnen gut tun.«

Emma stand plötzlich in einer Küche, die offenbar auch als Wohnraum diente. Eine Frau, die am Herd stand, drehte sich um, als die Tür geöffnet wurde. Ihre Augen weiteten sich. »Abraham! Abraham! Was ist dir geschehen?« rief sie und lief ihm entgegen. Den Kochlöffel hielt sie noch in der Hand. »Deine Kleider sind ja ganz schmutzig. Schau dein Gesicht an! O Abraham, du bist verletzt!« Sie nahm seinen Arm. Ihr Gesicht war vor Sorge und Furcht verzerrt.

»Aber, aber ... Janessa, rege dich nicht auf«, sagte er mit sanfter Stimme und zärtlichem Blick, denn Abraham liebte seine Frau sehr. »Ich bin nicht verletzt, nur ein wenig zerzaust. Nur ein kleiner Zwischenfall, das ist alles. Ich stolperte und fiel in der North Street hin. Zwei junge Strolche haben dann mit Steinen nach mir geworfen. Du weißt doch, wie sie sind.« Er stellte Emma vor. »Das ist Mrs. Harte, Janessa, Emma Harte. Sie hat mich gerettet. Sie hat die Strolche davongejagt und war so freundlich, mich nach Hause zu bringen. Sie hat darauf bestanden.«

Janessa Kallinski legte den Löffel weg, ergriff Emmas Hände und drückte sie fest. »Ich bin erfreut, Ihre Bekanntschaft zu machen, Mrs. Harte. Vielen Dank! Ich danke Ihnen dafür, daß Sie meinem Mann geholfen haben! Wie liebenswürdig und mutig von Ihnen. Sie hätten doch selbst Schaden davontragen können.« Sie lächelte Emma in aufrichtiger Dankbarkeit an und fuhr mit warmer Stimme fort: »Bitte, kommen Sie. Setzen Sie sich. Darf ich Ihnen eine Erfrischung anbieten? Sie schauen erhitzt und müde aus.«

»Auch ich freue mich, Sie kennenzulernen«, sagte Emma höflich. »Vielen Dank, Mrs. Kallinski, ein Glas Wasser würde ich gerne trinken, bitte.« Janessa führte Emma zu einem Stuhl und drückte sie sanft auf den Sitz. »Sie können gerne ein Glas Wasser haben. Aber Sie müssen auch ein Glas Zitronentee mit uns trinken. Nun ruhen Sie sich aus, bitte.«

Mrs. Kallinski war in einer Sekunde mit dem Wasserglas zurück, das Emma durstig in Empfang nahm. Sie war plötzlich sehr erleichtert, nach ihrem langen Tagesmarsch durch die Straßen von Leeds endlich sitzen zu können. Bis jetzt hatte sie gar nicht bemerkt, wie müde und erschöpft sie war.

Abraham folgte seiner Frau zum Ofen, wo sie gerade das Abendessen bereitete. Er gab ihr die Tüte. »Hier ist das Brot, Janessa. Leider ist es in den Schmutz gefallen, als ich stürzte, aber ich denke, es ist nicht beschädigt.« Dann blickte er zu Emma hinüber. »Bitte entschuldigen Sie mich für einen Moment.« Er neigte den Kopf mit der ihm eigenen Höflichkeit und stieg dann eine Treppe hinauf.

Emmas Blick schweifte durch die Küche. Sie war groß, freundlich und mehr als ausreichend möbliert. Emma sah ein Sofa und mehrere bequeme Sessel, einen Schrank und einen großen Tisch, um den sechs Stühle standen. Der Tisch war mit einem frischen, weißen Leintuch und Tellern für vier Personen gedeckt. Die Tapete war sehr schön und der Teppich und die Möbel von guter Qualität. Emma beobachtete nun Janessa, die den Tee zubereitete. Sie war etwas größer als ihr Mann und schlank. Ihre Figur war sehr reizvoll. Das frische Gesicht war eher hübsch als schön, mit seinen breiten, slawischen Zügen und den vollen, sanften Lippen. Ihr glänzendes, glattes, schwarzes Haar war nach hinten gekämmt und im Nacken zu einem Knoten geschlungen. Die Augen unter schön geschwungenen, schwarzen Brauen waren groß und von hellem Blau. Sie trug ein schwarzes Baumwollkleid und eine frisch gestärkte weiße Schürze. Emma schätzte sie auf Ende dreißig.

Sie reichte Emma ein Glas. »Das wird Sie mehr erfrischen als Wasser, Mrs. Harte.«

Emma dankte ihr und trank den Tee in kleinen Schlucken. Er war köstlich. Er schmeckte nach Zitrone und war süß und heiß.

Mrs. Kallinski wandte sich an ihren Mann. »Bist du sicher, daß es dir gut geht? Hast du keine Schmerzen, oder diese Stiche in der Brust, Abraham?« Sie konnte ihre Besorgnis nicht verbergen.

Mr. Kallinski warf Emma einen warnenden Blick zu und sagte rasch: »Nein! Nein! Mir fehlt nichts, Janessa. Bitte, mach dir keine Sorgen. Ich habe mich von dem Sturz völlig erholt.«

Janessa schaute ihn zweifelnd an und runzelte die Stirn, aber sie schien sich zufriedenzugeben. Abraham trank einen Schluck Tee und fragte Emma: »Wohnen Sie weit weg von den Leylands, Mrs. Harte?«

»Nein, es ist ziemlich nahe. Wissen Sie, wo die ›Schmutzige Ente‹ in der York Road ist?« fragte Emma. Mr. Kallinski nickte. »Nun, ich wohne etwa eine halbe Stunde von dort entfernt, in der entgegengesetzten Richtung von den Leylands.«

»Ah, ich verstehe«, entgegnete Mr. Kallinski. Er schaute auf die Uhr. »Es ist später, als ich dachte. Meine Söhne müssen bald heimkommen. Sie werden Sie nach Hause begleiten. Diese Gegend ist für eine junge Frau nicht sicher.«

Emma wollte das Angebot schon ablehnen, aber dann dachte sie, daß es vernünftig war. Sie wollte nicht im Ghetto oder den angrenzenden Vierteln in Gefahr geraten. Darum sagte sie: »Danke. Ich glaube, das wäre sehr gut.«

»Das ist das mindeste, was wir für Sie tun können«, warf Mrs. Kallinski ein. »Wir möchten nicht, daß Ihr Mann sich Sorgen um Sie macht.« Dann fuhr sie in ihrer gutmütigen Art fort: »Zweifellos möchten Sie bald nach Hause, um das Abendessen zu bereiten.«

Emma räusperte sich, antwortete aber nicht, denn sie war Fremden gegenüber immer mißtrauisch. Aber unter Mrs. Kallinskis freundlichem Blick wurde sie weich und hörte sich sagen: »Nein, ich brauche meinem Mann das Abendessen nicht zu kochen. Er ist bei der Königlichen Marine. Wenn er, wie augenblicklich, auf See ist, lebe ich allein.«

»Allein!« schrie Mrs. Kallinski entsetzt. Ihre Augen verdüsterten sich. »Haben Sie denn keine Familie?« Der Gedanke, daß dieses junge Mädchen allein in Leeds lebte, erschreckte sie.

Emma schüttelte den Kopf. Sie sah den traurigen Ausdruck in Mrs. Kallinskis Gesicht und sagte rasch: »Wir haben ja uns beide. Außerdem bin ich wirklich gut versorgt. Ich wohne in einer netten Pension in einer sehr guten Gegend. Meine Wirtin ist eine gute Frau.«

Die Kallinskis wechselten einen raschen Blick. Abraham nickte bejahend auf die unausgesprochene Frage seiner Frau. Mrs. Kallinski beugte sich vor. Ihr Gesicht drückte Wohlwollen aus. »Wenn Sie nicht sofort nach Hause müssen, dann könnten Sie ja hier bleiben und mit uns die Sabbath-Mahlzeit teilen. Wir würden uns sehr darüber freuen.«

»Nein, das geht nicht, wirklich nicht«, protestierte Emma. Sie errötete. »Danke. Das ist sehr freundlich. Aber ich möchte Ihnen keine Umstände bereiten.«

»Unsinn!« rief Abraham. »Das ist durchaus nicht der Fall. Lieber Himmel, nach allem, was Sie heute für mich getan haben!« Er hob die Hände und fuhr fort: »Wie können wir Ihnen jemals danken? Bitte, bleiben Sie zum Sabbath-Essen hier. Es wird uns eine Ehre sein, Sie als Gast bei uns zu haben.« Er sah den verblüfften Ausdruck in Emmas Gesicht und erklärte: »*Unser* Sabbath ist der Samstag. Er beginnt am Freitag bei Sonnenuntergang. Dann feiern wir den Beginn des heiligen Tages mit der Sabbath-Mahlzeit.«

»Ich verstehe«, sagte Emma.

»Und machen Sie sich keine Sorgen! Unsere Söhne werden Sie nach dem Essen heimbegleiten.«

»Aber ich...«, begann Emma.

»Es ist beschlossen, Mrs. Harte«, unterbrach sie Janessa freundlich, aber bestimmt. »Sie schauen müde aus. Das Essen wird Sie kräftigen. Es wird Ihnen schmecken.« Sie langte über den Tisch und tätschelte Emmas Arm. »Wir haben genug. Sie sind unser Ehrengast. Bitte, ruhen Sie sich aus. Auch David und Victor werden erfreut sein, wenn Sie mit uns die Sabbath-Mahlzeit teilen. Sie werden Ihnen dankbar sein, daß Sie ihrem Vater geholfen haben.«

Emma gab Mrs. Kallinskis gutmütigem Zureden nach. Außerdem hatte sie Hunger, und bei Mrs. Daniel erwartete sie nichts Appetitliches, aber hier drangen aus den Töpfen verführerische Düfte. »Danke. Es wird mir eine Freude sein, mit Ihnen zu essen.«

Die Kallinskis strahlten, und Janessa sprang auf. Sie ging zum Ofen, um sich um das Essen zu kümmern. Als sie in den Töpfen rührte, sagte sie zu Emma: »Sie haben sicher noch nie zuvor jüdische Speisen gegessen, nehme ich an, aber es wird Ihnen schmecken.« Janessa unterbrach sich mitten im Satz und drehte sich um. Die Tür hatte sich geöffnet, und ihr Gesicht strahlte vor Freude und Stolz, als ihre beiden Söhne ins Haus traten. Als sie Emma in der Nähe des Kamins sitzen sahen, blieben sie erstaunt stehen.

»David! Victor! Kommt, ich stelle euch unseren Gast vor. Es ist ein Ehrengast. Sie half heute in bewundernswerter Weise unserem Vater, als er in Schwierigkeiten war. Sie ist eine gute Frau«, sagte Janessa und setzte den Deckel auf den Topf. Dann wischte sie sich die Hände an einem Handtuch ab, eilte auf ihre Söhne zu und zog sie in die Wohnküche. »Kommt, Jungens, das ist Emma Harte. Mrs. Harte.« Ihr Gesicht strahlte. »Das ist David«, sagte sie, und schob den größeren Jungen vor. »Und das ist Victor.« Die Söhne schüttelten Emma die Hand und dankten ihr, daß sie ihrem Vater geholfen hatte. Dann gingen sie zum Sofa und setzten sich nebeneinander.

David wandte sich Abraham zu. Sein Blick wurde düster, als er den häßlichen, dunkelblauen Fleck auf seines Vaters Wange sah, der inzwischen stark angeschwollen war. »Was ist geschehen, Vater?« fragte er ruhig und voller Achtung, aber seine Augen glitzerten zornig, und er mußte seinen Ärger unterdrücken. Er wußte, das war das Werk der Judenhasser.

Langsam erzählte Abraham von dem Zwischenfall und pries Emmas Tapferkeit mit glühender Begeisterung. Während er sprach, betrachtete Emma die beiden Jungen mit wachsendem Interesse und versuchte, sie einzuschätzen.

David und Victor Kallinski waren so verschieden, wie Brüder kaum sein konnten. David, der Ältere, war neunzehn Jahre alt und so groß wie seine Mutter. Er war gut gebaut, hatte die schönen blauen Augen seiner Mutter, und sein Gesicht war offen und hübsch. Seine Haare waren so schwarz gelockt, wie die seines Vaters einst gewesen sein mußten, und er hatte auch die gesellige Art des älteren Mannes, obwohl er lebendiger und energischer war als Abraham. David war ehrgeizig, klug und energisch. Wenn seine Augen auch etwas spöttisch blickten, so wurde die Ironie durch seinen edlen Mund und sein freundliches Wesen gemildert. David hatte nur ein Ziel vor Augen: Erfolg. Und da er die menschliche Natur nur zu gut kannte, lebte er nach der Regel: Nur die Besten überleben. Aber er wollte stilvoll und reich überleben.

Victor war sechzehn Jahre alt, klein mit glattem schwarzem Haar. Seine großen Augen waren sanft und haselnußbraun, sein Gesicht weich, offen, noch nicht geprägt, aber sehr freundlich. Wie sein Vater hatte auch er trotz seiner Jugend große Nachsicht und ein tiefes Verständnis für die Schwächen der Menschen. Er war ein Denker und Träumer und besaß die Seele eines Dichters. Victor war am glücklichsten, wenn er alleine lesen, im Museum Bilder betrachten, oder die Musik von Mahler und Beethoven hören konnte. Er war zurückhaltend, fast scheu, und kam mit Fremden nur schwer ins Gespräch. Verstohlen sah er unter seinen dichten langen Wimpern Emma an. Ein stilles Lächeln lag um seinen Mund. Er dachte, was für ein mitfühlender Mensch muß sie sein! Ihre Tat bestätigte nur seinen Glauben, daß der Mensch in seinem Kern gut war.

David, kühner und selbstsicherer sprach zuerst mit Emma. »Das war sehr mutig von Ihnen, sich gegen diese Burschen zu wenden und meinem Vater zu helfen. Und Sie sind nicht einmal Jüdin, nicht wahr?« meinte er offenherzig. Seine blauen Augen betrachteten sie prüfend, er war beeindruckt von ihrer Erscheinung.

»Nein, ich bin keine Jüdin«, sagte Emma. »Aber ich sehe keinen Unterschied. Ich würde jedem helfen, der in einer schlimmen Lage ist und sicher einem Menschen, der so angegriffen wird wie Ihr Vater.«

David nickte. »Trotzdem – viele Menschen würden es nicht tun«, bemerkte er knapp. Er fragte sich, was eine vornehme Frau in dieser Gegend zu suchen hatte. Er wollte schon fragen, als Janessa sagte: »Mrs. Harte, kommen Sie sich die Hände waschen, bevor die Jungen sich säubern. Und dann wollen wir essen. Die Sonne geht schon fast unter.« Janessa eilte durch den Raum und legte für Emma ein Gedeck auf.

Nun standen sie alle um den großen Tisch, der schön gedeckt war. »Mutter wird nun zuerst die Kerzen segnen«, flüsterte David. Emma stand vollkommen ruhig, sah und hörte aber aufmerksam zu und merkte sich alles. Janessa zündete zwei weiße Kerzen an und murmelte ein Gebet in einer fremden Sprache, die Emma nicht verstand. Anschließend setzten sich alle. David schob Emma höflich den Stuhl zurecht, Victor tat das gleiche für seine Mutter. Als sie bemerkte, daß alle Kallinskis ihre Köpfe neigten, folgte Emma ihrem Beispiel. Aus den Augenwinkeln heraus sah sie, wie Abraham den Rotwein segnete. Er tat dies wieder in der seltsamen Sprache, von der Emma nicht wußte, daß es Hebräisch war. Er nahm einen Schluck Wein und sprach dann ein Gebet über den Brotlaib, den sie selbst aus dem Schmutz der Straße aufgehoben hatte.

»Vater hat nun den Segen gesprochen. Nach dem Brechen des Brotes können wir essen«, erklärte ihr David leise. Abraham Kallinski brach das Brot und reichte es herum. Janessa brachte die Schüssel mit der Suppe zum Tisch. Sie roch köstlich. Während sie aßen, fiel Emma auf, welche Harmonie und Liebe in dieser

Familie herrschten. Jeder bewies ihr deutlich, wie willkommen sie war, und Emma wurde vor Dankbarkeit fast überwältigt. Eine unerwartete Gefühlsregung schnürte ihr die Kehle zusammen. Sie dachte: *Warum werden die Juden gehaßt? Sie sind liebenswürdig, freundlich und rücksichtsvoll. Es ist verachtenswürdig, wie man sie behandelt.* Und so würde Emma ihr Leben lang denken und ihre jüdischen Freunde standhaft verteidigen. Sie würde immer Entsetzen und Kummer empfinden über die Ausschreitungen eines nackten Rassismus, der wie die Pest für viele Jahre über Leeds kommen sollte.

Am Tisch wurde lebhaft über verschiedene Themen gesprochen, die Emma faszinierten. Janessa machte gelegentlich eine ruhige Bemerkung oder nickte zustimmend. Sie blickte ab und zu wohlwollend zu Emma hinüber und war zufrieden, mit den Menschen, die sie liebte zusammenzusein. Victor brachte kaum ein Wort hervor, aber er lächelte Emma manchmal an, und seine haselnußbraunen Augen blickten scheu, aber sanft und freundlich. Nach einer Weile, als der Honigkuchen und der Zitronentee serviert worden waren, fragte Janessa: »Ich denke, unser jüdisches Essen hat Ihnen geschmeckt, nicht wahr, Mrs. Harte?«

Emmas Augen leuchteten. »O ja, Mrs. Kallinski. Es war köstlich. Und nennen Sie mich bitte Emma. Ich möchte, daß mich jeder von Ihnen Emma nennt.« Die Familie Kallinski nickte und erwiderte ihr Lächeln. »Es wird uns eine Ehre sein«, sagte Abraham.

Sie tranken ihren Tee, als David Emma fragte: »Ich möchte nicht naseweis oder unhöflich erscheinen, aber was, um Himmels willen, haben *Sie* heute nachmittag in der North Street gemacht? Wir können Gott danken, daß Sie da waren. Aber die Gegend eignet sich nicht besonders zum Spazierengehen.«

Emma erwiderte seinen forschenden Blick. »Ich habe eine Arbeit gesucht«, entgegnete sie ruhig.

Stille senkte sich über den Raum, und vier Augenpaare blickten auf Emma. Janessa unterbrach das Schweigen. »Eine junge Frau wie Sie! In dieser schrecklichen Gegend müssen Sie Arbeit suchen?«

»Ja«, sagte Emma leise. Da alle sie erstaunt ansahen, fühlte sie sich zu einer Erklärung verpflichtet, und darum erzählte sie dieselbe Geschichte, die sie schon Rosie und Mrs. Daniel aufgetischt hatte. Sie schloß: »Letzte Woche habe ich ohne Erfolg alle

Modegeschäfte in Leeds abgesucht, um eine Stelle als Verkäuferin zu finden. Darum habe ich heute beschlossen, mein Glück in der North Street zu versuchen, in den Schneidereien. Aber auch hier habe ich nichts gefunden. Ich war zuletzt bei Cohen gewesen und wollte gerade nach Hause gehen, als ich sah, wie die Burschen Mr. Kallinski angriffen.«

Drei Augenpaare wandten sich sofort von Emma zu Abraham. Wieder sprach Janessa. »Abraham! Abraham! *Du* mußt etwas für Emma tun.«

»Natürlich muß ich das, und ich werde es auch tun«, entgegnete er und strahlte Emma an. Er tätschelte ihren Arm. »Sie brauchen sich keine Sorgen mehr um Arbeit zu machen. Kommen Sie am Montag morgen pünktlich um acht Uhr in meinen Schneiderladen. Ich werde Ihnen Arbeit geben, Emma. Ich bin sicher, wir werden etwas Passendes finden.« Er schaute David an. »Bist du meiner Meinung, Sohn?«

»Ja, Dad. Wir können Emma als Knopflochnäherin anstellen. Das ist keine schwierige Arbeit«, entgegnete David.

Emma war so überrascht, daß sie fast sprachlos war. Aber sie fand ihre Stimme rasch wieder. »Oh, ich danke Ihnen sehr, Mr. Kallinski! Das ist ja großartig!« Sie schaute ihn aufmerksam an. »Ich lerne schnell und werde hart arbeiten.« Dann schüttelte sie den Kopf. »Ich wußte nicht, daß Sie eine Schneiderei besitzen.«

Abraham kicherte. »Wie hätten Sie das auch wissen sollen? Nun, wie dem auch sei, sie liegt in der Rockingham Street, in der Nähe der Camp Road. David wird Ihnen die genaue Adresse aufschreiben. Es ist kein großer Laden. Wir haben etwa zwanzig Angestellte. Aber wir können von der Fertigung von Einzelteilen gut leben.«

»Was heißt das ›Fertigung von Einzelteilen‹?« fragte Emma verblüfft und wißbegierig.

Abraham lächelte sie väterlich an. »Ah, ja, natürlich, Sie sind mit diesem Begriff nicht vertraut, denn Sie kennen den Kleiderhandel nicht. Es bedeutet, daß wir für größere Kleiderhändler arbeiten, wie Barran und andere. Das machen die meisten jüdischen Schneidereien in Leeds. Wir sind ein freies Unternehmen.«

»Ich verstehe«, sagte Emma. »Sie machen also Kleider für die größeren Händler, und die verkaufen sie dann. Habe ich recht?«

»Nicht ganz, aber das soll David erklären. Er ist derjenige, der in dieser Familie nur für den Kleiderhandel lebt und atmet.«

David lachte. »Das stimmt nicht ganz, Dad.« Er lehnte sich in seinem Stuhl zurück und wandte sich zu Emma. »Wir stellen bestimmte Einzelteile für ein Kleidungsstück her, zum Beispiel die Ärmel, oder Vorderteile für Jacken, manchmal auch Hosen. Wir stellen das her, was die großen Fabriken bei uns bestellen.«

Emma, aufmerksam wie immer, sagte: »Aber warum? Das scheint mir eine seltsame Methode zu sein. Ist das denn nicht komplizierter, als ein Kleidungsstück in einer Werkstatt herzustellen?«

David grinste. »Nein, das ist nicht der Fall, denn die ganze Sache ist gut organisiert. Außerdem ist es billiger und geht schneller. Die großen Fabriken können mit dieser Methode viel mehr produzieren. Sie sammeln einfach die Einzelteile in ihrer Fabrik. Diese Methode wurde von einem jüdischen Schneider namens Herman Friend entwickelt. Sie revolutionierte die gesamte Kleidungsindustrie und machte Leeds zum größten Handelszentrum dieser Branche in der Welt. Und der Handel wächst jedes Jahr.« Seine Augen begannen vor Begeisterung zu leuchten. »Ich sage Ihnen, Emma, der Kleiderhandel macht Leeds immer berühmter und ungeheuer reich. Wirklich. Und ich werde an diesem Reichtum teilhaben.«

»Solche Pläne hat mein Sohn«, murmelte Abraham und schüttelte verwundert den Kopf.

Emma war äußerst gasziniert, wie immer, wenn von Geld und neuen Ideen die Rede war. »Dieser Mann, dieser Herman Friend, wie kam er auf diese Idee? Erzählen Sie mir mehr davon, David.«

»Wer weiß, wie er auf diese Idee kam«, antwortete er und zuckte mit den Schultern. »Aber es war jedenfalls eine Idee, die funktionierte. Herman Friend hatte eine kleine Schneiderei und fertigte Kleidungsstücke für die Fabrik von John Barran. Und Barran stellte als erster Konfektionskleidung her, nachdem Singer die Nähmaschine erfunden hatte. Friend erfand die Methode der Herstellung von Einzelteilen. Damit senkten sich sofort die Kosten für die Herstellung von Konfektionskleidung, und es steigerte die Produktion, wie ich schon sagte. Das bedeutete, daß Barran und die anderen großen Kleiderfabriken billiger verkaufen konnten. Massenherstellung war das Schlüsselwort. Sie senkte den Preis so weit, daß die Kleidung für einen einfachen Arbeiter erschwinglich wurde. Friend gab auch allen anderen jüdischen Schneidereien Arbeit.«

Emma sagte: »Eine einfache Idee, aber wie so viele einfache Ideen, war sie sehr klug.«

David nickte zustimmend. Er war etwas überrascht über diese Bemerkung. Noch überraschter aber war er, als Emma fortfuhr: »Wie der Penny Bazar auf dem Markt von Leeds. Das ist auch eine glänzende Idee. Man teilt die Waren in bestimmte Gruppen ein und stellt sie so aus, daß jeder sie leicht sehen, prüfen und sich bedienen kann. Und der Preis ist so niedrig. Glauben Sie nicht, daß *das* klug ausgedacht ist, David?«

»O doch.« Er lächelte. »Wußten Sie, daß der Besitzer ebenfalls ein jüdischer Einwanderer aus Polen ist? Er fing vor zehn Jahren mit einem Stand an. Vor kurzem holte er sich einen Partner, und nun gibt es überall in Leeds die Penny-Bazars. Sie eröffnen nun auch Geschäfte in anderen Städten. Eines Tages wird ihre Ladenkette über ganz England verbreitet sein. Sie werden es schon noch erleben.«

Emma blickte David fest an. Ihr Mund stand vor Staunen etwas offen, und die Begeisterung ließ ihr blasses Gesicht erröten. Sie *hatte* recht. Leeds *war* der Ort, ein Vermögen zu machen. Nun sagte sie: »Ich glaube, daß alles möglich ist, wenn man eine gute Idee hat und bereit ist, hart zu arbeiten.«

Unbewußt fühlte sie sich zu David hingezogen. Aber jetzt sah Abraham auf die Uhr und sagte: »Ich glaube es ist Zeit, daß ihr beiden Jungen Emma nach Hause begleitet. Ich freue mich auch über ihre Gesellschaft, aber es wird spät, und mir gefällt der Gedanke nicht, daß ihr auf der Straße seid, wenn die Wirtshäuser schließen. Das ist gefährlich.«

»Ja, ich muß gehen«, sagte Emma und schob ihren Stuhl zurück. »Aber erst helfe ich, Mrs. Kallinski den Tisch abzuräumen und das Geschirr zu waschen.«

»Nein, nein. Das ist nicht nötig, Emma. Mein Mann hat recht. Die Jungen müssen Sie sofort nach Hause bringen. David, vergiß nicht, Emma die Adresse unseres Geschäfts aufzuschreiben. Dann müßt ihr gehen.«

Emma dankte den Kallinskis für ihre Gastfreundschaft, das köstliche Essen und vor allem für die Arbeit, die man ihr angeboten hatte, sie war das Wichtigste für ihr Überleben. Sie versprach, am Montag um acht Uhr im Laden zu sein, und barg die Adresse sorgfältig in ihrer Handtasche. Der Weg bis zu Mrs. Daniels Haus war ziemlich weit, aber Emma fühlte sich sicher. Sie begegneten keiner Straßenbande, und die Zeit verging rasch. Sie plauderte mit David über alle möglichen Dinge, während Victor schweigend neben ihr ging. Sie bestanden darauf, Emma bis vor die Haustür zu bringen. Emma sah die beiden dann unter der Straßenlaterne stehen, sah von dem ernsten Victor zu dem lachenden David und dachte: Sie sind so verschieden, aber sie sind beide aufrichtig. Sie gab Victor die Hand. »Danke, daß ihr mich nach Hause gebracht habt. Auf Wiedersehen.«

Victor ergriff fest ihre Hand. »Gute Nacht, Emma. Danke, daß Sie meinem Vater geholfen haben. Das war sehr anständig von Ihnen.«

»Ja, das war es!« rief David, der nun auch Emmas Hand nahm.

»Ich sehe Sie am Montag früh. Gute Nacht, Emma.« Sie gingen erst, als sie die Türe aufschloß. Aber David drehte sich noch einmal um und rannte zurück. »Wir beide denken das gleiche, Emma«, sagte er mit bebender Stimme. »Ich weiß, daß wir Freunde werden. Gute Freunde.«

Emma Gesicht wurde ernst. Sie glaubte ihm und nickte. »Das denke ich auch, David.«

Damals wußte David noch nicht, daß seine Worte prophetisch waren. Emma und er waren einander tatsächlich im Denken gleich, beide hatten einen eisernen Willen und strebten nach Erfolg. An diesem heißen Abend im August 1905 begann eine Freundschaft, die über ein halbes Jahrhundert andauern sollte. Zusammen sollten sie, jeder auf seine Weise, aus der grimmigen Armut emporsteigen, gegen alle Vorurteile kämpfen und Großes erreichen. Sie sollten die Stadt in ihrem Weg nach oben mitreißen und ihr ihren unauslöschlichen Stempel aufdrücken, nicht allein durch ihren großen geschäftlichen Erfolg, sondern auch durch zahlreiche Stiftungen. Es waren Emma Harte, David Kallinski und eine Handvoll anderer tatkräftiger und einfallsreicher Juden und Christen, die den Grundstein zur Größe und zum Wohlstand einer Stadt legen sollten.

21

Aus den Tagen wurden Wochen. Es wurde September, dann Oktober, und Blackie war immer noch nicht nach Leeds zurückgekehrt.

Emma fragte sich, was ihn wohl in Irland zurückhielt. Wenn sie allein in ihrer Dachkammer saß, machte sie sich große Sorgen um ihn und hoffte, daß er nicht in Schwierigkeiten steckte. Sie sehnte sich nach Blackies Rückkehr, denn er war ihr bester Freund. Er war der einzige, der ihre Vergangenheit kannte. Blackie O'Neill war die einzige Verbindung zu ihrer Vergangenheit und ihrer Familie. Sie liebte ihn und vermißte ihn sehr. Aber in ihrer Sorge um Blackies Wohlbefinden dachte sie weniger an sich selbst, denn sie kannte kein Selbstmitleid. Außerdem kam sie alleine gut zurecht. Sie hatte bei Kallinski Arbeit gefunden und ihre Kammer im Hause von Mrs. Daniel, so dürftig sie auch war, gab ihr Geborgenheit.

Die Hausbesitzerin wurde von Tag zu Tag freundlicher und kündigte eines Tages unerwartet an, Emma könnte bei ihr wohnen bleiben, so lange sie wolle. Die scharfäugige Mrs. Daniel hatte nicht lange gebraucht, um festzustellen, daß Emma anspruchslos, ehrlich und zurückhaltend war.

Emma verdiente bei Kallinski genug Geld, um anständig leben zu können. Außerdem brauchte sie ihre Ersparnisse nicht anzugreifen, und das war für Emma sehr wichtig. Sie ging mit ihrem Geld so sparsam um, daß es schon fast an Geiz grenzte und kaufte nur das Notwendigste. Sie ging nur zu Fuß, selbst wenn sie vor Erschöpfung fast umfiel und in Versuchung geriet, die Straßenbahn zu benutzen. Aber trotz ihrer Sparsamkeit kaufte sie nahrhaftes Essen, denn sie wußte, daß sie mit ihren Kräften haushalten mußte. Ihre Energie mußte sie erhalten, koste es, was es wolle. Wenn sie sich vernachlässigte, konnte sie vielleicht krank werden.

Der Gedanke, nicht arbeiten zu können, jagte ihr einen furchtbaren Schrecken ein. Und schließlich mußte sie ja auch an das Kind denken.

Ihre Arbeit in der Schneiderei beschäftigte sie von acht Uhr morgens bis sechs, manchmal auch bis sieben Uhr am Abend. Emma machte die Arbeit schon seit dem ersten Tag Freude. Abraham Kallinski leitete seine Schneiderei in der Rockingham Street mit Bedacht und Tüchtigkeit; aber er war kein Tyrann, denn er war gerecht, und niemand nutzte seine Gutmütigkeit aus. Es gab keine Stempeluhr und kein Redeverbot. Auch die Zeit der Teepausen und der Mittagspause war nicht festgelegt. Die Angestellten wurden pro Stück bezahlt, und es lag an ihnen, wieviel sie verdienten. Solange Abraham seine Termine bei den großen Kleiderfabriken einhalten konnte, war er zufrieden und sah keinen Grund, seine Leute anzutreiben und zu schinden.

Die Mädchen waren fast alle Christinnen; aber die Männer Juden. Es herrschte eine gute Kameradschaft, und zwischen dem Klack-Klack der Nähmaschinen hörte man viele Scherzworte. Emma saß an einem großen Holztisch, bis zu den Knöcheln in Stoffabfällen. Sie arbeitete geschickt und mit einer Schnelligkeit, die die erfahrensten Mädchen in Erstaunen versetzte. Es war ein geschwätziger Haufen, alle in Leeds geboren und aufgewachsen, offen, mit bissigem Humor, aber herzlich. Sie sprachen die seltsame Mundart, die für Leeds so typisch war, sie verschluckten Silben, sprachen das H nicht aus oder an der falschen Stelle.

Emma verstand die Mädchen sehr gut, denn ihre Mundart war nur eine Abwandlung des Dialekts von Yorkshire, der in den ländlichen Gegenden gesprochen wurde. Sie selbst sprach korrekt, denn sie erinnerte sich stets an Olivia Wainrights kultivierte, melodische Stimme. Emma wußte, daß man schlechte Gewohnheiten rasch annahm, aber nur schwer wieder loswerden konnte. Anfangs hatten sich die Mädchen über ihre gepflegte Aussprache lustig gemacht. »Die spricht wie zerbrochenes Glas«, sagten sie. Emma hatte nur gelächelt und ihren Spott so gutmütig ertragen, daß sie bald damit aufhörten und sie als eine der ihren betrachteten. Aber keines der Mädchen bei Kallinski konnte sich je an ihre Schönheit und ihre guten Manieren gewöhnen. Man warf ihr immer wieder verstohlene Blicke zu und schenkte ihr eine gewisse Achtung.

Abraham hatte ein wachsames Auge auf Emma, denn er vergaß

ihr Mitgefühl und ihren Mut nie. Aber er bevorzugte Emma in keiner Weise, obwohl er sie sehr gern hatte. Victor war immer um Emma herum, besonders, wenn sie ein kleines Problem mit ihrer Arbeit hatte. Aber sie war so mit sich beschäftigt, daß sie die Verehrung in seinen sanften Augen gar nicht bemerkte. David war ihr Vorbild. Er hatte sie unter seine Fittiche genommen, als sie an jenem Montag mit Knopflochnähen angefangen hatte. Er war nicht überrascht, als sie die Arbeit nach wenigen Tagen perfekt beherrschte. Bald war sie die schnellste und geschickteste Arbeiterin. Da er ihre Intelligenz und ihre erstaunlich rasche Auffassungsgabe kannte, ließ er sie eines Tages, als einer der Schneider ausfiel, Ärmel nähen. David hatte den Ballen aus feinem Yorkshire-Tuch vor ihr ausgebreitet und mit Kreide die Maße von einer Papiervorlage übertragen. Dann führte er die Schere mit beneidenswerter Geschicklichkeit und erklärte Emma jede Einzelheit.

Unter Davids Anleitung hatte Emma rasch gelernt, Ärmel, Aufschläge, Vorder- und Rückenteile von Jacken und schließlich auch Hosen zuzuschneiden. Sie war immer bereit einzuspringen, wenn Termine einzuhalten waren. Schon Mitte September hätte sie einen Anzug auch ohne Davids Hilfe zuschneiden und nähen können. Abraham war erstaunt über ihren ungeheuren Arbeitswillen und beeindruckt von ihrem raschen Verständnis für alle Aspekte des Schneiderhandwerks. Victor war ihr stiller Bewunderer. David grinste nur übers ganze Gesicht. Er hatte schon bei der ersten Begegnung ihren Charakter erkannt, eine Begegnung, die er immer als glückverheißend betrachtete. Emma Harte war ein Mädchen, das es im Leben weit bringen würde. Dafür würde er seinen letzten Shilling verwetten. Er hatte seine Pläne, und sie war ein Teil davon.

Janessa lud Emma häufig am Freitag abend ein, denn auch sie hatte Emma liebgewonnen. Emma genoß diese Abende in dem jüdischen Haus; aber sie wollte aus der Gastfreundschaft der Kallinskis keine Vorteile ziehen, oder gar keck und opportunistisch erscheinen. Wenn sie eine Einladung annahm, kam sie immer mit einem kleinen Geschenk.

Meist jedoch verbrachte Emma ihre freie Zeit allein. Sie war am Ende eines Arbeitstages nicht immer müde; aber da sie außer den Kallinskis keine Freunde in Leeds hatte, kochte sie sich ihr Abendessen und zog sich dann in ihre Dachkammer zurück.

Manchmal nähte sie noch und verbrachte viel Zeit damit, mit Geduld die Kleider zu ändern, die ihr Olivia Wainright geschenkt hatte. Sie hatte nicht die Absicht, sich in den nächsten paar Jahren etwas Neues zu kaufen. Gelegentlich las sie in einem der Bücher, die sie in der Truhe gefunden hatte. Sie verstand nicht immer den Inhalt der philosophischen Werke, aber sie war neugierig und las bestimmte Sätze immer wieder. Sie war glücklich, wenn sie den Inhalt der Bücher begriff, denn sie hatte einen unstillbaren Wissensdurst. Darum kaufte sie sich sogar ein Wörterbuch. Am meisten liebte sie den Band mit den Gedichten von William Blake. Sie las die Verse laut und versuchte, schwierige Wörter richtig auszusprechen, um ihre Stimme zu schulen. Ja, Emma verschwendete keine Minute ihrer Zeit und versuchte ständig, ihre Situation zu verbessern.

In den ersten paar Wochen in Leeds hatte sie fast jede Nacht wach gelegen und sich Sorgen um das Kind gemacht. Aber dann kam ihr der Gedanke, daß es vollkommen lächerlich war, über ein Ereignis nachzudenken, das erst im März nächsten Jahres stattfinden würde. Auch das war reine Zeitverschwendung, und Zeit war für Emma eines der kostbarsten Güter. Sie würde an das Kind denken, wenn es geboren war, keinen Tag früher. Erst dann würde sie auch über ihre nächsten Schritte entscheiden. Emma hoffte, daß das Kind ein Mädchen sein würde. Sie hatte Angst davor, daß es ein Junge werden könnte und so aussehen wie Edwin Fairley und daß sie es aus diesem Grund vielleicht hassen würde. Das arme Kind hat keine Schuld, dachte sie dann, aber jeden Tag sagte sie zu sich: Ich *weiß*, daß es ein Mädchen wird.

Zweimal hatte Emma Rosie in der »Schmutzigen Ente« besucht. Beim letztenmal hatte sie in einem versiegelten Umschlag eine Nachricht für Blackie hinterlassen, in der sie ihm mitteilte, wo sie wohnte und arbeitete. Sie hatte auch ihrem Vater geschrieben, daß sie noch keine passende Arbeit in Bradford gefunden hätte, aber dort bliebe in der Hoffnung, bald etwas zu bekommen. Den Brief hatte sie in Bradford aufgegeben. Obwohl Emma das Geld leid tat, das sie für die Fahrkarte ausgeben mußte, hatte sie aus Furcht vor Entdeckung nicht den Mut, den Brief in Leeds abzuschicken.

Heute, an einem Samstagmorgen im Oktober, saß Emma am Tisch in ihrer Kammer und schrieb in ihrer peinlich sauberen Handschrift wieder einen Brief.

Emma schrieb sorgfältig: *Lieber Dad, Es tut mir leid, daß ich seit September nicht mehr geschrieben habe. Ich hatte viel Mühe, eine Arbeit zu finden. Zu meiner Freude kann ich dir nun mitteilen, daß ich eine Stelle als Hausmädchen bei...* Emma hielt inne und versuchte einen Namen zu finden, der so geläufig war, daß es schwer sein würde, seinen Spuren nachzugehen, und fuhr dann fort: *einer Mrs. John Smith gefunden habe. Heute reisen wir für einen Monat nach London. Wenn ich wieder nach Bradford zurückkomme, werde ich dich besuchen. Mach dir keine Sorgen um mich, Dad. Mir geht es gut. Liebe Grüße an Frank und Winston. Immer deine dich liebende Tochter, Emma.* Dann fügte sie noch ein Postskriptum hinzu. *P.S. Hier ist eine Pfundnote zur Unterstützung.* Emma legte die Pfundnote in den Brief, verschloß ihn sorgfältig, schrieb die Adresse auf den Umschlag und klebte eine Briefmarke darauf.

Dann verließ sie das Haus und fuhr nach Bradford. Als sie nach ein paar Stunden wieder zurückkam, wurde sie von Mrs. Daniel im Flur abgefangen. »Ein Mann hat nach Ihnen gefragt!« sagte sie eifrig.

Emma stand stocksteif, und ihr Herz schlug heftig. Ihr Vater? Winston? Hatten sie etwa ihre Spur gefunden? Sei nicht dumm, sagte sie zu sich selbst. Sehr wahrscheinlich war es David Kallinski. Er war schon einmal hier gewesen, um eine Nachricht von seiner Mutter zu überbringen, aber Mrs. Daniel war damals ausgegangen. Sie fragte ruhig: »O wirklich. Hat er seinen Namen gesagt, Mrs. Daniel?«

»Nein, aber das hier hat er mir gegeben.« Mrs. Daniel zog einen Umschlag aus der Schürzentasche.

»Danke, Mrs. Daniel«, sagte Emma, schon auf der untersten Treppenstufe.

Als sie in ihrem Zimmer war, öffnete Emma den Umschlag mit zitternden Fingern. Sie sah sofort die Unterschrift. Der Brief *war* von Blackie. Er erwartete sie heute um fünf Uhr in der »Schmutzigen Ente«. Emma warf sich auf das Bett und drückte ihren Kopf in das Kissen. Sie schloß die Augen und empfand ein überwältigendes Gefühl von Erleichterung und Glück.

Punkt vier Uhr eilte Emma die Treppe hinunter und war aus dem Haus, bevor Mrs. Daniel ihr auflauern und sie mit neugierigen Fragen belästigen konnte. Äußerlich war sie beherrscht wie immer, aber innerlich konnte sie es kaum erwarten, Blackie O'Neill wiederzusehen. Emma merkte nicht, wie sich die Männer und Frauen nach ihr umdrehten. Sie erregte Aufsehen in ihrem grauen Wollkostüm, das sie so geschickt ausgebessert hatte, daß man die abgetragenen Stellen nicht sah. Es war sehr gut geschnitten und von schlichter Eleganz. In dieser Gegend war eine solche Kleidung ungewöhnlich. Das Kostüm war zwar fünf Jahre alt und in London wäre es längst altmodisch – nicht aber in Leeds. Auf den Jackenaufschlag hatte sie Blackies Brosche mit den grünen Glassteinen geheftet.

Emma war nun im fünften Monat schwanger. Sie wußte, daß sie um die Taille dicker wurde, aber für andere war ihr Zustand noch nicht erkennbar. Leichtfüßig schritt sie voran. Sie fühlte sich wie neu geboren, und jedem Vorbeigehenden fiel ihre Heiterkeit auf.

Emma wußte, daß sie viel zu früh aus dem Haus gegangen war. Sie verlangsamte ihre Schritte, denn sie wollte nicht vor Blackie in der »Schmutzigen Ente« sein. Seit sie in Leeds angekommen war, hatte sie sich eine Geschichte ausgedacht, die sie ihm erzählen wollte. Jetzt, da sie schwanger war, schützte sie sich mehr denn je, und ihr angeborenes Mißtrauen wurde täglich stärker. Darum verschleierte sie auch manchmal die Wahrheit. Und auf keinen Fall durften ihr Vater oder Adam Fairley sie finden. Aber jetzt bestand Gefahr, weil Blackie die Wahrheit kennen und ihr bestimmt helfen wollte. Darum hatte sie sich mit viel Fantasie eine Geschichte ausgedacht, die der Wahrheit beinahe entsprach, aber doch so viel verheimlichte, daß sie Blackie an der Nase herumführen konnte.

Eine kleine Frauengruppe von der Heilsarmee kam ihr entgegen. Sie schlugen eine Trommel und sangen heitere Lieder dazu. Statt ihnen zuzuhören und ihre Warnungen vor dem Teufel Alkohol zu beherzigen, betrat Emma, ohne zu zaudern, das Wirtshaus. Sie konnte ja mit Rosie plaudern, falls Blackie noch nicht da war. Wieder ging sie durch den Flur, der nach abgestandenem Bier und Tabakqualm roch. Den Bruchteil einer Sekunde blieb sie stehen, ehe sie entschlossen die Schwingtür öffnete. Blackie war ihr zuvorgekommen. Sie hörte seine Stimme aus dem Lärm der Gaststube. Emma trat ein.

Da war er in seiner irischen Schönheit! Die schwarzen Locken tanzten um seinen Kopf, seine schwarzen Augen sprühten vor

Lebenslust, und die weißen Zähne blitzten. Der Pianist spielte eben die letzten Takte von »Danny Boy«. Blackie stand neben ihm, aufrecht und stolz. Eine Hand hatte er auf das Klavier gestützt, und sein schöner Bariton übertönte das Klirren der Gläser und das leise Stimmengemurmel. Emma hielt eine Hand vor den Mund, um das Lachen zu verbergen, das ihr unwillkürlich über die Lippen kam. *Diesen* Blackie O'Neill hatte sie noch nie erlebt. Aber sie hatte ihn ja auch noch nie zuvor in einem Wirtshaus gesehen. Was für ein Schauspieler, dachte sie.

Blackie O'Neill hätte tatsächlich einen ausgezeichneten Schauspieler abgegeben. Er hatte alle notwendigen Eigenschaften für diese Kunst – gutes Aussehen, natürlichen Charme, einen Sinn für die Wahl des richtigen Zeitpunkts, Gefühl und eine Anziehungskraft, die jeden bezauberte, wenn er es wollte. Und in diesem Augenblick wollte er es offensichtlich. Die Menge schaute ihm gebannt zu, der Lärm verstummte. Blackie schwang einen Arm hoch und beendete triumphierend das alte irische Lied:

»And I shall hear, though soft you tread above me,
And all my grave will warmer, sweeter be,
And you will bend and tell me that you love me,
And I shall sleep in peace until you come to me!«

(Und ich werde dich hören, wenn du dich mit sanftem Schritt näherst,
Und mein Grab wird wärmer, süßer sein,
Und du wirst dich herabbeugen und mir sagen, daß du mich liebst,
Und ich werde in Frieden schlafen, bis du zu mir kommst!)

Seine Stimme rührte Emmas Herz, und als sie lauschte, schnürte sich ihre Kehle zusammen, und sie empfand bittersüße Traurigkeit. Sie blinzelte und schaute sich um. In der Gaststube waren aller Augen feucht geworden, und sie sah, wie die großen Taschentücher hervorgeholt wurden. Die Menge klatschte Beifall, und sie hörte verschiedene Stimmen fordern: »Sing noch etwas, Blackie, Junge!«... »Wie wäre es mit dem ›Minstrel Boy‹?«... »Sing uns ›Cockles and Mussels‹, Junge!« Blackie verbeugte sich und grinste, er genoß offenbar jede Minute des Beifalls. Er schien den Wünschen der Zuhörer schon nachkommen zu wollen, als er Emma erblickte.

»Später, Kameraden!« schrie er durch den Lärm und durchquerte mit ein paar raschen Schritten den Raum. Emma lehnte scheu in der Nähe der Tür. Ihre Handtasche hatte sie fest an sich gedrückt. Blackie stand vor ihr. Flink und wohlgefällig glitt sein Blick über sie. Sein Überraschung über ihr verändertes Aussehen war offensichtlich. »Emma! Es ist wundervoll, dich zu sehen, da kannst du sicher sein, Mavourneen.«

Blackie nahm sie in die Arme und drückte sie an sich. Dann schaute er ihr ins Gesicht. »Nun, du siehst reizender aus als je zuvor, Emma. Ganz wie eine junge Dame, ehrlich!«

Emma lachte. »Danke, Blackie. Es ist auch schön, dich wiederzusehen.«

Er grinste sie an, seine Freude war fraglos so groß wie die ihre. »Komm, Mavourneen. Gehen wir in den Salon. Dort ist es ruhiger, denke ich, und wir können uns besser unterhalten. Außerdem ist er besser geeignet für eine feine junge Dame, wie du eine bist.« Er fügte hinzu: »Und was möchtest du trinken? Warte hier«, sagte Blackie und ging zur Theke. Emma sah ihm nach. Seit dem Frühjahr hatte sie ihn nicht mehr gesehen, fast neun Monate. Auch er hatte sich verändert. Er schien reifer zu sein. Trotz seiner überschwenglichen Art kam er ihr beherrschter vor und sie meinte, eine gewisse Traurigkeit bemerkt zu haben. Rosie, die ihren Körper in ein orangefarbenes Satinkleid gezwängt hatte, strahlte von einem Ohr zum anderen, als sie Emma zuwinkte, die ihren Gruß erwiderte. Blackie war nach wenigen Sekunden mit den Getränken zurück. »Folge mir, bitte«, sagte er und zwängte sich durch die Menge.

Der Salon war ruhig und fast leer. Emma fühlte sich hier wohler als in der Gaststube. Blackie fand einen Ecktisch, stellte die Getränke ab, rückte ihr einen Stuhl zurecht und setzte sich ihr gegenüber. Er trank einen Schluck Bier und schaute sie über den Rand des Glases aufmerksam an. Dann lehnte er sich zu ihr. »Und was soll das alles? Was tust du in Leeds? Ein kleiner Schnipsel, wie du. Ich dachte, ich hätte dir vor einiger Zeit einmal gesagt, daß Leeds kein Ort für dich ist, solange du noch nicht alt genug bist. Das habe ich gesagt, Emma Harte.«

Emma warf ihm einen raschen Blick zu. »Mir geht es hier gut.«

»Ja, das sehe ich, so wie du ausschaust. Aber du hättest auch Pech haben können, denke ich. Komm, heraus damit! Warum hast du Fairley verlassen?«

Emma war nicht bereit, ihm schon jetzt alles anzuvertrauen, und überging seine Frage. »Ja, ich *hatte* Glück«, gab sie zu. Sie wechselte das Thema und fuhr fort: »Ich wußte nicht, daß du verreist warst. Ich habe dich vermißt, Blackie. Warum warst du solange in Irland? Ich dachte schon, du kommst nie mehr zurück.«

Sein Blick wurde traurig. »O Mavourneen, Mavourneen«, sagte er mit einem tiefen Seufzer. »Mein guter Freund, Pater O'Donovan, lag im Sterben. Er war ein alter Priester, den ich aufrichtig liebte. Er hat mir alles beigebracht, was ich weiß. Ich blieb bis zu seinem Tod bei ihm. Es war traurig, o wirklich traurig.«

Emma streckte ihre kleine Hand aus und streichelte seinen Arm. »Es tut mir leid, Blackie. Wirklich. Ich weiß, wie traurig du sein mußt.« Sie schwieg einen Augenblick und murmelte dann sanft: »Darum bist du also monatelang in Irland geblieben.«

»Nein, Mavourneen. Pater O'Donovan, Gott sei seiner Seele gnädig, starb innerhalb weniger Wochen. Aber ich machte dann noch Ferien bei meinen Vettern, Michael und Siobhan, die ich schon seit einigen Jahren nicht mehr gesehen hatte. Dann schrieb mir mein Onkel Pat, ich solle rasch züückkommen, und so traf ich gestern in Leeds ein. Da es Freitag war, ging ich natürlich ein Glas Bier trinken. Und wie überrascht war ich, als Rosie mir deinen Brief gab. Ich war niedergeschmettert, um die Wahrheit zu sagen.« Er schaute sie seltsam an und schloß: »Heraus damit, Mädel. Warum hast du Fairley verlassen?«

Emma sagte ruhig: »Bevor ich dir die Gründe mitteile, Blackie, mußt du mir etwas versprechen.«

»Und was soll ich versprechen?«

»Du mußt mir fest versprechen, nichts meinem Vater zu sagen!«

»Und weshalb die Geheimnistuerei?« fragte Blackie verblüfft. »Weiß er denn nicht, wo du bist?«

»Er glaubt, ich arbeite in Bradford«, erklärte Emma.

»Aber, Emma, das ist nicht recht! Warum solltest du deinem Dad nicht erzählen, was du machst – und wo du lebst?«

»Blackie! Du hast es mir noch nicht versprochen, und vorher erzähle ich dir auch nichts.«

Er seufzte: »Also gut. Wenn du es unbedingt so haben willst! Ich schwöre bei allen Heiligen, daß ich keiner Seele sagen werde, wo du bist.«

»Ich danke dir, Blackie. Ich mußte Fairley verlassen, weil ich ein Kind bekomme!« Sie sah ihm gerade in die Augen, ihre Stimme zitterte nicht, ihre Haltung war aufrecht wie immer.

»Jeeesuuus!« rief Blackie voll ungläubigen Staunens. »Ein Baby!« wiederholte er und sprach das Wort aus, als wäre es eine fremde Sprache.

»Ja, im März«, sprach Emma ruhig weiter. »Und ich mußte von daheim fort, weil der Junge, ich meine der Vater, mich – sitzengelassen hat.«

»Was hat er getan?« Blackie sprang auf, sein Gesicht wurde puterrot. »Bei Gott, ich werde ihm den Schädel einschlagen! Ja, das werde ich. Morgen schon fahre ich mit dir nach Fairley zu deinem und seinem Dad. Und, bei Gott, er wird dich heiraten, oder ich schlage ihn zu Brei, um ihn mit dir in die Kirche zu jagen!«

»Psst, Blackie«, sagte Emma. Sie sah, daß er vor Zorn kaum bei Sinnen war. »Es nützt nichts, Blackie. Er *wollte* mich ja heiraten, als ich ihm sagte, wie es um mich steht. Aber weißt du, was er noch in derselben Nacht tat?«

»Nein Mavourneen, ich kann es mir auch nicht ausmalen«, murmelte Blackie zwischen zusammengebissenen Zähnen. Zum erstenmal in seinem Leben spürte er den Wunsch zu töten. Die Vorstellung, daß ein Mann Emma etwas zuleide getan hatte, machte ihn schier verrückt.

Emma hatte Blackie sehr genau beobachtet und sagte nun sanft: »Er tat etwas Schreckliches, Blackie. Er *lief fort!* Um zur Königlichen Marine zu gehen! Wie mein Bruder Winston. Was sollte ich denn tun, Blackie? Ich konnte es doch seinem Vater nicht sagen. Und ganz gewiß nicht meinem. Darum bin ich nach Leeds gekommen.«

»Aber vielleicht würde dein Dad dich verstehen...« begann Blackie.

»Nein, nein, nie!« schrie Emma voller Schrecken. »Er könnte es nie ertragen – noch dazu nach dem Tod meiner Mutter. Ich will ihm nicht noch mehr Leid zufügen, als er schon tragen muß – glaub mir, Blackie, es ist besser so!« Ihre Stimme wurde wieder ruhiger. »Ich kenne meinen Vater, er könnte den Skandal im Dorf nie verwinden. Und das würde mein Leben ruinieren – und das Leben meines Babys. Und vor allem das meines Vaters... es ist wirklich besser für ihn, glaub's mir doch, Blackie. Er – es würde ihn – umbringen.«

»Nun ja, Mavourneen, ich sehe es ja ein, du hast recht, es ist besser so.« Er sah sie nachdenklich an. Und wie sie richtig angenommen hatte, war er nicht im geringsten entsetzt oder gar enttäuscht von ihr. Überrascht, ja. Und wütend auf den Jungen, der sie in diese Lage gebracht und dann verlassen hatte. Aber Blackie kannte die menschlichen Schwächen... vor allem die fleischlichen, und er würde sich nie anmaßen, über einen anderen zu richten. Er sah sie immer noch an. Plötzlich begriff er, daß die Geschichte nicht zu ihr paßte, irgend etwas daran war entsetzlich falsch. Aber was? Ihr Gesicht sah so unschuldig aus, ihre Augen so still und sanft... Nein, er wollte nicht zweifeln. »Und was wirst du tun, wenn das Baby da ist?«

»Das weiß ich jetzt noch nicht, Blackie. Mir fällt schon was ein. Aber jetzt muß ich daran denken, meinen Vater zu schützen. Wenn das Baby geboren ist, dann werde ich ihn besuchen, damit er weiß, daß es mir gut geht. Und inzwischen schreibe ich ihm, damit er sich nicht zuviel Sorgen macht.« Und Emma erklärte ihm die Geschichte mit ihren Briefen aus Bradford. Und dann erzählte sie ihm offen alles, was ihr hier in Leeds geschehen war.

Er schenkte ihr seine ganze Aufmerksameit. Trotzdem spürte Blackie O'Neill, daß ihre Veränderung tiefer saß, als nur in der äußeren Erscheinung. Sie war nicht mehr das hungrige kleine Mädchen aus dem Moorland; sie war eine junge Frau, eine sehr schöne noch dazu, und irgendwie war eine Dame aus ihr geworden. Nein, nicht über Nacht. In den anderthalb Jahren, die er sie nicht gesehen hatte, war es vor sich gegangen. Und plötzlich erkannte er, was es war: Rasse! Edle Rasse, Vornehmheit, angeboren...

Ihre leise Stimme unterbrach ihn in seinen Gedanken. »Die Kallinskis sind sehr nett und so liebenswürdig, Blackie. Ich hoffe, daß du sie kennenlernst. Und mir macht es Spaß, in der Schneiderfabrik zu arbeiten. Es wird mir gutgehen in Leeds, Blackie. Das weiß ich genau!«

»Ja, davon bin ich überzeugt, Emma. Aber du mußt weiterdenken. Wie willst du dich um das Baby kümmern und dabei noch arbeiten?«

»Ich sagte dir doch schon, darüber denke ich später nach. Jetzt muß ich erst Geld verdienen. Für mich und das Baby. Es gibt eine Lösung – für alles.« Sie drückte ihm beruhigend die Hand.

»Ich weiß die Lösung, Emma! Heirate mich. Dann bist du sicher und gut aufgehoben. Ich werde mich auch um das Baby kümmern.

Heirate mich, Mavourneen!« Seine Stimme war flehend und beschwörend zugleich.

Zum erstenmal, seit sie Fairley verlasse hatte, brach Emma zusammen, so bewegt war sie von dieser liebevollen und selbstlosen Geste. Sie senkte den Kopf, und Tränen rannen über ihre Wangen. »O Blackie, wie wunderbar von dir ... was bist du doch für ein feiner Kerl, wie lieb.« Sie hob den Blick und sah ihm in die funkelnden Augen. »Aber ich könnte es nie tun. Es wäre nicht anständig von mir, dich mit der Bürde von Frau und Kind zu belasten. Noch dazu mit dem Kind eines anderen. Du hast doch deine Pläne, Blackie! Denk dran: du wirst Millionär, du bist auf dem Weg dazu. Und da kannst du nicht an eine Familie denken. Nie könnte ich dir diese Verantwortung aufbürden, Blackie.«

Blackie war seiner Gefühle nicht einmal sicher, als er Emma anbot, seine Frau zu werden, und doch übermannte ihn Enttäuschung, als sie seinen Antrag ablehnte. »Aber du kannst doch nicht allein bleiben«, beschwor er sie. »Mit mir wird es dir besser gehen, Mavourneen. Ja, das wird es!«

»Und was wäre mit dir, Blackie O'Neill?« Sie lächelte etwas schüchtern, die Tränen glänzten noch in ihren Wimpern. »Nein, das tu ich dir nicht an. Ich werde dich nicht heiraten. Aber ich danke dir, ich fühle mich sehr geehrt – und geschmeichelt. Wirklich, Blackie!«

Er wußte, daß sie ihre Meinung nie ändern würde; aber er war sich nicht klar, ob er erleichtert war oder nicht. Auf jeden Fall fühlte er sich irgendwie verpflichtet zu sagen: »Also gut, Mavourneen, wir sprechen jetzt nicht mehr darüber. Aber darf ich eins noch sagen: Mein Angebot gilt – für immer!«

Unter Tränen mußte Emma lachen. Sie schüttelte den Kopf. »O Blackie, was würde ich ohne dich nur tun!«

Er fiel in ihr Lachen ein. Seine Zweifel waren vergessen, sein Zorn verraucht. »Ich sag' dir, was du mit mir tun wirst, meine kleine Mavourneen. Du wirst mit mir essen und dann in eins dieser feinen Cafés gehen, von denen ich dir damals erzählte. Und danach lade ich dich in das Varieté ein, das wird dir Spaß machen, und du brauchst auch mal Abwechslung. Na, was sagst du nun? Nimmst du wenigstens diesen – Antrag an?«

»Aber ja, nur zu gern. Danke, Blackie. Ich...« Emma zögerte eine Sekunde, »ich bin glücklich, daß du wieder in Leeds bist! Weil ich weiß, daß du stets mein Freund sein wirst.«

»Ja, ich bin dein Freund, Emma«, beteuerte er. »Und ich bin froh, daß du dich mir anvertraut hast. Jetzt, da ich alles weiß, kann ich für dich vorausplanen und bei dir sein, wenn du mich brauchst. Aber heute sprechen wir nicht mehr über Probleme. Heute gehen wir aus. Ich will mich mit dir zeigen. Weißt du, alle werden mich beneiden. Alle! Emma, mein Liebling.«

Emma wußte, er würde sie immer beschützen. Und sie fühlte sich warm und zufrieden in seiner Nähe.

Blackie folgte ihr in das Gastzimmer und auf die Straße. Er sah wohl, wie jeder Mann sich nach ihr umdrehte, er bemerkte die bewundernden Blicke. Und er reckte sich stolz und hob den Kopf noch höher. Ja wahrhaftig, da ist kein Mann, der mich nicht beneidet, dachte er. Und das ist die Wahrheit!

Als sie vor ihm auf die Straße trat, blieb er plötzlich wie vom Blitz getroffen stehen. Er starrte auf ihren schlanken Rücken, den erhobenen Kopf. Und erst jetzt begriff er, daß diese anmutige, elegante Emma sich nie mit einem Dorfjungen eingelassen haben konnte. *Nie!* Aber wer war dann der Vater des Kindes? fragte er sich verwirrt. Er wußte, es wäre unklug, sie zu fragen. Darum verdrängte er den Gedanken, nahm ihren Arm und gab sich alle Mühe, so heiter wie sonst zu plaudern. Aber in seinen Augen stand Erstaunen.

22

An einem bitterkalten Sonntag im Januar des Jahres 1906 saß Blackie neben Emma in der Straßenbahn nach Armley. Ihr schönes Gesicht war ernst und verschlossen. Selbst in diesen letzten Monaten ihrer Schwangerschaft hatte Emma ihre Anmut, ihre Eleganz, ihren Stil nicht verloren. Blackie betete insgeheim, daß sie wieder heiter werde, wenn sie am Ziel waren. Ach, er wäre so froh, wenn sie endlich ihren Vater besuchen konnte, nachdem das Baby geboren war. Denn obwohl sie ihre Schwangerschaft mit stoischer Ruhe und ohne jedes Anzeichen von Angst ertrug, wußte er, daß sie sich um ihren Dad und Frank Sorgen machte. Aber sie machte ihnen immer noch vor, daß sie mit der nicht existierenden Mrs. John Smith auf Reisen war, was ihre Abwesenheit von Bradford erklärte. Er hatte durch Freunde für sie Briefe aus London und sogar aus Paris aufgegeben, weil sie ihm erklärte: »Solange Vater von mir hört, ist er beruhigt.«

Blackie legte den Arm um ihre Schultern und zog sie näher an sich. »Ich hoffe wirklich, daß du dich entschließt, nach Armley zu ziehen. Du wirst glücklich sein, wenn du bei Laura Spencer wohnst. Ja, das wirst du, Mavourneen. Jetzt, da ihre verwitwete Mutter tot ist, freut sie sich über einen zahlenden Gast. Und das Haus ist so hübsch, klein, aber gemütlich und sauber. Und, wie ich dir schon sagte, Laura kann dir bestimmt Arbeit in der Thompson's Spinnerei in Armley besorgen. Schließlich arbeitet sie auch dort. Ich verstehe nicht, warum du so eigensinnig bist . . .«

»Weil ich nicht entwurzelt werden will!« sagte sie kalt. »Ich habe das Schneiderhandwerk gelernt, und jetzt willst du, daß ich Kallinskis verlasse und anfange in einer Spinnerei zu arbeiten, wo ich weben lernen soll. Und ich bin auch gern bei Mrs. Daniel, da kann ich sogar die Küche benutzen.«

Blackie stöhnte. »Aber Emma, du hast ein ganzes Haus – mit

Laura. Und das ist nur zehn Minuten von der Mühle entfernt. Selbst die Kallinskis haben eingesehen, daß es besser für dich ist, und David hat mir neulich erst gesagt, sie nehmen dich jederzeit wieder, wenn das Baby geboren ist. Also, was hast du zu verlieren? Du bist ein willensstarkes, halsstarriges Mädchen, Emma, und ich will nur dein Bestes! Aber manchmal bist du auch ziemlich hochmütig, wenn ich das sagen darf.«

»Bin ich das?« Sie biß sich auf die Lippe. Sie wußte nicht, daß sie tatsächlich manchmal eine recht großartige Art an den Tag legte. Aber wenn Blackie es schon zu sagen wagte...?

Blackie war selbst erschrocken über diese Bemerkung, und er bemühte sich, Emma abzulenken. »Armley ist eine süße kleine Stadt, das wirst du sehen. Und im Sommer, wenn die Bäume blühen, da ist der Park, wo die Musik spielt – jeden Sonntag – und da kannst du mit dem Baby spazierengehen. Und soviele Geschäfte, du mußt gar nicht nach Leeds fahren, wenn du einkaufen willst.«

Begierig sah Emma ihn an. »Geschäfte?« fragte sie. »Was für Geschäfte?« Jetzt war sie ganz Aufmerksamkeit. Das spürte Blackie sofort, und er fing an aufzuzählen. »Also, Lebensmittel, Metzger, Gemüse, die liegen alle an der Town Street, und ein Fischhändler, ein Milchladen, 'ne Drogerie, ein Laden für Damenkleider, ein Schuhgeschäft, Kurzwaren, Zeitungen. Also, ich glaube, da sind Geschäfte, die einfach alles verkaufen, Emma. Und 'ne Menge Wirtshäuser. Ich selbst kenne allein sechs...«

Endlich mußte Emma wieder lachen. »Das kann ich mir denken.«

Sie waren an der Endhaltestelle angekommen. Blackie sprang heraus und half Emma behutsam über die Stufen. »Paß auf, Liebling. Ich möchte nicht, daß dir oder Tinker Bell was passiert, hier auf dem Kopfsteinpflaster.«

»Tinker Bell?«

»Hm, Tinker Bell! So nenne ich das Baby, natürlich nur heimlich – für mich. Du weißt doch, Tinker Bell in ›Peter Pan‹.«

Sie lachte. »O Blackie, woher weißt du, daß es ein Mädchen wird?«

»Weil du mir immer sagst, daß du eins haben willst.«

Blackie zog ihren Arm durch seinen, schob die Hände in die Taschen seines neuen marineblauen Mantels und sagte: »Da oben, das ist Towers, wo die reichen Leute wohnen. Und Town

Street liegt gleich vor uns. Und paß auf, daß du nicht ausrutschst, Liebes. Und da ist der Charley Cake Park.« Blackie deutete mit dem Kopf auf ein baumbestandenes weites Stückchen freies Land. »Dort wirst du im Sommer mit Tinker Bell sitzen und in die Sonne sehen.«

»Ich werde keine Zeit haben, irgendwo mit irgendeiner Tinker Bell herumzusitzen«, sagte Emma gleichmütig.

»Warum mußt du mir nur immer widersprechen? Ich werde dich ›Zweifel-Emma‹ nennen, wenn du nicht achtgibst, mein Mädchen. Und jetzt schau, hier sind die ersten Geschäfte. Na, Mavourneen. Hab' ich nicht recht gehabt mit dem, was ich dir davon erzählte?«

Emmas Blick folgte dem Verlauf der Straße, ihre Augen wurden hellgrün vor Aufregung, ihre Traurigkeit war verflogen. »Ja, genau wie du es beschrieben hast.« Sie gingen an den Läden entlang, und Emma erkannte sofort, daß Town Street eine gute Geschäftsgegend war. Auch die Mieten werden billiger sein, als in Leeds, dachte sie. Vielleicht kann ich in Armley mein erstes Geschäft aufmachen, wenn das Baby da ist. Es wäre ein Anfang, immerhin! Blackie mochte sie ›Zweifel-Emma‹ nennen, aber an einem gab es für sie keinen Zweifel – an ihrem Erfolg!

Die Häuser auf beiden Seiten der Straße waren alle hübsch mit ihren kleinen Gärten und grüngestrichenen Türen, überall saubere Gardinen hinter den Fenstern. Plötzlich blieb sie stehen und griff nach Blackies Hand. »Was hast du Laura eigentlich von mir erzählt?« fragte sie.

Blackie sah sie verwundert an. »Aber natürlich genau das, was du mir gesagt hast«, antwortete er ruhig. »Dieselbe Geschichte: *Mrs.* Harte, Frau eines Seemanns, werdende Mutter, liebe Freundin von Blackie O'Neill.« Emma lächelte erleichtert, und sie gingen zusammen den Gartenweg entlang zum Haus.

Emma fiel ein, daß Blackie ihr eigentlich diese Laura Spencer kaum geschildert hatte; und sie war auf keinen Fall auf den Anblick des Mädchens vorbereitet, das ihnen jetzt die Tür öffnete und sie herzlich und mit unverhohlener Freude begrüßte. Laura Spencer hatte das zarte, liebliche Gesicht einer Madonna, und in ihren Augen lag so viel Wärme und Zutraulichkeit, in ihrem Lächeln ungeheuchelte Liebenswürdigkeit, daß Emma sofort wußte: Noch nie habe ich einen Menschen wie sie gekannt.

Laura nahm Emmas Hände und sagte: »Ich bin so glücklich, daß

Sie gekommen sind. Blackie hat mir soviel Liebes von Ihnen erzählt. Oh, mein Gott, Sie haben ja eiskalte Hände. Kommen Sie, kommen Sie, im Haus ist es warm.«

»Ich freue mich auch, Sie kennenzulernen«, erwiderte Emma. Sie sah sich unauffällig in dem Zimmer um, ihr Blick schweifte über die gedämpften Farben der blau-weiß gestreiften Tapete, die schweren blauen Samtvorhänge und die wenigen schimmernden Mahagoniemöbeln. Dieses Wohnzimmer war – im Gegensatz zu Mrs. Daniels gräßlich eingerichtetem »Salon« – behaglich und von schlichter Schönheit.

»Bitte, entschuldigt mich eine Sekunde, ich muß nur schnell in die Küche. Macht es euch gemütlich, fühlt euch wie zu Hause.«

Von ihrem Sessel am Kamin sah Emma Laura in der kleinen Küche, die neben dem Wohnzimmer lag. Sie trug ein blaßblaues Wollkleid mit weitem Rock und langen Ärmeln, um den Hals den großen weißen Kragen der Quäker. Und obwohl das Kleid schon etwas abgetragen und hier und da sorgsam gestopft war, betonten der einfache Schnitt und die sanfte Farbe den Zauber von Tugend und Reinheit, der Laura umgab. Sie ist schön, dachte Emma, wie eine Meißner Figur, edel, zerbrechlich. Sie bemerkte den goldenen Schimmer in ihrem honigfarbenen Haar, die Weisheit und Güte in den großen haselnußbraunen Augen, die von einem inneren Licht glühten. Und sie erkannte Lauras Liebreiz als das, was er war: ein Spiegelbild der Reinheit. Und Lauras innere Güte und Würde teilten sich Emma mit; sie fühlte sich jäh in Frieden mit sich selbst, und sie dachte: *Ich möchte, daß sie meine Freundin wird. Ich möchte werden wie sie. Und ich möchte mit ihr in diesem Haus leben.*

Aber auch Laura war von Emma beeindruckt. Zuerst war es ihre auffallende Schönheit, die sie bezauberte. Aber ihr entgingen auch nicht die Intelligenz in den unvergleichlichen grünen Augen und das vornehme Oval ihres Gesichts. Blackie hatte ihr erzählt, daß Emma in einem winzigen ungemütlichen Dachzimmer wohnte und Stunden brauchte, um zu ihrer Arbeitsstätte zu laufen und zurück. Er machte sich Sorgen um ihre Gesundheit. Kein Wunder, dachte Laura, sie muß ein wenig bemuttert werden. Schließlich ist sie im siebenten Monat und ganz allein. Ich werde ihr eine Schwester sein.

Auch Blackie dachte über die beiden Mädchen nach, während sie Tee tranken und hungrig die appetitlichen Sandwiches aßen.

Er liebte sie beide, aber jede auf andere Art. Und er war glücklich, daß sie offenbar aneinander Gefallen fanden. Laura, verinnerlicht, gottgläubig, selbstlos bis zum äußersten. Neben Lauras Liebreiz schien Emmas Schönheit ihm glühend und wild, ja, sogar etwas erschreckend. Ihm war schon lange klar, daß sie unbarmherzig und selbstsüchtig werden konnte, wenn irgend jemand sich ihr in den Weg stellte. Und doch – trotz ihrer innerlichen Gegensätze hatten die beiden Mädchen vieles gemeinsam: Aufrichtigkeit, Mut, Mitleid und Würde. Und wenn Laura mit ihren einundzwanzig Jahren auch nur vier Jahre älter war als Emma, war Blackie überzeugt, daß sie sich wie eine liebevolle Mutter um Emma sorgen würde. Und Emma spürte, daß ihre Anwesenheit Laura über die Einsamkeit seit dem Tod ihrer Mutter hinweghelfen könne.

Die beiden Mädchen unterhielten sich angeregt und heiter, Emmas Gesicht leuchtete im Widerschein des Feuers. Mein Gott, ihre Schönheit muß jeden Mann blenden, dachte Blackie. Und wieder fragte er sich wie so oft in letzter Zeit, wen sie vor sieben oder acht Monaten geblendet haben mochte. Aber Blackie fragte Emma nicht. Jetzt war ihm nur wichtig, daß Emma in Lauras Obhut kam und in Thompson's Mühle zu arbeiten anfing.

Als hätte sie seine Gedanken gelesen, hörte er Laura sagen: »Du scheinst das Schneiderhandwerk sehr zu mögen, Emma, und, wie ich hörte, bist du auch außerordentlich geschickt darin. Ich bin überzeugt, es wird dir keine Mühe machen, weben zu lernen.«

»Ist weben sehr schwer?« fragte Emma vorsichtig.

»O nein, überhaupt nicht, wenn du erst mal die Vorgänge begriffen hast. *Du* wirst es bestimmt nicht schwierig finden, Emma.«

»Ob Sie mir bei Thompson's eine Arbeit besorgen könnten, Laura?«

»Aber gewiß!« rief Laura aus. »Ich habe neulich mit dem Vorarbeiter gesprochen, und Sie können jederzeit bei ihm anfangen. Sie suchen nach Mädchen, die sie anlernen können.«

Emma dachte eine kleine Weile nach, dann war ihr Entschluß gefaßt. »Wäre es Ihnen auch recht, wenn ich bei Ihnen wohne, Laura? Ich mache Ihnen bestimmt keine Umstände, und ich bezahle pünktlich meine Miete.«

»Emma, ich könnte mir nichts Schöneres denken, als dich bei mir zu haben. Ich könnte das Haus sowieso nicht allein halten, aber ich würde es so ungern aufgeben, ich habe hier fast mein ganzes Leben verbracht. Aber abgesehen davon wärest du mir eine wunderbare, liebe Freundin.« Sie drückte Emmas Hände herzlich und fuhr fort: »Und ich glaube, auch dir wird es hier gutgehen, besser als in Leeds. Und ich kann mich um dich kümmern, schließlich soll das Baby doch in zwei Monaten kommen, Emma, Liebes. Komm, ich zeige dir das Haus und dein Zimmer.« Sie führte sie eine schmale steile Treppe hinauf und öffnete eine Tür. »Das wäre dein Reich, Emma«, verkündete sie mit strahlendem Lächeln.

»Na, ist das nicht hübsch und gemütlich?« fragte Blackie.

Emma sah zu ihm auf. »Ja, Blackie, das ist es wirklich.« Den größten Raum nahm ein breites Messingbett ein, das mit einem Patchwork-Überwurf zugedeckt war. Die Wände waren weiß, und vor dem Bett lag ein kleiner Teppich.

»Es war das Zimmer meiner Eltern«, sagte Laura und fügte etwas scheu hinzu: »Ich glaube, es ist genau richtig für dich, Emma, weil es so groß ist und das Doppelbett... Wenn dein Mann auf Urlaub kommt, kann er auch hier wohnen.« Emma wollte etwas sagen, aber sie sah Blackies Gesicht und schwieg.

»Er, nun ja, er wird nicht so bald kommen. Noch lange nicht. Er ist auf See. Wir müssen also darüber noch nicht nachdenken!« Er mußte unbedingt das Thema wechseln, dachte er, und fiel in einen Wortschwall: »Emma, siehst da den freien Platz vorm Fenster? Da kannst du dir eine Arbeitsecke einrichten und Kleider für die Damen von Armley nähen, wie du es dir doch mal gedacht hast. Ich bin sicher, Laura hat nichts dagegen. Nicht wahr, Laura, meine Liebe?« Er hoffte von Herzen, ihre Gedanken von diesem verdammten angeblichen Ehemann abgelenkt zu haben.

»Ich finde das Zimmer wunderschön«, sagte Emma, die begriffen hatte, was in Blackies Gehirn vorgegangen war, »und ich möchte gern bei dir wohnen. Das heißt, wenn ich es mir leisten kann...«

Die drei gingen wieder ins Wohnzimmer, Blackie warf frische Scheite aufs Feuer, und Laura holte ihr Haushaltsbuch. »Die Miete kostet vier Shilling in der Woche, also die Hälfte sind zwei, Emma. Dann sind noch Kohlen und Holz und Paraffin im Winter. Wenn du die Kosten dafür auch mit mir teilen könntest, wäre ich sehr dankbar. Aber im Sommer ist es dafür auch weniger.«

»Fünf Shillinge!« rief Emma aus.

Laura sah erschreckt auf. »Ach, Liebes, ist es zu viel? Vielleicht kann ich . . .«

»Nein, es ist nicht zu viel«, unterbrach Emma. »Ich habe mit mehr gerechnet. Es ist wirklich außerordentlich fair von dir. Schließlich zahle ich ja für die Dachkammer bei Mrs. Daniel schon drei Shillinge in der Woche.«

»Ha!« schrie Blackie lauthals, »ich hab' dir ja immer gesagt, die alte Hexe raubt dich aus. Aber du glaubst mir ja nie mehr, Emma! Schon vor Wochen hättest du zu Laura ziehen können . . . ich hab' es dir immer wieder gesagt.«

»Psst, Blackie, reg dich nicht auf«, sagte Laura freundlich aber bestimmt. Sie gab Emma das Haushaltsbuch. »Du kannst die Ausgaben gern überprüfen.«

Emma nahm das Buch nicht an. »Laura, bitte! Ich muß mir die Zahlen nicht ansehen. Ich weiß, wie ehrlich du bist. Ja, vermutlich ist die Miete sogar viel zu gering.«

Laura legte das Buch wieder in die Schublade und fragte: »Hat Blackie dir gesagt, daß du im ersten Monat deiner Lehrzeit noch keinen Lohn bekommst?« Emma nickte. Laura räusperte sich und sagte dann schnell: »Und natürlich darfst du mir im ersten Monat auch nichts zahlen.«

»Nein, das geht nicht. Es wäre nicht richtig.«

Aber Laura blieb fest. »Ich nehme kein Geld, solange du nichts verdienst, Emma.« Sie sah in das stolze Gesicht und begriff sofort, daß Emma keine wohltätigen Gaben annehmen würde – nie im Leben, und da sie das Mädchen nicht in Verlegenheit bringen wollte, sagte sie sanft: »Dann gib mir zwei Shillinge für die Miete.« Widerstrebend willigte Emma ein, um Laura nicht zu beleidigen. Und sie wußte, daß sie im nächsten Monat ihre Ersparnisse angreifen mußte.

»Also – dann ist alles in Ordnung«, lachte Blackie erleichtert. »Emma wird nächsten Samstag einziehen, ich bringe sie natürlich her, ja, das tu ich! Seht ihr, ich wußte, daß es gut ausgeht und daß ihr euch beide gern habt.«

Emma lächelte, sie war glücklich über ihren Entschluß, doch nach Armley zu ziehen, bei Laura Spencer wohnen zu dürfen. Wieder fühlte sie, wie Friede sie überkam. Alles würde gut werden. Daran gab es jetzt nicht mehr den geringsten Zweifel. Emma wußte damals noch nicht, daß sie diese erste Begegnung mit Laura Spencer ihr Leben lang nicht vergessen würde. Und erst viel später erkannte sie, daß Laura der einzig wahrhaft gute Mensch war, den sie je kennengelernt hatte. Und sie liebte sie innig.

Am Freitag darauf sagte sie ihren Mitarbeitern in der Schneiderwerkstatt Lebewohl und aß das letzte Sabbath-Mahl mit den Kallinskis. Nach dem Essen zog Janessa Emma beiseite und flüsterte: »Sie müssen mir versprechen, daß Sie immer zu mir kommen, wenn Sie in Not sind – oder etwas brauchen. Armley ist nicht so weit entfernt, und ich kann jederzeit bei Ihnen sein, wenn das Kind da ist.«

Der Abschied war tränenreich, nur David schien nicht sehr traurig zu sein. Er wußte zu genau, daß ihre Wege sich wieder kreuzen würden.

Und am Montag morgen nahm Laura sie mit zur Thompson-Mühle. Vom ersten Augenblick an haßte Emma ihren neuen Arbeitsplatz so sehr, wie sie Abrahams kleine Fabrik geliebt hatte. Hier herrschte keine Kameradschaft, niemand lachte oder scherzte. Hier herrschte eherne Disziplin, und die Aufseher waren grimmig und übler Laune, wenn sie zwischen den Webstühlen herumgingen. Emma widerte der Geruch der geölten Rohwolle an, und sie meinte vom ewigen Lärm der Webstühle taub zu werden. Aber Laura war eine gute Lehrmeisterin, geduldig und klar in ihren Anweisungen. Trotz allem fand Emma diese Arbeit schwierig, ja, sie machte ihr Angst, nachdem sie gesehen hatte, wie ein Schiff plötzlich hochflog und einem Mädchen die Wange zerschlug.

Aber sie gab sich Mühe und machte kaum einen Fehler. Denn jeder Fehler kostete Zeit, ihn gutzumachen, und Zeit war Geld.

Um sechs Uhr morgens fingen Laura und Emma mit der Arbeit an, um sechs Uhr abends waren sie fertig. Die Tage schienen nicht enden zu wollen. Emma wurde schwerer, und sie war oft müde und zu Tode erschöpft. Manchmal dachte sie, das Baby würde hier auf dem Fußboden der Mühle zur Welt kommen. Aber Laura war immer um sie, und Emma bewunderte ihre unerschütterliche gute Laune, ihr immer freundliches Wesen. Sie hätte nicht mehr gewußt, wie sie ohne ihre Hilfe, ihren Rat und ihren Beistand hätte leben können.

An einem Dienstagabend, der März ging zu Ende, wußte Emma, es war an der Zeit. Und Laura ging mit ihr ins St. Mary's Hospital. Nach zehn Stunden entsetzlicher Wehen brachte sie ihr Kind zur Welt. Es war genau ein Monat vor ihrem siebzehnten Geburtstag. Zu Emmas Freude war es ein Mädchen.

23

Die Hauptstraße von Fairley lag verlassen. Es war Sonntagmittag an einem kühlen Apriltag. Dicke Wolkengebirge schoben sich über den Himmel, und das Dorf sah unwirtlich und verschlossen aus. Auf Emma, die den steilen Hügel hinaufstieg, wirkte es kleiner als früher, denn ihre Augen waren an die imposanten Häuser von Leeds gewohnt. Aber sie lächelte, die grünen Augen blitzten vor Lebensfreude. Emma war glücklich. Sie freute sich darauf, endlich ihren Vater und Frank wiederzusehen. Es sollte eine Überraschung werden, sie hatte von ihrem Besuch nichts geschrieben. Frank war in den letzten zehn Monaten gewiß gewachsen, wie er wohl aussieht, mein kleiner Frank, mit seinen dreizehn Jahren? Emma hatte sich für dieses Wiedersehen so schön wie möglich angezogen, denn sie wollte ihrem Vater zeigen, daß der Erfolg, von dem sie immer wieder schrieb, ihr tatsächlich nicht verwehrt geblieben war. In der Hand trug sie eine große Einkaufstasche mit Geschenken für Vater und Frank, obenauf ein bunter Frühlingsstrauß für das Grab ihrer Mutter. Und in ihrer Börse lagen drei neue Pfundnoten, die das Haushaltsgeld ihres Vaters aufbessern sollten.

Ihr Kind war bei ihrer Cousine Freda in Ripon untergebracht, die glücklich war, sich um Edwina kümmern zu dürfen. Edwina war ein rosiges, hübsches Baby, ruhig, rund und friedlich. Und ihr bester Freund, Blackie O'Neill, hatte darauf bestanden, daß auf der Geburtsurkunde sein Name als Vater eingesetzt wurde, denn Emma weigerte sich unerbittlich, Edwin Fairleys Namen anzugeben. »Emma, Mavourneen, soll deine Tochter auf ihrem Geburtsschein etwa einmal lesen ›Vater unbekannt‹? Liebe Emma, wenn du mich schon nicht zum Mann haben willst, dann erweise mir bitte die Ehre, meiner Tinker Bell den Namen eines Vaters zu schenken.« Auch Freda hatte versprochen, Emmas Geheimnis, daß sie ein uneheliches Kind hatte, zu bewahren und Edwina zu versorgen, als sei es ihr eigenes.

Plötzlich hörte sie eine Männerstimme ihren Namen rufen. Sie beschleunigte ihren Schritt und sah sich nicht um. Auf keinen Fall wollte sie sich von einem der Männer aus dem Dorf ausfragen lassen.

»Emma! Um Himmels willen, warte doch. *Ich* bin's, Winston!«

Sie wirbelte herum, ihr Gesicht strahlte. Ihr älterer Bruder, prachtvoll anzusehen in seiner Marineuniform, lief hinter ihr her, winkte mit seiner weißen Matrosenmütze, und dann lag sie in seinen Armen. Erst in dieser Sekunde wurde ihr bewußt, wie sehr sie ihn vermißt hatte.

Jetzt schob er sie ein wenig von sich, und sie sahen sich mit suchenden Augen an. Emma hielt den Atem an: Winston war außergewöhnlich schön geworden – und gereift. Er war ein Mann. Und Winston konnte den Blick kaum von Emma abwenden. Wie hat sie sich nur verändert! Irgend etwas Besonderes ist an ihr. Bei Gott, sie ist ein wunderbares Mädchen, nein, ein einmaliges ... und dann berichtigte er sich, nein sie ist kein Mädchen, sie ist eine Frau, und eine der schönsten, die Gottes Erde trägt. Für diese, meine Schwester, kann es keinen Mann geben, der ihrer wert ist.

»Du siehst fantastisch aus«, sagte Emma endlich.

»Und du nicht weniger, kleine Schwester. Und richtig erwachsen!« Er lächelte sie liebevoll und stolz an. Aber dann griff er hart ihren Arm. »He, unsere Emma, wo bist du die ganze Zeit gewesen? Wir haben uns zu Tode aufgeregt! Wie konntest du nur einfach so weglaufen?

»Und was hat denn mein lieber Bruder getan?« fragte Emma lächelnd.

Winstons Augen funkelten. »Ich bin ein Mann. Das ist was anderes. Du hattest keinen Grund, dich davonzumachen. Du wurdest daheim gebraucht!«

»Schrei nicht so, Winston. Dad weiß, wo ich war. Ich habe ihm regelmäßig geschrieben und Geld geschickt.«

»Ja, aber du hast nie deine Adresse mitgeteilt. Wir konnten dir auf deine Briefe nicht antworten. Das war nicht richtig von dir, Emma!«

»Dad weiß, daß ich mit meiner Lady gereist bin. Mrs. John Smith aus Bradford. Bitte, Winston, sieh mich nicht so böse an und laß meinen Arm los, du tust mir weh.«

»Tut mir leid«, murmelte Winston. »Komm, wir wollen hier nicht rumstehen. Ich seh' schon, wie ein halbes Dutzend Vorhänge beiseite geschoben werden.« Er zog sie fast hinter sich her hinauf zum Top Fold und erzählte ihr in knappen Worten, wie glücklich er bei der Königlichen Marine sei, daß er in Scapa Flow stationiert und überzeugt sei, Karriere zu machen.

»Ich bin stolz auf dich«, Emma war von seinen Worten beeindruckt und bewegt. »Und ich weiß, Dad ist es auch.«

Das Lächeln schwand aus seinem Gesicht. Emma sah ihn erstaunt an. »Es geht ihm gut, unserem Dad, nicht wahr?« fragte sie.

»Ich – ich weiß nicht.« Winston wandte den Kopf ab.

»Hast du ihm denn nicht das alles erzählt? Es muß ihn doch freuen, Winston. Er selbst war ein begeisterter Soldat – damals im Burenkrieg, und er ist ein guter Patriot.«

Als sie vor der Gartenpforte des kleinen Hauses standen, klopfte Emmas Herz schneller vor Glück. Sie lief aufgeregt den Pfad entlang und sah nicht den herzzerreißenden Ausdruck auf Winstons Gesicht.

Frank stand mit dem Rücken zur Tür über den Herd gebeugt, als Emma eintrat. »Du kommst spät wie immer, Winston. Tante Lily wird wieder böse sein. Ich versuche, dein Essen warm zu halten, aber es sieht ein bißchen komisch aus, finde ich. Aber hier ist es, Winston.« Der Junge drehte sich um. Er ließ beinah den Teller fallen, als er Emma sah. Seine Lippen zitterten, und die Augen wurden so groß, daß sie in seinem schmalen Gesicht wie graue Teiche wirkten. Dann warf er den Teller auf den Tisch und stürzte sich so heftig in Emmas ausgestreckte Arme, daß er sie beinah umstieß. Sie drückte ihn an sich, streichelte sein Haar. Er fing an zu weinen und schluchzte, als wolle sein Herz brechen.

»Frank, Frank. Liebling, Kleiner, ich bin doch hier, gesund und wohlbehalten. Und ich habe dir was Schönes mitgebracht... Schreibpapier und Bücher...«

Er hob sein nasses sommersprossiges Gesicht und sagte schluchzend: »Ich habe dich so vermißt, Emma. Immer so sehr. Ich dachte, du kommst nie zurück. Nie wieder.«

»Aber, aber, du bist doch ein kluger Junge und weißt, ich komme immer wieder zu dir.«

Sie löste sich aus der Umklammerung seiner mageren Arme und begann, die Geschenke auszupacken. Die Blumen legte sie behutsam in Wasser. »Und das hier ist für Dad«, sagte sie. »Wo ist er?« Freudig erregt blickte sie von Winston zu Frank. Winston warf die weiße Mütze auf einen Stuhl, und Frank starrte sie sprachlos an, die Geschenke an tich gepreßt. Keiner sagte ein Wort.

»Was ist? Warum seid ihr so still?« Angst überkam sie. »Wo ist er, Winston?«

Winston hustete verlegen. »Er ist bei unserer Mam, Emma.«

Emma atmete auf. »Oh, er ist auf dem Friedhof. Wäre ich doch nur schon früher hier gewesen, dann hätte ich ihn begleiten können. Ach was, ich laufe schnell hinüber und finde ihn ...«

»Nein, Emma, das kannst du nicht«, rief Winston, legte seinen Arm um sie und führte sie zu einem Stuhl. »Setz dich erst mal hin. Du hast mich nicht verstanden, Liebes.« Er nahm ihre Hände in seine. Er sprach so leise weiter, daß sie ihn kaum hören konnte. Aber jetzt begriff sie jedes Wort. »Ich meinte nicht, daß unser Dad zu Mams Grab gegangen ist. Ich meinte, er ist bei ihr. Er liegt neben ihr auf dem Friedhof.«

»Unser Dad ist tot«, sagte Frank mit kindlicher Offenheit.

»Tot«, flüsterte Emma. »Er kann nicht tot sein. Es ist einfach unmöglich. Ich hätte es gewußt – in meinem Herzen.« Tränen stürzten aus ihren Augen, als sie die Gesichter ihrer Brüder sah. Jetzt wußte sie, daß es bittere Wahrheit war.

Winston kniete vor ihr und legte seinen Kopf in ihren Schoß. Er weinte wie damals, als sein Vater starb. Aber diesmal weinte er um Emma. Sie sank über ihm zusammen, Schluchzen schüttelte sie. »O Winston, Winston! Ich werde ihn nie mehr sehen. Ich habe ihn nicht mehr gesehen!«

»Ja, ja, Liebe«, Winston riß sich zusammen, er mußte sie trösten, seinen eigenen Kummer beherrschen! Er streichelte ihr Haar, bis ihr Schluchzen abebbte. Frank bereitete Tee und schluckte seine Tränen herunter. Er mußte ein tapferer großer Junge sein! Winston hatte ihm das immer wieder gesagt. Aber Winston bemerkte den Kummer des kleinen Bruders sofort. Er streckte den Arm nach ihm aus, und Frank schlidderte über den Fußboden und barg seinen Kopf an Winstons breiter Brust. Winston hielt sie nun beide an sich gedrückt: Schwester und Bruder, liebend, hingebungsvoll. Er war jetzt das Familienoberhaupt, er war für beide verantwortlich. Die drei blieben lange aneinandergeschmiegt, und jeder fand Trost in der geschwisterlichen Wärme. Und schließlich sprach Winston es aus: »Jetzt sind nur noch wir drei da. Wir müssen zusammenhalten. Wir sind eine Familie. Das ist es, was Dad und Mam von uns erwarten.«

Emma stand auf, wischte sich mit dem Handrücken die Tränen vom Gesicht und fragte: »Wann... wann... ist unser Dad...«

»Fünf Tage, nachdem du fort warst, im letzten August«, sagte Winston leise.

Emma wurde aschfahl, ihr Gesicht war steinern. Und ich habe es nicht gewußt. All die Monate habe ich ihm geschrieben. Habe ihm schreckliche Lügen geschrieben. Und die ganze Zeit war er tot. Tot und begraben in der kalten Erde. Sie hielt die Hände vor den Mund, um ihr Schluchzen zu unterdrücken. »Wie, wie ist er gestorben?«

»Es war ein Unfall«, sagte Winston. »Ich war in Scapa Flow. Tante Lily schickte mir ein Telegramm, und ich bekam Urlaub. Wir wußten nicht, wo wir dich finden konnten, Emma...«

Emma schwieg. Es gab keine Entschuldigung für sie. Erst nach Minuten brachte sie die Frage heraus: »Was für ein Unfall?«

Jetzt begann Frank stockend zu sprechen. Ach, er war so ein kleiner Junge und bemühte sich so sehr, stark zu sein, dachte Emma. Sie nahm ihn in die Arme. Und flüsternd erzählte Frank die Geschichte vom Feuer in der Mühle und wie ihr Vater versuchte, Edwin zurückzuhalten, die Türen aufzureißen, wie er sich dann über ihn stürzte, als die brennende Wolle herunterfiel... »Und dann hat er Master Edwins Leben gerettet – mit seinem eigenen Körper und mit selbstlosem Mut, so hat der Squire gesagt.«

Emma schien das Blut in den Adern zu gefrieren. »*Mein* Vater hat Edwin Fairleys Leben gerettet?« schrie sie auf. »Er starb, um einen Fairley zu retten! Mein Vater hat sich für einen von *denen* geopfert!« Ihr Körper zitterte wie eine Birke im Sturm.

»Ruhig, ruhig, Emma. Du machst dich nur krank. Es ist geschehen, und niemand kann es mehr gutmachen.« Winston hielt sie an den Schultern fest. Und Frank murmelte weiter: »Der Squire war sehr – sehr anständig. Er zahlt mir Dads Lohn. Ein Pfund in der Woche. Bis ich fünfzehn bin...«

»Das ist ja ungeheuer großzügig«, zischte Emma, ihre Augen waren drohend und böse. »Achtundvierzig Pfund im Jahr.« Sie lachte höhnisch. »Sehr anständig, in der Tat. Mehr ist ihm das Leben meines Vaters nicht wert. Ach, es ist ein ekelhafter Scherz.«

Winston sagte so sanft wie möglich: »Nun, er tut noch mehr, der Squire. Er hat Frank ins Büro genommen, und er lernt dort viel. Und jeden Sonntag holt Tante Lily einen Korb voll Nahrungsmittel. Genug für die ganze Woche. Tante Lily ist hergezogen und kümmert sich um Frank.«

»Es würde mich würgen.« Emma drehte sich um. Mit hoch erhobenem Kopf ging sie zur Tür, nahm den Mantel und die Blumen und sagte: »Ich gehe jetzt zum Friedhof. Und dann . . . ich muß ein wenig allein sein, ich muß nachdenken . . .«

Ihr Gesicht ehern, ein kaltes Licht in den grünen Augen, schloß sie die Tür leise hinter sich. Als sie zum Friedhof ging, stieg der angestaute Haß auf die Fairleys in ihr auf, daß sie meinte, daran ersticken zu müssen. Gab es denn kein Ende der Schmerzen, die diese Familie über sie brachte? Sollte sie von ihr bis zum Ende ihrer Tage verflucht sein? Nein! *Sie* würde sie verfluchen und verfolgen! Fluch über alle Fairleys. Verdammt mögen sie sein. Verdammt!

24

Und das war der Anfang. So begann der unermüdliche, gnadenlose, unerschrockene, rastlose Weg der siebzehnjährigen Emma. Der Weg zu ihrem Ziel: Macht über alle, Macht und Reichtum.

Am Tage arbeitete Emma in der Mühle, in der Nacht – nach einem hastigen Abendessen – entwarf sie Kleider, schnitt sie zu und nähte für einen immer größer werdenden Kundenkreis der Damen aus den ersten Kreisen von Armley. Sonntags buk sie Obstkuchen, Pasteten jeder Art – ihre Fantasie war auch in praktischer Arbeit grenzenlos –, bald richtete sie Partys und Festlichkeiten aus, zunächst für die Nachbarn, dann bald für die beste Gesellschaft. Und zwischendurch war sie mit Einmachen beschäftigt. Früchte, Gemüse, Zwiebeln, rote Bete, Nüsse, sie bereitete Chutneys und Relishes, beschriftete die Gläser säuberlich und bewahrte sie in Lauras Keller auf. Für ihr erstes Geschäft. Jeder Penny, den sie mit Nähen verdiente, wurde in dieses ›Geschäft‹ gesteckt, wie sie es nannte. Davon wurden Stoffe und Nähmaterial gekauft, und Früchte und Gemüse für ihre Einweckgläser. Sie selbst lebte von ihrem Lohn als Weberin.

Laura war oft besorgt, aber Emma erklärte ihr: »Du mußt Geld anlegen, um Geld zu verdienen!« Und sie brauchte das Geld, um zu ihrem ersten Ziel zu gelangen: den eigenen Laden, und danach einen, zwei weitere, und noch mehr, bis sie eine Ladenkette hatte wie Michael Marks mit den Penny Bazars. Nur ihre sollten elegant sein, aus dem Rahmen fallend. Ihre Kunden würden nicht mit Pennys bezahlen, o nein, mit Pfunden, vielen Pfunden!

Ein ganzes Jahr, nachdem sie von ihres Vaters Tod erfahren hatte, gönnte sie sich keine freie Stunde. Nur einmal im Monat besuchte sie Edwina, und wenn sie an der Wiege des gesunden, schönen Kindes stand, versicherte sie ihm ohne Worte: Für deine Zukunft werde ich arbeiten!

Und einmal fuhr sie nach Fairley. Winston war auf Urlaub, und so konnten sie gemeinsam über Franks Zukunft beraten. Bis zu seinem fünfzehnten Geburtstag sollte er im Büro der Mühle arbeiten, und dann könne er entscheiden, ob er Schriftsteller oder Journalist werden wolle. Wenn ja, dann würden Emma und Winston Mittel und Wege finden, um ihn in einem Verlagshaus unterzubringen und die Abendschule besuchen zu lassen.

»Frank ist klug, Winston, er hat Fantasie und Begabung mit dem Wort umzugehen. Es ist eine Gabe, wirklich. Wir müssen dafür sorgen, daß sie nicht vergeudet wird. Und du wirst auf ein paar Zigaretten und Biere verzichten und ihm Schreibmaterial schicken, und ich sorge für Bücher: Dickens, Shakespeare, Trollope und Thakeray.« Victor Kallinski wußte alles über diese Werke und würde auch helfen. Und dann erklärte sie den Brüdern und Tante Lily, daß sie sich *Mrs.* Harte nenne und einen Ehemann in der Marine erfunden habe, einfach um sich gegen irgendwelche dumme Bewerber zu schützen. Aber von Edwina sagte sie keinem Menschen ein Wort. Nur Laura, Blackie und Freda wußten von ihrer kleinen Tochter.

Emma arbeitete so hart, daß sie sogar ihre Freunde vernachlässigte. Vor allem David Kallinski machte sich Sorgen, und eines Abends suchte er Blackie in der »Schmutzigen Ente« auf. Ohne Umschweife erklärte er sofort den Grund für seinen Besuch. »Emma hört nicht auf mich, Blackie. Ich hab' ihr immer wieder gesagt, daß sie sich kaputtmacht, daß man alles mit Maßen tun muß. Und weißt du, was sie darauf geantwortet hat?«

Blackie schüttelte den Kopf: »Keine Ahnung. Aber sie macht die merkwürdigsten Bemerkungen heutzutage, ja, das tut sie.«

»Sie sagte zu mir: ›Meiner Meinung nach ist Mäßigung eine weit überschätzte Tugend, vor allem, wenn es um Arbeit geht.‹ Kannst du dir so etwas vorstellen?«

»Ja, das kann ich. Sie ist eigensinnig, unsere Emma, David.«

»Bitte, Blackie, versuche wenigstens, daß sie sich diesen Sonntag frei nimmt. Ich komme nach Armley, und wir machen einen Spaziergang im Park und hören der Musik zu. Blackie, versprichst du mir das?«

»Bei Gott, ich werde sie mit Laura in den Park bringen. Und wenn ich sie hintragen muß!«

An dem strahlend blauen Julisonntag des Jahres 1907 erschien Blackie im Park, aber Emma war nicht bei ihm. Laura ging neben ihm, und David gelang es kaum, seine Enttäuschung zu verbergen. Seit langem liebte er Emma, und er sehnte sich, sie wiederzusehen, mit ihr zu sprechen, Pläne zu machen – selbst wenn da irgendwo ein Ehemann war.

»Tja, David, tut mir leid, aber ich hab's auch nicht geschafft. Sie war eigensinnig wie immer. Sie muß irgendein blödes Kleid für eine blöde Lady fertigmachen, hat sie gesagt, aber sie freut sich, dich zum Abendessen bei Laura zu sehen. Na, nun schau mal nicht so trübsinnig drein. Wir drei machen jetzt einen schönen Spaziergang.«

Davids Gesicht war düster. »Sag mir nur noch eins, Blackie, was treibt Emma so sehr? Ich begreife es nicht!«

»Haß! Schlicht und einfach: Haß!« Blackie hätte sich am liebsten die Zunge abgebissen, als die Worte heraus waren. Wütend auf sich selbst wandte er sich ab. Laura sah ihn entsetzt an. »O Blackie, bestimmt nicht!«

»Haß?« fragte David scharf. »Aber doch nicht Emma. Sie ist so voller Liebe, so süß. Haß? Gegen wen?«

Blackie wußte zwar, daß ihr Haß einzig und allein den Fairleys galt. Aber das durfte er David nicht auch noch enthüllen.

»Ich weiß es nicht, David. Und ich hätte nicht so sprechen sollen. Aber du weißt ja, wie wir Iren sind, immer mit dem Mund voraus.«

David runzelte skeptisch die Brauen. »Ich weiß, daß Emma Geld haben will. Aber das wollen wir auch. Nur verbringen wir nicht unser *ganzes* Leben damit, es zusammenzuraffen.«

Blackie lehnte sich zu ihm, seine Augen waren ernst. »Ja, David, aber wir wollen das Geld aus anderen Gründen als Emma. Wir wollen uns mit Geld ein schöneres Leben bereiten, nicht wahr? Ein bißchen Sicherheit für die Zukunft auch noch, eh?«

David nickte, denn Blackie sagte die Wahrheit. »Aber was meinst du dann, wofür Emma das Geld braucht?«

Blackie lächelte, aber es war kein herzliches Lächeln: »Als Waffe.«

»Als Waffe? Gegen wen?« fragte Laura.

Blackie nahm zärtlich ihre Hand: »Reg dich nicht auf, Laura. Du hast mich nicht richtig verstanden, Liebes. Ich meine, Emma selbst glaubt, daß Geld eine Waffe ist . . .«

»Gegen wen?« rief David. »Du hast Laura noch keine Antwort gegeben?«

»Vielleicht – gegen die Welt.«

David starrte vor sich hin. Dann raffte er sich auf und stammelte: »Aber – sie ist doch nicht allein. Hör mal zu, Blackie, es geht mich zwar nichts an, aber, wo zum Teufel, treibt sich ihr Mann herum! Vor zwei Jahren hat Emma angefangen für meinen Dad zu arbeiten, im August 1905. Und die ganze Zeit ist der Mann nicht einmal auf Urlaub gekommen?«

Blackie hatte schon lange auf diese Frage gewartet. Er holte tief Atem und beschloß, Emma zu helfen, und wenn es wieder eine Lüge war. »Ach, David, ich bin richtig froh, daß du mich danach fragst. Und du, Laura, meine Liebe, solltest es auch wissen. Emma war sehr – nun, verlegen, und ihr wißt ja, sie ist auch stolz, darum hat sie es euch noch nicht anvertraut. Wißt ihr, dieser verdammte – Entschuldigung Laura, Liebes –, ich weiß, du magst solche Worte nicht hören, trotzdem: dieser bösartige Kerl hat Emma – vor einiger Zeit – verlassen. Scheint sich eine große Karriere zu erträumen, und bildet sich ein, eine Familie ist eine zu große Belastung. Er will nicht gebunden sein, hat er Emma mitgeteilt. Er wird nie zurückkommen . . .«

»O Blackie, wie schrecklich für Emma und das Baby!« Lauras Finger zitterten in Blackies Hand.

Blackie legte einen Arm um ihre Schultern. »Na, na, Mavourneen, es ist kein Grund zur Aufregung. Emma macht sich nicht viel daraus. Ich glaube, sie ist sogar ganz zufrieden«, log er fröhlich weiter.

Ich muß Emma warnen, dachte er, daß ich sie von ihrem Ehemann befreit habe.

David spürte tiefe Erleichterung. Was würde eine Scheidung kosten? Emma – frei? Durfte er endlich hoffen?

Während im Armley Park diese Unterhaltung stattfand, nähte Emma jedoch nicht an einem Kleid. Kaum hatte Laura mit Blackie das Haus verlassen, als sie sich ihr schwarzes Seidenkleid anzog, den Strohhut aufsetzte, aus ihrer Spardose sechzig Pfund nahm und hinauslief.

Ganz zufällig hatte sie gestern beim Einkaufen *ihn* gesehen. Den Laden. *Ihren* Laden! Es war einer von dreien, die nebeneinander in einem Häuserblock an der Town Street lag – und er war zu vermieten! Emma war wie hypnotisiert stehengeblieben und hatte das Schild angestarrt. Alles war so, wie sie es brauchte: Das Geld hatte sie zusammen, das Geschäft lag in der Hauptstraße, es hatte ein großes Schaufenster und war geräumig genug, um weitläufige Regale für ihre Waren aufzustellen. Sie notierte sich den Namen des Vermieters und die Adresse, und jetzt war sie auf dem Weg zu Mr. Joe Lowther. Da war sein Haus. Sie klopfte dreimal fest und wartete. Endlich wurde die Tür von einem jungen großen, kräftigen Mann geöffnet. Er hatte ein offenes Gesicht, ehrliche graue Augen und hellbraunes Haar, das etwas zerzaust war. »Ja, was kann ich für Sie tun, Miß?« fragte er ziemlich brummig.

»Ich würde gerne Ihren Vater sprechen, bitte«, antwortete Emma höflich.

»Meinen Vater? Sie müssen sich geirrt haben, Miß. Mein Vater ist seit sechs Jahren tot.«

»O Verzeihung, ich muß . . . ich suche das Haus von einem Mr. Joe Lowther.«

»Das haben Sie gefunden, Miß. Ich bin Joe Lowther.«

Emma war überrascht. »Oh! Entschuldigen Sie vielmals, aber Sie schienen mir zu jung für den Vermieter des Ladens in der Town Street. Dem Laden, der zu vermieten ist«, sagte Emma mit der ihr eigenen Offenheit. Sie bemerkte sofort das Erstaunen im Gesicht des jungen Mannes und fuhr schnell fort: »Sind *Sie* dieser Mr. Lowther?«

»Der bin ich«, sagte der junge Mann. Seine Augen wurden schmal. »Interessieren Sie sich denn für den Laden? Für Ihre *Mutter?*«

»Nein«, Emma schenkte ihm ihr strahlendstes Lächeln, und ihr steter grüner Blick, warm und selbstsicher, ruhte weiter auf seinem Gesicht. »Ich selbst möchte das Geschäft mieten. Für mich!«

»So, so, Sie möchten ihn mieten! Sind Sie nicht ein bißchen jung? Was für Erfahrungen haben Sie denn, Miß?«

Emma meinte zwar, das gehe ihn nichts an, aber sie hielt sich zurück und sagte immer noch lächelnd: »Oh, einige. Und ich habe hier in Armley Kleider entworfen, genäht und verkauft. Das Geschäft geht recht gut, und jetzt brauche ich einen Laden, damit ich es von da aus besser führen kann.« Ihre Stimme bebte vor

Vertrauen, als sie hinzufügte: »Und ich bin ganz gewiß nicht zu jung, Mr. Lowther!« Sie stieg zwei Stufen hinauf, bis sie ihm direkt in die Augen sehen konnte. »Könnten wir nicht hineingehen und drinnen weiter sprechen?« fragte sie mit samtiger Stimme. »Übrigens, ich bezahle im voraus, Mr. Lowther.«

Joe stellte fest, daß diese strahlenden grünen Augen ihn zu hypnotisieren schienen, denn gegen seinen Willen führte er sie ins Haus. Emma war ihrer bereits sicher. In Leeds hatte sie drei wichtige Erfahrungen gemacht: Geld spricht die überzeugendste Sprache. Leg kaltes hartes Bargeld auf den Tisch, und kaum ein Mensch kann widerstehen, es aufzunehmen. Vorauszahlung ist ebenfalls eine unwiderstehliche Versuchung, und je größer sie ist, um so stärker bin ich. Und schließlich: Man muß jede gute Gelegenheit sofort beim Schopf packen, denn sie klopft nicht zum zweitenmal an deine Tür. Allerdings zweifelte sie im Augenblick daran, daß Joe Lowther durch Geld zu überreden war. Charme plus Geld sind bei ihm noch überzeugender, hoffte sie und schenkte ihm ein Lächeln, das einen Eisberg zum Schmelzen gebracht hätte. Und auf jedes Argument, warum er ihr den Laden nicht vermieten wollte, wußte sie eine gescheite, sachliche Antwort. »Also«, schloß er nach einer Weile zögernd, »ich weiß nicht mehr, was ich noch sagen soll.«

Emma hob eine Hand. »Noch eins, Mr. Lowther«, sagte sie. »Ich möchte noch feststellen, daß ich keine mittellose Frau bin – wenn auch etwas jung, und ich kann tatsächlich für drei Monate die Miete im voraus zahlen. Und ich werde innerhalb von sechs Monaten dieses Geschäft so hochbringen, daß nur die besten Leute der Stadt meine Kunden sind.« Sie unterbrach sich und sah ihn entschuldigend an. »O Verzeihung, Mr. Lowther, ich war sehr unhöflich. Mein Name ist Emma Harte.«

Er nahm die ihm dargebotene Hand. Ihr Griff war fest wie der eines Mannes. »Ich freue mich, Sie zu kennen, Miß Harte.«

»Bitte – ich bin *Mrs.* Harte«, berichtigte Emma ihn. »Ich weiß zwar nicht, wie hoch die Miete ist, Mr. Lowther, aber ich bin bereit, sogar für sechs Monate im voraus zu zahlen. Das beweist Ihnen doch wohl mein Vertrauen – auch das Vertrauen in mich selbst, nicht wahr?«

Joe war längst besiegt. Sie war so anziehend, gefährlich anziehend. Wenn sie meine Mieterin wird, bin ich verloren, dachte er. Und sie ist eine verheiratete Frau. Aber ihm fiel nichts anderes ein, als zu stammeln: »Nun gut, nun ja, ich werde Ihnen das Geschäft vermieten. Für vier Guineas im Monat. Zum Geschäft gehört auch eine kleine Wohnung mit einer großen Wohnküche, einem Schlafzimmer und einem riesigen Keller für Vorräte. Sie könnten bequem dort leben – wenn Sie wollen.«

Emma nickte. »Ja, ich werde wahrscheinlich dort wohnen. Es ist praktisch. Also – für sechs Monate sind das vierundzwanzig Guineas.« Sie blätterte das Geld auf den Tisch. »Geben Sie mir bitte eine Quittung?« bat sie höflich.

»Gewiß. Und ich bringe Ihnen den Schlüssel und das Mietbuch. Soll ich es auf Sie oder Ihren Mann ausstellen?«

»Meinen, bitte. Mein Mann ist in der Königlichen Marine, auf See. Ach, wollen Sie das Geld nicht nachzählen?«

»Aber, aber, ich vertraue Ihnen«, sagte Joe. »Bitte, entschuldigen Sie mich, ich hole nur die Sachen, Mrs. Harte.«

Emma hörte ihn vor sich hinpfeifen, als er durch die Küche ging. Ein befreites Lächeln schimmerte auf ihrem Gesicht. Es war geschafft: Sie besaß ihr erstes eigenes Geschäft!

25

Nach dem Tod seines Vaters war Joe Lowther ein reicher Mann. Sein Freund und Anwalt, Frederick Ainsley, hatte das Geld so gut angelegt, daß es Joe nicht mehr nötig hatte zu arbeiten. Und an Geld dachte er eigentlich nie. Aber heute abend, als er durch die dunklen, nassen Straßen ging, überlegte er, was Emma ihm neulich gesagt hatte. Sie wollte in David Kallinskis erster Kleiderfabrik in der York Road investieren. Schon seit langem entwarf sie für ihn die Modelle. Als Emma ihm vorschlug, ebenfalls in Davids Fabrik zu investieren, war Joe überrascht. »Geld muß arbeiten, Joe«, sagte Emma überzeugend, »ich bin überzeugt, daß sich mein Geld bei David in kurzer Zeit verdoppelt. Zweitausend wären für Sie gerade recht. Falls Sie soviel übrighaben. Was soll es auf der Bank herumliegen?«

Ich brauche doch nicht noch mehr Geld, dachte er, was ich habe, reicht solange ich lebe. Aber – warum sollte ich zweitausend Pfund verlieren, wenn es so ist, wie Emma sagt? Und er traute ihrem Urteil und klaren Verstand. Was für einen Weitblick dieses zwanzigjährige Mädchen doch hatte ... Er mochte David und Emma, und da er keine Freunde besaß und entsetzlich einsam war, sehnte er sich danach, in ihr Leben mit einbezogen zu werden. Er war so tief in Gedanken versunken, daß er fast an seinem Haus vorbeigegangen wäre. Er streifte den Schnee von seinen Stiefeln, als er die Stufen hinaufging. Der Duft einer köstlichen Mahlzeit empfing ihn. Seine Haushälterin, Mrs. Hewitt, deckte eben den Tisch. »Ach, da sind Sie endlich, Joe. Gräßliche Nacht, was? Ziehen Sie sich sofort die nassen Stiefel aus. Nasse Füße machen Zahnweh, Joe.«

Joe lächelte über das Geschwätz, aber gehorsam zog er die Stiefel aus und stellte sie neben den Herd. Sie war eine gute Seele und sorgte besser für ihn, als seine Mutter es je getan hatte.

»Sehen Sie sich bloß diese herrliche Fleischpastete an, und die Vanillecreme. Ich wette, so etwas Gutes haben Sie lange nicht gegessen. Ich hab's bei Mrs. Harte gekauft. Kein Wunder, Joe, daß ihr Geschäft blüht, daß sie kaum nachkommt. Und wie sie die beiden Mädels angelernt hat, also wirklich, es verschlägt mir immer den Atem. So eine Mieterin bekommen Sie auch nie wieder. Neulich habe ich mich mit Laura Spencer unterhalten, und wissen Sie was? Das Hochzeitskleid für die Braut meines Cousins – wer hat es entworfen? Mrs. Harte. Miß Spencer hat mir gesagt, sie entwirft Kleider für eine dieser großen Fabriken in Leeds. Und wie schön sie ist, selten hab' ich 'ne schönere Frau gesehen als diese Mrs. Harte. Und immer so liebenswürdig. Nicht nur zu den feinen reichen Kundinnen, o nein, immer ein Lächeln . . . und fleißig, kein Wunder, daß sie den zweiten Laden auch schon hat!«

»Sie wird auch bald meinen dritten haben«, sagte Joe Lowther grinsend und machte sich mit Appetit über die köstlichen Speisen her. »Mrs. Minton hat gekündigt. Sie ist zwar sehr wütend auf Mrs. Harte, aber gegen diese Konkurrenz kann sie nicht an. Ihr Laden geht überhaupt nicht mehr.«

»Ach du liebe Güte«, Mrs. Hewitt faltete die Hände über der Schürze. »Das gibt Neid und Mißgunst. Aber Mrs. Harte, die ist so tüchtig, der macht das nichts!« schloß sie befriedigt.

Emma stand mitten in ihrem Delikatessengeschäft und betrachtete das Werk ihrer Hände mit vollster Befriedigung. Ja, es war wert, dafür um vier Uhr morgens aufzustehen, um es für das Weihnachtsgeschäft zu dekorieren. Alles blinkte und blitzte vor Sauberkeit, die Christmascakes, mit Mandeln und Nüssen garniert, die dicken Plumppuddings, die verschiedensten Sorten von Pasteten und Mince Pies – alles mit silbernen Schleifen garniert, wirklich, es sah einladend aus. Aber sie und die beiden Mädchen hatten auch nächtelang gebacken und gekocht. Und seit Wochen hatte Emma vorgesorgt, daß auch die exotischsten Früchte und Gerichte bei ihr zu haben waren, die kein anderes Geschäft weit und breit führte. Und ihre ganz besondere Note war, jeden Kauf in silbernes Papier zu wickeln, als sei es ein Geschenk. Ja, dachte sie mit einem tiefen Seufzer, es hat sich gelohnt. Das ist mein drittes Weihnachten, und aus einem Laden sind drei geworden;

jede Kundin kannte sie bei Namen, sprach mit ihnen über die Kinder und Familien, und jedem schenkte sie ihr bezauberndes Lächeln, das soviel zu ihrem Erfolg beigetragen hatte. Plötzlich hörte sie ein Klopfen am Fenster. Es war noch nicht acht Uhr! Sie eilte hinüber und zog den Vorhang beiseite. Draußen stand Blackie und lachte sie an.

»Emma, frohes Fest, Mavourneen, und, gleichzeitig, mein Beileid.« Er schüttelte den Kopf und zog ein trauriges Gesicht.

»Beileid?«

»Ja, wie ich höre, ist dein See-Ehe-Mann unerwartet von uns gegangen. Vor ein paar Wochen. Starb im Indischen Ozean an Typhus. Wie traurig, wie traurig!« Er warf den schwarzgelockten Kopf zurück und brüllte vor Lachen. Emma lachte mit ihm. »Mein Gott, Emma, was für eine Fantasie! *Du* solltest Schriftstellerin werden und nicht Frank! Typhus im Indischen Ozean, wahrhaftig!«

»Tja, ich mußte ihn umbringen«, sagte Emma mit einem gespielten Seufzer. »Es wurde schon richtig ärgerlich – einen Ehemann zu haben, selbst einen, der mich verlassen hat. Ich dachte mir, es wird Zeit, daß er stirbt und ein echtes Seemannsbegräbnis bekommt.«

Blackie kicherte. »Gut, gut.« Sein Blick glitt über ihr rotes Wollkleid. »Wie ich sehe, trägst du keine Trauerkleidung?«

»Meine Freunde erwarten wohl kaum, daß ich schwarz trage – für einen Mann, der mich sitzenließ, oder? Hat Laura es dir gesagt?«

»Ja, das hat sie. Sie sagt, du hast vorgestern einen Brief von der Admiralität bekommen. Mädchen, Mädchen, du bist gut im Lügen, was?«

»Es mußte doch authentisch klingen, Blackie. Es waren nur Notlügen. Von heute an kann ich immer nur die Wahrheit sagen!«

»So, so, kannst du das, Mavourneen?«

»Ja, gewiß«, sagte Emma fest. »Aber nicht über Edwina. Wir müssen sie schützen, koste es, was es wolle. Kein Mensch darf je erfahren, daß sie unehelich geboren wurde, Blackie.«

»Du weißt, daß von mir niemand ein Wort hören wird. Übrigens, gestern habe ich David Kallinski gesehen. Ich bin mit ihm durch die Fabrik gegangen. Jetzt kann ich mit den Zeichnungen für den Umbau anfangen. Ich hoffe, du hast nichts dagegen, daß ich mit ihm von dem jähen Ableben deines Mannes sprach?«

»Ach so, und was hat er gesagt?« fragte sie vorsichtig.

»Es tut ihm leid. Aber er sah aus wie ein Mann, der in dieser Sekunde erfuhr, daß er eine Million Pfund geerbt hat.« Blackie nahm sie bei den Schultern und sah ihr in die Augen. »Was ist zwischen euch beiden, Emma?«

»Aber gar nichts«, sagte sie gleichmütig. »Ich bin sein Geschäftspartner, das ist alles.«

»So – na, mir scheint«, sagte Blackie nachdenklich, »er hält dich – nicht – nur – für einen Geschäftspartner.«

»Unsinn. Deine keltische Fantasie spielt dir mal wieder einen Streich, Blackie.«

Blackie erwiderte nichts. Er griff in die Manteltasche und holte ein Bündel Papiere hervor. »Hier sind die Pläne für die Renovierung des mittleren Geschäfts und die Verbindung von allen dreien. Wie du es doch wolltest, Mavourneen. Ich habe vor, die Mauer von Mrs. Mintons ehemaligem Laden niederzureißen, dann haben wir eine offene Verbindung zu dem Kleiderladen, und von dort zu diesem hier. Ich mache Verbindungsgänge, die gleichzeitig als Dekorations- und Ausstellungsraum dienen. Ist das recht so?«

»Wundervoll, Blackie! Du weißt, ich traue deinem Urteil. Wann fängst du mit der Arbeit an?« fragte sie eifrig.

»Wenn es nach dir ginge, sofort. Aber es muß nach Weihnachten sein, Emma. Aber bis Mitte Januar ist es fertig. Und jetzt muß ich gehen, da kommen deine ersten Kundinnen.«

26

David Kallinski lehnte auf dem Sofa in der Wohnküche hinter Emmas Delikatessengeschäft und betrachtete ihre letzten Skizzen. Er hielt sie etwas weiter von sich, seine Augen wurden schmal. Bei Gott, diese Entwürfe sind noch besser als für die Sommerkollektion. Sie sind super. Und die Zusammenstellung der Farben – nur Emma durfte dergleichen wagen: Burgunderrot, eingefaßt mit hellem Rosa; Marineblau mit Apfelgrün, Veilchenfarben mit Lila. Und dann wieder warme Herbsttöne, belebt mit reinem Weiß, Nebelgrau, Blau mit Violett, Farngrün mit Rosenrot. Und dazu die klaren Linien, der einfache Fluß der Stoffe. Ihre Kreationen waren ideal für Haute Couture und genausogut für Massenfabrikation.

David lächelte; er war stolz auf Emma. Er wußte nicht, woher sie ihre künstlerischen Begabungen hatte, aber ihr Geschmack war einzigartig. Schon seit langem wußte er, daß Emma natürliches Genie besaß. Es gab keinen anderen Ausdruck für ihr unwahrscheinliches Talent. Das, zusammen mit ihrer unermüdlichen Energie, machte sie einmalig. Abgesehen von ihrer Brillanz als Designerin hatte sie ein sicheres Gefühl für den Publikumsgeschmack und den Modetrend der kommenden Saison. Es war, als hätte sie einen Dämon, der ihr das alles einflüsterte. David wußte, Emma Harte macht Geld aus allem, worauf sie ihre Hand legt. Aber es war nicht nur Begabung, es war auch Können. Sie las eine Bilanz wie andere die Zeitung lesen, und innerhalb von Minuten sah sie, wo ein Gewinn lag, wo ein Verlust zu befürchten war. Und sie kannte augenblicklich die Lösung, aus einem Verlust Gewinn zu machen. In zehn Jahren würde sie ganz oben auf der Leiter stehen, dachte er, und *ihr* wird nicht schwindlig dabei!

Seit vier Monaten hatte er seine Fabrik, mit Emma und Joe Lowther als Partner. Victor, sein Bruder, war der Manager der

Fabrik, und mit der Kallinski-Kleider-Gesellschaft würden sie in kurzer Zeit reich werden und eines Tages würde sein Name nicht nur in Leeds und ganz Yorkshire bekannt sein. Er war – wie Emma – der geborene Geschäftsmann – charmant, klug, ehrgeizig, zielbewußt und weitblickend.

Emma unterbrach seine Gedanken, als sie mit einem Steak-and-Kidney-Pie in den Händen in die große Küche kam. David sah auf, und sein Herz begann wie wahnsinnig zu schlagen. Sie trug eins der von ihr entworfenen Kleider, der feine Stoff zeichnete jede Linie ihres Körpers nach: die hohen Brüste, die runde Sanftheit der Schenkel und die Länge der grazilen Beine. Das Kleid war flaschengrün, und die Farbe unterstrich das Strahlen ihrer grünen Augen und die durchsichtig zarte Haut unter dem dichten rostroten Haar. Sie hatte es zum erstenmal anders frisiert. Es war zwar straff zurückgekämmt wie immer, so daß der spitze Haaransatz in der Mitte der Stirn auffiel, aber die langen Locken waren offen, nein, sie waren wie gefangen in einem dunkelgrünen Netz, das im Nacken mit einer grünen Samtschleife gehalten war. Sie ist die verführerischste Frau der Welt, dachte David.

Emma wurde unbehaglich, weil er so lange schwieg und den Blick nicht von ihr wendete. »Gefallen dir die Entwürfe nicht, David?« fragte sie, weil sie den Ausdruck auf seinem Gesicht nicht verstand.

»Lieber Himmel, doch!« rief er. »Sie sind fabelhaft, Emma. Nein, das ist eine *Unter*treibung. Sie sind einmalig!«

Emma lächelte froh. »Wie schön – aber du *über*treibst jetzt.« Sie schob die Pastete in den Backofen und setzte sich dann, mit dem Rücken zum Feuer, auf den Fußboden und blätterte die Zeichnungen durch. David nahm sie ihr aus den Händen. »Genug gearbeitet, Emma, aber ich will dir noch sagen, was Victor sich als Namen ausgedacht hat. Für die Modelle. Kallinski-Kleider klingt schließlich nicht sehr verlockend. Er kam auf deine berühmte Namensschwester.«

Emma sah erstaunt zu ihm auf. »Wen meint er? Ich kenne keine.«

»Auch ich bisher nicht. Ich schäme mich es zuzugeben. Das beweist mal wieder, wie unwissend ich bin. Er meint die erste Emma Hart. Hart ohne ›e‹.«

»Und wer ist sie?«

»Die erste Emma Hart war berühmt und berüchtigt, wie du

gleich wissen wirst. Sie heiratete Sir William Hamilton und wurde Lady Hamilton. Das ist der Name, den Victor vorschlägt! Emma Hart war Lord Nelsons Lady Hamilton. Seine große Liebe. Seine Geliebte. Hast du deine Geschichtsbücher vergessen, mein Mädchen?« neckte er.

»O ja, *diese* Lady Hamilton! Hmmmm! Wirklich kein schlechter Name. Wirklich nicht. Klingt gut: Lady Hamilton Dresses. Nein, da wir ja auch Kostüme und Mäntel machen, muß es heißen: Lady Hamilton Kleidung, nicht wahr?«

»Ja, das dachte ich mir auch. Aber ich wollte es mit dir besprechen, ehe ich die Etiketten sticken lasse. Meinst du nicht, wir sollten Joe fragen?«

»Du liebe Güte, Joe! Er ist mit allem einverstanden, was wir vorschlagen. Keine Sorge.« Emma lachte. »Was täten wir ohne Victor. Wir sind schon ein Paar ungebildeter Menschen, was?«

»Vielleicht. Aber wir wissen, wie man Geld macht. So, und wie wär's jetzt mit einem Schluck Sherry, um die Taufe zu feiern?«

David stand auf und zog Emma hoch. Ihre Blicke trafen sich, als sie vor ihm stand. Sie starrten einander an, hellblaue Augen gehalten von smaragdgrünen. Emma erschauerte wie immer, wenn David sie berührte. Sie errötete, und ihr Herz begann schneller zu schlagen. Sie starrte immer noch in das geliebte Gesicht, in die Augen wie Saphire, in denen heißes Sehnen stand. David zog sie in seine Arme, sein Mund suchte den ihren. Seine Lippen berührten ihre, und Emma spürte die warme Süße seiner Zunge. Überkommen von ihrer so lange unterdrückten Sinnlichkeit legte sie ihre Hände um seinen Kopf, und ihr war, als hätte sie Feuer berührt. Davids kräftige Hände glitten von ihren Schultern, den Rücken entlang. Sie preßte ihren schlanken Körper an seinen muskulösen, und als seine Umarmung noch fester wurde, spürte Emma seine harte Begierde zwischen ihren Schenkeln. So ging es nun schon seit ein paar Wochen – das Küssen, die Berührungen, die heißen Blicke, das unerfüllte Begehren. Jedesmal wenn sie allein waren, überwältigte sie das Bewußtsein ihrer Körper, die Erfüllung suchten. Manchmal meinte Emma, unter Davids Küssen das Bewußtsein zu verlieren. Ihre schlummernde Leidenschaft loderte in heißen Flammen, wenn er sie nur ansah. Sie hatte jedesmal erneut versucht, diese unheilvolle Leidenschaft zu bekämpfen, und jedesmal gab sie sich doch wieder seinen Küssen und Liebkosungen hin.

Sie sank auf das Sofa, David beugte sich über sie, er streichelte sanft ihr Gesicht, küßte ihre Augenlider, ihre Stirn, und sie schloß die Augen. Behutsam löste er die Schleife und das Netz, bis ihr Haar in Kaskaden über ihre Schultern fiel. Sein Körper brannte, und er wußte: Nie lasse ich sie von mir. Er fuhr mit erwartungsvollen Fingern über ihr Gesicht, den Hals, die Schultern, die Brüste, und sein Hals wurde eng, als er unter dem Stoff spürte, wie die zarten Knospen sich aufrichteten und hart wurden unter seinem Streicheln. Er bedeckte ihren Körper mit seinem, und Emma stöhnte glücklich unter ihm. Heiser flüsterte er an ihrem Hals: »Emma, o Emma, Liebste, ich kann es nicht mehr länger ertragen!«

»Ich weiß, David, ich weiß«, flüsterte sie. Sie hielt seinen dunklen Kopf an ihrer Brust, neigte sich zu ihm, und ihr Haar fiel wie ein seidener Schleier über ihn. Ein Seufzer entrang sich ihr. Sie wußte, daß sie David Kallinski liebte und begehrte, daß sie ihn haben wollte bis zum Ende ihres Lebens. Aber ihre entsetzliche Angst vor den Folgen sinnlicher Liebe verbot ihr, sich ihrer Sehnsucht zu überlassen. Nicht, weil sie David nicht vertraute. Er war kein Edwin Fairley! Und dennoch unterdrückte sie ihr Begehren, ihre Liebe – wenn auch nur im Geist, nicht im Herzen. Leise flüsterte sie in sein schwarzes Haar: »Wir müssen damit aufhören, David. Es wird jedesmal nur schlimmer, und es ist nicht fair von mir – gegen dich. Wir müssen uns beherrschen.« Zärtlich schob sie ihn von sich, setzte sich auf, schwindlig und zitternd.

David lehnte sich zurück, nahm eine Strähne ihres Haars, küßte es und lächelte dann: »Emma, ich liebe dich so sehr. Hab keine Angst vor mir. Ich werde dir nie weh tun. Nie.«

Emma zuckte zusammen. Waren diese Worte nicht ein Echo aus ihrer Vergangenheit? »Ich habe keine Angst vor dir, David«, sagte sie ruhig. »Ich habe Angst vor mir, wenn ich in deinen Armen liege . . .«

Er legte einen Finger auf ihren Mund. »Bitte, Emma, nicht. Du hast recht. So kann es nicht weitergehen. Es ist Wahnsinn. Aber wir müssen beisammensein, Emma, ich kann diese Qual nicht viel länger ertragen.« Er ergriff ihre Hände, sein Gesicht war sehr ernst. »Heirate mich, Emma. So bald wie nur möglich«, flehte er. »Wir müssen heiraten, das weißt du auch.«

»Ich kann dich nicht heiraten, David«, sagte Emma leise mit erstickter Stimme.

»Aber warum nicht?« Er mußte lachen, so unglaublich klangen ihre Worte. »Ich habe dir gesagt, wie sehr ich dich liebe. Und ich weiß, daß du mich liebst. Es ist für uns also das Natürlichste von der Welt, zu heiraten. Das tun alle Menschen, die einander lieben, Emma, mein Herz.«

Emma erhob sich und ging schwankend zum Fenster. Sie sah hinaus, aber sie konnte nichts erkennen, denn ihre Augen schwammen in Tränen. »Ich kann dich nicht heiraten, David. Bitte, laß es dabei. Ich liebe dich, aber heiraten kann ich dich nicht.«

»Natürlich kannst du!« erwiderte David beinahe zornig. »Es gibt nichts mehr, was dich abhalten könnte. Dein Mann ist tot. Du bist frei. Emma, ich liebe dich mehr als irgend jemand auf der Welt. Ich will dich beschützen und lieben, solange ich lebe. Wir gehören zusammen, Emma, ich weiß es, tief in meinem Herzen. Und du weißt es auch. Und Edwina werde ich adoptieren, und dann können wir alle zusammenleben, eine kleine Familie, bis...«

»David, ich kann dich nicht heiraten, weil deine Mutter mich nie anerkennen würde – als Schwiegertochter. Ich bin nicht eures Glaubens. Aber – ich muß dir das doch nicht sagen! Sie will, daß du ein jüdisches Mädchen heiratest, ihr jüdische Enkel schenkst...«

»Zum Teufel damit!« unterbrach David sie heftig. »Mir ist es gleichgültig, was meine Mutter will. Emma, ich will dich zur Frau, und das ist das einzige, was zählt.«

»Ich kann deine Mutter nicht verletzen«, flüsterte Emma. »Sie war so wunderbar zu mir, wie eine zweite Mutter. Ich liebe sie, und ich werde ihr keinen Schmerz zufügen. Du bist ihr ältester Sohn, ihr Erstgeborener. David, es würde sie töten, wenn du mich heiratest. Ich gebe zu, sie mag mich, aber – nicht als Tochter. Ich – eine Heidin, und sie so orthodox. Bitte, hör mir zu, David, es ist die Wahrheit, und du mußt ihr ins Gesicht sehen.«

David ballte die Hände zu Fäusten. »Ich will, daß du mir in die Augen siehst und sagst, daß du mich nicht liebst, Emma.«

»Das kann ich nicht«, sagte Emma still. »Ich liebe dich genausosehr wie du mich. Aber ich werde meiner Liebe wegen niemals deinen Eltern weh tun, deine Familie zerstören. Sie waren immer nur gut zu mir. David, ich kann mein Glück nicht auf dem Unglück anderer Menschen aufbauen. Auch wenn alles zu Anfang gutgeht

– eines Tages würde ihr Schmerz, ihre Trauer zwischen uns treten und Stück für Stück unsere Liebe zerstören . . .«

David stand hinter ihr, die Hände fest auf ihren Schultern. »Das bist nicht du, nicht meine Emma. Du wirst doch nicht dein Glück, unser Glück opfern, nur wegen irgendeiner Religion, die uns längst nichts mehr bedeutet! Du nicht! Nicht meine Emma! Diese starke Emma, die gegen die ganze Welt antritt, wenn sie etwas haben will!«

»Ja, du hast in gewissem Sinne recht, David, aber *das* kann nicht sein. Gegen die Welt würde ich kämpfen, aber nicht gegen deine Mutter, deinen Vater . . .«

David ließ Emma los, er fuhr sich mit der Hand über das Gesicht. Sein Herz schmerzte, als wolle es zerspringen. Ihm schien als rinne das Leben aus ihm. Aber er wußte auch, daß das, was Emma sagte, Wort für Wort die reine Wahrheit war. Und ihm war klar, daß sie nie anderen Sinnes werden würde. »Ist das dein letztes Wort?« fragte er so leise, daß sie nur ahnte, was er sagte.

»Ja, David, ich kann deine Mutter nicht vernichten.«

Lange saß sie allein da und starrte auf die Tür, die hinter ihm ins Schloß gefallen war. Ihre Gedanken kreisten nur um David. Nie würde sie den Ausdruck auf seinem Gesicht vergessen, als er sie verließ.

Es war etwa eine Stunde später, als laut an die Tür geklopft wurde. David war zurückgekommen! Sie flog in die winzige Diele, ihr Herz sprang, sein Name lag auf ihren Lippen. Sie riß die Tür weit auf und starrte in das feiste Gesicht von Gerald Fairley.

Emma war so entsetzt, daß sie keine Worte fand. Aber ihre Hand klammerte sich um den Türknauf, sie richtete sich hoch auf, denn sie wußte: Jetzt kommt Schlimmes auf mich zu. Noch ehe sie die Tür zuschlagen konnte, hatte Gerald Fairley den Fuß dazwischen gestellt. Er schob seinen massigen Körper hindurch und stieß die Tür zu.

Jetzt fand Emma ihre Stimme wieder. »Was wollen Sie?« fragte sie eiskalt. Wie hatte er sie nur finden können?

Gerald grinste. »Willst du mich nicht hinein bitten, Emma?«

»Nein. Ich habe nichts mit Ihnen zu besprechen, und ich wünsche, daß Sie sofort meine Wohnung verlassen! Sofort!«

Gerald war nach den vielen Jahren Fresserei so fett geworden, sein Gesicht fahl und verquollen, daß sie den Blick abwenden mußte, so sehr grauste ihr vor seinem Anblick. »Aber ich habe ein paar Worte mit dir zu reden, Emma Harte!« Sein Grinsen wurde noch breiter. »Nämlich: Wo ist das Kind?«

»Was für ein Kind?« fragte Emma gelassen; aber ihre Knie wurden weich, und sie wünschte, David käme wirklich zurück.

Gerald lachte ihr ins Gesicht. »Na, na, komm schon, erzähl mir doch nichts! Ich weiß, daß du ein Kind von Edwin hast. Keinen Sinn zu leugnen. Er hat es mir gestanden. Ich hab' ihm erzählt, daß ich zufällig erfahren habe, wo du lebst, und der Narr wollte dich sehen, um dir und seinem Kind zu helfen. Aber das durfte ich keinesfalls zulassen. Es ist doch eine kleine Welt, was, Emma? Letzte Woche haben wir Thompson's Mühle gekauft. Ich fand deinen Namen in den alten Büchern. Du hast da als Weberin gearbeitet, bevor du dich in Geschäfte stürztest. Und nun: wo ist das Baby?«

»Ich habe kein Kind«, beharrte Emma und ballte die Fäuste.

»Lüg mich nicht an. Denk immer dran, Emma Harte, ich habe Geld, und ich habe Macht. Und ich kann in das hiesige Krankenhaus gehen – St. Mary's, nicht wahr? –, und für ein paar Pfunde bekomme ich Einblick in die Register. Außerdem würde Edwin nie so etwas zugeben, wenn es nicht stimmt. Vor allem, da er sich vor kurzem mit Lady Jane Stansby verlobt hat.« Gerald ergriff ihren Arm. »Ich habe das Gefühl, du willst das Kind benutzen, um Edwin zu erpressen. Das ist ja üblich bei solchen Tramps aus der Arbeiterklasse. Aber ich werde das verhindern. Die Fairleys können sich keinen Skandal erlauben. Also, heraus damit, wo ist der Bastard? Und ist es ein Mädchen oder ein Junge?« Er schob sie beiseite und als sie hinter ihm herlief, fand sie ihn im Schlafzimmer, wo er alle Schubladen durchwühlte.

»Was machen Sie da? Ich hole sofort die Polizei. Wie kommen Sie dazu, in meine Wohnung einzudringen?« schrie sie bebend vor ohnmächtiger Wut.

»Ich suche nur nach ein paar Beweisen, damit ich weiß, wo es ist, und wer es ist.«

Emma stand stocksteif mitten im Zimmer, in ihren Augen flackerte ein gefährliches Feuer. Gerald Fairley war ein Idiot. Er würde nichts finden, das ihn auf die Spur von Edwina brächte.

Gerald wandte sich zu ihr, sein riesiger Körper schwankte, als er auf sie zutappte. Er schüttelte sie mit aller Kraft. »Hure!« schrie er. »Du bist nichts als eine herumhurende Plunze! Heraus damit. Wo ist das Kind?!«

»Es gibt kein Kind«, sagte Emma zwischen zusammengepreßten Lippen. »Und lassen Sie mich los, Sie verfaultes Schwein.«

Gerald schüttelte sie nur noch heftiger, seine riesigen Hände krallten sich in ihre Schultern. Plötzlich ließ er sie los und warf sie mit einem Stoß auf das Bett. Sein Blick schien ihren Körper aufzusaugen, und in seinen dumpfen Sinnen rührte sich ein ihm fast ungekanntes Gefühl. Er wehrte sich dagegen und lachte: »Na, wie wär's mit einem bißchen von dem, was du meinem kleinen Bruder gegeben hast, Emma Harte? Frauen wie du sind immer bereit – bei Tag und bei Nacht. Wie wär's mit ein bißchen Liebe, Mrs. Harte? Edwin hatte immer einen guten Blick für ein heißes Stück Weib. Ich habe nichts gegen das, was er übriggelassen hat.«

Emma war wie gelähmt. Nein, das war nicht möglich! Er kam näher, und sie sah zu ihrem Entsetzen, wie er sich die Hose aufknöpfte. Sie wollte vom Bett springen – aber es war zu spät. Er lag über ihr, seine Schwere drückte sie in die Kissen. Er riß ihren Rock hoch. Emma wollte ihn treten, aber Gerald lachte nur und hielt sie mit einem Arm auf das Bett gedrückt. Sein Gesicht kam näher und näher, und er senkte seine wulstigen Lippen auf ihren Mund. Emma warf den Kopf zur Seite, hieb auf ihn ein, aber er war zu stark für sie. Er rollte sich auf sie, stöhnend und ächzend bewegte er sich, preßte seinen riesigen Körper auf sie, stöhnte lauter, preßte schwerer, und dann mit einem letzten Seufzer ließ er sich schlaff neben sie fallen. Emma sprang auf, ihr Atem flog. Als ihre Hand den Rock herunterzog, fühlte sie etwas gräßlich Nasses. Sie meinte sich übergeben zu müssen. Aber wieder war ihr Willen stark genug, so daß sie nach einem Tuch greifen konnte, mit dem sie den Rock trocken rieb. Dann hob sie eine Schere und war mit einem Satz beim Bett, in ihren Augen blitzte Mordlust.

»Raus hier oder ich bringe Sie um!« schrie sie so laut, daß er sie erschrocken ansah. Sie hielt die Schere wie einen Dolch. Ihre Hand zitterte nicht mehr. »Ich töte Sie, Gerald Fairley, wenn Sie Ihren ekelhaften Körper nicht in dieser Sekunde aus meiner Wohnung schleppen! In dieser Sekunde, sage ich!«

Plötzlich stand er auf den Beinen, stolperte die Stufen herunter, Emma lief mit der Schere in der Hand hinter ihm her. Ängstlich sah er über die Schulter. Da stand sie schon neben ihm und zischte:

»Nein, ich töte Sie nicht. Aber ich werde sie alle umbringen, ich werde die Fairleys ruinieren, daß sie immer an mich denken werden! Hören Sie mich! Ich werde sie alle ruinieren. Im Dreck werdet ihr kriechen. Vor mir, vor Emma Harte!«

Als die Tür hinter ihm zufiel, drehte Emma den Schlüssel zweimal um und schob den Riegel vor. Sie ging ins Zimmer, zog die Vorhänge zu und wusch den ekelerregenden feuchten Fleck aus dem Rock. Dann kauerte sie sich vor das Feuer, ihr Körper zitterte vor unterdrücktem Schluchzen. Gott sei Dank, daß Edwina in Ripon war. Gerald würde sie nie finden. Die Welt ist ein Dschungel, dachte sie. Und ich bin immer noch so verletzlich wie die Tiere im Urwald. Ich habe noch nicht genug Geld, um eine Mauer um Edwina und mich aufzurichten. Immer noch brauche ich Schutz. Ich brauche einen Ehemann! Aber David, ihr Liebster, David – das Schicksal versagte ihn ihr. Wen konnte sie heiraten? Wer würde sie vor den Fairleys, vor dem Dschungel beschützen? Sie und ihr Kind? Es kam über sie wie ein Blitz. Joe Lowther. Sie wußte, daß er sie liebte. Aber sie liebte ihn nicht. Joe. Sie konnte ihn gut leiden. Er war so freundlich und anständig und verläßlich. Und dennoch würde sie ihn betrügen, wenn sie ihn zum Mann nahm. Denn sie liebte ihn nicht. Und wie konnte es ihr möglich sein, ihr Bett mit ihm zu teilen? Sich ihm hinzugeben? Seine Kinder zu gebären? Ihr wurde eiskalt bei den Gedanken. Wie konnte sie sich einem anderen Mann schenken, wenn ihr Herz nur nach David schrie? Aber sie sah keinen anderen Ausweg. Emma fing an zu weinen, ihr Schluchzen zerriß die Stille des Zimmers.

»Vergib mir, David,« weinte sie, »vergib mir für das, was ich tun werde, David, mein Liebster.«

4. TEIL

DIE HOCHEBENE
1914 – 1917

Das Leben wird schwerer,
wenn man sich dem Gipfel nähert,
die Kälte wird eisiger;
die Verantwortung größer.

FRIEDRICH NIETZSCHE

27

Im Konferenzzimmer der *Yorkshire Morning Gazette* lief Adam Fairley nervös auf und ab. Lord Jocelyn Sydney saß ruhig und abwartend auf einem der hochlehnigen Lederstühle. »Es ist fast ein Uhr«, sagte Adam und fuhr sich mit der Hand durch das blonde Haar, in dem sich silberne Fäden zeigten, »ich gebe Parker noch fünf Minuten, dann werde ich mich selbst darum kümmern...« Adam brach mitten im Satz ab, als der Reporter hereinstürzte. »Hier ist der erste Abzug, in fünf Minuten geht die Zeitung in Druck.« Die Tür fiel zu, und in dem großen holzgetäfelten Raum blieb es sekundenlang still. Beide Männer starrten schweigend auf die riesige Titelzeile, die quer über die ganze Seite lief.

ENGLAND ERKLÄRT DEUTSCHLAND DEN KRIEG

Zwei Paar Augen lasen flink weiter, dann tippte Jocelyn mit einem Finger auf die noch feuchte Seite und sagte sehr leise: »Jetzt ist es also soweit. Und im Gegensatz zu dem, was unsere Experten sagen, behaupte ich, dieser Krieg wird Jahre dauern!«

Adam zündete sich eine Zigarette an: »Wir sind auf diesen Krieg nicht so gut vorbereitet, wie die Regierung uns glauben machen will, Jocelyn. Mit einer Ausnahme, der Navy. Gottlob, daß Winston Churchill in den letzten drei Jahren First Lord der Admiralität war. Er und einige wenige weitblickende Männer haben das Gespenst des Krieges kommen sehen und sich bemüht, Vorbereitungen zu treffen. 1911 hat Churchill begonnen, die Flotte umzuorganisieren. Und als er die Schiffe von China und aus dem Mittelmeer abzog und sie in der Nordsee zusammenfaßte, hat er unsere Kräfte ungeheuer verstärkt.«

»Um die Armee sieht es nicht so gut aus«, Jocelyn war blaß geworden. »Ich fürchte, man wird unsere Jungen einziehen – und nicht allein mehr auf Freiwillige bauen. Du bist besser dran als ich mit meinen Söhnen, Adam. Gerald wird bestimmt wegen seiner Gesundheit ausgemustert, und Edwin ist verheiratet. Und er trägt auch Verantwortung, sowohl für dich wie für Jane.«

»Da bin ich nicht so sicher, um ehrlich zu sein. Edwin ist sehr impulsiv. Glaub nur nicht, daß die Tatsache, daß er verheiratet ist, ihn zurückhalten wird. Er sieht sich jetzt seinem König und Vaterland gegenüber verantwortlich, und nicht der Familie oder Jane. – Und jetzt laß uns heimgehen, Jocelyn, ich ersticke in diesem Raum. Und die Zeitung wird auch ohne meine Anwesenheit gedruckt. Das Wichtigste ist erledigt!«

Eine Stunde später hielt Adams neuer Daimler in der Auffahrt zu Fairley Hall. Adam lief die Treppe hinauf. In der Halle stand der treue Murgatroyd. »Guten Abend, Sir. Mrs. Fairley kam vorhin zu uns in die Küche und erzählte der Köchin und mir, daß wir Krieg haben. O je, o je, was für eine schreckliche Nachricht!«

Adam räusperte sich. »Ja, in der Tat, das ist es, Murgatroyd. Wir sehen schweren Zeiten entgegen. Aber wir müssen zusammenhalten und stark sein – jetzt braucht uns das Vaterland.« Er bemerkte den schmalen Lichtstreifen unter der Tür zur Bibliothek. »Hat Mrs. Fairley sich noch nicht zur Ruhe begeben, Murgatroyd?«

»Nein, Sir, sie wartet auf Sie. Ich habe ihr ein schönes Feuer im Kamin gemacht und heiße Schokolade gebracht.«

Olivia hatte Adams Stimme gehört und kam ihm entgegen, als er die Bibliothek betrat. »O Adam, das ist so schrecklich«, rief sie und warf sich in seine Arme. Er hielt sie eng an sich gedrückt und streichelte ihr Haar. »Ja, so ist es, mein Liebling. Auch, wenn wir schon seit langem damit rechnen mußten. Jetzt müssen wir alle sehr tapfer sein.« Er sah in ihr Gesicht. »Du hättest nicht auf mich warten sollen. Es ist entsetzlich spät, Liebste.«

Sie lächelte ihn an. »Ich konnte es nicht erwarten, dich bei mir zu haben. Ich mach' dir noch einen Drink, er wird deine Nerven beruhigen, Adam.«

Olivia trug ein tiefblaues Abendkleid, das ihrer anmutigen Figur schmeichelte und die Farbe ihrer Augen betonte. Ihr Gesicht war immer noch faltenlos, und der schmale weiße Streifen, der durch ihr dunkles Haar lief, war äußerst attraktiv. Mit vierundfünfzig war sie immer noch eine wunderschöne Frau, und Adam fand, sie wurde täglich schöner. Seit sechs Jahren waren sie verheiratet und seitdem jede Stunde glücklich miteinander.

»Ach ja, vorhin hat Edwin angerufen. Ich habe ihm die schlimme Neuigkeit sofort erzählt. Aber er hat überraschend ruhig reagiert. Er kommt morgen mit Jane von Kirkby Malzeard zu uns, und sie bleiben eine Woche.« Sie kam mit zwei Gläsern Whisky und Soda zu ihm und setzte sich auf seine Sessellehne. »Meinst du, daß die beiden glücklich sind, Adam?«

»Keine Ahnung, wirklich – ich weiß es nicht. Aber warum fragst du?« Auch ihm war längst aufgefallen, wie wenig Herzlichkeit zwischen seinem Sohn und seiner Schwiegertochter herrschte, wie wenig Wärme.

»Ich kann es auch nicht genau sagen«, meinte Olivia. »Aber mir scheint immer, zwischen den beiden ist eine Barriere. Gewiß, Edwin ist nach außen immer charmant und höflich. Aber nie liebevoll. Sie wirken auf mich überhaupt nicht wie ein Ehepaar, ein junges, verliebtes Paar, nein, Adam, Liebling. Es tut mir so leid für die Kinder.«

»Ach, Olivia, es liegt wohl vor allem an Edwin. Er hat sich in den letzten Jahren vollkommen verändert. Vierundzwanzig Stunden widmet er sich nur seinem Beruf und der Rechtswissenschaft. Er hat keine anderen Interessen mehr, außer der beste Anwalt in England zu werden. Und darum vernachlässigt er Jane.«

»Ja, du hast recht, Liebling.«

»Und er hätte doch jeden Grund, mit Jane glücklich zu sein. Sie ist reizend und hübsch und liebenswürdig. Schade, daß sie kein Kind haben, wirklich schade, ich habe mich eigentlich auf einen Enkel gefreut. Schließlich sind sie schon seit drei Jahren verheiratet.«

Olivia strich leicht über seinen Kopf. »Glaubst du die Geschichte, die Gerald vor ein paar Jahren verbreitet hat? Die Geschichte von Edwin – und Emma Harte?«

»Bestimmt nicht!« rief Adam aus und wünschte, seine Worte wären ehrlich. Ihm lag nur am Herzen, Olivia zu schützen und keine Skelette aus dem Keller zu holen. Und darum log er sie zum erstenmal in seinem Leben mit ihr an. »Gerald war immer eifersüchtig auf seinen Bruder. Das wird der Grund für diesen abscheulichen Klatsch sein; er hat alles nur erfunden, um ihm zu schaden.«

Olivia schien nicht überzeugt, »Ich denke daran, daß du selbst damals versucht hast, Auskünfte einzuholen – über Emma und das Kind.«

»Aber warum denkst du plötzlich an diese alten Geschichten, Olivia?«

»Ich weiß es auch nicht, Liebling. Vielleicht weil wir eben über Edwins Ehe und sein Glück sprachen. Wenn du sagst, die Geschichte entbehrt jeder Wahrheit, dann kann Edwins Gewissen auch nicht belastet sein. Und doch scheint mir, er trägt irgend etwas mit sich herum. Vielleicht liegt es an diesem merkwürdigen Ausdruck in seinen Augen . . .«

Adam runzelte die Stirn. »Nun hör schön auf, mein Schatz«, sagte er sanft. »Du bildest dir etwas ein. Gerald hat einen Haufen Lügen erzählt! Und der Ausdruck in Edwins Augen – nun, vielleicht kommt er davon, daß die Ehe ihn enttäuscht hat. Du solltest doch wissen, daß nicht jede so glücklich sein kann wie unsere.«

Als sie die Bibliothek verließen, dachte Adam daran, daß sein Sohn sich fraglos freiwillig melden würde. Schon seit einiger Zeit schien ihm sein Leben gleichgültig zu sein. Und das – seit dem Tag, als Jack Harte starb. Adam glaubte, daß sein jüngerer Sohn nicht mehr am Leben hing; und diese Einstellung würde ihn so schnell wie möglich an die Front zwingen.

28

Emma hielt den Telefonhörer fester, und ihr Herz schlug schnell. »Ich will nicht, daß du das machst, Frank! Du bringst dich nur in Gefahr. Es ist dumm und . . .«

»Nein, das ist es nicht, Emma«, unterbrach Frank. »Hör zu, Emma, ich habe sogar mit der Idee gespielt, mich zu melden. Aber ich weiß, daß die Armee mich nie nimmt. Nicht mit meinen schlechten Augen und schwachen Lungen. Aber irgend jemand muß schließlich über den Krieg berichten. Ich werde derjenige sein, Emma.«

»Aber Frank, du bist doch noch ein Kind!«

»Emma, sei nicht albern, ich bin dreiundzwanzig. Und ich werde Frontberichterstatter, ich will es! Mein Chefredakteur findet die Idee vorzüglich! Außerdem – es ist zu spät. Darum rufe ich dich von hier aus an. Morgen um fünf geht mein Zug an die Front. Und mach es mir nicht schwerer. Paß auf dich auf und grüße alle von mir. Du erfährst sowieso, wo ich bin – mein Name steht unter den Berichten im *Chronicle*. Heb sie für mich auf, Emma, und mach dir keine Sorgen. Auf Wiedersehen, Liebe.«

»O Frank! Frankie!« Ihre Stimme wurde klein, und sie mußte schlucken, um sie wieder zu beherrschen. »Auf Wiedersehen, Frank. Und nimm einen Regenmantel mit und kräftige Stiefel . . .« Sie legte den Hörer auf. Es war ihr unmöglich weiterzusprechen.

Mein Gott, es ist doch schon schlimm genug, daß Winston irgendwo auf einem Schlachtschiff ist. Warum muß Frank sich auch in diesen verdammten Krieg stürzen? Er – mit seiner schwachen Konstitution. Und wie so oft war sie eigentlich an allem schuld. Weil sie sich mal wieder eingemischt hatte. Erst besorgte sie ihm den Job als Reporter bei einer kleinen Zeitung. Und dann, als Frank ihr eines Tages schüchtern seinen ersten Roman zu lesen brachte – sie verschlang das Manuskript in einer Nacht –, hatte sie sofort ihre Beziehungen zu einem der größten Verleger spielen lassen, und als es herauskam, wurde es von der Kritik einhellig gelobt. Nicht nur das, das Buch wurde auch ein finanzieller Erfolg. Über Nacht war Frank zu einer gefeierten Persönlichkeit geworden. Kurz darauf kam das Angebot vom *Daily Chronicle* in London, und Emma war glücklich wie er, als er in Fleet Street einzog und bald einer der besten jungen Schreiber im englischen Journalismus wurde. Sie war glücklich, daß seine Zukunft gesichert war. Bis heute!

Sie schob den Sessel zurück und stand auf. Es war nur Zeitverschwendung, über die Vergangenheit nachzudenken und morbide Vorstellungen über die Zukunft zu hegen. Ausnahmsweise konnte sie nichts tun und nichts regeln, was außerhalb ihres Machtbereiches lag. Sie zog den seidenen Morgenrock enger um sich, ihr war kalt, obwohl die Nacht warm war. Sie ging durch die Halle, ihre Absätze klirrten auf dem Marmorboden und verklangen erst, als sie die teppichbelegte Treppe hinaufging. Es schlug zwei Uhr, Emma schlich auf Zehenspitzen ins Schlafzimmer, warf die blaue Seide ab und schlüpfte vorsichtig in das große Bett.

Joe drehte sich um. »Emma?«

»Es tut mir leid, Joe. Habe ich dich aufgeweckt?« flüsterte sie und zog die Decke über sich.

»Nein, du nicht, das Telefon. Wer war es?« fragte er schläfrig.

»Frank. Er geht an die Front – als Kriegsberichterstatter...«

Joe spürte, wie sie zitterte. Er rückte näher zu ihr. »Reg dich nicht auf, Emma«, murmelte er. »Es passiert ihm schon nichts. Außerdem ist dieser blöde Krieg in ein paar Monaten zu Ende.«

Emma seufzte und unterdrückte ihren Ärger über Joes übliche Gedankenlosigkeit. Seit Monaten wußte sie schon, daß es Krieg geben würde, aber er hatte ihre Warnungen einfach überhört. Sie hatte wieder einmal allein handeln müssen. Joe lehnte jetzt über ihr. Emma spürte seinen warmen Atem, und sie zog die Nase kraus. Er roch schwach nach Zwiebeln, Bier und kaltem Tabak. Sie neigte den Kopf zur anderen Seite. Joe fing trotzdem an, sie zu küssen, und seine Hand schlüpfte unter die Decke und legte sich um ihre Brust.

»Joe, *bitte!* Nicht jetzt!«

»Sei doch nicht so kalt zu mir, Emma, bitte.«

»Ich bin nicht kalt. Mir ist nur nicht danach.«

»Das ist dir nie!« Seine Stimme klang böse.

»Das ist unfair – und du weißt es ganz genau«, sagte sie. »Es war ein langer Tag für mich, und ich muß an Frank denken. Wie kannst du so rücksichtslos sein. Und überhaupt, du warst in letzter Zeit recht – sorglos. Ich will nicht wieder schwanger werden!«

»Ich passe auf, Emma, das verspreche ich«, sagte er weinerlich. »Bitte, Liebste, es ist Wochen her.«

»Zehn Tage«, sagte Emma mit flacher Stimme. Sie war wütend über seine unsensible und selbstsüchtige Art.

»Aber ich will dich«, stöhnte er und zog sie in seine Arme.

Emma sagte nichts mehr. Er übersetzte ihr Schweigen in Einwilligung und schob schwer atmend ihr Nachthemd hoch. Seine Hände fuhren wild über ihre Schenkel und Brüste. Emma versuchte, sich seinen Küssen zu entziehen. Sie schloß die Augen, am liebsten hätte sie ihn weggestoßen. In den vier Jahren ihrer Ehe hatte Emma sich bemüht, Joe Lowthers körperlichem Begehren zu genügen, und sie wußte, sie würde sich auch jetzt nicht länger verweigern. Es war einfacher so. Sonst gab es doch nur endlose Vorwürfe und Streiterei. Und schließlich hatte sie sich vorgenommen, Joe eine gute Frau zu sein. Aber nie hatte sie gedacht, daß seine sexuelle Gier nach ihr immer stärker würde.

Emma ließ ihren Körper erschlaffen. Und dann lenkte sie ihre Gedanken bewußt in eine andere Richtung, stellte komplizierte Berechnungen auf, bedachte ihre letzten finanziellen Wagnisse, suchte wieder einmal Zuflucht in ihren Geschäften, um die Wirklichkeit dieses Augenblicks auszulöschen.

Endlich hörte das Stöhnen auf. Er war still, fiel von ihr, und Emma streckte die verkrampften Beine aus, barg den Kopf in den Kissen, Tränen der Demütigung netzten ihre Wangen, und sie spürte den Geschmack von Blut, so stark hatte sie sich auf die Lippe gebissen. Ungewünschter Sex war unerträglich. Joe war für sie körperlich nicht im mindesten anziehend, und es gelang ihm nie, ihre Sinnlichkeit zu erwecken. Und er war immer potent, wenn er in ihrer Nähe war. O Gott, jetzt legte er noch einmal seine Arme um sie. »Das war herrlich, Geliebte«, sagte er, und seine Stimme klang beinahe scheu. »Du bist zuviel für jeden Mann. Ich kann nie genug bekommen von dir, du Süße.«

Als ob ich das nicht wüßte, dachte sie höhnisch. Als er eingeschlafen war, stand sie leise auf, ging in das luxuriöse Badezimmer, das in seiner – von Blackie für sie eigens entworfenen – Einrichtung eher einem Boudoir glich, und nahm ein Bad.

Im warmen, duftenden Wasser entspannten sich ihre Nerven, ihr Zorn auf Joe ließ nach. Vorhin war sie noch fest entschlossen, ihn zu verlassen. Aber nun, da ihr Geist wieder klar war, wußte sie, daß es undenkbar war. Nicht nur wegen der Kinder und deren Liebe zu den Eltern, sondern weil auch sie Joe aus vielen Gründen brauchte. Außerdem würde er sie nie gehen lassen. Er liebte sie bis zum Wahnsinn, und es gab keine andere Frau auf der Welt, die er begehrte. Hinzu kam, daß Joe, obwohl phlegmatisch und starrsinnig, kein schlechter Mensch – und ein Schutz für Edwina war. Emma hatte zuviel innere Größe, um nicht einzusehen, daß Joe ihr in vieler Hinsicht ein guter Ehemann gewesen war und bleiben würde. Er hatte ihr im Dezember des Jahres 1910 dieses großartige Haus gekauft. Damals war sie schwanger. Und durch eine große Erbschaft, seinen hunterfünfzigtausend Pfund auf der Bank und ihrem großen Haus in Old Farnley, wurde er auch zum Inhaber von vier Geschäftshäusern im Zentrum von Leeds. Der Gewinn aus diesen Fabriken und Warenhäusern übertraf Joes Erwartungen bei weitem. Und für Edwina und ihren kleinen Sohn Christopher hatte Joe ein Kindermädchen, für die Führung des großen feudalen Hauses Haushälterin, Köchin und Gärtner einge-stellt.

An dem Tag, als Emma, Edwina und Joe hier einzogen, überkam Emma sofort ein starkes Gefühl der Sicherheit. Hier, in diesem herrlichen Haus, so elegant, so abgeschlossen in dem schönen Park, fühlte sie sich endlich beschützt vor den Fairleys – vor allem vor Gerald Fairley. Nie würde sie diesen grauenvollen Aprilabend vergessen – und nie den festen Wunsch, sich dafür zu rächen.

Joe glaubte vor ihrer Heirat immer noch, daß sie die Witwe eines Seemanns namens Winston Harte sei. Wie sollte sie ihm nur klarmachen, daß es auch einen Bruder desselben Namens gab, der zur See fuhr? Aber sogar diese Enthüllung hatte Joe verständnis-voll hingenommen. Emmas schlimmster Augenblick war eigent-lich, als sie Winston und Frank sagen mußte, daß sie eine dreijährige Tochter habe, die also nicht Joes Kind sein konnte. Frank, der immer noch etwas Angst vor Emma hegte, wagte kein Wort zu sagen; aber Winston, der seine Schwester bislang immer auf ein Piedestal gestellt hatte, war zutiefst enttäuscht und machte ihr tagelang Vorwürfe. Erst als er endlich ruhiger wurde, sah er ein, daß sie verführt worden war und dann, allein auf sich gestellt, mutig für das Leben ihres Kindes und ihre Zukunft gekämpft hatte. Er verfluchte diesen Feigling in Worten, die selbst Joe erschreckten.

Ja, Joe war immer hochanständig zu ihr gewesen, sagte Emma sich. Er bestand darauf, Edwina zu adoptieren und ihr seinen Namen zu geben. Und er liebte sie genauso wie sein eigenes Kind. Plötzlich fühlte sie sich schuldbewußt, weil sie Joe vorhin noch mit gehässigen Gedanken verfolgt hatte. Er war stets so großzügig, daß es wahrhaftig nicht zuviel war, wenn sie ihm dafür ihren Körper schenkte.

29

Am nächsten Morgen saß Emma noch früher als sonst am Schreibtisch ihres Warenhauses. Elegant gekleidet in einem schwarzen Seidenkostüm mit langer Perlenkette – »die Harte-Uniform«, wie Joe ihren Aufzug nannte –, studierte sie zwei dicke Akten und war so vertieft in die Zahlenkolonnen, daß sie kaum wahrnahm, wie das Haus zum Leben erwachte, als die Arbeit begann.

Mit Blackies Hilfe hatte sie das Haus, das sie 1912 kaufte, renoviert und modernisiert und im Januar 1913 mit Pauken und Trompeten eröffnet.

Vom ersten Tag an war es ein gigantischer Erfolg. Hervorragende Werbung, von Emma konzipiert, zog Menschenmassen an, und jeder wurde in den eleganten Räumen mit blinkenden Spiegeln, dicken Teppichen, harmonischen Lichteffekten und der parfümierten Luft in eine Art Euphorie versetzt, die das weitläufige Angebot erstklassiger Waren nur noch anziehender machte – und die Kauflust steigerte.

Emma nannte ihre psychologischen Verkaufstricks das »sanfte Verkaufen« und »die Kunst des untertriebenen Verkaufens«. Sie war die erste Frau, die sich in die geheimen Sehnsüchte ihrer Kunden versetzte, und damit tatsächlich den modernen Verkaufspsychologen um Jahrzehnte voraus war.

Jetzt wendete sich Emma der Akte ihres Gregson-Warenhauses zu, eines Großhandelsgeschäfts, das sie auch aufgebaut hatte. Nach einer Stunde, in der sie noch die *Financial Times* genau studiert hatte, rief sie Vince Hartley, ihren Manager der Gregson Company, an. »Guten Morgen, Vince, ich habe mir die Akten vorgenommen und festgestellt, daß einige große Kunden mit ihren Zahlungen in Verzug sind. Und da die Bankzinsen sich jetzt um acht Prozent erhöhen, bitte ich Sie, diese Zahlungen sofort einzutreiben. Aber nun nicht mehr mit höflichen Briefen; ich wünsche sofortige Ergebnisse. Wenn einer nicht alles auf einmal zahlen kann, in kurzfristigen Raten bitte. Und wer nicht innerhalb von zwei Monaten zahlt, muß damit rechnen, daß ich dieselben Zinsen nehme wie die Banken.«

Vince Hartley erwiderte verblüfft: »Mrs. Harte, ist das nicht ein bißchen – stark? Ich kann mir nicht vorstellen, daß es den Kunden paßt. Sie werden danach vielleicht nicht mehr bei uns einkaufen . . .«

»Dann sollen sie es lassen!«

»Aber wir krachen aus den Nähten, soviel Waren liegen in den Lagern.«

»Gut so,« sagte Emma bestimmt. »Wir haben einen Krieg. Und jede Art von Waren wird knapp. Ich kann dann die Vorräte gut gebrauchen. Und die meisten Fabriken werden sich auf Uniformen und dergleichen umstellen. Ich habe um unsere Lager nicht die geringste Sorge. Auf gewisse Weise sind sie eine Gottesgabe. Ich erwarte Ihren Bericht am Montagmorgen. Auf Wiedersehen, Vince.«

Es klopfte. Gladys Barnes, ihre junge Sekretärin, stand in der Tür. »Mr. Ainsley ist gekommen, Mrs. Harte.«

»Führen Sie ihn herein, Gladys.«

Emma stand auf, glättete ihren Rock und strich sich über das Haar. Sie ging durch das große Zimmer, um ihren Anwalt zu begrüßen. Aber sie erschrak beinah, war verwirrt, als Ainsleys Sohn Arthur auf der Schwelle erschien.

Arthur Ainsley, groß, schlank, blond, jung, war sich seines hervorragenden Aussehens und des Eindrucks, den er auf jede Frau machte, wohl bewußt. Einen Hauch zu elegant angezogen, dachte Emma, zu lässige Manieren. Schade, er hat wohl seinen Tennisschläger vergessen. Trotz dieses ironischen Gedankens begrüßte sie ihn mit ihrem charmantesten Lächeln. »Guten Morgen, Mr. Ainsley.«

»Guten Morgen, Mrs. Harte, Sie sehen großartig aus, wie immer.« Ainsley ließ seine makellosen Zähne blitzen und nahm ihre Hand – ein bißchen zu lange, meinte Emma.

Für sie war der junge Anwalt Arthur nur der Botenjunge seines Vaters. »Wird ihr Vater noch kommen?« fragte sie.

»Nein, es tut mir leid, es ist ihm nicht möglich. Er liegt mit einer ziemlich bösen Grippe im Bett. Darum bittet er Sie, mit mir vorliebzunehmen. Allerdings können Sie ihn auch zu Hause anrufen, wenn Sie meinen, ich könnte Ihnen bei Ihrem Problem nicht – äh – helfen.«

»Ich habe kein Problem, Mr. Ainsley«, sagte Emma kühl. »Ich möchte nur eine Angelegenheit zum Abschluß bringen, die ich mit Ihrem Vater besprochen habe. Ich denke, Sie werden es schaffen, da die Hauptarbeit bereits getan wurde.«

Arthur Ainsley tat, als hätte er die Ironie in ihren Worten nicht herausgehört, und sagte mit seinem erprobten Charme: »Ich hoffe doch, daß ich alles in Ihrem Sinne zu Ende bringen werde.«

»Nun gut. Also, ich mache es kurz: Vor einigen Wochen habe ich Verhandlungen mit Mr. Layton, dem Inhaber der Layton-Weberei in Armley, aufgenommen. Er will schon seit einiger Zeit verkaufen. Er wird zu alt, und das Geschäft ist sehr zurückgegangen. Es fehlen moderne Maschinen . . . nun ja, er steht kurz vor dem Bankrott. Mr. Layton wollte mir die Mühle für fünfzigtausend Pfund verkaufen, und ich war einverstanden mit dem Preis, den ich innerhalb von sechs Monaten in zwei Raten zahlen wollte. Vor ein paar Tagen erfuhr ich nun aus zuverlässiger Quelle, daß Mr. Layton ein anderes Angebot annahm, ohne mich davon zu unterrichten, um mir damit die Möglichkeit zu geben, mitzuziehen. So habe ich mich entschlossen, die Verkaufssumme auf einmal zu zahlen. Am Montag.«

Arthur Ainsley schlug die Beine übereinander und rieb sich nervös das Kinn. »Aber wie können Sie annehmen, daß die andere Partei nicht das gleiche tun wird? Und woher wissen Sie, daß der Vertrag nicht bereits unterschrieben ist?«

Emma lächelte wissend. »Er *ist* nicht unterschrieben, und ich weiß ebenfalls, daß der andere Käufer nicht in der Lage ist, zur Zeit die gesamte Summe hinzulegen. Natürlich könnte er sie von der Bank bekommen. Aber wer tut das heute – bei den hohen Zinsen? Ich bin informiert, daß der andere Käufer nicht genügend Bargeld hat, da er sich mit dem Umbau seiner Mühle festgelegt hat und schon ziemlich hohe Bankverpflichtungen eingegangen ist, so daß sie ihm gewiß keinen zweiten, derart hohen, Kredit einräumen wird. Ich weiß, daß ich ihn – wenn ich schnell bin – überholen kann.«

»Ja, *Sie* bestimmt«, sagte Arthur bewundernd.

»Mr. Layton hat die Gläubiger im Nacken, und er will schnell verkaufen. Ich stehe also auf festem Grund.«

»Aber, Mrs. Harte«, versuchte Arthur einzuwenden, »sind Sie sicher, daß Sie dieses Risiko mit einer veralteten Mühle eingehen wollen? Schließlich befinden wir uns im Krieg, und...«

Sie unterbrach ihn mit einer graziösen Handbewegung. »Ich gehe nicht das geringste Risiko ein, zudem ist es jetzt genau der richtige Zeitpunkt, Layton's zu kaufen, denn ich habe vor, mit der Regierung Kontrakte zu machen und für die Armee zu produzieren. Stoff für Uniformen, Mr. Ainsley. Mit diesen Verträgen habe ich die Mühle auf dem laufenden und verdiene – über Nacht!«

»Also, ich muß gestehen, Sie denken wahrhaftig an alles!« Diese Frau war mindestens so erstaunlich, wie sein Vater sie immer schilderte. »Und was darf ich für Sie tun?«

»Rufen Sie Mr. Layton an und legen Sie ihm mein Angebot vor. Am Montag werde ich mit Ihnen zu ihm fahren und sofort unterschreiben. Und sorgen Sie dafür, daß seine Anwälte dabei sind.«

Sie versteht es, Befehle zu geben, dachte Arthur bewundernd.

»Und hier ist mein Scheck über den vollen Preis.« Emma gab ihm einen Umschlag, ihre grünen Augen schimmerten triumphierend. »Ich weiß, mein Rivale wird nicht in der Lage sein, so schnelle Züge zu machen wie ich.«

»Oh, davon bin ich überzeugt. Mrs. Harte, erlauben Sie mir, Sie am Montag, ehe wir zu Layton gehen, zum Lunch einzuladen?«

Emma spielte Bedauern. »O wie schade. Es ist sehr freundlich von Ihnen, aber ich bin am Montag bereits zum Essen verabredet. Ich treffe Sie um zwei Uhr in Ihrem Büro, und wir sehen die Verträge noch einmal durch, ehe wir zu Mr. Layton fahren.«

Arthur spürte, daß sein Charme auf diese Frau keine Wirkung hatte. »Ja, gut. Und ist sonst noch etwas, das ich für Sie tun darf?« Er wollte seinen Besuch bei ihr unbedingt noch in die Länge ziehen.

»Nein, das wäre alles, danke.« Sie erhob sich, Arthur sprang auf. Emma begleitete ihn zur Tür. »Ich danke Ihnen, daß Sie gekommen sind, und bitte richten Sie Ihrem Vater meine herzlichsten Wünsche aus. Ich hoffe sehr, daß es ihm bald besser geht.«

Emma lehnte sich an die Wand. Ihr Lächeln war böse. Eines hatte sie Ainsley nicht gesagt. Daß sie mit der Weberei die besten Mitarbeiter von Fairleys Mühle eingekauft hatte, drei Vorarbeiter, seinen Manager und die besten Weber. es war schon immer ihr großes Geschick, mit Menschen umzugehen – und vor allem

Arbeit zu delegieren, und die richtigen Leute hervorragend zu bezahlen und sozial sicherzustellen.

Dieser Hund Fairley hat eine schöne Überraschung vor sich, dachte sie zufrieden und rachsüchtig.

30

Edwin Fairley stand vor dem überdachten Eingang des Harte-Warenhauses und versuchte allen Mut zusammenzunehmen, um hineinzugehen. Wie oft war er schon hier gewesen, hatte sich die geschmackvoll dekorierten Schaufenster angeschaut und ihren Namen, der in goldenen Buchstaben über der Tür stand: »E. Harte«, angestarrt, als wäre er ein Menetekel. Einmal wagte er, den Portier nach dem Eigentümer zu fragen, und er informierte ihn, es sei eine Mrs. Harte. Mein Gott, es war Emmas Geschäft! Und seit jenem Tag vor ein paar Jahren war er immer wieder hierher gekommen, aber noch nie hatte er gewagt, das Geschäft zu betreten. Aber heute, an diesem warmen Augusttag – eigentlich sollte er mit Jane bei seiner Familie in Fairley sein –, zwang es ihn, hineinzugehen. Er hoffte, wenigstens einen kurzen Blick auf Emma werfen zu können. Narr, du Narr, dachte er, mit deinen Hemmungen vor dem Mädchen aus dem Moorland, das längst eine große Dame und eine großartige Geschäftsfrau geworden ist. Er holte tief Atem, richtete seine Krawatte und trat ein. Zwischen den vielen Damen fühlte er sich noch unbehaglicher, und er eilte in die Abteilung für Herrenbekleidung.

In seiner Hast bemerkte er die bewundernden Blicke der Damen, die beiseite traten, um ihn vorbeizulassen, überhaupt nicht. Mit seinen sechsundzwanzig Jahren sah Edwin Fairley sehr gut aus. Und da er den guten Geschmack seines Vaters geerbt hatte, war er stets vorzüglich gekleidet. Sein Mund war schmal, beinah asketisch, aber ein guter Beobachter konnte die Sinnlichkeit dahinter erkennen, und in seinen Augen glomm ein stilles Feuer der Leidenschaft.

Edwin suchte einige Krawatten aus und lehnte an einer Säule, bis sein Päckchen eingewickelt war. Da sah er sie.

Emma schritt die breite Treppe herunter. Edwin hielt den Atem an, sein Herz schien zu zerspringen. Sie war schöner denn je, modisch in schwarzer Seide, unter der sich ihr Körper abzeichnete. Diese junge Frau hatte nicht nur Haltung, Eleganz und Würde, nein, ihre Schönheit war es! Sie stand in voller Blüte. Er sah, wie sie lebhaft und bezaubernd lächelnd mit einer Kundin sprach, und es gelang ihm nicht, seinen Blick von dem vollendeten Oval dieses feinen Gesichtes abzuwenden.

Seit neun Jahren hatte Edwin Emma Harte nicht gesehen, aber für ihn war es, als sei es gestern gewesen, daß er sie in der Höhle in seinen Armen hielt. Er sehnte sich danach, ihr zu Füßen zu fallen, sie um Vergebung zu bitten, nach dem Kind zu fragen. Aber er wagte nicht einmal, einen Schritt zu tun.

Emma ging jetzt so dicht an ihm vorbei, daß er sie hätte berühren können. Er hörte das Rauschen der Seide ihres Kleides und roch den zarten Duft ihres Parfums, irgend etwas Leichtes und Frisches – wie Wiesenblumen. Und dann war sie verschwunden.

Er nahm sein Päckchen, das ihm die junge Verkäuferin aufdrängen mußte, so abwesend war er, und verließ das Warenhaus. Ihm war elend. Er stand auf der Straße, und wieder spürte er, wie sein Herz schmerzte. Nie würde er den Verlust verwinden, nie diese entsetzliche Kälte der Einsamkeit, die seine Seele seit Jahren erfüllte.

Auch auf der Fahrt nach Fairley dachte Edwin an Emma. Sie zu sehen, hatte die alte Sehnsucht nach ihr wieder erweckt. Und die Leere seines Lebens wurde ihm erneut bewußt. Die Gedanken an sie, die Erinnerung, quälten ihn. Warum, o Gott, warum suchte er immer nur nach Frauen, die ihr ähnlich sahen? Immer, immer suchte er Emma, ihre grünen Augen, das rostrote Haar, die seidige weiße Haut. Und von jeder, die ihr nur im entferntesten glich, war er bitter enttäuscht. Wach oder im Schlaf, Emma war immer um ihn.

Er dachte auch an ihr Kind. Wie gern hätte er es wenigstens einmal gesehen. Es muß jetzt acht Jahre sein – wenn es am Leben ist. Ob es ein Mädchen war – oder ein Junge? Ähnelte es Emma oder ihm? Oder beiden? Ein bitteres Lächeln glitt über sein Gesicht. Wie ironisch, daß Emma ihm ein uneheliches Kind geboren hatte, ein Kind, das er nie sehen würde, nie kennen; und Jane hatte nie eines von ihm empfangen, ihm nie das Kind geschenkt, nach dem er sich sehnte. Vielleicht wäre sonst die Ehe erträglicher geworden. Es war ein Fehler gewesen, Jane zu heiraten. Diese langweilige, verschlossene, fade Frau. Aber sie betete ihn an, und es lag nicht an ihr, daß er Emma Harte angehörte, unabänderlich und bis zu seinem Tod.

Am Abend, nach dem Essen, als er mit seinem Vater am Kamin saß, sagte Edwin plötzlich: »Vater, ich möchte, daß du es weißt, ich habe heute eine Entscheidung getroffen. Ich habe mich freiwillig gemeldet.«

»Aber Edwin!« Adam setzte sein Glas mit Brandy ab, seine Finger zitterten. »Edwin, du mußtest dich nicht freiwillig melden. Nur Junggesellen, Männer ohne Familie, wurden aufgerufen.«

»Ja, ich weiß, Vater. Aber nichts und niemand kann meinen Entschluß rückgängig machen. Am Montag muß ich mich melden.«

»O mein Gott, Edwin! Mein Sohn!«

»Es tut mir leid für dich, Vater. Sei mir nicht böse und gib mir deinen Segen. Ich werde ohne deine Zustimmung nicht gehen –«

Adam sprang auf und legte seine Arme um Edwins Schultern, eine Sekunde lang fürchtete er, in Tränen auszubrechen. »Ja, mein Junge, du hast recht, ich verstehe dich. Und ich gebe dir meinen Segen.«

»Vater, ich danke dir.«

Adam setzte sich wieder und goß Kognak in die Gläser. »Ich schlage vor, daß Jane zu uns zieht. Sie wird in dem großen Haus, nur mit den Dienstboten, entsetzlich einsam sein.«

»Auch dafür danke ich dir. Jane wird sich freuen. Und«, Edwin stockte sekundenlang, dann griff er in die Tasche und nahm ein seidenes Taschentuch heraus, »und, Vater, da ist etwas, das ich dir geben möchte.«

Als sein Vater das Taschentuch auseinanderwickelte und den kleinen Gegenstand in die Hand nahm, fuhr Edwin fort: »Ich habe es vor vielen Jahren gefunden. Und jetzt möchte ich, daß du es besitzt. Ich weiß, daß du es gemalt hast, und auch, daß das Bild Tante Olivia ähnelt.«

Adam starrte auf den flachen runden Stein in dem seidenen Tuch, seine Blicke ruhten auf dem süßen Gesicht. Die Farben waren erstaunlich gut erhalten. »Hast du es neu gelackt, Edwin?«

»Ja, Vater, um die Farben zu schützen.«

Adam wendete den Blick nicht von dem Stein, verblaßte Erinnerungen kehrten zurück. Er hatte diesen Stein bemalt, als er siebzehn war. Und jetzt sah er sie wieder dastehen, in der Höhle auf dem »Gipfel der Welt«, ihr dunkles Haar flatterte im Wind, ihre Augen so blau wie das Meer und schimmernd wie Kerzen. Und er hörte ihre leise Stimme sagen: »Adam, ich bekomme ein Kind.«

Edwin sah seinen Vater erstaunt an. »Es ist Tante Olivia, nicht wahr?«

Adam antwortete nicht. Er lächelte in der Erinnerung. Zärtlich wickelte er den Stein wieder in das Taschentuch. Dann gab er es Edwin zurück. »Ich möchte, daß du ihn behältst, mein Sohn. Du hast ihn gefunden, ich will, daß du ihn bei dir trägst. Eines Tages werde ich dir seine Geschichte erzählen, aber nicht heute. Heute ist nicht die Zeit dafür.« Er warf Edwin einen seltsamen Blick zu. »Ich vermute, du hast ihn in der alten Höhle oben bei Ramsden Crags gefunden?«

»Ja, Vater.« Edwin schluckte. »Da ist noch etwas, Vater. Etwas, das ich dir schon vor Jahren sagen wollte. Aber ich hatte nie den Mut dazu. Aber heute muß ich mein Gewissen entlasten, heute, bevor ich an die Front gehe.«

Adam lehnte sich in den Ohrensessel zurück. »Dann sprich, Edwin«, sagte er liebevoll. »Vielleicht wird dir dann leichter ums Herz. Sei gewiß, ich werde alles verstehen.«

»Also, siehst du, es war so«, begann Edwin nervös. »O Gott, ich brauche noch einen Drink«, rief er und lief durch die Bibliothek.

Er ähnelt mir nicht nur im Aussehen, sondern auch im Wesen, dachte Adam, als er Edwin nachsah. Er zündete sich eine Zigarette an und lehnte sich wartend zurück. Er wird mir von Emma Harte und dem Kind erzählen, dachte Adam, und sein Herz war voll Liebe für seinen Sohn.

31

Die Kanonen brüllten seit August, durch den September, Oktober, November und Dezember 1914, sie brüllten ins neue Jahr. Sie brachten Tod, Blut, Ruinen und Elend. Hunderttausende junger Männer, die Hoffnung der neuen Generation, wurden auf den blutigen Schlachtfeldern Frankreichs und Belgiens dahingemäht. Das war kein Krieg um eine Festung oder ein Land, es war ein Krieg um das Recht jeder Nation der Welt: zu leben und sich nach ihren Wünschen zu entwickeln.

Wie jede Frau sah auch Emma Harte-Lowther das Grauen dieses Krieges. Aber wann immer ihr das Gewissen schlug, weil sie am Krieg verdiente, schaltete sie ihren logischen Verstand ein. Irgend jemand mußte schließlich die Uniformen für die Truppen herstellen, und wenn sie es nicht tat, tat es ein anderer. Ja, sie taten es auch. Die meisten Stoff- und Bekleidungsfabriken stellten Uniformen in Khaki und Marineblau für Großbritannien und die Alliierten her. Und Millionen Meter Stoff kamen aus den Webstühlen von Yorkshire, um die Soldaten zu Lande, zu Wasser, in der Luft einzukleiden.

Emma widmete sich nur noch ihrer Arbeit und vernachlässigte sogar ihre Familie. Aber jedes Schuldbewußtsein wurde beiseite geschoben von dem Druck der Geschäfte und der Gewißheit, daß ihr keine Wahl blieb, als den Kurs zu halten, den sie eingeschlagen hatte. Die Tage waren nie lang genug für sie.

Aber heute, an dem kalten Dezembernachmittag des Jahres 1915, vergaß sie endlich einmal die Arbeit. Sie saß im Lastwagen neben dem Fahrer und war auf dem Weg zu David. Dabei dachte sie an Weihnachten und beschloß, es zu einem wahren Fest zu gestalten – ganz gleich, wie knapp Nahrungsmittel waren, wie niedergeschlagen die Menschen um sie herum.

Frank würde für mehrere Wochen kommen, und sie freute sich

auf ihn wie ein Kind. Auch Winston hatte Urlaub; die Familie würde endlich vollzählig beisammen sein. Der Laster hielt vor der Kleiderfabrik in der York Road, und Emma eilte hinein. Als sie Davids Büro betrat, sah sie Abraham Kallinski neben David stehen. Ihr alter Freund umarmte sie herzlich, seine strahlenden schwarzen Augen sahen in ihre grünen. »Emma, du siehst großartig aus. Und es ist eine Herzensfreude für mich, dich nach so langer Zeit wiederzusehen.«

Emma lächelte glücklich. »Wie geht es euch, wie geht es Mrs. Kallinski? Es tut mir so leid, daß ich Sie so lange vernachlässigen mußte. Aber die Geschäfte scheinen mich allmählich aufzufressen.«

»Ach ja, meine kleine Emma ist der große weibliche Industriemagnat geworden. Aber auch meiner Janessa geht es gut, sie fragt immer nach dir. Wir alle vermissen dich, Emma, wir alle!«

David unterbrach seinen Vater. »Das klingt ja, als seist du überrascht, Dad. Ich hab's dir ja immer gesagt, unsere Emma gelangt ganz nach oben, an die Spitze!« Er nahm sie bei den Schultern und küßte ihre Wange. Ohne zu zögern legte sie ihre Arme um seinen Nacken.

Sie fühlte, wie der Druck seiner Hände sich verstärkte, als er sie näher an sich zog. Abraham Kallinski, der ihnen väterlich zusah, dachte plötzlich voller Trauer: Mein Sohn. Mein Sohn. Er hält sie zu lange. Ach, und ich kenne diesen Blick in eines Mannes Augen! Ich bete zu Gott, daß seine Frau Rebecca und Joe Lowther nie etwas merken. Er räusperte sich vernehmlich: »Komm, Emma, setz dich zu mir.«

Sie setzte sich und sagte: »Es ist doch alles in Ordnung, ja? Warum wolltest du mich so dringend hier haben, David?«

»Ich habe dir einen Vorschlag zu machen, und ich hoffe, du wirst einverstanden sein. Hör zu. Dad möchte es sich etwas leichter machen. Nicht mehr so hart arbeiten.« Er griff nach einer Zigarette. »Wir haben darüber gesprochen und glauben eine Lösung gefunden zu haben, die für jeden von uns von Nutzen ist. Ich möchte deine Gesellschaften mit unseren zusammenlegen. Nun, was meinst du dazu, Emma?«

Emma übersah augenblicklich die riesigen Vorteile, die für sie in einer solchen Verbindung und Expansion lagen. »Das ist ein großartiger Vorschlag.« Sie wendete sich zu Abraham. »Wären Sie glücklich darüber, Mr. Kallinski?«

»Sehr, Emma. Und auch Janessa. Sie macht sich Sorgen um mich, sorgt sich so sehr, daß ich mich um sie sorgen muß«, erwiderte er mit scheuem Lächeln.

»Dann laß uns die beiden Gesellschaften zusammenlegen, David! Ich bin sehr dafür. Und gerade jetzt ist die richtige Zeit dafür.«

David und Emma verhandelten ein paar Stunden ruhig und sachlich, bis auch die letzten Einzelheiten geklärt waren. Dann reichten sie sich die Hand: »Ich glaube, wir dürfen uns beide beglückwünschen«, sagte Emma und lachte dann Abraham Kallinski an: »Und Sie geben uns Ihren Segen und Ihren Rat, denn wir werden ihn oft nötig haben.«

Sie ist nicht nur geschickt, geschäftstüchtig, zielbewußt, sondern taktvoll und warmherzig, dachte David. Die Wintersonne hüllte sie in strahlendes Licht. Und sie hat diese typische englische Schönheit, die bei Tage am besten wirkt, diese unnachahmliche Schönheit, wie Gainsborough und Romney sie in ihren Gemälden unsterblich machten. Außerdem ist sie nicht die Spur eitel, und das macht ihren Charme noch größer. Sie war so frisch und strahlend, so voller Vitalität, die beinah sinnlich ist; ist es ein Wunder, daß kein Mann ihr widerstehen kann? Emma erhob sich. Auch die beiden Männer standen auf. »Wenn ihr mich entschuldigt, aber ich muß fahren«, sagte sie. »Ich habe Edwina versprochen, heute früh heimzukommen, um mit ihr den Baum zu schmücken, und ich will sie nicht enttäuschen.«

»Nein, das darf man nicht«, sagte Abraham und sah seinen Sohn streng an, »was du leider meinem Enkel zu oft antust!«

»Hallo, Emma, du bist aber heute früh zu Hause«, sagte Joe, als sie das Wohnzimmer betrat.

»Guten Abend, Joe. Ja. Und ich bringe gute Nachrichten.« Sie erzählte ihm von ihren neuen Plänen. Joe war nicht sehr begeistert, unbewußt hegte er immer noch Eifersucht auf David. Aber er kam nicht dazu, Emma seine Einwände darzulegen, denn die Tür wurde aufgerissen, und Edwina stürmte ins Zimmer. »Papa, Papa!« rief sie und warf sich Joe an die Brust. Er hob sie auf und wirbelte das graziöse Mädchen herum. Ihr blaues Samtkleid und ihr langes Haar, silberblond und offen bis zur Taille, schimmerten im Licht der Lampen.

»Du machst sie schwindlig«, rief Emma. »Fein, daß du da bist, Liebling. Ich habe auf dich gewartet, damit wir zusammen den Baum schmücken können, wie ich dir versprochen habe.«

»Hallo, Mutter«, sagte Edwina, ohne sie anzusehen. Sie griff nach Joes Hand. »Daddy, hilfst *du* mir dabei? Bitte!« Edwina zog ihn hinüber zu der schön gewachsenen, duftenden Tanne. Emma hielt eine silberne Glocke in der Hand. »Wo soll ich sie hinhängen, Liebes?« fragte sie ihre neunjährige Tochter.

Edwina sah sie immer noch nicht an. »Was meinst du, Daddy?«

»Nun, ich bin nicht eben ein Experte im Dekorieren von Weihnachtsbäumen«, lachte Joe, stolz, daß das Mädchen ihm so offen ihre Zuneigung bewies. »Vielleicht dort, an jenen Zweig?«

»Bitte, gib mir das Glöckchen, Mutter.«

Emma gab es ihr schweigend, und Edwina reichte es Joe weiter. »Du hängst es an den Baum, Daddy. Wo es dir gefällt, ist es schön!«

So ging es weiter. Edwina schien ihre Mutter absichtlich übersehen zu wollen, hörte nicht auf ihre Vorschläge, sprach nur mit Joe. Verwirrt zog Emma sich zum Kamin zurück. Sie war unerwünscht, sie war der Eindringling, dachte sie, als sie den beiden zusah, wie sie miteinander lachten und scherzten. Nein, sie durfte nicht neidisch oder eifersüchtig sein, im Gegenteil, sie sollte dankbar dafür sein, daß Edwina Joe so sehr liebte und er über seine schöne Tochter glücklich war.

Sie waren so miteinander beschäftigt, daß keiner von ihnen bemerkte, wie Emma das Zimmer verließ. Sie spürte Tränen in ihren Augen aufsteigen, aber sie mußte sich zusammenreißen! Emma nahm ihren Mantel und zwei volle Körbe und lief aus dem Haus. Es war eine kalte, mondlose Nacht, Schnee fiel ... es würde ein weißes Weihnachten werden. Aber Emmas Freude war verflogen. Ein paar Sekunden später schob Emma das Tor zum Haus der O'Neills auf. Blackie hatte es 1913 gekauft, als er Laura heiratete. Das junge irische Dienstmädchen begrüßte sie herzlich, nahm Mantel, Schal und die Körbe, und schon erschien Blackie auf der teppichbedeckten Treppe.

Mit neunundzwanzig war Blackie O'Neill ein großartig aussehender Mann, dem der Erfolg nicht versagt geblieben war, den er sich als Jüngling erträumte. Mit seinem Onkel Pat zusammen besaß er die größte Baufirma in Leeds und war ein reicher Mann. Die Ehe mit Laura tut ihm gut, dachte Emma, als sie ihn ansah. Sie hat seine rauhen Ecken und Kanten geglättet, selbst sein irischer Akzent klang nur noch selten an. Aber trotzdem war er doch immer noch der alte Schauspieler, dachte sie, eine Begabung, die ihm auch in seinen Geschäften stets zugute kam.

»Emma«, rief er vergnügt und lief leichtfüßig die Stufen herunter. »Du bist ein herrlicher Anblick für meine müden Augen!« rief er und umarmte sie herzlich. »Aber was machst du denn für ein Gesicht? Du siehst ja aus, als hättest du ein Pfund und Sixpence verloren!«

Emma bemühte sich zu lachen, ach, Blackies gute Laune war so ansteckend, daß sie Edwinas schroffe Art vergaß. »Komm, Laura wird sich freuen, Mavourneen!« Er zog sie die Treppe hinauf und riß die Tür zum Salon weit auf. Laura saß am Kamin und strickte einen khakifarbenen Schal. Sie warf ihn auf die Erde und lief glückstrahlend auf Emma zu. »Emma, Liebling, ich habe so gehofft, daß du uns heute besuchen kommst. Fast eine ganze Woche warst du nicht hier!«

Als Emma das liebe Gesicht ihrer besten Freundin sah – nein, Laura ist meine einzige Freundin, dachte sie –, wurde sie endlich wieder froh. »Ich weiß. Aber du kennst mich ja, bis zum Hals in Arbeit. Ich habe euch ein paar Kleinigkeiten für das Sonntagsschule-Fest mitgebracht, Laura. Und ein paar Sachen dazugelegt, die du für besonders bedürftige Kinder brauchen kannst.«

Laura sah heute besonders bezaubernd aus. Seit der Fehlgeburt vor zwei Jahren hatte sie nun endlich ihre Kraft wiedergewonnen, und in ihrem dunkelblauen Kleid, das honigblonde Haar zu einem Knoten geschlungen, wirkte sie sanft und friedlich, noch mehr als sonst wie die Madonna. Sie ist mit Blackie sehr glücklich, dachte Emma, und sie ist für ihn genau die richtige Frau.

Blackie kam mit einem Tablett voll Gläsern zu ihnen. »Frohe Weihnachten für die beiden liebsten Frauen meines Lebens«, sagte er. »Laura sagte mir, daß wir am ersten Feiertag bei euch eingeladen sind. Wir wollen ein Fest daraus machen, nicht wahr!«

Das neue Jahr brachte schlimmere Nachrichten von den Fronten als je zuvor. Am 4. Januar 1916 verkündete Premierminister Henry Asquith, daß jeder alleinstehende Mann eingezogen werden müßte, um das Vaterland zu verteidigen. Und am 2. März trat das Gesetz zur allgemeinen Wehrpflicht in Kraft.

Eines Morgens im Mai sah Emma von der Zeitung auf und sagte: »Joe, ich fürchte, daß auch verheiratete Männer eingezogen werden.«

Er sah sie mit ernsten Augen über den Frühstückstisch an. »Es mußte so kommen, Emma. Seit Wochen schreit Lord Kitchener nach mehr Soldaten.« Emma nickte. »Das neue Gesetz schreibt vor, daß jeder Engländer zwischen achtzehn und vierzig Jahren sich verpflichten muß. Ich nehme an, daß das auch dich betrifft...« Sie lächelte schwach.

»Ja, meine Liebe, so ist es.«

Und so mußte sie die drei wichtigsten Männer in ihrem Leben mit den Truppen ziehen lassen. Zuerst David mit der Infanterie, dann Joe und Blackie, die beide zu den Seaforth Highlanders, dem alten Regiment ihres Vaters, gingen. Joe und Blackie mußten sofort zu Übungen nach Ripon aufbrechen. Zwei Wochen später kamen sie noch einmal kurz auf Urlaub, bevor sie nach Frankreich gingen. An einem regnerischen Junimorgen begleitete Emma sie zum Bahnhof. Laura, die schwanger war, hatte sie angefleht, mitkommen zu dürfen. Aber Blackie blieb fest.

»Nicht in deinem Zustand, Liebste«, sagte er und streichelte ihr Haar. »Ich will nicht, daß du dich noch mehr aufregst. Du mußt an das Baby denken!« Laura klammerte sich an ihn, ihr bleiches Gesicht verzerrt im Bemühen, tapfer zu erscheinen.

Auf den Bahnsteigen drängten sich Soldaten von allen möglichen Regimentern, dazwischen ihre Frauen und Mädchen. Blackie trug die Tornister in einen Wagen, und Emma und Joe standen Hand in Hand am Zug. »Paß auf dich auf, Liebling«, sagte Joe. »Und mach dir keine Sorgen um mich. Du und die Kinder – du mußt dich jetzt allein um meine geliebte Familie kümmern!« Er hob sanft ihren Kopf. »Nanu, wo ist denn dein berühmtes Lächeln geblieben, mein Herz? Du bist die beste Frau – und darum werde ich auch zu dir zurückkommen. Daran mußt du so fest glauben wie ich.« Er küßte ihre tränennasse Wange.

Blackie sprang auf die Stufen. »Auf Wiedersehen und Lebwohl, Mavourneen. Bleib gesund und kümmere dich um meine Laura.«

Emma schluckte. »Das werde ich, ich verspreche es dir. Ich sorge dafür, daß weder ihr noch ihrem Baby etwas geschieht.«

Der Zug fuhr an. Noch eine Sekunde hielt Joe Emmas Hand, und jetzt fand sie die Kraft, ihm ihr strahlendes Lächeln zu schenken.

32

Emma saß auf Christophers Bettrand, ein Buch in der Hand. »Das ist genug für heute, Kit. Zeit zu schlafen für einen Jungen.«

Kits große, braune Augen sahen sie fest an. Sein kleines rundes, sommersprossiges Gesicht ist sehr ernst für einen Fünfjährigen, dachte Emma. »Bitte, Mami, nur noch eine Geschichte, nur eine«, bat er. Sie beugte sich über ihn: »Kit, ich habe schon eine Geschichte mehr gelesen als sonst, Gute Nacht, mein Sohn.«

Er legte die Arme um ihren Hals und schmiegte seinen Kopf an ihr Gesicht. »Du riechst immer so schön, Mami. Wie eine Blume. Wie ein ganzer Blumenstrauß«, flüsterte er ihr ins Ohr.

Lächelnd strich Emma ihm übers Haar. »Gute Nacht und schöne Träume, mein Kleiner.«

Emma drehte das Licht aus und schloß leise die Tür hinter sich. Vor Edwinas Tür zögerte sie, aber dann klopfte sie und trat ein. Edwina saß im Bett und las, ihr silberblondes Haar fiel weich über die schmalen Schultern. Sie hob den Kopf und richtete den kühlen, silbergrauen Blick auf Emma. Sie sah aus, als fühle sie sich gestört.

»Ich kam nur, um dir gute Nacht zu sagen«, sagte Emma. »Und lies nicht mehr allzulange, Liebling.«

»Nein, Mutter«, sagte Edwina, legte das Buch zur Seite und sah Emma weiter an, ihr Gesicht trug einen abwartenden Ausdruck. »Wann kommt Onkel Winston zu uns zu Besuch, Mutter?«

»In seinem letzten Brief schrieb er, daß er bald Urlaub hat.«

»Ich freue mich auf ihn«, sagte Edwina.

Überrascht und erfreut über die unerwartete Vertraulichkeit setzte Emma sich zu ihr, obwohl sie wußte, daß Edwina jeden körperlichen Kontakt mit ihr scheute. »Ich bin sehr glücklich darüber, Edwina. Er liebt dich sehr, und auch dein Onkel Frank!«

»Ach, kommt Onkel Frank auch?«

»Ja, so sieht es aus. Wir werden schöne Abende zusammen verbringen, Charaden aufführen und zusammen singen und lachen.«

»O ja, das wird hübsch«, Edwina schenkte Emma eins ihrer seltenen Lächeln. Emmas Herz schlug plötzlich schneller. *Dieses Lächeln!* Sie ist durch und durch eine Fairley. Schon seit langem war Emma die Ähnlichkeit mit ihrer Großmutter von ihres Vaters Seite – Adele – aufgefallen. Sie war wie ein junges Spiegelbild von ihr, die so schrecklich endete. Ob es auch Winston und Frank auffallen mochte? Blackie, das wußte sie, war längst klargeworden, wer der Vater war, obwohl er nie darüber sprach. Emma haßte Edwin Fairley unvermindert. Aber jetzt entsprang dieser Haß ihrem Geist und nicht mehr ihrem Herzen. Darum war er auch tödlicher für ihn als zuvor. Sie wußte viel von ihm, obwohl sie nicht mehr an ihn denken wollte. Aber die *Yorkshire Morning Gazette* berichtete immer wieder über den prominenten Bürger. Er war augenblicklich Captain in der Army und mit dem *Victoria Cross* ausgezeichnet worden für »seinen Mut, der weit über seine Pflicht hinausreichte«. Mut, ausgerechnet er, dachte sie bitter. Sie wußte auch, daß seine Frau, Lady Jane Fairley, Tochter des Earl of Carlesmoor, ihm einen Sohn geboren hatte, der auf den Namen Roderick Adam getauft war. Aber Edwin Fairley war augenblicklich nicht das Ziel ihrer Verfolgung. Adam und Gerald Fairley – *sie* kontrollierten die Fairley Mühlen und damit das Fairley-Vermögen. Emma hatte ihnen zwar schon große Probleme bereitet, als sie die Thompson's Mühle und ihre besten Mitarbeiter übernahm; aber unerbittlich plante sie weiter, um sie zu vernichten. *Und sie wußten es nicht!* Vor allem Adam Fairley kümmerte sich seit einiger Zeit überhaupt nicht mehr um die Geschäfte. Seine Frau Olivia war plötzlich sehr krank geworden. Die Zügel lagen allein in Geralds Händen, und er war ein dummer Narr. Er war das schwächste Glied in der Kette, die sie zerreißen mußte, und *er* war es im Grunde, dem ihr Haß galt! Keine Frau kann den Ekel vor einem Mann, der sie vergewaltigen wollte, je überwinden. Und Emma war gewiß keine Ausnahme. Ja, Gerald war der Schlüssel zum endgültigen Fall der Festung Fairley! Und wenn sie einmal ein Ziel im Auge hatte, konnte kein Mensch sie davon abbringen!

Die Türglocke schrillte durch das stille Haus. Emma wurde aus ihren Gedanken gerissen. Sie ging, aufrecht wie immer, durch die

Halle und öffnete die Haustür. Vor ihr stand ein Telegrammbote.

»'n Abend, Missis«, sagte er und tippte an seine Kappe. Er reichte ihr ein Telegramm, tippte wieder an die Mütze und lief die Stufen hinunter. Emma schloß die Tür und sah auf den gelben Umschlag. Von Winston, dachte sie, ohne Frage. Er telegrafiert, wann er kommt.

Unter dem Licht des Kristallüsters riß sie den Umschlag auf.

Ihr Blick glitt schnell über die Zeilen, und das Lächeln schwand von ihren Lippen, als sie las:

»Mit tiefstem Bedauern und herzlichem Beileid muß das Kriegsministerium Sie in Kenntnis setzen, daß Ihr Gatte, Private Joseph Daniel Lowther, von der 51th Division of the Seaforth Highlanders am 14. Juli in Frankreich im Kampf um König und Vaterland gefallen ist.«

Es kann nicht wahr sein! Nein, es ist ein Irrtum, ein grauenhafter Irrtum! Emmas Lippen zitterten. Nein, Joe konnte nicht tot sein. Sie fiel in einen Sessel. Wie eine Marmorstatue saß sie da, das Telegramm im Schoß. Nach einer kleinen Ewigkeit schob sie sich aus dem Sessel und zwang sich hinaufzugehen. Sie stolperte in ihr Schlafzimmer, fiel aufs Bett und lag starr da, ihre Augen tränenlos. Armer, armer Joe, dachte sie. Nach ein paar Wochen an der Front, zu jung zum Sterben. Und endlich konnte sie weinen. Die Kinder würden ihn nie wiedersehen. Wie war er gestorben? Und wo war er? Sie weinte die ganze Nacht um einen hochanständigen, guten Mann, um alles, was er war und was er gegeben hatte, und um das Leben, das sie miteinander geführt hatten.

Es war ein herrlicher Sonntag, spät im Oktober, strahlendes Licht und ein durchsichtig blauer Himmel. Laura O'Neill saß im Garten. Wie immer dachte sie an Blackie. Seit Wochen hatte sie keinen Brief mehr von ihm erhalten. Aber auch das gefürchtete Telegramm war gottlob nicht gekommen. Ihr unerschütterlicher Glaube an den Ewigen Gott bestärkte sie in der Hoffnung, daß auch Blackie unter seinem Schutz stand. Ihr liebevolles Herz floß über vor Kummer um die Frauen, die ihre Söhne, Ehemänner und Liebsten verloren hatten, wie ihre liebe Emma, die seit vier Monaten Witwe war.

Emma arbeitete im Garten, füllte den Korb mit herrlichen kupferfarbenen Winterchrysanthemen. Lauras Blick ruhte auf der schwarzgekleideten Frau. Sie ist so dünn, dachte sie. Und erschöpft. Sie arbeitet, stark wie ein Trojaner, und eines Tages wird sie unter den vielen Verantwortungen zusammenbrechen. Wenn sie auch seit Joes Tod noch stärker geworden schien. Sie führte nicht nur ihre eigenen Geschäfte und verwaltete Joe's Vermögen, sie hatte auch die Führung der Kallinski-Fabriken allein übernehmen müssen. Trotzdem fand sie immer noch Zeit, sich ihren Kindern zu widmen, ihnen Liebe und Sicherheit zu schenken. Das ist Emmas Art zu trauern, dachte Laura. Ihre Arbeit und die Kinder sind ihre Festung. Laura seufzte tief. Der Tod ist nicht endgültig. Der geliebte Mensch ist zwar nicht mehr auf Erden, aber da sind die anderen, aus seinem Geist und Blut geboren. In jedem Leben gibt es Trauer, aber immer wieder glimmt das Licht der Freude auf. Wie die Freude auf das Kind, das sie unter dem Herzen trug. Sie faltete schützend die Hände über ihrem Leib. Ja, da war Sterben, aber da war auch Geburt. Das Leben erneuerte sich immer wieder ... der ewige Kreis ...

Emma stellte Laura den bunten Korb vor die Füße und setzte sich zu ihr. »Ist dir nicht kühl, Liebes?« fragte sie. »Wir wollen hineingehen. Du darfst dich auf keinen Fall erkälten. Jetzt, da es dir so gut geht ... Du weißt, nur noch zwei Monate, und dann hat Blackie einen Sohn und Erben.«

Laura nickte. Ihre Augen schwammen vor Glück. »Diese Schwangerschaft war so leicht, Emma. Ein Wunder. Ich spreche jeden Tag mein Dankgebet. Ach, Emma, verzeih ... ich denke nur an mich. Sag, geht es Edwina etwas besser?«

Emma nickte. »Wenn sie nur weinen würde, vielleicht könnten Tränen ihren Kummer um Joe's Tod erleichtern. Ihre Beherrschung ängstigt mich. Das ist doch für ein so junges Mädchen nicht natürlich. Stundenlang habe ich mit ihr gesprochen, versucht, sie zu trösten. Aber immer ohne jeden Erfolg. Sie will es mit sich allein abmachen. Stoisch. Manchmal meine ich, daß ich Joe falsch gesehen habe.«

»Was meinst du damit?« fragte Laura erstaunt.

»Nun, sieh mal, ich wußte zwar, wie gut er war und wie großzügig. Sein Testament, zum Beispiel. Ich war wie vom Donner gerührt, als Mr. Ainsley mir mitteilte, daß ich Joes Alleinerbin bin. Ich dachte, Kit müßte es sein, er ist sein einziger Sohn.«

»Nun, schließlich hat er Kit sein Geld, sein Vermögen, hinterlassen, dir seine Geschäfte und Liegenschaften. Joe wußte, daß du allein die Geschäftsfrau bist, die alles am besten verwalten und – vermehren kann. Er hat dir vertraut, Emma. Er wußte, daß du immer das einzig Richtige tun wirst.« Laura drückte Emmas Hand. »Du warst ihm eine gute Frau, Emma. Er wußte, was er tat. Und mach dir keine Vorwürfe, wenn du manchmal – wenn du ihn ab und zu vernachlässigt hast. Vergiß nie, menschliche Beziehungen verändern sich von Tag zu Tag, genau wie wir Menschen auch. Ich weiß, du hast ihn glücklich gemacht, Emma!«

Emma nahm Lauras Arm und führte sie ins Haus: »Was würde ich ohne dich nur machen, Laura, meine liebe Laura? Du bist so weise, bei dir wird mir immer wieder leicht ums Herz.«

»Ach, Emma, mir geht es doch nicht anders. Du bist der beste Freund, den ich je hatte.«

33

»Ah, da sind Sie ja, Mrs. Lowther.« Dr. Stalkley eilte auf sie zu. »Mrs. O'Neill fragt immer wieder nach Ihnen.«

Emma sprang auf. »Bitte«, sagte sie ängstlich. »Ist alles in Ordnung? Ich begreife nicht, was so plötzlich passiert ist?«

Der Arzt streichelte tröstend über ihre Schulter. »Es war die Frage: Operation oder natürliche Geburt. Aus religiösen Gründen lehnte Mrs. O'Neill die Operation jedoch strikt ab . . .«

»Ich begreife nicht, ich kann Ihnen nicht folgen, Doktor . . .«

»Mrs. O'Neill gab nicht ihre Zustimmung zu einer Operation, weil . . . die Möglichkeit gegeben war, daß sie das Kind verlieren könnte. Die Operation wäre besser für sie gewesen. Aber sie wollte das Leben ihres Kindes nicht riskieren.«

»Aber – ihr geht es gut?« fragte Emma.

»Sie ist sehr schwach«, erwiderte der Doktor leise und mied Emmas Blick.

»Und das Baby?«

»Ein prächtiger Junge, Mrs. Lowther.«

»Aber Mrs. O'Neill droht keine Gefahr nach der Operation?«

»Sie ist müde, natürlich. Es war eine sehr schwere Geburt. Aber kommen Sie, sie drängt darauf, Sie zu sehen.«

Emma folgte ihm den Flur entlang. Allmählich begriff sie den Ernst der Situation. Als sie vor Lauras Tür standen, drehte sich der Arzt noch einmal um und sagte mit geneigtem Kopf: »Wir haben nach dem Priester geschickt.«

»Priester? Warum das?«

»Mrs. O'Neill bat um einen Priester.« Der Arzt schüttelte den Kopf. »Sie ist sehr schwach. Völlig erschöpft. Bitte, regen Sie sie nicht auf.« Er öffnete die Tür. »Bitte, Mrs. Lowther, wir wollen nicht länger Zeit verschwenden.« Er schob sie ins Zimmer und schloß die Tür – sehr leise.

Emma eilte auf Zehenspitzen zum Bett, ihr Blick glitt über Laura, die in Kissen lehnte. Sie sah sofort, wie entsetzlich erschöpft sie war. Ihr schönes Gesicht, blutleer, war von Müdigkeit gezeichnet, die sanften Augen lagen in tiefen Höhlen, aber sie leuchteten auf, als sie ihre Freundin sah. Emmas Herz sank, als sie die schlimmen Zeichen erkannte, trotzdem lächelte sie, beugte sich über Laura und küßte ihre Stirn. »Wie fühlst du dich, Liebes?«

Laura strahlte plötzlich: »So glücklich. Und dankbar. Es ist ein Junge, Emma.«

Emma ließ sich auf den Stuhl neben dem Bett sinken. Sie bemühte sich um einen fröhlichen Ton: »Ja, ist es nicht wunderbar! Blackie wird der stolzeste Vater sein. Und jetzt mußt du nur an dich denken. Wahrscheinlich wirst du in einer Woche entlassen, und dann kommst du sofort zu mir, und ich kümmere mich um dich, wie du damals dich um Edwina und mich gesorgt hast, Liebste«, log sie.

Ein zartes Lächeln spielte um Emmas blasse Lippen. »Ich möchte, daß er auf den Namen Bryan getauft wird. Und Shane Patrick, nach Blackie und Onkel Pat.«

»Sie werden sich freuen, Liebes.«

»Komm etwas näher, Emma«, flüsterte Laura. »Dann kann ich dich besser sehen. Sie haben kein Licht angemacht, nicht wahr?«

»Ja, draußen ist es schon dämmerig«, sagte Emma, obwohl es noch hell war.

»Ich möchte, daß Bryan als guter Katholik erzogen wird. Du kennst doch Blackie, er ist in diesen Dingen immer etwas nachlässig. Du sorgst dafür, Emma, nicht wahr?«

»Was meinst du damit?« Emmas Angst um Laura flammte wieder auf.

»Ich möchte, daß du es mir versprichst und daß du dich um Bryan kümmerst, während sein Vater im Krieg ist.«

»Aber das wirst du doch tun, Laura, mein Schatz!«

Lauras glänzende Augen sahen sie offen an. »Ich sterbe, Emma.«

»Wie kannst du so etwas nur denken!«

»Emma, hör mir zu. Bitte, hör mir zu. Ich habe nur noch so wenig Zeit«, flüsterte Laura. »Versprich mir, daß Onkel Pat Bryan in einer katholischen Kirche taufen läßt und sich um seine religiöse Erziehung sorgt, bis Blackie zurückkommt. Und versprich mir auch, daß du dich Blackies annimmst, wenn ich nicht mehr bin.«

Emma war es unmöglich, ein Wort herauszubringen. Endlich hatte sie sich wieder so weit in der Gewalt, um heiser zu sagen: »Ich verspreche es!«

Mit schwacher Hand berührte Laura Emmas Gesicht. »Ich liebe dich, Emma.«

»O Laura, ich liebe dich so sehr.« Emma konnte die Tränen nicht mehr zurückhalten, sie fielen auf Lauras Hand.

»Weine nicht, Liebes. Es gibt keinen Grund zu weinen.«

Emma holte tief Atem und sagte dann: »Laura, jetzt muß du *mir* zuhören. Du mußt kämpfen. Auch wenn es dir schwerfällt. Bitte, kämpfe, um zu leben«, flehte sie mit aller Kraft ihres Herzens. Sie nahm Lauras zerbrechlichen Körper in ihre starken Arme und hielt sie an sich gepreßt, als wollte sie der verlöschenden Freundin von ihrem Leben geben.

Ein schwacher Seufzer entfloh Lauras Lippen. »Es ist zu spät. Und sag Blackie, daß ich ihn liebe.«

Die Tür wurde geöffnet, der Priester trat ein. Er legte Emma die Hand auf die Schülter. »Mrs. O'Neill erhält die Letzte Ölung«, sagte er.

Emma lehnte sich an die Wand, die Tränen strömten über ihr Gesicht, Oh, dieser Priester – er war der Bote des Todes! Wenn er ginge, würde Laura leben. *Es gibt keinen Gott! Nein, Gott, hörst du mich!* Aber kein Laut entrang sich ihren Lippen. Als der Priester sein Ritual beendet hatte, kam er zu Emma. »Mrs. O'Neill möchte sie noch einmal sprechen«, sagte er mitleidig.

»O Laura, Laura, geh nicht fort, verlaß uns nicht!«

Laura lächelte jetzt, und ihr Gesicht war strahlend, ihre Augen so groß und friedlich.

»In meinem Wörterbuch gibt es das Wort Tod nicht, Emma. Solange du lebst, und Blackie und Bryan. Gott gibt uns nie eine Bürde, die wir. nicht tragen können. Und, Emma, vergiß meine Weihnachtsgeschenke für die Kinder nicht. Der Hund ist in einer Hütte – für Kit, und für Edwina habe ich ein paar Päckchen. Du findest sie. Auch für dich liegt etwas dabei, meine liebste Emma . . .« Laura schloß die Augen, und jetzt war das strahlende Lächeln nur noch ein Schatten. Emma spürte die Hand in ihrer schlaff werden.

Mit Gewalt mußte Dr. Stalkley Emmas Finger von Lauras

lösen, so fest hielt sie sie. Der Priester führte sie aus dem Zimmer. Dann kam der Arzt zu ihr und sagte mit fester Stimme: »Das Baby kann in wenigen Tagen entlassen werden. Wir geben Ihnen Bescheid, damit Sie es holen können. Es war Mrs. O'Neills Wunsch.«

Emma stieß die Tür des St. Mary's Hospital auf und ging wie eine Schlafwandlerin durch den Garten hinaus. Mit festem Schritt stieg sie Top Hill hinauf, ihre Augen starrten ins Nichts. Es war ein kalter Dezembernachmittag, der Himmel war leer und ohne Sonne. Eisiger Wind jagte über die Hügel und trocknete die Tränen auf Emmas Gesicht.

5. TEIL

DER GIPFEL
1918 – 1950

Der zu den Gipfeln aufsteigt
Wird die erhabenen Höhen
meist in Schnee und Wolken finden;
Der andere Menschen übertrifft oder sie bezwingt
Muß auf ihren Haß herniederblicken.

LORD BYRON
›Childe Harold's Pilgrimage‹

34

»Warum siehst du so verärgert aus, Frank?« fragte Emma. Sie saßen beim Mittagessen im Ritz-Hotel in London.

Bestürzt sah Frank auf. »Ich bin nicht ärgerlich, Liebes. Aber ich mache mir Sorgen um dich, das ist es!«

»Aber mir geht es doch wieder gut, die Lungenentzündung habe ich auch überstanden, also, was gäbe es für Gründe, sich um mich zu sorgen?«

»Ich weiß, und du siehst auch wunderbar aus, wie immer. Aber ich mache mir doch Sorgen um dich, um dein Leben«, verbesserte er sich.

»Mein Leben? Was meinst du? Was ist mit meinem Leben?«

Ein Schatten flog über Franks sensibles Gesicht. »Das fragst du? Ja, hörst du denn nie auf, um wenigstens auch mal über dich nachzudenken? Du bist in einer Tretmühle, Liebes. Ja, im Grunde plagst du dich genauso wie damals in Fairley Hall . . .«

»Das ist doch ganz großer Unsinn!« unterbrach Emma zornig.

»Gut, du scheuerst nicht mehr die Fußböden, das gebe ja zu. Aber du mußt dich genauso abplacken – wenn auch im Luxus. Du legst dich wegen deiner Geschäfte in Fesseln, Emma!« Er seufzte. »Und du wirst dich nie freimachen.«

»Das will ich auch gar nicht. Ist dir noch nie aufgefallen, daß die Arbeit mir Freude macht?«

»*Arbeit!* Das meine ich ja. Es wird endlich Zeit, daß du auch mal etwas vom Leben hast, Freude am *Leben!* In ein paar Monaten wirst du neunundzwanzig. Ich meine, du solltest wieder heiraten.«

»Aber, Frank, wieder heiraten? Du bist ganz und gar verrückt, mein Junge. Schließlich ist weit und breit kaum ein Mann zu sehen. Wir haben Krieg, wie du wohl am besten weißt.« Sie schüttelte lachend den Kopf.

»Ja, aber er muß bald zu Ende gehen, in diesem Jahr noch. Seit

Amerika in den Krieg eingetreten ist, hat sich die Situation verändert. In neun Monaten ungefähr wird der Waffenstillstand ausgerufen, das sage ich mit ehrlicher Überzeugung, und dann kehren die Männer zurück. Ach ja, was ist eigentlich mit Blackie O'Neill?« schlug Frank vor und achtete genau auf ihre Reaktion. »Er hat dich immer angebetet. Und nun seid ihr beide frei. Nicht nur das, du hast dich auch um seinen kleinen Sohn Bryan gekümmert, als wäre er dein eigenes Kind.«

»Aber Frank, sei doch nicht albern«, sagte Emma und schob den Gedanken mit einer Handbewegung beiseite. »Blackie ist für mich wie ein Bruder. Ich glaube auch nicht, daß ich einen Mann haben möchte, der sich in meine Geschäfte einmischt.«

»Diese verdammten Geschäfte, Emma! Manchmal verstehe ich dich wahrhaftig nicht. Du bist doch eine reiche Frau, und Joe hat dir so viel hinterlassen. Was bedeutet denn Geld noch für dich, Em?«

»Es ist nicht nur das Geld, Frank. Mir macht es Spaß zu arbeiten, Geschäfte zu machen, meine Konzerne zu leiten. Und ich muß schließlich auch noch an die Kinder denken, an ihre Zukunft. Aber ich werde mit meiner Arbeit sehr gut allein fertig; dafür brauche ich keinen Mann, und wenn er es noch so gut mit mir meint.« Sie brach plötzlich ab und senkte den Blick.

»Was ist denn jetzt los?«

»Gar nichts. Nein, nur da drüben, direkt gegenüber, sitzen zwei Männer, die starren uns unentwegt an. Ich frage mich, ob du sie vielleicht kennst. Dreh dich aber nicht sofort um, sie würden es merken.«

»Ich habe sie auch gesehen, als sie hereinkamen. Der Oberkellner hat sie sehr höflich begrüßt. Aber ich kenne sie nicht. Ich weiß nur, der jüngere, der so fabelhaft aussieht, ist Australier, nach der Uniform zu urteilen. Er ist bei der 4th Brigade des australischen Corps.«

Der Kellner kam an den Tisch und sagte: »Entschuldigung, Sir, aber Sie werden am Telefon verlangt.«

Frank schob seinen Stuhl zurück. »Verzeih, Emma, es dauert bestimmt nicht lange. Inzwischen such dir bitte ein Dessert aus.«

Emma sah Frank nach, als er durch den Speisesaal schritt. Er sah in seinem Dinner-Jacket so gut aus, und er war gewiß stolz, daß er Erfolg im Leben und Beruf hatte. Ihr Blick glitt über die anderen Gäste, und plötzlich, ohne daß sie es wollte, wurde er von den Augen des australischen Majors festgehalten. Sie konnte ihn tatsächlich nicht abwenden. Das war ihr noch nie passiert! Er sieht wirklich *zu* gut aus, dachte sie, aber auch *zu* selbstsicher. Diese veilchenblauen Augen in dem braungebrannten Gesicht unter schwarzen Brauen und langen Wimpern, dieses tiefe Grübchen im Kinn, der sinnliche Mund mit dem verführerischen Lächeln... nein, das war zuviel! Sie errötete, weil sie das Gefühl hatte, sie säße nackt am Tisch. Emma griff nach ihrem Weinglas, und ihre bebenden Finger warfen es um. Sofort stand der Ober neben ihr und legte eine frische Serviette über den Fleck. Wieder sah der Major zu ihr; ein bezauberndes Lächeln spielte um seine vollen Lippen, und leidenschaftliche Forderung glühte in seinen Augen. Emma verbarg ihr flammendes Gesicht hinter der Menukarte und verfluchte insgeheim den Mann, der so offensichtlich versuchte, mit ihr zu flirten.

Bruce McGills verwittertes, männliches Gesicht sah amüsiert aus, als er sagte: »Falls du deinen Blick endlich von dieser hinreißenden Frau abwenden könntest, gäbe es vielleicht doch noch eine Möglichkeit, einiges zu besprechen, mein Junge.«

»Oh, wie, was? Verzeihung, Dad«, Paul McGill wendete sich endlich seinem Vater zu. »Aber sie ist doch zweifellos die faszinierendste Frau, die ich je gesehen habe. Das meinst du doch auch?«

Bruce nickte: »Du hast meinen Geschmack geerbt, nicht nur, was Frauen anbetrifft. Ich konnte auch nie einer Schönheit widerstehen. Aber heutzutage begegne ich nur noch selten einer... Aber jetzt genieße deinen Rekonvaleszenz-Urlaub nach der Geschichte in Frankreich und danke deinem Gott, daß du so gut davongekommen bist und nun hier Urlaub machst. Auch wenn dieses elende Wetter in England nicht eben erheiternd ist. Und heute Abend sind wir bei Dolly und ihren Freunden vom Theater eingeladen, aber – das wollte ich dir auch noch sagen – du mußt mich bei ihr entschuldigen. Ich bin mit Adam Fairley verabredet. Und das ist mir wichtiger, denn ihm geht es seit Olivias Tod und seinem Schlaganfall nicht gut. Es ist schrecklich, daß der arme Kerl an den Rollstuhl gefesselt ist. Und Olivia, diese bezaubernde Frau. Ihr Tod war ein Drama, und er hat ihn nie verwunden. Sie starb an Leukämie...«

In diesem Augenblick verließen Emma und Frank den Speisesaal, und Pauls Blick folgte ihr: diese stolze Haltung des Kopfes, dieses unerhörte Selbstbewußtsein, diese königliche Art, wie sie hinausschritt... sie war wirklich einmalig. Er winkte dem Oberkellner: »Charles, wer war der Herr, der eben mit der Dame in dem grünen Samtkleid hinausging?«

»Der Herr? Das war Frank Harte, Sir. *Der* Frank Harte vom *Daily Chronicle*. Er hat sich als Kriegsberichterstatter einen großen Namen gemacht. Die Dame kenne ich leider nicht.«

Sein Vater lehnte sich zu ihm hinüber und flüsterte: »Junge, vielleicht ist sie seine Frau. Und ich möchte nicht, daß du irgendwelche Verwicklungen eingehst... ein Mann wie Mr. Harte hat die besten Beziehungen auch in diplomatischen Kreisen...«

Ungeduldig unterbrach Paul seinen Vater. »Keine Angst, ich bringe dich nicht in Verlegenheit. Aber ich werde herausfinden, wer diese Frau ist, und wenn es mich umbringt!«

Er zündete sich eine Zigarette an. Das Millionenvermögen seines Vaters öffnete ihm zwar überall Tür und Tor, aber er überlegte, welcher seiner Bekannten am ehesten in Frage käme, um ihn mit Frank Harte bekanntzumachen.

In Dolly Mostens Salon waren vielleicht ein Dutzend Menschen versammelt, als Frank mit Emma kam. Kaum standen sie in der Tür, als Emma entsetzt flüsterte: »Frank, wir müssen sofort gehen!«

»Gehen, wir sind doch eben erst gekommen?« Frank sah seine Schwester erstaunt an. Was ist nur mit ihr los? So kannte er sie nicht.

»Mir ist – schlecht«, improvisierte Emma.

»Tut mir leid, es ist bereits zu spät«, lächelte Frank, denn Dolly Mosten rauschte bereits auf sie zu – und in ihrem Gefolge der australische Major aus dem Ritz. Aha, das ist es also, dachte Frank. »Er wird schon nicht gleich zubeißen«, sagte er Emma ins Ohr.

Emma konnte nichts mehr erwidern, denn Dolly umarmte sie, plauderte, lachte und bemerkte überhaupt nicht, wie Emma den Kopf abwendete, um dem Major nicht in die veilchenblauen Augen sehen zu müssen. Aber schon fühlte sie eine warme, kräftige Männerhand um ihre, und eine leise Stimme sagte: »Ich bin überaus entzückt, Sie zu sehen, Mrs. Lowther. Ich habe nicht erwartet, so bald das Glück zu haben, wieder in Ihrer Nähe sein zu dürfen. Aber, um offen zu sein, ich war entschlossen, Sie wiederzusehen, Sie kennenzulernen. Welch ein Glück für uns beide, daß ich heute abend bei Dolly vorbeiging.«

Dieser impertinente, eitle Teufel, dachte Emma. Am liebsten hätte sie ihm ins Gesicht geschlagen. Aber statt dessen hob sie den Kopf und sah wieder diesen leidenschaftlich-zärtlichen Blick, der ihren suchte. Ihr Mund öffnete sich leicht. Aber kein Wort kam heraus. Sie sah nur den schelmischen Ausdruck, und nun war sie überzeugt, augenblicklich in Ohnmacht sinken zu müssen. Aber da spürte sie Franks Hand auf ihrer Schulter und hörte sich sagen:

»Ich hörte, Sie sind Australier, Major McGill. Aber ich darf doch wohl annehmen, daß die gräßlichen Manieren, die Sie heute Mittag zeigten, nicht von mangelnder Erziehung zeugen. Sonst würde wohl jeder Landsmann von Ihnen in diesem Land, in dem Damen respektiert werden, sehr frostig aufgenommen werden. Hier sind wir nicht in der Wildnis, Major.«

Dolly stand wie vom Blitz getroffen, und Frank schrie beinah: »Emma, du bist sehr, sehr unhöflich!«

Major McGill jedoch schien eher amüsiert. Er warf den Kopf zurück und lachte herzlich. Dabei hielt er immer noch ihre Hand so fest in seinem Griff, daß Emma zusammenzuckte.

Emma wendete sich zu Dolly: »Bitte verzeih, Dolly. Ich wollte zu dir nicht unhöflich sein. Aber entschuldige mich bitte, ich muß gehen. *Irgend etwas ist mir beim Essen nicht bekommen.*«

Der Griff des Majors wurde noch fester. »Touché, Mrs. Lowther. Das habe ich verdient, glaube ich.« Paul neigte den Kopf und bot ihr die rechte Wange. »Möchten Sie sie schlagen, damit es Ihnen besser geht?«

Errötend trat Emma einen Schritt zurück, aber die starke Hand zog sie wieder in die Gruppe. Er sagte: »Ich glaube, Mrs. Lowther braucht unbedingt ein Glas Champagner. Und ich muß sie unbedingt davon überzeugen, daß selbst Menschen aus den Kolonien sich hier gut benehmen können.« Er zog Emmas Arm unter seinen, hielt weiter ihre Hand und schüttelte langsam den Kopf. »Nun, kommen Sie ruhig mit mir, Mrs. Lowther.« Sie sah, daß seine Augen immer noch unwiderstehlich waren, und sie verabscheute ihn mehr denn je.

»Ein wenig Champagner wird Sie abkühlen«, meinte Paul.

»Man kann ein Pferd zur Tränke führen, aber das heißt noch nicht, daß es auch trinkt«, zischte Emma ihm zu. Ihr Blut kochte.

»Selbst das eigenwilligste und temperamentvollste Füllen wird ab und zu durstig, Mrs. Lowther. Es hängt natürlich auch davon ab, wann es zum letztenmal – getränkt wurde. Und Sie sehen in meinen Augen völlig verdurstet aus.«

Sein Worte, die obenhin so unschuldig klangen, waren voll versteckter Anspielung, und unverhohlenes Begehren flackerte in seinen Augen. Zu Emmas Unbehagen war ihr klar bewußt, daß sie Paul McGills körperliche Anziehungskraft sehr heftig spürte. Er war noch größer und breitschultriger, als sie ihn im Ritz gesehen hatte, und er schien ungeheure Macht zu besitzen. Auch über sie? Schon? Seine Männlichkeit verstörte sie, der Raum verschwamm vor ihren Augen, ihr Herz schlug so schnell, als wolle es zerspringen; sie war völlig entnervt. Ach was, es ist nur Zorn, versuchte sie sich zu beruhigen. »Bitte, ich möchte mich setzen«, sagte sie atemlos. »Sie gehen und suchen einen Diener . . .«

»Aber nein, nicht um die Welt! So leicht entkommen Sie mir nicht!«

Emma versuchte sich von ihm loszumachen. »Bitte lassen Sie mich gehen.«

»Nie mehr!«

Aber sie hatte nicht die geringste Neigung, diesem arroganten Teufel nachzugeben oder gar seine Gefühle zu schonen, und darum sagte sie eisig: »Ich nehme an, diese rauhe und meisterhafte Technik, die Ihnen eigen ist, hat bei den meisten Frauen Erfolg.«

Paul nickte, zog sie neben sich auf ein Sofa hinter einer Palme, reichte ihr das Glas Champagner und schlug nonchalant die Beine übereinander. »Im allgemeinen, ja«, sagte er gelassen. Er sah sie von oben bis unten derart frech an, daß tiefe Röte über ihr Gesicht und ihren Hals kroch.

»Lassen Sie mich versichern, nicht bei mir«, rief sie aus. Ihr Gesicht war hochmütig, ihre Augen blitzten wie grüne Smaragde. »Ich unterscheide mich von anderen Frauen – sehr wesentlich!«

»Das ist auch mir aufgefallen«, gab er zu, aber das teuflische Lauern glomm immer noch in seinen Augen. »Ja, in der Tat, ich meine, daß ich diese Charaktereigenschaft an Ihnen sofort bemerkt habe – abgesehen von Ihrem erstaunlichen Äußeren.« Er grinste. »Aber sie sind ebenso erstaunlich grob, Mrs. Lowther.

Und willensstark sowie unverschämt bis auf die Knochen. Ja, Sie unterscheiden sich sehr von anderen Frauen. Wie Feuer und Eis vielleicht?«

»*Ich* bin ganz und gar aus *Eis,* Major«, gab Emma zurück.

»Eis kann schmelzen, wie Sie wissen.«

»Eis kann auch sehr gefährlich sein. Es soll Leute geben, die auf Eis zu tödlichen Unfällen kamen«, Emmas Stimme war schneidend.

»Gefahr hat mich immer angezogen, Mrs. Lowther. Ich finde sie ungeheuer aufregend. Fordernd. Sie bringt alle männlichen Instinkte in mir ans Tageslicht. Oder an das der Sterne . . .«

Die Doppeldeutigkeit in dem Wort ›sie‹ entging ihr nicht. Emma sah sich suchend nach Frank um. Dieser Mann forderte auch sie heraus, er forderte ihren Zorn und ihr – Interesse. Oder was war es, das sie nicht längst aufspringen und davonlaufen ließ? Nur, weil er mit seinem unwahrscheinlich guten Aussehen, seinem unerschütterlichen Selbstbewußtsein und dem schlagfertigen Mundwerk so ganz anders war als jeder Mann, den sie kannte? Sie konnte ihn nicht ausstehen – genauso wenig wie das Gefühl der Ohnmacht, das in seiner Gegenwart über sie kam.

Paul lehnte sich behaglich zurück, sein Gesicht wurde nachdenklich, als er Emmas feingeschnittenes Profil betrachtete. Welch wahres Glück, daß er sie zufällig schon heute abend wiedergetroffen hatte. *Sie ist* anders als jede Frau! Sie muß mir gehören! Ich werde nicht zur Ruhe kommen, bis ich sie besitze. Sie – ganz und gar! Nicht nur ihren Körper, o nein, auch ihr Herz und ihren Geist. Noch nie hatte eine Frau in ihm diese heftige, spontane Regung hervorgerufen. Paul McGill war mit seinen sechsunddreißig Jahren kräftig, tüchtig, abenteuerlustig, weltmännisch, und er besaß eine ungeheure Ausstrahlung, gekoppelt mit starker Sinnlichkeit, die jede Barriere überwand und jede Frau zu Fall brachte, wenn er es wollte. Bis zu diesem Augenblick in seinem Leben war seine Haltung Frauen gegenüber immer von der gelassenen Haltung: »Wenn du nicht willst, dann laß es«, gekennzeichnet – auch wenn sich ihm noch nie eine verweigert hatte. Sie stolperten über ihre eigenen Füße, um in seine Arme zu sinken; und wenn er sie verließ, war sein Lächeln so strahlend und frech wie immer, sein Herz unberührt.

Trotz dieser hedonistischen Seite war Paul McGill intelligent und besaß Scharfsinn und Sensibilität. So wußte er auch genau, daß Emma seinem unwiderstehlichen Charme oder seiner starken Männlichkeit durchaus nicht erliegen würde. Das war eine Frau, die nur mit Verständnis, Ehrlichkeit, Herzlichkeit, Liebe – und allerdings auch einer geschickten Strategie – erobert werden konnte. Also beschloß er, seine Taktik zu ändern. Er lehnte sich zu ihr und sagte: »Hören wir auf mit diesen kindischen Späßen. Wir verderben es.«

»Verderben was?« fragte Emma kurz angebunden.

»Unsere erste Begegnung. Unseren ersten Abend – zusammen.«

»Und unseren letzten.«

Paul neigte sich noch näher zu ihr. »Ich liebe geistvolle Frauen, Mrs. Lowther. Ich vermute, Mr. Lowther geht es nicht anders?«

Sie war so verblüfft, daß sie sofort antwortete: »Ich bin Witwe, Major McGill. Mein Mann ist vor achtzehn Monaten gefallen. An der Somme.«

O mein Gott, dachte Paul und sagte schnell: »Bitte, vergeben Sie mir. Ich kann gar nicht sagen, wie leid es mir tut. Ich hatte ja keine Ahnung. Ich bin ein Idiot.« Er saß schweigend mit geneigtem Kopf neben ihr. Emma schwieg ebenfalls, bis Paul weitersprach: »Es war wirklich schrecklich taktlos von mir. Im Krieg müßte man mit Frauen noch viel behutsamer umgehen. Ich hoffe, Sie werden mir mein Verhalten im Ritz nachsehen, obwohl es unverzeihlich war.«

Emma hörte die Aufrichtigkeit in seiner Stimme, bemerkte Mitleid in seinen Augen, sah, daß der spöttische, flirtende Ausdruck wie weggewischt war. Und sie konnte diese Veränderung in seinem Verhalten kaum begreifen.

»Nehmen Sie meine Bitte um Verzeihung an?«

»Ja«, flüsterte sie.

»Mrs. Lowther, in ein paar Wochen muß ich nach Frankreich zurück – eine kleine Verwundung –, darum habe ich hier Urlaub gemacht, meinen Vater getroffen . . . Wäre es nicht möglich, daß ich Sie wiedersehen darf? Ich weiß, Sie halten mich für einen Schuft, aber das bin ich nicht. Ich habe keine andere Entschuldigung für mein widerwärtiges Benehmen im Ritz, außer, daß ich von Ihrer Schönheit überwältigt war. Bin! Trotzdem hätte ich Sie nie in Verlegenheit bringen dürfen. Können wir nicht zusammen essen, damit ich es wieder gutmachen kann? Ich verspreche, ich werde mich wie – ein Offizier und Gentlemen benehmen – und nicht wie ein Wilder aus der Steppe.«

»Ich bin mit meinem Bruder verabredet«, sagte Emma.

»Ja, ich verstehe«, Pauls Gesicht leuchtete auf. »Ich möchte nicht zudringlich sein, aber darf ich nicht an Ihrem Lunch teilnehmen? Wir hätten sogar Ihren Bruder als Chaperon! Darf ich Sie beide einladen?«

Zu Pauls Verdruß kam Dolly über das Parkett geflattert, und er stand auf, um ihr seinen Platz anzubieten. »Ich hab' überhaupt keine Zeit, ihr zwei. Aber wie ich sehe, habt ihr die Streitaxt begraben. Und wie geht es unserem verwundeten Krieger? Wir müssen uns seiner annehmen, nicht wahr, mein Schatz?« Sie tätschelte spielerisch Emmas Wange. »Nun, Paul, ich sehe, du bist in guten Händen. Ich nehme an, ich sehe dich morgen mittag bei deinem Vater zum Essen?«

»Nein, leider nicht, Dolly. Ich habe eine Verabredung, die sehr lange währt. Mit dem Schicksal.«

»Schicksal?« Dolly Brauen zogen sich zusammen; sie war verwirrt. »Ich glaube, ich kenne die Dame nicht.«

Pauls Gesicht blieb ausdruckslos. »Ich glaube auch nicht, Dolly.«

»Nun, man kann ja nicht jeden in London kennen. Entschuldigt mich, ich muß meine Runde machen, Ihr Süßen.«

Paul neigte sich zu Emma, sein Gesicht war sehr ernst. »Das tu ich doch, nicht wahr?«

»Sie tun was?«

»Ich esse mit meinem Schicksal.«

Frank fragte: »Warum machst du das, Emma?«

»Was mach' ich denn?«

»Du weißt genau, was ich meine, daß du London so unerwartet verläßt. So plötzlich und überstürzt.«

»Ich hatte doch nur vor, ein paar Tage in der Stadt zu bleiben. Und jetzt bin ich schon zwei Wochen hier. Ich muß nach Yorkshire zurück!«

»Ich wußte noch gar nicht, daß meine Schwester flieht.«

»Flieht? Ich fliehe nicht.«

»O doch, das tust du. Es ist Paul McGill, nicht wahr?«

Emma biß sich auf die Lippe. Sie seufzte leise: »Ja, er ist es.«

»Ich dachte es mir. Aber trotzdem verstehe ich nicht, warum du davonläufst, und noch dazu in solcher Eile.«

»Weil er mir – ein Ärgernis wird. Und überhaupt – ich kann ihn eigentlich nicht leiden.«

»Emma, Emma, wie kannst du so etwas sagen! Wenn du ihn nicht leiden kannst, warum hast du dann soviel Zeit mit ihm verbracht? Jeden Abend, soviel ich weiß. Theater, Dinners, Partys und Luncheons. Ich habe dich kaum jemals allein gesehen; und ich muß gestehen, du hast stets den Eindruck gemacht, als seist du von ihm fasziniert, wenn nicht mehr.«

»Das ist nicht wahr, Frank Harte!«

Frank schüttelte den Kopf und dachte eine Weile nach. Dann sah er ihr in die Augen und sagte ruhig und sicher: »Du hast ihn umgeworfen – wie eine Mauer aus Ziegeln!«

»Ach was, dummes Zeug!«

»Ja, das hast du. Ich weiß es. Und jeder, der euch beide zusammen sieht, weiß es auch. Er verschlingt dich mit den Augen. Und ich weiß, daß du ihn magst, Emma.«

»Frank, hör auf.«

»Dann sag mir nur noch einen guten Grund, warum du ihn nicht mehr sehen willst.«

»Weil er zu charmant ist, zu gut aussieht, zu faszinierend – und für – mich – zuviel ist. Außerdem ...« Ihre Stimme brach.

»Außerdem was?«

»Ich befürchte, ich gerate immer tiefer – in – diese – Affäre hinein, wenn ich bleibe.«

»Ich wußte es doch! Aber damit meinst du: du wirst ihn lieben, wenn du bleibst, ihn immer wieder siehst?«

»Ja.« Ihre Stimme war nur noch ein Hauch.

Frank nahm ihre Hand. »Weiß er, daß du fortgehst?«

»Nein. Ich habe ihm eine Nachricht im Ritz hinterlassen. Er wird sie heute abend finden, wenn er mich abholen kommt.«

»Das war nicht sehr nett von dir. Armer Kerl.«

»Mir blieb nichts anders übrig. Und Frank, hör jetzt bitte auf, von Paul McGill zu sprechen. Und sag dem Taxifahrer, er soll sich beeilen. Ich erreiche sonst meinen Zug nicht mehr.«

35

So logisch ihr Denken war, so impulsiv war Emmas Herz. Vor allem dann, wenn ihre tiefsten Gefühle beteiligt waren. Und sie war allein ihrem Impuls gefolgt, als sie nach Yorkshire abreiste. Als sie wußte, daß sie sich Paul McGill nicht länger entziehen konnte, war sie geflohen, getrieben von Panik und Angst.

Schon vor langer Zeit war Emma zu dem Schluß gelangt, daß sie mit Männern kein Glück hatte. Entweder taten sie ihr weh, oder sie tat ihnen weh. Ihre Beziehungen waren nie harmonisch. Sie bezweifelte zwar, daß sie dem selbstbewußten Paul McGill je Schmerz zufügen konnte, aber er war eine starke Bedrohung ihrer inneren Sicherheit. Ihr zufriedenes Leben, wie sie es derzeit führte, war in Gefahr. Sie konnte keine Gefühlsausbrüche riskieren. Nur in ihren Geschäften war sie bereit, jedes Spiel einzugehen. Denn da war sie sicher zu gewinnen!

Aber jetzt, nach zwei Tagen, war sie verstört, weil sie nichts von ihm hörte. Bist du nicht ein wenig enttäuscht? quälte eine zarte Stimme in ihrem Inneren ihr Bewußtsein. Und sie lächelte verschüchtert und starrte wieder das Telefon an. Vielleicht ja, aber eigentlich bist du auch erleichtert, versuchte sie sich zu überzeugen, und las die letzten Berichte über ihre neue »Emmeremm Company« durch. Diese Gesellschaft erweiterte ihren Konzern beträchtlich. Aber schon wieder schweiften ihre Gedanken ab. Jetzt kann ich mich schon nicht mehr auf meine finanziellen Erfolge konzentrieren, schalt sie sich.

Paul war Tag für Tag um sie gewesen, zwei Wochen lang. Er war immer charmant, galant, unterhaltend und – mehr oder minder – der vollkommene Gentleman. Er hatte sie in den Arm genommen, und seine Küsse waren sinnlich, seine Leidenschaft glühend. Sie wußte, daß er klar war, wie stark auch ihr Begehren war; aber schließlich hatte er sich im vorletzten Moment jedesmal zurückgehalten. Er machte keine zweideutigen Angebote und versuchte auch nicht, sie zu verführen. Diese Haltung erstaunte sie, aber sie war glücklich und erleichtert, daß er auch die gefährlichste Situation zwischen ihnen beherrschte.

Sie zitterte, als sie sich an seine liebevollen Umarmungen erinnerte. Aber offensichtlich hatte er sie bereits vergessen. Oder er war beleidigt, weil sie seinen Stolz verletzte. Denn dieser stolze Teufel, dieser selbstbewußte Mann war auch in Gefahr geraten, das wußte sie. Und sie war auch sicher, daß keine andere Frau ihr in den Weg getreten war. Schluß mit Major McGill, dachte sie. Er ist gefährlich, er stört mich. Aber immer wieder übermannte sie Enttäuschung, und sie schüttelte über ihre eigene Inkonsequenz wieder und wieder den Kopf. Dann zwang sie sich, an die Arbeit zu gehen. Nichts war ihr wichtiger als ihre Geschäfte!

Gladys klopfte und kam leise herein, ihr Gesicht war rosig, die Augen funkelten. »Sie haben Besuch, Mrs. Harte«, sagte sie.

»Ich habe für heute morgen keine Verabredungen getroffen«, erwiderte Emma. »Was ist los, Gladys, Sie sehen ja so verstört aus, ganz nervös . . .« Emma hielt inne, und ihr Herzschlag setzte eine Sekunde aus. Sie ahnte, was Gladys sagen würde. Nur ein einziger Mensch auf der Welt konnte diesen Ausdruck auf das Gesicht einer Frau zaubern.

»Es ist ein Major McGill, Mrs. Harte.«

Emma nickte, ihr Gesicht war undurchdringlich. »O ja, natürlich. Führen Sie ihn herein, Gladys.«

Er kam lässig durch die Tür, schloß sie und lehnte sich dagegen. Er trug einen Trenchcoat über der Uniform, und seine Mütze saß schief wie immer. In der Hand hielt er einen Picknickkorb. Er sah Emma scharf an und sagte kurz: »Feigling!«

»Was – was tust du hier in Yorkshire?« brachte Emma mit unsicherer Stimme heraus. Ihr Herz schlug wie ein Hammer, und ihre Beine wurden weich wie Brei.

»Ich wollte mit dir essen.« Er hob einen Finger. »Ich weiß, du sagst nein. Weil du immer in deinem Büro ißt. Vorausschauend wie ich nun einmal bin, brachte ich ein Picknick mit. Nun hast du keine Ausrede. Ich weiß zwar nicht, wie das Essen aus dem ›Metropole‹ ist, aber der Champagner ist jedenfalls Dom Pérignon.«

»Das ist sehr einfallsreich von dir«, sagte sie ruhig und versuchte mühsam, ihre Fassung wiederzugewinnen.

»Nicht wahr, das finde ich auch.« Er stellte den Korb auf einen Stuhl, warf seine Mütze daneben und hinkte über den Parkettfußboden zu ihrem Schreibtisch. Seine Augen flackerten, als er sie ansah. »Du bist fortgelaufen. Du hattest Angst«, stellte er fest.

Da sie diese knappe Behauptung nicht leugnen konnte, sagte sie vorsichtshalber gar nichts.

»Vor wem hattest du Angst? Vor mir? Oder vor dir selbst?«

»Ich weiß es nicht. Vor dir, glaube ich . . .«

»Du albernes kleines Mädchen! Du weißt doch, daß ich dich liebe!«

Er hinkte um den Schreibtisch, zog sie in seine Arme, so fest, daß sie meinte, er würde sie zerbrechen. Sein Mund lag hart und unnachgiebig auf ihren Lippen. Emma konnte ihm nicht widerstehen. Wie schon so oft warf sie ihre Arme um seinen Nacken, und sie erwiderte seine Küsse. Das Blut pulste heiß in ihren Adern, jeder Gedanke verschwamm in ihrem klugen Kopf, Sinnlichkeit und Zärtlichkeit überfluteten sie. Plötzlich ließ er von ihr ab und sah sie ernst an. Er hob ihr Gesicht mit einem Finger. Seine Augen waren vor Erregung so dunkelblau, daß sie beinahe seinen schwarzen Brauen glichen. Er schüttelte den Kopf. »Glaubst du wirklich, daß ein paar hundert Meilen mich entmutigen können?« Er lachte. »Ich bin Australier. Entfernungen bedeuten mir nichts. Du scheinst mich immer noch nicht zu kennen. Ich bin sehr hartnäckig. Was soll ich nur mit dir machen, meine Emma? Meine eigensinnige, willensstarke, anbetungswürdige Emma. Dich zähmen? Aber ich fürchte, ein Zügel ist nicht sehr kleidsam für dich, meine Allerliebste.«

Emma klammerte sich an seinem Trenchcoat. Sie war sprachlos, und ihr Gehirn schien ein einziges Chaos zu sein. Was hatte er eben gesagt? Daß er sie liebe? Sie wagte nicht, den Mund aufzumachen. Wenn sie es tat, würde sie die gleichen Worte sagen.

Paul schien ihr Schweigen nicht zu beeindrucken. Er sagte lässig: »Zuerst wollen wir mal essen. Dann zeigst du mir das Geschäft. Und danach möchte ich Laytons Mühle sehen.« Er lächelte sein hinreißendes Lächeln und sprach weiter. »Wenn ich dann deine Kinder kennengelernt habe, hoffe ich, daß du mich zum Dinner einlädst. Du wirst doch einen einsamen Soldaten an einem Abend in dieser gottverlassenen Stadt nicht allein lassen, oder?«

Emma schüttelte den Kopf.

»Also sind wir uns einig?«

»Ja, Paul«, flüsterte sie. Noch nie hatte ihre Stimme so kläglich geklungen.

Drei Tage blieb Paul McGill in Yorkshire, und in diesen drei Tagen lernte Emma ihn von einer anderen Seite kennen. Hier enthüllte er seinen Ernst, sein Verantwortungsbewußtsein und sogar seinen Geschäftssinn. Wie herzlich er war, bewies er am besten mit ihren Kindern. Er hörte Edwina aufmerksam zu, beantwortete ausführlich ihre Fragen über Australien, und er behandelte Kit wie einen Bruder. Kit hing an seinen Lippen, und er war hingerissen, als Paul mit ihm Schlitten fuhr und im Kinderzimmer mit seiner Eisenbahn spielte. Selbst Edwina kroch aus ihrer Schale, wenn er sich mit ihr unterhielt. Emma beobachtete Paul und war beglückt über sein echtes Interesse an ihrer Familie; und immer wieder bemerkte sie diesen seltsam sehnsüchtigen Ausdruck in den veilchenblauen Augen, wenn er sich unbeobachtet glaubte. Sie konnte sich den Grund für diese Sehnsucht nicht erklären und wunderte sich jede Stunde aufs neue über diesen außergewöhnlichen Mann, der in vielem so widersprüchlich und doch so hinreißend und fordernd war.

Am Tag seiner Abreise sagte er: »Ich habe nicht mehr viel Zeit, Emma. In Kürze muß ich nach Frankreich zurück. Wirst du mich noch in London besuchen? Sehr bald?«

Emma mußte nicht eine Sekunde nachdenken. »Ja«, sagte sie und schmiegte sich an ihn.

Er berührte leicht ihre Wange. »Wann?«

»Morgen habe ich eine sehr wichtige Konferenz. Aber am Tag danach kann ich kommen. Also – am Freitag.«

»Könnte es nicht schon morgen nachmittag sein? Wir haben wenig Zeit.«

»Ja. Gut. Ja, ja!«

Er hob wieder ihren Kopf mit einem Finger. »Bist du ganz sicher, Emma?«

»Ja, das bin ich.« Als sie diese Worte sagte, wußte sie, daß sie soeben eine Verpflichtung eingegangen war.

Es war ein regnerischer, bitterkalter Februarabend, als Emma in King's Cross aus dem Zug stieg. Er stand am Eingang zum Bahnsteig, die Mütze wie immer schief in die Stirn gezogen, den Mantelkragen hochgeschlagen. Ihr Herz machte einen Sprung, und sie fing an zu laufen. Es war zwar nicht damenhaft, aber sie konnte nicht anders. Und sie blieb erst stehen, als er sie in seinen Armen auffing, atemlos und lachend, ihr Gesicht strahlend vor Glück.

Als sie im Wagen seines Vaters zum Hotel fuhren, spürte Emma eine kaum wahrnehmbare Veränderung in Paul, und obwohl er ihre Hand hielt und munter plauderte, hörte sie eine gewisse Unruhe heraus. Eine Spannung, die er zwar zu beherrschen versuchte, aber die er vor ihr nicht verbergen konnte.

Der Daimler mußte kurz vor dem Ritz halten, wo Emma auch diesmal wohnte. Paul sagte: »Ich steige schon hier aus und gehe das letzte Stück Weg zu Fuß.« Sie starrte ihn fassungslos an: »Aber warum das?«

Er grinste: »Ich weiß doch, wie du auf deinen guten Ruf bedacht bist. Und ich will dich nicht schon im Augenblick deiner Ankunft kompromittieren. In einer Stunde hole ich dich zu einem Drink ab. Und du brauchst ein wenig Zeit für dich. Zeit zu baden und dich umzuziehen.«

Emma sah ihm nach, als er aus dem Wagen sprang. Wie fürsorglich er ist, dachte sie. Und dann überkam sie jäh das Gefühl, ihn verloren zu haben, allein zu sein. Wie dumm von mir, rief sie sich zur Ruhe, ich sehe ihn doch in einer Stunde wieder.

Das Wohnzimmer der Suite blickte auf Green Park. Im Kamin brannte ein Feuer, alle Lampen waren angezündet, und überall standen Blumen, alle von Paul. Emma las die zärtlichen und witzigen Grüße auf den weißen Karten, die an jedem Bouquet lehnten. Sie lächelte, verzaubert von seinen hinreißenden Einfällen, dann packte sie schnell aus und ließ sich in das heiße, duftende Wasser in der Marmorwanne sinken. Nach zehn Minuten schon war sie völlig entspannt und voller Lebensfreude. Sie schlüpfte in ein weißes, seidenes Hausgewand, setzte sich an den Frisiertisch und summte ein Lied vor sich hin. Sie steckte die letzte Haarnadel in den rostroten Knoten, als sie mit allen Fasern ihres Körpers und ihres Herzens wußte: Ich bin nicht mehr allein. Sie sprang auf. Paul lehnte lässig in der Tür zu ihrem Schlafzimmer, die Füße gekreuzt, ein Glas in der Hand und sah sie ernst und konzentriert an.

»Entschuldigung, ich hätte dich nicht erschrecken dürfen«, sagte er. »Du hast ein wunderschönes Bild abgegeben, mein Herz.«

»Wie bist du denn hereingekommen?«

»Durch die Tür, wie sonst?« Er hielt ihr einen kleinen Schmuckkasten entgegen. »Sie sind für dich«, sagte er. »Leg sie an.«

Emma warf ihm einen erstaunten Blick zu und öffnete das Kästchen. Die Smaragdohrringe schimmerten wie Teiche aus grünem Feuer auf dem schwarzen Samt. Sie hielt den Atem an. »O Paul. Sie sind so schön! Aber – ich kann sie unmöglich annehmen. Sie sind viel zu kostbar!«

»Leg sie an«, befahl er.

Emmas Hände zitterten, als sie die Smaragde in ihre Ohren schraubte. »Sie sind unglaublich! Woher hast du gewußt, daß Smaragde meine Lieblingssteine sind?«

Er lächelte. »Ich wußte es nicht. Aber mit diesen Augen solltest du nur Smaragde tragen. Sieh nur, wie sie die Farbe deiner Augen widerspiegeln.« Er küßte sie auf die Stirn. »Wenn du sie nicht annimmst, bin ich ganz schrecklich beleidigt und werde nie mehr mit dir spielen.«

Mein großer Junge, dachte sie, ihr Herz schien ihr vor Liebe zu brechen. Trotzdem mußte sie über seine Worte lachen. »Ja, wenn es so ist, dann bleibt mir nichts anderes übrig.« Sie lächelte ihn zärtlich an. »Paul, ich danke dir.«

»Komm ins andere Zimmer und trinke ein Glas mit mir«, sagte er. »Ich möchte mit dir sprechen.«

Seine Stimme klang so ernst. Ob er früher abreisen mußte? War das der Grund für seine gespannte Stimmung – vorhin im Wagen? Als sie ihm folgte, wurde ihr auch klar, warum er so einfach in ihr Zimmer kommen konnte. Durch die offene Tür sah sie eine Suite, die der ihren aufs Haar glich. Seine Suite! Oh, Paul erwartete zuviel. Er meinte, sie würde ein williger und verzauberter Partner sein – in seinem Spiel . . . Sie biß sich auf die Lippen. Wie unlogisch sie doch war, wenn es um Gefühle ging. Wußte sie nicht schon den ganzen Tag über, und im Zug nach London, daß es für sie keine Flucht mehr gab. Keinen Weg zurück.

Paul brachte ihr ein Glas Champagner. Als hätte er ihre Gedanken gelesen, meinte er ruhig: »Ich verstehe, daß du verärgert bist, Emma. Als du die Verbindungstür zu meiner Suite sahst, hast du dir gedacht: Aha, wie sorgfältig er das alles doch seit Wochen vorbereitet hat.« Seine Lippen verzogen sich zu einem schmerzlichen, scheuen Lächeln. »Mir war vorhin im Wagen schon klar, daß ich dich in eine Situation bringe, der du dich nur schwer entziehen kannst. Darum werde ich es statt deiner tun. Ich trinke mein Glas aus, und dann gehe ich durch diese Tür. Du schließt sie hinter mir ab. Und nach einiger Zeit klopfe ich höflich und hole dich zum Essen ab. Keine Verpflichtungen. Jetzt nicht, und auch nicht später. Recht so?«

Emma starrte ihn fassungslos an. »Ja, natürlich. Aber – warum hast du – deinen Sinn – geändert?«

Sein Lachen klang ironisch. »Ja, paßt nicht zu mir, nicht wahr? Die Schlange zeigt plötzlich gute Erziehung.« Er hob die Schultern. »Ich staune über mich selbst.«

»Und warum willst du so ehrenhaft sein und deine gute Erziehung beweisen?«

»Weil ich dich liebe. Und weil ich eine Situation arrangiert habe, die *mir* gefiel, die nur *meinen* Wünschen dient, ohne an deine Gefühle zu denken.«

»Ich fürchte, ich verstehe dich jetzt nicht.«

»Du mußt *mich* so lieben und begehren, wie ich dich liebe und begehre, Emma. Sonst – ist doch alles vergebens.« Er trank sein Glas aus, stand auf und sagte ruhig: »So, und nun lauf und zieh dich schön an. Ich warte auf dich, und dann gehen wir zum Essen aus. Vergiß nicht, die Tür hinter mir zu verriegeln.« Damit war er gegangen.

Emma fiel auf das Sofa. Was sollte sie tun? Er liebte sie. Sie liebte ihn. Sie war nach London gfkommen und wußte genau, daß zwischen ihnen eine unausgesprochene Verpflichtung bestand. Und jetzt benahm sie sich wie eine dumme Gans. Sie schloß die Augen. Da stand er hinter der Tür und wartete, um sie zum Essen abzuholen. Warum habe ich solche Angst, den Schritt zu tun? Und die Antwort traf sie so hart, daß ihr schwindelte. Sie hatte nicht Angst vor Paul oder ihren eigenen Gefühlen. Sie hatte Angst vor dem endgültigen Akt der Liebe. Weil sie die trostlosen erotischen Erfahrungen mit Joe nicht vergessen hatte. Und sie hatte Angst, Paul zu verletzen, wenn sie ihn zurückstieß, ihn als Frau nicht glücklich machte. Vielleicht, wenn sie ihm alles erklärte ...

Emma flog durch den Raum, entriegelte die Tür und stand auf der Schwelle. Paul saß zusammengekauert vor dem Kamin, den dunklen Kopf tief gesenkt. Er schien von einer grauenhaften Qual gepeinigt.

»Paul –«

Sein dunkler Kopf fuhr herum, und er starrte sie an. Sie ging langsam zu ihm. »Ich... ich... würde gern mit dir... über etwas sprechen.«

Er nickte. »Ich weiß, ich hab' dir die Last der Entscheidung zugeschoben. Aber nur, weil ich deiner absolut sicher sein wollte. Und meiner auch.«

Emma legte ihm leicht die Hand auf die Schulter, ihre Lippen bebten, ihre Augen funkelten grün wie die Smaragde. Sie war nicht fähig zu sprechen, und sie hatte allen Mut verloren, ihre Gefühle zur Sprache zu bringen.

Paul nahm ihre Hand und küßte die Fingerspitzen. »So eine kleine, liebe Hand«, sagte er.

»O Paul, Paul!«

Ihr Gesicht, entflammt von ihrer alles überwältigenden Liebe, sagte ihm alles. Er zog sie an sich und küßte sie lange. Dann nahm er sie auf die Arme und trug sie in das Schlafzimmer. Mit dem Fuß schlug er die Tür zu und ging mit ihr zum Bett. Dort legte er sie zart nieder und setzte sich zu ihr. »Sag es, Liebste«, befahl er mit heiserer Stimme. »Sag es!« Seine Augen glühten.

»Ich liebe dich, Paul.«

»Und?«

»Ich begehre dich.«

»O Emma, Emma, mein Liebling, mein geliebtes Herz. Verstehst du nun? Das war das Schicksal! Es klopfte an – im ersten Moment, als unsere Blicke sich trafen.« Sein Finger zog eine Linie auf ihrer Wange nach. »Ich *wußte* es. Aber *du* mußtest es erkennen. Und darum konnte ich dich nicht zwingen. Ich wollte, daß du aus freiem Willen zu mir kommst.«

Er stand auf und schnallte den breiten Gürtel ab, warf ihn auf den Fußboden. Die Jacke folgte, und die Krawatte und sein Hemd. Während er sich entkleidete, hielt sein Blick den ihren, und ihre Furcht löste sich in Nichts auf, und sie dachte: Noch nie in meinem Leben habe ich einen nackten Mann gesehen. Was für ein herrlicher Körper. Er war braun und muskulös und schlank und fest.

»Zieh dein Kleid aus«, sagte er sanft und half ihr mit behutsamen Händen.

Er bedeckte ihren Körper mit seinem und wiegte sie in den Armen. »Ein Jammer, diese wunderschöne Frisur zu ruinieren«, sagte er, als er die letzten Nadeln aus dem schimmernden Haar zog. Beim Anblick ihrer elfenbeinfarbenen Nacktheit verschlug es ihm jedoch die Sprache. Minutenlang sog er sie mit Augen, Händen und Lippen auf. Als er seinen Mund auf ihre weichen, sehnsüchtigen Lippen preßte, waren sie beide wie eingehüllt von den Gefühlen, dem Begehren, das sie wochenlang unterdrückt hatten. Er ließ seinen Mund in die Höhlung zwischen ihrem schlanken Hals und der feinen Schulter gleiten, über ihre Brüste und das Tal zwischen ihnen, und seine kräftigen Hände streichelten ihren herrlichen Körper so lange, bis er wußte: Die Glut ihrer Leidenschaft ist so heiß wie meine.

Eine Wärme, wie sie sie bisher noch nie gekannt hatte, durchflutete Emma, bis sie zu brennender Flamme wurde, die ihr ganzes Ich erfaßte. Ihr Körper bäumte sich auf, öffnete sich ihm. Sie wollte nur noch eins mit ihm sein. Und als er sie nahm, schien es ihr unfaßlich, daß ein Körper diese Freude, eine Seele solches Glück erleben konnte. Jede Scheu, jede Angst vor der Vereinigung waren verflogen. Und willig gab sie sich ihm, trank seine Küsse und erwiderte wild seine sinnlichen Begierden.

Überrascht spürte er, wie wenig erfahren sie war, und das rührte ihn – und erregte ihn noch stärker. Ihm war, als sei er der erste Mann, der sie besaß. Aber er erkannte auch die verborgene Sinnlichkeit in ihr, und er befreite diese versteckte Wollust, bis sie unter seiner Berührung zitterte, seinen Namen rief und ihn anflehte, sie zu lieben.

Seidige Arme und Beine umschlagen seinen Körper, so leicht, und doch zogen sie ihn hinab . . . hinab . . . hinab. Er stürzte in ein warmes blaues Meer, in dem die Sonne sich brach. Tiefer, in dunkle, grünere Tiefen, grün wie die Farbe ihrer Augen. Tief in einen endlosen Ozean. Die Wellen rauschten über ihn hinweg. Er meinte das Bewußtsein zu verlieren, als er sie mit sich in diese Ewigkeit zog. O Gott! O Gott! Nur so sollte es immer sein! Ein Mann und eine Frau vereint, die vollkommene Verbindung zweier Körper, zweier Seelen. Seine endlose Suche war zu Ende. Diese äußerste Seligkeit, die ihm immer ausgewichen war, durchströmte ihn, zum erstenmal, und er wußte, in *ihr* bin ich wiedergeboren worden. *Das* war das Geheimnis des Lebens, die einzige, die allermächtigste Entzückung, übermächtig, überwältigend in dem endgültigen Augenblick der Wahrheit. Er tauchte wieder auf, nahm sie aus den Tiefen dieses Meeres von Glück mit hinauf in das strahlende Licht. *Sie* war das Licht. Reines goldenes Licht.

Er öffnete die Augen und sah die unverhohlene Wonne auf

ihrem Gesicht, das Pulsieren der Ader an ihrem Hals, die Augen so weit und grün, überfließend vor Liebe. Und in diesem Gesicht lag eine Verletzlichkeit, eine vollkommene Unschuld; plötzlich füllten sich seine Augen mit Tränen. Er küßte sie mit aller Zartheit und schwor sich, sie nie wieder herzugeben.

Emma lag mit dem Kopf an seine Schulter gebettet, geblendet, erlöst, eingehüllt in ihre Liebe zu ihm. Sie war nach der ersten wahren Befriedigung in ihrem Leben so voller Frieden und wie verwandelt durch die Wonnen, die er ihr geschenkt hatte, und sie dachte: Er ist ein Mann – wie jeder andere Mann, aber mit ihm bin *ich* eine andere.

Paul küßte ihr Haar. Es hatte soviele Frauen vor ihr gegeben, aber genauso, wie er vorhin spürte, daß er ihr erster Mann war, wußte er auch, daß sie die einzige Frau war, die ihn je wahrhaftig besessen hat. Sie war in seinem Blut, und er würde nie mehr von ihr loskommen. Seine Augen verdunkelten sich, starrten ins Leere.

»Emma, Liebste.«

»Ja, Paul?«

»Ich bin verheiratet.«

Sie bewegte sich nicht, aber sie hatte das Gefühl, er habe ihr ins Gesicht geschlagen. Nach langer Zeit sagte sie mit kleiner Stimme: »Du hast gewiß den besten Augenblick gefunden, diese erschreckende Eröffnung zu machen.«

Er hielt sie noch fester, lehnte seinen Kopf an ihren. »Ich habe eigens auf diesen Augenblick gewartet.«

»Weshalb?«

»Weil ich dich so – wie jetzt – in meinen Armen halten wollte, wenn ich es dir sage. Damit ich dich noch enger an mich drücken kann, und du mir glaubst, wenn ich dir sage: Diese Ehe bedeutet mir nichts! Damit ich dich wieder lieben und dir sagen kann: *Du* bist die Wahrheit.«

Emma sagte kein Wort, und er sprach weiter: »Ich wollte es dir nicht verbergen, Emma. Es ist kein Geheimnis, und nur zu leicht hätte irgendeiner deiner Freunde es erwähnen können. Ich betete, daß es nicht geschehen möge, denn ich wollte, daß du es von mir erfährst. Ich habe es einfach darum hinausgezögert, weil ich Angst hatte, dich zu verlieren. Ich wußte, du würdest mich stehen lassen, wenn ich es dir früher gesagt hätte. Daß du dir nie gestattet hättest, unsere Beziehung so weit kommen . . .«

»Du geschickter, verlogener Teufel.«

Sie kämpfte sich aus dem Bett. Er hielt sie fest, drückte sie unter sich, starrte in ihr kaltes, weißes Gesicht. Emma meinte, von diesen blauen Augen über ihr verschlungen zu werden.

»So ist es nicht, Emma!« schrie Paul wütend. »Bitte, glaube mir. Ich weiß, was du denkst, daß ich zum Ziel kommen wollte, bevor ich es sage. Aber ich wollte nichts anderes, als daß du mich liebst, so liebst, daß wir auf immer miteinander verbunden sind. Und sowie du mich liebst, das wußte ich, würdest du diesem – Umstand – nicht erlauben, sich uns in den Weg zu stellen. Ich liebe dich, Emma. Du bist das einzig Wertvolle in meinem Leben.«

»Und deine Frau?« flüsterte sie.

»Seit sechs Jahren leben wir nicht mehr zusammen. Und schon davor waren wir nicht mehr Mann und Frau.«

»Wie lange bist du verheiratet?« Ihre Stimme war nur ein Hauch.

»Neun Jahre, Emma. Es ist immer eine Ehe ohne jede Bedeutung gewesen. Nicht einmal eine Ehe – im Sinne des Wortes. Aber jetzt bin ich an sie gebunden – aus juristischen Gründen. Wenn der Krieg vorüber ist, kläre ich alles. Du allein bist mein Leben. Bitte, Liebste, du *mußt* mir glauben.« Seine Stimme bebte.

Emma sah ihn an und erkannte die wahnsinnige Spannung, mit der er ihre Antwort erwartete. Sein verängstigtes Gesicht war nackt in Agonie, und die Ehrlichkeit in seinem Blick ließ sie endlich stammeln: »Ich glaube dir.« Sie ließ einen Finger über seine Lippen gleiten. Und jetzt war ihre Stimme wieder fest. »Ja, Paul, merkwürdigerweise glaube ich dir.«

36

In den Wochen nach jener Nacht lebte Paul nur für Emma, Emma nur für Paul. Entzückende Tage glitten in verzückte Nächte, und jede Minute war ein Erlebnis, vertieft durch Begehren, Befriedigung und Wonne. Eine innige Gemeinsamkeit verband sie unerschütterlich miteinander.

Sie blieben in den beiden nebeneinanderliegenden Suiten im Ritz wohnen, gingen selten aus, machten Hand in Hand Spaziergänge in Green Park und aßen ab und zu in einem stillen, unbekannten Restaurant, wo keiner ihrer gemeinsamen Bekannten aus der High Society je den Fuß hinsetzte. Sie waren so innig, so leidenschaftlich verliebt, daß sie ihre Gefühle kaum je verbergen konnten, und darum vermieden sie, in Gesellschaft gesehen zu werden. Sie geizten auch mit jeder Minute, die sie vielleicht mit anderen teilen mußten. Außer Bruce McGill und Frank sahen sie keinen Menschen; und die Welt bestand nur aus Emma und Paul.

Beide waren überwältigt von der erotischen Anziehungskraft des anderen, und sie fanden kaum Worte für das Wunder, das ihnen geschah. Nur ein Blick bedeutete schon einen Kuß, eine leichte Berührung soviel wie eine Umarmung, und jedes Wort war von tiefer Bedeutung.

Zum erstenmal in ihrem Leben machte Emma sich nicht daran, diese Gefühle zu analysieren. Sie war zu einer anderen geworden durch dieses unsagbare Glück. Sorge, Schmerz und Demütigung vergangener Jahre waren wie ausgelöscht. Liebe riß die ergründliche Maske von ihrem Gesicht; Liebe hatte sie zum Leben erweckt. Mit Paul war sie so natürlich, wie sie seit vielen Jahren nie mehr sein konnte. Alle Schranken wurden für den einzigen Mann, den sie je geliebt hatte und den sie so unermeßlich liebte, aufgehoben. Ihm gab sie sich ohne jeden Vorbehalt.

Paul schenkte ihr die Welt. Seine spöttische Art hatte er längst abgelegt, und zum erstenmal durfte eine Frau ihn kennen, wie er wirklich war. Emma war es, die erkannte, wie klug er war, und daß sein schönes Gesicht bisher nur die glatte Fassade war. Er war kultivierter, als sie je ahnte, und sie bewunderte sein savoir-faire, das fraglos aus der Sicherheit der seit Jahrhunderten reichen Familie entsprang, die ihm auch die Erziehung in Wellington und Oxford ermöglicht hatte. Und sie war immer wieder bezaubert von seinem Witz, seinem Humor, seiner Schlagfertigkeit – und seiner nie ermüdenden Zärtlichkeit. Kurz: Sie war verzaubert.

Und Paul erfuhr zum erstenmal die Liebe, von der er in seiner Zeit der romantischen Träume fantasierte. Er hielt sie für die schönste Frau der Welt, für die klügste, die er kannte, und ihr schneller Geist entzückte ihn immer wieder aufs neue. Sie war in jeder Beziehung einmalig, so als schimmere aus ihrem tiefsten Inneren ein Glühen bis in ihre Augen, auf ihre Haut, entflammte ihren Geist.

Die Tage vergingen wie im Traum; einer entzündete sich am anderen mit noch heißerer Flamme. Ihre Gespräche wurden nur von Umarmungen unterbrochen, und sie entdeckten ineinander alles das, wonach sie sich ihr Leben lang gesehnt hatten. Sie wurden eins: in Körper und Seele.

Eines Nachmittags, als sie erschöpft von ihrer Leidenschaft eng umarmt auf dem Bett lagen, sagte Paul:: »Es macht dir doch nichts aus, wenn ich dich für eine Stunde allein lasse, Liebling. Es gibt da ein paar Dinge, um die ich mich unbedingt kümmern muß.«

»Nicht, wenn du versprichst, so schnell wie möglich wieder bei mir zu sein«, erwiderte Emma und ließ ihre Wimpern über seine Lippen flattern.

»Nichts auf der Welt kann mich länger als eine Stunde von dir fernhalten, mein Herz. Ich bin um vier Uhr zurück.« Er küßte eine Strähne ihres Haares und verschwand dann im Badezimmer. Nach einigen Minuten kam er zurück: frisch rasiert, das schwarze Haar glatt gebürstet, ein Handtuch um die Lenden geschlungen. Er nahm sein Hemd, und als sie sah, wie die Muskeln sich unter der braunen Haut bewegten, mußte Emma sich zurückhalten, um ihm nicht in den Arm zu fallen, damit er bei ihr bliebe. Er ist meine ganze Welt, dachte sie.

Er schnallte den breiten braunen Ledergürtel über seine Offiziersjacke und küßte sie. »Ich muß gehen, Liebste«, flüsterte er, als sie ihm die Arme um den Nacken legte.

»Und ich würde zu gerne wissen, *wohin* du gehst«, sagte Emma und ließ die Wimpern flattern. »Rasiert und duftend wie alle Götter des Olymps. Aber, Major McGill, sollten Sie ein Rendezvous mit einer anderen Frau haben, werde ich ihr die Augen auskratzen, das schwöre ich. Und deine auch.«

Er grinste, küßte sie auf die Nasenspitze und verschwand.

Emma nahm sich zusammen, stand auf, badete und telefonierte mit ihrer Sekretärin im Warenhaus, ihrer Haushälterin und ihren Direktoren in den verschiedenen Konzernen, um sicher zu sein, daß alles in Ordnung war. Aber seit ihren gestrigen Anrufen hatte sich nichts verändert. Erleichtert rief sie Frank im *Chronicle* an.

»Nanu!« rief Frank aus, als er ihre Stimme vernahm. »Hat er dich endlich mal aus seinen Klauen gelassen?« Er lachte. »Es war nur Spaß, ich bin glücklich für dich, Emma.«

»O Frank, ich bin ja auch so wahnsinnig glücklich, ich kann es immer noch kaum glauben. Und diesmal hast du Unrecht! *Ich* habe Paul aus meinen Klauen gelassen – für eine Stunde.«

»Mmmmmm! Ach so. Nun, offenbar tut er dir gut. Ich habe deine Stimme noch nie so froh gehört. Aber warum sagst du mir nicht, wer er eigentlich ist?«

»Was meinst du?«

»Daß er der einzige Sohn, das einzige Kind von *dem* Bruce McGill ist. Einem mehrfachen Millionär und einem der mächtigsten Männer in Australien. Ich nehme an, du weißt, daß Paul eines Tages ein enormes Vermögen erben wird. Eine riesige Schafranch. Bergwerke, Kohlen, Erze, was weiß ich . . .«

»Er hat mal so etwas erwähnt. Aber woher weißt *du* das alles so plötzlich?«

»Ich war neulich bei Dolly Mosten, und sie hat mir dies und das von Paul erzählt . . .«

»Dies und das? Was hat sie dir erzählt?« fragte Emma mißtrauisch.

»Nichts. Das war alles. Sie hat nur bemerkt, wie reich die McGill-Familie ist, reich und mächtig. Was ist los? Warum klingst du so anders?«

»Aber nein, gar nicht.« Sie zwang sich zu lachen. »Und wie geht es dir, Frank?« fragte sie, um das Thema zu wechseln.

»Mir? Sehr gut. Aber leider muß ich jetzt zur Redaktionskonferenz. Kannst du mich morgen anrufen, damit wir länger miteinander sprechen können?«

»Ja, gewiß. Auf Wiedersehen, Frank.«

Emma legte den Hörer auf und starrte das Telefon nachdenklich an. Was war mit dieser Familie, oder vielmehr: Was war mit dieser geheimnisvollen Mrs. Paul McGill? Er hatte seine Frau nie mehr erwähnt, und sie wollte bis jetzt auch nichts mehr von ihr wissen. Aber plötzlich packte sie die Neugier. War sie schön? Wie alt mochte sie sein? Wie war ihr Wesen? Haben sie Kinder? Warum hat er sich nicht scheiden lassen, obwohl sie solange getrennt sind? Nein, sie wollte die Büchse der Pandora nicht öffnen. Irgendwann würde er ihr schon alles sagen; und sie wollte die Zeit, die sie jetzt miteinander erlebten, nicht durch Fragen zerstören.

Sie sah auf die Uhr. Paul war schon zwei Stunden fort. Es war bereits halb sechs. Ohne jeden logischen Grund erfaßte sie Schreck. Angst. Nervosität. Ob Paul sie verlassen hatte? Für immer? Er wollte vorhin absichtlich nicht sagen, was er vorhatte! Auch nie, wann er wieder an die Front mußte. Damals, in Yorkshire, ja, da sagte er doch, daß sie nur wenig Zeit hätten ... Ja, ja, er war im Kriegsministerium, nahm den Befehl entgegen. Er mußte an die Front! Der Krieg! Seit Wochen vergessen, während sie sich beide blind ihrer Leidenschaft ergaben. Er könnte fallen ... nie zurückkehren ... Sie preßte die Handflächen auf ihre schmerzenden Augen.

»Hier bin ich, mein Herz«, sagte er und trat durch die Tür.

Emma ließ die Hände sinken, sprang auf und lief auf ihn zu. »Ich hatte solche Angst um dich«, stöhnte sie und klammerte sich an die Aufschläge seines Trenchcoats.

»Um mich? Angst? Mir geschieht nichts. Ich habe einen Schutzengel. Meine Zeit ist noch nicht um. Es gibt noch so viele Jahre mit dir. Du hast doch nicht etwa vergessen, daß du mein Schicksal bist? Und dieses Schicksal hat sich noch nicht erfüllt, mein Herz!«

»Du bist ja klatschnaß«, sagte sie und ließ seinen Mantel los. »Du mußt dich sofort ausziehen, ehe du dich zu Tode erkältest.«

»Das ist der vernünftigste Vorschlag, den ich in den letzten Stunden gehört habe, Madame.« Er blinzelte ihr zu.

»Oh, du Teufel, du weißt genau, was ich meine«, lachte sie.

»Natürlich. Ganz genau!«

Als er wiederkam, trug er einen Abendanzug. Er sah elegant aus wie immer, als er ihr den Champagner reichte. Wenn sie ihn wiedersah – wie kurz seine Abwesenheit auch sein mochte –, war sie stets erneut gepackt von seinem Aussehen. Es waren nicht nur das Gesicht, die Augen, die Figur, es war der ganze Mann. Er bemerkte, wie sie ihn ansah, und grinste. »Ich war wirklich nicht bei 'ner and'ren Dame«, sagte er und ahmte den Straßendialekt nach.

»Und das will ich hoffen«, erwiderte sie auf die gleiche Art. Aber ihre Augen blieben ernst. »Wo warst du so lange?«

»Ich mußte ein paar Dinge mit meinem Vater besprechen. Geschäftliche, das kennst du doch, Emma«, sagte Paul und hob sein Glas. »Auf dich, meine bezaubernde Emma.«

»Auf uns.«

»Du warst bei deinem Vater. Um Lebwohl zu sagen, nicht wahr, Paul. Und vorher im Kriegsministerium. Du mußt fort, Paul? Und bald?«

»Ja«, gab er ruhig zu.

»Wann?«

»Morgen.«

Er war schon bei ihr, nahm ihr das Glas aus der Hand und zog sie an sich. »Ich habe vor vielen Jahren in Oxford einmal etwas über Liebende gelesen, die sich trennen mußten. Es ist mir unvergeßlich geblieben. Es ging ungefähr so: ›Diese Trennung kann nicht lange währen; denn die, die lieben wie wir, können nicht getrennt sein. Wir werden in Gedanken immer vereint bleiben. Und Gedanken sind wie ein Magnet. Ich habe dir oft von meiner Liebe gesprochen, jetzt rede ich von Treue.« Er sah, wie ihre Augen in Tränen schwammen. Zärtlich wischte er sie mit den Fingerspitzen fort. »Nicht, mein geliebtes Herz. Bitte nicht weinen.«

»Nein, Paul. Nur – diese Worte haben mich so angerührt. Wer schrieb sie?« fragte sie mit zitternder Stimme.

»Abälard an Héloise. Vor vielen Jahrhunderten. Aber sie sind immer noch wahr. Vergiß sie nicht, meine Emma, und glaube an mich und daran, daß wir im Geist immer vereint sind. Und du mußt auch wissen, daß ich dich bis zu meinem Tode in meinem Herzen trage.«

»O Paul, ich liebe dich so sehr! Ich kann ohne dich nicht.«

Unter ihrem Kinn ballte er die Hand zur Faust. »Komm, Liebling, du mußt tapfer sein. Und wir reden jetzt nicht mehr darüber – bis morgen. Wir denken nur an jetzt und hier. Es gibt für uns nur noch das jetzt. Und uns! Jedenfalls bis dieser verdammte Krieg vorbei ist.«

37

»Amputieren!« schrie Emma. Ihr Gesicht wurde totenblaß. »Aber in den letzten Tagen ging es ihm doch so gut.«

»Nein. Ihr Bruder hat Ihnen die Wahrheit verheimlicht, Mrs. Lowther. Er hat sich auch gegen die Operation gesträubt. Trotz unserer ernsten Warnungen hat er gegen uns gekämpft. Aber gegen Wundbrand kann man nicht ankämpfen. Er ist tödlich.«

Emma ließ sich auf den Stuhl fallen. »Gibt es keine Möglichkeit?«

»Keine. Außer – dem Tod.« Der Arzt nahm ihre Hand. »Es tut mir leid, das klingt brutal. Aber die Umstände fordern Ehrlichkeit. Nur die Zeit kann uns helfen.«

»Was ist denn passiert, Doktor? Ich dachte, Sie haben das Schrapnell aus dem Fuß und der Wade entfernen können?«

»Ja, das konnten wir; aber vor ein paar Tagen setzte das Wundfieber ein. Jetzt hat es bereits das Knie erreicht. Sie *müssen* die Papiere unterschreiben, Ihre Erlaubnis zur Operation geben. Sonst . . .« Hilflos hob er die Hände. Sein Gesicht war ernst.

»Aber, aber – Winston hat doch entschieden . . .«

»Mrs. Lowther, verstehen Sie nicht? Ihr Bruder ist – nicht mehr fähig, eine Entscheidung zu fällen. Sie müssen die Verantwortung übernehmen. Jetzt. Heute! Morgen wird es zu spät sein.«

Emma biß sich auf die Lippe und nickte. Ihr Herz war schwer, aber sie sagte klar: »Bitte geben Sie mir die Papiere.« Und dann: »Darf ich meinen Bruder sehen?«

»Aber gewiß. Ich bringe Sie zu ihm. Mrs. Lowther, auch wenn Ihr Bruder es jetzt noch nicht klar erkennt, was Sie für ihn getan haben – er wird Ihnen den Rest seines Lebens dankbar sein!«

Winston lag mit anderen verwundeten Matrosen in einem Zimmer. Ein Wandschirm stand vor seinem Bett, und als Emma zu ihm trat, erkannte sie sofort, daß er schwere Schmerzen litt,

Schweißtropfen standen auf seiner Stirn, und die Augen glühten im Fieber. Sie beugte sich zu ihm, um ihn zu küssen, aber er stieß einen leisen Schrei aus. »Was ist, Winston, bitte?« Emma hatte sich sofort wieder aufgerichtet, ihr Gesicht war schreckensbleich.

»Du bist ans Bett gekommen«, stöhnte er. »Ich kann nicht einmal die geringste Bewegung ertragen. Die Schmerzen sind unerträglich. Aber – Emma, sie nehmen mir das Bein nicht ab, nicht wahr? Ich will kein Krüppel sein.«

Emma setzte sich auf den Stuhl neben dem Bett. »Ich weiß, Winston, wie dir zumute ist. Es ist eine grauenhafte Vorstellung. Aber wenn sie nicht amputieren, dann wirst du – wirst du sterben.«

»Dann sterbe ich!« schrie er auf. »Lieber tot als nur mit einem Bein durch ein miserables Leben humpeln. Ich bin ein junger Mann, Emma, mein Leben ist so und so zu Ende.«

»Winston, hör mir zu. Du mußt operiert werden. Du *mußt!* Lieber, und zwar sofort! Jede Stunde länger – und dein ganzer Körper ist vergiftet.« Ihre Stimme brach bei dem Gedanken. »Und wenn du es nicht für dich tun willst, dann bitte für mich. *Bitte! Bitte!* Winston! Ich liebe dich sehr. Außer den Kindern habe ich nur dich und Frank. In den letzten Jahren habe ich so viele Verluste hinnehmen müssen. Mam, Dad, Joe und Laura, und vorige Woche auch Tante Lily. Ich glaube nicht, daß ich den Tod noch eines geliebten Menschen verkraften könnte. Es würde mich umbringen. Ich könnte es nicht überwinden, wenn du sterben müßtest, Winston, mein großer Bruder.«

»Weine nicht, Emma. Bitte, weine nicht.« Wieder griffen die Schmerzen nach seinem entkräfteten Körper, sein Gesicht wurde aschfahl. Er stöhnte: »Gut, also, dann laß sie es abschneiden. Ich kann diesen Schmerz sowieso nicht länger aushalten. Und –« er bemühte sich um ein Lächeln » – ein halbes Brot ist immer noch besser als überhaupt keins. Unterschreib . . .«

»Ich habe es schon getan.«

»Hätte ich mir doch denken können«, wieder dieses verzweifelte Lächeln. »Mrs. Tüchtig.«

»Winston, die Ärzte bereiten bereits alles vor. In ein paar Minuten wirst du in den Operationssaal geholt. Der Arzt sagt, ich muß es kurz machen, jede Minute zählt.«

»Emma?«

»Ja, mein Junge?«

»Wirst du – wirst du warten?«

»Ganz gewiß. Ich werde dich doch nicht verlassen, bis alles gut vorüber ist.« Sie warf ihm eine Kußhand zu, denn sie wagte nicht, das Bett zu berühren.

Emma lehnte die Stirn an das Fenster im Wartezimmer. Sie schloß die Augen. Hinter ihren Lidern brannten ungeweinte Tränen. In ein paar Wochen werde ich neunundzwanzig, und doch fühle ich mich wie eine alte Frau, müde und erschöpft von der Last der Verantwortung. Eine Schwester brachte ihr Tee. Emma setzte sich, trank – und wartete. Das schien jetzt ihre Hauptbeschäftigung zu sein: *Warten*. Am schlimmsten war das Warten auf Briefe von Paul. Als Paul ging, hatte er ihre Seele, ihr Herz mit sich genommen. Sie fühlte sich nur wie eine Puppe, die aufgezogen wird und automatisch läuft. Die Minuten tickten langsam, sie fielen wie Tränen in die Stille. Zwei Stunden waren vergangen, seit sie Winston in den Operationssaal gerollt hatten. War etwas passiert? War es doch schon zu spät gewesen? Und dann stand plötzlich der Arzt vor ihr, nickte und lächelte ihr zu. »Es geht ihm gut, Mrs. Lowther.«

Emma stieß einen Seufzer der Erleichterung aus. Endlich kamen die Tränen. »Sind Sie sicher?«

»Absolut. Er ist noch nicht ganz wach. Aber er ist jung und stark. Da ist nur eines...«

»Was?«

»Wir mußten sehr hoch amputieren. Ein paar Zentimeter über dem Knie. Wir mußten sichergehen, daß das Wundfieber sich auf keinen Fall weiter ausbreiten konnte. Das heißt – er wird kein künstliches...«

Sie unterbrach ihn. Plötzlich war sie wieder stark und autoritär wie früher: »Mein Bruder wird sein Leben nicht mit Krücken oder im Rollstuhl verbringen«, sagte sie. »Er wird ein künstliches Bein bekommen, und wenn ich selbst eins für ihn konstruieren lasse. Mein Bruder wird laufen können, Doktor!«

Und so war es.

An einem Oktobertag, acht Monate nach der Amputation, ging Winston in Emmas Büro auf und ab, selbstsicher, lächelnd, fest auf den Beinen. Das leichte Hinken war kaum zu bemerken, und er hatte, Emmas Rat folgend und mit ihrer ausdauernden Hilfe, es so weit gebracht, das künstliche Bein als einen Teil seines Körpers zu betrachten.

»Tanzen kann ich nicht, aber sonst gibt es nichts, was ich nicht kann«, sagte er stolz. Er lehnte den Stock gegen den Sessel und ging ohne ihn durch das Zimmer. Dann setzte er sich. »Ich kann mich sogar schnell bewegen, klettern und Treppen steigen. Ob du es glaubst oder nicht: Ich kann sogar schwimmen! Und jetzt werde ich mich um eine Arbeit kümmern.«

»Aber, Winston, vor Monaten habe ich dir doch schon gesagt, du kommst zu mir. Warum denn nicht?«

»Hier im Warenhaus? Aber was könnte ich hier tun?«

»Du konntest immer gut mit Zahlen umgehen. Erst gehst du mal ein paar Wochen in die Buchhaltung, und dann wirst du mein engster Mitarbeiter. Ich brauche einen Menschen, dem ich voll und ganz trauen kann und der auch fähig ist, Entscheidungen zu fällen. Vergiß nicht, Winston, ich habe auch noch andere Geschäfte. Zum Beispiel ist da noch die Emeremm Company.«

»Was, nie gehört!«

»Ich habe sie 1917 gegründet, und mir gehören hundert Prozent der Anteile. Außer dem Direktor, Ted Jones, und seinen Mitarbeitern weiß keiner, daß ich dahinterstehe. Und jetzt weißt du es auch. So soll es auch bleiben, Winston. Nicht einmal Frank weiß es, sprich also nicht mit ihm darüber. Es ist eine Investmentfirma. Und ich möchte es aus einem Grund nicht wissen lassen, daß – ich der Boß bin. Männer in der Hochfinanz machen nicht gern Geschäfte mit einer Frau. Nun ja, es gibt auch noch ein paar persönliche Gründe, aber die sind im Augenblick unerheblich.«

Winston grinste. »Du bist fabelhaft, Emma, und noch erfolgreicher, als ich wußte! Weißt du, ich glaube, ich möchte gern für dich arbeiten. Es ist eine echte Herausforderung.«

Emma hatte in den Jahren ihres geschäftlichen Erfolgs eine gnadenlose Philosophie entwickelt: Zeig nie eine schwache Stelle, verliere nie dein Gesicht, vertraue dich niemandem an! Und genauso gnadenlos verfolgte sie immer weiter ihr Ziel, die Fairleys zu vernichten. Ihre Strategie war einfach: Sie manipulierte einen schwachen, dummen Mann, der ihr munter und unwissend Gerald direkt in die Klauen gegeben hatte.

Es war keine zufällige Entwicklung. Einer der ersten Käufe der Emeremm Company war Procter and Procter gewesen, ein Großhandels-Haus in Bradford. Emma hatte es aus mehreren Gründen gekauft. Es war eine gute Investition, obwohl es seit Jahren nicht gut geführt worden war, aber es lag mitten in Bradford, auf einem großen Stück Land, das jedes Jahr an Wert gewann. Und Procter, der Besitzer, war ein Kumpel von Gerald Fairley; und Emma erkannte, daß er sie auf Geralds, ihres größten Feindes, Schliche führen würde.

Es gab nur eine Klausel im Verkaufsvertrag: Procter durfte nie den Namen der neuen Besitzerin preisgeben. Sowie er das tat, wurde der Kauf rückgängig gemacht. Emma hatte Ted Jones angewiesen, einen Mann von Emeremm in die Direktion von Procter and Procter zu setzen. »Procter ist nur ein Aushängeschild. Ich kann ihm jedoch nicht gestatten, noch mehr Schaden anzurichten, als er seinem Geschäft schon zugefügt hatte.« Von Ted Jones erfuhr sie 1918, daß Gerald Fairley mit Thompsons Mühle in Schwierigkeiten kam und verkaufen wollte. »Kaufen Sie sie – billig!« Procter and Procter war wiederum das Aushängeschild, und Gerald meinte, er verkaufe an seinen alten Freund Alan Procter. Wegen seiner bösen finanziellen Lage hatte Gerald Fairley sich mit einem Viertel des echten Werts der Mühle einverstanden erklärt. Emma war sehr zufrieden.

Und heute früh war sie ihrem Ziel noch einen großen Schritt nähergekommen. Procter versuchte, von der Emeremm Finanz-Company für Gerald Fairley eine große Summe zu leihen. Gerald hatte ungeheure Spielverluste. »Sie können Alan Procter sagen, daß wir Fairley das Darlehen geben. Auf hundertacht Tage. Als Sicherheit die Fairley-Mühlen in Armley und Stanningley Bottom.«

»Sie kämpfen mit sehr harten Bandagen, Mrs. Lowther!« sagte Ted.

»Das sind meine Bedingungen«, lachte Emma trocken. »Zu wem soll Gerald Fairley gehen, Ted! Kein Mensch leiht ihm noch einen Penny. Dieser Dummkopf – er muß schon ein perverses Genie sein, um zu einer Zeit, wo er mit der Regierung ungeheure Gewinne mit Wollstoffen machen konnte, Verluste zu erzielen.«

Mit genüßlichem Lächeln legte Emma den Hörer auf. Seit Adam Fairley den Schlaganfall erlitten hatte, führte Gerald die Geschäfte allein. Und ich brauche nur noch dazusitzen und abzuwarten, dachte Emma zufrieden. Der Kerl kommt nie mehr hoch!

38

David Kallinski parkte seinen Wagen vor Emmas Haus und sagte zu ihr: »Ich danke dir, daß du sogar heute gearbeitet hast, Emma. Wie lieb von dir, deinen Sonntag mit den Kindern zu opfern.«

Emma lächelte. »Es macht mir nichts. Wirklich, David, eigentlich bin ich froh, die Entwürfe für ›Lady Hamilton‹-Mode fertig zu haben. Ich weiß ja, du willst auch sofort an die Arbeit gehen, die nächste Saison steht vor der Tür.« Sie öffnete die Wagentür. »Willst du nicht auf einen Drink mit hereinkommen?«

Davids Hand legte sich auf ihre. »Nein, danke, ich muß weg. Vater wartet auf mich. Aber, Emma, ich muß etwas mit dir besprechen.«

Seine Stimme war so flehend, daß Emma erschrak. »Was ist denn, sag's mir, David!«

»Ich denke daran, mich scheiden zu lassen.«

»Scheidung!« rief Emma, sie war wie vom Blitz getroffen. »Eine Scheidung! Mein Gott, David! Ist – denn zwischen Rebecca und dir etwas – nicht in Ordnung?«

»Zwischen uns ist alles wie immer.« Er mußte sich räuspern. »Aber seit ich nach dem Krieg wieder daheim bin, finde ich das Leben unerträglich. Aber warum soll ich nicht ganz ehrlich sein. Emma, ich liebe dich immer noch. Emma, ich denke, wenn ich auch frei wäre ... würdest du mich heiraten?«

»O David, David.« Sie strich sanft über seine Hand. »Mein Lieber, du weißt doch, es ist unmöglich. Ich habe vor neun Jahren, als du mich heiraten wolltest, das Opfer nicht umsonst gebracht. Es würde deine Mutter töten. Außerdem – du hast zwei kleine Söhne, und ich habe zwei Kinder. Es gibt um uns noch andere Menschen, an die wir denken müssen. Vor Jahren sagte ich dir schon, es ist mir unmöglich, mein Glück auf dem Unglück anderer aufzubauen; und ich weiß immer noch, daß es wahr ist!«

»Aber was ist mit dir und mir, Emma?« fragte er flehentlich.

»Es gibt kein du und ich, David.« Sie bemerkte seine tiefe Enttäuschung und fuhr sanfter fort: »Ich hoffe, ich habe dich nicht – irgendwie – ermutigt oder gar Grund zu Hoffnungen gegeben?«

»Nein, das hast du wahrhaftig nicht getan. Und ich habe bisher auch nichts gesagt, weil ich meine Seele, meine Gedanken genau erforscht habe. Aber ich bin zu dem Schluß gekommen, daß ich es dir sagen muß, wie mir ums Herz ist. Ich dachte immer, du liebst mich, selbst als du Joe heiratetest. Den ganzen Krieg lang glaubte ich daran. Und diese Vorstellung ließ mich weitermachen, ja, durch sie lebe ich überhaupt noch. Meine Gefühle für dich haben sich nie verändert. Und ich dachte immer, deine . . . Aber du liebst mich nicht mehr, nicht wahr, Emma?«

»O doch, David. Ich liebe dich – als guten Freund. Um ehrlich zu sein, ich liebte dich, als ich Joe heiratete. Aber inzwischen ist es eine andere Liebe geworden, auch ich bin anders. Ich habe begriffen, daß alles und jeder sich im Leben immerzu verändert. Alles fließt, David.«

»Du liebst einen anderen«, rief er aus, »Emma, das ist es!«

Emma schwieg. Sie senkte die Lider, ihr Mund wurde schmal.

»Ich kenne die Antwort, auch wenn du schweigst. Du mußt auf meine Gefühle keine Rücksicht nehmen. Ich hätte es mir denken müssen. Neun Jahre sind eine lange Zeit. Wirst du ihn heiraten?«

»Nein. Er ist nicht mehr hier. Er lebt nicht in England. Ich glaube, er wird nie mehr zurückkommen.« Ihre Stimme klang erstickt.

David hörte trotzdem die Traurigkeit, die Angst und Verzweiflung heraus. Mitleid stieg in seinem Herzen auf. Er liebte sie aufrichtig, und ihre Traurigkeit griff ihm ans Herz. »O Emma, es tut mir leid.«

Emma sah ihn aus umdüsterten Augen an. »Es ist schon gut. Meine Wunde ist beinahe geheilt – hoffe ich.«

»Und für mich gibt es keine Chance, Emma. Auch nicht, wenn er . . .«

»Das ist wahr, David. Ich werde dir immer die Wahrheit sagen, auch wenn sie manchmal schwer zu ertragen ist. Ich würde dich um nichts in der Welt unabsichtlich verletzen, aber jetzt weiß ich nichts, was dich trösten könnte. Bitte vergib mir, David.«

»Aber, Emma, was sollte ich dir vergeben? Ich kann dich doch nicht verdammen, weil du einen anderen liebst.« Seine Augen wurden sanft. »Ich hoffe nur, daß du Frieden findest, Emma, Liebling.«

»Das hoffe ich auch.« Sie öffnete endgültig die Tür. »Nein, steig nicht aus.« Sie küßte ihn auf die Wange. »Und denk sorgfältig darüber nach, ehe du etwas Unüberlegtes unternimmst – in deiner Ehe. Rebecca ist ein guter Mensch, und sie liebt dich. Und denk immer daran, daß du für mich etwas ganz Besonderes bist, David. Ich bin dein Freund, und ich bin immer da, wenn du mich brauchst.«

Es war eine Woche vor Weihnachten. Man schrieb das Jahr 1919. Genau vor zwölf Monaten war Paul McGill mit ihr und den Kindern in diesem Haus gewesen. Auch ihre Brüder hatten das Fest mit ihnen gefeiert. Im November war der Krieg endlich zu Ende gegangen, und Paul war zu ihnen gekommen, bevor er nach Australien reiste, um von der Truppe entlassen zu werden. Es war ein herrliches Weihnachten, voll Fröhlichkeit und Liebe. Emma war die ganze Zeit schwindlig vor Glück. Und sie liebte Paul mehr denn je. Endlich war alles, wonach sie sich gesehnt hatte, ihres. Ihres für immer. Und jetzt hatte sie nichts... ein gebrochenes Herz und Einsamkeit und Verzweiflung. Wie blind war sie damals nur, um anderes zu erwarten. Das persönliche Glück entglitt ihr. Es schien sie nach wie vor zu meiden. Ihre Hand lag auf dem Türknauf des Kinderzimmers. Sie dachte: Ich *muß* mich zusammenreißen und der Kinder wegen ein fröhliches Gesicht zeigen.

Kit saß am Tisch und malte. Seine Augen leuchteten auf, als er sie sah; er sprang auf und warf sich in Emmas Arme. »Mami, Mami! Ich bin so froh, daß du zu Hause bist«, schrie er.

Sie küßte seinen Scheitel. »Lieber Himmel, was machst du nur, Kit. Du scheinst mehr Farbe über dich geschmiert zu haben als über das Papier. Und was malst du da, mein Schätzchen?«

»Du darfst es noch nicht sehen. Es ist ein Bild. Für dich, Mami, ein Weihnachtsgeschenk.« Kit war jetzt acht Jahre alt. Mit gekraustem Näschen sah er zu Emma hoch und grinste. »Also, nur einen Blick, wenn du willst. Wenn es dir nicht gefällt, mal ich dir ein anderes.« Kit zog sie zum Tisch. Emma hielt den Atem an. Vor ihr lag ein kindliches Porträt, ungeschickt komponiert, ohne Perspektive, mit gräßlichen Farben hingekleckst. Es stellte einen Mann in Uniform dar. Kein Zweifel: Es sollte Paul sein. Die Augen waren riesig und blau, das Haar tiefschwarz, das Gesicht allerdings ähnelte in der Farbe eher einem Mulatten. »Es ist sehr gut, Liebling«, sagte Emma. Ihr Gesicht sieht so nachdenklich aus, dachte der kleine Kit. »Das ist doch Onkel Paul«, meinte er erklären zu müssen. »Siehst du es nicht? Es ähnelt ihm doch. Findest du es wirklich gut, Mami?«

»Ja, wirklich. Wo ist denn deine Schwester«, fragte Emma, um nur ja das Thema zu wechseln.

»Ach, die langweilige, olle Edwina ist in ihrem Zimmer. Sie wollte nicht mit mir spielen. Ist ja auch egal. Ich muß mein Bild fertig malen.« Kit kletterte wieder auf den Stuhl, tauchte den Pinsel in irgendeine Farbe und machte sich wieder an die Arbeit. Sein sommersprossiges Gesicht nahm einen konzentrierten Ausdruck an. »Ich muß es für dich richtig gut machen, Mami. Ich glaube, ich male noch ein Känguruh dazu. Und einen Polarbären.«

» Meinst du nicht einen Koalabären, Kit?«

»Na ja, einen Bären jedenfalls. Onkel Paul hat mir erzählt, in Australien gibt es auch Bären.«

»Ja, Schatz«, sagte Emma abwesend. »In einer halben Stunde gibt es Mittagessen. Wasch dir vorher die Hände.« Sie zerzauste ihm das Haar und lief aus dem Zimmer. Sie mußte allein sein, um nachdenken zu können.

Die Wintersonne fiel in breiten Streifen durch die großen Fenster, der Silberrahmen um Pauls Fotografie schimmerte gleißend. Sie nahm ihn in die Hände. »Warum kommst du nicht, Paul? Du hast es doch versprochen. Du hast geschworen, nichts und niemand könne dich von mir fernhalten.« Sie merkte nicht, daß sie diese Worte flüsterte. Zweimal hatte er geschrieben, und sie zögerte nie eine Stunde, um ihm zu antworten. Zu ihrem Erstaunen kam auf ihren zweiten Brief keine Antwort. Sie dachte, er könne verlorengegangen sein, und schrieb wieder. Auch dieser Brief blieb unbeantwortet. Schließlich schluckte sie ihren Stolz herunter und schickte ein paar kurze Zeilen, wartete Wochen auf Post von ihm. Die Wochen wurden zu Monaten. Er schwieg. Allmählich verlor sie die Nerven, aber was konnte sie tun? Im Oktober war Emma sich klar, daß er doch nicht Manns genug sei, um ihr zu schreiben, daß er sie nicht mehr liebe. Daß alles vorbei sei. Er braucht mich nicht mehr. Solange er in England war, ja, da war ich ihm gut genug. Und in Australien hat er sein altes Leben wieder aufgenommen. *Er ist ein verheirateter Mann.*

Emma lehnte sich zurück, schloß die Augen, ihr Gesicht war blaß und streng, die Augen tränenlos. Sie hatte alle Tränen der Welt um Paul McGill geweint. Nacht für Nacht. Paul McGill aber wollte sie nicht mehr, und das war das! Sie konnte nichts dagegen tun ...

»Mutter, darf ich reinkommen?« fragte Edwina an der Tür.

»Ja, Edwina, Liebling«, Emma schob das Foto schnell unter den Sessel und zwang sich zu einem Lächeln. »Hattest du einen schönen Vormittag? Es tut mir leid, ich mußte in die Fabrik und ...«

»Du arbeitest zu viel, Mutter«, sagte Edwina vorwurfsvoll.

Emma überhörte die Bemerkung und den aggressiven Ton. »Du hast mir noch gar nicht gesagt, was du dir zu Weihnachten wünschst.«

»Ich weiß es nicht!« Edwinas silbergraue Augen musterten Emma. »Doch, ich möchte meine Geburtsurkunde haben, bitte, Mutter.«

Emma erstarrte. »Warum denn das, Edwina?« fragte sie freundlich und bemühte sich um ein Lächeln.

»Weil ich einen Paß brauche. Miß Matthews fährt im Frühjahr mit der Klasse in die Schweiz, und ich fahre mit.«

Emma zog die Brauen zusammen. »Ich stelle fest, daß du deine Entscheidung getroffen hast, ohne mich um Erlaubnis zu fragen.«

»Na gut, darf ich fahren, Mutter?«

»Nein, Edwina, du darfst nicht,« sagte Emma fest. »Du bist erst dreizehn. Meiner Meinung nach bist du viel zu jung, um ohne mich auf den Kontinent zu reisen.«

»Aber wir haben doch Miß Matthews. Und fast alle Mädchen fahren mit. Warum ich nicht?«

»Ich habe es dir soeben erklärt. Du bist zu jung. Außerdem glaube ich auch nicht, daß ›fast alle‹ Mädchen mitfahren. Wieviele sind es genau?«

»Acht.«

»Nun, siehst du! Acht Mädchen aus einer Klasse von vierundzwanzig ist ein Drittel. Du neigst manchmal zu Übertreibungen, Edwina.«

Edwina wußte, daß es keinen Sinn hatte, gegen den eisernen Willen ihrer Mutter anzugehen, darum seufzte sie theatralisch und stand auf. Sie *haßte* sie! Ihr Vater hätte es ihr bestimmt erlaubt, wenn er noch lebte. Sie lächelte Emma an und verbarg geschickt, wie enttäuscht und zornig sie war. »Ist ja auch nicht so wichtig«, sagte sie und ging hocherhobenen Hauptes durchs Zimmer zu Emmas Frisiertisch. Sie nahm eine Bürste und begann, sich das lange silberblonde Haar zu bürsten. Emma sah ihr mit steigendem Ärger zu; ihre Augen wurden schmal, als sie das selbstzufriedene Lächeln ihrer Tochter im Spiegel sah.

»Weißt du, Edwina, für ein kleines Mädchen bist du schrecklich eitel. Ich glaube, ich kenne keine Frau, die sich so häufig im Spiegel bewundert wie du.«

»Jetzt übertreibst *du*, Mutter«, gab Edwina hochmütig zurück.

»Sei nicht impertinent«, sagte Emma verärgert. Aber schon bedauerte sie den kurzen Ausbruch, nur weil sie mit den Nerven am Ende war. Darum sagte sie freundlich: »Dein Onkel Winston kommt heute zum Tee. Das wird dir Spaß machen, nicht wahr, Liebling?«

»Nicht besonders. Er ist nicht mehr der Alte, seit diese Frau ihn gekapert hat.«

Emma unterdrückte ein Lachen. »Deine Tante Charlotte hat ihn nicht gekapert, Edwina, wie du es auszudrücken beliebst. Sie ist mit ihm verheiratet. Und sie ist sehr, sehr nett. Weißt du eigentlich, daß sie dich besonders gern hat?«

»Trotzdem, er ist nicht mehr wie früher«, sagte Edwina eigensinnig. »Ich muß meine Schularbeiten beenden, Mutter. Entschuldige mich bitte.«

Als ihre Tochter die Tür hinter sich zuschlug, nahm Emma das Bild auf und legte es in eine Schublade. Warum war Edwina immer so zurückhaltend, beinahe feindselig? Und wie kann ich ihr je die Wahrheit über ihre Geburt sagen? Auch wenn Blackies Name auf der Geburtsurkunde stand – sie war eine Fairley. Und das durfte sie nicht erfahren. Zum erstenmal vergaß Emma ihr Elend und Paul McGill.

Blackie schritt mit Winston durch die großartige Halle seines georgianischen Hauses in Harrogate, schob ihn in die Bibliothek und schloß die Doppeltüren hinter ihnen. »Winston, ich muß allein mit dir sprechen«, sagte er. »Bei einem Glas guten alten Kognak. Hier sucht uns keiner meiner Gäste.« Er gab Winston ein Ballonglas mit der tiefgoldenen Flüssigkeit. »Du weißt schon, wer das Thema ist?«

»Vermutlich Emma«,

»Ja, in der Tat.«

Aus seinem Sessel bei dem wertvollen Adam-Kamin sah Winston Blackie an, wie er, hochgewachsen und gut aussehend wie immer, durch den edel eingerichteten Raum ging. Jetzt hatte er also sein Haus im georgianischen Stil, das er sich schon als junger Mann ersehnte. Die hell getäfelten Wände mit deckenhohen Bücherregalen paßten wunderbar zu den dunkelgrünen Samtvorhängen und dem riesigen Teppich von der gleichen Farbe auf dem Mahagoni-Parkett. Die vielen tiefen Sofas und Sessel waren mit hellerem Grün und rosafarbenem Damast gepolstert. Tische, Konsolen und ein schöner Schreibtisch waren von Sheraton und Hepplewhite entworfen, und ein herrlicher Waterford-Kristallüster hing von der stuckverzierten Decke. Wie das ganze Haus war auch die Bibliothek ein Tribut an Blackies Sinn für Perspektive, Farben und sein Wissen um den Stil der georgianischen Zeit.

»Wann hört sie mit den Dummheiten endlich auf?« fragte Blackie und suchte sich sorgfältig eine Zigarre heraus.

»Was für Dummheiten?« fragte Winston verblüfft.

»Das Geld hinauszuwerfen. In den letzten sechs Monaten ist sie verrückt geworden. So scheint es mir jedenfalls.«

»Emma wirft nie Geld heraus. Sie ist überhaupt nicht extravagant – schon gar nicht, was ihre Person betrifft.«

Blackie zog eine Augenbraue hoch, und ein leises Lächeln flog über seine Lippen. »Komm, komm, Winston, spiel mir nicht das Unschuldslamm vor. Du weißt verdammt gut, was ich meine. Ich meine, wie sie sich in den Finanzmarkt stürzt. Bedenkenlos.«

Winston grinste. »Bedenkenlos – mitnichten. Sie hat ein Vermögen gemacht, Blackie!«

»Und wie leicht kann sie sich ruinieren!«

Winston lachte laut auf. »Nicht meine Schwester! Du mußt doch wohl zugeben, daß jemand Genie haben muß, um das aufzubauen – aus dem Nichts –, was sie so fantastisch aufgebaut hat. Emma ist klug, sie kauft auch nicht mehr; seit ein paar Wochen *verkauft* sie!«

»Trotzdem – diese riesige Expansion, und so plötzlich. Die neuen Warenlager in Bradford und Harrogate – und ich denke, ich traue meinen Ohren nicht, als ich heute erfahre, daß sie in London ein Warenhaus bauen will. Wie alle, so ist auch diese Idee grandios. Aber, um ehrlich zu sein, Winston, wie will sie das alles bezahlen?«

»Blackie, sie ist wie eine Peitsche, smart und schnell, und sie tut nie etwas unüberlegt. Wie sie bezahlen will? Ich sagte dir doch eben, sie hat ein Vermögen mit der Emeremm Company gemacht. Und sie verkauft Joes Liegenschaften zu sehr hohen Preisen. Sie hat nur noch das Land mitten in Leeds. Das behält sie auch noch, weil sie sicher ist, daß es im Wert steigt. Und du weißt, sie hat immer recht. Und alles andere muß ich dir wohl nicht aufzählen, Blackie . . .«

»Tja, mein Junge, sie ist eine sehr reiche Frau geworden, reicher, als wir alle je angenommen haben.« Er hob sein Glas. »Auf Emma! Sie hat uns alle überholt, glaube ich!«

»Auf Emma«, Winston sah Blackie nachdenklich an. »Ja, sie hat uns überholt. Und weißt du, wieso? Kennst du das Geheimnis ihres Erfolges?«

»Und ob! Ich schreibe ihren Erfolg vielen Qualitäten zu: Klugheit, Scharfsinn, Mut, Fleiß, Ehrgeiz – um nur einige zu nennen.«

»*Abnormalen* Ehrgeiz. *Abnormalen* Fleiß, Blackie. Das ist der Unterschied zwischen Emma und den meisten Geschäftsleuten. Emma hat den Killer-Instinkt, der sie auf die oberste Sprosse der Leiter treibt.«

»Du hast mich überzeugt, Winston«, sagte Blackie. »Und ich bin froh, daß du mit mir über Emma gesprochen hast. So, ich glaube, wir müssen zur Party zurück.«

»Gern, Blackie. Übrigens, da ich eben von Killern sprach. Ich sehe, der Lady-Killer hat die Krallen ausgestreckt. Er kann den Blick nicht von Emma lassen, und ich sehe ihn immerzu an ihrer Seite.«

Blackie fuhr hoch. »Von wem sprichst du?«

»Aber, aber. Natürlich von Arthur Ainsley. Dem großen Kriegshelden – wenn man seinen Worten glauben dürfte . . .«

»Was, dieser eitle, aufgeblasene Kerl? Ich dachte immer, Emma kann ihn nicht ausstehen?«

»So genau weiß ich das nicht. Du weißt, ich war damals nicht hier. Aber sie sagt, daß er sich zum Vorteil verändert habe, und seine Aufmerksamkeiten heute abend scheinen ihr Spaß zu machen.«

»Na ja, ich hab's nicht bemerkt«, sagte Blackie kurz und stand abrupt auf. Wie schön sie aussieht, dachte Blackie, als er sie inmitten seiner Gäste sah. Etwas blaß und wehmütig. Ihr Haar war in Flechten zu einer Krone gewunden, und sie sah noch zerbrechlicher und feiner aus als sonst. Sie trug ein weißes Samtkleid, tief ausgeschnitten, und über der linken Brust die Smaragdbrosche, die er ihr zum dreißigsten Geburtstag geschenkt hatte. Er hatte sie nach dem billigen kleinen Ding mit den grünen Glassteinen arbeiten lassen, die sie von ihm bekommen hatte, als sie fünfzehn war. Ihre Freude und Überraschung, daß er an das vor Jahren gegebene Versprechen dachte, erschütterte ihn damals. Aber zu den herrlichen Smaragd-Ohrringen schien sie ihm wertlos. Trotzdem – er wollte sie heute fragen, ob sie ihn heiraten wolle. Emma hatte ihm von Edwinas Bitte erzählt und dem Dilemma, in das sie dadurch gestürzt wurde, und seitdem spielte er mit dem Gedanken an eine Ehe. Er wußte zwar, daß er für Emma nicht diese tiefe, verehrende Liebe empfand wie für Laura, aber er liebte sie! Er liebte sie schon, seit sie noch ein unschuldiges Mädchen war, dieses halb verhungerte Kind aus dem trostlosen, nebligen Moorland. Ihr Glück war wichtig für ihn. Er fand sie nach wie vor körperlich anziehend, sie war unterhaltend und gescheit, und er schätzte ihre Freundschaft. Und sein Sohn, der kleine Bryan, betete sie an. Ja, und sein Liebling brauchte eine Mutter. Und er würde ihren Kindern ein guter Vater sein. Und bis vor zwei, drei Minuten war er sicher, daß sie seinen Antrag annehmen würde. Bis Winston diesen Ainsley erwähnte.

Emma spürte seinen Blick, entschuldigte sich bei Ainsley und kam zu ihm. »Es ist ein schönes Fest, Blackie, und ich kann es immer noch nicht fassen, daß dein Traum von dem Haus sich so großartig verwirklicht hat. Es ist einzigartig, Blackie. Weißt du noch, wie ich dich fragte, wer Hepplewhite, Chippendale und Sheraton waren?«

»Und wie gut ich mich erinnere, Mavourneen. Ich weiß auch, daß ich dir vorausgesagt habe, daß du einmal eine große Dame sein wirst.«

Blackie sah, wie Arthur Ainsley Emma nicht aus den Augen ließ, und er sagte fast unhöflich: »Ich habe immer gedacht, du kannst den jungen Ainsley nicht leiden, aber heute abend scheinst du anderer Meinung zu sein.«

»Ach, er ist nicht übel. Er ist viel intelligenter, als ich dachte, und er ist amüsant. Eigentlich finde ich ihn recht charmant.«

»Kennst du ihn schon gut?« fragte Blackie, bemüht, seine Eifersucht nicht durchklingen zu lassen.

»Nein, nur in geschäftlichen Angelegenheiten. Warum?« Sie sah ihn erstaunt aus großen, grünen Augen an.

»Ach, nichts Besonderes. Ich wollte es – nur so – wissen. Übrigens, da wir von Geschäften sprechen. Wo willst du dein Warenhaus in London bauen?«

»Ich habe ein großes Stück Land in Knightsbridge gefunden, und ich bekomme es zu einem guten Preis. Du mußt es dir ansehen. Kannst du nächste Woche mit mir nach London kommen, Liebling?«

»Sicher, es wird mir eine Freude sein. Und wenn du das Land kaufst, kann ich sofort mit den Plänen beginnen. Ich baue dir ein großartiges Haus, Emma, das beste Warenhaus in ganz London!«

Sie unterhielten sich noch ein Weilchen über ihre Pläne, dann – angeregt durch das Gespräch – setzte Blackie sich an den Flügel und begann seine alten irischen Lieder zu spielen. Die Gäste drängten sich um ihn. Wie damals in der »Schmutzigen Ente«, dachte Emma, aber ihr wehmütiges Lächeln gefror, als er in seinem schönen Bariton zu singen anfing. Das erste Lied schon überwältigte sie. Großes Sehnen nach ihren Eltern und eine unheimliche Traurigkeit kamen über sie. Jetzt schwiegen alle Gäste, nur seine warme Stimme war zu hören: »Aber wenn du kommst, und alle Blumen welken . . .«

Emma konnte nicht einen Ton, nicht ein Wort mehr ertragen. Sie schlüpfte hinaus, das Herz schien ihr zu brechen. Paul – Paul. Gegangen – für immer.

Frank und Winston wechselten erschreckte Blicke. »Du bleibst hier bei Charlotte«, sagte Frank und folgte Emma in die Halle. Er zog sie in die Bibliothek, schloß die Türen und legte die Hände auf ihre Schultern. Dann sagte er leise: »Er kommt nicht zurück, Emma. Du mußt den Tatsachen ins Auge sehen.«

»Ich tue es, Frank«, sagte sie leise und resigniert.

»Du weißt, ich würde mich nie in dein Leben einmischen, aber ich kann nicht länger zusehen, wie du kaputtgehst. Es gibt ein paar Dinge, die ich dir sagen muß. Die du wissen mußt! Paul McGill ist verheiratet.«

»Ich weiß, Frank, Lieber. Ich habe es immer gewußt.«

»Hat Paul dir dann auch gesagt, daß er mit der Tochter eines der prominentesten australischen Politiker verheiratet ist und ihre Mutter aus einer der ersten Familien stammt?«

»Nein, über seine Frau sprach er nie.«

»Das glaube ich aufs Wort! Und ich bin überzeugt, er hat dir auch nicht gesagt, daß er ein Kind hat. Einen Sohn!«

Fassungslos starrte Emma ihren Bruder an. »Einen Sohn?«

Mein Gott, diese Frau hat mehr Kraft als tausend Männer, dachte Frank. Sie ist nur noch einen Hauch bleicher geworden.

»Ich bin froh, daß du es mir gesagt hast, Frank.« Sie lachte bitter. »Du weißt es von Dolly, ja?«

»Du wärest überrascht, was Frauen im Dämmerlicht des Schlafzimmers alles erzählen.«

»Du und Dolly! Frank! Das kann ich nicht glauben! Sie ist zehn Jahre älter als du!« rief sie.

»Komm, Emma. Mein Verhältnis zu Dolly ist im Augenblick nicht unser Thema.«

»Nein. Du hast recht.« Emma lehnte sich an ihn. »Woher weiß sie soviel über die McGills?«

»Vor vielen Jahren war sie Bruce McGills Geliebte.«

»Vielweiberei scheint ein Familiencharakteristikum zu sein«, sagte Emma verächtlich. »Was hat sie dir denn sonst noch erzählt? Nun kann ich auch die letzten Einzelheiten erfahren.«

»Nicht viel mehr. Vor allem hat Dolly von dem Reichtum und der Macht der McGills gesprochen. Um seine Frau und den Sohn wird ein Geheimnis gemacht. Dolly sagte, Paul tritt in der Öffentlichkeit immer allein auf, selbst vor dem Krieg in Sydney. Na ja, sie deutete an, daß er... ein...« Frank sah in sein Glas.

»Ein *was?*«

»Eine Art Frauenheld ist, wenn du es unbedingt wissen willst.«

»Das überrascht mich nicht, Frank. Reg dich nicht auf, weil du es mir gesagt hast.«

Frank goß seinen Drink hinunter. »Ich reg' mich nicht auf. Ich ärgere mich nur, daß du verletzt wurdest. Ich habe Paul immer gern gehabt. Und bestimmt hielt ich ihn nicht für einen Schuft! Aber da siehst du mal, wie man sich irren kann.«

Als Winston nach einer Stunde beunruhigt in die Bibliothek kam, sah er Emma im Sessel hängen, das Haar aufgelöst, die Augen halb geschlossen, in ihrer Hand ein leeres Champagnerglas.

»Frank, wie konntest du gestatten, daß Emma sich so...«

»Sei still, Winston«, sagte Frank und half Emma aufzustehen. »Ein einziges Mal im Leben darf selbst eine Frau wie Emma den Kopf hängen lassen.«

39

Edwin Fairleys Gesicht war finster, und in seinen Augen glomm kalter Zorn, als er sagte: »Du legst dir selbst die Schlinge um den Hals, Gerald. Ich kann dir nicht mehr helfen. Auf keine Weise!«

Gerald glotzte seinen Bruder an, als habe er nicht richtig gehört. Seine verschlagenen schwarzen Augen verengten sich in dem aufgedunsenen Gesicht und wirkten noch kleiner und bösartiger als sonst. »Willst du mir etwa sagen, daß Procter and Procter juristisch im Recht sind? Daß sie die Mühlen einfach so übernehmen können?« fragte er erschrocken.

»Ja, so ist es, Gerald. Du warst nicht bei Sinnen, als du den Verkaufsvertrag unterzeichnet hast! Warum nur?«

»Ich brauchte das Geld«, murmelte Gerald. Er wendete den Kopf ab, es war unmöglich, Edwins Blick länger zu ertragen...

»Ja, um deine verfluchten Spielschulden zu bezahlen! *Das* weiß ich! Aber warum hast du die Spinnereien als Sicherheit gegeben, ohne vorher bei mir – oder bei einem anderen Anwalt – juristischen Rat einzuholen?«

»Es war nicht mehr möglich. Ich brauchte das Geld unbedingt sofort. Ich hatte keine Wahl mehr, und außerdem hielt ich Alan für ehrenhaft. Gib mir Zeit, die Schuld zurückzuzahlen. Procter sitzt mir auf den Fersen. Er ist ein verdammter Dieb. Er hat mir die Mühlen gestohlen!«

»Sei nicht idiotisch, Gerald!« Edwin wurde ungeduldig. »Er hat sie nicht gestohlen, du hast sie ihm auf einem silbernen Tablett überreicht. Ich bin entsetzt über deine geschäftlichen Dummheiten.«

Gerald stützte den Kopf in die Hände, wieder einmal überkam ihn Selbstmitleid. Dann sah er auf und sagte fordernd: »Du mußt mir das Geld geben, Edwin. Borgen, meine ich.«

»Machst du Scherze? Ich habe keine zweihunderttausend Pfund

plus Zinsen flüssig. Du mußt wirklich verrückt sein, wenn du dir so etwas vorstellst.«

»Vater hat dir Papiere hinterlassen, Edwin. Du *mußt* soviel haben. Du willst mir aus dem Schlamassel nur nicht heraushelfen, du willst nicht«, jammerte Gerald.

»Das Einkommen aus dem festgelegten Vermögen ist sehr mager, und das weißt du!« schrie Edwin ihn zornbebend an. »Sein ganzes Leben hat Vater in großem Stil gelebt, vor allem, als er Tante Olivia heiratete. Was er mir hinterließ, war nichts gegen das, was du bekommen hast. Und du hast es verschludert! Außerdem brauche ich mein Geld, schließlich habe ich eine Frau und einen Sohn!«

»Aber deine Anwaltskanzlei geht gut...«

»Ja, aber nicht gut genug, um deine Spielschulden zu bezahlen.«

»Vater hinterließ dir doch auch den Hauptanteil an der *Yorkshire Morning Gazette*. Du könntest darauf ein Darlehen aufnehmen.«

»Ich habe nicht die geringste Absicht, das zu tun. Ich habe Vater versprochen, sie zu halten und mich um die Zeitung zu kümmern, und ich breche meine Versprechen nicht! Ich kann nicht begreifen, wie du dich in eine derart mißliche Lage bringen konntest...«

»Fang bloß nicht an, mir blödsinnige Lektionen zu erteilen!« schrie Gerald und quälte seinen fetten Körper aus dem Sessel.

Er ist ein Feigling und ein Narr, dachte Edwin, als er seinen Bruder betrachtete. Wie dick, alt und häßlich! Die vielen Jahre unmäßigen Essens und Trinkens zeichneten sich in seinem verwüsteten Gesicht ab. Für Edwins Augen war Gerald eine obszöne Person, die ihm Ekel einflößte.

»Du hältst dich wohl für einen besonders klugen Kopf, was, Edwin? Dann kannst du mir auch sagen, was ich tun soll.«

»Gut, hör zu, Gerald. Es könnte noch schlimmer sein. Schließlich gehören dir noch die Mühle hier in Fairley und die Ziegelei. Ich schlage vor, du ziehst den Gürtel enger, schraubst deine persönlichen Ausgaben herunter, hörst vor allem auf zu spielen – und so weiter. Kümmere dich ausschließlich um die eine Spinnerei, die du noch besitzt. Ich verstehe nicht viel vom Wollgeschäft, aber nur ein Narr kann nicht erkennen, daß der Stoffhandel blüht. Ich verstehe nicht, warum die Fairley-Spinnerei nicht besser geht. Das wirst du doch wohl ändern können?«

»In Fairley liegen die Dinge anders als damals zu Vaters

Zeiten«, verteidigte sich Gerald und goß ein Glas Whisky ein. »Die Konkurrenz ist größer geworden. Thompsons machen den gleichen Stoff wie wir, und sie haben mir 'ne Menge Kunden weggeholt. Genau wie deine verfluchte Emma Harte. Ihr gehört Laytons Mühle, falls du das nicht wissen solltest. Und wenn ich dir noch was sagen darf: Sie hilft kräftig dabei mit, mich zu ruinieren. Meine Probleme begannen, als sie Ben Andrews und die besten Arbeiter von Thompsons stahl. Das war 1914. Ja, deine verdammte Hure ist mir schon lange ein Dorn im . . .«

»Wenn du noch einmal das Wort Hure im Zusammenhang mit Emma sagst, dann . . .« Edwin riß sich zusammen, aber es gelang ihm nicht; der Name Emma, das Wort Hure ließen ihn rot sehen.

Gerald grinste höhnisch: »Na, hältst du immer noch die Fahne hoch für das Dienstmädchen, hm, Edwin? Was Lady Jane wohl sagen würde, wenn sie wüßte, daß es dich in der Hose juckt, wenn du an diese Magd denkst, diesen Dienstbolzen . . .«

»Das ist genug, du miserables Schwein!« Edwin war aufgesprungen, mit letzter Mühe hielt er sich zurück, Gerald ins Gesicht zu schlagen. »Ich bin sehr stolz auf Emma. Sie hat etwas aus sich gemacht, und du Stück Vieh darfst ihren Namen nicht mal in deinen dreckigen Mund nehmen!« Edwin trat zurück, sonst würde er tatsächlich zuschlagen.

»Du bist sehr leicht zu durchschauen, Edwin. Also, Emma Harte liegt dir im Blut, was? So, so, so! Sie muß ja etwas recht Süßes zwischen ihren Beinen haben. Hab's auch mal mit ihr versucht, als ich sie in Armley fand . . .«

»*Was* hast du getan?« Edwin fuhr herum, sprang auf Gerald zu, griff seine Jackenaufschläge und schüttelte ihn wie einen Sack. »Wenn du nur ein einziges Mal deine Augen auf Emma richtest, werde ich dich umbringen. Ich töte dich! Ich schwöre zu Gott, daß ich es tun werde!«

Er ließ Gerald so plötzlich los, daß er stolperte. Edwin wischte sich die Hände an seiner Hose ab und sagte angeekelt: »Ich mache mir nicht die Hände an dir schmutzig. *Du bist eine Schande für die Menschheit! Du bestehst nur aus Gemeinheiten!*«

Er drehte sich auf dem Absatz um und stürzte hinaus. Seine Glieder zitterten, sein Kopf schwamm vor ungezügeltem Haß und Ekel.

40

Emma schlüpfte aus den Schuhen, zog das maßgeschneiderte schwarze Seidenkleid, das sie in ihrem Warenhaus trug, aus, den Schmuck legte sie auf den Toilettentisch. In dem weißseidenen Morgenrock, den das Mädchen bereitgelegt hatte, ging sie in ihr Badezimmer.

Als sie sich vor dem ovalen goldgerahmten Kristallspiegel ein Chiffontuch um ihr kurzgeschnittenes Haar band, lächelte sie wie immer, wenn sie diesen Raum in ihrem neuen Haus betrat. Er war viel zu luxuriös, und als Blackie ihr damals die Pläne zeigte, meinte sie lachend: »Das ist eine Mischung aus dem Spiegelsaal in Versailles und dem Boudoir einer Kurtisane.« Nicht, daß sie das letztere schon einmal gesehen hätte – nur Versailles, als sie mit Arthur Ainsley ihre Flitterwochen in Paris verbrachte. Das ist auch schon drei Jahre her, dachte sie, die Zeit rast. Zu ihrer Überraschung liebte sie das Badezimmer, seit Blackie es endgültig eingerichtet hatte. Die Wände waren aus muschelfarbenem Marmor, durch breite, bodenlange Kristallspiegel aufgeteilt. Die gewölbte Decke war türkisblau mit rosafarbenen Delphinen, grünen Algen und mauvefarbenen Seeanemonen verziert, die türkisfarbene ovale Wanne in den rosafarbenen Marmorfußboden eingelassen, die Wasserhähne waren silberne Delphine, und je ein großer silberner Delphin hielt an Kopf- und Fußende der Wanne Wache. Sogar eine mit rosa Seide ausgeschlagene Couch stand neben einem Spiegelglastisch in Art Deco. An einer Wand floß ein großer Korb über von rosa Blüten, und neben der Couch stand ein anderer Korb mit den neuesten Magazinen und Modejournalen. Aber auch die Finanzzeitschriften lagen stets bereit. Die ganze Umgebung war weiblich, und dieser einzige Raum im ganzen Haus war Emmas Himmel, ein Ort der Ruhe, wohin sie sich nach jedem anstrengenden Arbeitstag zurückzog.

Emma lag im warmen, nach Gardenien durftenden Wasser, die langen Beine wohlig ausgestreckt, und dachte an das Fest, das sie heute abend zur Feier von Franks Verlobung gab. Seit ihrer Ehe mit Arthur waren sie zu den großzügigsten Gastgebern geworden; aber die meisten Partys, Dinners und Bälle interessierten Emma nicht sonderlich. Heute jedoch wollte sie Franks Braut, Nathalie Stewart, Tochter eines prominenten Londoner Politikers, vorstellen. Nathalie war ein bezauberndes Geschöpf, und Emma war glücklich, daß Frank sich ihretwegen aus Dolly Mostens Fängen riß. Nathalie war eine Dame vom Scheitel bis zur Sohle und von seltener Schönheit. Sie wirkte zerbrechlich; aber Emma wußte, sie verbarg hinter dieser edlen Fragilität ein starkes Herz und ein Rückgrat aus Stahl. Immer mehr erinnerte Nathalie Emma an ihre geliebte Laura.

Emma hatte für diesen Abend keine Kosten gescheut. Das Haus mit den weitläufigen Räumen, seinen herrlichen Antiquitäten und Gemälden, schien in einen Garten verwandelt zu sein. Die Feinkostabteilung des Harte-Warenhauses hatte ein ausgewähltes Buffet geliefert. Ich muß mich noch bei dem Chefkoch bedanken, notierte Emma in ihrem Kopf. Sie schloß die Augen, allmählich ließ die Spannung ihres arbeitsreichen Tages nach.

In der neben ihren Räumen liegenden Suite zog Arthur Ainsley sich für das abendliche Fest um. Er trat vom Spiegel zurück und betrachtete sich mit äußerster Konzentration. Ja, das Bild des zweiunddreißigjährigen eleganten, schlanken Mannes gefiel ihm. Er schob die schwarzen Onyx-und-Diamant-Knöpfe in sein Frackhemd, nahm den Schildplattkamm und kämmte sich zum viertenmal das weiche blonde Haar und fuhr mit einem manikürten Finger über den schmalen blonden Schnurrbart.

Es war bedauerlich, daß Arthurs Charakter mit seinem Äußeren nicht übereinstimmte. Sein ganzes Leben hatte er sich mehr um sein Aussehen gekümmert als um seinen Geist. Er war nichts als eine blendende, aber hohle Schale. Zwar in den besten Schulen erzogen, war er so mit sich selbst beschäftigt, daß ihm nie ein kluger Gedanke kam. Für ihn bestand der Sinn des Lebens in mancherlei Vergnügungen, und darum liebte er Reichtum und Macht, auch wenn er zur letzteren nichts beigetragen hatte. Seine Erfolge bei Frauen waren überwältigend, aber bei Emma war er impotent. Und darum suchte er seit achtzehn Monaten Trost in der Flasche. Aber in Wahrheit war er impotent geworden, weil er latent homosexuelle Neigungen hatte und – weil seine Frau alles das war, was er nicht sein konnte.

Emma tat nichts, um seine Männlichkeit zu wecken. Und da ihr starker Charakter, ihre Würde, ihre Schönheit sein Selbstvertrauen schmälerten, ihm ein ständiger Vorwurf zu sein schienen, suchte er Anerkennung bei anderen Frauen, die seinen männlichen Stolz wieder aufbauten. Allerdings begnügte er sich am liebsten mit Ladenmädchen, Kellnerinnen oder Barfrauen.

Auf seine Weise liebte Arthur Emma, die er endlich eroberte, als er sie nach dem Krieg verwitwet fand. Obwohl sie seine Werbungen damals nie ernstnahm, gelang es ihm plötzlich am Weihnachtsabend bei Blackie O'Neill, das Eis zu schmelzen. Opportunistisch wie er war, und angefeuert von seinen ehrgeizigen Eltern, ließ er sie nach jenem Abend kaum von seiner Seite, und nach einem Wirbel von Flirt und Werben hatte sie ihn im Frühjahr 1920 geheiratet.

Arthur meinte, Emma sei genauso hingerissen von ihm wie er von ihr, denn seine Eitelkeit gestattete ihm nicht, anders zu denken. Aber Emma hatte ihn aus anderen Motiven zum Mann genommen. Paul McGills Schweigen, seine Abwesenheit vernichteten sie allmählich, und ihre Einsamkeit brachte sie endlich zu dem Entschluß, ihr Leben zu ändern. Zumindest ihre Lebensweise. Die Vernunft sagte ihr, mit Paul gibt es keine Zukunft für mich, und sie erkannte, sich immer noch nach ihm zu sehnen, daß ihr fast das Herz zerriß, war nicht nur dumm, sondern unsinnig. Und es führte auf jeden Fall zur Selbstzerstörung. Um ihrer Kinder und ihrer selbst willen beschloß sie, wieder ein normales Leben zu führen. Und überzeugt davon, daß es nie mehr eine Liebe wie die zu Paul in ihrem Herzen geben könne, suchte sie nach einem Partner, einem Mann, der ihr »keine Umstände« machte, wie sie es insgeheim nannte.

Emma wußte, daß Arthur ein schwacher Mensch war, aber sie *wollte* es nicht sehen. Zumindest würde er sich nie in ihr Leben einmischen, weder in ihr geschäftliches noch in ihr seelisches; er sah gut aus, und es widerte sie nicht an, mit ihm ins Bett zu gehen, wenn es sein mußte. Außerdem war er lieb zu den Kindern und behandelte sie gut und mit einer kindlichen Natürlichkeit, die ihnen gefiel.

Und Emma wollte Paul McGill in ihrer neuen Beziehung endgültig aus ihrem Sein vertreiben, auswischen. Also entschloß sie sich, so schnell wie möglich zu heiraten, und Arthur schien ihr für ihre Zwecke gut geeignet.

Schon nach wenigen Wochen bereute Emma ihre Heirat, aber es war zu spät. Während ihrer Flitterwochen hatte sie ein Kind empfangen. Und auch das Wissen, wie schal ihr Mann war, wie böse sein Witz sein konnte, wie oberflächlich sein Charme, konnte sie nicht mehr retten. Und seine Umarmungen verabscheute Emma, denn sie liebte und begehrte Paul immer noch. Ihn allein.

Aber sie war ehrlich genug zuzugeben, daß *sie* den Fehler ihres Lebens gemacht hatte. Sie allein war schuld. Und darum spielte sie ihre Rolle als glückliche, junge Ehefrau weiter; wie immer war sie darauf bedacht, keine Schwäche zu zeigen und ihr Gesicht nicht zu verlieren. Arthur, oberflächlich wie er war, spürte nicht, wie sie sich innerlich von ihm abwendete, er beglückwünschte sich täglich aufs Neue, diese schöne, erfolgreiche, wohlhabende Frau gewonnen zu haben, und er freute sich an ihrem Reichtum, der seinen Liebhabereien und Spielereien sehr zugute kam. Aber als die Zwillinge, Robin und Elizabeth, 1921 geboren wurden, ließ sein Bemühen um Emma nach. Er war überzeugt, seine Pflicht getan zu haben, als er ihr zwei Kinder schenkte, und auch sicher, daß sie ihn nach wie vor anbetete.

Während Emmas Schwangerschaft suchte Arthur seine ersten amourösen Abenteuer, und als er Monate später seine ehelichen Pflichten wieder aufnehmen wollte, mußte er sich seine Impotenz bei ihr eingestehen. Er ahnte nicht, wie erleichtert Emma war, daß er sie nun auch im Bett allein ließ. In seiner Eitelkeit schrieb er ihre Zufriedenheit mit dem Alleinsein den Beanspruchungen durch ihre Geschäfte, den großen Haushalt, die Gesellschaften, ihrer Nervosität und den Kindern zu. Ihm wäre nie in den Sinn gekommen, daß sie einen anderen Mann liebte. Und mit den Jahren wuchsen seine Selbstzufriedenheit und seine Arroganz.

Vom Bad erfrischt saß Emma vor ihrem Frisiertisch und bürstete sich das rostrote Haar. Sie freute sich über den neuen Haarschnitt, der ihr junges Aussehen noch betonte und ihren Stil in den Haute-Couture-Kostümen von Vionnet und Chanel hervorhob. Dröhnend wurde an die Tür geklopft, sie flog auf, Arthur kam herein. Emma zog den Morgenrock über ihren festen Brüsten zusammen. »Arthur, du hast mich erschreckt.«

»So, hab' ich das? Wollte ich auch!«

Emma sah auf das Glas in seiner Hand. »Du fängst ziemlich früh an«, sagte sie und gab sich Mühe, ihren Ärger nicht zu zeigen.

»Um Himmels willen, fang nicht schon wieder damit an!« schrie er und ließ sich auf das goldgelbe Samtsofa sinken. »Du langweilst mich mit deiner zänkischen Art. Weißt du, du bist ein echter Spielverderber.«

Emma seufzte. »Wir haben einen langen Abend vor uns, Arthur, und ich möchte nicht, daß du . . .«

»Dich betrinkst und mich blamierst«, unterbrach Arthur spöttisch. »Emma darf nie blamiert werden. Und was soll ich den ganzen Abend machen? Im Schatten der Königin?«

Um ihn abzulenken sagte Emma: »Ich habe heute einen süßen Brief von Kit bekommen. Er läßt dich sehr herzlich grüßen. Die Schule macht ihm Spaß. Ich bin froh, daß ich ihn nach Rugby geschickt habe. Da ist er in seinem Element.«

»Ja, das war eine glänzende Idee von *mir,* nicht wahr?« schmunzelte Arthur selbstbewußt. »Also, ich lass’ dich allein, du mußt dich anziehen.«

»Danke, das ist mir sehr angenehm.« Emma sah ihm nach, wie er hinausschlenderte. Sie schüttelte den Kopf. Wie seltsam, daß sie zweimal denselben Fehler gemacht hatte – allerdings immer nur in ihrem Privatleben. Sie liebte David Kallinski und heiratete Joe . . ., jetzt liebe ich Paul McGill und habe mich in die Ehe mit diesem Narren Arthur gestürzt. David war ihr verwehrt, weil seine Mutter eine orthodoxe Jüdin war; und Paul verließ sie, weil er sie nicht mehr liebte, sagte sie sich. Ja, ich habe Pech an den Fingern, wenn ich mir einen Ehemann aussuche. Joe war jedoch ein anständiger Mensch, aber Arthur taugte nichts. »Heirate schnell, bereue jahrelang«, sagte sie und dachte an die warnenden Worte ihrer Brüder vor dieser Heirat.

Die Uhr auf dem Kaminsims schlug zehn. Emma schüttelte die düsteren Gedanken ab, verließ ihr Schlafzimmer und stand einen kurzen Augenblick auf der obersten Stufe der breiten geschwungenen Treppe. Und dann nahm sie graziös eine Seite ihres Rockes etwas auf und schritt hinunter, um die ersten Gäste zu begrüßen. Ihr berühmtes Lächeln war strahlend. Ihr Herz aber lag begraben unter einer Kruste von Eis.

41

Der Butler, der die Tür zu Fairley Hall öffnete, war ihnen unbekannt.

Blackie sagte: »Guten Tag. Mein Name ist O'Neill. Ich bin mit Mr. Gerald Fairley verabredet.«

»Der Squire erwartet Sie, Sir«, erwiderte der Butler. »Bitte treten Sie ein.« Er führte sie durch eine düstere Halle in die Bibliothek. »Er wird sofort hier sein. Bitte nehmen Sie Platz.« Er verbeugte sich und zog sich zurück.

Als die Tür sich hinter ihm schloß, sagte Blackie: »Murgatroyd muß sich zur Ruhe gesetzt haben.«

»Er ist tot«, erwiderte Emma. »Vor zwei Jahren starb er.«

»Und die Köchin?« fragte Blackie; er erinnerte sich gern an die gütige Elsie Turner.

»Sie lebt noch. Aber sie arbeitet hier nicht mehr. Sie ist zu alt. Jetzt lebt sie im Dorf.«

Blackie ging zum Kamin und wärmte sich den Rücken am Feuer. »Nun, wie fühlst du dich – nach all den Jahren wieder hier im Haus?«

»Sehr merkwürdig, ich gebe es zu.« Ihr kühler grüner Blick schweifte durch den Raum, und sie lachte bitter. »Weißt du, wie oft ich diese Regale staubgewischt, diesen Teppich geklopft und diese Möbelstücke poliert habe?«

»So oft, daß du es inzwischen vergessen hast.«

»Ich vergesse nie«, erwiderte Emma kurz.

Aber wie verkommen, verstaubt, vernachlässigt war hier alles. Emma sah aus dem Fenster. Sehnsucht nach dem Moor überkam sie; wie gern wäre sie den schmalen Pfad durch Baptist Field zum »Gipfel der Welt« hinaufgegangen. Ihre Mutter hatte diesen Platz so sehr geliebt. Unzählige Erinnerungen sprangen sie an, wollten sie in die Vergangenheit zurückholen. Sie meinte den Duft der

Heide nach dem Regen zu riechen, spürte das dornige Gestrüpp an ihren nackten Beinen, den kühlen Wind, wie er ihr übers Gesicht strich . . .

Die Tür wurde aufgerissen, und Gerald Fairley schleppte seinen fetten Körper in die Bibliothek. Er ging auf Blackie zu, Emma sah er nicht. Sie saß in der dunklen Ecke am Schreibtisch. »Guten Tag, Mr. O'Neill.« Er starrte Blackie mit unverhohlenem Interesse an. »Freue mich, Sie wiederzusehen. Darf ich Ihnen einen Drink anbieten, ehe wir uns an die Geschäfte machen?«

»Nein, danke.« Blackie lehnte höflich ab.

»Aber ich brauche einen Brandy. Immer nach dem Essen.« Er trottete zum Schrank und goß sich ein Glas mit Kognak fast randvoll. Als er sich mit dem Glas in der Hand umdrehte, entdeckte er Emma. Seine Schweinsäuglein öffneten sich weiter, und ein ungläubiger Ausdruck breitete sich auf dem schwabbligen Gesicht aus. »Was, zum Teufel, machen Sie hier?« bellte er.

»Ich bin mit Mr. O'Neill gekommen«, sagte Emma sanft.

»Sie wissen wohl ganz genau, daß *Sie* an meinem Schreibtisch nichts zu suchen haben!«

»Ich glaube, er ist jetzt *mein* Schreibtisch,« sagte Emma und sah Gerald liebenswürdig lächelnd an.

»Ihr – Ihr Tisch! Was, verdammt noch mal, bilden Sie sich eigentlich ein? Wovon reden Sie?« Er drehte seinen schwerfälligen Körper zu Blackie herum. »Was meint sie damit, O'Neill? Bitte eine Erklärung! Sofort! Ich habe Fairley Hall an die Deefield Estates verkauft. Sie haben mir am Telefon gesagt, daß Sie Deefield vertreten und mit der Renovierung des Hauses beauftragt sind. Also, warum, in drei Gottes Namen, sitzt *diese* Frau in meinem Haus?« Er wartete keine Antwort ab. »Raus hier, raus mit Ihnen! Raus!« kreischte er.

Emma blieb sehr ruhig. Nicht einmal ein Lid zuckte. Sie lächelte dunkel. »Ich habe nicht die Absicht, dieses Haus zu verlassen. Und – ich habe ein Recht, hier zu sein, Mr. Fairley«, sagte sie eisig. »Sehen Sie, *ich bin Deefield Estates*.«

Ihre Worte drangen zunächst nicht in Geralds alkoholisiertes Gehirn. Er starrte sie immer noch verständnislos an. Und dann schien sich ein Schleier zu heben. Er stotterte: »Sie . . . Sie . . . Sie sind . . .«

»Ich bin Deefield Estates«, wiederholte Emma geduldig und öffnete ihre Handtasche. Sie nahm ein Blatt Papier heraus, warf einen Blick darauf, dann sah sie Gerald an. »Ja, der Schreibtisch ist auf der Liste des Inventars, wie ich schon dachte. Ich erwarb ihn mit einigen anderen Stücken. Und da Sie den Scheck von Deefield bereits gezogen haben, ist es *mein* Schreibtisch, genau wie dies *mein* Haus ist. Ich habe dafür bezahlt.«

Halb bewußtlos fiel Gerald in einen Ohrensessel. Was hat sie da gesagt? Sie sollte der Besitzer von Fairley Hall sein? Emma Harte, das Dienstmädchen, das früher die Küche gescheuert hat? Nein, in tausend Jahren, nein! Undenkbar! Er sah Blackie an, der am Kamin lehnte, die Hände in den Hosentaschen, ein leichtes, belustigtes Lächeln auf den Lippen.

»Ist das wahr?« keuchte Gerald. »Sagt sie die Wahrheit?«

»Aber gewiß«, erwiderte Blackie und gab sich Mühe, nicht laut herauszulachen. Bei Gott, um nichts in der Welt hätte er diese Szene missen wollen!

Gerald starrte in sein Glas. Alle möglichen Gedanken flirrten durch sein Hirn. Grundgütiger Himmel, hätte er nur geahnt, daß dieser kleine Tramp was mit Deefield Estates zu tun hat, nie hätte er denen das Haus verkauft. Sofort muß er den Verkauf rückgängig machen. Ja, sofort. Und dann fielen ihm ihre Worte wieder ein. Ja, er hatte den Scheck gezogen! Er brauchte das Geld, um seine Spielschulden zu bezahlen. Er saß in der Falle! Sein Kopf wackelte, und er goß den Brandy in einem Schluck hinunter.

Emma warf Blackie einen Blick zu, und ihre grünen Augen unter den geschwungenen Brauen funkelten. Sie erhob sich und schritt langsam zu dem Chesterfield-Sofa. Graziös setzte sie sich, schlug die Beine übereinander und musterte Gerald. »Unter diesen Bedingungen, wie der Verkaufskontrakt sie vorschreibt, hätten Sie das Haus inzwischen räumen müssen«, sagte sie hell und klar. »Ich gebe Ihnen noch eine Woche.«

Gerald blinzelte und schüttelte den Kopf so heftig, daß sein Doppelkinn wackelte. »Das reicht nicht«, wimmerte er. »Sie müssen mir mehr Zeit lassen.«

»Eine Woche«, wiederholte Emma. »Außerdem bestehe ich darauf, daß Sie Ihre gesamte persönliche Habe augenblicklich aus der Fairley-Spinnerei entfernen. Heute! Bis fünf Uhr genau! Sonst wird sie eingepackt, und Sie können die Kartons vom Hof der Spinnerei abholen. Ansonsten bis fünf Uhr. Heute!«

Wie vom Blitz getroffen sank Gerald im Sessel zusammen. Emma fuhr eiskalt fort: »Ich irre mich nicht, wenn ich sage, Sie haben die Fairley-Mühle vor zwei Wochen verkauft? An die General Retail Trading Company?«

»Was hat das damit zu tun?« stammelte Gerald. »General Trading gehört zu Procter and Procter, also meinem Freund Alan Procter.«

»Ich kenne die Zusammenhänge«, sagte Emma. »Leider sind *Sie* offenbar falsch informiert. Procter and Procter gehört längst zur Emeremm Company, nicht mehr Alan Procter. Seit Jahren nicht. Er ist nur noch ein Angestellter dieser Gesellschaft.« Sie lehnte sich zurück und beobachtete ihn aus glitzernden Augen.

»Das hat er mir nie gesagt«, murmelte Gerald. »Wem – wem gehört die Emeremm Company?« Ein schrecklicher Gedanke stieg in ihm auf.

»Mir«, sagte Emma lächelnd. »Also kontrolliere ich Procter and Procter und die General Retail Trading Company sowie Deefield Estates.« Sie lehnte sich vor und schlug die Hände zusammen. »Und somit gehören mir Ihre Mühlen – genauso wie Fairley Hall.«

Gerald sank in sich zusammen. »Sie!« stöhnte er. Wie ein Schwertstich fuhr es ihm durchs Herz, er bekam keine Luft mehr. Er griff sich an die Brust, sein Kopf wackelte immer heftiger. Mit Entsetzen erkannte er die gespenstische Wahrheit. Emma Harte besaß jetzt alles, was einmal ihm gehörte. Seine Mühlen, sein Heim; das Heim, der Besitz seiner Vorfahren. Sie hatte sein Leben vernichtet. Alles was ihm blieb, waren ein paar Anteile an der *Yorkshire Morning Gazette* und die Ziegelei – und beides war ihm gleichgültig. Er ließ den Kopf in die dicken roten Hände sinken.

Leidenschaftslos sah Blackie Gerald an. Da saß ein entmachteter, gebrochener Mann, und doch fühlte Blackie kein Mitleid mit ihm. Sein Blick wanderte zu Emma. In ihrem perlgrauen Seidenkostüm mit Zobel gesäumt und der Smaragdbrosche, einer einmalig schönen Perlenkette und dem grünen Schimmer der Ohrringe unter dem bronzenen Haar, saß sie aufrecht und gelassen auf dem Sofa; wie immer hatte sie die Situation völlig unter Kontrolle. Ihr schönes Gesicht war wie eine goldene Maske, ihre Augen jedoch tödlich wie eine Sarazenerklinge. Blackie schluckte und sah zur Seite. Endlich begriff er völlig, was für eine Macht diese Frau war. Nicht allein, daß sie Macht besaß. Emma verkörperte sie.

Langsam hob Gerald den Kopf und starrte Emma haßerfüllt an.

»Sie teuflische kleine Hexe!« zischte er zwischen zusammengebissenen Zähnen. »Sie standen die ganze Zeit hinter all dem Schrecklichen, was mir in den letzten Jahren geschah. Sie haben mich ruiniert!«

Emma lachte höhnisch und bitter. Zum erstenmal in ihrem Leben enthüllte sie ihren Ekel, ihre tödlichen Rachegefühle. »Dachten Sie etwa, daß ich meine Drohnung nur so leicht dahersagte, damals, vor dreizehn Jahren, als Sie mich vergewaltigen wollten? Ich habe diesen Tag nie vergessen. Und jetzt werden Sie ihn ihr Leben lang nicht vergessen können. Er wird sie jagen, solange Sie Ihr nichtswürdiges Dasein fristen, Gerald Fairley.« Sie bedachte ihn mit ihrem eisigen Lächeln. »Ja, es war mein Ziel, Sie zu ruinieren, wie ich es schwor, als Sie sich Zutritt in mein Haus erzwangen und mich angriffen. Aber Sie waren eher ein Verbündeter als ein Feind. Sie haben es mir fast zu leicht gemacht. Wenn Sie die Wahrheit hören wollen: Sie haben sich selber ruiniert. Ich habe Ihnen nur den Weg gewiesen.«

Gerald stolperte aus dem Raum, schlug die Tür hinter sich zu; aber Emma sagte ungerührt: »Wollen wir durchs Haus gehen, Blackie? Oh, mir geht es so gut. Zwanzig Jahre habe ich darauf gewartet, daß die Mauern über den Fairleys zusammenbrechen. Zwanzig Jahre, Blackie! Und ich will dir etwas sagen: Rache ist süß. Sehr süß sogar!«

Blackie antwortete nicht. War dieser Haß nicht unnatürlich, konnte er vielleicht ihre Seele verbittern, zerstören? Wäre es nicht weiser, Gott die Rache zu überlassen, wie es in der Bibel heißt? Als er Emma wieder anschaute, sah er erleichtert, daß die goldene, undurchdringliche Maske von ihrem Gesicht verschwunden war und der liebreizende Ausdruck wieder auf ihren Zügen lag. Er legte ihr den Arm um die Schultern. »Und was wird mit Edwin Fairley?« fragte er. »Hast du etwas Besonderes für ihn – in deinem Haus der Rache?«

»Abwarten«, sagte Emma geheimnisvoll und lächelte. »Zunächst werden der Skandal und der Verlust seines elterlichen Heims ihn martern. Gerald ist praktisch bankrott, und ganz Yorkshire weiß es. Auch Edwins Einkommen wird dadurch erheblich angegriffen. Das – das hier alles ist in Rauch aufgegangen. Und, Blackie, weißt du, was ich von dir möchte? Was du mit dem Haus machen sollst?«

Blackie blieb stehen, die Hand auf dem Geländer. »Ich dachte, ein elegantes, stilvolles Haus für dich. Die Räume sind gut proportioniert, schön angeordnet. Du wirst hier leben wollen?«

»Ich sage dir die Wahrheit: Ich hatte nie die Absicht, hier zu leben. Es soll von diesem Boden ausgelöscht werden, für immer verschwinden, als hätte es nie existiert.«

»Und die Möbel?«

»Verkauf sie, verschenk sie. Ich will nicht ein Stück davon.«

»Emma, du hast viel Geld für das Haus und alles bezahlt«, warnte er, obwohl er wußte, es war vergeblich.

Emma wirbelte auf der Terrasse einmal um sich selbst und lief die Stufen zum Rosengarten hinunter. Sie hob den Kopf und rief Blackie zu: »Reiß es ab. Reiß es nieder, daß kein Stein auf dem anderen bleibt. Und zerstöre diesen Garten. Keine Knospe, kein Blatt darf übrigbleiben.«

»Emma . . .«

»Ich werde nie mehr hierherkommen. Und wenn kein Stein mehr steht, keine Blume mehr blüht, dann werde ich dies hier alles in einen Park verwandeln lassen. Einen herrlichen Park für die Bewohner von Fairley. Und er wird nach meiner Mutter genannt werden!«

42

Eine Woche später, an einem milden Maiabend, stieg Emma vor dem Savoy-Hotel in London aus dem Taxi und eilte durch die Halle in die American Bar. Sie entdeckte Frank eher, als er sie; und sie war etwas erstaunt, daß er so nachdenklich aussah.

»Einen Penny für deine Gedanken«, sagte sie, als sie vor ihm stand.

Er fuhr auf, bei ihrem Anblick leuchteten seine Augen. »Da bist du ja.« Er erhob sich und schob ihr den Stuhl zurecht. »Und wie hinreißend du wieder aussiehst, Em.«

»Danke, Liebling.« Sie glättete den Rock ihres hellgrünen Seidenkleides und zog die weißen Wildlederhandschuhe aus. »Das liegt an meinem neuen Kleid«, lächelte sie. »Ich nehme einen Gin Fizz, Frank. Der erfrischt mich, ich habe einen ziemlich hektischen Tag hinter mir.«

Frank bestellte den Drink und zündete sich eine Zigarette an. »Es tut mir leid, dich den ganzen Weg zum Strand zu holen, aber das ›Savoy‹ liegt näher an der Fleet Street, und ich muß bald wieder in die Redaktion.«

»Das macht doch nichts, Frank. Und ich mag diese Bar hier sehr gern. Aber warum wolltest du mich sprechen? Am Telefon klang es, als handele es sich um etwas Wichtiges.«

»Ja, Emma, es ist zwar nicht so schrecklich wichtig. Trotzdem dachte ich, es müßte mal sein. Es geht um Arthur Ainsley.«

Emma zog die Augenbrauen hoch. »Arthur? Liebe Güte, was gibt es über *ihn* zu sagen?«

»Winston und ich machen uns seit einiger Zeit Sorgen um dich. Du hockst da in dieser hoffnungslosen Ehe. Wir sind beide der Ansicht, du solltest dich scheiden lassen.«

»Eine Scheidung«, Emma lachte hell auf. »Aber warum denn? Arthur stört mich nicht.«

»Er paßt nicht zu dir, Emma, und du weißt das auch. Dieses schreckliche Trinken, und seine...« Frank wurde verlegen und drückte seine Zigarette aus.

»Seine Frauengeschichten, wolltest du sagen, nicht wahr? Aber davon weiß ich schon seit Jahren. Und sie interessieren mich auch nicht, denn ich hege überhaupt keine Gefühle für Arthur. Er ist mir völlig gleichgültig.«

»Und warum läßt du dich dann nicht scheiden, Emma?«

»Hauptsächlich wegen der Kinder.«

»Ach was! Das ist doch nur eine Ausrede. Edwina und Kit sind im Internat...«

»Ich denke an die Zwillinge, Frank. Sie sind Arthurs Kinder, und sie brauchen einen Vater!«

»Und was für ein Vater ist Arthur?« fragte Frank aufgebracht.

»Nun ja, er gehört noch zu ihrem Leben. Und er mag sie, er ist eigentlich auch sehr nett zu ihnen, wirklich.«

»Wenn er nüchtern ist«, spottete Frank.

Emma seufzte. »In allem, was du sagst, steckt ein Körnchen Wahrheit, Frank. Aber ich will jetzt keine Scheidung, auch wenn ich Gründe habe. Wenigstens – nicht zur Zeit. Vielleicht, wenn die Kinder größer sind. Weißt du, ich bin doch eigentlich recht zufrieden. Arthur mischt sich in nichts ein, vor allem nicht in meine Geschäfte. Und du weißt, daß mir das sehr lieb ist.«

»Aber du kannst nicht mit deinen Akten schlafen, Em. Sie sind nicht zärtlich zu dir und lieben dich nicht, wie du geliebt werden solltest.«

Emma lachte: »Warum denken Männer immer nur an Sex?«

»Ich sprach von Zärtlichkeit und Liebe. Du bist eine junge Frau. Du brauchst einen Partner, eine Beziehung zu einem anständigen Mann. Mein Gott, warum mußt du bloß so verflucht einsam sein?«

Emmas Augen verdunkelten sich; sie sah plötzlich traurig aus. »Ich habe keine Zeit, einsam zu sein. Ich habe sehr, sehr viel zu tun, reise immerzu zwischen Leeds und London hin und her. Und ich habe mich gegen die Scheidung entschieden! Darum laß uns nicht mehr über Arthur sprechen. Erzähl mir von deinem Haus in Hampstead. Und von Nathalie.«

Frank strahlte: »Sie ist wunderbar. Ein Schatz. Ich liebe dieses Mädchen aufrichtig, Emma, wirklich. Und das Haus ist sehr schön – aber ich weiß nicht, ob ich es mir leisten kann.«

Emma legte ihre Hand fest auf seine. »Frank, es ist mein Hochzeitsgeschenk. Psst...«, sagte sie lächelnd, als er sie kopfschüttelnd unterbrechen wollte. »Vor vielen Jahren hat Blackie zu mir gesagt, daß Geld nur dazu gut ist, um es auszugeben. Und er hat recht. Und du weißt, daß alles, was mein ist, auch dir und Winston gehört. So – du solltest dich freuen und nicht ein so bedrücktes Gesicht machen. – Oder ist da noch etwas?« Jähe Angst sprang in ihr auf. Unruhig drehte sie sich um. Sie wurde leichenfahl, als sie die beiden Männer durch die Halle kommen sah. Sie starrte Frank an: »Es ist Paul McGill!« flüsterte sie. »O mein Gott! Er kommt hierher! Ich glaube, er will in die Bar. Ich muß sofort verschwinden, bevor er mich sieht.«

Frank hielt seine Schwester am Arm fest. »Es ist alles vollkommen in Ordnung, Emma. Reg dich nicht auf. Und – bitte, geh nicht«, bat er flehentlich.

Emmas Augen funkelten vor Zorn: »Frank! Du hast gewußt, daß er in London ist, stimmt's?«

»Ja.«

»O – ich begreife. Frank! Du hast gewußt, daß er in London ist, und hast ihn – eingeladen, hierher, auf einen Drink!« Ihre Hände zitterten so stark, daß sie sie im Schoß faltete. Sie preßte sie vor Zorn so fest zusammen, daß die Knöchel der Finger weiß wurden.

»Ich bekenne mich schuldig, Emma«, murmelte Frank. »Aber, bitte, Emma, du mußt bleiben! Ich habe diese Begegnung mit voller Absicht arrangiert!«

»Mein Gott! Was soll ich nur tun?« Emmas Stimme war heiser.

»Du wirst höflich sein und ein Glas mit Paul trinken.«

»Ich kann nicht«, wimmerte sie. »Du verstehst das alles nicht. Ich muß gehen!« Wärend sie noch sprach, wußte Emma, daß es bereits zu spät war. Paul kam schon die Stufen herunter. Er stand neben ihr. Sein Schatten fiel über sie. Sehr langsam hob Emma den Blick und sah zu ihm auf. Sie war froh, daß sie saß. Ihre Beine waren wie Pudding, und ihr Herz klopfte bis in den Hals.

»Hallo, Emma«, sagte Paul und streckte ihr die Hand hin.

Automatisch legte sie ihre hinein. »Hallo, Paul«, erwiderte sie mit erstickter Stimme. Sie fühlte, wie sich seine kräftigen langen Finger um ihre schlossen, wie sie tief errötete. Sie zerrte ihre Hand aus seiner und starrte blind auf den Tisch.

Paul begrüßte Frank wie einen alten Freund und setzte sich. Er bestellte einen Scotch mit Soda, lehnte sich zurück, schlug lässig die Beine übereinander und zündete eine Zigarrette an. »Es ist gut, dich zu sehen, Emma. Du siehst wunderschön aus. Mir scheint, du hast dich überhaupt nicht verändert. Und ich muß dir gratulieren. Dieses neue Warenhaus in Knightsbridge hat mich schier umgeworfen! Es ist großartig. Du mußt stolz auf dich sein.«

»Vielen Dank«, flüsterte sie und wagte nicht, ihn anzusehen. »Und dir gratuliere ich auch, Frank. Dein neues Buch ist ausgezeichnet. Danke, daß du es mir geschickt hast. Ich habe es in einer Nacht ausgelesen. Eins der besten, das ich seit Jahren gelesen haben.«

Paul hob sein Glas. »Auf dich und liebe alte Freunde und auf deine bevorstehende Hochzeit.«

Emma schwieg. Sie hatte nie gedacht, daß ihr Bruder falsch sein könne, aber in diesem Augenblick war er jedenfalls unaufrichtig. Offenbar war sein Verhältnis zu Paul äußerst freundschaftlich.

Frank sagte: »Ich freue mich, daß du im Juli hier sein wirst. Nathalie und ich hoffen, daß du zu unserer Hochzeit kommst.«

Emma traute ihren Ohren nicht. »Und vielen Dank für die Einladung zum Essen. Nathalie paßt es Freitag am besten, hast du Zeit?«

»Aber ja. Um keinen Preis würde ich die Hochzeit versäumen.« Pauls Blick ruhte auf Emma. »Würdest du mir die Freude machen, am Freitag mit uns zu essen?«

»Ich bin sicher, daß ich keine Zeit habe«, erwiderte sie und wich seinem ruhigen Blick aus.

Paul sah in ihr finsteres Gesicht, dann wendete er sich wieder an Frank. »Wohin geht die Hochzeitsreise?«

Emma setzte sich zurück, sie hörte den beiden Männern nicht mehr zu. Pauls unerwartetes Auftauchen hatte sie derart außer Fassung gebracht, daß sie Frank mit Wonne ein Messer in die Rippen gestochen hätte. Alle Gefühle, die sie jahrelang unterdrückt hatte, überschwemmten jeden vernünftigen Gedanken. Paul McGill saß da, plauderte mit Frank, lächelte, lachte und benahm sich, als sei nichts zwischen ihnen vorgefallen. Sie spürte die gewaltige Macht, die er über sie hatte, seine verborgene Kraft, diese anziehende Männlichkeit. Und sie erinnerte sich an jede Stunde der Tage, die sie miteinander im Ritz verbracht hatten. Und auch, wie verzweifelt sie sich nach ihm sehnte, wie sie ihn brauchte. Und jetzt saß er nur wenige Zentimeter von ihr entfernt. Sie riß sich zusammen, um nicht seine Hand zu nehmen, ihn zu berühren, um sich zu vergewissern, daß er es wirklich war. Wie früher war er tadellos angezogen, und obwohl er zweiundvierzig war (wie genau ich das alles weiß, nichts, nichts kann ich vergessen, dachte sie beinahe verzweifelt), sah er nicht anders aus als damals, 1919. Nur sein Gesicht war sonnengebräunt, und um die Augen zogen sich ein paar feine Linien. Sein Lachen war auch noch immer tief und herzlich. Plötzlich wurde sie wütend. Wie konnte er es wagen, einfach hier hereinzuwandern und offenbar von ihr zu erwarten, ihn freundlich zu empfangen – nach allem Leid, das er ihr angetan hatte! Was für eine Unverschämtheit! Welche Arroganz! Empörung wischte jedes andere Gefühl aus, und sie legte wieder ihre silberne Rüstung an, um sich gegen seinen unwiderstehlichen Charme zu wappnen.

Wie von fern hörte sie Frank auf Wiedersehen sagen. Wollte er sie etwa hier allein mit Paul sitzenlassen?

»Ich muß gehen«, sagte sie und nahm Handschuhe und Tasche. »Bitte entschuldigt mich.«

»Bitte geh nicht, Emma. Bitte! Ich möchte gern mit dir sprechen«,sagte Paul sanft und bittend. Ihr war klar, daß er sie um jeden Preis zurückhalten wollte, aber sie doch nicht unter Druck setzte.

Frank warf Paul einen Verschwörerblick zu, küßte Emma auf die Wange und war verschwunden, ehe sie noch etwas sagen konnte. Sie saß in der Falle.

Paul winkte dem Kellner und bestellte noch zwei Drinks. Dann lehnte er sich zu Emma hinüber. Seine Augen waren veilchenblau, sein Gesicht ernst. »Bitte sei Frank nicht böse, Emma. Ich habe ihn zu diesem Treffen überredet.«

»Und warum? « fragte Emma. Zum erstenmal sah sie Paul voll ins Gesicht. Ihre grünen Augen waren eisig.

Paul zuckte zusammen. Er wußte, daß es schwierig werden würde, aber er war entschlossen, sie von seiner Aufrichtigkeit zu überzeugen. »Wie ich schon sagte: Ich wollte dich sehen und mit dir sprechen. Sehr, sehr dringend! Verzweifelt!«

»Verzweifelt!« Sie lachte zynisch. »Das ist ein Fremdwort für dich. So verzweifelt kannst du wohl nicht gewesen sein, sonst hättest du nicht so viele Jahre vergehen lassen.«

»Ich verstehe deine Gefühle nur zu gut, Emma. Aber es ist nun einmal die Wahrheit. Ich war *wirklich* verzweifelt. Und das viereinhalb Jahre lang.«

»Und warum hast du mir nie geschrieben?« fragte sie. Plötzlich zitterte ihre Stimme. Um Himmels willen, nimm dich zusammen, warnte sie sich, zeig kein Gefühl. Verlier nie dein Gesicht!

»Ich habe dir oft geschrieben, ich habe dir Telegramme geschickt.«

Emma sah ihn ungläubig an. »Und nun willst du mir erzählen, sie sind alle verlorengegangen? Und die Telegramme haben sich in Luft aufgelöst?«

»Nein, das nicht. Sie wurden gestohlen. Wie deine Briefe an mich gestohlen wurden«, sagte Paul. Sein Blick ließ Emma nicht los.

»Gestohlen? Von wem?«

»Von meiner Privatsekretärin.«

»Und warum sollte sie so etwas tun?«

»Das ist eine ziemlich lange Geschichte«, sagte Paul ruhig. »Ich wollte sie dir erzählen. Das war der Grund, warum ich dich unbedingt sehen mußte. Würdest du so liebenswürdig sein und sie dir anhören, Emma? Bitte.«

Sie nickte wortlos.

»Als ich 1919 nach Australien zurückkehrte, hatte ich nur eins im Sinn: Ich wollte meinen Vater sehen und dann so schnell wie möglich nach London zurückreisen. In Sydney erwartete mich ein großes Durcheinander – aber davon will ich jetzt nicht reden. Die Sache mit den Briefen – das ist jetzt das wichtigste. Ich erbte das junge Mädchen, die Sekretärin, Marion Reese, sozusagen. Von meinem Vater. Er hatte sich von den Geschäften zurückgezogen, denn es ging ihm nicht sehr gut. Ich mußte mich also erstmals um alles kümmern, nachdem ich entlassen war. Jedenfalls war Marion Reese mir – wie vorher ihm – eine treue und zuverlässige Mitarbeiterin. Sie kannte sich gut aus, war erfahren, und sie war auch ungeheuer fleißig. Überstunden machten ihr nichts aus, und als mein Vater immer kränker wurde, mußte ich mich mehr und mehr auf Marion verlassen. Vor dem Krieg gehörte sie schon zur Familie; mein Vater mochte sie sehr, und ich betrachtete sie als gute Freundin, wie eine ältere Schwester. Eines Abends, als wir sehr lange gearbeitet hatten, lud ich sie zum Essen ein und vertraute mich ihr an. Ich erzählte ihr von meinen Plänen, und daß ich dich heiraten wollte, sobald ich meine – ehelichen Probleme gelöst hätte.«

Ein trauriges Lächeln flog über sein Gesicht. »Es war ein großer

Fehler, wie sich herausstellen sollte. Natürlich war mir das damals nicht klar. Marion schien so verständnisvoll zu sein, sie versprach mir zu helfen, wo immer es ihr möglich sei, damit ich nach ein paar Monaten nach London fahren könne und ...«

»Wieso war es ein großer Fehler?« unterbrach Emma.

»Ich wußte es nicht – aber Marion Reese war seit Jahren in mich verliebt. Natürlich gab es nichts zwischen uns, nie, und ich habe sie bestimmt auch niemals ermutigt. Natürlich wollte sie auf keinen Fall, daß ich Australien verlasse, schon gar nicht wegen einer anderen Frau. Aber, wie gesagt, ich wußte es nicht. Auf jeden Fall reorganisierte ich die Geschäfte und schrieb einen Brief nach dem anderen an dich, ohne zu ahnen, daß meine ›aufrichtige‹ Sekretärin sie konfiszierte, anstatt sie in die Post zu geben. Ich war völlig entnervt – und verwirrt –, als du mir nach den ersten zwei Briefen nicht mehr schriebst. Ich schickte also Telegramme, in denen ich dich bat, mich wenigstens wissen zu lassen, ob du gesund bist. Sie wurden nie aufgegeben. Aber trotz deines Schweigens, das ich mir nicht erklären konnte, war ich fest entschlossen, sobald wie möglich nach England zu kommen, um selbst zu sehen, wie es dir geht, was sich zwischen uns gestellt hat. Oder wer.«

Emma hörte jetzt gespannt zu. Sie wußte, daß jedes Wort, das er sprach, die reine Wahrheit war. Sie sah auf. »Wann war das?«

»Ungefähr ein Jahr später. Ich schrieb ein Telegramm und gab es Marion, ehe ich abfuhr. Ich hatte dir meine Ankunft angekündigt und hoffte zu Gott, daß du mich vom Schiff abholst. Du tatest es nicht. Weil du nie ein Telegram erhalten hast. Der erste Mensch, den ich anrief, war Frank. Er sagte mir, du seiest auf Hochzeitsreise. Du habest Arthur Ainsley geheiratet. Vor einer Woche.«

»O mein Gott!« rief Emma mit erstickter Stimme. Ihr war, als müsse sie in den Wellen der Verzweiflung ertrinken.

Paul lächelte schmerzlich und nickte. »Ja, ich kam eine Woche zu spät, um dich zurückzuhalten. Es war ein Unglück!«

»Aber warum bist du nicht früher gekommen? Warum hast du ein ganzes Jahr gewartet?«

»Ich konnte einfach nicht weg, Emma. Mein Vater lag im Sterben. Er hatte Krebs. Acht Monate nach meiner Rückkehr starb er.«

»Wie traurig, Paul«, flüsterte Emma. Mitleid stand in ihren Augen.

»Ja, es war sehr traurig. Und Dad brauchte mich in den letzten Monaten. Nun – nach Dads Begräbnis wollte ich abreisen. Aber dann wurde meine Frau…« Paul zögerte, und ein etwas böses Lächeln schlich sich auf seine Lippen. »Meine Frau Constance wurde sehr krank, und ich konnte wieder nicht fort. Und dann – erkrankte mein Sohn.« Paul sah Emma aufmerksam an. »Ich habe einen Sohn, mußt du wissen.«

»Ja, das habe ich gehört. Du hättest es mir sagen sollen.«

»Ja, du hast recht, Emma. Aber, Howard, nun, er hat seine Probleme, und ich … jedenfalls ist es sehr schwierig, von ihm zu sprechen.« Paul seufzte tief, und seine Augen wurden dunkel. Dann setzte er sich wieder auf und sah Emma an. »Sobald Howard sich erholte, fuhr ich nach England.«

»Und du hast dich mit Frank getroffen?«

»Zunächst nicht. Frank wollte mich eigentlich nicht sehen. Ich dachte, er hielte nicht viel von mir. Aber als er spürte, wie vernichtet ich war, als ich von deiner Heirat hörte, bekam er wohl etwas Mitleid mit mir, vor allem, als ich ihm am Telefon sagte, daß ich dir während des ganzen Jahres geschrieben, aber nie eine Antwort bekommen habe. Dann sagte er mir, daß du nie einen Brief erhalten hast – außer den ersten –, und du habest mir auch geschrieben. Ich konnte mir das alles nicht zusammenreimen und war völlig durcheinander.«

»Wie hast du denn entdeckt, daß die Briefe alle gestohlen worden sind?« fragte Emma, ihr Gesicht war immer noch finster.

»Es ging mir auf, daß irgend jemand etwas unternommen haben mußte: Ein Brief kann verloren gehen, auch zwei oder drei, aber nicht zwölf oder zwanzig. Es war dann nicht mehr schwer, Marion zu überführen. Schließlich war sie die einzige, die meine gesamte Korrespondenz erledigte – und auch meine private, jedenfalls gab sie sie auf die Post. Oder in diesem Fall, sie gab sie nicht auf die Post. Ich gebe zu, daß ich es selbst hätte tun sollen. Aber ich hatte ja überhaupt keinen Grund, ihr nicht zu vertrauen. Und ich war mit so vielen Problemen beschäftigt, ich war überarbeitet und hatte viele Sorgen.«

»Ich nehme an, daß du mit ihr darüber sprachst, als du nach Sydney zurückkamst?«

»Natürlich. Sofort. Erst leugnete sie alles ab. Aber schließlich brach sie zusammen und gestand. Als ich sie fragte, warum sie das nur getan habe – denn ich konnte es immer noch nicht verstehen –, sagte sie auch, sie hoffte, damit unsere Romanze zu zerstören, damit ich nicht nach London ginge und in Australien bliebe.«

»Nun, das ist ihr auch gelungen«, sagte Emma trocken, aber sie dachte an die verlorenen Jahre.

»Ja«, Paul suchte in Emmas Gesicht nach einem Zeichen, aber es war verschlossen und ernst. Er griff in seine Jackentasche und zog einen Umschlag heraus. »Das ist ein Brief von einem Anwalt. Darin gibt sie die Unterschlagung zu. Bitte, Emma, lies diesen Brief, damit du nicht denkst, ich habe die ganze Geschichte erfunden. Ich weiß, daß sie unglaubwürdig klingt.«

Emma zögerte, aber dann nahm sie den Brief und überflog ihn.

»Ich hätte dir auch ohne dieses Schreiben geglaubt, Paul. Kein Mensch könnte so etwas erfinden. Trotzdem danke ich dir, daß du ihn mir gezeigt hast. Und was geschah dann mit Marion Reese?«

»Ich habe sie natürlich sofort entlassen. Keine Ahnung, wo sie jetzt steckt.«

Emma sah gedankenverloren auf ihre Hände, dann hob sie den Kopf und sah Paul in die Augen. »Warum hast du in London nicht gewartet, bis ich von der Hochzeitsreise zurückkam? Nur um mir zu sagen, daß du geschrieben hast, Paul?«

»Das hätte keinen Sinn gehabt. Es war zu spät, Emma. Ich wollte mich nicht in eine Ehe drängen. Und denk dran, du hättest mir vielleicht damals nicht geglaubt, ich hatte ja noch keinen Beweis.«

»Ja, ich verstehe. Dennoch wundere ich mich, daß Frank mir nie ein Wort gesagt hat.«

»Um weiter ehrlich zu sein: Er versuchte mich zum Bleiben zu überreden, damit ich mit dir sprechen könne. Und wenn nicht, wollte er es dir sagen. Ich bat ihn, es nicht zu tun. Ich hatte einfach das Gefühl, ich habe dich für immer verloren. Darum schien es mir klüger, schnell und schweigend zu verschwinden.«

»Und warum erzählst du es mir jetzt, nach vier Jahren?«

»Ich mußte von dir freigesprochen werden. Darum konnte ich nicht anders, als dir die ganze schreckliche Geschichte zu erklären. Mit Beweisen. Das Wissen, wie sehr du gelitten hast, verfolgte mich, lastete schwer auf mir. Frank ließ mich immer wissen, wie es dir geht. Und als ich vorige Woche ankam, sah ich ihn, und er hat mir sofort erzählt, daß deine Ehe – nun, nicht gut für dich ist. Darum dachte ich, nun kann ich nichts mehr kaputtmachen, und bat Frank, diese Begegnung zu arrangieren. Ich mußte die Chance haben, mich vor dir zu rechtfertigen. Ich weiß, daß es nicht sehr fair war, so plötzlich vor dir zu erscheinen, aber ich wußte, daß du dich weigern würdest, mich zu sehen. Sei also bitte nicht böse mit Frank – und auch nicht mit mir.«

»Nein, das bin ich nicht. Ich bin sogar froh, daß wir uns . . .« Sie brach mitten im Satz ab; sie hatte Angst, weinen zu müssen.

»Emma, haßt du mich jetzt immer noch?«

Überrascht sah sie auf. »Ich habe dich nie gehaßt, Paul!«

Paul rutschte unruhig auf dem Stuhl hin und her, er zündete sich mit zitternden Fingern eine Zigarette an. »Emma, können – können wir wieder – wenigstens Freunde werden. Oder ist das zuviel verlangt?« Er hielt den Atem an.

Emma ließ die Lider sinken; sie fühlte sich plötzlich entsetzlich müde. Durfte sie es wagen, sich ihm wieder auszusetzen. Sie wußte doch genau, daß er ihr immer noch so gefährlich war wie früher. Trotzdem sagte sie mit schleppender Stimme: »Ja, Paul, wenn du es willst.«

»Von ganzem Herzen, ja«, sagte Paul. »Lieber Gott, ich danke dir«, flüsterte er leise. Seine Augen leuchteten, die Schatten waren verflogen. Wie schön sie war, welche Haltung sie zeigte. Er wagte nicht einmal, ihre Hand zu berühren, dabei hätte er sie am liebsten in seine Arme gerissen, diesen weichen Mund geküßt. Statt dessen sagte er gefaßt: »Geh mit mir essen, Emma.«

»Oh, Paul, ich kann nicht . . .«

»Warum nicht? Bist du schon verabredet?«

»Nein, aber ich . . .«

»Bitte, Emma. Um der alten Zeiten willen«. Jetzt lächelte er dieses blauglühende, unwiderstehliche Lächeln. »Oder hast du Angst?«

Ihr Herz setzte aus. Wie konnte sie ihm eine Bitte abschlagen?

»Dazu besteht kein Grund, ich schwöre!« Paul lehnte sich aufatmend zurück, endlich ließ die Spannung nach, seine gelassene Ruhe kehrte zurück. »Also, abgemacht. Wo möchtest du hingehen?«

»Ich weiß nicht.« Ihr war immer noch schwach; aber sie konnte die Einladung nicht abschlagen, es war ihr nicht möglich.

»Laß uns zu Rules gehen, gegenüber von Covent Garden. Kennst du es?«

Sie schüttelte den Kopf. »Ich habe davon gehört. Aber ich war noch nie dort.«

»Es ist ein charmantes altes Restaurant. Ich weiß, es wird dir gefallen«, sagte er und winkte dem Kellner, um zu zahlen.

Sie hatten das Essen fast beendet, als er fragte: »Wirst du dich scheiden lassen?«

»Nein, noch nicht. Du vielleicht?« Sofort bedauerte sie, gefragt zu haben.

In Pauls Gesicht gruben sich plötzlich tiefe Züge. »Ich möchte mich scheiden lassen, Emma. Seit Jahren schon. Aber – es gibt Schwierigkeiten mit Constance. Meine Frau ist Alkoholikerin. Schon lange. Das ist einer der Gründe, warum die Ehe zerbrach. Als ich nach Sydney zurückkam, war sie ruiniert, und ich mußte sie in eine – Klinik bringen. Aber sie lief fort. Das war kurz nach meines Vaters Tod. Fünf Wochen dauerte es, bis wir sie fanden. Sie war in einem entsetzlichen Zustand. Physisch – und geistig verwirrt. Jetzt ist sie in einer Heilanstalt, trocken zwar, aber unfähig, für sich selbst zu sorgen. Sie muß also ihr Leben lang im Heim bleiben. Hinzu kommt, daß sie katholisch ist. Das ist auch ein Hindernis. Trotz allem habe ich die Hoffnung auf Freiheit nicht aufgegeben.« Paul trank einen Schluck Wein. »Und ich muß dir noch etwas sagen, Emma. Auch – Howard ist geistig zurückgeblieben. Das meinte ich vorhin, als ich von seinem ›Problem‹ sprach.«

Emma tat das Herz weh vor Mitleid. »O Paul! Paul! Wie tragisch das ist. Und wie schwer für dich allein, damit fertig zu werden. Warum hast du mir das alles nicht schon vor Jahren gesagt? Du wußtest doch, daß ich – mit dir gelitten hätte.«

Paul schüttelte den Kopf. »Das wollte ich eben nicht. Du solltest nicht Mitleid haben. Und, ich will wieder ganz ehrlich sein, ich habe mich auch – geschämt. Vor allem, als ich deine Kinder kennenlernte. Und es war für mich immer schwer, von Howard zu sprechen, ich liebe ihn – und manchmal hasse ich ihn auch. Ich weiß, ich dürfte es nicht. Nicht dieses Gefühl. Liebe ja. Und trotzdem, ich kann nicht anders. Hoffentlich verachtest du mich jetzt nicht.«

»Ich verachte dich nicht, Paul. Ich weiß, daß Eltern von zurückgebliebenen Kindern leicht zu Haß neigen. Offenbar entspringt er der tiefen Enttäuschung und – Verzweiflung aus Hilflosigkeit. Wie alt ist Howard?«

»Er ist zwölf, Emma. Ja, ich bin oft verzweifelt. Er ist ein so hübscher Junge, liebe Augen und ein beinah überirdisches Gesicht. Aber er hat das Gehirn eines Fünfjährigen.« Paul fuhr sich mit der Hand über das Gesicht, als wolle er die Traurigkeit wegwischen. »Und er wird immer so bleiben.«

Emma wußte nicht, wie sie ihn trösten sollte. Schließlich fragte sie: »Wo lebt er?«

»Auf der Schaf-Farm in Coonamble. Er hat einen Pfleger, der ihn innig liebt. Auch meine Haushälterin ist bei ihm und eine Menge Bedienstete. Und wenn ich in Dunoon bin, verbringe ich viel Zeit mit ihm. Obwohl ihm gar nicht klar ist, daß ich bei ihm bin. Er lebt in seiner eigenen Welt.« Paul zündete sich eine Zigarette an, »Es tut mir leid, Emma, ich wollte dich nicht mit meinen Sorgen belasten. Schon gar nicht heute. Ich spreche mit keinem Menschen darüber.« Er zog eine Grimasse. »Ich gebe zu, daß mein Privatleben in den letzten Jahren manchmal sogar über meine Kräfte ging. Und ich danke dir, daß du mir zugehört hast, mich verstehst, Emma.«

»Ich bin weit genug unten gewesen, um auch die andere Seite des Lebens zu kennen, Paul«, sagte Emma leise. »Mein Leben war nie einfach. Was immer du auch denken magst.«

»Davon bin ich überzeugt, Emma.«

»Aber, schließlich *ist* das Leben schwer, Paul. Wichtig ist nur, wie man damit fertig wird. Und sehen wir den Dingen doch mal offen ins Gesicht, Paul, keinem von uns beiden geht es schlecht. Nicht, wenn du einmal um dich blickst und das Leben der anderen betrachtest. Wir beide haben Erfolg. Sind reich, gesund. Wir sind in unserer Arbeit glücklich.«

Sie ist wirklich eine einmalige Frau, dachte er. Laut sagte er: »Ja, du hast mal wieder recht, Emma. Wir müssen dankbar sein für die schönen Seiten unseres Lebens. Ich danke dir, daß du mir dafür wieder die Augen geöffnet hast. Und ich bin erleichtert, daß ich endlich zu dir von Constance und Howard gesprochen habe.« Er hob sein Glas: »Auf dich, Emma. Du bist eine kluge, verständnisvolle Frau. Ich bin so glücklich, daß wir wieder Freunde sind, du auch?«

Emma ließ ihr Glas gegen seines klingen. »Ja, ich glaube, ich bin auch glücklich, Paul.«

Nach dem Essen brachte Paul Emma bis zu ihrem kleinen Haus in Wilton Mews beim Belgrave Square. Behutsam küßte er sie auf die Wange. »Ich danke dir für einen wunderschönen Abend, Emma. Darf ich dich bald anrufen?«

»Ja, Paul. Ich danke dir. Gute Nacht.«

43

»Du siehst aus, als wolltest du einen Mord begehen«, sagte Winston. Er stand neben Paul McGill, der Arthur Ainsley angewidert beobachtete.

»Er bringt mein Blut zum Kochen! Dieser widerwärtige Kerl hat Emma schon während des ganzen Essens bloßgestellt, und jetzt führt er sich noch schlimmer auf. Abgesehen davon, daß er wohl keinen Alkohol verträgt, kann er auch seine Hände nicht von den anwesenden Damen lassen. Wie muß Emma nur zumute sein!«

Winston lächelte dünn. »Ich weiß, ich weiß. Und was noch schlimmer ist, ich fürchte, er führt sich mit voller Absicht so auf. Aber Emma scheint es überhaupt nicht zu bemerken. Reiner Selbstschutz, natürlich. Aber du kennst ja meine Schwester.« Winston schüttelte den Kopf, er sah besorgt aus. »Jedenfalls bin ich froh, wenn Frank nächste Woche heiratet und diese ganzen kleinen Essen und Dinners zu Ende gehen. Dann müssen wir auch Ainsley nicht mehr ertragen.«

Winston zog Paul in eine Ecke von Lionel Stewarts Salon, wo sich die Gäste nach dem vorhochzeitlichen Lunch versammelt hatten. Winston mochte Paul sehr gern, nicht nur weil er ein so hervorragender Gesellschafter war und ein tüchtiger Geschäftsmann, sondern um seiner Aufrichtigkeit willen. Darum wagte er auch die Vertraulichkeit, ihn zu fragen: »Wie ich höre, hast du Emma im letzten Monat sehr oft gesehen. Ich bin sehr froh darüber. Ich weiß, du betrachtest mich als den beschützenden großen Bruder; aber ich möchte dich doch wissen lassen, daß wir dich sehr gern sehen, trotz aller Schwierigkeiten, die das Schicksal euch auferlegt hat. Emma braucht einen Mann wie *dich*, Paul. Um es genau zu sagen: *Sie braucht dich!* Du bist so ungefähr der einzige Mann, der stark genug ist, um ihr Partner zu sein. Die meisten werden mit ihrer Intelligenz und ihrem Geist nicht fertig.«

Paul lächelte ein wenig erschreckt, aber er war offensichtlich sehr glücklich über Winstons Offenheit. »Danke, Winston. Ich freue mich sehr, daß du es sagst! Und ich bin ganz deiner Meinung!« Seine Augen strahlten vor Heiterkeit. »Und wenn du mir noch einen Gefallen tun willst, dann sag es ihr. Ich brauche nämlich alle Hilfe, die ich bekommen kann.«

Er sah sich nach Emma um und bemerkte, daß sie sich verabschiedete. Er drückte Winston sein Glas in die Hand. »Halt mir die Daumen, alter Junge. Ich muß weg...«

Er erwischte Emma, die in ihrem goldgelben Sommerkleid trotz der glühenden Julihitze frisch und strahlend aussah, in der Halle. »Hallo, was ist das denn. Emma, läufst du etwa fort?«

»Ist das nur *dein* Privileg, Mr. McGill?« lachte sie. »Nein, ich muß noch in mein Warenhaus, und ich wollte kein großes Aufsehen machen, darum habe ich mich französisch verabschiedet. Ja, jetzt muß ich mich beeilen. Die Arbeit wartet.«

»Darf ich dich fahren?« sagte er, wartete aber keine Antwort ab, nahm sie fest unter den Arm und zog sie in seinen Rolls-Royce. Emma sah ihn von der Seite an. Ob ihm Arthurs unmögliches Benehmen aufgefallen war? Er machte keine Bemerkung darüber, plauderte leicht dahin. Aber sie kochte innerlich. Dieser Ainsley blamierte sie in der Öffentlichkeit, und das konnte sie sich nicht leisten. Sie wollte es auch nicht mehr ertragen und beschloß, nach Franks Hochzeit nie mehr mit ihrem Ehemann auszugehen, und wenn sie Gäste hatte, mußte sie es so einrichten, daß er auf Reisen war. Sie warf den Kopf zurück. Nein, von diesem widerlichen, dummen, eitlen Trinker würde sich eine Emma Harte nicht unterkriegen lassen!

»Paul, es ist besser, wenn du mich heimfährst«, sagte sie. »Ich bin doch ein wenig abgespannt, und es ist schon fünf Uhr.«

»Aber gewiß. Ich tu alles, was du willst, Emma, das weißt du.« Eine Woge von Zärtlichkeit überschwemmte sein Herz. Er war sich noch nicht klar, was sie für ihn fühlte, obwohl sie viele Abende miteinander verbracht hatten. Sie war stets freundlich, klug, heiter; aber es war, als verberge sie ihr Wesen hinter einer dünnen Wand, und auch sein Charme schien sie nicht sonderlich zu beeindrucken. Plötzlich wendete er den Wagen und fuhr nach Mayfair zurück. Er hatte einen mutigen Entschluß gefaßt...

»Wo fährst du hin?« fragte Emma erstaunt. »Ich dachte, du bringst mich heim?«

»Genau das tue ich. Ich bringe dich heim. *Heim!* Zu mir!«
Emma griff sich an den Hals. »Aber . . .«

»Kein Aber, Emma«, sagte er so endgültig, daß sie nicht länger widersprach.

Sie saß steif auf dem Sitz, preßte die Handtasche an sich. Ihr Mund war zu trocken, sie brachte kein Wort heraus. Er hatte so entschieden gesprochen, daß sie seit langer Zeit zum erstenmal in Verlegenheit war. Emma war noch nie in seiner Wohnung gewesen und fürchtete sich vor dem Alleinsein mit ihm. Das geringschätzige Lächeln auf ihren Lippen galt ihr selbst. Sie, die vor nichts und niemandem Angst hatte, fürchtete sich vor Paul McGill! Und doch: Er war der einzige Mann! Aber schließlich, dachte sie weiter, bin ich erwachsen genug, um auf mich achtzugeben. Außerdem ist das Leben sowieso immer voller Risiken!

Paul parkte den Wagen in Berkeley Square, half ihr heraus und hielt ihren Arm so fest, daß sie jeden Finger in ihrem Fleisch spürte. Erst in der Wohnung ließ er ihn los, warf die Tür zu, riß ihren Kopf zu sich herum. Er hob mit einer Hand den Schleier ihres Hutes, mit der anderen drückte er sie an sich. Hart und fordernd preßten sich seine Lippen auf ihre. Sie versuchte ihn wegzuschieben, aber er war zu stark für sie. Sie fühlte sein Herz wie einen Hammer gegen ihre Brust schlagen, sein Arm fing an zu zittern, und jetzt wurde sein Mund sanft und zärtlich. Emma gab es auf, sich zu wehren, und um nicht umzusinken, lehnte sie sich an ihn, griff mit beiden Händen um seinen Kopf und gab sich wie erlöst seinen Küssen hin. Durch das dünne Kleid spürte sie die Leidenschaft in seinem Körper erwachen, und endlich schwemmten seine Zärtlichkeit, seine Liebe sie fort in diesen tiefen, tiefen Rausch, den sie nie vergessen hatte.

Pauls heiße Küsse ließen ganz plötzlich nach, er sah ihr in die grünflammenden Augen. Sie erkannte das Begehren in seinem klaren blauen Blick, und jetzt wurden ihre wahren Gefühle wach, löschten alle Ängste aus. Sie wurden fortgeschwemmt wie eine Sandburg von der Brandung, und sie gab sich ihm hin. Ihre Sinnlichkeit, so lange unterdrückt, raste wie eine Feuersbrunst durch ihren Körper, ergriff ihr Herz, erfüllte ihre Seele.

Er hielt sie ein wenig von sich ab. »Und jetzt sag mir, daß du mich nicht liebst! Ach, Emma«, flüsterte er ihr ins Ohr. »Jetzt sag mir, daß du mich nicht begehrst!« Ehe sie ihm antworten konnte, hörte sie seine tiefe Stimme flüstern: »Ach, meine Emma, du kannst es nicht länger leugnen. Ich weiß, daß du mich liebst und brauchst und begehrst – wie immer!« Er sah in ihre brennenden Augen und meinte, seine Liebe in einem smaragdenen Teich widergespiegelt zu sehen. Er nahm sie bei der Hand und führte sie in sein Schlafzimmer. Wie ein großer Panther sprang er zum Fenster, zog die Vorhänge vor, damit die Sonne gefiltert in das behagliche Zimmer dringen konnte. Dann stand er vor ihr, zog langsam die Handschuhe von ihren Fingern, nahm ihr den Hut ab, knöpfte das Kleid auf und ließ es über ihre Schultern hinuntergleiten. Er hob sie auf und trug sie zum Bett. Die ganze Zeit lächelte er, und nicht eine Sekunde wendete er seinen Blick von ihrem Gesicht.

Und jetzt kniete er vor ihr, barg seinen Kopf in ihrem Schoß. Ihre Finger waren wie ein Hauch auf seinem Haar, seinen breiten Schultern, und sie spürte jeden Muskel unter ihnen erbeben.

»Es gab keinen Tag in jenen vier Jahren, an dem ich nicht an dich gedacht habe, Emma. Kein Tag, an dem ich mich nicht nach diesem herrlichen Körper sehnte, nach dem Pochen deines Herzens an meinem. Meine Geliebte, ich habe dich so sehr gebraucht.« War seine Stimme von Tränen erstickt? Er drückte seinen dunklen Kopf tiefer in diesen sehnenden Schoß. Und dann hob er den Kopf, sah sie aus schwimmenden Augen an. »Ich habe nie aufgehört, dich zu lieben, Emma.«

»Und ich habe nie aufgehört, *dich* zu lieben, Paul.« Ihre Stimme war ein süßes Echo, ihre Augen wurden weit, dunkel, und Tränen glitzerten in den langen Wimpern.

Sie waren nackt und wie geblendet von Leidenschaft. Er konnte es kaum erwarten, sie zu besitzen; aber er hielt sich zurück, führte sie langsam, zärtlich wie immer, zu dem Höhepunkt, bis sie beinahe nach ihm schrie.

Sie dachte: »Es gibt nur ihn! Er ist das einzig Wichtige in meinem Leben. Er ist der einzige Mann, den ich je wirklich liebte und begehrte. Und wenn er fortgeht und ich ihn nie mehr sehen werde, wird diese Stunde es wert sein. Sie wird mit mir leben – solange ich lebe.«

Ihre Finger krallten sich in seine Schultern. Ihr Körper wurde von einer unsichtbaren Macht ergriffen, und sie rief seinen Namen. Paul wußte – und es gab keinen Zweifel –, daß sie nur mit ihm die äußerste Ekstase, die tiefste Erfüllung fand. Sie waren eins!

Viel, viel später, sie hielten sich noch immer umarmt, erlöst und erschöpft, sagte Paul: »Ich werde dich nie mehr verlassen, Emma. Nicht, solange ich lebe. Ich weiß, du hattest Angst, daß ich dir wieder Schmerzen zufüge. Aber das wird nie geschehen. Du mußt mir glauben, meine Geliebte.«

»Ich habe keine Angst mehr, Paul«, flüsterte sie. »Und ich glaube dir. Ich weiß jetzt, daß du immer bei mir sein wirst.«

44

Emma schloß ihre Haustür auf. Trotz des Zobelmantels, den Paul ihr in New York geschenkt hatte, fröstelte sie. Sie ging schnell zum Telefon, um ihn anzurufen, damit er wußte, daß sie morgen nach London käme.

Auf der Schwelle blieb sie wie erstarrt stehen: »Liebe Güte, Edwina! Was machst du denn zu Hause? Ich meine, das Wintersemester geht erst nächste Woche zu Ende, kurz vor Weihnachten?«

»Stimmt!« sagte Edwina kurz und sah ihre Mutter kalt an.

Emma wollte sie auf die Wange küssen, aber ihre Tochter wendete den Kopf ab. Edwina war zwar immer blaß, aber heute sah sie krank aus. »Was hast du, Liebling?« fragte Emma besorgt. »Ist irgend etwas passiert? Du siehst – schlecht aus?«

»Mir geht es sonst gut – aber ich mußte nach Hause kommen, weil ich dich sprechen will. Über das hier sprechen ...« Sie zog einen Umschlag aus der Tasche und warf ihn Emma hin.

»Was immer man dir in diesem teuren Internat auch beibringt, Benehmen jedenfalls nicht«, bemerkte Emma und bückte sich, um den Brief aufzuheben.

Edwina schrie schrill: »Du brauchst gar nicht nachzusehen, was darin steckt. Es ist meine Geburtsurkunde. Du wolltest mir das Original nicht geben, also schrieb ich ans Somerset House und ließ mir eine Kopie schicken. Und du weißt ja auch, was darauf steht! Und ich weiß, weshalb du es mir nie geben wolltest!«

Emma wurde blaß bis in die Lippen.

»Warum siehst du denn so verschreckt aus, Mutter«, Edwina spie das Wort »Mutter« aus. »Ich müßte diejenige sein, die erschrocken ist. Schließlich bin *ich* ja das uneheliche Kind. Daß du die Stirn hattest, mich all die Jahre glauben zu lassen, Joe Lowther sei mein Vater!« Sie lachte verächtlich. »Blackie O'Neill! Dein bester Freund! So lange ich denken kann, hängt er an deinem

Rockzipfel wie ein liebeskranker Hund, und das während zweier Ehen!« Ihre Augen wurden schmal. »Du widerst mich an, Mutter. Jahrelang habe ich um Joe getrauert, nachdem er fiel, und du hast mir nie die Wahrheit, diese schändliche Wahrheit, gesagt. Wie grausam von dir!«

Emma hatte sich wieder in der Gewalt, aber ihre Stimme zitterte noch, als sie sagte: »Hätte die Wahrheit dir geholfen, Edwina? Oder deine Trauer gemindert? Joe *war dein* Vater – im besten Sinne dieses schönen Wortes. Er liebte dich so sehr, fast mehr als sein eigenes Kind. Und du hast ihn auch geliebt. Du hättest auch um ihn getrauert, wenn du wüßtest, daß er nicht dein leiblicher Vater war. Geht es nicht darum, was ein Mann seinem Kind antut? Nur das läßt ihn Vater sein, einen *guten* Vater. Und auch wenn du nicht Joes Fleisch und Blut bist, hat er dich immer so behandelt, als wärest du seine Tochter. Und das ist das einzige, was zählt.«

»Du hast dich selbst geschützt! Du – du – verlogener Tramp!«

Emma starrte das achtzehnjährige Mädchen an, das vor ihr saß, und sie wußte nicht, was sie tun, sagen oder wie sie es beruhigen sollte. An ihren eigenen Schmerz dachte sie noch nicht.

»Und wie soll ich mich nennen, wenn ich dich fragen darf, *liebe* Mutter? Ich habe keinen Namen, oder? Heiße ich O'Neill? Oder vielleicht Harte?« Edwinas Augen wurden zu silbernem Stahl. »Du bist eine Lügnerin, eine amoralische – Nutte!«

Emma zuckte zusammen, als hätte Edwina sie geschlagen; aber sie blieb immer noch ruhig: »Dein Name ist Lowther. Edwina Lowther. Joe hat dich adoptiert und dir seinen Namen gegeben.«

»Danke! Mehr wollte ich nicht wissen.« Edwina stand auf und griff nach dem Umschlag. »Ich möchte meine Geburtsurkunde wiederhaben, nachdem ich mir soviel Mühe geben mußte, sie zu bekommen. Und nun verlasse ich dich.«

Auch Emma war aufgestanden. Sie nahm Edwinas Arm, aber das Mädchen riß sich los. »Rühr mich nicht an!« schrie sie und lief durch die Bibliothek.

»Edwina, bitte«, sagte Emma leise. »Du bist doch wohl alt genug, um mit mir ruhig und vernünftig über dieses Thema zu sprechen. Bitte, Liebling, ich weiß, du bist sehr erregt und verletzt, aber ich möchte dir doch alles sagen . . .«

»Nichts, was du mir sagst, interessiert mich. Ich gehe!«

»Wohin willst du denn gehen?« Emma streckte die Hände nach

ihrem Kind aus. »Bitte, Edwina, geh nicht. Laß uns miteinander reden, und dann wirst du mir vielleicht verzeihen können. Ich wollte dich beschützen, ich habe bei allem immer nur an dein Wohlergehen gedacht, mein Liebling. Ich liebe dich doch.«

Edwina sah Emma verächtlich an und sagte bitter: »Ich habe dir bereits gesagt, daß deine Erklärungen mich nicht im geringsten interessieren. Ich verlasse dieses Haus und werde nie wieder einen Fuß hineinsetzen.«

»Aber, Liebling, du kannst doch nicht gehen! Wohin denn?« Emma mußte die Tränen unterdrücken. Das Herz tat ihr weh.

»Über Weihnachten bleibe ich bei Cousine Freda in Ripon. Nach den Ferien werde ich aufs Internat in die Schweiz gehen. Du bist reich genug, um es zu bezahlen.« Sie lachte verächtlich.

»Aber Kind, natürlich zahle ich für die beste Ausbildung, die du bekommen kannst. Wie du nur auf diese Frage kommst ... ich war nie meinen Kindern gegenüber je – geizig oder auch zu sparsam. Edwina, du kannst nicht so von mir gehen. Laß uns ...«

»Ich habe nichts mehr mit dir zu besprechen. Ich hasse dich, Mutter. Und ich will dich in meinem Leben nie wiedersehen!«

Lange stand Emma am Fenster, die Stirn an das kühle Glas gepreßt, das Gesicht aschfahl, Tränen brannten hinter ihren Lidern. Aber sie konnte nicht weinen. Ihr Herz schmerzte – nicht aus Selbstmitleid, Edwinas wegen. Was hat das Kind all die Jahre gelitten, dachte sie, warum hat sie kein Vertrauen zu mir? Endlich brachte sie die Kraft auf, ins Badezimmer zu gehen, kalt zu duschen und ihr Make-up zu erneuern. Als sie sich wieder in der Hand hatte, rief sie Arthur in seinem Büro an: »Kommst du heute zum Essen nach Hause?« fragte sie ruhig.

»Nein, warum?« Arthur war erstaunt. Wie lange hatte seine Frau ihn nicht gefragt, ob er heimkäme oder nicht.

»Es ist sehr dringend, Arthur, ich habe etwas mit dir zu besprechen. Und morgen fahre ich nach London. Eine halbe Stunde nur.«

Als Arthur in die Bibliothek kam, sah er ihr entschlossenes Gesicht und fragte, bemüht, einen guten Eindruck zu machen: »Du siehst ja aus, als seiest du in den Regen gekommen. Schrecklich.« Er goß sich einen Drink ein, setzte sich Emma gegenüber an den Kamin und musterte sie etwas ängstlich: »Was ist los?«

»Etwas sehr Wichtiges, Arthur, darum mußte ich dich unbedingt sehen. Ich erwarte ein Kind.«

Arthur stellte das Glas ab und starrte sie verständnislos an. Dann warf er den Kopf zurück und brach in brüllendes Lachen aus. »O mein Gott. Das ist ja fabelhaft. Die kleine ›Miß-Immer-so-fein-und-Brav‹ hat endlich einen Liebhaber. Muß ein mutiger Mann sein, um mit dir den Tango zu tanzen.« Er lachte immer noch. »Und wer ist der Glückliche?«

»Ich habe nicht die Absicht, dir seinen Namen zu nennen. Ich wollte dich nur wissen lassen, daß ich im vierten Monat schwanger bin. Ich werde ein Kind haben, und du wirst es als deins anerkennen.« Ihre Stimme war immer noch gelassen.

»Und du glaubst, daß ich irgendeinem Bastard meinen Namen gebe? Das kann wohl nicht dein Ernst sein. Ich werde mich sofort von dir scheiden lassen.«

»Das glaube ich nicht«, Emma lächelte kühl. »Ich will keine Scheidung! Jedenfalls nicht – in dieser Zeit. Und du wohl auch nicht.«

Emma erhob sich und ging zum Bücherregal. Sie drückte auf einen verborgenen Knopf, und ein Safe öffnete sich. Sie nahm einige Papiere heraus und kehrte damit zum Kamin zurück. »Dein Vater ist ein konservativer alter Herr, Arthur, und er schätzt mich genauso wie ich ihn. Wenn ich ihm diese Dokumente aushändige, wird er dich sofort enterben. Und ich habe durchaus die Absicht, sie ihm zu geben, wenn du nur den Versuch machst, dich – jetzt – von mir scheiden zu lassen. Sie sind übrigens eine recht interessante Lektüre.« Sie lächelte ihr eisigstes Lächeln. »Dein Vater wird zwar nicht sehr überrascht sein, daß du mir über Jahre hinaus untreu warst, ständig betrunken und außerdem noch ein Spieler. Aber es wird ihn doch sehr betrüben, wenn er erfährt, daß sein Sohn und Erbe Beziehungen zu jungen Männern der Unterwelt unterhält. Sexuelle Beziehungen.«

Arthur sah aus, als hätte der Richter ihm sein Todesurteil ausgesprochen. »Das ist eine verdammte Lüge!« schrie er. »Du bluffst nur!«

»Nein, bestimmt nicht. Seit Jahren habe ich einen Privatdedektiv auf dich angesetzt. Es gibt tatsächlich nichts in deinem Privatleben, was ich nicht kenne. Leider warst du nie sehr diskret.«

»Und du bluffst doch!« kreischte Arthur.

Emma reichte ihm die Papiere: »Lies selbst.«

Er riß sie ihr aus der Hand, las sie flüchtig durch, seine Augen wurden groß. Dann sah er ihr frech ins Gesicht und riß die Dokumente in Fetzen.

Emma ließ ihn wortlos auch den letzten Schnitzel ins Feuer werfen, erst dann lachte sie hell: »O Arthur, du unterschätzt mich leider immer aufs Neue. Natürlich habe ich die Originale im Banksafe. Und ich habe keine Hemmungen, sie zu verwenden, sie deinem Vater zu zeigen, wenn du mich dazu zwingst, Arthur.«

»Du blöde Kuh! Das ist Erpressung!«

»Nenn es, wie du willst, Arthur. Und spiel nicht falsch – nicht bei mir. Seit Jahren ertrage ich deine – Abenteuer. Also?«

»Du – Hure!« Haßerfüllt sah er sie an. »Diese Runde hast du vielleicht gewonnen. Aber wir werden sehen, wer in der zweiten siegt.« Er lief zur Tür, wandte sich noch einmal und sagte leise: »O Gott, wie ich dich hasse.«

45

Paul McGill lief unruhig im Wohnzimmer hin und her. Dann und wann blieb er neben Emmas Sessel stehen und sah sie nachdenklich und voller Sorge an. Endlich sagte er mit gequälter Stimme: »Ich verstehe absolut nicht, Emma, Liebste, warum du dich nicht scheiden läßt. Wir waren uns doch längst einig, daß jeder von uns sobald wie möglich seine Freiheit zu erringen sucht. Warum zögerst du? Weil Constance sich von mir nicht scheiden lassen will? Traust du mir nicht? Weißt du nicht mehr, daß ich immer bei dir bleiben werde, Emma. Bitte, sei ehrlich, gib mir eine Erklärung. Schone mich nicht.«

»Komm, setzt dich zu mir, Liebling«, sagte Emma zärtlich. Sie nahm seine Hand. »Natürlich vertraue ich dir, Paul. Meine Entscheidung hat mit uns überhaupt nichts zu tun. Ich werde mich auch von Arthur scheiden lassen. Aber erst, wenn das Kind geboren ist, geboren auf den Namen Ainsley, im Geburtsregister eingetragen und getauft. Paul, ich will nicht, daß auf der Geburtsurkunde steht, daß das Kind unehelich ist.«

»Weißt du, daß du damit sagst, *mein* Kind soll als ein Ainsley aufwachsen? Emma, es ist auch mein Kind, unser Kind, und ich werde nicht zulassen, daß es . . .«

Sie unterbrach ihn. »Ich denke auch an das Kind. Und da ich vor ein paar Tagen erleben mußte, wie Edwina darunter leidet, daß sie unehelich ist, kann ich es nicht zulassen, daß noch einmal ein junger Mensch – mich deswegen verläßt.« Sie erzählte Paul endlich das Erlebnis mit ihrer Tocher und fügte hinzu: »Paul, das Baby wird in London aufwachsen, unter unserer Obhut und in unserer Liebe, und Aisnley wird aus meinem Leben verschwinden. Aber das Kind *muß* einen ehelichen Namen tragen . . .«

Paul hielt sie an sich gedrückt und flüsterte in ihr Haar: »O Emma, Emma, wer hat eigentlich behauptet, daß wir in einer zivilisierten Welt leben? Aber ich habe soviel an dir gutzumachen. Was hast du nur in all den Jahren gelitten, gekämpft – für dein Kind und dich, und was ist doch daraus geworden? Emma, ich bin bei dir – bis ans Ende meiner Tage. Und ich verstehe jetzt auch deinen Beweggrund, dich noch nicht von diesem Ainsley scheiden zu lassen. Aber, Emma, ich sagte: *Noch* nicht!«

Ihr Kind, ein Mädchen, wurde im Mai 1925 geboren. Paul lief blaß und nervös im Wartezimmer auf und ab, Paul war der erste in Emmas Zimmer, als die Geburt vorbei war. Paul schloß Emma in seine Arme, seine Augen quollen über, seine Tränen netzten ihr Haar. Und Paul nannte das Kind Daisy nach seiner Mutter.

Schon am nächsten Morgen stand er wieder in Emmas Zimmer, beide Arme voller Blumen und Geschenke: »Wo ist meine Tochter?« lachte er.

»Die Schwester bringt sie sofort«, sagte Emma strahlend.

»Und wie geht es meiner Geliebten?«

»Ach, mir geht es so gut wie nie in meinem Leben. Aber du darfst mich nicht allzusehr verwöhnen, Liebster.«

Er griff in die Tasche, nahm ihre Hand und streifte ihr den großen brillantenbesetzten Smaragdring auf den Finger, der schon seit zwei Generationen den Müttern der McGills gehört hatte. »Auch wenn wir nicht in der Kirche getraut sind«, sagte er, »von diesem Tage an, bis der Tod uns scheidet, bist du meine Frau.«

Die Scheidung fand kurz nach der Taufe Daisys statt, an der Paul als Freund der Familie teilnahm. Paul wußte nicht, daß Emma diese diskrete Scheidung ohne jeden Skandal für zehntausend Pfund von Arthur Aisnley erkauft hatte.

Sowie die Formalitäten erledigt waren, veränderte sich Emmas alltägliches Leben vollkommen. Sie holte die Zwillinge Robin und Elizabeth zu sich in die Wohnung am Belgrave Square – Ainsley machte keine Einwände. Kit war die Hälfte des Jahres im Internat, aber alle Ferien verbrachte er bei Emma und Paul, die jetzt zusammenlebten. Kit vermißte Arthur Ainsley genausowenig wie Robin und Elizabeth; aber alle waren glücklich mit Paul. Emma hatte Winston zum Direktor über die Yorkshire-Mühle, Geschäfte und Konzerne gemacht, und Emma leitete ihre Industrien von ihrem Hauptquartier in Knightsbridge aus. Einmal im Monat fuhr sie für fünf hektische Tage nach Leeds, wo sie alles mit Winston besprach.

Zu Beginn waren Paul und Emma – vor allem in Gegenwart der

Kinder – so vorsichtig wie möglich. Aber als die Zeit verging, schien sich niemand mehr um ihr Zusammenleben mit den verschiedenen Kindern von verschiedenen Vätern in dem außergewöhnlich behaglichen Haushalt zu kehren, in dem die Wände vor Gelächter und liebevollen Worten widerhallten. Emma war inzwischen völlig gelassen. Paul hatte ihr wieder und wieder klargemacht, daß ihr gemeinsamer Reichtum und ihre Liebe sie außerhalb jeder Konvention stellte, kein Klatsch sie verwunden könne. Und ihr natürliches Selbstbewußtsein, ihr Mut und Pauls innige Liebe und Zuverlässigkeit halfen ihr bald, jede Hemmung zu überwinden.

Paul und Emma waren unzertrennlich. Er überhäufte sie mit kostbaren Geschenken, Juwelen, Pelzen, Haute-Couture-Kleidern, und er war an ihrer Seite ein großzügiger Gastgeber. Ihre Feste wurden in ganz London gerühmt; hier trafen sich die reichsten und klügsten Menschen Londons und anderer Weltstädte: Politiker, Industrielle, Sozialisten, Künstler aus drei Kontinenten. Er reiste mit ihr nach New York und Texas, wo seine Ölfelder lagen, und zweimal begleitete sie ihn auf seinem jährlichen Besuch nach Australien. Auch wenn Constance nicht in die Scheidung einwilligte, zweifelte Emma nie an Pauls wahrer Liebe zu ihr. Er hatte Daisy adoptiert, und Emma mußte sich Mühe geben, dieses Kind nicht ihren anderen vorzuziehen. Denn sie liebte es am meisten. Es war das Kind ihrer Liebe, das einzige Kind, das sie mit Freude erwartet und unter ihrem Herzen getragen hatte. In Daisy sah sie Paul; sie lächelte sein Lächeln, ihre Augen waren veilchenblau und von langen schwarzen Wimpern umrandet, ihr Wesen war liebevoll, zärtlich und heiter. Aber sie besaß auch Emmas Mut, ihren eisernen Willen, und ihren Optimismus. Als sie fünf Jahre war, reiste Paul mit ihr und Emma nach Australien. Nach einer Woche in Sydney nahm er sie für vier Wochen mit nach Dunoon. Zwischen Howard und seiner Halbschwester entstand sofort eine Liebe, ein Verstehen, wie weder Paul noch Emma zu hoffen gewagt hatten. Das fünfjährige Mädchen verstand den kleinen Howard wie kein anderer Mensch, und Howard blühte in ihrer Gegenwart auf.

Die Jahre vergingen. Die Kinder wuchsen auf und verließen das Haus am Belgrave Square. Kit, ein gut aussehender junger Mann, der Joe Lowther sehr ähnlich sah, besuchte die Universität in Leeds, und die Zwillinge mußten sich unter großem Protest trennen, als sie in ihre Internate gingen. Wenn Daisy Emmas Lieblingskind war, dann war Robin zweifellos ihr Lieblingssohn. Er ähnelte Winston viel mehr als Arthur Ainsley, von dem er offenbar keinen Wesenszug geerbt hatte. Er war ein schmaler, lebhafter Junge, sehr intelligent und geistreich. Emma setzte große Hoffnungen in ihn.

Seine Zwillingsschwester Elizabeth schlug wie er in die Harte-Familie. Sie glich Emmas Mutter, und manchmal erkannte Emma in ihrem lieblichen Gesicht auch die Züge von Olivia Wainwright. Sie war das schönste ihrer Kinder, anmutig wie eine Weide, das feingeschnittene hellhäutige Gesicht gekrönt von einer dichten Wolke schwarzen Haares. Obwohl sie sehr charmant sein konnte, verfiel sie oft in wilde Zornesausbrüche oder schlechte Laune. Paul stimmte mit Emma überein, daß sie eine feste Hand brauchte, und sie hofften, daß die Disziplin im Internat ihr guttäte.

Emmas Konzerne weiteten sich aus. Ihr Warenhaus in Knightsbridge war längst weltberühmt geworden, die Yorkshire-Ladenkette in jedem Haushalt des nördlichen Englands bekannt, so wie die Kallinski-Stoffabriken, und die Emmeremm Company war zu einer ungeheuer reichen Organisation mit verschiedenen Holdingfirmen erblüht. Als Emma sechsundvierzig Jahre wurde, war sie vielfache Millionärin und eine Macht in der Industrie, mit der man auch in internationalen Finanzkreisen zu rechnen hatte.

Trotz ihres glücklichen Lebens mit Paul und ihrer Familie und dem Vorsitz über ihre riesigen Unternehmen hatte ihr Interesse an der Familie Fairley nicht auch nur um ein Jota nachgelassen. Gerald Fairley, den sie 1923 ruiniert hatte, lebte den miserablen Rest seines Daseins von Edwin. Er starb 1926. »Todesursache: Unmäßigkeit«, hatte Emma damals zu Blackie gesagt, und jetzt war das Ziel ihres grenzenlosen Hasses Edwin. Sie verfolgte seine Karriere mit ungeteiltem Interesse. Was hätte sie darum gegeben, wenn sie ein Fehlschlag gewesen wäre! Aber er hatte sich schon seit Jahren einen Namen als der brillanteste Strafverteidiger Englands gemacht. Er lebte in London, aber seine Brücken nach Yorkshire, seiner Heimat, brach er nicht ab. Oft weilte er in Leeds, wo er sich, wie vor ihm sein Vater, zielsicher der *Yorkshire Morning Gazette* widmete, deren meiste Anteile er besaß.

Emma wollte die Zeitung besitzen, und sie verlor auch dieses Ziel nie aus den Augen. Winston und Blackie versuchten zwar immer wieder, sie zu überreden, von ihrem Vorhaben abzulassen, aber Emma, selbstbewußt wie eh und je und immer noch voller Haß gegen jeden Fairley, hörte ihnen gar nicht zu. Sie war darauf aus, den gesamten Anteil zu erwerben, darum kaufte sie jede Aktie, wenn sie auf den Markt kam. »Und meine Geduld ist grenzenlos«, sagte sie zu Winston eines Sommertages im Jahre 1935, »Ich ruhe nicht, bis mir die Zeitung allein gehört.«

»Ich weiß, es wird dir gelingen«, sagte Winston. »Gestern rief mich Joe Fulton an. Er ist bereit, seine letzten Anteile am *Sheffield Star* zu verkaufen. Wenn du kaufst, hast du die Kontrolle. Willst du?«

»Aber gewiß«, erklärte Emma mit leuchtenden Augen. »Ich meine, du solltest auch mit Harry Metcalfe sprechen. Er überlegt schon seit langem, ob er den *Yorkshire Morning Observer* verkaufen soll. Ich übernehme ihn und mache Fairley die größte Konkurrenz! Wir bauen einen neuen Konzern auf, Winston, ja?« Sie lachte wie ein Kind, das aus Klötzchen eine Burg baut. »Wie wollen wir sie nennen? Zum Beispiel die *Yorkshire Consolidated Newspaper Company?*«

»Eine hervorragende Idee«, sagte Winston, von ihrer Begeisterung angesteckt. »Wir brauchen nur einen neuen Stab, einen neuen Chefredakteur für jedes Blatt, und *die* Topjournalisten, die den Blättern eine belebende Spritze geben. Vielleicht kennt Frank die richtigen Leute. Morgen früh gehe ich sofort an die Arbeit.«

Er ging langsam durch den eleganten Salon in Pennistone Royal, dem großen Haus bei Ripon, das Emma vor drei Jahren gekauft hatte. Er stand an einem der französischen Fenster und sah in den Park. Von fern hörte er das Aufschlagen der Tennisbälle, und er wunderte sich wieder einmal über Pauls ungebrochene Energie, an diesem glutheißen Augusttag drei Sets zu spielen. Er wandte sich wieder Emma zu. Sie saß da, kühl und schön in einem weißen Shantung-Kleid, das rostrote Haar fiel ihr locker auf die Schultern. Wie sollte er es ihr nur beibringen. Schließlich sagte er einfach: »Ich sprach gestern mit Edwina. Sie heiratet.«

»Heiratet?« Emma setzte sich aufrecht und legte die Bilanz, die sie studierte, beiseite. »Und wen, wenn ich fragen darf?«

»Jeremy Standish.«

Emma sah ihn fassungslos an. »Jeremy Standish? *Der* Earl of Dunvale?«

»Ja, genau den. Die Hochzeit findet in zwei Wochen statt. Natürlich in Irland, auf seinem Besitz Clonloughlin.«

»Aber er ist soviel älter als sie, Winston. Und sie passen doch gar nicht zueinander.«

»Aber du kannst es nicht verhindern. Schließlich ist sie neunundzwanzig. Und vielleicht gibt er ihr den Halt, den sie so dringend braucht. Hinzu kommt, er ist unermeßlich reich.«

»Ich hoffe, daß du recht hast«, sagte Emma nachdenklich. »Vermutlich hat sie keinen Verwandten ihrer Familie zur Hochzeit eingeladen?«

»Nein, leider nicht. Aber sie bat mich, Vaterstelle zu übernehmen und sie zum Altar zu führen. Hast du etwas dagegen, Em?«

Emma lehnte sich zu ihm und legte ihre Hand auf seine. »Aber, Liebling, bestimmt nicht. Ich finde es so schön, daß sie dich darum gebeten hat. Sie ist wenigstens nicht – ganz allein, wenn du an ihrer Seite bist. Mich – hat sie wohl nicht erwähnt?« fragte sie zaudernd.

»Nein, Emma, es tut mir so leid . . .«

»Ich werde ihr etwas Wunderschönes als Hochzeitsgeschenk schicken«, sagte sie und wechselte dann das Thema. Aber ihre Augen blieben nachdenklich und dunkel.

Ein Jahr später wurde Emma Großmutter von Edwinas Sohn, Anthony George Michael. Als Erstgeborener war er der Erbe des Titels. Emma schickte ein Geschenk und schrieb ihrer Tochter, aber sie erhielt nur eine offizielle Danksagung. Trotzdem gab Emma auch in diesem Fall die Hoffnung nicht auf – diesmal aber auf eine glückliche Wiedervereinigung, und sie rechnete auf Winstons Unterstützung.

In all den Jahren verlor sie nie die Begabung, Probleme, die sie im Augenblick nicht lösen konnte, beiseite zu schieben und ihre Tatkraft für das Heute einzusetzen. Ihre Liebe zu Paul und die anderen Kinder, ihre Arbeit . . . alles war harmonisch, Kit arbeitete in den Spinnereien, Robin bereitete sich auf Cambridge vor, um Jura zu studieren, und Elizabeth war auf eigenen Wunsch in einem teuren, exquisiten Schweizer Internat. Und eines Tages war auch Daisy alt genug, um auf eine Boarding-School zu gehen, und zum erstenmal in ihrem gemeinsamen Leben waren Emma und Paul allein in dem Haus am Belgrave Square.

»Es tut mir ja sehr leid für dich, daß du nun ganz allein auf mich angewiesen bist«, neckte Paul sie eines Abends, als sie bei einem Glas Champagner in der Bibliothek saßen. »Nur wir zwei allein.«

»Ich vermisse sie alle, vor allem Daisy; aber ich bin glücklich, daß wir endlich einmal Zeit für uns haben, Paul.«

»Und wir haben viel, viel Zeit, Emma. Jahre und Jahre liegen vor uns.« Er grinste. »Ich weiß ja nicht, wie's dir ums Herz ist, Geliebte, aber ich freue mich an dem Gedanken, mit dir zusammen alt zu werden.«

Es war in der ersten Septemberwoche des Jahres 1938, als sie in der frühen Dämmerung über ihre friedliche, schöne Zukunft sprachen. Aber die Nazischatten lagen schon über Europa. Hitler war seit 1933 an der Macht und auf dem Vormarsch zum Weltkrieg. Es war nur noch eine Frage der Zeit.

46

Am 3. Februar 1939 wurde Paul neunundfünfzig Jahre. Sie verlebten seinen Geburtstag in New York, und Paul hatte die Gäste nach der Oper zum Dinner zu *Delmonicos* eingeladen. Wie immer war er der großzügigste, charmanteste Gastgeber, und er sah nach wie vor hervorragend aus. Die weißen Strähnen in seinem schwarzen Haar kleiden ihn vorzüglich, dachte Emma, und seine Augen sind immer noch veilchenblau wie vor einundzwanzig Jahren, als sie ihn zum erstenmal sah. Und jetzt lebten sie schon sechzehn glückliche Jahre zusammen, und ihre Liebe war noch gewachsen, die Leidenschaft hatte ihr Feuer nicht verloren.

Beim Cocktail hatte Paul ein ernstes Gespräch mit einem der mächtigsten Männer der Welt, Daniel P. Nelson, geführt, und beide waren sich einig, daß Japan Interessen am Pazifik hatte. Und obwohl es in Amerika immer noch nach der Depression, dem Schwarzen Freitag, zehn Millionen Arbeitslose gab und Roosevelt sich vor allem auf die Innenpolitik konzentrierte, wußten beide Männer, daß er die Gefahr für Amerika im bevorstehenden Krieg nicht außer acht ließ.

Emma dachte an ihre zwei Söhne. Wieder eine junge Generation, die zu großen Hoffnungen berechtigt, der Kriegsmaschine als Opfer vorgeworfen? Sie zitterte, als sie an Joe Lowther und den Ersten Weltkrieg dachte. Waren die vergangenen einundzwanzig Jahre nur ein geharnischter Waffenstillstand?

Eines Tages kam Paul sehr früh von seinem Büro der Sitex Cil Company nach Hause, und als Emma ihn sah, wußte sie sofort, daß etwas Schlimmes vorgefallen war. Aber sie ging, wie immer, ohne Umschweife auf das Problem los und fragte: »Du bist erregt, Paul. Was ist der Grund?«

»Ich kann wohl nie etwas vor dir verbergen, Geliebte?« Er bemühte sich um ein Lächeln. Dann sagte er sehr ruhig: »Ich habe dir eine Suite auf der *Queen Elizabeth* gebucht. Gottlob, daß ich überhaupt noch eine bekommen habe. Du reist am Donnerstag nach England.«

»Kommst du etwa nicht mit?« fragte sie so gleichmütig wie nur möglich, aber ihr Hals wurde eng.

»Nein, Liebste, ich kann nicht. Ich muß noch für ein paar Tage nach Texas und mit meinem Partner alles für die Bohrungen in Odessa vorbereiten. Und dann muß ich nach Australien fahren.«

»Aber – wolltest du nicht später im Jahr nach Australien?«

»Später kann *zu* spät sein, Emma. Ich muß so schnell wie möglich hinunter, mich um meine Geschäfte kümmern und mit den Direktoren meiner Gesellschaften konferieren. Du weißt, was ich von Japan und dem Pazifik denke.«

Jetzt verlor Emma die Beherrschung, sie wurde blaß, ihre zitternden Hände klammerten sich an Pauls Schultern. »Ich will nicht, daß du fährst«, sagte sie mit heiserer Stimme. »Ich habe Angst – Angst, daß du in Australien bleiben mußt, wenn ein Krieg ausbricht, ehe du nach England zurückkehren kannst. Wir könnten – für Jahre getrennt werden.« Sie berührte leicht sein Gesicht, das geliebte Gesicht, ihre Augen schwammen in Tränen.

»Du weißt, daß ich reisen muß, Emma, Geliebte«, sagte er mit äußerster Zartheit. »Aber ich bleibe nicht lange. Höchstens zwei Monate. Aber ich muß alle Anordnungen treffen, falls ich – länger als sonst, nicht hinkommen kann. Wir wissen nicht, wie lange dieser Krieg dauern wird, wenn er erst einmal ausbricht.« Er lächelte. »Ich komme so schnell wie möglich zu dir zurück. Ich muß bei dir in England sein, falls – das Schlimmste geschieht. Und nun komm, mein geliebter Schatz, du bist die mutigste Frau, die ich kenne, nicht nur die allerschönste; die wenigen Tage zusammen wollen wir glücklich sein. Und länger als acht Wochen bist du nicht ohne mich.«

47

Es goß in Strömen, als Paul die Heilanstalt in dem Vorort von Sydney verließ. Er schlug den Mantelkragen hoch und rannte zu seinem Daimler.

Er war durchnäßt, als er hinter dem Steuer saß, zog den Mantel aus und warf ihn auf den Rücksitz, nahm ein Taschentuch aus der Jacke und wischte sich das nasse Gesicht ab, ehe er eine Zigarette anzündete. Er bemerkte, daß seine Hand zitterte, als er das Feuerzeug hielt. Er kochte vor Wut über Constance. Vorhin war er beinahe soweit gewesen, ihr in das grausame Gesicht zu schlagen. Noch nie hatte er in solchem Maß die Kontrolle über sich verloren, noch nie diesen todbringen Zorn erlebt.

Paul fuhr an und lenkte den Wagen zur Hauptstraße, die nach Sydney führte. Schon zulange hatte Constance trotz ihres Zustandes sein Mitleid schamlos ausgenutzt. Aber jetzt ekelte sie ihn an! Er durfte keinen Tag länger mehr an diese Frau gebunden sein. Sofort würde er mit seinen Anwälten sprechen. Es mußte ein juristisches Schlupfloch geben, durch das er dieser sogenannten Ehe entfliehen konnte. Seit siebenundzwanzig Jahren war es schon keine Ehe mehr. In den ersten Jahren war er ihr ein guter Ehemann gewesen – obwohl sie zuviel trank und ihn betrog. Aber dann starb seine Liebe zu ihr. *Ich muß frei sein!* Für Emma und Daisy. Und es würde ihm gelingen, auf welchem Weg auch immer! Er umklammerte das Lenkrad und schoß in die Hauptstraße.

Grelle Blitze durchzuckten den wolkenschweren Himmel, der vom Donner erschüttert wurde. Jetzt wurde der Regen zum Wolkenbruch, die Windschutzscheibe sah aus wie ein seidenes graues Laken. Sekundenlang konnte er die Straße nicht sehen. Er nahm die Kurve zu schnell, sah den entgegenkommenden Lastwagen zu spät, und der rasende Wagen war nicht mehr zu halten. Er drehte sich zweimal um sich selbst, sprang in die Luft und schlug gegen die Leitplanke. Paul spürte noch, wie das Steuerrad sich in seine Brust preßte. Dann war alles schwarz.

Der Fahrer des Lasters zog ihn aus dem Wrack, in dem Bruchteil einer Sekunde, ehe es in Flammen aufging.

Paul war noch bewußtlos, als der Krankenwagen ihn zwei Stunden später in die Klinik brachte. Und er blieb mehrere Tage ohne Bewußtsein. »Es ist ein Wunder, daß er überhaupt lebt«, sagten die Ärzte.

Paul manövrierte sich in seinem Rollstuhl durch das Arbeitszimmer bis zu seinem Schreibtisch. Er nahm die dicke Akte voll juristischer Dokumente, die Mel Harrison, sein Anwalt, ihm, als er vor Wochen aus dem Krankenhaus entlassen wurde, übergeben hatte. Immer wieder hatte Paul Zeile für Zeile, Wort für Wort, Absatz für Absatz durchgelesen, aber alles war einwandfrei. Noch einmal ging er die Papiere durch, ehe er sie unterschrieb. Dann lehnte er sich zurück. Sein Werk war vollendet. Zum erstenmal seit Monaten lächelte er.

Es war fast sechs Uhr. Mel mußte jeden Augenblick kommen. Was für ein Freund er war! Drei Monate lang war er Tag für Tag in seinem Krankenzimmer erschienen, saß stundenlang bei ihm, sprach ihm Mut zu, half ihm aus den tiefen Depressionen. Seit die Verbände entfernt worden waren, durfte nur Mel ihn besuchen; und die beiden Männer arbeiteten intensiv für die verschiedenen McGill-Konzerne. Kein anderer außer Mel durfte sein zerstörtes Gesicht sehen. Paul hätte kein Mitleid ertragen können.

Verzweiflung übermannte ihn, und er schloß die Augen. Wie lange es wohl noch weiterging? Manchmal meinte er, nicht einen Tag mehr ertragen zu können. Das alles wäre nie geschehen, wenn er auf Emma gehört hätte und in England geblieben wäre. Und nun saß er hier, an den Rollstuhl gefesselt und für alles, was er brauchte, auf andere Menschen angewiesen. Seit dem Unfall kannte er das erstemal das Gefühl der Machtlosigkeit, er, der jede Situation bewältigt hatte und einer der mächtigsten Männer in Australien, England und Texas gewesen war. Selbst sein Geld nützte ihm kaum noch etwas, außer daß er sich jede Hilfe leisten konnte.

Smithers, sein langjähriger Butler und Diener, klopfte und unterbrach seine Gedanken. »Mr. Harrison ist gekommen.«

»Bitten Sie ihn hier herein, Smithers, ja.«

Eine Minute später hielt Mel seine Hand. »Wie geht es dir, Paul?«

»Ob du es glaubst oder nicht, ich fühle mich viel besser. Smithers, das übliche bitte.«

»Übrigens, Paul, ich habe Audrey gesagt, daß ich zum Essen nicht rechtzeitig zu Hause sein werde. Kannst du mich schon den zweiten Abend ertragen?«

»Aber ja, ich freue mich sehr, dich bei mir zu haben.«

»Paul, ich habe in letzter Zeit viel über Emma nachgedacht. Ich meine, wir sollten nach ihr schicken. Auch Audrey meint, es wäre gut für dich.«

»Nein!« Paul fuhr in seinem Rollstuhl herum. »Ich verbiete es!« rief er heiser. »Ich will nicht, daß sie mich – so sieht. Außerdem werden die Nachrichten von Tag zu Tag besorgniserregender. Schon morgen können wir Krieg mit Deutschland haben. Ich will nicht, daß sie in einer derart gefährlichen Zeit herumreist.«

Mel musterte Paul bedächtig. »Ich verstehe deine Gefühle. Aber ich gestehe, daß ich Angst habe, was sie mit mir machen wird, wenn sie herausbekommt, daß ich sie mit meinen Briefen angelogen habe, genau wie du in deinen. Du hast auch deinen Einfluß geltend gemacht, um die Einzelheiten des Unfalls aus den Zeitungen herauszuhalten, und sie weiß nicht, wie ernst dein Zustand ist. Aber ist es nicht an der Zeit, daß du ihr wenigstens jetzt die Wahrheit schreibst? Sie sollte sie kennen!«

Paul schüttelte den Kopf. »Sie soll sie *nicht* kennen! Unter keinen Umständen! Noch nicht jedenfalls«, fügte er ruhiger hinzu. »Ich beschließe, wann es an der Zeit ist, ihr die Wahrheit mitzuteilen.« Sein Gesicht wurde verdrossen. »Wie erklärt ein Mann denn einer leidenschaftlichen und aktiven Frau wie Emma, daß sie an einen Krüppel gebunden ist, der von der Taille abwärts gelähmt ist, der nur noch ein halbes Gesicht hat und – der impotent ist. Der immer impotent sein wird. Nicht so einfach, mein Freund. Nein, nicht einfach!«

Mel wurde von Mitgefühl überwältigt, und Paul bemerkte sofort die Veränderung in seinem Blick. Mel ging zur Bar und füllte die Gläser erneut mit Whisky. »Ich glaube, du unterschätzt Emma. Ja, ich bin verdammt sicher! Sie würde bei dir sein *wollen*! Dir alle Unterstützung und Liebe geben. Laß uns telegrafieren, Paul. Jetzt.«

»Nein!« Pauls Stimme klang müde. »Ich will nicht, daß mein Schicksal sie niederdrückt. Ich kann ihr nicht mehr von Nutzen sein. Nicht einmal mir selbst!«

Herrgott, was für ein eigenwilliger Kerl und wie stolz! »Emma liebt dich, sie betet dich an . . . Hör zu, wenn du nicht willst, daß Emma die Reise macht, warum buchst du nicht eine Passage nach England für dich? In einem Monat bist du bei ihr.«

»Das geht nicht. Ich muß fast täglich in die Klinik – zur Behandlung.« Er sah Mel in die Augen, sein Blick war todernst. »Ich muß dir etwas sagen, Mel. Die Prognosen sind schlecht. Sehr schlecht sogar. Die Ärzte wissen nicht, wie lange sie die Infektion der Nieren eindämmen können. Das, was das Blut unweigerlich vergiftet. Und genauso unweigerlich schnell zum Tod führt.«

Mel starrte Paul an, sein gesundes, rotes Gesicht war blutleer. »W-w-w-ie l-l-lange?« stammelte er. Es war ihm unmöglich, den Satz zu Ende zu sprechen.

»Neun Monate – höchstens«, sagte Paul mit nüchterner Stimme. Er hatte sich mit dem Todesurteil bereits abgefunden. Es gab keine Alternative.

Mel starrte in das Feuer. Er fand kein Wort des Trostes. O Gott, dieser außergewöhnliche Mensch! Schließlich sagte er nach langem Schweigen: »Kann ich irgend etwas für dich tun, Paul. Du mußt es nur sagen, ich – ich tue alles . . .«

»Nein, alter Junge. Aber ich danke dir – auch für das, was du schon getan hast. Und jetzt, um Himmels willen, genug davon. Ich brauche deine gute Laune, deinen Optimismus. Und du bist ja schon meine rechte und linke Hand geworden. Aber ich will kein düsteres Gesicht sehen, verstanden? Also, noch einen Scotch, und dann essen wir. Ich habe einen sehr großen Chambertin, den mein Vater vor vielen Jahren in den Weinkeller gelegt hat. Und davon werden wir ein paar Flaschen zum Dinner trinken, solange . . .« Er biß sich auf die Lippe und rollte zur Bar.

Es war nach Mitternacht, Mel war gegangen, und Paul saß in seinem mild beleuchteten Arbeitszimmer, hielt ein Ballonglas mit Cognac zwischen den Händen. Sein Gesicht war ruhig, die Augen dunkel und gedankenverloren. Vielleicht hatte Mel doch recht. Vielleicht sollte er Emma die Wahrheit schreiben? In allen anderen Briefen hatte er den Unfall heruntergespielt und die Geschäfte als Ausrede für seinen längeren Aufenthalt in Australien gebraucht. Doch er war ihr die Wahrheit schuldig. Für all das, was sie ihm gegeben hatte und was sie ihm nach wie vor bedeutete. Und es mußte die ganze Wahrheit sein. Er rollte seinen Stuhl zum Schreibtisch, nahm einen Bogen Papier und begann.

Sydney, 24. Juli 1939

Meine liebste Geliebte, Emma:
Du bist mein Leben...
Er hob die Augen zu dem goldgerahmten Foto von ihr, nahm es, sah es minutenlang an. Es war ein paar Jahre nach Daisys Geburt aufgenommen worden, und Emma lächelte ihr glühend-strahlendes Lächeln, das nur ihr eigen war. Er meinte, sein Herz müsse vor Liebe zu ihr zerspringen, und plötzlich strömten Tränen aus seinen Augen. Er hielt das Bild an seine Brust gepreßt, als wäre es Emma selbst. Und er dachte an die Vergangenheit und bedachte die Zukunft. Den Brief aber schrieb er nicht.

48

Frank verließ El Vinos Bar und ging wieder in die Redaktion des *Daily Express*. Er überdachte noch einmal den Artikel, den er über die Gefahr, daß die Deutschen in Polen einmarschieren würden, geschrieben hatte, und überlegte, daß dieser Idiot, Neville Chamberlain, eigentlich augenblicklich aus dem Amt entlassen werden müßte. Winston Churchill, ja, er war der kommende Premierminister. Und er wußte, daß der »Old Man«, sein Chef, Lord Beaverbrook, ganz seiner Meinung war.

Im Büro warf er den Hut auf seinen Stuhl, lehnte sich an den Tisch und hörte einem jungen Redakteur zu, der, glühend vor Begeisterung, über Franks Artikel sprach. Dann sagte er etwas müde: »Gut, wenn sonst nichts mehr ist, fahre ich jetzt zu meiner Schwester. Sie haben ihre Telefonnummer, falls etwas Wichtiges passiert.«

Er nahm seinen Hut wieder auf, wanderte langsam durch das Reporterzimmer und blieb am Reuter-Fernschreiber stehen, der die letzten Nachrichten ausspie. Natürlich: Der Krieg war unvermeidlich. Ein Junge lief vorbei, riß das Papier heraus und stürzte in die Redaktionsräume. Frank lehnte noch an dem Apparat und sah auf die nächsten Nachrichten. Plötzlich stockte ihm der Atem. Er sah noch einmal auf die Buchstaben. Dann ging er hinüber zum Fernschreiber der United Press. Dieselbe Story. Er stöhnte auf. Es konnte kein Irrtum sein. Er riß die UP-Story heraus, schob den Streifen Papier in die Tasche und ging hinaus. Er konnte kaum denken. Sein Herz war schwer.

Trotz des warmen Augustwetters zitterte er, als er im Taxi saß, und seine Hände waren unsicher, als er sich eine Zigarette anzündete. Wie, um Gottes Willen, finde ich die Kraft zu tun, was getan werden muß?

Winston war in London; er hatte Geschäftliches mit Emma zu

besprechen, und, wie immer, wohnte er dann auch bei ihr. Sie saßen im Wohnzimmer beim Kaffee, als die Haushälterin Frank die Tür öffnete.

Emmas Gesicht leuchtete auf, als sie ihn sah. Sie stand auf und umarmte ihn. »Wir haben schon nicht mehr mit dir gerechnet. Du siehst erschöpft aus, ich bringe dir sofort etwas zu trinken.«

»Einen Brandy, bitte. Winston, wie lange bleibst du in London?«

»Ein paar Tage. Wollen wir morgen mittag zusammen essen?«

Emma gab Frank das Glas und setzte sich ihm gegenüber. »Du siehst ja so blaß aus, Frank. Du wirst doch nicht krank?«

»Nein, ich bin nur müde«, sagte er, goß den Brandy herunter und stand auf. »Kann ich noch einen haben? Ich brauche ihn heute. Die Nazis marschieren in Polen ein. Davon sind wir alle überzeugt. Bald.«

»Ich meine, dann müssen wir nachdenken, wie es – auch mit unseren Leuten und den Geschäften weitergeht. Die Männer werden doch alle eingezogen. Und, was ist mit den Jungen!« Emma schlug die Hände vor den Mund. »Kit und Robin. Und dein Sohn Randolph, Winston!«

»Ja, aber er wollte schon lange zur Marine.« Winstons Mund wurde schmal. »Er ist nicht davon abzubringen.«

Emma sah ihren großen Bruder besorgt an. Randolph war sein Augapfel. Sie wendete sich an Frank. »Ja, unsere Söhne sind von uns nicht mehr zu beeinflussen. Aber wenigstens ist dein Simon noch zu jung...«

Frank goß einen großen Kognak in ein bauchiges Glas und gab es Emma. »Trink das. Ich glaube, du wirst es brauchen.«

Emma nahm verwundert einen Schluck, krauste die Nase und stellte das Glas auf den Tisch. Warum war Frank so bleich, fragte sie sich. »Frank, irgend etwas ist geschehen, nicht wahr?« fragte sie.

Frank fühlte seinen Mund trocken werden, als er endlich sagte: »Ich habe sehr schlechte Nachrichten. Eben – gerade, als ich aus der Redaktion ging.«

»Frank, Lieber, was ist es?« fragte Emma. Jeder Instinkt in ihr rief: Etwas Entsetzliches ist geschehen!

»Es ist ... wegen Paul.«

»Paul! Du hast Nachrichten über Paul? Was ist mit ihm?« Emmas sanfte Stimme wurde schrill.

»Ich weiß nicht, wie ich es dir sagen soll, Emma… Er – er ist von uns gegangen.«

Emma starrte ihren Bruder ungläubig an. »Was meinst du damit?« fragte sie verängstigt. Das Zimmer drehte sich um sie. »Ich verstehe nicht, was du meinst. Ich habe gestern einen Brief von ihm bekommen. Gestern. Was sagst du da zu mir?« Sie zitterte am ganzen Körper und war so totenblaß, daß Winston und Frank auf sie zueilten, um sie zu stützen.

Frank fiel vor ihr auf die Knie. Er nahm ihre Hände in seine und sagte mit großer Zartheit: »Paul ist tot, Emma. Die Nachricht kam über den Fernschreiber, eben als ich die Redaktion verließ.«

»Paul«, Emmas Stimme war nur ein Flüstern, ihr Gesicht leer, die Augen weit aufgerissen und vom hellen Grün eines jungen Birkenblattes. »Bist du sicher, daß es kein – Irrtum ist? Doch, es *muß* ein Irrtum sein!«

Frank schüttelte verzweifelt den Kopf: »Alle Fernschreiber brachten dieselbe Nachricht. Ich habe es überprüft.«

»O mein Gott.« Ihr Stöhnen war kaum zu vernehmen, aber doch schien es wie ein Aufschrei durch den Raum zu hallen.

Winston, aschfahl, brachte die Frage heraus: »Wie ist Paul gestorben, Frank?«

Frank suchte nach Worten. Wie konnte er es sagen. Nichts konnte den Schlag abschwächen. Nichts. Emmas Finger bissen sich in seine Hand. »Ist Paul – an seinen Verletzungen –? Waren sie ernsthafter, als er mir schrieb?«

»Nun, ja. Ich glaube, sie waren so schlimm, daß er sie gar nicht begreiflich machen konnte…«

Das Schrillen der Türglocke ließ sie alle zusammenfahren. Henry Rossitter, ein Geschäftspartner von Paul in England und auch von Emma, trat zögernd ein. Er schüttelte Winston die Hand und fragte leise: »Weiß sie es?« Winston nickte stumm. Henry eilte zu Emma. »Emma, ich weiß nicht, was ich sagen soll. Ich kam, sowie ich es erfuhr.«

Emma fuhr sich mit der Hand über die schmerzende Stirn. »Hast – du es aus Sydney erfahren, Henry?«

»Ja. Mel Harrisson. Er hat es den ganzen Tag versucht. Aber ich war leider auf dem Land.«

»Warum hat er nicht versucht, mich zu erreichen?« keuchte sie.

»Er konnte es nicht übers Herz bringen, es dir persönlich zu sagen, Emma. Er wollte, daß du nicht allein bist, wenn du es erfährst . . .«

»Wann ist Paul gestorben?« unterbrach ihn Emma. Ihr Herzschlag setzte aus.

»Er wurde am Sonntag abend tot gefunden. Das ist Montag früh bei uns. Mel meldete sofort einen Anruf an, als er im Haus war. Er wußte, daß er die Presse nicht zurückhalten konnte, denn die Polizei —«

»Polizei?« rief Emma entsetzt. »Was meinst du? Warum war die Polizei da?«

Hilfesuchend sah Henry Frank an. Frank überlegte, ob er Emma etwas vorlügen sollte, aber dann entschied er sich für die Wahrheit. »Paul hat sich das Leben genommen, Emma.«

»O mein Gott! Nein! Nein. Das ist nicht wahr! Ich glaube dir nicht! Paul würde das nie, nie tun. *Niemals*!« schrie Emma.

»Aber es ist die Wahrheit, Liebling«, sagte Frank und fing Emma in seinen Armen auf.

»Wie konnte er . . .« Es war ihr unmöglich, weiterzusprechen.

Frank sagte sehr leise: »Er – er hat sich erschossen.« Er fügte nicht hinzu, daß Paul sich ins Herz geschossen hatte. Er brachte es nicht über sich.

»Nein!« Emma konnte sich nicht länger beherrschen. »Es ist nicht wahr!« Wie eine Verrückte warf sie den Kopf hin und her. Sie starrte Henry an.

Er nickte. »Es ist wahr, Emma.«

»Nein! Nein! Es ist nicht wahr«, ihre Stimme wurde immer lauter. »O mein Gott! Paul! Paul! Oh, mein Geliebter. Warum?« Ihre Stimme brach, und endlich kamen die Tränen. »Ich muß alles wissen. Bitte, Frank.« Sie unterdrückte ihr Schluchzen. »Frank, du mußt mir alles sagen.«

»Ich habe die Geschichte aus dem Fernschreiber bei mir, Emma, aber ich meine, du —«

»Doch, ich will sie hören. *Ich flehe dich an*!«

Winston stand bei ihr, beide Hände auf ihren Schultern. »Wir sind bei dir, Emma, unsere Em!«

Frank zog das zerdrückte Stück Papier aus der Tasche und las langsam:

»Paul McGill, Australiens größter Industrieller, wurde am Sonntag abend tot in seiner Wohnung in Sydney gefunden. Er hatte sich erschossen. Mr. McGill, neunundfünfzig Jahre alt, war vor vier Monaten bei einem Autounfall schwer verwundet worden und halb gelähmt. Seit seiner Entlassung aus dem Krankenhaus war er an den Rollstuhl gefesselt, und seine Ärzte vermuten, daß er sich in einem Anfall akuter Depression das Leben nahm. Mr. McGill hat keinen Brief hinterlassen. Paul McGill, der während der letzten sechzehn Jahre die meiste Zeit in England lebte, war der einzige Sohn von Bruce McGill und der Enkel von Andrew McGill, dem Begründer einer der vermögendsten und einflußreichsten Familien dieses Landes. Andrew McGill, ein schottischer Kapitän, begründete die Schaffarm in Dunoon. Nach dem Tod seines Vaters (1919) erbte Paul McGill, der zu den reichsten Männern der Welt gehörte, unzählige australische Gesellschaften, zu denen die McGill Corporation . . .«

Frank konnte nicht mehr weiterlesen. »Da steht noch viel über seine Geschäfte und seine Kriegsauszeichnungen, seine Familie, seine Erziehung. Soll ich weiterlesen, Emma?«

»Nein«, flüsterte sie tonlos. »Henry, warum hat er mir von der Lähmung nie geschrieben. Ich wäre doch sofort zu ihm gefahren.« Ihre Wangen waren naß von Tränen. »Dachte er etwa, daß sein Zustand meine Liebe zu ihm gemindert hätte? Ich hätte bei ihm sein müssen.« Sie schluchzte herzzerreißend. »Ich liebe ihn.«

Ihr war, als stünde die Welt still. Im Zimmer war nur das Ticken der Uhr auf dem Kaminsims zu hören. Sie sah auf den großen McGill-Smaragd an ihrem Finger und den Ehering, den Paul ihr schenkte, als Daisy geboren wurde. Und sie erinnerte sich an seine Worte: »Bis daß der Tod uns scheidet.« Ihr Körper schien plötzlich wie leblos, als sei er auch gelähmt. Der Schmerz setzte ein; und sie wußte mit einer Klarheit, die sie in ihrem Leben nie mehr verlassen würde: »Ich kann ohne ihn nicht leben. Er war mein Leben. Und von diesem Leben ist nun nichts mehr übrig. Nur die leeren Jahre, die vor mir liegen, bis auch ich tot bin.«

Winston konnte ihr Leid nicht mehr mit ansehen. Er rief ihren Arzt an, der fünfzehn Minuten später kam, Emma ein schweres Beruhigungsmittel gab und sie zusammen mit der Haushälterin zu Bett brachte. Ihre beiden Brüder, Henry Rossiter und der Hausarzt blieben bei ihr, lauschten ihrem Schluchzen, das erst nach zwei Stunden abebbte. Endlich schlief sie ein. Als sie aus dem Schlafzimmer gingen, sagte Winston: »Ihr Kummer hat kaum begonnen.«

Dramatische Ereignisse hatten Emma schon oft in ihrem Leben schwanken lassen, aber keines hatte sie je in die Knie gezwungen. Pauls Tod fällte sie mit einem Schlag.

Außer Edwina kamen alle ihre Kinder zu ihr. Sie alle hatten Paul geliebt, bewundert und verehrt. Und auch sie konnten das Unglück nicht fassen. Vor allem Daisy, die ihm immer am nächsten stand, war kaum zu trösten. Trotzdem bemühte sie sich, ihrer Mutter eine Stütze zu sein; aber ihre Bemühungen waren vergebens.

Franks Frau, Nathalie, kam sofort; Charlotte, die Frau von Winston, und ihr Sohn, Randolph, reisten von Leeds nach London. Mit ihnen kamen Blackie und sein Sohn, Bryan und David Kallinski mit seinen Söhnen Ronnie und Mark. Keiner von ihnen durfte mit Emma sprechen. Und nach einem sekundenlangen Besuch in ihrem Schlafzimmer versammelten sie sich in der Bibliothek. Auf jedem Gesicht standen Besorgnis und Angst.

Blackie versuchte als einziger, ihren Kummer in ein paar Sätzen zusammenzufassen. Er sagte: »Selbst das stärkste Herz kann brechen, wißt ihr. Aber starke Herzen werden auch wie durch ein Wunder wieder zusammengeflickt. Und Emma ist ein geborener Überlebender, Sie wird auch das überleben. Und ich finde es auch richtig, daß sie ihren Kummer erst einmal *aus*lebt. Ich weiß, daß wir eines Tages *unsere* Emma wieder vor uns sehen.« Und jedes Wort, das er aussprach, meinte er ehrlich, denn er kannte das Mädchen aus dem Moorland am längsten.

Winston übernahm die Führung des Hauses und des Warenhauses in Knightsbridge. Er beschloß, daß Daisy bei ihrer Mutter bleiben sollte, nachdem die Familie abgefahren war. Und sie war es, die Emma Trost brachte. Ihr jüngstes Kind, ein vierzehnjähriges Mädchen, war so verständnisvoll, weil sie – außer Emma – Paul am meisten geliebt hatte. Sie sprach mit ihrer Mutter, ihr gelang es allmählich, die Selbstvorwürfe einzudämmen, die Tränen zu trocknen. Ab und zu sah Emma Daisy an und meinte, Pauls Antlitz in dem Gesicht ihres Kindes zu finden. Und Daisy nahm sie in die Arme und wiegte sie, als sei sie die Mutter und Emma ihre Tochter.

Eines Nachts, als Emma wieder zusammengebrochen war, gelang es ihr, sie zärtlich in den Schlaf zu wiegen. Und zum erstenmal schlief Emma wieder tief und traumlos. Als sie ein paar Stunden später erwachte, sah sie Daisy zusammengekauert im

Sessel. Und plötzlich wurde ihr klar, daß sie, die erwachsene Frau, das Kind mit ihrem Kummer beinah erdrückt hatte, obwohl es selbst Liebe und Hilfe brauchte. Sie raffte sich aus ihrer Lethargie, und ein wenig von ihrer sonst unfaßbaren Kraft strömte durch ihre Adern. Sie stand ohne Hilfe auf und ging zu Daisy, die sofort hellwach war und die Hand ihrer Mutter nahm. »Mami, was ist? Ist dir wieder nicht gut?«

»Nein, mein Schatz. Ich glaube sogar, es geht mir ein wenig besser.« Emma nahm Daisy in die Arme und streichelte ihr schimmerndes schwarzes Haar. »Ich habe einen entsetzlichen Fehler gemacht, als ich dir meine Last auflud, mein Kleines. Bitte verzeih mir, mein Liebling. Und jetzt wird es Zeit für dich, ins Bett zu gehen und lange zu schlafen. Und du mußt dir keine Sorgen um mich machen. Nicht mehr. Mir wird es wieder gutgehen. Und wenn du ausgeschlafen bist, fährst du wieder in dein Internat, nicht wahr, Liebchen?«

Daisy fing leise an zu weinen und barg ihren Kopf an Emmas Brust. »Still, mein Liebling, ganz ruhig«, flüsterte Emma. »Wir müssen stark sein und mutig – wir müssen einander helfen in der schweren Zeit, die auf uns zukommt.«

»Ich hatte so große Angst, Mami«, schluchzte Daisy, ihre Tränen drangen durch Emmas zerdrücktes dünnes Nachthemd. »Ich hatte Angst, daß du auch stirbst, du auch.«

Emma sagte fest: »Ich werde nicht sterben, Daisy. Ich muß jetzt für dich leben.«

Der Septembertag war sonnig und warm, der Himmel wolkenlos und strahlend im Sonnenlicht. Aber Emma zitterte, als sie müde durch ihr Wohnzimmer ging. Sie kauerte sich in einen Sessel am Kamin und dachte an ihre Söhne. Am 3. September war der Krieg erklärt worden, und obwohl sie immer noch krank war, konnte sie die Lage nicht länger verneinen. England wurde genauso schnell zu den Waffen gerufen wie damals, als sie noch jung war. Und sie wußte, daß es diesmal lange währen würde.

Sie drehte sich zum Feuer, und ein breiter Sonnenstrahl erhellte die Züge, die der Kummer in ihr schönes Gesicht gegraben hatte. Sie war dünn geworden, und in dem einfachen schwarzen Wollkleid, ohne jeden Schmuck, außer den Ringen von Paul, sah sie noch schwach und krank aus. Nur ihr Haar leuchtete rostrot.

»Hier bin ich, mein Liebling«, rief Blackie von der Tür her. Sie zwang ein Lächeln auf die blassen Lippen. »Wie schön, dich zu sehen, Blackie, Lieber«, sagte Emma und legte die Arme um ihn.

Er hob ihren Kopf mit dem Finger, wie er es vor Jahren so oft getan hatte, sah ihr in die Augen und sagte: »Du bist Licht für meine müden Augen, Mavourneen. Herrlich, dich wieder gesund zu sehen.«

Sie saßen am Feuer und sprachen über den Krieg und ihre Kinder. Schließlich nahm Blackie ihre Hände und fragte: »Wann meinst du, daß du wieder ins Warenhaus gehen kannst?«

»Nächste Woche. Der Doktor war dagegen. Aber ich kann meine Geschäfte nicht länger vernachlässigen. Außerdem ist es nicht fair, Winston gegenüber. Er trägt alle Verantwortung. Und er muß nach Leeds zurück. Wir haben auch dort eine Menge umzuorganisieren.«

»Ich weiß, was du meinst. Ich stehe ja vor ähnlichen Problemen, Emma. Und soll ich dir was sagen. Mavourneen, ich finde es gut, wenn du wieder ins Geschirr gehst. Du mußt deinen Geist arbeiten lassen, damit du nicht – über alles, nun ja, du weißt, was ich meine.«

Ein Schatten huschte über ihr bleiches Gesicht. »Ja, du hast recht, Blackie.« Das Mädchen kam mit dem silbernen Teegeschirr. Emma überlegte sekundenlang, ob sie wohl die Kraft haben würde, die schwere Kanne aufzuheben. Behutsam nahm sie sie auf, und zum erstenmal seit langem fühlte sie so etwas wie Zufriedenheit, daß es ihr gelang, die Tassen vollzugießen, ohne einen Tropfen zu verschütten.

Sie sagte: »Ich habe gestern mit David gesprochen. Er klang tieftraurig. Ronnie und Mark sind schon bei der Armee. Er wird sie sehr vermissen. Sie sind sein ganzes Leben, seit Rebecca gestorben ist.«

»Ich sag' dir was, Emma, ich nehme ihn unter meine Fittiche, wenn ich nach Leeds zurückkomme. Hole ihn aus diesem riesigen Mausoleum, in dem er in prachtvoller Einsamkeit dahinlebt. Wird ihm guttun!«

»O Blackie, das ist so lieb von dir«, Emma sah gedankenverloren in die Flammen. »Wie lebt man nur weiter, Blackie? Es ist so schwer.«

»Ja. Aber nicht unmöglich, Emma. Nicht für einen Menschen mit deiner Kraft, deinem Mut.«

»Wie hast du es nur gemacht – als Laura tot war?«

»Das frage ich mich auch.« Er lächelte schwach. »Als ich an der Front war, hoffte ich, daß mich endlich eine Kugel erwischt. Aber Gott hat mich vor meiner eigenen Narrheit bewahrt. Und dann brauchte ich lange, daß ich mir verzieh, am Leben zu sein, während Laura... Aber als ich dann irgendwann wieder zum Leben erwachte, sah ich mich um und erkannte meine Verantwortung, meine Pflichten Bryan gegenüber. Er war mir eine große Hilfe, Emma. Wie Daisy für dich. Dieses Kind gleicht dir am meisten, und sie liebt dich am innigsten, Emma!«

»Ja, ich weiß«, Emma sah wieder ins Feuer. »Ich – ich – weiß nur nicht, wie ich – ohne Paul – weitermachen kann.«

Blackie nahm ihre Hand. »Du schaffst es, Liebling. *Du* ja! Die menschliche Seele kann eine Festung sein. Erinnerst du dich an das, was Laura sagte, als sie im Sterben lag? Ich habe die Worte nie vergessen, seit du sie mir zitiert hast, und sie helfen mir immer noch«.

Emma nickte. »Ja, ich weiß genau, es ist, als habe sie sie gestern gesagt. Es gibt in ihrem Lebens-Lexikon das Wort Tod nicht, und daß sie – solange du lebst und ich lebe, auch sie lebe, denn wir tragen die Erinnerung an sie für immer in unseren Herzen.«

»Siehst du, das ist wahr, Mavourneen, denn meine Laura war sehr weise. Und ich habe Bryan, du hast Pauls Tochter. Sie ist von seinem Fleisch und Blut, ein Teil von Paul, und der Gedanke an sie wird dir Kraft geben, wenn du Angst hast zu versagen.«

Zwei Tage darauf kam der Brief von Paul. Er war am Tag vor seinem Tode aufgegeben worden und drei Wochen unterwegs gewesen. Emma sah ihn lange an, ehe sie den Umschlag öffnete.

Meine liebste Geliebte, Emma:

Du bist mein Leben. Ich kann ohne mein Leben nicht existieren. Aber ich kann mit Dir nicht leben. Und darum muß ich dieses elende Dasein beenden, denn es gibt keine gemeinsame Zukunft mehr für uns. Solltest Du meinen Selbstmord für einen Akt der Feigheit halten, laß mich Dir versichern, das ist er nicht. Es ist ein Akt der Stärke und des Willens, denn indem ich ihn begehe, nehme ich dankbar die Selbstkontrolle wieder an, die ich in den letzten Monaten verloren habe. Es ist der endgültige Akt der Macht über mein eigenes Schicksal.

Es ist der einzige Weg für mich, meine Geliebte, und ich werde mit Deinem Namen auf den Lippen sterben, mit Deinem Bild vor meinen Augen, meiner Liebe zu Dir für ewig in meinem Herzen. Wir hatten doch Glück, Emma. Wir lebten so viele schöne Jahre zusammen, teilten soviel miteinander, und die glücklichen Erinnerungen leben in mir wie in Dir, solange du lebst. Ich danke Dir, daß Du mir meine schönsten Jahre geschenkt hast.

Ich habe Dich nicht kommen lassen, weil ich nicht wollte, daß Du an einen hilflosen Krüppel gebunden bist, wenn auch nur für wenige Monate. Vielleicht war es falsch. Aber ich will, daß Du mich in Erinnerung behältst, wie ich war und nicht wie der Mann, zu dem ich seit dem Unfall geworden bin. Stolz? Vielleicht. Aber versuch, mich auch diesmal zu verstehen, mein Liebling, und finde in Deinem Herzen die Kraft, mir zu vergeben.

Ich glaube an Dich, meine liebste Emma. Du hast ein mutiges Herz. Du bist stark und unerschrocken, und Du wirst Deinen Weg mutig weitergehen. Du mußt! Denn da ist unser Kind. Sie ist die Verkörperung unserer Liebe, und ich weiß, Du wirst sie behüten und zu einem tapferen, standhaften und liebenswerten Menschen erziehen, wie Du es bist. Ich gebe sie vertrauensvoll in Deine Hände, meine Liebste.

Wenn Du diesen Brief bekommst, bin ich tot. Aber in Daisy werde ich weiterleben. Sie ist jetzt Deine Zukunft, meine Emma. Und meine.

Ich liebe Dich mit meinem ganzen Herzen, mit meiner Seele und meinem Geist, und ich bete zu Gott, daß wir eines Tages in Ewigkeit wieder vereint sein werden.

Ich küsse Dich, meine Geliebte.
Paul

Emma saß still in ihrem Sessel, den Brief in ihren Händen. Tränen rannen über die blassen Wangen. Sie sah ihn vor sich, groß und schön, seine veilchenblauen Augen lachend, und sie erinnerte sich seiner, wie er es gewünscht hatte. Sie dachte an die Jahre der Liebe, die er ihr gegeben hatte. Und sie vergab ihm, voller Mitleid für sein Leiden und sein Motiv, diesem Leiden ein Ende zu setzen.

Anfang Oktober flog Mel Harrison nach England. Er überbrachte Emma Paul McGills Letzten Willen.

Auch im Tod hatte Paul ihr noch seine Liebe erklärt, sie der ganzen Welt kundgetan. Denn in ihre Hände legte er die McGill-Dynastie.

49

Emmas Trauer war wie ein Mantel aus Stahl. Ihre Sehnsucht nach Paul wurde nie geringer, aber sie hatte ihre Gefühle in der Gewalt, und als die Wochen vergangen, auch sich selbst. Sie sah auch nicht mehr nur ihre eigenen Sorgen, denn inzwischen war die ganze Welt in einer Krise.

Ihre Söhne waren bei der Armee und der Royal Air Force. Elizabeth, die sich im Sommer 1939 in der Royal Academy of Dramatic Art hatte einschreiben lassen, war inzwischen mit Tony Barkstone verheiratet, obwohl sie erst achtzehn war. Emma hatte keine Einwände gemacht, denn sie wußte, jeder Mensch muß das Glück, das ihm begegnet, am Schopf packen und genießen, solange es möglich ist. Tony war jetzt Pilot in der RAF. Und Elizabeth ließ sich zur Krankenschwester ausbilden.

Die Situation wurde auch in England immer schwieriger, und darum wollte Emma Daisy nach Amerika zu den Nelsons schikken. Aber je länger sie darüber nachsann, um so schwieriger schien es ihr, das Kind über den Atlantik reisen zu lassen. Ihr Internat in Ascot ist immer noch der sicherste Ort, dachte Emma und schob den Gedanken an Amerika beiseite. Sie selbst stürzte sich mit aller Kraft in die Arbeit, aber sie nahm auch jede Ablenkung gerne an. Henry Rossiter wurde ihr Finanzberater, da sie jetzt auch alle McGill-Konzerne in der Hand hatte. Sie blieb in ständigem Kontakt mit Mel Harrison in Sydney und Harry Marriot in Texas. Und ihre Tage wurden mit jeder neuen Verantwortung immer länger. Aber sie trug alles auf ihren starken Schultern. Sie war der Dynamo – wie in ihrer Jugend und im ersten Weltkrieg.

Die Schlacht bei Dünkirchen war vorüber, Paris war gefallen, die Deutschen warfen Bomben auf England. Elizabeth wohnte bei ihrer Mutter, denn sie ängstigte sich zu sehr in ihrer kleinen

Wohnung ohne ihren Mann, Tony. Und wieder war es Emma, die Mut zusprechen mußte, ihrem Kind Kraft gab, wenn es verzweifelt weinend auf dem Bett lag und um ihren Mann weinte, der zur Luftwaffe gehörte, die Großbritanniens letzte Verteidigungswaffe war.

Obwohl Hitler einen Niederschlag nach dem anderen erfuhr, rasten seine Bomber über Englands Großstädte, radierten einige beinahe aus, und jeder Mensch auf der Insel lebte in Angst um seine Angehörigen und um sich. Essen- und Kleidermarken, Schlangen vor halbleeren Geschäften, Bomben und Tod. Und doch erneuerte sich das Leben in Emmas Familie. 1942 gebar Kits Frau, June, eine Tochter, Emmas zweites Enkelkind. Emma fuhr nach Leeds zur Taufe. Das Kind sollte Sarah heißen. Und Daisy kam vom Internat nach Hause und wohnte jetzt mit Elizabeth bei ihrer Mutter am Belgrave Square. Weihnachten bekam auch Robin Urlaub und brachte ein paar seiner Kameraden mit.

Und in der Sekunde, als David Amory über die Schwelle trat, setzte Emmas Herz einen Schlag aus. Er war groß und dunkel, seine Augen waren tiefblau und sein Lächeln strahlend. Sein Aussehen und sein Wesen erinnerten sie sofort an Paul McGill, als sie ihn im Ersten Weltkrieg kennenlernte. David war vierundzwanzig Jahre und schon mehrfach ausgezeichnet.

Endlich gab es wieder Lachen und Gesang im Haus, das Klingen von Weingläsern und Musik vom Grammophon. Emma nahm alle unter ihre Fittiche und bewirtete ihre jungen Gäste so großzügig wie nur möglich. Aber ob sie die anmutige Gastgeberin war oder still am Kamin saß und ein Kindermützchen häkelte, immer war sie sich David Amorys Anwesenheit bewußt. Ihr Lächeln war freundlich, aber ihre Augen ruhten beobachtend auf der siebzehnjährigen Daisy, ihrem Lieblingskind, das sich auf den ersten Blick in den hinreißenden jungen RAF-Offizier verliebt hatte. Und David wich nicht von ihrer Seite. Wann immer David Kurzurlaub hatte, erschien er im Haus am Belgrave Square. Emma lernte ihn immer mehr schätzen. Es war ihr keine Überraschung, als David sie im Mai 1943 bat, Daisy heiraten zu dürfen.

»Aber sie ist so jung, David, Lieber«, sagte Emma. »Wann wollt ihr denn heiraten?«

Daisy, die aufgeregt in der Bibliothek hin und her gelaufen war, stürzte zu ihrer Mutter, umarmte sie stürmisch und sagte strahlend: »Nächstes Wochenende, Mami, wenn es dir recht ist.«

Und kaum war die stille Hochzeit vorüber, heiratete Elizabeths Zwillingsbruder schon Valerie Ludden, eine Freundin seiner Schwester. Und ein paar Wochen danach, im Januar 1944, gebar Elizabeth einen Sohn, den sie Alexander tauften.

»Es ist kaum zu fassen, daß sie schon alle verheiratet sind«, sagte Emma eines Tages im Frühling zu Winston. »Oder daß ich drei Enkelkinder habe. Ich fühle mich so alt wie die Welt.«

»Unsinn«, sagte Winston. »Du bist jedenfalls die bestaussehende Großmutter, die mir je begegnet ist. Und du wirst nie alt, Emma. Du besitzt diese seltene Art von Schönheit, die unzerstörbar ist. Und wie ich von Frank höre, gibt es da einen amerikanischen Major, der von dir sehr hingerissen ist. Du wirst bald wieder einen Bewerber um deine Hand haben, Emma. Noch ehe du dran denkst.«

»Sei nicht albern, Winston«, lächelte Emma.

»Bin ich nicht«, erwiderte Winston. »Schließlich wirst du erst im nächsten Monat fünfundfünfzig, und du siehst um viele Jahre jünger aus.« Er sah sie nachdenklich an. »Und Paul ist seit fast fünf Jahren tot.«

Emma schwieg, und Winston wechselte das Thema.

Das Jahr 1945 begann hoffnungsvoll für Emma. Daisy brachte ihr erstes Kind zur Welt. Es war ein Mädchen.

»Wie fühlst du dich, mein Schatz?« fragte Emma, als sie in Daisys Klinikzimmer kam.

»Dünn«, lachte Daisy. Sie schlang ihre Arme um Emma. »Ich hatte soviel Glück, liebe Mami, es war eine ganz leichte Geburt.«

»Ja, die Ärzte haben es mir schon am Telefon gesagt.« Emma strich ihrer Tochter das Haar aus der Stirn und küßte sie. »Ich habe auch eben mit David in Billingham telefoniert. Er ist fast durchgedreht vor Freude. Und er ist so froh, gerade jetzt hier stationiert zu sein. Jetzt feiert er mit den Kameraden und spielt den stolzen Vater! Nein, ich weiß, er ›spielt‹ ihn nicht. Er wird dich gegen Abend anrufen. Und noch eine gute Nachricht, Liebling. Er bekommt vierundzwanzig Stunden Urlaub und wird morgen in der Stadt sein.«

»O Mami, wie wundervoll. Ich kann es kaum abwarten, ihn zu sehen.« Daisy krauste die Nase. »Ich bin mir nicht sicher, wie das Baby aussieht. Sie ist so zerknautscht und rot, das arme kleine

Dingelchen. Aber sie hat schwarzes Haar, und ich glaube, so eine Witwenschneppe mitten in der Stirn wie bei dir. Und ihre Augen haben die Farbe von Veilchen. Und ich habe schon die Namen für sie. Sie wird Paula McGill heißen, nach meinem Vater.«

Emmas Gesicht, sonst so undurchschaubar, zeigte zum erstenmal im Leben ihrer Tochter, wie tief bewegt sie war. Daisy lachte hell auf. »Sieh doch nicht so erschreckt aus, Mami. Hast du wirklich gedacht – eine hochintelligente Frau wie du –, daß ich nicht schon seit langem weiß, daß Paul mein Vater ist. Manchmal bist du ganz entzückend naiv, Mami!«

Emma stammelte: »Ich ... ich ...«

Daisy lächelte sie zärtlich an. »Selbst als ich noch ziemlich klein war, dachte ich mir immer, Paul muß mein Vater sein. Schließlich war er immer bei uns, und wir reisten mit ihm in der Welt umher. Dann, als ich größer wurde, sah ich, wie ich ihm ähnelte. Und dann wurde mir auch noch klar, daß ich Arthur Ainsley, dessen Namen ich trug, nie gesehen habe.« Daisys blaue Augen hielten Emmas Blick. »Jedenfalls, ich war zwölf, als Paul es mir sagte.«

Emma schlug die Hände vor die Augen. Dann flüsterte sie: »Paul hat dir gesagt, daß er dein Vater ist? Ich kann es nicht fassen.«

Daisy nickte und zog den Kopf ihrer Mutter an ihre Schulter. »Nun ja, er hat's getan. Er sagte damals, er möchte, daß ich es weiß, und ich sei alt genug, um es zu verstehen. Aber es sollte ein paar Jahre lang unser Geheimnis bleiben. Er wollte dich nicht aufregen. Er erklärte alles so behutsam und so liebevoll und zart, auch, warum ihr nicht heiraten könnt, aber daß er alles dransetzen wird, um das Problem zu lösen. Und er erklärte mir auch, daß er mich adoptiert hat. Ja, und dann sagte er, er liebt uns beide mehr als alles auf der Welt.« Daisys Augen wurden feucht.

Emma suchte nach ihrem Taschentuch, Tränen überschwemmten ihr Gesicht. Daisy hielt sie fest und wischte ihr das Gesicht ab. »Ich liebe dich, Mami. Und ich liebte Paul. Ich konnte keine besseren Eltern haben. Und du bist die wunderbarste Mutter, die es auf der ganzen Welt gibt.«

»Aber warum – hast du es mir nicht schon gesagt, als Paul – starb?« sagte Emma mit erstickter Stimme an Daisys Schulter.

»Ich hielt es nicht für den richtigen Zeitpunkt. Und vor allem versuchte ich, dir in deinem Kummer zu helfen, soweit es mir überhaupt möglich war.«

Emma küßte Daisys Augen, ihre Stirn, die Wangen, die Lippen. Dann lehnte sie sich wie erlöst in den Stuhl zurück und betrachtete ihre Tochter liebevoll: »Ich bin froh, daß du es weißt, Liebling. Ich hätte es dir selbst sagen sollen. Aber ich fürchtete, daß du wie – nun daß du mich hassen würdest – und Paul.«

»Für eine kluge Frau kannst du ganz schön dumm sein, Mami«, sagte Daisy. »Wie könnte ich dich oder Vater je hassen oder kritisieren. Ihr habt euch geliebt. Und ich bin stolz, eure Tochter zu sein. Und du begreifst, warum ich das Baby nach meinem Vater nennen möchte?«

»Ich bin so glücklich . . .«, sagte Emma.

Die Schwester kam ins Zimmer und legte Emma das Baby in die Arme. Ihr Gesicht schimmerte vor Glück, als sie auf das kleine Bündel sah. Das ist Pauls erstes Enkelkind, dachte sie, und ihr Herz schlug schneller. Wäre er doch nur am Leben, um es zu sehen. Paula McGill Amory, die erste der neuen Generation in der McGill-Dynastie.

Eine Woche später war Daisy mit ihrem Baby im Haus am Belgrave Square, wo ihr früheres Kinderzimmer aufs schönste für die kleine Paula vorbereitet worden war. Und sofort wurde das Kind der Mittelpunkt von Emmas Welt. Daisy war dankbar, Emma endlich wieder aufrichtig froh und lächelnd zu sehen. Und sie ermutigte ihre Mutter, wenn sie von ihren Plänen für Paulas Zukunft sprach.

»Es ist, als sei Paulas Geburt ein gutes Omen«, sagte Emma eines Morgens beim Frühstück und deutete auf die Zeitung. »Die Alliierten brechen durch. Ich denke, dieser Krieg wird nun endlich bald zu Ende sein!«

Emma war am 8. Mai in Leeds. Es war V-Day in England. An jenem Abend aß sie mit Winston und Charlotte, und sie tranken zwei Flaschen Champagner. Zum erstenmal seit sechs Jahren konnte Emma wieder frei atmen. Ihre Söhne waren gesund, ihre Schwiegersöhne und die Söhne ihrer Brüder und besten Freunde, Blackie und David. Emma war zutiefst dankbar.

Und allmählich kam einer nach dem anderen heim.

»Ich komme nur vorbei, um dir zu gratulieren«, sagte Blackie O'Neill und lief mit großen Schritten in das Wohnzimmer von Pennistone Royal. »Winston sagte mir soeben, daß die Yorkshire

Consolidated Newspaper Company die Kontrolle über die *Yorkshire Morning Gazette* übernommen hat. Du hast also gesiegt.«

Emma lächelte schwach. »Ja. Aber du wußtest doch immer, daß ich siegen werde, nicht wahr?«

»Ja, in der Tat, Mavourneen. Aber wie hast du es fertiggebracht, Emma? Ich bin schrecklich neugierig.«

»Mit Geduld, ja, und wohl auch dank ihrem schlechten Anzeigenaufkommen. Meine Zeitungen sind die erfolgreichsten in Yorkshire und haben langsam aber sicher die Auflage der *Gazette* ruiniert. Edwin Fairley ist kein guter Geschäftsmann. Er hätte allein beim Gericht bleiben sollen. Wie ich höre, soll er sogar erleichtert sein, daß er die Last mit der Zeitung los ist?«

»Ja, ich weiß, Mavourneen«, sagte Blackie und dachte: »Wie recht sie hat. Aber Edwin Fairley ist aus anderen Gründen erleichtert... Merkwürdig, daß ihr das nie in den Sinn kommt.«

»Entschuldige, Blackie«, unterbrach Emma seine Gedanken. »Ich muß nach Paula sehen. Es wird Zeit für sie, zu essen. Aber ich bin gleich wieder da.«

Blackie nickte und folgte ihr hinaus auf die Terrasse. Er sah ihr nach, wie sie in den Garten eilte und bei dem kleinen Teich mit den Seerosen stehenblieb. Emma war schlank wie immer, und in der Entfernung, in ihrem Sommerkleid, dem duftigen, inzwischen etwas heller gewordenen rostrotem Haar, schien sie ihm immer noch das junge Mädchen zu sein, dem er vor vielen, vielen Jahren im Moor begegnet war. Er dachte an die kleine Dienstmagd in Fairley Hall, und ein träumerisches Lächeln huschte über sein Gesicht. Beinah ein halbes Jahrhundert ist vergangen, und soviel ist geschehen, Dinge, die er nie für möglich gehalten hätte. Wie vielfältig das Leben doch war. Und Emma blieb für immer – unbezähmbar und bezaubernd, jetzt wie damals. Er sah, wie sie dem Kind über den Kopf strich, und ihr Gang war aufrecht, als sie zu ihm zurückeilte.

»Du bist zweifellos die verliebteste Großmutter, die ich kenne«, bemerkte er kichernd. »Und das Kleinchen, na, sie ist ja dein Schatten geworden.«

»Ich glaube, andere Menschen halten uns für ein seltsames Paar, die alte Frau und das fünfjährige Mädchen. Aber wir verstehen einander.« Sie wendete sich um und sah zu dem Kind hinüber. Ihr Gesicht wurde weich und zart. »All meine Träume und Hoffnungen sind in ihr, Blackie. Sie ist meine Zukunft.«

6. TEIL

DAS TAL

1968

Und doch, obwohl die Szenen wohl durchdacht,
geschickt geplant sind
und nicht den Fall des letzten Vorhangs hindern kann,
Steh ich allein.
Denn alles sonst ist von Pharisäern
in Morast gezogen.
Es ist kein Kinderspiel, das Leben zuende zu leben.

BORIS PASTERNAK
Doktor Schiwago

50

In dem schönen Wohnzimmer von Pennistone Royal saß Emma
an ihrem Schreibtisch und sah noch einmal die Dokumente durch,
die vor ihr lagen. Endlich nickte sie befriedigt, legte die Papiere in
ihre Aktentasche und stellte sie neben den Tisch. Mit einem
kleinen Lächeln auf den immer noch vollen Lippen ging sie zu
einem kleinen Tisch, wo sie sich einen Sherry eingoß. Sie ging
damit zum Kamin, um ihre kalten Glieder zu wärmen.

Emma Harte Lowther Ainsley war achtundsiebzig Jahre alt.
Ende April, in einem Monat, würde sie ihren neunundsiebzigsten
Geburtstag begehen. Und trotz der Jahre waren ihre feinen Züge
so lebhaft, klar und anziehend wie in ihrer Jugend. Ihr Haar
schimmerte inzwischen wie reines Silber und lag in leichten
Wellen um ihr ovales Gesicht. Die unvergleichlichen grünen
Augen schienen ein wenig kleiner, umrandet von feinen Falten,
aber sie übersahen noch immer nicht die geringste Kleinigkeit. Ihr
Gesicht war von Zügen geprägt, und Altersfalten gruben ihre
Linien in den Hals; ihre Figur jedoch hatte sich nicht verändert,
und ihre elfenbeinfarbene Haut mit dem rosigen Schimmer war so
durchsichtig wie damals, als sie eine junge Frau war. Jeder Mensch
schätzte sie auf Anfang sechzig, ohne daß sie irgend etwas dafür
tat, denn Emma war nie eitel gewesen.

An diesem Abend trug sie ein elegantes schwarzes Chiffonkleid
von Balmain, lose geschnitten wie ein Kaftan mit langen weiten
Ärmeln. Smaragde warfen grüne Lichter auf Hals, Ohren und ihre
schmalen Handgelenke und Finger. In den letzten zehn Jahren
hatte sie eine andere Schönheit erlangt, eine Schönheit, die herb
und majestätisch war. Selbst ihre Feinde gaben zähneknirschend
zu, daß sie die außergewöhnlichste Frau ihrer Zeit war. Elf Jahre
älter als das Jahrhundert gab es nichts, das sie nicht erlebt und
erfahren hatte. Sie war eine lebende Legende.

Emma nahm einen Schluck Sherry, stellte das Glas auf das Kaminsims und sah nachdenklich ins Feuer. Sie überdachte den Abend, der vor ihr lag. Ihre Kinder und Enkel waren alle gekommen, nachdem sie sie nach Pennistone Royal gerufen hatte, angeblich für ein Familien-Wochenende nach ihrer Rekonvaleszenz von der überstandenen Lungenentzündung. Aber in Wirklichkeit waren sie hier, weil sie heute das, was sie in den letzten Wochen geplant und ausgearbeitet hatte, mitteilen wollte. Ihre grünen Augen umdüsterten sich, als sie an ihre Kinder dachte, oder besser, an die ersten vier, die sie geboren hatte: Edwina, Kit, Robin und Elizabeth. Die Verschwörer – auf der Tat ertappt, aber bis jetzt nicht ahnend, daß sie ihre Falschheit und Unehrlichkeit erkannt hatte.

Als ihre Sekretärin Gaye ihr damals im Januar in New York die Verschwörung ihrer Kinder enthüllte, war Emma bis ins Innerste getroffen. Aber wie stets hatte sie auch diesmal ihren Verstand über ihre Gefühle gestellt. Objektiv und unsentimental durchschaute sie alles und handelte sofort. Während sie immer noch in ihr böses, falsches Spiel verstrickt waren, war Emma bis zum Ziel gegangen. Wie immer, wenn ihr jemand in den Weg trat. Jetzt waren sie machtlos!

Traurig schüttelte Emma den Kopf. Nach dem Sieg über die *Yorkshire Morning Gazette* hatte sie vor zwei Jahren das Schwert begraben. Sie fand es traurig, daß ihre Kinder sie zwangen, es wieder aufzuheben, um all die Menschen, die ihr treu zur Seite gestanden hatten, zu schützen. Die Szene, die sie heute abend spielen würde, war gewiß kein Genuß für Emma. Aber die Konzerne, die Geschäfte und die Dynastie, die sie begründet hatte, mußten erhalten bleiben!

Die Tür öffnete sich, und Paula trat ein. Trotz des liebevollen Lächelns, mit dem ihre Großmutter sie begrüßte, wußte Paula sofort, als sie ihr in die Augen sah: Sie hat etwas vor. Nein, dieses Wochenende war aus anderen Gründen geplant worden, als sie vorgegeben hat! Sie ist zu einem Kampf gerüstet. Ich kenne diesen Blick in ihren Augen nur zu gut.

»Du siehst erstaunlich aus, Granny, einfach umwerfend«, rief Paula und küßte Emma. Ihre Bewunderung war aufrichtig. »Du wirst sie blenden – in diesem Kleid und mit deinen schönsten Juwelen.«

Emma sah ihr Lieblingsenkelkind an, und ihre Augen wurden

zärtlich. Paula trug ein tiefblaues seidenes Kleid, das die Farbe ihrer Augen betonte und ihre Haut noch durchsichtiger erscheinen ließ. Das kohlschwarze Haar lockte sich um das schöne Gesicht. Sie wirkt so zerbrechlich, dachte Emma gerührt. Aber sie sagte: »Du siehst hinreißend aus, Paula, wie ein Fliederzweig.«

»Danke dir, Granny«, Paula ging zu dem kleinen Tisch und füllte ihr Glas mit Weißwein. »Aber warte nur, bis du Emily siehst. In deinem roten Chiffonkleid mit deinen Diamant-Ohrringen... ich habe vorhin gesehen, wie ihre Mutter sie ansah – ziemlich eifersüchtig.«

»Elizabeth war immer schon habgierig wie eine Elster«, sagte Emma trocken und trank noch einen Schluck Sherry. »Ich vermute, sie haben sich inzwischen alle versammelt und warten da unten auf mich. Neugierig, was die rätselhafte alte Frau vor hat.« Sie lachte ironisch. »Ich bin überzeugt, sie dachten, diesmal gehe ich hinüber. Aber noch sehe ich mir die Blumen nicht von unten an, und es wird noch lange dauern, bis es soweit ist.«

Paula erwiderte: »Ja, sie stehen im großen Salon herum, wo Onkel Blackie Hof hält. Es scheint nicht möglich, daß er zweiundachtzig ist – und er sieht aus, hmmm! Ein Wunder, was?«

»Ja, wahrhaftig«, sagte Emma. Ihr wurde warm ums Herz, als sie an Blackie dachte. Seit vierundsechzig Jahren waren sie nun schon die besten Freunde; und er war immer da, wenn sie ihn brauchte. »Mein liebster Freund«, fügte sie hinzu, und dann: »Ist Jim auch schon da?«

»Ja. Die Tanten und Onkel sahen völlig verdonnert aus: ein *Fairley* in diesem Haus, und noch dazu bei einem Familientreffen. Vor allem Onkel Robin.«

»Das wundert mich nicht. Er schätzt Jim nicht, weißt du. Er meint, ich habe Jim zuviel Macht im Zeitungskonzern eingeräumt anstatt ihm. Seit Onkel Robin Parlamentsmitglied für South-East Leeds ist, meint er, meine Zeitungen vor seine Wahlkampagnen spannen zu können. Aber ich bin nicht seiner politischen Meinung, und darum kann ich es nicht tun.«

»Robins politische Philosophie und sein Lebensstil sind ziemlich konträr«, bemerkte Paula. »Er ist ein Opportunist, wenn du meine Meinung hören willst.«

Emma warf den Kopf zurück und lachte laut. »Du bist heute abend so bissig, wie ich dich gar nicht kenne, Liebling. Aber genug von Robin. Hat Jim mit deinem Vater gesprochen?«

»Er spricht eben mit ihm. Sie sind zusammen in der Bibliothek. Jim möchte dich vor dem Essen gern unter vier Augen sehen, Granny. Ist es dir recht?«

»Natürlich. Er kann in Kürze kommen; ich möchte nur noch vorher deine Tante Edwina sehen, aber was ich ihr zu sagen habe, braucht nur ein paar Minuten. Und jetzt komm, Liebling, setz dich noch ein wenig zu mir. Ich bin nicht in Eile, hinunterzugehen.« Sie lächelte maliziös. »Laß sie nur warten.«

Paula setzte sich zu Emma aufs Sofa. Ihre veilchenfarbenen Augen, so sehr wie die von Paul McGill, umwölkten sich. »Ist irgend etwas, Granny? Du sprichst so – ernst.«

»Nein«, sagte Emma. »Sieh mich nicht so entsetzt an.« Sie nahm Paulas lange schmale Hand in ihre kleine, kräftige, und ihr Blick glitt forschend über das Gesicht ihrer Enkelin. »Du bist jetzt sehr glücklich, nicht wahr?«

»O Granny, ich kann gar nicht ausdrücken, *wie* glücklich ich bin! Wahnsinnig glücklich! Ich liebe Jim so sehr. Und ich danke dir, daß du deine erste Entscheidung rückgängig gemacht und uns die Erlaubnis zur Heirat gegeben hast. Du hast dadurch mein ganzes Leben verändert, mir das gegeben, das einzige, was ich wirklich und wahrhaftig haben wollte.«

»Ich bin sehr, sehr froh, mein Liebling«, flüsterte Emma. »Dein Glück ist für mich auch wichtiger als alles andere auf der Welt. Wie ich dir gestern schon sagte: Ich kam zu dem Schluß, es ist dumm und sogar böse, den Stolz und die Bitterkeit einer alten Frau über dein Glück zu stellen.« Sie zog Paulas Kopf näher und sah ihr in die glückstrahlenden Augen. »Seit ich vierzehn Jahre war, haben die Fairleys mein Leben mit Leid und Schmerzen erfüllt. Nun wird der letzte Fairley es mit Freude erfüllen.« Emma schüttelte versonnen den Kopf. »Es ist so seltsam, da habe ich alles getan, um meine Kinder vor der Familie Fairley zu beschützen, sie ihrem Wirkungskreis fernzuhalten, und es kam mir nie in den Sinn, auch meine Enkelkinder vor ihnen zu schützen, vor allem dich. Wahrscheinlich weil es – außer Jim – keinen Fairley mehr gibt.«

»Und dennoch hast du ihm den Job in deinem Zeitungskonzern gegeben, Granny.«

Emma lächelte etwas verlegen. »Ja, das hab' ich getan. Ich muß zugeben, als er sich um den Posten bewarb, geriet ich aus dem Gleichgewicht. Was mir nicht so leicht passiert ... Aber dann war meine Neugier stärker als der alte Haß. Ich wollte mir selbst ein Urteil bilden, was für ein Mensch er ist. Als er zu mir kam, beeindruckte mich seine Fähigkeit, trotz aller Vorurteile. Ich wußte, er ist der richtige Mann, der beste von allen Kandidaten. Es wäre Selbstbetrug gewesen, ihm – und mir die Chance nicht zu geben! Ich gebe allerdings zu, daß es mir auch große Befriedigung verschaffte, daß jetzt ein Fairley für *mich* arbeitet. Aber selbst in meinen wildesten Fantasien habe ich nie daran gedacht, daß ihr beide auch begegnen würdet, vor allem, da du mit den Verlagen der Harte-Konzerne nichts zu tun hast.« Emma strich ihr über die schwarzen Locken. »Wie und wo habt ihr euch kennengelernt? Das habe ich mich schon oft gefragt.«

»Nicht in Leeds, Granny, wenn dich das etwas tröstet...«

Emma unterbrach sie: »Liebling, ich brauche keinen Trost mehr, ich bin ja nur froh, daß alles so gekommen ist. Ich möchte nur wissen – alte Menschen sind neugierig, Schatz –, wie es geschah.«

»Ja, Granny, also nicht in Leeds, sondern in einem Flugzeug, als ich aus Paris kam, wo ich mir die Modeschauen für die Kaufhäuser angesehen habe und ein bißchen Ferien machte.« Paula lächelte in der Erinnerung. »Ich fiel ihm schon am Flughafen auf, und er tat alles, um den Platz neben mir zu bekommen. Ich bemerkte ihn sofort und fühlte mich sehr stark zu ihm hingezogen. Als er mir dann allerdings seinen Namen sagte und erzählte, für wen er arbeitet, bekam ich beinah einen Herzanfall. Es war kein großes Geheimnis, daß du dein Leben lang die Fairleys gehaßt hast, und ich wußte, daß du nie damit einverstanden sein würdest, wenn ich mit ihm ausginge. Ein Fairley als dein Angestellter ist etwas anderes als ein Fairley als Bewerber um deine Enkelin.«

Emma sah Paula durchdringend an. »Du bist aber trotzdem mit ihm ausgegangen?« Sie lächelte zärtlich. »Aber schließlich bist du genauso eigensinnig und willensstark wie ich.«

»Wenn ich zurückdenke, meine ich, ich verliebte mich in Jim, als ich ihn das zweitemal sah. Er lud mich für den nächsten Abend zum Essen ein. Ich wußte zwar, daß ich es nicht tun dürfte, mir deinen Zorn zuziehe – aber ich konnte einfach nicht anders. Ich wollte ihn wiedersehen! Und Jim wußte nicht, wer ich bin. Ich machte ihm nur unklare Andeutungen. Wir aßen im ›Mirabelle‹, und dein Lieblingskellner, Louis, erkannte mich. Natürlich machte er gleich ein Riesentheater und sang dein Loblied in den höchsten Tönen. Er wollte wissen, wann du wieder in der Stadt bist und ins ›Mirabelle‹ kämest. Nun wurde Jim natürlich neugierig und wollte wissen, wer meine berühmte Großmutter ist.«

Als Emma sich die Szene vorstellte, mußte sie lachen. »Und was hast du ihm erzählt?«

»Eigentlich war es ziemlich – frech. Ich konnte aber einfach nicht widerstehen zu sagen: ›Meine Großmutter ist Aufsichtsratsvorsitzende der Yorkshire Consolidated Newspaper Company und Ihr Chef.‹ Jim fiel fast vom Stuhl. Er starrte mich zunächst sprachlos an, und dann stellte er fest, daß er sich eigentlich so etwas hätte denken müssen, denn wir haben beide den gleichen Haaransatz wie eine Witwenschneppe. Er sagte: ›Ihre Großmutter muß so ausgesehen haben wie Sie, als sie jung war.‹ Ich weiß, daß du keine große Ähnlichkeit zwischen uns feststellen kannst. Aber ich! Ich habe mir doch all deine alten Fotos angesehen, als du jung warst, und die Ähnlichkeit besteht tatsächlich.«

»Dein Onkel Blackie behauptet das auch. Aber ich bin nicht so sicher. Vielleicht weil ich immer noch davon überzeugt bin, daß du deinem Großvater nachkommst. Nun gut, was passierte dann nach dem Essen?«

»Gegen mein besseres Wissen traf ich mich immer wieder mit Jim. Ich konnte ihm nicht widerstehen – und er mir nicht«, fügte sie scheu hinzu. »Aber als mir klar war, wie ernst Jim es meinte, zog ich mich zurück. Den Rest der Geschichte kennst du.«

»Dann war es also eine schicksalhafte Begegnung. Du hättest Jim kennengelernt, ob er für mich arbeitete oder nicht. Da sieht man es mal wieder: Nicht einmal ich kann *alles* beherrschen . . .« Sie lachte glücklich und schloß ihre Enkelin in die Arme.

»Jim ist mein Schicksal – und ich bin seines«, sagte Paula ernst.

Emma sah Paula erschreckt an. »Seltsam, daß du das sagst. Dein Großvater hat mir vor fünfzig Jahren gesagt, daß ich *sein* Schicksal sei.«

Es klopfte, und die Tür flog auf. Edwina kam mit einem Glas Scotch in der Hand ins Zimmer. »Du wolltest mich sprechen, Mutter«, sagte sie kalt und nickte Paula kurz zu.

»Ja, Edwina. Du hast bereits einen Drink, also komm und setz dich. Bitte entschuldige uns, Paula, Liebes. Sag Jim, ich werde ihn bald zu mir bitten.«

»Ja, Granny«, flüsterte Paula und verließ das Zimmer.

Edwina, Dowager Countess of Dunvale, schritt majestätisch durch den Raum und ließ sich Emma gegenüber nieder. Sie konnte ihre Abneigung nur schlecht verbergen.

Emma musterte Edwina, und plötzlich fiel ihr auf, daß Adele Fairley – wäre sie so alt geworden wie Edwina – genauso ausgesehen hätte. Edwina war zweiundsechzig, und sie hatte sich nicht so gut gehalten wie ihre Mutter. Ihr Haar war zwar immer noch wie gesponnenes Silber – aber dieses Silber kam jetzt aus einer Flasche. Und die früher so bezaubernden silbergrauen Augen waren trüb unter schweren Lidern.

»Was für ein schönes Kleid, Edwina«, sagte Emma, trank einen Schluck von ihrem Sherry und betrachtete ihre älteste Tochter über den Rand des Glases.

»Warum wolltest du mich sprechen, Mutter?« fragte Edwina mit eiskalter Geringschätzung. »Gewiß nicht, um mir Komplimente über mein Kleid zu machen.«

»Du hast vollkommen recht«, sagte Emma mit einem schwachen Lächeln. Auch das Alter hatte Edwina nicht warmherziger werden lassen, dachte sie. »Darf ich eine Frage stellen, ehe ich deine beantworte? Warum hast du meine Einladung angenommen?«

»Einladung?« rief Edwina aus, ihre Augen wurden noch feindseliger. »Wie immer war es ein Befehl, Mutter. Und niemand von uns wird je wagen, deinen Befehlen nicht zu gehorchen, oder? Du ludest auch Anthony ein, und als ich es ihm sagte, bestand er darauf zu fahren.« Edwina warf Emma einen finsteren Blick zu. »Mein Sohn betet dich an. Weder die Wünsche seiner Mutter noch zehn Pferde hätten ihn von dieser kleinen – Versammlung zurückhalten können. Er macht sich auch Sorgen um deine Gesundheit. Und da ich meinen Sohn liebe, habe ich nachgegeben. Und wenn du die Wahrheit wissen willst, Mutter, dann bitte: Mein Mann ist ein Mensch, der eine Familie achtet; Jeremy war es, der mich überredet hat zu kommen!«

»Nun, wie dem auch sei«, sagte Emma, »ich wollte dich jetzt allein sehen, um dir etwas Wichtiges zu sagen. Ich möchte mit dir über deinen Vater sprechen.«

»Ich kann mir nicht vorstellen, was du über *ihn* zu sagen hättest. Er sitzt unten und benimmt sich wie der Herr des Hauses. Ich kann überhaupt nicht begreifen, wie du so taktlos sein kannst, ihn hier zu haben, wenn ich anwesend bin, ich und mein Sohn, der zudem noch ein Peer ist. Der unerträgliche Mann könnte mich in Verlegenheit bringen, wenn ich nicht annehmen müßte, daß es dir Spaß macht, wenn du siehst, wie Menschen sich zu deinen Füßen winden, nicht wahr? Du liebst es, Menschen zu manipulieren!«

»Du hast mich nie gut gekannt, Edwina«, seufzte Emma. »Und es gibt keinen Grund, warum Blackie O'Neill dich in Verlegenheit bringen sollte, denn er ist nicht dein Vater.«

Edwinas Augen wurden schmal, sie ließ das Glas sinken. Dann schrie sie: »Aber *sein* Name steht auf *meiner* Geburtsurkunde!«

»Das stimmt. Aber aus anderen Gründen. Blackie war mein einziger Freund, als ich sechzehn war, kaum einen Penny besaß und dich unter meinem Herzen trug. Er bat mich, ihn zu heiraten – ich glaube, weil er ein so unglaublich treuer Freund ist. Ich lehnte ab. Dann bestand er darauf, daß ich seinen Namen ins Register eintragen sollte, denn er wollte nicht, daß du später unter dem Stigma ›Vater unbekannt‹ leiden mußtest. Und er meinte, es würde uns etwas Schutz geben, was in der Tat so war.« Emma dachte daran, wie seine Tat ihr Mut gegeben hatte, Edwins Vaterschaft, ja sogar die Existenz seiner Tochter vor Gerald Fairley zu leugnen.

»Dann bitte: Wer war oder ist mein Vater?«

»Dein Vater war Edwin Fairley.«

Edwina sprang auf. »Meinst du *den* Sir Edwin Fairley, den Kronanwalt? Den berühmten Strafverteidiger, der im vorigen Jahr starb? Einer der Fairleys aus Fairley Village?«

»Ja, den«, sagte Emma; sie war erleichtert, daß endlich die Wahrheit ausgesprochen war.

»Großer Gott!« Emma ließ sich wieder in den Sessel fallen und nahm einen großen Schluck Whisky. Dann sagte sie: »Warum hast du mir das damals nicht gesagt, als ich dir die Kopie meiner Geburtsurkunde zeigte?«

»Falls du dich erinnern solltest: Du gabst mir überhaupt keine Gelegenheit zu einer Erklärung. Du bist sofort zu Cousine Freda geflohen. Aber ich weiß nicht, ob ich dir damals gesagt hätte, wer dein Vater ist. Vielleicht – aber ich bin nicht sicher. Die Familie Fairley hat mir sehr viel Leid zugefügt. Herzeleid! Und ich wollte nicht, daß auch du darunter leidest.«

»Und warum jetzt? Warum sagst du es mir ausgerechnet heute?«

»Weil ich heute Paulas Verlobung mit Jim Fairley, dem einzigen

Enkel deines Vaters, bekanntgeben werde. Er wird ein Mitglied dieser Familie, und du bist seine einzige lebende Verwandte. Seine Eltern starben 1948 bei einem Flugzeugabsturz. Ich dachte, er muß wissen, daß du seine Tante bist. Und ich will heute ein für allemal reinen Tisch machen.« Emma sah nachdenklich ins Feuer. Erst nach einigen Minuten raffte sie sich wieder auf und sprach weiter: »Ich will, daß Paula und Jim ihren gemeinsamen Lebensweg in aller Klarheit antreten. Ohne jeden Schatten aus der Vergangenheit; keine alten Geheimnisse. Aber abgesehen davon, meine ich, ich bin auch dir die Wahrheit schuldig, Edwina. Sie ist längst überfällig.«

Die Untertreibung des Jahres, dachte Edwina bitter. Endlich sagte sie langsam: »Edwin Fairley war ein kluger, ein brillanter Anwalt, im ganzen Land berühmt. Und vor allem, er war ein Gentleman. Er hatte Rasse und eine Reihe berühmter Ahnen. Ich schäme mich nicht, ihn als meinen Vater anzuerkennen. Du kannst es Jim sagen, wenn du willst. Ja, wenn ich es recht überlege, möchte ich sogar, daß du es tust!«

»Vielen Dank, Edwina.«

Edwina erhob sich.

»Ich wünschte, du wärest schon vor vielen Jahren ehrlich zu mir gewesen, Mutter. Dann hätte sich zwischen uns vielleicht manches anders entwickelt.«

Das bezweifle ich entschieden, dachte Emma, aber sie sagte: »Vielleicht hast du recht.«

Edwina ging wortlos zur Tür, aber Emma bemerkte den zufriedenen Ausdruck in ihrem Gesicht. Sie ist ein so entsetzlicher Snob, dachte sie. Daß sie unehelich geboren wurde, macht ihr jetzt nichts mehr aus, nachdem sie weiß, daß ihr Vater ein berühmter Mann mit einer ›Ahnenreihe‹ ist. Emma rief ihr nach: »Bitte Jim, er möge zu mir kommen.«

Es dauerte kaum zwei Minuten, bis Jim Fairley eintrat. Emma richtete sich auf und lächelte ihn freundlich an. Jim war dreißig, mindestens 1,80 Meter groß mit breiten Schultern und schmalen Hüften. Sein Gesicht war feingeschnitten, sehr sensibel, aber sein Mund war voll und sinnlich. Diese Lippen betonten die fast asketischen Züge und die beseelten graublauen Augen. Er trug das hellbraune Haar, das von blonden Strähnen durchschimmert war, etwas länger als die Mode es vorschrieb, aber seine Erscheinung war von makelloser Eleganz – bis zu den handgearbeiteten

Schuhen. Er war das Abbild des englischen Gentleman. Emma dachte, er ist aus einer versunkenen Ära in die Gegenwart getreten. Sie mußte an die großartigen Dinners in Fairley Hall denken, die Olivia Wainright 1904 mit vollendeter Eleganz dort zu geben pflegte. Und Jim sieht genauso aus wie Edwin, als er um die dreißig war. Aber als er sich über ihre Hand neigte, berichtigte sie sich. Nein, James Arthur Fairley war die Reinkarnation seines Urgroßvaters Adam.

Den Bruchteil einer Sekunde lang zitterte Emmas Hand, aber schon wischte sie das seltsame Gefühl des déjà vu beiseite und sagte mit sanfter Stimme: »Guten Abend, Jim. Willkommen in meinem Haus. Willkommen in meiner Familie.«

Jims Lächeln war offen und warmherzig. Er verehrte diese majestätische alte Dame, und seine Bewunderung spiegelte sich unverhüllt in seinen Augen. »Guten Abend, Mrs. Harte. Ich danke Ihnen sehr. Ich fühle mich tief geehrt, ein Mitglied Ihrer Familie zu werden und in Ihrem Haus weilen zu dürfen.« Er hielt immer noch ihre Hand und sah ihr in die Augen. »Ich liebe Paula von ganzem Herzen, und ich werde ihr ein guter Mann sein.«

»Ja, ich glaube Ihnen, Jim«, sagte Emma. »Ich höre von Paula, daß Sie mich sprechen wollen.«

»Ja, Mrs. Harte. Aber – zunächst: Ich habe hier etwas für Sie.« Er nahm eine kleine silberne Schachtel aus der Tasche und gab sie ihr.

Emma sah zu ihm auf. »Was kann das sein?«

»Öffnen Sie sie bitte«, sagte Jim.

In dem Kästchen lag ein seidenes, vergilbtes Taschentuch, so sorgsam zusammengelegt, daß die Initialen E. F. klar zu sehen waren, und ihre Hände zitterten, als sie es auseinanderschlug. Sie hielt den Atem an, als sie auf den Stein sah, der in dem seidenen Tuch lag. Es war der flache Kiesel, den sie und Edwin damals in der Höhle auf dem »Gipfel der Welt« fanden, auf den das Miniaturporträt einer Frau gemalt war. Das Bildnis war unglaublich gut erhalten, die Farben so lebendig wie damals – vor einem halben Jahrhundert. Sie nahm den Stein heraus, sah ihn lange nachdenklich an, dann hob sie den Blick zu Jim.

»Mein Großvater gab ihn mir am Tag, als er starb«, sagte Jim. »Er wollte, daß Sie ihn haben.«

Edwin Fairley hatte sie doch nicht vergessen. Auf dem Totenbett sogar waren seine Gedanken bei ihr gewesen.

»Mrs. Harte, ich glaube, ich muß Ihnen etwas erklären. Mein Großvater wußte von meiner Beziehung zu Paula. Ich stellte sie ihm in seinem Haus in Harrogate vor. Damals konnte ich nicht verstehen, warum er sie ansah, als hätte ein Geist das Zimmer betreten. Nun – im Laufe der Zeit begann er sie zu lieben, und er war sehr, sehr glücklich über unseren Wunsch zu heiraten. Es schien ihm neue Kraft zu schenken. Er sagte, es sei sein letzter Wunsch, daß wir heiraten, Paula und ich.«

Jim zündete sich eine Zigarette an und fuhr fort: »Dann brach Paula plötzlich mit mir, sagte, daß Sie nie einen Fairley in Ihrer Familie dulden würden, daß Sie uns haßten. Aber Paula wußte nicht warum, sie konnte es nicht verstehen; aber sie sagte, sie würde Ihnen nie einen Schmerz zufügen, nie in ihrem Leben. Ich diskutierte mit ihr, flehte sie an, mit Ihnen zu sprechen, mich Ihnen vorzustellen. Aber schon bei diesem Vorschlag wurde sie beinah hysterisch. So blieb mir nichts anderes übrig, als sie zur Ruhe kommen zu lassen und zu hoffen, daß sie ihren Sinn ändern würde. Sie tat es nicht, wie Sie wissen.«

Emma nickte. »Und das alles haben Sie Ihrem Großvater erklärt?«

»Ja. Ich bat ihn oft, mir zu helfen, Licht in dieses Geheimnis zu bringen. Er verweigerte es jedesmal. Ich wußte, daß Sie ihm 1950 die *Gazette* aus den Händen genommen hatten, und fragte ihn, ob Ihr Haß gegen unsere Familie irgendwelchen geschäftlichen Motiven entsprang. Wieder verweigerte er mir die Antwort, ja, er lehnte sogar ein Gespräch über Sie ab. Es schien abwärts mit ihm zu gehen, als Paula mich verließ. Er hat mich aufgezogen, wissen Sie, und wir standen einander sehr nah; aber jetzt konnte sogar ich ihn nicht mehr erreichen. Er wurde immer zerbrechlicher, und eines Tages im Dezember vergangenen Jahres ließ er mich kommen. Ich glaube, er wußte, daß er starb...«

»Und er gab Ihnen diesen Stein, damit Sie ihn mir bringen«, unterbrach ihn Emma. »Und dann hat er Ihnen die ganze Geschichte erzählt, ja? Er sprach von mir und von allem, was zwischen ihm und mir vorgefallen ist – als wir sehr jung waren«, schloß sie mit schwacher Stimme.

»Ja, er sagte mir alles. Er sagte auch, er habe es sein Leben lang bereut, nun blieb ihm nur zu hoffen, daß Sie ihm vergeben und uns Ihren Segen erteilen. Täten Sie das jedoch nicht, dann sollte ich Ihnen diesen Stein bringen. Und er fügte hinzu, es sei wichtig für Sie zu wissen, daß es das Bild Ihrer Mutter sei – nicht das von Olivia Wainright, wie er damals, als er den Stein fand, dachte.«

Jim schwieg und sah sie an. Er bemühte sich, ihre Gefühle zu erfassen, aber ihr Gesicht war eine undurchschaubare Maske.

Aber eigentlich war Emma von dieser Enthüllung gar nicht überrascht. »Ich dachte mir, es ist meine Mutter«, flüsterte sie zärtlich. »Ich glaube, ich habe es von der ersten Sekunde an gewußt. Adam Fairley hat es gemalt, nicht wahr?«

»So ist es. Großvater brachte seinem Vater den Stein, als Tante Olivia gestorben war, denn er dachte, es sei das Bild seiner verstorbenen Frau. Offenbar hatte Großvater ihn schon früher einmal Adam geben wollen, aber er nahm ihn nicht. Mein Urgroßvater erklärte mir dann, warum. Er sagte, es sei ein Bildnis Ihrer Mutter, und Großvater und Ihre Mutter wären in ihrer Jugend – befreundet gewesen.«

Emma nickte. »Das habe ich schon seit langem gedacht – daß zwischen ihnen eine Freundschaft bestand.«

Jim holte tief Atem. »Ihre Mutter und mein Urgroßvater waren mehr als Freunde, Mrs. Harte. Sie haben einander geliebt.«

Emmas Finger krallten sich um den Stein. »Sind Sie sich dessen sicher, Jim?«

»O ja. Urgroßvater hat es damals meinem Großvater sehr behutsam und sehr klar erzählt. Adam verliebte sich in Ihre Mutter Elizabeth, und sie liebte Adam. Sie wurde schwanger von Adam und lief aus Fairley fort. Ein paar Wochen später fand er sie in Ripon. Sofort wollte er seine Offizierskarriere aufgeben – trotz seines Vaters – und mit Ihrer Mutter nach Amerika auswandern. Es war zu spät. Sie hatte eine Fehlgeburt. Adam wußte nicht, ob es eine natürliche Fehlgeburt war oder durch einen Quacksalber oder irgendeine Hebamme eingeleitet. Elizabeth war sehr krank. Sie ist beinah daran gestorben. Und sie gab Adams Vorschlag, mit ihm zu fliehen, nicht nach. Als sie sich endlich erholte und nach Fairley zurückkehrte, heiratete sie Ihren Vater, Jack Harte. Und sie hat den Namen Adam Fairley nie wieder ausgesprochen.«

Entsetzliche Traurigkeit überkam Emma. Ich habe es immer gewußt, dachte sie. Darum habe ich auch Adam Fairley so sehr gehaßt. Aber *wie* konnte ich es wissen? Habe ich als Kind einen Streit gehört? Klatsch im Dorf? Sie fand keine Antwort.

Jim setzte sich neben sie auf das Sofa und nahm ihre Hand. »Ich hoffe, daß ich Sie nicht aufgeregt habe, Mrs. Harte, alte Wunden aufgerissen, Ihnen wehgetan. Ich dachte nur, Sie müßten wissen, daß Großvater mir alles anvertraut hat. Und ich wollte, daß Sie den Stein haben.«

»Nein, Sie haben mich nicht aufgeregt, Jim. Ich bin froh, daß Sie so handelten. Ich habe meine Mutter sehr geliebt, und – ich besitze kein Foto von ihr. Dieser Stein wird mir ein Schatz, eine große Kostbarkeit sein. Nein, bitte sprechen Sie weiter. Ich bin sicher, Sie haben noch mehr zu sagen.«

»Ja. Als Großvater mir den Stein für Sie gab, sagte er, daß die Männer der Fairleys von den Harte-Frauen immer gefährlich angezogen wurden, aber noch nie hätte sich ein Fairley mit einer Harte in Liebe verbunden. ›Verflucht durch die verschiedenen Umstände unserer Geburt‹ sagte er. Und ›Bitte Emma, diesem Fluch ein Ende zu setzen. Sag' ihr, sie möge dieser Generation das Glück zuteil werden lassen, das ihr und mir verwehrt war, das ihrer Mutter und meinem Vater verwehrt war. Sag ihr, daß sie ihr Gewissen befragen soll; es wird ihr sagen, sie muß dieses Geschick beenden. Sag ihr, sie ist es, sie allein, die nun endlich unsere beiden Familien durch die heilige Ehe vereinen kann.‹ Er flehte mich an, Mrs. Harte. Und ich schwor ihm, seinen letzten Wunsch zu erfüllen.«

Emma nahm Jims Hand in ihre, und ihre Augen, so alt und weise, waren feucht. »Warum bist du nicht schon früher zu mir gekommen, Jim? Dein Großvater ist schon drei Monate tot.«

»Ich wollte im Januar zu Ihnen kommen, aber damals reisten Sie mit Paula völlig unerwartet nach Amerika. Als Sie wiederkamen, wurden Sie krank. Ich hatte vor, mit Ihnen zu sprechen – vor wenigen Wochen –, aber Sie waren zu beschäftigt, und es war erst sehr kurz nach Ihrer Krankheit.« Er lächelte. »Und dann kamen Sie plötzlich auf mich zu – aus heiterem Himmel – und sagten, Sie seien mit unserer Heirat einverstanden, wenn Paula und ich uns noch immer liebten.«

»Ich bin sehr froh, daß ich den ersten Schritt tat«, sagte Emma. »Irgendwie – macht es mich glücklich.« Verwundert schüttelte sie den Kopf. »Seltsam, nicht wahr, daß drei Generationen von Fairley-Männern Harte-Frauen liebten und bis jetzt nie zueinanderkommen konnten – bis jetzt. Drei Generationen, Jim, das sind beinah hundert Jahre.« Sie seufzte tief. »Zu lange. Und zuviel Herzeleid. Dein Großvater war im Recht: Es muß ein Ende haben.« Sie lächelte. »Es *ist* zu Ende, nicht wahr, Jim?«

»Ja. Und ich danke Gott!« Zu Emmas Erstaunen fiel Jim vor ihr auf die Knie und nahm ihre Hände fest in seine. Er sah ihr ins Gesicht, seine Augen beinahe flehend. »Großvater bat mich noch um etwas, Mrs. Harte. Seine letzten Worte, ehe er starb, waren: ›Wenn du Emma das alles gestanden hast, möchte ich, daß du vor ihr auf die Knie fällst und diese Frau um Vergebung bittest für alles das, was die Fairleys ihr angetan haben. Sag ihr, daß ich nie aufgehört habe, sie zu lieben, keinen Tag in meinem Leben, und daß mein Leben ohne sie keinen Sinn hatte. Ein Teil von mir starb schon an dem Tag, als ich Emma im Rosengarten zurückstieß, und daß ich für meine Sünde an ihr schwer bezahlt habe.‹ Ich versprach ihm, zu tun, um was er mich bat. Trotzdem wurde Großvater plötzlich sehr erregt und ließ es mich wieder und wieder schwören. Er sagte noch mit ersterbender Stimme: ›Jim, ich werde in meinem Grab nie Ruhe finden, wenn Emma mir nicht vergibt. Flehe sie an, Jim, auf daß meine gequälte Seele in Frieden ruhen kann.‹ Dann fiel er in die Kissen zurück und lächelte ein glückliches, fast triumphierendes Lächeln und sagte mit starker Stimme: ›Emma, Emma! Ich gehe zurück auf den ›Gipfel der Welt‹.‹ Und in der Sekunde starb er – friedlich in meinen Armen.«

Mühsam hielt Emma die Tränen zurück. »Armer Edwin, armer Edwin«, flüsterte sie mit erstickter Stimme. »Ich glaube, dein Großvater hat mehr gelitten als ich.«

»Ja, das glaube ich gewiß«, sagte Jim. »Sie vergeben den Fairleys, Mrs. Harte? Und vor allem meinem Großvater?«

»Ich vergebe ihnen, Jim. Allen. Und Edwin verzeihe ich alles.« Mit leichter Hand streichelte sie Jims Gesicht. Aber es war Edwin, den sie vor sich auf den Knien sah. Ein Leben lang habe ich alles getan, um mich an dir zu rächen, dachte sie. Aber war es notwendig? Dein eigenes Gewissen hat mir dieses Werk abgenommen. Hätte ich es nur gewußt. Wieviel Schmerz, wieviel Mühen hätte ich mir erspart. Aber du wolltest mich siegen lassen. Mein Sieg war die Erlösung von deiner dich überwältigenden Schuld. *Darum* hast du so erleichtert ausgesehen, als ich dir auch noch die *Gazette* nahm. Damals wußtest du: der Kampf ist vorüber.

»Mrs. Harte, geht es Ihnen nicht gut?« fragte Jim besorgt.

Emma fuhr sich über die Augen und sah ihn gefaßt an. »Doch, mir geht es sehr gut. Aber – kannst du mir dein Taschentuch leihen? Schließlich kann ich nicht hinuntergehen und tränenüberströmt eure Verlobung bekanntgeben, nicht wahr?«

»Meinetwegen können Sie alles tun, was Sie wollen«, sagte Jim, als er ihr das Taschentuch gab.

Emma wischte sich das Gesicht ab und sagte: »Ich wollte dir heute sagen, daß ich das Kind deines Großvaters geboren habe, Jim. Ich wollte, daß du es weißt. Meine älteste Tochter, die Countess of Dunvale, ist deine Tante Edwina. Oder besser – deine Halbtante.«

»Dachte ich mir's doch, als ich sie heute abend sah«, lächelte Jim. »Sie sieht wie eine Fairley aus – Entschuldigung, wenn ich das so direkt sage.«

Emma kicherte. »Das tut sie allerdings. Früher war sie das Abbild ihrer Urgroßmutter Adele. So, und jetzt gib einer alten Frau deinen Arm und führe mich nach unten, damit ich meine Familie begrüße.«

»Es ist mir eine Ehre«, sagte Jim.

Sie saßen alle beim Essen. Emma am oberen Ende des langen Mahagonietisches in dem herrlich proportionierten Adam-Eßsaal, umgeben von ihren Kindern, deren Frauen und Männern und ihren Enkeln. Das Essen war einzigartig, die Weine erlesen, und allmählich schien jeder am Tisch entspannt, ihre Eifersüchteleien, Haßgefühle und charakterlichen Unterschiede waren hinter lächelnden Fassaden verborgen oder begraben.

Alle Clowns tragen Masken, dachte Emma, denn sie spürte die unterdrückte Spannung, obwohl sie etwas gemindert war, seit sie vor zwei Stunden am Arm von Jim Fairley erschienen war. Ihre Enkel, die sie alle aufrichtig liebten, hatten sie begeistert und liebevoll empfangen. Auch ihre Kinder waren ziemlich liebenswürdig, wenn auch etwas reserviert – außer Daisy. Emma jedoch war wie immer die vollendete anmutige Gastgeberin, ihr Gesicht undurchschaubar, obwohl sie die ganze Zeit wußte, daß die meisten Mitglieder ihrer Familie vermieden, ihr in die Augen zu sehen, sich schuldbewußt und verlegen verhielten.

Sie war sehr amüsiert, als sie sah, wie die vier Verschwörer einander mieden, auch wenn Kit und Robin, wenn sie sich unbeobachtet glaubten, bedeutsame Blicke wechselten. Während der Cocktailstunde blieb Edwina an der Seite ihres Sohnes. Die Verlobung wurde verkündet, Toasts mit Champagner ausgebracht, und trotz der Überraschung, daß Emma es fertigbrachte, einen Fairley in ihrer Familie aufzunehmen, bemühten sich ihre Kinder angestrengt, dieses Gefühl zu verbergen.

Jetzt, im flackernden Schein der vielen Kerzen, sah Emma von Zeit zu Zeit von ihrem Dessertteller auf, die grünen Augen aufmerksam unter den schweren Lidern. Sie hatte alle Trümpfe in der Hand. Die lebenslange Erfahrung im Umgang mit Menschen hatte ihre natürliche Begabung, in ihre Seelen zu schauen, geschärft. Schon seit langem kannte sie die Fähigkeiten und Fehler ihrer Kinder. In jedem las sie wie in einem offenen Buch. Aber nach heute nacht würde es sie nicht mehr erregen. Für immer würde dieses Buch geschlossen sein.

Jetzt ruhte ihr Blick auf Kit. Wie stark er doch Joe Lowther ähnlich geworden war. Phlegmatisch, phantasielos, ohne Initiative. Und was für ein großer Narr, daß er sich mit Robin zusammentat, der ihn fallenlassen würde, wenn es in seine Pläne paßte. Robin sah heute sehr gut aus, dachte sie und spürte einen Stich im Herzen. Robin war immer ihr Lieblingssohn gewesen, und das Wissen, daß er der Initiator der Verschwörung gegen sie war, schmerzte sie jetzt stärker, als sie gedacht hatte. Leider war seine Eitelkeit, die er von seinem Vater, Arthur Ainsley, geerbt hatte, ihm ständig im Wege und würde ihn schließlich auch zu Fall bringen.

Seine Zwillingsschwester war klüger als er, dachte sie. Aber auch ihre Eitelkeit war größer als ihre Klugheit. Elizabeth, in Silberlamé und türkisfarbenem Chiffon, glitzernd von Diamanten, war ein schönes Bild. Ihr Problem war, daß sie einzig und allein Vergnügen im Leben suchte. Genau wie ihr Vater.

Mit ihren siebenundvierzig Jahren war Elizabeth immer noch die Schönheit der Familie, aber sie war zu labil und unerwachsen. Ja, sie ist eine tragisch unglückliche Frau, dachte Emma. Aber war sie je glücklich gewesen? Wieviele Ehemänner hatte sie gehabt, seit sie sich von Tony Barkstone scheiden ließ, dem Vater von Alexander und Emily? Emma konnte sie kaum noch zählen. Da war Michael Villiers und dann Derek Linde, von dem sie die Zwillinge, Amanda und Francesca, bekam. Nach deren Geburt hatte Elizabeth den Geschmack an englischen Männern verloren und sich exotischeren Typen zugewendet. Ein polnischer Prinz mit unaussprechlichem Namen war darunter, danach ein italienischer Graf, der mindestens fünfzehn Jahre jünger war. Graf, dachte Emma spöttisch. Eher wohl eine Art Gigolo!

Emma stellte fest, daß der »Graf« sich etwas zu sehr um Edwina bemühte, die die Rolle der Dowager Countess von Dunvale perfekt spielte. Sie gibt sich so hochmütig, daß einem übel wird, schloß Emma ihre Gedanken um ihre älteste Tochter.

Diese Vier werden mir in meinem hohen Alter keine Stütze sein. Aber sie haben mir Enkel geschenkt, für die ich ewig dankbar sein werde. Sie wendete sich Blackie zu, der ihr gegenüber auf dem Stuhl des Hausherren saß. Er war ein majestätischer Mann geworden, sein Geist wach wie eh und je, und er trug seine Jahre mit Würde. Er hatte Winston und Frank überlebt, die beide im Jahre 1960 gestorben waren, und auch David Kallinski, der im Sommer 1967 dahingegangen war. Jetzt sind nur noch wir beide übrig. Blackie, das alte Streitroß. Aber das bin ich auch, überlegte sie etwas selbstironisch.

Emma winkte ihrer Enkelin Emily. »Soll Hilda den Kaffee im Salon servieren?« fragte das bezaubernde Mädchen eifrig.

Emma tätschelte ihr liebevoll den Arm. »Gutes Kind. Aber lauf bitte hinauf und bring mir meine Aktentasche. Stell sie in die Bibliothek hinter den Schreibtisch.«

»Sofort, Granny, nur eine Minute.« Emily kehrte an ihren Platz zurück und hob ihr Glas. Sie stand hinter ihrem Stuhl und sagte mit klarer Stimme: »Ich bitte um Ruhe!« Die Gespräche stockten, jeder sah sie erstaunt an. Die selbstsichere Emily fuhr fort: »Es steht mir zwar nicht zu – da ich schließlich zur jüngsten Generation dieser Familie gehöre – festzustellen, daß heute abend etwas Entscheidendes unterlassen wurde. Aber ich möchte doch feststellen, daß niemand von euch einen Toast auf Großmutter, die erst vor kurzem von einer schweren Krankheit genesen ist, ausgebracht hat. Ich denke, wir sollten auf ihre Gesundheit trinken. Denn wir alle hier lieben sie innig . . .« Emily machte eine dramatische Pause und sah Robin und Kit bedeutungsvoll an, die sie beide von Herzen haßte. »Und so werde ich diesen Toast ausbringen. Auf Emma Harte! Eine große Dame! Auf Emma Harte, der wir alle soviel verdanken. Möge sie noch sehr lange bei uns bleiben. Auf Emma Harte!«

»Auf Emma Harte!« sagten alle einstimmig und hoben ihre Gläser.

Emma war tief bewegt von dieser Geste ihrer Enkelin. Aber sie war vor allem stolz auf die einundzwanzigjährige Emily. Sie hat etwas im Kopf und vor nichts und niemandem Angst, schon gar nicht vor ihren Verwandten. Emma bemerkte wohl den zornigen Ausdruck auf den Gesichtern ihrer Söhne, und sie verbarg ein Lächeln, als sie sich erhob.

»Ich danke euch«, sagte sie und neigte den Kopf. »Und nun wollen wir uns zum Kaffee in die Bibliothek begeben.« Und zur letzten Runde, setzte sie im stillen hinzu und dachte an die Trümpfe, die sie im Ärmel hatte. Sie schritt hinaus, in einem schwarzen Wirbel von Chiffon, ihre Augen so grün schimmernd wie die Smaragde, den silbernen Kopf hoch, ihr Schritt so sicher und zielbewußt wie vor fünfzig Jahren.

51

Emily kam in die Bibliothek geeilt. Sie hatte die Aktentasche in der Hand, lächelte und stellte sie hinter den Schreibtisch. Dann lief sie zum Kamin, an dem ihre Großmutter lehnte, umarmte sie stürmisch und flüsterte: »Das Kleid ist einfach himmlisch, Granny. Nochmals tausend Dank, daß du es mir geschenkt hast.«

Zärtlich streichelte Emma Emilys Wange. »Du darfst auch die Ohrringe behalten, Liebes.«

»O nein. O Granny! Bist du ganz sicher?« Emily starrte ihre Großmutter aus grün glitzernden Augen an. »Doch, du meinst es wirklich so, ich sehe es an deinem Gesicht. Du bist ein Schatz! Danke dir, oh, ich danke dir!« Sie brach mitten im Satz ab, ihr junges Gesicht wurde ernst. »Mami wird verrückt – und böse. Sie war schon wütend, als sie sah, daß ich sie trage.«

Emma verschluckte ihr Lächeln. »Ich glaube, ich kann mit meinen Juwelen machen, was ich will, nicht wahr, Emily? Es geht deine Mutter überhaupt nichts an. Also, denk nicht mehr dran.«

Sarah, Kits einziges Kind, erschien in der Tür. Sie war ein schönes Bild in ihrem flaschengrünen Samtkleid, dem rotblonden Haar. Gottlob, daß sie nicht nach ihrem Großvater, Joe, kommt, dachte Emma, als die Sechsundzwanzigjährige besitzergreifend ihren Arm unter den Emmas schob und mit einem Stirnrunzeln sagte: »Ich weiß nicht, was mit Vater los ist. Er ist den ganzen Abend schon so nervös. Eben bin ich fast in ihn hineingelaufen, als er sich in der Halle mit Onkel Robin unterhielt. Sie sahen mich an wie vom Blitz getroffen und schienen einen gräßlichen Streit zu haben. Ich hoffe, sie verderben uns nicht dieses wunderschöne Fest. Wie immer – sie sind einfach unmöglich.«

»Ach, es ist sicher nichts Wichtiges, Sarah, mach dir nichts draus«, sagte Emma und dachte bei sich: Also – die Verschwörer kämpfen bereits gegeneinander. Kein Wunder.

Emily warf mit ihrer atemlosen Stimme ein: »Ich finde, unsere Altvorderen benehmen sich überhaupt recht eigenartig. Irgendwie wacklig oder so. Vor allem Mami. Aber sie ist ja immer ein Nervenbündel. Aber was macht uns das! Wir haben Spaß!«

Nach und nach kamen die anderen Gäste in die Bibliothek geschlendert. Blackie trat zu Emma und legte seinen Arm um ihre Schulter.

»Das ist ein wunderschöner Abend, Emma, ja, das ist es. Und du siehst großartig aus, Mavourneen. Wenn ich zwei Jahre jünger wäre, würde ich um deine Hand anhalten. Das schwöre ich bei allen Heiligen.«

»Schlimmer als ein Narr ist ein alter Narr«, gab Emma lachend zurück.

Elizabeth wehte herbei und zog Blackie mit sich zu ihrem Mann. Emily und Sarah mischten sich unter die anderen, und Emma stand allein am Kamin. Sie fühlte sich wohl und war glücklich in der Gesellschaft ihrer neun Enkelkinder, die, jedes auf seine Art, ihr nur Freude bereiteten. Sie wärmten ihr müdes Herz, und sie sonnte sich in ihrer Liebe. Jetzt war sie endgültig überzeugt, daß sie mit dem, was sie tat, um ihre Dynastie zu erhalten, richtig handelte.

Philipp, der aus Australien gekommen war, erzählte Geschichten von der Schaffarm, und als sie mit halbem Ohr zuhörte, überschwemmten sie die Erinnerungen an Dunoon und die glücklichen Zeiten vor Jahrzehnten, die sie dort mit Paul und Daisy in dem schönen, behaglichen Haus verbrachte. Paul würde stolz sein auf seine Enkel, dachte sie. Philipp war ein aufrichtiger, intelligenter Junge, ein harter Arbeiter, und inzwischen erwies er sich auch als guter Geschäftsmann. Gemeinsam mit Paula würde er den wachsenden Erfolg der McGill-Konzerne sichern.

Emma beobachtete ihre Enkeltochter, die ganz und gar von Jim Fairley in Anspruch genommen war, und ihre Gedanken kehrten noch einmal zu den Fairleys zurück. Sie hatte die Familie ruiniert, und heute fragte sie sich, ob es das alles wert gewesen war. Aber Bedauern war Zeitverschwendung! Pauls Worte kamen ihr in den Sinn. »Erfolg ist die beste Rache, Emma.« Vielleicht wäre ihr eigener Erfolg tatsächlich genug gewesen, und doch, ohne ihren Haß auf die Fairleys hätte sie es nie bis zum Gipfel geschafft. Rache hatte ihr die Sporen gegeben. Nun war sie im Tal ihres Lebens, und nach dem heutigen Abend konnte sie sich zufrieden zurückziehen, in der Gewißheit, daß alles, was sie aufgebaut hatte, für diese junge Generation und die, die nach ihr kamen, geschaffen war.

Ich muß es hinter mich bringen, befahl sie sich selbst. Aufrechten Hauptes schritt sie durch die Gruppen ihrer Verwandten und Gäste, bis sie am anderen Ende des Raumes vor ihrem Schreibtisch stand.

»Darf ich um eure Aufmerksamkeit bitten«, sagte sie und ging hinter den Tisch. Die Unterhaltung ging munter weiter. Sie nahm einen kristallenen Briefbeschwerer und schlug damit auf die lederne Schreibunterlage. Alle Gesichter wendeten sich ihr zu. »Bitte macht es euch bequem. Ich habe einiges zu sagen, was die Familie angeht.«

Einige wechselten erstaunte Blicke, aber endlich wurde es still. Emma setzte sich und öffnete ihre Aktentasche. Sie nahm die Dokumente heraus und legte sie vor sich auf den Tisch. Sie fing den lächelnden, ermunternden Blick von Jonathan auf. Er sieht noch mehr als Robin wie Arthur Ainsley aus, dachte sie, aber sein Charakter gleicht eher dem meinen. Sie lächelte zu ihm hinüber. »Bitte würdest du so lieb sein und mir ein Glas Wasser bringen?«

Jonathan sprang auf und war wie der Blitz mit dem Glas bei ihr. Emma nahm einen Schluck, genoß die gespannte Erwartung, und dann nahm sie endlich eins der Dokumente auf. Mit klarer Stimme begann sie zu sprechen:

»Ich, Emma Harte Lowther Ainsley in Pennistone Royal, Yorkshire, gesund an Geist und Körper, erkläre hiermit, daß dies mein Letzter Wille und Testament ist.«

Ein leises Aufstöhnen ging durch den Raum. Emma machte eine kleine Pause und hob ihren silbernen Kopf. Aller Blicke hingen an ihr, und es war so still, daß man eine Nadel zu Boden hätte fallen hören können. Nur Daisy und die Enkelkinder waren von der allgemeinen Spannung offensichtlich nicht erfaßt.

Emma lächelte zwar, aber ihre Augen waren wie Sarazenerklingen. »Ich weiß, es ist im allgemeinen nicht üblich, daß der Letzte Wille von dem Erblasser vorgetragen wird, aber es gibt keinen juristischen Grund, der es untersagt. Etwas unorthodox vielleicht, aber schließlich war ich nie konformistisch.«

»Ist das nicht etwas morbid, Mutter?« rief Elizabeth aus, ihre Stimme war sehr unsicher, das Gesicht kalkweiß unter der Schminke.

»Bitte unterbrich mich nicht! Und – nein, ich halte es nicht für morbid.« Emma schlug mit der flachen Hand auf das Testament und fuhr fort: »Dieses Dokument ist zu umfangreich, um es Wort für Wort vorzulesen, und es ist voller juristischer Terminologie und umfaßt über hundert Seiten. Deshalb halte ich es für einfacher, euch das Wesentliche zu sagen. Nämlich, wie ich meine Geschäfte, Liegenschaften, Anlagen, Konzerne und mein nicht unbeträchtliches Vermögen verteile.«

Emma lehnte sich zurück. Ihr Blick schweifte durch den Raum. Niemand sagte ein Wort, und die vier, die die Verschwörung gegen sie angezettelt hatten, sahen aus, als wären sie in Stein verwandelt.

Sie schob das Testament beiseite und sagte ernst und gefaßt: »Nach den Bedingungen in Paul McGills Testament erbt seine leibliche Tochter Daisy Ainsley Amory automatisch den gesamten Besitz, wenn ich sterbe, den sie nach ihrem Tod ihren beiden Kindern vermacht, Paula McGill Amory und Philip McGill Amory.«

Leise Stimmen murmelten Unhörbares. Emma hob eine Hand. »Daisy wird, solange sie lebt, die Einkünfte aus dem McGill-Besitz erhalten, der von der Rossitter Merchant Bank verwaltet wird. Nach meinem Tod wird Daisys Tochter Paula meinen Platz im Aufsichtsrat der Sitex Öl Company übernehmen und sie so weiterführen, wie sie es von mir gelernt hat. Ebenfalls nach meinem Tode wird Daisys Sohn, Philip, die alleinige Aufsicht und Kontrolle aller McGill-Grund- und Aktienbesitze in Australien übernehmen und sie für seine Mutter leiten, was er in den letzten drei Jahren unter meiner Aufsicht gelernt hat. Ich nehme an, daß ich klargemacht habe, daß keines meiner anderen Kinder oder Enkelkinder einen einzigen Penny aus den McGill-Besitzungen erben kann.«

Niemand sprach. Was ihre anderen Kinder denken mochten, behielten sie jedenfalls für sich.

»Nachdem über das McGill-Erbe verfügt ist, fahre ich nun mit der Verteilung meiner Besitztümer fort.« Ihr Blick fiel auf Edwinas einziges Kind, den zweiunddreißigjährigen Earl of Dunvale, Enkel von Edwin Fairley und Halbvetter von Jim. »Anthony, bitte komm und stell dich neben mich.«

Der junge Earl, der ziemlich scheu war, sah sich erschreckt um, weil er plötzlich aufgerufen wurde, aber er stand sofort auf und kam zu Emma. Sie lächelte ihm zu und sprach weiter: »Mein ältester Enkelsohn, Anthony, erhält das Einkommen von einem Zwei-Millionen-Pfund-Trust, den ich für ihn geschaffen habe. Außerdem bekommt er mein Haus in Jamaica, British West India, mit der gesamten Einrichtung außer den Gemälden, die augenblicklich dort hängen.« Emma sah zu Anthony auf, »Ich habe dir keine Anteile an meinen Geschäften und Konzernen hinterlassen, da du nie für mich gearbeitet hast und auch weil du mit der Verwaltung deiner Besitzungen in Irland und den verschiedenen von deinem Vater ererbten Finanzen vollauf beschäftigt bist. Ich hoffe, du verstehst mich und fühlst dich nicht auf irgendeine Weise übergangen.«

»Gütiger Gott, Großmutter, wie kannst du so etwas denken«, rief er und errötete. »Ich weiß nicht, was ich sagen soll. Ich bin einfach – überwältigt. Du bist so – unglaublich großzügig. Ich danke dir.« Er wollte zu seinem Platz zurückkehren, aber Emma hielt ihn zurück. »Bleib hier bei mir«, sagte sie. Anthony nickte und stellte sich zur Rechten hinter Emmas Stuhl. »Jetzt komme ich zu meinen jüngsten Enkelkindern, Amanda und Francesca.« Sie winkten den vierzehnjährigen Zwillingen, Töchtern von Elizabeth, Enkel von Arthur Ainsley, die vor Blackie auf dem Teppich saßen. Etwas verwirrt standen sie auf und kamen Hand in Hand zum Schreibtisch.

»Stellt euch zu eurem Vetter, Mädels«, befahl Emma. »Ich habe ebenfalls je zwei Millionen Pfund in Papieren für Amanda und Francesca vorgesehen, die Zinsen erhalten sie ab ihrem achtzehnten Lebensjahr.« Sie drehte sich zu den Zwillingen um und fuhr fort: »Ich weiß, ihr seid noch zu jung, um das alles zu verstehen. Ich werde es euch später erklären.«

»Ja, Granny«, sagten sie einstimmig, und Amanda liefen die Tränen übers Gesicht: »Du wirst doch nicht sterben, Großmutter?«

Emma schüttelte den Kopf und lächelte sie beruhigend an. »Nein, noch nicht, Liebes. Aber ich muß – vorsorgen, für eure Zukunft. Darum geht es.«

»Können wir nicht bei dir leben, Granny, bitte?« bat Francesca flehentlich.

»Darüber werden wir uns morgen unterhalten, ja, Kleines?«

Emma lehnte sich vor, legte die Hände zusammen, und ihre Stimme, stark und klar wie immer, schwang durch das Zimmer.

»Und nun zu der Verteilung der Harte-Gesellschaften, der Company, zu der meine Tuch- und Kleiderfabriken gehören, die Spinnereien, Deefield Estates, die Roe Land Entwicklungsgesellschaft, sowie die General Retail Trading Company und die Yorkshire Consolidated Newspaper Company. Wie ihr alle wißt, ist es eine Holding-Gesellschaft, mehrere Millionen Pfund schwer, und ich besitze hundert Prozent aller Anteile –«

Sie hielt inne, trank einen Schluck Wasser und lehnte sich wieder zurück. Ein kleines Lächeln huschte über ihre Lippen. Bisher waren die vier Verschwörer sehr aufmerksam gewesen, aber jetzt schienen sie hypnotisiert zu sein. Sie sah von Robin zu Kit.

»Ich hinterlasse meinem Enkel, Alexander Barkstone, zweiundfünfzig Prozent der Anteile an den Harte Enterprises.«

Sie sah, wie Kits und Robis Gesichter sich verdüsterten, wie sie sie ungläubig anstarrten. Robin keuchte: »Mein Gott!« Er wollte aufstehen, das Gesicht war aschfahl. Emma blitzte ihn an. »Um fortzufahren. Ich vererbe meinen Enkelkindern Sarah Lowther, Jonathan Ainsley und Emily Barkstone den Rest meiner Anteile an den Harte Enterprises. Diese Anteile werden zu gleichen Teilen unter sie verteilt.«

Sie winkte die vier Enkel zu sich. Sie standen vor ihr, die Augen ernst. Emma sah einen nach dem anderen an und sagte kühl: »Ich hoffe, ihr versteht meine Gründe. Nach sorgfältigen Überlegungen bin ich zu dem Schluß gekommen, daß ich die Gesellschaft nur erhalten kann, wenn es nach meinem Tode keinen Streit gibt, und darum gebe ich sie nicht in die Hände *einer* Person. Meiner Meinung nach ist Alexander der fähigste, was Erfahrung und Kenntnis anbelangt, um die Gesellschaft zu leiten. Aber das heißt nicht, daß ich euren Fähigkeiten nicht traue, ich weiß, sie sind sehr groß. Nach meinem Tod werdet ihr also mitarbeiten und eure eigenen Abteilungen verwalten. Außerdem werdet ihr ein beträchtliches Einkommen aus den Anteilen, die ich euch hinterlasse, beziehen. Für jeden von euch habe ich außerdem noch einen Ein-Millionen-Trust erstellt, auch für Alexander. Ich hoffe, ihr haltet mich nicht für unfair oder meint, daß ich einen von euch vorziehe.«

Jeder ihrer Enkel bedankte sich aufrichtig und stellte sich an ihre linke Seite. Sarah sah starr auf den Kamin, sie konnte Kits zornigen Blick nicht ertragen. Sie wußte, ihr Vater hatte erwartet, einen großen Bissen aus den Harte Enterprises zu erben. Jonathan besah sich seine Schuhe und vermied Robins Blick aus demselben Grund. Emily schien sich um die Reaktion von Elizabeth nicht zu kümmern. Ihre Mutter schien vor ungläubigem Staunen in Ohnmacht fallen zu wollen.

Emma fuhr fort: »Ich möchte jetzt von meinen verschiedenen Firmen absehen und will euch mitteilen, wie ich meine Häuser verteile, meine Kunstsammlungen, Skulpturen und Juwelen. Meinem Enkel Philip McGill Amory hinterlasse ich meine Kunstsammlung und die Skulpturen mit Ausnahme der Gemälde hier in Pennistone Royal. Sie befinden sich in meinen Häusern und Bürohäusern in London, Paris und New York. Philip, komm bitte zu mir.«

Philip blieb vor ihrem Tisch stehen und bedankte sich. »Ich hinterlasse dir nichts weiter, Philip, denn du wirst nach dem Testament deines Großvaters Multimillionär. Ich hoffe, du siehst meine Gründe ein?«

»Aber gewiß, Granny. Du bist ungeheuer großzügig. Ich danke dir von ganzem Herzen.«

»Nun zu meinen anderen Häusern. Ich hinterlasse die folgenden Besitzungen an diese, meine Enkel. Alexander bekommt die Villa in Cap Martin in Südfrankreich. Sarah das Haus am Belgrave Square. Emily das Avenue Foch Apartment in Paris. Jonathan das Fifth Avenue Apartment in New York. Diese Enkel erben auch alle Einrichtungen in besagten Wohnungen und Häusern. Mit Ausnahme meiner Smaragde hinterlasse ich meinen Schmuck zu gleichen Teilen meinen Enkeltöchtern Sarah, Emily, Francesca und Amanda.«

Emma machte erneut eine kleine Pause und winkte Daisy mit den Augen. Ihre jüngste Tochter, die die Antipathie im Zimmer fast körperlich spürte, erhob sich und lief anmutig zu Emma. Sie stellte sich neben ihren Sohn Philip. Emma sagte: »Meine Tochter Daisy erhält den Smaragdring und die dazugehörige Halskette, die ihr Vater mir schenkte. Ihr hinterlasse ich auch dieses Haus, Pennistone Royal, mit allen Einrichtungen für die Zeit ihres Lebens. Daisy wird es später an ihre Tochter Paula weitergeben.«

Geflüster schwirrte durch den Raum, Kleider raschelten, Stühle knarrten. Ihre vier ältesten Kinder, die am anderen Ende der Bibliothek saßen, starrten sie mit unverhüllter Feindseligkeit an. Aber Emma zuckte nicht mit der Wimper. Sie sah Jim Fairley an und nahm eine Akte auf. »Das hier ist für dich, Jim«, sagte sie und schob sie schnell in einen Umschlag.

Jim erschrak, seine Augen weiteten sich, und er eilte zu ihr. Fragend sah er sie an. »Es ist dein neuer Vertrag, der deine leitende Position bei der Yorkshire Consolidated Newspaper Company für die nächsten zehn Jahre sichert. Lies ihn durch, besprich ihn mit deinen Anwälten und gib ihn mir nächste Woche zurück. Unterschrieben. Ich benenne dich zum Generaldirektor der Gesellschaft – mit Wirkung vom nächsten Monat – und einer entsprechenden Gehaltserhöhung.«

»Danke Ihnen sehr, Mrs. Harte. Ich weiß nicht, wie ich meine Dankbarkeit in Worte fassen soll. Ich werde . . .«

Emma unterbrach ihn. »Später, Jim. Und, bitte, bleib hier bei den anderen.« Emma hob das Glas und trank einen langen Schluck. Sie saß steil aufgerichtet, königlich, ihr Gesicht eisig. »Ich komme nun zur Verteilung der Harte-Kaufhaus-Kette. Ich bin überzeugt, daß ihr schon lange darauf wartet.« Ihr Blick wurde nachdenklich. »Ich habe diese Warenhäuser mit meinen eigenen Händen aus dem Nichts aufgebaut. So wie die Kette jetzt steht, ist sie das Werk meines Lebens. Eines der größten der Welt. Vor einigen Wochen beschloß ich, daß es in die richtigen Hände übergehen muß, an den Menschen, der sie in meinem Sinne und mit äußerstem Fleiß weiterführt.« Die Stille war fast zu hören.

»Ich übergebe alle meine Anteile an den Harte Stores meiner Enkelin Paula McGill Amory. Paula erhält auch meine restliche Smaragdsammlung.«

Paula stand auf und stellte entsetzt fest, daß sie ihre Beine kaum beherrschen konnte, als sie den weiten Weg über den Teppich zu Emma zurücklegte. Sie bemühte sich, keinen Ausdruck zu zeigen, ihre Augen waren nur auf Emma gerichtet. Schon seit Wochen war sie innerlich auf einiges vorbereitet, aber sie hatte nichts Dramatisches wie das erwartet. Sie stand vor dem Schreibtisch. »Ich danke dir für dein Vertrauen, Großmutter. Ich verspreche, die Harte Stores werden immer sicher sein.«

»Meinst du, ich wüßte das nicht, Liebling«, sagte Emma leichthin und schenkte ihr ein liebendes Lächeln.

Paula erwiderte es und stellte sich zu den anderen, die Emma wie eine Phalanx umringten. Großmutter hat diesen Raum in zwei Lager gespalten, dachte Paula, und sie wird noch eine Bombe platzen lassen.

»Schließlich ernenne ich meine Tochter Daisy Amory zur Erbin und Nutznießerin meines Grundeigentums und Vermögens. Ihr Teilhaber ist Henry Rossitter von der Rossitter Merchant Bank.«

Edwina, Kit, Robin und Elizabeth waren starr vor Entsetzen, und Emma sah, wie sich auf ihren kalten Gesichtern Haß mit Bitterkeit und Enttäuschung mischten. Sie saß vollkommen still und wartete auf den Ausbruch des Vulkans. Aber zu ihrem Erstaunen hatten sie sich doch in der Gewalt. Sie wissen, daß ich klüger bin als sie, und sie sind zu feige zu protestieren.

Robin erholte sich als erster. Er sprang auf, sein Gesicht rot, als stünde er kurz vor einem Schlaganfall. »Also, hör zu, Mutter. Du bist unsagbar unfair. Kaltblütig hast du uns aus deinem Testament gestrichen, uns genommen, was uns rechtmäßig zusteht. Ich sehe ein, daß die McGill-Besitzungen – uns nicht zustehen; aber dein eigenes Vermögen, deine Konzerne müßten automatisch an deine Kinder übergehen. *Wir sind deine rechtlichen Erben.* Ich denke nicht daran, es so hinzunehmen, und werde dieses Testament anfechten, und die anderen mit mir. Du unterliegst irgendwelchen gewissenlosen Einflüssen. Ich werde beweisen, daß du nicht bei Sinnen warst, als du dieses Testament ausgefertigt hast. Jedes Gericht wird uns rechtgeben. Außerdem . . .«

»Halt den Mund und setz dich«, sagte Emma schneidend. Sie erhob sich und umklammerte den Rand des Tisches. »Ich habe euch in der Tat in meinem Testament nicht bedacht. Und das aus guten Gründen. Ich weiß, daß ihr vier insgeheim einen Plan angezettelt habt, mir das ganze Imperium zu entreißen, alles für euch allein zu bekommen – auf Kosten eurer eigenen Kinder.« Sie lachte zynisch. »Und in dieser Verschwörung war ein tödlicher Fehler. *Ihr habt mich unterschätzt!*«

Sie sah einen nach dem anderen an, die Augen grüne Schlitze unter den alten Lidern. »Henry Rossitter nannte euch ein Schlangennest. Wie recht er hatte. Euer gewissenloses Verhalten verdient nichts anderes. Aber ich bin nicht so nachtragend, wie ihr vielleicht denkt. Und wie andere an meiner Stelle wären. Und so habe ich beschlossen, die Anlagen, die ich für jeden von euch vor einigen Jahren getätigt habe, nicht zu widerrufen.« Sie verzog angewidert die Lippen. »Und was das Anfechten meines Testaments angeht, nun, damit habe ich gerechnet, Robin. Und ich habe auch dagegen alle Maßnahmen getroffen.«

Emma nahm aus einem Umschlag vier Papiere. »Dieses sind

Schecks, jeweils einer für jeden von euch ausgestellt. Der Wert? Eine *Million* Pfund. Ein Tropfen auf den heißen Stein, den ihr bekommen hättet, wäret ihr nicht zu Verschwörern gegen mich geworden. Aber denkt nur nicht, daß diese Schecks Geschenke sind. Nein, ich kaufe euch. Und ich kenne euren Preis.«

Sie legte die Schecks nebeneinander auf den Tisch und nahm ein dickes Dokument auf. »Wenn jeder von euch einen Scheck über eine Million Pfund entnimmt – am Montag zu ziehen –, werdet ihr jeder einen Vertrag mit mir unterzeichnen. Wie ihr seht, sind die Verträge bereits ausgeschrieben. In jedem steht, juristisch formuliert und beglaubigt, daß keiner von euch mein Testament anficht. Als Anwalt, Robin, weißt du, daß mit der Unterschrift und der Annahme des Geldes jede Möglichkeit einer Anfechtung ausgelöscht ist.«

Ihr Blick flackerte von Robin zu Kit, Edwina und Elizabeth. »Ich möchte euch noch einmal sagen, mein Testament ist unanfechtbar! Ihr mögt euch wundern, warum ich euch trotzdem eine Million Pfund schenke. Das ist sehr einfach: Damit mein Geschäftsimperium ohne die geringste Störung durch euch besteht und sich ausweitet und um sicherzugehen, daß keiner von euch meinen Enkeln in den Weg tritt.« Sie nahm die Schecks wieder auf. »Sagen wir, ich glaube an Versicherungspolicen!«

Sie ließ sich wieder in den Stuhl fallen und sah sie kühl an. Kit war in sich zusammengesunken. Er war verstört und konnte ihrem Blick nicht begegnen. Elizabeth rang nervös die Hände, während Robin, der Anführer der Bande, einen Ausdruck von falscher Courage auf dem Gesicht trug. Edwina schien von allen die ruhigste, die am wenigsten betroffene zu sein.

Emma wendete sich jetzt an ihre Schwiegertöchter und den Schwiegersohn, den italienischen Grafen, die sie bisher noch nicht einmal angesprochen hatte. »Möchtet ihr diese Angelegenheit mit euren besseren Hälften besprechen?« fragte sie und lachte. »Eine Million Pfund ist eine Menge Geld, vor allem, wenn man sich weigert, sie anzunehmen.«

June und Valerie, die Emma schon immer schätzten, waren offensichtlich entsetzt über die Falschheit ihrer Ehemänner. Beide schüttelten verneinend den Kopf. Und der Graf, der sich wohl seiner unsicheren Position in dieser Familie bewußt war, lehnte ebenfalls höflich jede Besprechung ab.

»Also, entschließt euch«, zischte Emma. »Ich habe nicht die

ganze Nacht lang Zeit.« Sie stand auf und legte die Papiere in ihre Aktentasche zurück. »Wie ihr wollt. Aber ich warne euch zum letztenmal: Ihr werdet nicht einen Penny gewinnen, wenn ihr nach meinem Tod dieses Testament anfechtet. Niemals. Ich werde noch im Grabe klüger sein als ihr.«

Elizabeth stand mühsam auf. »Wo ist ein Federhalter?« rief sie kreischend. Sie vermied, Robins wütendes Gesicht anzusehen. Edwina folgte ihr, dann kam auch Robin, zitternd vor Zorn. Kit war der letzte. Emma sah, wie seine Hand bebte; es war ihm unmöglich, ihr ins Gesicht zu sehen.

Emma schloß die Aktentasche. »So, nachdem dieses kleine Familiengeschäft geregelt ist, schlage ich vor, wir setzen das Fest fort.«

Sekundenlang herrschte absolute Stille, und dann brach der Höllenlärm, den sie schon seit einiger Zeit erwartete, los. Alle sprachen auf einmal, drängten sich um sie. Emma nahm die Tasche und sagte: »Bitte entschuldigt mich für ein Weilchen. Ich bin sofort wieder da.« Sie nahm Paulas Arm. »Geh mit Jim hinauf in den Salon. Ich möchte einen Moment mit euch alleine sprechen. Und nimm die Tasche mit, ja?«

»Aber natürlich, Granny.«

Emma glitt durch den Raum. Sie legte ihren Arm in Blackies. »Kommst du auf einen ruhigen Drink mit mir?«

»Sicher, und ich bin entzückt«, sagte Blackie. Mit einem Finger hob er, wie so oft in ihrem langen Leben, ihr Gesicht zu sich auf, sah ihr tief in die Augen und flüsterte: »Das war eine Galavorstellung, wahrhaftig, Emma. Eine echte Gala!«

Emma lächelte zurück, und schweigend verließen sie die Bibliothek, schritten durch die Halle und folgten Paula und Jim die breite geschwungene Treppe hinauf. Auf der obersten Stufe wendete sie sich noch einmal um. Kit, Edwin, Robin und Elizabeth standen unten, sahen ihr nach, ihre Gesichter leer. Aber sie wußte, was sie dachten. Sie richtete sich hoch auf, und mit einem Fuß schleuderte sie die kleine Schleppe ihres schwarzen Chiffonkleides zurück, eine kokette Geste verächtlicher Verabschiedung. Und stolz und majestätisch wie immer schritt sie weiter.

Als sie in den Salon trat, entschuldigte Emma sich kurz und ging in ihr Schlafzimmer. Ein paar Minuten später kam sie zurück und sah Jim neben Paula auf dem Sofa sitzen, Blackie auf dem anderen. Sie ging zum Kamin und sah von Jim zu Paula. »Hast du

Paula die ungewöhnliche Geschichte von den Harte-Frauen und den Fairley-Männern erzählt?«

Jim antwortete schnell: »Nein, das habe ich nicht, Mrs. Harte. Ich meinte, Sie wollten es tun.«

»Nein, Jim, du wirst Paula später alles sagen.« Emma öffnete ihre rechte Hand. »Ich fand dieses Medaillon zwischen den Sachen meiner Mutter, als sie gestorben war. Eingraviert steht hier ›A an E 1885‹. Ich weiß, daß es meine Mutter, deine Urgroßmutter, von Adam Fairley, Jims Urgroßvater, geschenkt bekam. Ich möchte, daß du es hast, Paula.«

Verwirrt nahm Paula das Medaillon und betrachtete es. »Danke dir, Granny«, sagte sie. »Ich werde es immer in Ehren halten.« Sie sah Jim an. »Du mußt mir die Geschichte erzählen. Ich glaube, sie ist sehr wichtig.«

»Das ist sie, bei Gott«, erwiderte Jim.

Emma wendete sich jetzt an Jim. »Ich habe auch diese goldene Krawattennadel bei dem Medaillon gefunden. Könnte sie deinem Urgroßvater gehört haben?«

»Aber, ja, ich glaube, doch . . .!« rief Jim aus und drehte sie in seiner Hand hin und her. »Ich kenne ein Bild von Urgroßvater – es lag in Großvater Edwins Schreibtisch. Adam war ein sehr junger Mann, als es aufgenommen wurde, und er trug Reitkleidung. Ich bin ganz sicher, diese Nadel stak in seiner Krawatte.«

»Bitte behalte sie«, sagte Emma sanft.

»Oh, Mrs. Harte, ich bin tief gerührt. Ich danke Ihnen – und für den Vertrag und die Beförderung. Für alles. Nie habe ich zu hoffen gewagt . . .«

»Es war das mindeste, was ich tun konnte«, unterbrach ihn Emma. »Und nun lauft, ihr beiden, und verbringt noch einen schönen Abend. Ich möchte noch ein bißchen mit Blackie allein sein. Wir haben den ganzen Abend kaum ein Wort miteinander gesprochen . . .«

Jim stand auf. Er neigte sich zu ihr und küßte sie auf die Wange. »Sie sind wahrhaftig eine große Dame, Mrs. Harte.«

Emma lächelte. Paula umarmte ihre Großmutter und flüsterte ihr ins Ohr: »Ich wußte ja immer, daß du irgend etwas vorhattest. Aber selbst ich war verblüfft. Du steckst immer noch voller Überraschungen, Granny. Und ich liebe dich!«

Emma sah ihnen nach, wie sie Hand in Hand hinausgingen. Sie werden zusammen einen glücklichen Weg gehen, dachte sie.

Blackie beobachtete sie aus zärtlichen schwarzen Augen. Vierundsechzig Jahre lang liebte er sie, seine junge wilde Blume aus dem Moor. Was hatten sie alles zusammen erlebt, soviel Sorge, Leid und Freude; und immer wieder hatte allein ihr Anblick sein Herz erfreut. Schließlich sagte er: »Also – die Vendetta ist zu einem guten Ende gekommen. Endlich hast du die beiden Familien vereint. Paula wird eine Fairley. Allmählich fange ich an zu glauben, du bist eine sentimentale Frau, Emma Harte.«

»Ja, vielleicht bin ich das.« Emma lehnte sich auf dem Sofa behaglich zurück und glättete ihren Rock. »Weißt du, Blackie, wenn ich lange genug lebe, werde ich Fairley-Urenkel auf meinem Schoß wiegen. Wer hätte das je geahnt!« Ihre Augen glitzerten. »Ich bin so glücklich, daß ich Paula nachgegeben habe. Für mich zählt jetzt nur noch ihr Glück. Die zwei sind die Zukunft.«

Blackie sagte: »Ja, das sind sie, in der Tat.« Er stand auf und ging zu dem kleinen antiken Tisch. »Möchtest du etwas trinken, Emma?« fragte er und goß sich einen Kognak ein.

»Ja, ich nehme einen Bonnie Prince Charlie, bitte.«

Blackie kam mit den Gläsern zurück und setzte sich neben sie. Sie stießen mit den Gläsern an. »Auf die, die wir liebten und verloren haben, auf die, die wir lieben und die uns blieben, und auf die, die geboren werden, Emma.«

»Ja, auf die nächste Generation, Blackie.«

Schweigend saßen sie eine Weile nebeneinander, jeder in seine Gedanken verloren, wie so oft, seit sie sich im Moor über Fairley Village begegnet waren. Plötzlich nahm Blackie ihre Hand in seine. Leise sagte er: »Es ist eine außergewöhnliche Straße, die du gereist bist, Emma, auf der Suche nach Macht und Reichtum. Und jetzt bitte ich dich mir zu sagen, hast du auf dem langen Weg irgend etwas entdeckt, das du deinem alten Freund noch nicht gesagt hast?«

»Ja, Blackie. Ich glaube, ich habe auf dieser Reise das Geheimnis des Lebens erfahren.«

Blackie sah ihr gespannt in die Augen. »Und was ist das, Mavourneen?«

Emma gab den Blick zurück. Und dann lächelte sie dieses unvergleichliche Lächeln, das ihr Gesicht strahlend aufleuchten ließ.

»Es heißt: Ertragen und Durchhalten«, sagte sie.

Mein Dank

gilt den vielen Menschen, die mich bei der Arbeit an diesem Buch unterstützt haben. Vor allem aber bin ich tief in der Schuld von Miss Carolyn Blakemore, der Chefredakteurin von Doubleday & Company, New York. Ihr möchte ich als erstem danken. Drei Jahre lang schenkte sie mir uneingeschränkt wertvollen Rat und ihre kostbare Zeit. Ihre stete Ermutigung und ihr Glaube an diese Arbeit und mich gaben mir immer wieder Kraft. Aber abgesehen von ihrem geistigen Einsatz danke ich für ihr technisches Geschick als Redakteurin, ihren guten Geschmack und ihr Stilgefühl.

Auch dem stets hilfsbereiten Mitarbeiterstab des Lesesaals im Britischen Museum gebührt mein aufrichtiger Dank, genauso wie den Mitarbeitern von: Leeds Public Library, Bradford Public Library, Armley Public Library, der Newspaper Microfilm Division of Leeds Public Library; Bankfield Museum, Halifax; Kirkstall Abbey House Museum Leeds; Fountains Hall, Studley Royal, Yorkshire, Temple Newsam House, Leeds; dem Imperial War Museum, London; der New York Public Library. Ganz besonders danke ich Mr. Ernest Hall von den Leigh Mills, Stanningley Botom, Leeds, der mir Stunden opferte, um mich durch die alten Teile der Mühlen zu führen und mich mit wichtigen und einschlägigen Informationen versah, was den Zustand der Yorkshire Woll-Spinnereien um die Jahrhundertwende anging. Ich danke ebenfalls Mr. Roland Jacobson, Export Liasion Manager von Marks and Spencers Ltd., London, der mir alte Fotografien des ursprünglichen Marks and Spencers' Penny Bazaars in Leeds zur Verfügung stellte, und für seine Unterweisungen über die Gründung und Entwicklung dieser Gesellschaft.

Mrs. Susan Watt, der ehemaligen Redakteurin von Doubleday & Company, deren Recherchen – oft innerhalb kürzester Zeit erstellt – für dieses Buch von größter Wichtigkeit waren, schulde ich ganz besonderen Dank. Und ich möchte auch allen Freunden danken, die mir auf jede mögliche Art halfen: Mr. Ronald M. Sumrie, Chairman of Sumrie Clothes in Leeds, denn der verschaffte mir Zugang zu den Webereien in Yorkshire; Mrs. Frances Lyons Barish in New York, die mir Einblick in die Tagebücher ihres Vaters aus dem Ersten Weltkrieg ermöglichte und wichtige Absätze daraus für mich abschrieb und vervielfältigte; Miss Pauline V. Delle Carpini, New York, für ihre vielseitige Hilfe bei den Vorbereitungen des endgültigen Manuskripts, wodurch sie mir unzählige Arbeitsstunden ersparte; Mr. Eugene H. Winick of Ernst Cane, Berner & Gitlin, New York, für ihren juristischen Rat in Bezug auf Testamente, Geldanlagen und Grundbesitz; ebenfalls Mr. Morton J. Mitoski, New York, für seinen Rat zu diesen Themen; Mr. und

Mrs. Eric Clarke aus Ripon, die mich oft durch Yorkshire fuhren und mir ihre Kindheitserinnerungen anvertrauten; Mr. und Mrs. Eric Fielding, meine großzügigen Gastgeber während meiner Besuche in London; Mr. Peter W. McGill, Chairman of AP Publishing, der mir Zugang zu jeder möglichen Information über Australien verschaffte; Mrs. Joan Feely aus New York, die peinlich genau ein sehr langes Manuskript tippte; Mrs. Charlotte Wendel, die mir half, körperlich in Schwung zu bleiben; Mrs. Janet Shiff aus Chicago, die sorgfältig Korrektur las, als das Manuskript fertig war. Ich möchte Mrs. Joy Klein aus New York meinen innigen Dank sagen, nicht nur für ihre Freundschaft, sondern auch für ihr außergewöhnliches Verständnis für meine Besessenheit an dieser Arbeit, die sie auf vielerlei Art auszudrücken verstand. Und meinen aufrichtigsten Dank an Mr. Paul Gitlin of Ernst, Cane, Berner & Gitlin, New York und an Mr. George Greenfield of John Farquharson Ltd., London, über Jahre hinaus meine literarischen Agenten und gute Freunde, deren Vertrauen in mich und ihre Hilfe ich von Herzen anerkenne.

Und schließlich schulde ich meinen Eltern, Mr. und Mrs. Winston Taylor aus Leeds, von ganzem Herzen Dank. Auch sie verbrachten viel Zeit, Material aus alten Büchern und Zeitungen herauszusuchen; sie ermutigen mich, und ihr Interesse an meiner Arbeit, ihre Hingabe erlahmten nie. Ich danke ihnen auch für ihre lebendigen Erzählungen über das Yorkshire zu Beginn des 20. Jahrhunderts, die mir viel Hintergrund für diesen Roman lieferten. Und meinem Mann Dank für sein Verständnis und den Glauben an mich.

New York, 1978

BELVA PLAIN

Stürmische Zeit der Ernte

Roman

**Im Mittelpunkt dieses gefühlvollen
Frauenromans steht Iris, die Gattin des
berühmten Schönheitschirurgen
Dr. Theo Stern, die ihre Ehe durch Eifersucht
in eine tiefe Krise stürzt…**

**Mit »Stürmische Zeit der Ernte«
gelingt es Belva Plain einmal mehr, den Leser
mit ihrem unverwechselbaren Erzählstil
in ihren Bann zu ziehen.**

**400 Seiten, gebunden
ISBN 3-89457-018-0**

Hestia